빅데이터 분석도구 R 인 액션

SECOND EDITION

ROBERT I. KABACOFF 지음
신종화 · 김선업 · 정희태 옮김

홍릉과학출판사

R in Action

SECOND EDITION

Data analysis and graphics with R

by ROBERT I. KABACOFF

서문(Preface)

그림이나 대화 없는 책이 무슨 쓸모가 있지?

- 앨리스, 이상한 나라의 앨리스

미묘하고 중요한 욕망을 모두 만족시킬 보물들이라니 경이롭군, 하지만 소심한 자들의 몫은 아닐세.

- Q, "Q Who?", *스타트렉: The Next Generation*

내가 이 책을 쓰기 시작할 때, 나는 책의 처음에 인용할 좋은 문장을 찾는 데 상당한 시간을 보냈다. 마침내 두 개를 찾았다. R은 데이터 탐색, 시각화 그리고 데이터 이해를 하기에 멋지고 유연한 플랫폼이자 언어이다. 나는 오늘날의 통계분석의 취향-대화형의 탐색, 시각화, 해석 프로세스-을 포착하기 위해 '이상한 나라의 앨리스' 에서 하나의 인용문을 선택했다.

두 번째 인용문은 R은 배우기 어렵다는 일반적인 인식을 반영한다. 내가 보여주고 싶은 것은 꼭 그렇지만은 않다는 것이다. R은 넓고도 강력하다. 매우 많은 분석적 그래픽적 함수들을 활용할 수 있다(최소 5만개 이상). 그래서 초보자에게나 숙련자에게나 똑같이 위협적이다. 그러나 지침이나 안내를 통해 엄청난 자원들을 탐색할 수 있고, 작업을 수행하는데 필요한 도구들을 우아하고 효율적으로 선택할 수 있다.

나는 수년 전에 새로운 통계 컨설팅 자리를 지원했을 때 R을 처음으로 접했다. 당시 고용주는 내가 R을 잘 아는지 물었다. 채용컨설턴트들의 표준적인 조언에 따라 나는 즉시 그렇다고 대답했고, 곧장 R을 배우기 시작했다. 나는 SAS와 SPSS를 25년간 사용한 숙련된 통계학자이자 연구원이었고 6개 정도의 프로그래밍 언어에도 유창했다. 그러니 그것이 어려우면 얼마나 어려웠겠는가?

내가 이 언어를 (가능한 빨리) 배우려고 시도했을 때, 나는 분야별 전문가들이 작성한 R의 기반 구조에 관한 책들 혹은 고급 통계방법에 관한 논문들을 발견했다. 온라인 도움말들은 매우 엄격하게 작성이 되어 사용지침서보다 더 많이 참조한다. R의 전체 조직 및 역량을 모두 다루고 있다고 생각했을 때마다, 나 자신을 볼품없고 작게 만드는 새로운 뭔가를 발견했다.

R의 모든 것을 잘 이해하기 위해, 나는 데이터 사이언티스트로서 R에 접근했다. 데이터를 처리하고 분석하고 이해하는데 있어 성공적인 것이 무엇인지에 대해 생각했다. 여기에는 다음의 사항들이 포함된다.

- 데이터에 접근하기(다양한 원천으로부터 데이터를 R 응용시스템에 가져오기)
- 데이터 정제하기(결측데이터 코딩, 잘못 코딩된 데이터 교정 및 삭제, 보다 유용한 포맷으로 변수 변환하기)
- 데이터 주석달기(각 부분들이 나타내는 것을 잘 기억하기 위해서)
- 데이터 요약하기(데이터 특징을 파악하기 위해 기술통계치 획득하기)
- 데이터 시각화(백문이 불여일견이기 때문에)
- 데이터 모델링(관계 들춰내기 및 가설검정)
- 결과 준비하기(출판용 품질의 표 및 그래프 만들기)

다음으로 이러한 업무들을 수행하기 위해 R이 어떻게 사용되는지를 이해하려고 노력했다. 마침내 내가 배운 것을 문서화 한 웹사이트(www.statmethods.net)를 만들었다.

그로부터 약 1년 뒤에, Manning의 출판인 Marjan Bace가 R에 관한 책을 써볼것을 요청하였다. 나는 이미 50개의 학술 논문, 4개의 기술 설명서, 그리고 연구방법론에 관한 책 등을 썼다. 그러니 그게 뭐 힘들겠는가?

2011년 1판이 나오고 1년이 지난 후, 나는 2판 작업을 시작했다. R 플랫폼은 진보하고 있고, 그래서 나는 새롭게 발전한 영역들을 기술하고 싶었다. 또한 빅데이터 세계에서 중요한 주제인 예측분석과 데이터마이닝을 다루는 것으로 확장하고 싶었다. 마지막으로 고급 데이터 시각화, 소프트웨어 개발 그리고 동적 보고서 작성 등에 대한 장도 추가하고 싶었다.

여러분이 쥐고 있는 이 책은 내가 오래 전 가지고 싶어 했던 그 책이다. 나는 여러분들에게 좌절과 두려움없이 이 위대한 오픈 소스의 파워에 빨리 접근하게 해주는 R 지침서를 제공하려고 노력했다. 이것을 즐기기를 희망한다.

(추신) 나는 입사를 제안받았지만 수락하지 않았다. 그러나 R학습으로 인해 내 경력은 내가 전혀 기대하지 않았던 방향으로 흘러갔다. 인생은 재미있다.

역자 서문

대학교에 입학한 이후 통계학을 배우고, 통계활용 연구와 업무를 한지 30년이 되어간다. 함께 이 책을 번역한 선배님들은 35년, 40년 동안 사회통계 및 전산통계분야에서 활동하고 있다. 번역자 세 사람이 모이면 주로 70년대-90년대의 통계문화에 대하여 회고적인 이야기를 많이 했었다.

언제부터인가 응용통계 분야의 통계교육의 문제점 및 사회변동-기술혁신과 관련된 통계의 미래에 대하여 자주 토론하게 되었다. 새로운 통계기법에 대한 정보공유, 기업 전산환경 안의 데이터베이스, 질적인 자료의 양적 처리기법 등에 대하여 대화를 주고받으며, 학계, 특히 사회과학분야의 통계 관련 연구의 한계에 대하여 생각을 공유하게 되었다.

자료 활용 과정으로부터 자료 준비 및 전처리의 중요함으로, 고급 추리 통계 활용 연구작업에서 기술통계의 튼튼한 기초에 대하여, 대기업에서 사용하는 쉽고 편안하지만 값 비싼 통계툴의 익숙한 활용에서, 스타트업 기업과 전문 연구자들이 대용량 데이터를 처리하고 시각화 할 수 있는 협업 가능한 오픈 소스 통계 언어로 번역자들의 관심이 이동해왔다.

몸에 밴 익숙한 관행적 통계문화로부터 새로움을 찾는 과정에서 통계언어 GNU R을 알게되었다. 자유 통계 소프트웨어인 R을 자기학습하고, 학계 및 업계의 전문가들에게 홍보하기도 하였다. 학생들을 위한 수업을 개설하여 교육을 하고, 연구과제 및 기업 프로젝트에서 R을 사용하면서 R 관련 도서 하나의 번역을 제안받게 되었다. 그 책이 자기학습과정에서 소중하게 활용했던 Kabacoff박사의 R in Action임을 알게되면서, 우리가 R을 배우는 과정에서 겪었던 크고 작은 고민들과 해결책을 후학들과 공유하기로 결정했다.

이 책은 빅데이터 시대의 강력한 데이터 분석 도구인 R을 배우는데 필요한 많은 내용을 제공한다. 한편, 번역의 시간이 경과하면서, 각 학문과 현업분야에서 통계문화가 많이 차이가 나는 것을 다시 한번 확인하게 되었다. 이 책의 독자가 이 책의 학습과정에서 어색한 표현을 만난다면, 통계-전산-사회정책-의료 등의 분야의 이질적인 통계문화 때문이라는 변명을 먼저 언급하게 된다.

번역자 세 명에게는 추억 많은 유쾌한 번역과정이었지만, 기다려주고 양해해주고 인정해준 홍릉과학출판사 입장은 다르리라 생각한다. 박성률부장님의 배려적 관리, 박찬혁 과장님의 꼼꼼한 후작업이 없었다면, 이 책은 출판되기 어려웠으리라. 감사하는 마음이다. 강원대학교의 유승호교수님, 고려대학교의 이명진교수님, 밀워드브라운미디어리서치의 김지연부사장님의 격려가 특히 마음에 남는다.

이 책의 1판을 영어 원서로 읽으면서 R을 독학했던 데이터분석가들은 이미 업계에서 큰 활동을 하고 있다. 이 번역서를 읽으면서 R을 더 배우고자 하는 사람들 역시 앞으로 데이터 분석 산업에서 큰 활동을 하게 되리라.

2016년 12월

역자를 대표하여 신종화

감사의 글

이 책을 더 좋게 만들기 위해 많은 사람들이 열심히 일했다. 그들은 다음과 같다.

- 처음으로 이 책을 써 보라고 요청한 Manning의 출판자, Marjan Bace.
- 초판 편집자 Sebastian Stirling, 그리고 2판 편집자 Jennifer Stout. 이들은 자료들을 구성하고 개념들을 명확화하고, 그리고 전반적으로 텍스트를 더욱 흥미롭게 만들려고 많은 시간 나를 도왔다.
- 잘못된 영역을 찾는데 도움을 주고 테스트용 코드에 대해 전문가적 눈을 제공한 기술적 원고교정자, Pablo Domínguez Vaselli.
- 검토자들을 구하고 검토과정을 운영한 검토 편집자, Olivia Booth.
- 책의 출간 전반을 관리한 Mary Piergies와 그녀의 팀원, Tiffany Taylor, Toma Mulligan, Janet Vail, David Novak, 그리고 Marija Tudor.
- 책속의 자료, 철자, 실질적인 제안 등을 꼼꼼히 읽어준 동료 검토자들: Bryce Darling, Christian Theil Have, Cris Weber, Deepak Vohra, Dwight Barry, George Gaines, Indrajit Sen Gupta, Dr. L. Duleep Kumar Samuel, Mahesh Srinivason, Marc Paradis, Peter Rabinovitch, Ravishankar Rajagopalan, Samuel Dale McQuillin, 그리고 Zekai Otles.
- 완성 전에 책을 구매한 Manning 조기접근 프로그램의 많은 참가자들은 좋은 질문을 해 주었고, 오류를 지적했고, 그리고 유용한 제안을 해 주었다.

모든 기여자들은 이 책을 더욱 훌륭하고 더욱 포괄적인 책으로 만들어 주었다.

또한 R을 이토록 강력한 데이터 분석 플랫폼으로 만드는데 기여한 수 많은 소프트웨어 작성자들에게 감사드리고 싶다. 이들은 코어 개발자 뿐아니라 R의 능력을 확장시킨 기여 패키지를 생성하고 유지한 이타적인 사람들을 포함한다. 부록 E는 이 책에 기술된 기여 패키지의 저자 목록을 제시하고 있다. 특히 그 공로가 대단한 John Fox, Hadley Wickham, Frank E. Harrell, Jr., Deepayan Sarkar, 그리고 William Revelle을 언급하고 싶다. 나는 그들의 기여를 정확하게 나타내려고 노력했다. 그리고 만약 이 책에 오류나 왜곡이 있다면 그것은 전적으로 나의 책임이다.

무엇보다 우선 나는 나의 아내이자 동료인, Carol Lynn에게 고마움을 표하고 싶다. 비록 그녀가 통계학 내지 프로그래밍에 본질적인 흥미는 없었지만, 그녀는 각 장을 여러 번 읽고 수없는 수정사항 및 제안을 해 주었다. 내가 이 책을 쓰는 동안 그녀는 긴 밤과 주말을 고통 받았지만 지원과 사랑을 아끼지 않았다. 내가 왜 이리 운이 좋은지는 논리적 설명이 불가능하다.

내가 고마움을 표하고 싶은 두 사람이 더 있다. 한 분은 나의 아버지이다. 그의 과학에 대한 애정은 나에게 영감을 주었고 데이터의 가치에 대한 경의를 가지게 되었다. 정말 그가 그립다. 다른 한 사람은 대학원 시절 나의 멘토인 Gary K. Burger이다. 그는 내가 임상의가 되고자 생각했을 때 나에게 통계학 및 교수 직업경력에 흥미를 갖게 만들었다. 모든 것은 그 때문이다.

추천사

바야흐로 '데이터의 시대'이다. 사람들은 이를 '빅데이터'의 시대라고 부른다. 언론에는 빅데이터 관련 특집이 연일 게재되고, 서점 신간에는 빅데이터 관련 책들이 봇물을 이루고, 정부 및 공공기관의 사업에는 '빅데이터'가 어찌되었든 포함되어야 한다. 각급 기관에는 빅데이터 추진위원회가 설립되었다. 그런데 빅데이터 추진위원회에 데이터분석을 전문으로 하는 통계학자가 포함되지 않거나 구색 맞추기에 그치는 웃지 못할 일들이 허다하다. 빅데이터를 IT시스템이나 유망산업으로 접근하는 경향이 낳은 결과이다.

1990년대 후반과 2000년대 초반에 '데이터마이닝'이라는 유행이 휩쓸고 갔다. 이 시기에 기업들은 경쟁력 확보를 위해 데이터마이닝을 앞다투어 도입했고, 이를 도입하면 끙끙 앓던 경영문제가 일시에 풀리고 경영성과가 획기적으로 개선될 것으로 여겼다. 이 때 도입한 데이터마이닝은 DW라는 데이터 저장고와 통계를 충분히 몰라도 손쉽게 사용할 수 있는 데이터마이닝 솔루션이었다. 그 후 몇 년이 지난 결과는 데이터마이닝 무용론이었다. 그로부터 십년이 지난 후 '빅데이터'라는 더 큰 유행이 다시 우리를 덮치고 있다. 또 우리는 데이터분석 전문가가 없다는 푸념을 되풀이하고 있다.

지금 우리에게 빅데이터는 무엇인가? 이는 다양한 데이터 생산의 보편화이다. 일상활동이든 경제활동이든 모든 것이 디지털 디바이스를 매개로 이루어지는 오늘날, 모든 활동은 데이터를 생산한다. 이렇게 생산된 데이터가 기존과는 양적 측면에서나 질적 측면에서 모두 다르니 구별하기 위해 그냥 '빅데이터' 라 부른다. 그러나 본질은 다양한 파운드 데이터(found data)이다. 즉 분석가가 찾아 활용할 다양한 데이터가 도처에 널려 있다는 것이다. 또 데이터분석의 일상화 보편화이다. 주위에 다양한 데이터를 분석하고 인사이트를 찾아내어 활용하는 일은 이제 특정한 통계툴에 숙련된 통계분석 전문가만의 일이 아니다. 그렇게 하면 대학의 통계학과 정원을 엄청나게 늘려야 한다. 물론 통계강의는 지금보다 훨씬 늘릴 필요가 있다.

결국 빅데이터는 다양한 데이터가 주위에 넘쳐나게 되었고 이에 대한 분석과 활용을 일상적으로 해야 하는 시대가 되었다는 것이다. 그런데 이러한 시기에 우리는 다양한 데이터의 이해와 처리, 분석과 활용이라는 부분에 대한 체계적인 학습은 부족했다. 많은 IT적 접근은 인공지능(AI), 기계학습, 데이터사이언스 등의 신조어 병정들을 동원하여 통계분석이라는 기초체력을 연마하는 것을 봉쇄하였다. 그래서 '데이터시대'의 필요한 지식과 스킬을 연마하고자 하는 사람들에게 진입장벽만 높였고 통계분석이라는 핵심기술 및 기초체력도 쌓지 않은 채 툴을 다루는 기술만 연마하는 방향으로 호도하고 있다.

데이터의 시대에는 모든 사람들이 마음만 먹으면 무료로 사용할 수 있는 데이터분석도구를 획득할 수 있다. 그래서 데이터분석의 보편화가 이루어질 수 있게 되었다. 이러한 분석툴 중 가장 강력하고 인기 있는 것이 'R'이다. R은 세계의 많은 대학에서 통계수업에 사용되고 있는 통계분석툴이며, S프로그래밍 언어를 기반으로 만들어져서 다른 프로그램밍 시스템과의 연계도 용이하다. R은 SAS나 SPSS같은 기존의 정형화된 통계패키지(혹자들은 이를 'canned package' 라 부른다)와 달리 대규모의 R전문가 커뮤니티가 만들어내는 다양한 함수 및 패키지를 바탕으로 '취사선택적 조립' 이 가능하여 사용자에게 많은 유연성과 자유를 제공한다. 그래서 R은 데이터분석의 보편화 시대에 가장 적합한 무료 통계툴로 우리가 오늘날 익히기에 가장 적합한 데이터분석툴이다. 이러한 경향을 반영하듯 R의 사용자는 급격하게 증가하였고 오늘날 가장 많은 사용자를 가진 통계툴이 되었다. 그리고 또한 많은 R관련 책들이 봇물을 이루어 출간되고 있고 또 출간을 기다리고 있다.

기존에 국내에 출간된 R 관련 책들은 데이터분석 및 전산 프로그래밍에 숙련된 사람들이 추가로 R을 익히는데 필요한 지식을 중심으로 구성되었거나, 데이터 시각화 등의 R의 특정한 기능적 장점을 부각시키는데 중점을 두었다. 따라서 초보자들이 데이터분석을 위한 통계적 지식과 더불어 R이라는 통계툴을 다루는데 필요한 스킬을 같이 배우고자 하는 사람들에게는 많이 불편하였다. 이 책은 '데이터시대'에 우리에게 필요한 데이터분석을 위해 통계적 지식과 전산 프로그래밍의 균형적 이해가 R이라는 통계툴을 중심으로 잘 제공되고 있는 보기 드문 책 중 하나이다.

이 책을 집필한 카바코프 박사는 심리학 박사로서 대학과 기업 등에서 다양한 데이터와 다양한 분석을 수행하였고, 다루었던 통계툴도 SAS, SPSS 는 물론 Stata, Matlab 등의 수십개의 일반적 및 전문적 툴을 사용한 데이터분석 전문가로서 이 책을 통해 데이터처리, 기초통계 그리고 고급통계에 이르기까지 다양한 통계분석영역에서 R의 사용법을 소개하고 있다.

역자들은 사회학을 전공한 사회학도로 사회조사영역, 텍스트 분석 영역, DW와 CRM영역 등에서 각기 전문성을 쌓았고, '데이터시대'에 학문적 및 사회적 공헌에 대해 남다른 소명감을 가지신 분들이다.

데이터시대 ! 무엇보다 데이터에 대한 열린 마음을 가지고 자유자재로 데이터 분석을 하기 위해 우리는 통계분석이라는 기초역량을 차분히 쌓아야 한다. 시대에 뒤처지지 않으면서도 기초역량을 탄탄히 길러 사회 곳곳에 창의적 기여를 원하는 분들에게 이 책을 바탕으로 데이터시대 분석역량을 쌓기를 권한다

2016년 12월

전 세계통계학회장

고려대학교 통계학과 명예교수 이재창

이 책에 대하여

이 책을 뽑아 들었다면, 여러분은 아마도 수집, 요약, 변환, 탐색, 모델링, 시각화 그리고 발표를 해야 할 필요가 있는 데이터가 있을 것이다. 그렇다면 R은 여러분을 위한 것이다. R은 통계, 예측분석 그리고 데이터 시각화를 위한 세계적인 언어가 되었다. R은 현재 활용가능한 데이터를 이해하는데 가장 광범위한 방법론을 제공한다.

오픈 소스 프로젝트로서 R은 윈도우, 맥 OS X, 그리고 리눅스에 이르는 다양한 플랫폼에서 무료로 매일 새로운 프로시저를 받으면서 사용가능하다. 게다가 R은 사용자들에게 도움과 조언을 기꺼이 제공하는 대규모의 다양한 데이터 사이언티스트와 프로그래머들에 의해 지지받고 있다.

비록 R이 아름답고 정교한 그래프 생성능력으로 유명해졌을지 모르지만, R은 모든 통계적 문제들을 다룰 수 있다. 기본설치판은 수백 개의 데이터관리, 통계 그리고 그래픽 함수들을 제공한다. 그러나 R의 가장 강력한 특성은 기여자들이 제공하는 수천의 확장 패키지들로부터 나온다.

이러한 광범위함은 댓가를 치른다. 신규 사용자들이 R을 다룰 수 있기까지는 어려울 수 있다. 심지어 숙련된 R사용자들도 새롭게 배워야 하는 특성이 있다는 것에 놀랄 수 있다.

이 책 2판은 2천 여개의 시각자료를 제공하여 친절한 소개를 하고 있다. 기본설치판의 가장 중요한 함수들과 90개 이상의 가장 유용한 기여 패키지를 소개할 것이다. 이 책의 목적은 여러분의 데이터를 이해하고 다른 사람들에게 이해시키기 위한 방법을 제공하는 실질적인 활용이다. 이 책을 다 읽고나면 R의 작동법과 이것으로 무엇을 할 수 있고, 더 공부하려면 어디로 가야하는지를 잘 파악하게 될 것이다. 여러분은 데이터를 시각화하기 위한 다양한 기법을 적용할 수 있을 것이며, 데이터 분석 문제를 해결하기 위한 기초 및 고급 스킬을 가지게 될 것이다.

2판의 새로운 점들

2판은 200페이지 이상이 새로운 내용이다. 이 책 후반부만 보아도 데이터마이닝, 예측분석, 그리고 고급 프로그래밍 등의 새로운 장들이 추가되었다. 특히, 15장(시계열), 16장(군집분석), 17장(분류), 19장(ggplot2 그래픽), 20장(고급 프로그래밍), 21장(패키지 만들기), 22장(역동적 보고서 만들기) 등이 새로운 것들이다. 아울러, 2장(데이터셋 만들기)은 텍스트 및 SAS파일 데이터 불러들이기에 관해 더욱 상세한 정보를 담고 있고, 부록F(대규모 데이터셋으로 작업하기)는 빅데이터로 작업하는데 필요한 새로운 도구를 포함하는 것으로 확장되었다. 마지막으로 많은 업데이트와 수정이 이루어졌다.

누가 이 책을 읽어야 하는가

이 책은 데이터를 다루는 모든 사람에게 필요하다. 통계 프로그래밍 혹은 R 언어에 대한 배경지식이 없어도 된다. 비록 이 책이 초보자들도 접근가능하지만, 숙련된 R사용자들도 만족할만한 새롭고 실질적인 소재들도 가지고 있다.

데이터를 조작하고 요약하고 그래프를 그리기 위해 R을 사용하고자 하는 통계적 지식이 없는 사용자들은 1~6, 11, 그리고 19장을 이용하면 좋다. 7장과 10장은 통계학 한 학기 과정을 이수한 사람에게, 8, 9장 그리고 12~18장은 통계학 두 학기 과정을 이수한 사람에 적합하다. 20~22장은 R언어의 심화 학습을 제공하고 통계학적 사전지식을 요구하지 않는다. 나는 각 장에서 초보자와 숙련자 모두가 재미있고 유익한 뭔가를 찾을 수 있도록 노력하였다.

로드맵

이 책은 데이터를 조작하고, 시각화하고, 이해하는데 즉각적으로 활용할 수 있는 방법들에 초점을 두는 R 플랫폼 안내서로 설계되었다. 이 책은 22개 장으로, "시작하기", "기초 방법들", "중급 방법들", "고급 방법들", 그리고 "스킬 확장하기"의 5부로 나누어져 있다. 추가적인 토픽들은 7개 부록에서 다루고 있다.

1장은 R과 이를 데이터분석 플랫폼으로서 유용하게 만드는 특성들을 소개하는 것으로 시작한다. 프로그램을 구하는 방법과 온라인을 통해 기본설치판을 고도화하는 방법을 말해 준다. 이 장의 남은 부분에서는 사용자 인터페이스를 탐색하고 프로그램들을 대화형으로 그리고 일괄처리방식으로 실행하는 법을 배운다.

2장에서는 R로 데이터를 얻기 위해 활용가능한 여러 가지 방법들을 다룬다. 전반부는 데이터를 담는 R의 데이터 구조를 소개하고, 키보드로 데이터를 입력하는 방법을 소개한다. 후반부에서는 텍스트 파일, 웹페이지, 스프레드시트, 통계패키지, 그리고 데이터베이스 등으로부터 데이터를 R로 불러들이는 방법들을 논의한다.

많은 사용자들이 그래프를 만들기 위한 목적으로 R을 처음으로 접한다. 그래서 3장에서는 이 주제로 바로 점프한다. 우리는 그래프를 생성하고 이를 수정하고 다양한 포맷으로 저장하는 방법들을 검토한다.

4장에서는 데이터셋의 정렬, 병합, 하위 데이터셋 만들기와 변수의 변환, 리코딩, 삭제 등을 포함하는 기초 데이터의 관리방법을 다룬다.

5장은 데이터 관리를 위한 함수들(수학함수, 통계함수, 문자함수)과 제어구조들(순환반복(looping), 조건실행)의 사용을 설명한다. 다음으로 여러분 자신의 R함수를 작성하는 방법 및 데이터를 다양한 방법으로 집계하는 방법에 대해 논의한다.

6장은 막대그림, 파이차트, 히스토그램, 밀도플롯, 상자그림, 그리고 점그림 등과 같은 대중적인 일변량 그래프를 만드는 방법을 제시한다. 이것들은 단일 변수의 분포를 이해하는 데 유용하다.

7장은 기술통계 및 교차표의 사용을 포함하여 데이터를 요약하는 방법을 먼저 보여준다. 다음으로 상관관계, t검정, 카이제곱 검정, 그리고 비모수 방법 등을 포함하여 두 변수의 관계를 이해하는 기초 방법들을 살펴 본다.

8장은 하나의 수치 결과변수와 한 개 이상의 예측변수들간의 관계를 모델링하는 회귀분석 방법을 소개한다. 모델들을 적합화하고, 이를 평가하고, 그리고 의미를 해석하는 방법들을 자세히 논의한다.

9장은 분산분석을 통해 기본적인 실험설계에 대한 분석을 검토한다. 여기서 우리는 어떤 처치의 조합 혹은 조건들이 수치적 결과에 영향을 주는 지에 주로 관심을 가진다. 분석의 적절성과 결과의 시각화를 평가하는 방법들 또한 다룬다.

10장은 검정력 분석을 상세히 다룬다. 가설검정에 대한 토의를 필두로, 이 장은 일정한 신뢰도를 가지고 일정 규모의 효과를 가지기 위해 필요한 표본 크기를 결정하는 방법에 초점을 맞춘다. 이것은 유용한 결과를 얻기 위한 실험 및 의사-실험 연구를 계획하는데 도움을 줄 수 있다.

11장은 둘 또는 그 이상의 변수들 간의 관계를 시각화하는 그래프의 생성을 취급하면서, 6장의 내용을 확장한다. 여기에는 2D 및 3D 점그림, 점그림 행렬, 선플롯, 상관관계 행렬, 그리고 모자이크플롯 등이 있다.

12장은 알려지지 않았거나 혼재된 분포에서 표집된 데이터, 표본 크기가 작은 데이터, 이상치가 문제가 되는 데이터, 혹은 이론적 분포에 기반한 적절한 검정을 하기가 너무 복잡하고, 수학적으로 다루기 힘든 경우에 잘 작동하는 분석방법들을 제시한다. 이런 방법에는 재표집과 부트스트래핑 접근이 있는데 R에서 쉽게 구현되는 컴퓨터-집중적인 방법들이다.

13장은 정규분포가 아닌 데이터를 취급하기 위해 8장의 회귀분석 방법을 확장한다. 이 장은 일반화 선형모델을 먼저 논의하고 다음으로 범주형 결과변수(로지스틱 회귀분석) 혹은 빈도 결과변수(포아송 회귀분석)를 예측하려는 경우들에 집중한다.

다변량 데이터의 도전과제 중 하나는 단순화이다. 14장은 상호관련된 다수의 변수들을 소수의 상호연관되지 않은 변수들로 변환하는 방법들(주성분 분석)과 주어진 변수들의 기저에 있는 잠재적 구조를 드러내는 방법들(요인분석)을 기술한다. 제대로 된 분석을 하기 위한 여러 단계들이 상세히 다루어진다.

15장은 시계열 데이터를 생성하고 조작하고 모델링하는 방법들에 대해 기술한다. 여기서는 시계열 데이터를 시각화하고 분해하는 방법뿐만 아니라 미래 값을 예측하기 위한 지수 및 ARIMA 접근방법을 소개한다.

16장은 관측치들을 자연스럽게 생기는 집단으로 군집화하는 방법들을 제시한다. 이 장에서는 포괄적 군집분석의 보편적 단계들에 대한 논의를 먼저 하고, 위계적 군집 방법과 분할 방법들을 제시한다. 적절한 군집 개수를 결정하는 몇 가지 방법들을 보여준다.

17장은 관측치들을 집단으로 분류하는 지도 기계-학습 방법들을 제시한다. 의사결정나무, 랜덤 포레스트, 그리고 서포트 백터 머신 방법들을 차례로 검토한다. 여러분들은 각 접근법들의 정확성을 평가하는 방법들에 대해서도 배울 것이다.

데이터 분석의 실질적인 방법들을 제시하려는 나의 의도하에 18장은 결측데이터라는 보편적 문제에 대한 최신의 접근법을 검토한다. R은 여러 가지 이유로 불완전한 데이터셋을 분석하기 위한 많은 우아한 방법들을 지원한다. 최상의 몇가지 방법들을 여기서 기술하고 있다. 언제, 어떤 분석을 사용하고, 어떤 것은 피하고 등의 지침과 더불어.

19장은 데이터 시각화에 대한 R의 가장 유용하고 고급 접근법 중 하나인 ggplot2를 소개하면서 그래프에 대한 논의를 마무리하고자 한다. ggplot2 패키지는 다변량 데이터의 그래프를 위한 강력하고도 체계적인 도구셋을 제공하는 그래픽 문법을 구현한다.

20장은 고급 프로그래밍 기법들을 다룬다. 여러분은 객체지향 프로그래밍 기법들과 디버깅 접근법들을 배울 것이다. 이 장은 또한 효율적인 프로그래밍을 위한 다양한 팁을 제시한다. R이 어떻게 작동하는지에 대해 더 잘 이해하고자 하는 사람들에게 특히 유익할 것이다. 그리고 이는 21장의 이해를 위한 전제사항이다.

21장은 R패키지 생성을 위한 단계별 지침을 제공한다. 이로부터 여러분들은 보다 정교한 프로그램을 만들고, 문서를 효과적으로 만들고, 그리고 다른 사람과의 패키지를 공유하는데 많은 도움을 받을 것이다.

마지막으로, 22장은 매력적인 보고서를 만드는 몇 가지 방법들을 제공한다. R코드로 웹페이지, 보고서, 논문, 심지어 책을 생성하는 방법들을 배울 것이다. 결과문서들은 여러분의 코드, 결과표, 그래프 그리고 주석들을 포함할 수 있다.

8개의 부록들(A에서 H)은 R의 GUI환경, R설치의 맞춤화 및 업그레이드, 다른 응용시스템으로 데이터 내보내기, 행렬 대수로 R 사용하기, 그리고 초대용량 데이터셋으로 작업하기 등과 같은 유용한 주제들을 다룬다. 또한, R에 대해 더 배울 수 있도록, R커뮤니티에 가입하고, 질문의 답을 얻고, R을 최신으로 유지할 수 있는 최고의 인터넷 사이트를 알려준다.

우리는 또한 출판사 웹사이트 manning.com/RinActionSecondEdition 에서만 온라인으로 사용가능한 보너스 장을 제공한다. 23장은 19장에서 소개된 lattice 패키지를 다룬다.

데이터마이너들을 위한 조언

데이터마이닝은 대규모 데이터셋에서 패턴을 발견하는데 관심이 있는 분석 분야이다. 많은 데이터 마이닝 전문가들이 최신 분석역량을 이용하기 위해 R로 돌아서고 있다. 만약 여러분이 R로 이전하여 가능한 빨리 이 언어에 접근하려는 데이터마이너라면, 나는 다음과 같은 독서 순서를 권한다: 1장(서문), 2장(데이터구조 및 데이터 불러들이기), 4장(기초 데이터 관리), 7장(기술통계), 8장(회귀분석 1,2,6절), 13장(2절; 로지스틱 회귀분석), 16장(군집분석), 17장(분류), 그리고 부록 F(대용량 데이터셋으로 작업하기). 그 다음으로 필요한 다른 장들을 검토하라.

코드 사례들

이 책이 가능한 넓게 활용되도록, 나는 심리학, 사회학, 의학, 생물학, 경영, 그리고 공학에 이르는 다양한 분과의 예제들을 선택하였다. 그러나 이 사례들은 그 분야의 전문적 지식을 필요로 하지는 않는다.

이 예제들에 사용된 데이터셋들은 흥미로운 질문들을 담고 있으며, 크기가 작아서 선택되었다. 따라서 기술된 기법에 집중할 수 있고 관련 프로세스를 빨리 이해할 수 있다. 새로운 방법들을 배울 때는 데이터가 작은 것이 바람직하다. 이 데이터셋들은 R 기본설치판과 함께 제공되거나 온라인상의 추가 패키지를 통해 사용가능하다.

각 예제들의 소스 코드는 www.manning.com/RinActionSecondEdition 그리고 www.github.com/kabacoff/RiA2에서 사용가능하다. 이 책의 대부분을 얻으려면 여러분이 읽은 예제들을 시도해 보기를 추천한다.

마지막으로, 두 명의 통계학자에게 데이터셋을 어떻게 분석하는지를 물으면, 세 가지의 답을 얻게 된다는 흔한 격언을 언급하고자 한다. 이 주장을 다른 말로 하면 각각의 답 모두 여러분이 데이터를 더 잘 이해하도록 도움을 준다는 것이다. 특정한 분석이 주어진 질문에 최상의 혹은 유일한 접근방법이라고 할 수 없다. 이 책에서 가르친 기술을 사용하면서, 데이터를 갖고 즐기도록 그래서 배운 것을 확인하도록 여러분들을 초대한다. R은 대화형 프로그램이다. 배우기 가장 좋은 방법은 실행해 보는 것이다.

코드 관례들

다음의 인쇄 관례들이 이 책 전반에 사용된다.

- 고정폭(monospaced) 폰트가 코드 프로그래밍의 폰트로 사용된다.
- 일반 텍스트 내에서 코딩 단어들 혹은 사전 정의된 객체를 표시하기 위해 고정폭 폰트가 역시 사용되었다.
- 코드 프로그래밍 내의 이텔릭체는 표시자(placeholder)를 나타낸다. 여러분은 이것들을 해당 문제에 적절한 텍스트와 값으로 대체해야 한다. 예를 들어 *path_to_my_file*은 여러분 컴퓨터의 파일에 대한 실제 경로로 대체될 것이다.
- R은 프롬프트(기본설정으로 〉)로 사용자 입력줄이 준비되었음을 나타내는 대화형 언어이다. 이 책의 많은 프로그래밍들은 대화형 세션을 포착한다. 〉로 시작하는 코드 라인이 있을 때는 프롬프트를 치지 말라.
- 코드 주석들이 인라인 코멘트 대신 사용된다(Manning 서적의 보편적 관례). 추가적으로 어떤 주석들에는 ❶과 같은 원 숫자를 붙여 나중에 텍스트 내에 설명을 한다.
- 지면의 절약 내지 텍스트가 더 잘 읽히도록, 출력물에 여백을 더 부여하거나 논점과 상관없는 텍스트는 제거하였다.

저자에 관하여

로버트 카바코프(Robert Kabacoff) 박사는 국제적인 조직 개발 및 컨설팅 회사인 Management Research Group의 연구 부사장이다. 그는 헬스케어, 금융서비스, 제조, 행동과학, 정부 및 학술 조직에 대한 연구 및 통계 컨설팅을 20년 이상 수행했다. MRG에 합류하기 전에 카바코프 박사는 플로리다에 있는 Nova Southeastern 대학교의 심리학 교수였다. 여기서 대학원 과정에서 양적 방법과 통계 프로그래밍을 가르쳤다. 과거 5년 동안, 인기 있는 R 교육 사이트인 Quick-R(www.statmethods.net)을 운영해 왔다.

간략 목차

목차

제1부 시작하기

제3부 중급 분석 방법

제4부 고급 분석 방법

제 1 부

시작하기

R in Action에 오신 걸 환영합니다. R은 현재 사용가능한 데이터 분석 및 시각화를 위한 가장 인기있는 플랫폼 중 하나이다. 이것은 무료이며, 오픈소스 소프트웨어이며 윈도우, 맥 OS X, 그리고 리눅스에서도 사용할 수 있다. 이 책은 여러분들이 이 포괄적인 소프트웨어를 마스터하여 자신의 데이터에 효과적으로 적용하는데 필요한 기술을 제공할 것이다.

책은 4개 부분으로 나뉘어져 있다. 1부는 소프트웨어의 설치, 인터페이스 검색, 데이터 불러오기, 그리고 향후 분석을 위해 유용한 포맷으로 데이터 마사지하기 등의 기본사항을 다룬다.

1장은 모두 R 환경에 익숙하기에 관한 것이다. 이 장은 현대 데이터 분석에서 그토록 강력한 플랫폼으로 만들어 준 R과 그 특성에 대한 개요로 시작한다. 소프트웨어를 획득하고 설치하는 방법을 간략히 기술한 후, 일련의 간단한 사례를 통해 사용자 인터페이스를 탐험할 것이다. 다음으로 여러분들은 온라인 저장소에서 무료로 내려받을 수 있는 확장(기여 패키지라 불리는)을 통해 기본설치의 기능을 향상시키는 법을 배울 것이다. 여러분의 새로운 스킬을 검사하게 해주는 사례로 이 장을 마친다.

일단 R 인터페이스에 친숙해졌다면, 다음 도전은 데이터를 이 프로그램 안으로 갖고 오는 것이다. 오늘날 같이 정보가 풍부한 세상에서 데이터의 원천은 매우 많고 포맷도 다양하다. 2장은 데이터를 R로 불러오는데 사용가능한 다양한 방법들을 다룬다. 이 장의 전반부는 R이 데이터를 보유할 때 사용하는 데이터구조를 소개하고 데이터를 수동으로 입력하는 방법을 기술한다. 후반부에서는 데이터를 텍스트 파일, 웹페이지, 스프레드시트, 통계 패키지, 그리고 데이터베이스에서 불러오는 방법들을 논의한다.

작업의 흐름이라는 관점에서, 다음으로 데이터 관리 및 데이터 정제를 논의하는 것이 합리적일지 모른다. 그러나 많은 사용자들은 R의 강력한 그래픽 능력에 대한 관심으로 R에 처음으로 접근한다. 이 관심을 억제하고 기다리게 하기보다, 우리는 3장에서 그래픽에 바로 뛰어 든다. 이 장은 그래프를 생성하고, 이를 맞춤화하고, 다양한 포맷으로 이를 저장하는 방법들을 검토한다. 이 장은 그래프에 사용되는 색, 기호, 선, 폰트, 축, 제목, 라벨, 그리고 범례 등을 지정하는 방법을 기술하고, 여러 개의 그래프를 하나의 그림으로 결합하는 방법을 서술하는 것으로 끝마친다.

일단 R의 그래프 역량을 보여줄 기회를 가졌다면, 데이터 분석하는 일로 돌아갈 시간이다. 데이터는 바로 사용할 수 있는 포맷으로 만나는 경우가 드물다. 분석과제에 제대로 마주하기도 전에 여러분들은 다른 원천에서 온 데이터를 결합하고 엉망진창인 데이터(잘못 코딩된 데이터, 잘못 연계된 데이터, 결측데이터)를 정제하고, 또 새로운 변수(결합된 변수, 변형된 변수, 리코딩된 변수)를 생성하는데 상당한 시간을 반드시 쓰게 된다. 4장은 R에서의 기초 데이터 관리를 다룬다. 여기에는 정렬, 병합, 데이터셋 하위셋 만들기, 그리고 변수 변형, 변수 리코딩, 변수 삭제 등의 방법이 있다.

5장은 4장에 있는 자료를 기반으로 한다. 여기에서 데이터 관리에서 수치형 함수(산술, 삼각함수, 그리고 통계적)와 문자 함수(문자열 나누기, 결합, 대치)의 사용을 다룬다. 기술되는 많은 함수를 예증하기 위하여 포괄적 예제가 전반적으로 사용된다. 다음으로 통제구조(순환반복, 조건 실행)가 논의된다. 그리고 여러분 자신의 R함수를 작성하는 법을 배울 것이다. 맞춤화 함수를 작성하면 여러 프로그래밍 단계들을 하나의 유연한 함수 호출로 캡슐화함으로써 R의 역량을 확장하게 해준다. 마지막으로 데이터를 재조직화하고(형태를 바꾸고) 집계하는 강력한 방법들이 논의된다. 형태바꾸기와 집계는 추가 분석을 위한 데이터 준비에 유익하다.

1부를 완료한 후, 여러분은 R 환경의 프로그래밍에 완전히 친숙하게 될 것이다. 여러분은 데이터에 접근하고, 정제하고 추가 분석을 위해 데이터를 준비하는 데 필요한 기술을 가지게 될 것이다. 또한 여러분들은 다양한 그래프를 생성하고 맞춤화하고 저장하는 경험을 한다.

제 1장 R의 소개

이 장에서 다룰 내용은 다음과 같다.

- R의 설치
- R 언어의 이해
- 프로그램의 작동

우리가 데이터를 분석하는 방법은 최근 극적으로 변하였다. PC와 인터넷의 도래로 우리가 활용할 수 있는 데이터량은 엄청나게 커졌다. 기업들은 테라바이트급의 고객데이터를 보유하고 있고, 정부연구소, 대학연구소 그리고 기업연구소들은 다양한 연구주제에서 광범위한 문서와 서베이 데이터를 보유하고 있다. 이러한 엄청난 데이터 저장소에서 정보(지혜는 차치하고라도)를 가려내는 것은 그 자체로 하나의 산업이 되었다. 동시에 이 정보를 접근하기 쉽고 이해하기 쉬운 방법으로 표현하는 것이 점증하는 도전과제가 되고 있다.

데이터분석의 과학(통계학, 계량심리학, 계량경제학, 기계학습 등)은 이러한 데이터의 폭발과 보조를 맞춰 왔다. PC와 인터넷 이전에 새로운 통계방법은 학계 연구자들이 전문저널에 논문을 게재하는 방식으로 발전되었다. 수 년이 지나 프로그래머들이 이 방법들을 채택하고 데이터분석에 널리 사용되는 통계패키지에 결합하였다. 오늘날에는 날마다 새로운 방법들이 나타난다. 통계연구자들은 새로운 방법과 개선된 방법들을 쉽게 접근할 수 있는 웹사이트에 프로그램코드와 함께 공개한다.

PC의 도래는 데이터를 분석하는 방법에도 또 다른 결과를 초래했다. 데이터분석이 메인프레임에서 수행되던 시절에는 컴퓨터 이용이 매우 비쌌으며 접하기도 어려웠다. 분석가는 필요하다고 생각되는 모든 옵션과 파라미터로 조심스럽게 컴퓨터를 설정하여야 했다. 프로시저가 실행되고 나면 결과 출력물은 수십 혹은 수백 페이지에 이르곤 했다. 분석가는 유용한 내용은 뽑아내고 나머지는 버리면서 이 출력물 전체를 면밀히 검토했다. 많은 인기 있는 통계패키지들은 원래 이 시기에 개발되었고 요즘도 여전히 어느 정도 이러한 접근을 따르고 있다.

PC가 제공한 싸고 쉬운 접근 덕분에 현대 데이터분석은 다른 패러다임으로 전환하였다. 한 번에 완벽한 데이터분석을 설정하기 보다는 각 단계의 출력이 다음 단계의 입력으로 제공되는 고도로 상호작용적인 프로세스가 되었다. 전형적인 분석 예시를 그림1.1에서 볼 수 있다. 분석 사이클의 어느 지점에서도 데이터 변환, 결측값 대체, 변수 추가 및 삭제, 그리고 전 프로세스를 다시 돌리기 등을 포함할 수 있다. 이 프로세스는 분석가가 데이터를 충분히 이해하고 모든 분석 과제에 답변했다고 믿을 때 비로소 끝난다.

PC의 도래(특히 고해상도 모니터의 보편화)는 결과를 이해하고 표현하는 방법에도 영향을 끼쳤다. 한 장의 사진은 정말로 천 단어의 가치를 가진다. 그래서 인간은 시각적 표현에서 유용한 정보를 추출하는데 능숙하다. 현대 데이터분석은 의미를 드러내고 결과를 전달하기 위해 그래픽 표현에 점점 더 의존하고 있다.

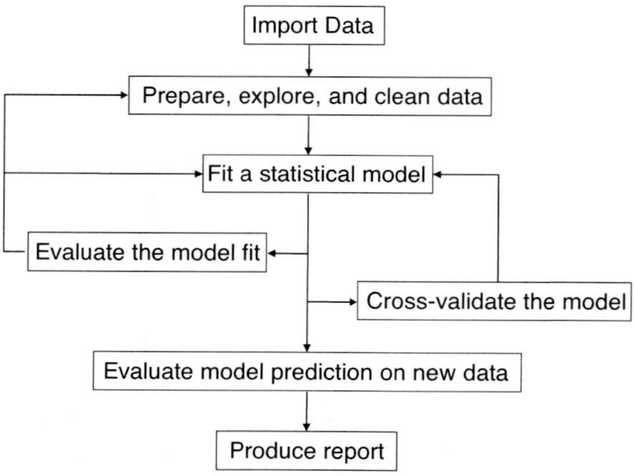

그림 1.1 전형적인 데이터분석의 단계들

오늘날의 데이터분석은 다음을 필요로 한다. 광범위한 원천(DBMS, 텍스트파일, 통계패키지, 스프레드시트)의 데이터에 접근하고, 데이터들을 병합하고, 데이터를 정제하고 주석을 달고, 최신 방법으로 데이터를 분석하고, 조사결과를 의미있고 그래픽적으로 매력적인 방법으로 표현하고, 결과를 매력적인 보고서에 결합하기 등. 다음 페이지에서 보게 되듯이, R은 이러한 목표를 달성하는데 이상적으로 잘 맞춰진 포괄적인 통계패키지이다.

1.1 왜, R을 사용하는가?

R은 통계 컴퓨팅과 그래픽을 위한 언어 및 환경이다. 이는 벨연구소에서 원래 개발된 S언어와 유사하다. R은 세계적 규모의 활동적인 대규모 연구공동체가 지원하는 데이터분석을 위한 오픈 소스 솔루션이다. 그러나 이용할 수 있는 다른 통계 및 그래픽 패키지(MS Excel, SAS, IBM SPSS, Stata와 Minitab과 같은)도 있다. 그렇다면 왜 R로 돌아서야 하는가?

R은 권고할 만한 다음과 같은 많은 기능을 가지고 있다.

- 대부분의 상용 통계 소프트웨어는 수천 혹은 수만 달러의 비용이 든다. R은 무료다. 특히 교수나 학생들에게 혜택은 분명하다.
- R은 모든 방식의 데이터분석 기법을 제공하는 포괄적인 통계 플랫폼이다. 어떤 유형의 데이터 분석도 R에서 수행될 수 있다.
- R은 다른 통계패키지들에서는 아직 사용할 수 없는 고급통계방법을 담고 있다. 사실 새로운 방법들을 주단위로 내려받아 사용할 수 있다. 당신이 SAS 사용자라면, 며칠 단위로 새로운 SAS PROC을 계속 가지게 된다는 것이 상상이나 되는가?
- R은 첨단 그래픽 역량을 보유하고 있다. 복잡한 데이터를 시각화하고 싶다면, R의 가장 포괄적이고 강력한 함수세트를 사용하면 된다.
- R은 대화형(interactive) 데이터분석 및 탐색을 위한 강력한 플랫폼이다. R은 처음부터 그림1.1 같은 접근을 지원하도록 설계되었다. 예를 들어 어떤 분석단계의 결과라도 쉽게 저장되고, 조작되고, 추가 분석용 입력으로 사용될 수 있다.
- 여러 개의 원천데이터를 쓸 수 있는 형태로 하나의 데이터로 만드는 것은 힘든 과제이다. R은 매우 다양한 원천(텍스트파일, DBMS, 통계패키지, 특수한 데이터 저장소)에서 쉽게 데이터를 불러올 수 있다. 또한 데이터를 이 시스템으로 내보낼 수도 있다. R은 또한 웹페이지, 소셜미디어 사이트, 그리고 다양한 온라인 데이터 서비스의 데이터에 바로 접근할 수도 있다.
- R은 쉽고 단순한 방법으로 새로운 통계방법들을 프로그래밍하도록 비병렬 플랫폼을 제공한다. R은 쉽게 확장가능하며, 최근 공개된 방법들을 빨리 프로그래밍하도록 자연어를 제공한다.
- R의 기능들은 다른 언어로 개발된 어플리케이션(C++, Java, Python, PHP, Pentaho, SAS, SPSS)에 통합될 수 있다. 사용하고 있는 어플리케이션에 R의 능력을 첨가함으로써 친숙한 언어로 계속 작업을 할 수 있다.
- R은 다양한 OS(Windows, Unix, Mac OS X)기반 위에서 작동한다. 이는 어떤 컴퓨터에서도 돌아간다는 얘기다(나는 심지어 iPhone에도 R을 설치하는 지침서를 접한 적이 있다. 이는 인상적이긴 했으나 좋은 생각은 아닌 것 같다).
- 새로운 언어를 배우고 싶지 않다면, 매뉴와 대화창만으로 R의 강력함을 제공하는 다양한 GUI환경도 이용가능하다.

R의 그래픽 역량을 그림 1.2의 예시들에서 엿볼 수 있다. 단 한 줄의 코드로 생성된 이 그래프는 생산직, 사무직, 전문직 직업들의 소득, 교육, 위세 사이의 관계를 보여 주고 있다. 기술적으로 이 그림은 산점도 행렬이다. 산점도행렬에는 집단을 표시하는 색과 선, 두 종류의 적합 선(선형과 로에스

(loess)), 신뢰 타원, 두 종류의 밀집도 표시(커널(kernel) 밀집 추정 그리고 깔개 플롯) 등이 있다. 추가로 각 산점도의 최대 이상치에는 자동으로 라벨이 붙는다. 이런 용어들이 친숙하지 않다면 걱정하지 말라. 뒷 장에서 이들을 다룰 것이다.

기본적으로 이 그래프는 다음을 나타내고 있다.

- 교육, 소득, 그리고 위세는 선형적 관계이다.
- 일반적으로 전문직이 높은 교육, 소득, 위세를 가지는 반면 생산직은 낮은 교육, 소득, 위세를 가진다. 사무직은 이들 중간이다.
- 약간의 흥미로운 예외도 있다. 철도 엔지니어는 높은 소득, 낮은 교육을 가진다. 목회자는 높은 위세, 낮은 소득을 가진다.

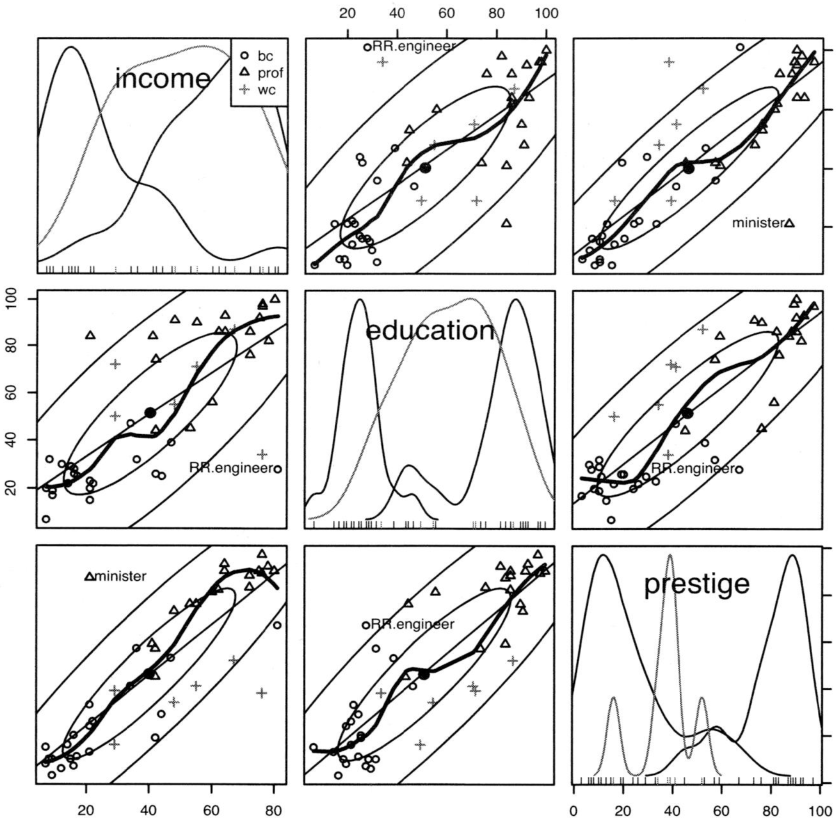

그림 1.2 블루칼라(bc), 화이트칼라(wc), 전문직(prof) 직종의 수입, 교육, 위세 사이의 관계. 출처: John Fox가 작성한 car 패키지(scatterplotMatrix() 함수). 이와 같은 그래프는 다른 통계 프로그래밍 언어로는 만들기 어렵지만 R에서는 한 두 줄의 코드로 만들어진다.

8장에서 이런 유형의 그래프에 대해 더욱 많이 논의할 것이다. 중요한 점은 R은 간단명료한 방식으로 우아하면서 정보가 풍부하고 고도로 맞춤화된 그래프를 만들게 해준다는 것이다. 다른 통계언어로 비슷한 그림을 만드는 것은 어렵거나, 시간이 많이 걸리거나, 심지어 불가능할 수도 있다.

그런데 애석하게도 R은 일정시간이 지나야 학습효과가 크게 증가하는 가파른 학습곡선(learning curve)을 가질 수 있다. R은 많은 것을 할 수 있기 때문에 이용가능한 문서와 도움말 파일이 무척 두툼하다. 게다가 많은 기능들이 독립 기여자들이 만든 옵션 모듈로 제공되기 때문에 관련 문서는 흩어져 있어 위치 확인이 어렵다. 사실 R이 할 수 있는 모든 것을 다루게 된다는 것은 도전과제이다.

이 책의 목적은 R에 쉽고 빠르게 접근하게 만드는 것이다. 우리는 여러분이 자신의 데이터로 시작할 수 있도록 하기 위해 충분한 자료를 다루면서 R의 특성들을 둘러볼 것이다. 그리고 더 배울 필요가 있다고 느낄 때는 가야할 지점을 알려 줄 것이다. 이제 프로그램을 설치하는 것부터 시작해 보자.

1.2 R을 구하여 설치하기

R은 http://cran.r-project.org의 Comprehensive R Archive Network (CRAN)에서 무료로 이용 가능하다. 기계어로 번역된(precompiled) 이진 파일들이 리눅스, 맥 OS X, 그리고 윈도우용으로 이용가능하다. OS 플랫폼을 선택하고 기본 설치를 위한 지침을 따르라. 뒤에서 패키지라 불리는 선택 모듈을 통해 기능을 추가하는 것에 대해 논의할 것이다(이는 또한 CRAN에서도 이용가능하다). 부록G는 현재 설치된 R을 새 버전으로 갱신하는 방법을 기술하고 있다.

1.3 R로 작업하기

R은 대소문자를 구별하는 해석형 언어이다. 명령 프롬프트(>)에서 한 번에 하나의 명령을 실행할 수도 있고 원천파일에 있는 일군의 명령들을 실행할 수도 있다. 데이터의 유형은 벡터, 행렬, 데이터프레임(데이터셋과 유사함), 그리고 리스트(객체들 더미)를 포함하여 다양하다. 2장에서 각각의 데이터 유형에 대해 논의할 것이다.

대부분의 기능은 내장 및 사용자생성 함수, 그리고 객체의 생성과 조작을 통해 제공된다. **객체**(object)는 기본적으로 값이 부여될 수 있는 어떤 것이다. R에서 객체는 모든 것(데이터, 함수, 그래프, 분석결과와 더 이상)에 다 해당된다. 모든 객체는 R에게 이것을 다루는 방법을 말해주는 클래스 속성(class attribute)을 가지고 있다.

세션이 작동하는 동안 모든 객체는 메모리에 보관된다. 기초 함수들은 기본설정으로 사용가능하다. 다른 함수들은 패키지들에 담겨있는데 필요할 때 현재 세션에 불러 첨부하면 된다. 프로그램문은 함수와 할당문으로 구성된다. R은 할당을 표시하는 기호로 전형적으로 사용되는 = 보다는 <- 기호를 사용한다. 예를 들어 프로그램문

```
x <- rnorm(5)
```

는 표준 정규분포에서 무작위로 뽑은 5개의 요소를 담고 있는 x라는 벡터 객체를 생성한다.

> **NOTE** R은 객체 할당에 = 부호의 사용을 허용하기는 한다. 그러나 이런 식으로 작성된 프로그램을 좀처럼 보지 못할 것이다. 이것이 표준구문이 아니기 때문이다. 이것이 작동하지 않는 상황도 조금 있고, R프로그래머들은 이렇게 사용하면 비웃을 것이다. 할당 방향을 반대로도 할 수 있다. 예를 들어 `rnorm(5) -> x`는 앞의 프로그램문과 같다. 이렇게 하는 것은 보편적이지 않으며 이 책에서 권하는 바가 아니다.

주석은 #를 먼저 쓰고 내용을 쓴다. R 해석기는 # 뒤의 텍스트를 무시한다.

1.3.1 시작하기

윈도우 사용자는 시작 메뉴에서 R을 띄워라. 맥에서는 어플리케이션 폴더에 있는 R아이콘을 더블-클릭하라. 리눅스에서는 터미널 창의 명령 프롬프트에 R을 쳐라. 이렇게 하면 R 인터페이스가 시작된다(예로 그림 1.3을 보라).

인터페이스에 대한 느낌을 갖기 위해 고안된 간단한 예제로 작업해 보자. 여러분은 신체 발육을 연

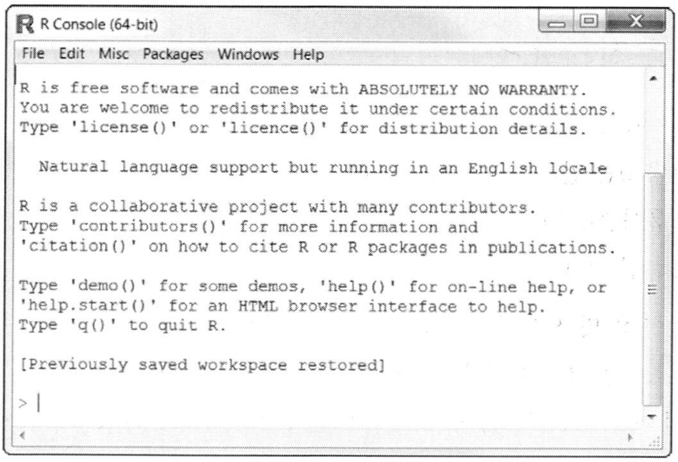

그림 1.3 윈도우에서 R 인터페이스의 예

표 1.1 영아 10명의 나이와 몸무게

Age(mo.)	Weight(kg.)	Age(mo.)	Weight(kg.)
01	4.4	05	7.2
09	7.3	09	10.4
03	5.3	02	5.2
03	6.0	12	10.2

구하고 있고, 돌이 안 된 영아 10명의 나이(월)와 몸무게를 수집했다고 하자(표 1.1을 보라). 여러분은 몸무게와 나이의 관계 분포에 관심이 있다.

분석은 프로그래밍 1.1에 있다. 나이와 몸무게 데이터가 함수 c()를 사용하는 벡터로 입력된다. c()는 이것의 인자들을 벡터 또는 리스트 안에 결합한다. 몸무게 평균, 몸무게 표준편차, 그리고 나이와 몸무게 간의 상관관계는 각각 mean(), sd(), 그리고 cor() 함수에 의하여 제공된다. 마지막으로, plot() 함수를 사용하여 몸무게 대비 나이가 그려진다. 그림은 경향을 시각적으로 파악할 수 있게 해준다. q() 함수는 세션을 끝내고 프로그램을 빠져나갈 수 있도록 한다.

프로그래밍 1.1 R 세션 견본

```
> age <- c(1,3,5,2,11,9,3,9,12,3)
> weight <- c(4.4,5.3,7.2,5.2,8.5,7.3,6.0,10.4,10.2,6.1)
> mean(weight)
[1] 7.06
> sd(weight)
[1] 2.077498
> cor(age,weight)
[1] 0.9075655
> plot(age,weight)
> q()
```

프로그래밍 1.1에서 보듯이 영아 10명의 몸무게 평균은 7.06 킬로그램이고, 표준편차는 2.08 킬로그램이고, 나이와 몸무게 사이에 강한 선형관계(상관관계=0.91)가 있다. 상관관계는 그림 1.4의 산점도에서도 볼 수 있다. 당연히 영아의 나이가 증가할수록, 몸무게가 증가하는 경향이 있다.

그림 1.4의 산점도는 유익한 정보를 주지만 다소 실용적이거나 매력적이지 않다. 이후의 장에서 필요에 맞게 그래프를 맞춤화하는 방법을 살펴볼 것이다.

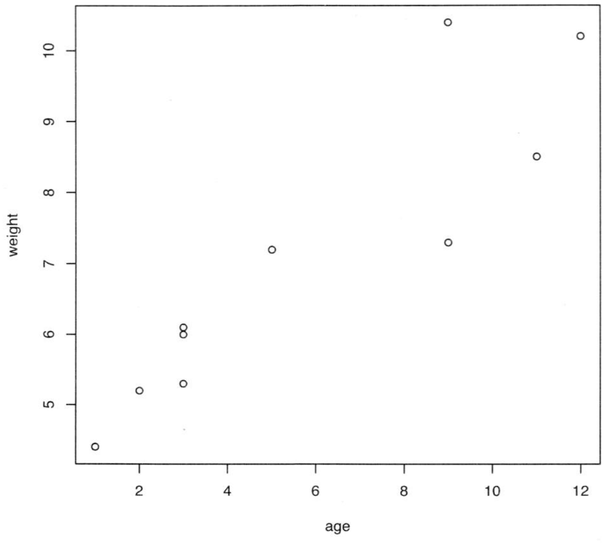

그림 1.4 나이(개월)에 따른 영아 몸무게(kg)의 산점도

TIP R이 그래픽적으로 할 수 있는 것에 대한 감을 얻기 위해, 명령 프롬프트에서 `demo()`를 쳐보라. 생산되는 그래프들의 일부 표본이 그림 1.5에 담겨 있다. `demo(Hershey)`, `demo(persp)` 그리고 `demo(image)`는 다른 예시들을 가지고 있다. 전체 예시 목록을 보려면 파라미터 없이 `demo()`를 입력하라.

1.3.2 도움말 얻기

R은 광대한 도움말을 제공한다. 그리고 도움말 잘 찾는 법을 배우면 프로그래밍 작업에 엄청난 도움이 될 것이다. 도움말 체계는 설치된 패키지에 담겨진 함수의 세부사항, 참고문헌 그리고 예시를 제공한다. 표 1.2에 나열된 함수를 사용하여 도움말을 얻을 수 있다.

함수 `help.start()`는 브라우저 창을 연다. 이 브라우저 창에서 입문 및 고급 사용설명서, FAQs, 그리고 참고자료들에 접근할 수 있다. `RSiteSearch()` 함수는 온라인 도움말 설명서와 R-Help 메일링 리스트 보관문서에서 해당 주제를 찾아 그 결과를 브라우저 창에 반환한다. `vignette()` 함수에 의해 반환된 소품문(vignette)은 PDF포맷으로 제공되는 실용적인 입문용 글이다. 모든 패키지가 소품문을 가지는 것은 아니다.

보시다시피, R은 광대한 도움말을 제공하고 이를 잘 찾는 법을 배우면 프로그래밍 작업에 분명히 도움을 줄 것이다. 나는 함수의 특성(옵션 혹은 반환값 같은)을 살펴보기 위해 대부분의 경우에 ?을 이용한다.

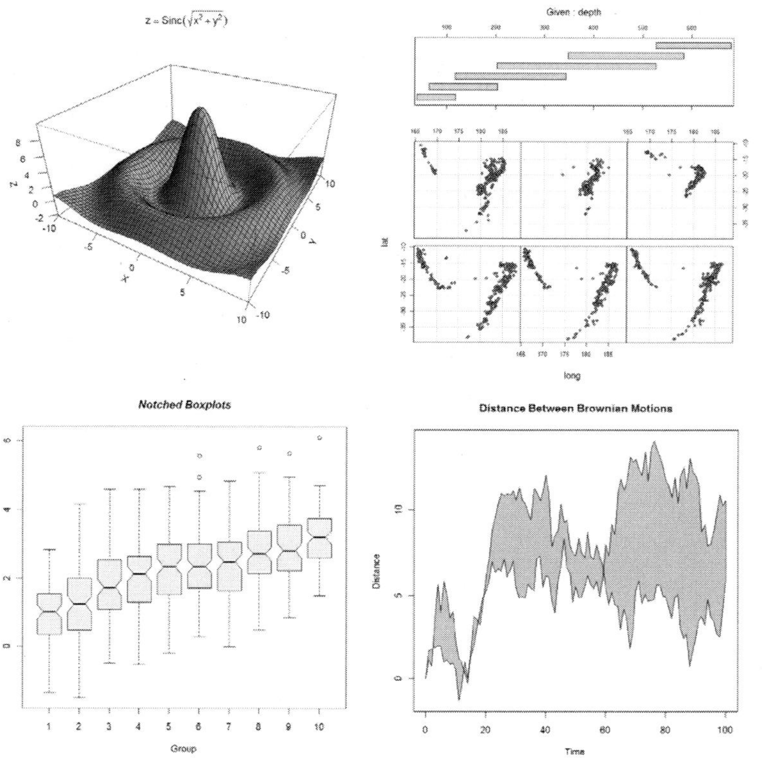

그림 1.5 demo() 함수로 생성된 그래프 표본

표 1.2 R 도움말 함수

함수	행동
help.start()	일반적인 도움말
help("foo") or ?foo	함수 foo에 관한 도움말 (""표시는 선택사항)
help.search("foo") or ??foo	문자열 foo의 사례를 도움말 시스템에서 찾는다.
example("foo")	함수 foo의 예시들(""표시는 선택사항)
RSiteSearch("foo")	온라인 도움말 사용설명서와 보관용 메일링 리스트에서 문자열 foo를 찾는다.
apropos("foo", mode="function")	이름에 foo가 있는 모든 이용가능한 함수를 나열한다.
data()	현재 적재된 패키지에 담겨있는 모든 이용가능한 예시 데이터셋을 나열한다.
vignette()	현재 설치된 패키지를 설명하는 모든 이용가능한 소품문(vignette)을 나열한다.
vignette("foo")	주제 foo를 위한 소품문을 보여준다.

1.3.3 작업공간(Workspace)

작업공간은 R이 현재 작업을 하고 있는 환경이며 사용자가 정의한 모든 객체들(벡터, 행렬, 함수, 데이터프레임, 그리고 리스트)을 포함하고 있다. R세션을 종료할 때, 당시의 작업공간 이미지를 저장할 수 있으며, 이는 다음에 R을 시작할 때 자동으로 다시 적재된다. 명령어는 R사용자 프롬프트에 대화형으로 입력된다. 아래 위 화살표 키를 사용하여 명령문 이력을 살펴볼 수 있다. 이를 통해 이전의 명령문을 선택하고, 원한다면 이를 편집하고, 엔터키를 사용해서 다시 명령을 내릴 수 있다.

현재 작업하는 디렉토리는 R이 파일을 읽을 디렉토리이고 결과를 기본설정으로 저장할 디렉토리이다. `getwd()` 함수로 현재의 작업 디렉토리를 알 수 있다. `setwd()` 함수로 현재 작업 디렉토리를 설정할 수 있다. 현재 작업 디렉토리에 없는 파일을 투입할 필요가 있다면, 요청문에 전체 경로명을 사용하라. 항상 운영체제에 있는 디렉토리명과 파일명을 따옴표로 묶어라. 표 1.3에 작업공간 관리를 위한 표준 명령어들이 있다.

이 명령어들이 실행되는 것을 보려면, 아래 프로그래밍을 살펴보라.

표 1.3 R 작업공간을 관리하는 함수

함수	행동
getwd()	현재 작업 디렉토리를 나열한다.
setwd(*"mydirectory"*)	현재 작업 디렉토리를 mydirectory로 바꾼다.
ls()	현재 작업공간에 있는 객체들을 나열한다.
rm(*objectlist*)	하나 혹은 그 이상의 객체를 제거(삭제) 한다.
help(*options*)	이용가능한 선택사항에 대한 정보를 제공한다.
options()	현재 선택사항을 보여주거나 설정한다.
history(*#*)	끝에서 #개의 명령어를 보여준다(default=25).
savehistory(*"myfile"*)	*myfile* (default=.Rhistory)에 명령어 이력을 저장한다.
loadhistory(*"myfile"*)	명령어 이력을 다시 적재한다(default=.Rhistory).
save.image(*"myfile"*)	*myfile* (default=.RData)에 작업공간을 저장한다.
save(objectlist, file= *"myfile"*)	특정한 객체들을 파일에 저장한다.
load(*"myfile"*)	어떤 작업공간을 현재 세션에 적재한다.
q()	R을 중단한다. 작업공간을 저장할지 질문을 받는다.

프로그래밍 1.2 R 작업공간을 관리하는데 사용되는 명령어 예시

```
setwd("C:/myprojects/project1")
options()
options(digits=3)
x <- runif(20)
summary(x)
hist(x)
q()
```

첫째, 현재의 작업 디렉토리는 C:/myprojects/project1 으로 설정되고, 현재의 선택사항(옵션) 설정을 보여준다. 그리고 숫자는 소수점 이하 세 자리로 출력되도록 포맷된다. 다음, 20개의 uniform 무작위 변량을 가지는 벡터가 생성된다. 그리고, 이 데이터에 기반한 요약 통계와 히스토그램이 생산된다. `q()` 함수가 실행되면, 사용자는 작업공간을 저장할 것인지 질문을 받는다. y를 입력하면, 세션 이력이 .Rhistory 파일로 저장된다. 그리고, 작업공간 (벡터 x가 포함된)은 현재의 디렉토리에 .RData 파일로 저장된다. 세션이 끝나고, R은 종료된다.

`setwd()` 명령문의 경로명에 있는 슬래쉬를 주목하라. R은 역슬래쉬를 확장문자(escape character)로 취급한다. 윈도우 플랫폼에서 R을 사용할 때도 경로명에 슬래쉬를 사용하라. 그리고 `setwd()` 함수는 존재하지 않는 디렉토리는 생성하지 않을 것이라는 것을 알아두라. 필요하다면 먼저 `dir.create()` 함수를 사용하여 디렉토리를 만들고 난 후 `setwd()`를 사용하여 디렉토리 위치를 변경하라.

프로젝트를 별개의 디렉토리에 보관하는 것은 좋은 생각이다. 프로젝트를 적당한 경로에 설정하는 `setwd()` 명령으로 R세션을 시작하고 뒤이어 `load(".RData")` 명령을 한다. 이것은 여러분들이 지난번 세션에서 중단한 곳에서 시작할 수 있게 해주며 객체와 이력을 프로젝트 간에 별도로 보관하게 해준다. 윈도우와 맥에서 이것은 더 쉽다. 프로젝트 디렉토리를 검색하다가 저장된 이미지 파일을 더블클릭하라. 이렇게 하면 R이 시작하고 저장된 작업공간이 적재되고 현재 작업하는 디렉토리를 이 곳으로 설정하게 한다.

1.3.4 입력(Input)과 출력(Output)

R을 띄우면 키보드에서 입력하고 스크린에 출력하는 대화형 세션이 디폴트로 시작된다. 그러나 **스크립트 파일**(R 프로그램문을 담고 있는 파일)의 명령들을 처리할 수도 있고 출력을 보내도록 지시할 수도 있다.

제2장 데이터셋 생성하기

이 장에서 다룰 내용은 다음과 같다.

- R의 데이터 구조 탐색하기
- 데이터 입력 사용하기
- 데이터 불러오기
- 데이터셋 주석달기

모든 데이터분석의 첫 단계는 연구할 정보를 담고 있는 데이터셋을 원하는 포맷으로 생성하는 것이다. R에서 이 과업은 아래 사항들을 수반한다.

- 데이터를 담을 데이터 구조 선택하기
- 선택한 데이터 구조에 데이터를 입력하거나 불러오기

이 장의 첫째 부분(2.1~2.2 절)은 R이 데이터를 취하는데 사용할 수 있는 데이터 구조가 풍부하다는 것을 기술한다. 특히 2.2절은 벡터, 요인, 행렬, 데이터프레임, 그리고 리스트에 대해 기술한다. 이러한 구조(그리고 구조안의 요소에 접근하는데 사용되는 표기법)와 친숙하게 되면 R이 작동하는 법을 훨씬 더 잘 이해하게 된다.

이 장의 둘째 부분 (2.3절)은 R로 데이터를 불러들이는데 사용가능한 여러 가지 방법들을 다룬다. 데이터를 수동으로 입력하거나 외부 원천에서 불러들일 수 있다. 이러한 데이터 원천에는 텍스트 파일, 스프레드시트, 통계패키지, 그리고 DBMS 등이 있다. 예를 들어 내가 전형적으로 작업하는 데이터는 SQL 데이터베이스에서 나온다. 그래도 가끔 레거시 DOS시스템과 SAS 및 SPSS 데이터베이스에서 데이터를 받곤 한다. 아마도 여러분들은 이 장에서 기술된 방법 중 한두 가지 정도만 사용할 가능성이 크다. 그러므로 상황에 맞는 방법을 편안하게 선택하시기 바란다.

데이터셋이 생성되면, 변수와 변수코드에 설명 라벨을 붙이는 등 주석을 단다. 이 장의 셋째 부분(2.4절)은 데이터셋에 주석 다는 것을 살펴보고 데이터셋으로 작업하는데 유용한 함수들(2.5절)을 검토할 것이다. 기초부터 시작해 보자.

2.1 데이터셋 이해하기

데이터셋은 보통 관측치를 나타내는 행과 변수를 나타내는 열로 이루어진 사각형의 배열이다. 표 2.1은 가상의 환자 데이터셋 예시이다.

각 분야의 전통에 따라 데이터셋의 행과 열을 부르는 이름이 다르다. 통계학자들은 이를 관측치와 변수로 부르고, 데이터베이스 분석가들은 레코드와 필드로, 데이터마이닝과 기계학습분야 전문가들은 사례와 속성으로 부른다. 우리는 이 책 전체를 통틀어 이를 **관측치**(observations)와 **변수**(variables)라는 용어를 사용할 것이다.

여러분은 데이터셋의 구조(이 경우에서는 사각형 배열)와 그 내용물 혹은 데이터 유형을 구분할 수 있다. 표 2.1의 데이터셋에서 `PatientID`는 열 혹은 사례 구분자이고, `AdmDate`는 날짜 변수이고, `Age`는 연속변수이고, `Diabetes`는 명목변수이고, `Status`는 서열변수이다.

R은 데이터를 취하기 위해 스칼라(scalars), 벡터(vectors), 배열(arrays), 데이터프레임(data frames)과 리스트(lists) 등의 다양한 데이터 구조를 담아낸다. 이러한 구조의 다양성으로 R언어는 데이터를 다루는데 있어 엄청난 유연성을 가지게 된다. R이 다룰 수 있는 데이터 유형 또는 모드(mode)에는 숫자형, 문자형, 논리형(TRUE/FALSE), 복소수형(허수), 그리고 원시형(bytes) 등이 있다. R에서 `PatientID`, `AdmDate`, 그리고 `Age`는 숫자변수인 반면 `Diabetes`와 `Status`는 문자변수이다. 추가로 `PatientID`는 사례식별자이고, `AdmDate`는 날짜를 담고 있고, `Diabetes`와 `Status`는 각각 명목변수와 서열변수라는 것을 R에게 알려줘야 한다. R은 사례식별자를 `rownames`로, 범주형 변수(명목, 서열)를 `factors`로 나타낸다. 다음 절에서 각각을 다룰 것이다. 날짜에 대해서는 3장에서 배울 것이다.

표 2.1 환자 데이터셋

PatientID	AdmDate	Age	Diabetes	Status
1	10/15/2014	25	Type1	Poor
2	11/01/2014	34	Type2	Improved
3	10/21/2014	28	Type3	Excellent
4	10/28/2014	52	Type4	Poor

2.2 데이터 구조

R은 데이터를 담기 위한 다양한 객체(스칼라, 벡터, 행렬, 배열, 데이터프레임, 그리고 리스트)를 가진다. 객체들은 보유할 수 있는 데이터 유형, 객체 생성 방법, 구조적 복잡성, 그리고 개별 데이터 요소를 식별하고 접근하는데 사용되는 표기법 등에서 서로 다르다. 그림 2.1은 이들 데이터 구조에 대한 도식이다. 벡터를 시작으로 각 구조들을 차례로 살펴보자.

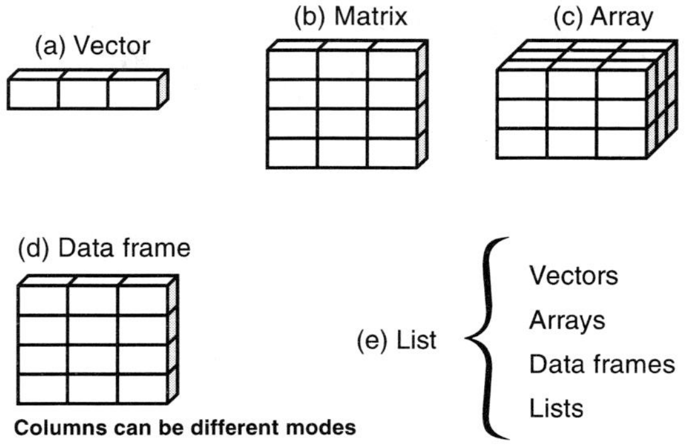

그림 2.1 R 데이터 구조

◆ 일부 용어 정의

몇몇 용어들은 R이 특이해서 신규 사용자들에게는 혼돈을 준다.

- R에서, **객체(object)**는 변수에 할당될 수 있는 어떤 것이다. 이것에는 상수, 데이터 구조, 함수, 그리고 심지어 그래프도 있다. 객체는 **모드**(**mode**: 객체가 어떻게 담겨지는지를 기술한다)와 **클래스**(**class**: print와 같은 총칭함수(generic functions)에게 이 객체를 어떻게 다룰지를 알려준다)를 가진다.
- **데이터프레임**은 R에서 데이터를 담는 하나의 구조이다. 이는 표준 통계패키지(예를 들어 SAS, SPSS, Stata)에서의 데이터셋과 비슷하다. 열은 변수이고 행은 관측치이다. 동일한 데이터프레임에 서로 다른 유형(예를 들어 숫자 또는 문자)의 변수를 가질 수 있다. 데이터프레임은 데이터셋을 담는데 사용하는 주된 구조이다.
- **요인(factors)**은 명목 내지 서열 변수이다. R에서 이들은 특별하게 저장되고 취급된다. 요인에 대해서는 2.2.5절에서 배울 것이다.
- R에서 사용되는 다른 대부분의 용어들은 친숙할 것이다. 따라서 통계학 및 컴퓨팅에서 일반적으로 사용되는 용어정의를 따르면 된다.

2.2.1 벡터(vector)

벡터(vector)는 숫자데이터, 문자데이터, 또는 논리형 데이터를 취할 수 있는 일차원 배열이다. 결합함수 c()는 벡터를 만드는데 사용된다. 여기 유형별 벡터 예시가 있다.

```
a <- c(1, 2, 5, 3, 6, -2, 4)
b <- c("one", "two", "three")
c <- c(TRUE, TRUE, TRUE, FALSE, TRUE, FALSE)
```

여기서 a는 숫자 벡터이고, b는 문자 벡터, 그리고 c는 논리형 벡터이다. 벡터 안의 데이터는 반드시 하나의 유형 혹은 모드(숫자, 문자, 또는 논리형)이어야 한다는 것을 명심하라. 동일한 벡터에 모드를 섞을 수 없다.

> **NOTE** 스칼라(Scalar)는 요소가 하나인 벡터다. 사례로 `f <- 3`, `g <- "US"`, 그리고 `h <- TRUE`. 스칼라는 상수를 취하는데 사용된다.

대괄호([ ]) 안에 위치를 알려주는 숫자 벡터를 사용하여 벡터의 요소를 지칭할 수 있다. 예를 들어 `a[c(2, 4)]` 는 벡터 a의 둘째 요소와 넷째 요소를 지칭한다. 여기 또 다른 예시가 있다.

```
> a <- c("k", "j", "h", "a", "c", "m")
> a
[1] "k" "j" "h" "a" "c" "m"
> a[3]
[1] "h"
> a[c(1, 3, 5)]
[1] "k" "h" "c"
> a[2:6]
[1] "j" "h" "a" "c" "m"
```

마지막 프로그램문에서 사용된 : 연산자는 연속된 숫자를 만들어낸다. 예를 들어, `a <- c(2:6)`은 `a <- c(2, 3, 4, 5, 6)`과 같다.

2.2.2 행렬(matrix)

행렬(matrix)은 요소들이 동일한 모드(숫자, 문자, 또는 논리형)인 이차원 배열이다. 행렬은 `matrix()` 함수로 생성된다. 일반적 포맷은 다음과 같다.

```
myymatrix <- matrix(vector, nrow=number_of_rows,
ncol=number_of_columns, byrow=logical_value, dimnames=list(
char_vector_rownames, char_vector_colnames))
```

여기서 vector는 행렬의 요소들을 담고 있고, `nrow`와 `ncol`은 행과 열 차원들을 지정한다. 그리고 `dimnames`는 선택사항으로 문자 벡터에 저장되는 행과 열의 라벨을 담고 있다. 선택사항 `byrow`는 행렬이 행 기준으로(`byrow=TRUE`) 혹은 열 기준으로(`byrow=FALSE`) 채워질 것인지를 제시한다. 기본설정은 열 기준이다. 다음 프로그래밍은 `matrix`함수를 보여주고 있다.

프로그래밍 2.1　행렬 생성하기

```
> y <- matrix(1:20, nrow=5, ncol=4)     ❶ Creates a 5 × 4 matrix
> y
     [,1] [,2] [,3] [,4]
[1,]    1    6   11   16
[2,]    2    7   12   17
[3,]    3    8   13   18
[4,]    4    9   14   19
[5,]    5   10   15   20
> cells    <- c(1,26,24,68)
> rnames   <- c("R1", "R2")
> cnames   <- c("C1", "C2")
> mymatrix <- matrix(cells, nrow=2, ncol=2, byrow=TRUE,     ❷ 2 × 2 matrix filled by rows
                     dimnames=list(rnames, cnames))

> mymatrix
   C1 C2
R1  1 26
R2 24 68
> mymatrix <- matrix(cells, nrow=2, ncol=2, byrow=FALSE,    ❸ 2 × 2 matrix filled by columns
                     dimnames=list(rnames, cnames))

> mymatrix
  C1 C2
R1  1 24
R2 26 68
```

첫째, 5×4 행렬을 생성한다❶. 다음으로 라벨이 있는 2×2 행렬을 생성하고 행 기준으로 행렬을 채운다❷. 마지막으로 2×2 행렬을 생성하고 열 기준으로 행렬을 채운다❸.

부속문(subscripts)과 대괄호를 사용하여 행, 열, 또는 행렬의 요소를 식별할 수 있다. `X[i, ]`는 행렬 X의 `i`번째 행을, `X[, j]`는 `j`번째 열을, `X[i, j]`는 `ij` 번째 요소를 각각 지칭한다. 부속문 `i`와 `j`는 여러 개의 행 또는 열을 선택하기 위해 아래 프로그래밍에서 보듯이 숫자 벡터가 될 수도 있다.

프로그래밍 2.2　행렬 부속문(subscripts) 사용하기

```
> x <- matrix(1:10, nrow=2)
> x
     [,1] [,2] [,3] [,4] [,5]
[1,]    1    3    5    7    9
[2,]    2    4    6    8   10
> x[2,]
 [1]  2  4  6  8 10
> x[,2]
[1] 3 4
> x[1,4]
[1] 7
> x[1, c(4,5)]
[1] 7 9
```

먼저 1부터 10까지 숫자로 채워진 2×5 행렬이 생성된다. 디폴트로 행렬은 열 기준으로 채워진다. 두 번째 행의 요소들이 선택되고 난 후, 두 번째 열의 요소들이 선택된다. 다음으로 첫째 행과 넷째 열에 있는 요소가 선택된다. 마지막으로 첫째 행에 있는 4열과 5열의 요소들이 선택된다.

행렬은 2차원이고, 벡터와 같이 한 종류의 데이터 유형만을 담을 수 있다. 2차원 보다 더 많을 때 배열(2.2.3 절)을 사용한다. 여러 개의 데이터 모드가 있을 때 데이터프레임(2.2.4)을 사용한다.

2.2.3 배열(Array)

배열(Array)은 행렬과 비슷하지만 두 개보다 많은 차원을 가질 수 있다. 아래 형식의 array 함수로 생성된다.

```
myarray <- array(vector, dimensions, dimnames)
```

여기서 **벡터**는 배열의 데이터를 담고 있고, *dimension*은 각 차원의 최대 지수를 제시하는 숫자 벡터이고, *dimnames*는 차원의 라벨 목록으로 선택사항이다. 다음 프로그래밍은 3차원 (2×3×4)의 숫자 배열을 만드는 예시이다.

프로그래밍 2.3 배열 생성하기

```
> dim1 <- c("A1", "A2")
> dim2 <- c("B1", "B2", "B3")
> dim3 <- c("C1", "C2", "C3", "C4")
> z <- array(1:24, c(2, 3, 4), dimnames=list(dim1, dim2, dim3))
> z
, , C1
   B1 B2 B3
A1  1  3  5
A2  2  4  6

, , C2
   B1 B2 B3
A1  7  9 11
A2  8 10 12

, , C3
   B1 B2 B3
A1 13 15 17
A2 14 16 18

, , C4
   B1 B2 B3
A1 19 21 23
A2 20 22 24
```

위에서 볼 수 있듯이, 배열은 행렬의 자연적 확장이다. 이것은 새로운 통계방법을 프로그래밍하는데 유용할 수 있다. 행렬처럼 배열은 하나의 모드여야 한다. 요소를 식별하는 방법은 행렬에서 방법과 같다. 위 예시에서 z[1,2,3] 요소는 15이다.

2.2.4 데이터프레임(data frame)

데이터프레임(data frame)은 열마다 다른 데이터 모드를 가질 수 있다는 점에서 행렬보다 더 일반적이다. 이는 SAS, SPSS, Stata 등에서 전형적으로 보아온 데이터셋과 유사하다. 데이터프레임은 R에서 취급하는 가장 흔한 데이터 구조이다.

표 2.1 의 환자 데이터셋은 숫자와 문자 데이터로 이루어져 있다. 복수의 데이터 모드가 있기 때문에 이를 행렬에 담을 수 없다. 이 경우 선택할 구조는 데이터프레임이다.

데이터프레임은 data.frame() 함수로 생성된다.

```
mydata <- data.frame(col1, col2, col3,...)
```

여기서 *col1*, *col2*, *col3* 등은 어떤 데이터 유형(문자, 숫자, 또는 논리형)의 열 벡터이다. 각 열의 이름은 names 함수로 제공될 수 있다. 아래 프로그래밍은 이를 분명하게 해준다.

프로그래밍 2.4 데이터프레임 생성하기

```
> patientID <- c(1, 2, 3, 4)
> age <- c(25, 34, 28, 52)
> diabetes <- c("Type1", "Type2", "Type1", "Type1")
> status <- c("Poor", "Improved", "Excellent", "Poor")
> patientdata <- data.frame(patientID, age, diabetes, status)
> patientdata
  patientID age diabetes    status
1         1  25    Type1      Poor
2         2  34    Type2  Improved
3         3  28    Type1 Excellent
4         4  52    Type1      Poor
```

각 열은 하나의 모드만을 가지지만, 데이터프레임을 만들기 위해 상이한 모드의 열을 더할 수 있다. 데이터프레임은 분석가들이 전형적인 데이터셋으로 생각하는 것에 가깝기 때문에, 우리는 데이터프레임에 대해 논의할 때 **열**과 **변수**라는 용어를 번갈아 가면서 사용할 것이다.

데이터프레임에서 요소를 식별하는 방법은 여러 가지이다. 앞서 사용한 부속문 표기법(예를 들어 행렬에서)을 사용할 수도 있고, 열 이름을 지정할 수도 있다. 아래 프로그래밍은 앞에서 생성한 데이터프레임 patientdata를 대상으로 이러한 접근방법을 보여준다.

프로그래밍 2.5 데이터프레임의 요소 식별하기

```
> patientdata[1:2]
  patientID age
1         1  25
2         2  34
3         3  28
4         4  52
> patientdata[c("diabetes", "status")]
  diabetes    status
1    Type1      Poor
2    Type2  Improved
3    Type1 Excellent
4    Type1      Poor
 > patientdata$age
[1] 25 34 28 52
```

❶ **Indicates the age variable in the patient data frame**

셋째 예시에 있는 $ 표기법은 새로운 것이다❶. 이것은 주어진 데이터프레임의 특정 변수를 가리키는 데 사용된다. 예를 들어, 당뇨병 유형(diabetes)을 상태(status)로 교차분석하고자 한다면 아래 코드를 사용할 수 있다.

```
> table(patientdata$diabetes, patientdata$status)

         Excellent Improved Poor
   Type1         1        0    2
   Type2         0        1    0
```

모든 변수 이름의 시작에 `patientdata$`를 치는 것은 피곤할 수 있어서, 단축된 방법을 쓸 수 있다. 코드 단순화를 위해 `attach()`, `detach()`, 또는 `with()` 등을 사용할 수 있다.

• ATTACH, DETACH, 그리고 WITH

`attach()` 함수는 데이터프레임을 R 검색 경로에 추가한다. 변수 이름이 나타나면, 해당 변수를 검색경로에 있는 데이터프레임에서 점검한다. 1장에서 예시로 사용된 데이터프레임 `mtcars`를 대상으로, 연비(mpg)의 요약통계와 배기량(`disp`) 대비 연비, 차중량(`wt`) 대비 연비에 관한 플롯을 그리는 프로그램은 아래와 같다.

```
summary(mtcars$mpg)
plot(mtcars$mpg, mtcars$disp)
plot(mtcars$mpg, mtcars$wt)
```

이는 다음과 같이 쓰여질 수도 있다.

```
attach(mtcars)
  summary(mpg)
  plot(mpg, disp)
```

```
  plot(mpg, wt)
detach(mtcars)
```

detach() 함수는 검색 경로로부터 데이터프레임을 제거한다. detach()는 데이터프레임 자체에는 아무 것도 하지 않는다는 것을 주지하라. 이 프로그램문은 선택사항이지만, 좋은 프로그래밍 관행이며 일상화 되어야 한다.

하나 이상의 객체가 같은 이름을 가질 때, 이 접근법은 분명히 한계가 있다. 다음 코드를 검토하라.

```
> mpg <- c(25, 36, 47)
> attach(mtcars)
following object(s) are masked _by_ '.GlobalEnv':    mpg
> plot(mpg, wt)
Error in xy.coords(x, y, xlabel, ylabel, log) :
  'x' and 'y' lengths differ
> mpg
[1] 25 36 47
```

mtcars 데이터프레임을 첨부할 때 이미 mpg라는 객체는 존재하고 있다. 이러한 경우에 최초 객체가 우선권을 가지는데, 이것은 원하는 바가 아니다. plot 프로그램문은 실패한다. 왜냐하면 mpg에는 3개의 요소가 disp에는 32개의 요소가 있기 때문이다. attach()와 detach() 함수는 하나의 데이터프레임을 분석할 때, 그리고 복수의 객체에 동일한 변수명이 없을 때, 가장 잘 사용될 수 있다. 항상 객체들이 가려져 있다고 하는 경고에 주의를 기울여라.

대안적 접근은 with() 함수를 사용하는 것이다. 앞의 예제를 다음과 같이 쓸 수 있다.

```
with(mtcars, {
 print(summary(mpg))
 plot(mpg, disp)
 plot(mpg, wt)
})
```

이 경우에, { } 괄호안의 프로그램문은 mtcars 데이터프레임을 준거로 평가된다. 이름이 충돌하는 것은 걱정하지 않아도 된다. 만약 진술문이 하나라면(예를 들어 summary(mpg)) { } 괄호는 선택사항이다.

with() 함수의 한계는 함수 괄호안에서만 할당이 존재한다는 것이다. 다음을 검토하라.

```
> with(mtcars, {
  stats <- summary(mpg)
  stats
 })
```

```
   Min. 1st Qu.  Median    Mean  3rd Qu.    Max.
  10.40   15.43   19.20   20.09    22.80   33.90
> stats
Error: object 'stats' not found
```

만약 with() 프로그램문 밖에 존재하는 객체를 생성할 필요가 있다면, 표준 할당 연산자 대신에 특수 할당 연산자 <<- 를 사용한다. 이것은 객체를 with() 요청 바깥의 글로벌 환경에 객체를 저장한다. 이것은 아래 코드에서 예시로 제시되어 있다:

```
> with(mtcars, {
  nokeepstats <- summary(mpg)
  keepstats <<- summary(mpg)
})
> nokeepstats
Error: object 'nokeepstats' not found
> keepstats
   Min. 1st Qu.  Median    Mean  3rd Qu.    Max.
  10.40   15.43   19.20   20.09    22.80   33.90
```

R에 관한 대부분의 책은 attach() 대신 with()를 추천한다. 궁극적으로 선택은 선호의 문제이고, 여러분이 성취하고자 하는 것과 이들 함수들의 함의를 어떻게 이해하고 있는지에 기반하고 있다. 이 책에서는 둘 다 사용할 것이다.

• 사례 식별자(CASE IDENTIFIER)

환자 데이터 예제에서 patientID는 데이터셋에서 개인들을 식별하는데 사용된다. R에서 사례 식별자는 data-frame 함수에 있는 row.names 옵션으로 지정될 수 있다. 예를 들어 보자.

```
patientdata <- data.frame(patientID, age, diabetes,
                          status, row.names=patientID)
```

위 프로그램문은 patientID를 R이 생산하는 다양한 출력물과 그래프 위에 사례들의 라벨을 붙일 때 사용하는 변수로 지정한다.

2.2.5 요인(Factor)

변수들은 명목, 서열, 혹은 연속변수로 기술될 수 있다. **명목변수(nominal variables)**는 함축된 순서가 없는 범주형이다. Diabetes(Type1, Type2)는 명목 변수의 예시이다. Type1이 1로 코딩되고 Type2가 2로 코딩되더라도, 순서가 함축된 것은 아니다. **서열변수(ordinal variables)**는 순서를 내포하지만 양은 아니다. Status(poor, improved, excellent)는 **서열변수**의 좋은 예이다. 나쁜 상태의 환자는 개선된 상태의 환자만큼 좋지 않다는 것을 안다. 그러나 얼마나 그런지는 모른다. **연속변수(continuous variables)**는 일정 범위내의 어떤 값도 취할 수 있고, 순서와 양 모두를 함축한다. Age는 연속변수이고 14.5 혹은 22.8과 같은 값이나 이 사이의 어떤 값도 취할 수 있다. 15살 사람은 14살 사람보다 1살 많다는 것을 알 수 있다.

R에서는 범주형(명목형) 변수와 서열화된 범주형(서열형) 변수를 **요인(factors)**이라고 부른다. R에서 요인은 중요한데, 이것이 데이터의 분석방법과 시각적 표현방법을 결정하기 때문이다. 이 책 전반에 걸쳐 예시들을 보게 될 것이다.

함수 `factor()`는 `[1...k]` 범위 이내(여기서 *k*는 명목변수의 고유한 값의 개수)의 정수의 벡터로 범주값을 저장한다. 그리고 문자열(원래 값) 벡터가 이 정수에 연결된다.

예를 들어 이런 벡터를 가지고 있다고 가정하자.

```
diabetes <- c("Type1", "Type2", "Type1", "Type1")
```

`diabetes <- factor(diabetes)` 프로그램문은 이 벡터를 (1, 2, 1, 1)로 저장하고, 이것을 1=Type1 그리고 2=Type2과 내적으로 결부시킨다(할당은 알파벳 순서이다). 벡터 diabetes 상에서 수행되는 모든 분석은 이 변수를 명목형으로 취급할 것이고, 측정수준에 적합한 통계방법을 선택할 것이다.

서열변수의 벡터에 대해, `factor()` 함수에 파라미터 `ordered=TRUE`를 첨가할 수 있다. 다음의 벡터에서

```
status <- c("Poor", "Improved", "Excellent", "Poor")
```

프로그램문 `status <- factor(status, order=TRUE)` 는 위 벡터를 (3, 2, 1, 3)으로 인코딩할 것이고, 이 값들은 1=Excellent, 2=Improved, 그리고 3=Poor 로 내부에서 연결된다. 나아가 이 벡터를 대상으로 수행되는 모든 분석은 이 변수를 서열로 취급하고 적절한 통계방법을 선택한다.

문자 벡터에 대한 요인 수준(level)은 디폴트로 알파벳 순으로 생성된다. 이것은 `status` 요인에는 적절하다. 왜냐하면 "`Excellent,`" "`Improved,`" "`Poor`" 순서가 그럴 듯하기 때문이다. 만약 "`Poor`"가 "`Ailing`"으로 코딩되었다면 문제가 되었을 것이다. 왜냐하면 순서가 "`Ailing`", "`Excellent,`" "`Improved,`"로 되기 때문이다. 원하는 순서가 "`Poor`", "`Improved`", "`Excellent`" 라고 하더라도 비슷한 문제가 존재한다. 서열화된 요인의 경우, 알파벳순을 기본설정으로 하는 것은 만족스러운 경우가 드물다.

`level` 옵션을 지정하면 이 기본설정을 무효화할 수 있다. 예를 들어,

```
status <- factor(status, order=TRUE,
                 levels=c("Poor", "Improved", "Excellent"))
```

는 레벨(levels)을 1=Poor, 2=Improved, 3=Excellent로 할당한다. 지정된 레벨이 실제 데이터 값과 매치된다는 것을 분명히 알자. 목록에 없는 데이터 값은 결측(`missing`)으로 설정될 것이다.

수치형 변수는 levels와 labels 옵션을 사용하여 요인으로 코딩될 수 있다. 만약 원 데이터에서 성별(sex)이 1은 남성으로, 2는 여성으로 코딩되었다면, 아래 프로그램문은 이 변수를 비서열화된 요인으로 변환한다.

```
sex <- factor(sex, levels=c(1, 2), labels=c("Male", "Female"))
```

라벨의 순서는 반드시 레벨의 순서와 일치해야만 한다는 것을 명심하라. 이 예제에서, 성별(sex)은 범주형으로 취급되고, "Male"과 "Female" 라벨이 1과 2 대신 출력에 나타나고, 처음에 1 또는 2로 코딩되지 않은 성별(sex) 값은 결측(missing)으로 설정될 것이다.

아래 프로그래밍은 요인 및 서열요인의 지정이 데이터 분석에 어떻게 영향을 끼치는지를 예증한다.

프로그래밍 2.6 요인 사용하기

```
> patientID <- c(1, 2, 3, 4)
> age <- c(25, 34, 28, 52)
> diabetes <- c("Type1", "Type2", "Type1", "Type1")
> status <- c("Poor", "Improved", "Excellent", "Poor")
> diabetes <- factor(diabetes)
> status <- factor(status, order=TRUE)
> patientdata <- data.frame(patientID, age, diabetes, status)
> str(patientdata)
'data.frame':   4 obs. of  4 variables:
 $ patientID: num  1 2 3 4
 $ age      : num  25 34 28 52
 $ diabetes : Factor w/ 2 levels "Type1","Type2": 1 2 1 1
 $ status   : Ord.factor w/ 3 levels "Excellent"<"Improved"<..: 3 2 1 3
> summary(patientdata)
   patientID          age           diabetes        status
 Min.   :1.00   Min.   :25.00   Type1:3   Excellent:1
 1st Qu.:1.75   1st Qu.:27.25   Type2:1   Improved :1
 Median :2.50   Median :31.00             Poor     :2
 Mean   :2.50   Mean   :34.75
 3rd Qu.:3.25   3rd Qu.:38.50
 Max.   :4.00   Max.   :52.00
```

❶ Enter data as vectors.

❷ Displays the object structure

❸ Displays the object summary

첫째, 데이터를 벡터로 입력한다❶. 다음으로 diabetes는 요인으로, status는 서열요인으로 지정한다. 마지막으로, 이 데이터들을 하나의 데이터프레임으로 결합한다. 함수 str(object)는 R에 있는 객체(이 경우는 데이터프레임)에 대한 정보를 제공한다❷. diabetes는 요인이고, status는 서열 요인이라는 것을, 이 변수들이 내적으로 어떻게 코딩되어 있는지에 관한 정보와 더불어 명확하게 보여준다. summary() 함수는 변수를 다르게 취급한다❸. 연속변수인 age에 대해서는 최소값, 최대값, 평균과 사분위값을 제공하고, 범주형 변수인 diabetes와 status에 대해서는 빈도값을 제공한다.

2.2.6 리스트(list)

리스트는 R 데이터 유형 중에서 가장 복잡하다. 기본적으로, **리스트(list)**는 서열화된 객체들(성분들:components)의 집합체이다. 리스트는 하나의 이름아래 다양한 객체들(관련되지 않을 것들도 가능)을 모을 수 있다. 예를 들어, 목록은 벡터, 행렬, 데이터프레임, 그리고 심지어 다른 리스트들을 전부 결합한 것일 수 있다. 리스트는 `list()` 함수를 사용하여 생성한다.

```
mylist <- list(object1, object2, ...)
```

여기서 객체들은 지금까지 보아온 데이터 구조들이다. 선택사항으로, 리스트 안에 있는 객체에 이름을 붙일 수 있다.

```
mylist <- list(name1=object1, name2=object2, ...)
```

다음 프로그래밍은 예제를 보여준다.

프로그래밍 2.7 리스트 생성하기

```
> g <- "My First List"
> h <- c(25, 26, 18, 39)
> j <- matrix(1:10, nrow=5)
> k <- c("one", "two", "three")
> mylist <- list(title=g, ages=h, j, k)        Creates a list
> mylist                                       Prints the entire list
$title
[1] "My First List"

$ages
[1] 25 26 18 39

[[3]]
     [,1] [,2]
[1,]    1    6
[2,]    2    7
[3,]    3    8
[4,]    4    9
[5,]    5   10

[[4]]
[1] "one"   "two"   "three"

> mylist[[2]]                                  Prints the second component
[1] 25 26 18 39
> mylist[["ages"]]
[[1] 25 26 18 39
```

이 예제에서, 문자열, 숫자 벡터, 행렬, 그리고 문자 벡터의 네 개의 성분을 가진 리스트를 생성한다. 객체 수에 상관없이 결합하고 이들을 하나의 리스트로 저장할 수 있다.

이중 괄호안에 성분 번호 혹은 이름을 적시함으로써 리스트의 요소들을 지정할 수도 있다. 이 예제에서 mylist[[2]]와 mylist[["ages"]] 둘 다 동일한 4개 요소를 가진 숫자 벡터를 지칭한다. 명명된 성분들에는 mylist$ages도 작동한다. 리스트는 두가지 이유로 중요한 R구조이다. 첫째, 리스트는 이질적인 정보들을 간단한 방법으로 조직하고 호출할 수 있게 해준다. 둘째, 많은 R함수의 결과들은 리스트를 반환한다. 필요로 하는 성분들을 끌어내는 것은 분석가의 몫이다. 뒷 장들에서 리스트를 반환하는 수 많은 함수 예제들을 보게 될 것이다.

◆ 프로그래머를 위한 노트

숙련된 프로그래머들은 R언어의 색다른 측면들을 발견한다. 여기 여러분들이 알아야 하는 이 언어의 특징들이 있다:

- 마침표 (.)는 객체 이름 안에서 특별한 의미를 가지지 않는다. 달러 기호 ($)는 다른 객체-지향 언어들에서 마침표 (.)와 다소 유사한 의미를 가지며, 데이터프레임 또는 목록의 부분들을 식별하는 데 사용될 수 있다. 예를 들어, A$x는 데이터프레임 A의 변수 x를 지칭한다. 디버깅 목적을 위해, R해석기가 무시하기를 원하는 코드는 if(FALSE){...} 프로그램문으로 에워쌀 수 있다. FALSE를 TRUE로 바꾸면 코드는 실행된다.
- 어떤 값을 벡터, 행렬, 배열, 또는 리스트의 존재하지 않는 요소에 할당하면 이 구조는 새로운 값을 수용하기 위해 확장한다. 다음 예를 보자:

```
> x <- c(8, 6, 4)
> x[7] <- 10
> x
[1] 8 6 4 NA NA NA 10
```

할당을 통해 벡터 x는 3개 요소에서 7개 요소로 확대되었다. x <- x[1:3] 이것을 다시 3개 요소로 축소한다.

- R은 스칼라(scalar) 값을 가지지 않는다. 스칼라는 한 개 요소를 가진 벡터로 나타난다.
- R에서 인덱스는 0이 아닌 1로 시작한다. 앞의 벡터에서, x[1]은 8이다.
- 변수들은 선언될 수 없다. 변수들은 첫 할당으로 존재하게 된다.

더 많은 것을 배우려면, John Cook의 훌륭한 블로그 글, "R Language for Programmers" (http://mng.bz/6NwQ)를 보라. 문체 지침을 구하는 프로그래머는 "Google's R Style Guide" (http://mng.bz/i775)를 검토할 수도 있다.

2.3 데이터 입력

이제 데이터 구조를 가지고 있으니, 여기에 데이터를 넣을 필요가 있다. 데이터 분석가로서, 전형적으로 다양한 원천과 다양한 포맷의 데이터를 직면하게 된다. 이제 할 일은 데이터를 툴안으로 불러

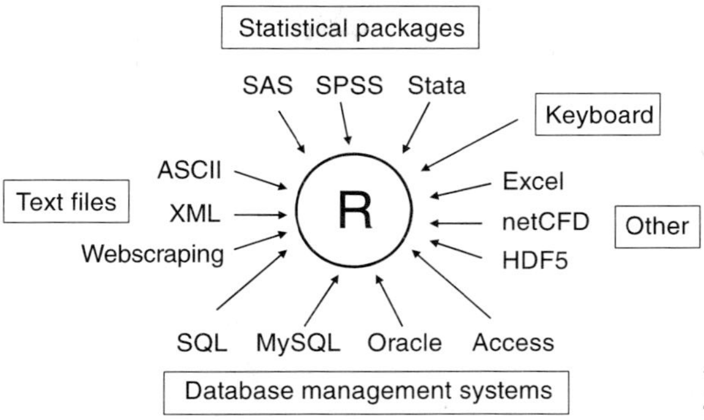

그림 2.2 R안으로 불러올 수 있는 데이터의 출처

오고, 데이터를 분석하고, 결과에 대해 보고하는 것이다. R은 데이터를 불러오는 광범위한 도구를 제공한다. 데이터 불러오기의 가장 확실한 지침은 http://mng.bz/urwn에서 이용가능한 *R Data Import/Export* 사용설명서이다.

그림 2.2에서 볼 수 있듯이, R은 키보드로부터, 텍스트 파일로부터, 마이크로소프트 엑셀과 엑세스로부터, 인기 있는 통계 패키지로부터, 다양한 관계형 데이터베이스 시스템으로부터, 특수 데이터베이스로부터, 웹 사이트와 온라인 서비스로부터 데이터를 불러올 수 있다. 어디로부터 데이터가 올지 알 수 없기 때문에, 여기서는 그것들 각각을 다룰 것이다. 사용하려는 것에 관해서만 읽어도 상관없다.

2.3.1 키보드로부터 데이터 입력하기

아마도 데이터를 입력하는 가장 간단한 방법은 키보드로 하는 것이다. 두 개의 일반적인 방법이 있다. R의 내장된 텍스트 편집기를 통한 데이터 입력, 그리고 데이터를 코드안에 직접 삽입하기가 그것이다. 편집기를 먼저 검토할 것이다.

R의 `edit()` 함수는 데이터를 수동으로 입력하게 해주는 텍스트 편집기를 불러낸다. 단계는 다음과 같다:

1. 변수 이름과 모드를 가진 빈 데이터프레임(또는 행렬)을 생성한다.
2. 이 데이터 객체 위에서 텍스트 편집기를 불러내고, 데이터를 입력하고, 결과를 데이터 객체에 저장한다.

다음의 예제는 `age`(수치), `gender`(문자), 그리고 `weight`(수치)의 세 개 변수를 가진 mydata라는 데이터프레임을 생성한다. 다음으로 당신은 텍스트 편집기를 불러내고, 데이터를 첨가하고, 결과를 저장한다.

```
mydata <- data.frame(age=numeric(0),
```

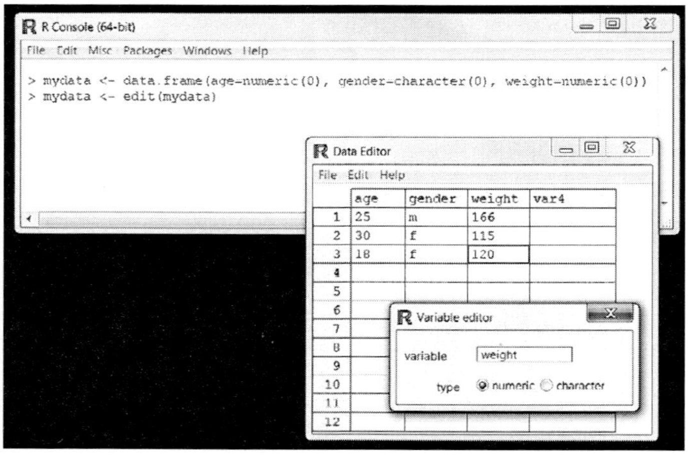

그림 2.3 윈도우즈 기반 내장 편집기를 통한 데이터 입력하기

```
    gender=character(0), weight=numeric(0))
mydata <- edit(mydata)
```

`age=numeric(0)`과 같은 할당은 실제 데이터는 없는 특정 모드의 변수를 생성한다. 편집의 결과는 객체 자체에 다시 할당된다는 것을 주지하라. `edit()` 함수는 객체의 복사본에서 작동한다. 만약 이것을 원하는 곳에 할당하지 않으면, 편집한 것 모두를 잃어버릴 것이다!

윈도우에서 `edit()` 함수를 불러낸 결과가 표 2.3에 있다. 이 그림에서, 약간의 데이터를 첨가했다. 열 제목을 클릭하면, 편집기는 변수 이름과 유형(숫자 혹은 문자)을 바꿀 지에 대한 옵션을 준다. 사용하지 않는 열 제목을 클릭하여 변수를 추가할 수 있다. 텍스트 편집기를 종료하면 결과는 할당된 객체(이 경우 `mydata`)에 저장된다. 다시 `mydata <- edit(mydata)` 를 부르면 입력한 데이터를 편집할 수도 있고 새로운 데이터를 추가할 수도 있다. `mydata <- edit(mydata)`의 단축어는 `fix(mydata)`이다.

대안으로, 프로그램에 직접 데이터를 심을 수 있다. 예를 들어 보자.

```
mydatatxt <- "
age gender weight
25 m 166
30 f 115
18 f 120
"
mydata <- read.table(header=TRUE, text=mydatatxt)
```

이 코드는 `edit()` 함수로 만든 것과 동일한 데이터프레임을 생성한다. 원시 데이터(raw data)를 담고서 문자열이 생성되고, read.table() 함수를 사용하여 문자열을 처리하고 데이터프레임을 반환한다. read.table() 함수는 다음 절에서 보다 충분히 기술된다.

키보드 데이터 입력은 작은 데이터셋으로 작업할 때는 편리할 수 있다. 대규모 데이터셋에는 앞으로 기술되는 방법들을 사용하고자 할 것이다. 여기에는 기존의 텍스트 파일, 엑셀 스프레드시트, 통계 패키지, 또는 DBMS로부터 데이터 불러오기가 있다.

2.3.2 구분된 텍스트 파일(delimited text file)에서 데이터 불러오기

read.table()을 사용하여 구분된 텍스트 파일에서 데이터를 불러올 수 있다. 이 함수는 테이블 포맷의 파일을 읽고, 이를 데이터프레임으로 저장한다. 테이블의 각 행은 파일에서는 한 줄(line)로 나타난다. 해당 구문은 다음과 같다.

```
mydataframe <- read.table(file, options)
```

여기서 *file*은 구분된(delimited) ASCII 파일이고, options은 데이터가 처리되는 방법을 통제하는 파라미터들이다. 가장 보편적인 옵션들이 표 2.2에 나열되어 있다.

학생들의 수학, 과학, 사회 성적이 담겨 있는 studentgrades.csv 라는 이름의 텍스트 파일을 생각해 보자. 이 파일의 각 줄은 학생을 나타낸다. 첫 줄은 콤마(,)로 분리된 변수 이름을 담고 있다. 뒤따르는 각 줄들 역시 콤마(,)로 분리된 학생의 정보를 담고 있다. 파일의 첫 몇 줄은 다음과 같다.

```
StudentID,First,Last,Math,Science,Social Studies
011,Bob,Smith,90,80,67
012,Jane,Weary,75,,80
010,Dan,"Thornton, III",65,75,70
040,Mary,"O'Leary",90,95,92
```

이 파일은 다음 코드를 이용하여 데이터프레임으로 불러들일 수 있다:

```
grades <- read.table("studentgrades.csv", header=TRUE,
    row.names="StudentID", sep=",")
```

결과는 다음과 같다:

```
> grades
   First          Last Math Science Social.Studies
11   Bob         Smith   90      80             67
12  Jane         Weary   75      NA             80
10   Dan Thornton, III   65      75             70
40  Mary       O'Leary   90      95             92

> str(grades)
```

표 2.2 read.table() 옵션들

옵션	설명
header	파일 첫 줄에 변수 이름을 담을지 여부를 가리키는 논리 값
sep	데이터 값을 구분하는 구분자. 디폴트는 sep="" 인데, 이는 하나 또는 그 이상의 공백(space), 탭(tab), 새 줄(line), 또는 복귀(carriage return)를 나타낸다. 콤마로 구분된 파일을 읽으려면 sep="," 을 사용하고, 탭(tab)으로 구분된 파일을 읽으려면 sep="\t"를 사용하라.
row.names	선택적 파라미터로 이것은 행 식별자를 나타내기 위해 하나 혹은 그 이상의 변수를 지정한다.
col.names	데이터 파일의 첫째 행이 변수명을 담고 있지 않다면(header=FALSE), col.names를 사용하여 변수 이름을 담고 있는 문자 벡터를 지정할 수 있다. 만약 header=FALSE이고 col.names 옵션도 빠트렸다면, 변수 이름은 V1, V2, 등으로 붙여질 것이다.
na.strings	결측값 코드를 나타내는 문자 벡터. 예를 들어, na.strings=c("-9", "?")는 데이터가 읽혀질 때, 9와 ?을 NA로 변환한다.
colClasses	열(columns)에 할당될 클래스의 벡터. 예를 들어, cloClasses=c("numeric", "numeric", "character", "NULL", "numeric")은 처음 두 열을 숫자로, 셋째 열을 문자로, 넷째 열은 건너 뛰고, 다섯째 열을 숫자로 읽는다. 만약 이 데이터에 다섯 개 보다 많은 열이 있다면, colClasses는 재순환된다. 대규모 텍스트 파일을 읽을 때, colClasses 옵션을 포함하면 처리속도를 굉장히 올릴 수 있다.
quote	특수 문자를 담고 있는 문자열을 구분하기 위하여 사용되는 문자(들). 큰 따옴표(") 또는 작은 따옴표(')가 디폴트이다.
skip	데이터를 읽기 시작하기 전에 건너 뛰어야하는 데이터 파일 안의 줄(line) 개수. 이 옵션은 파일 안에 머리말 코멘트를 건너 뛰는데 유용하다.
stringsAsFactors	문자 변수를 요인으로 변환할 지를 지시하는 논리 값. colClasses가 이를 무력하게 만들지 않았다면, 디폴트는 TRUE이다. 대규모 텍스트 파일은 처리하고 있을 때, stringsAsFactors=FALSE로 설정하면 처리 속도를 올릴 수 있다.
text	처리할 텍스트 열을 지정하는 문자 열. 텍스트가 지정되면, 파일을 빈칸으로 남는다. 예제가 섹션 2.3.1에서 제공된다.

```
'data.frame':   4 obs. of  5 variables:
 $ First         : Factor w/ 4 levels "Bob","Dan","Jane",..: 1 3 2 4
 $ Last          : Factor w/ 4 levels "O'Leary","Smith",..: 2 4 3 1
 $ Math          : int  90 75 65 90
 $ Science       : int  80 NA 75 95
 $ Social.Studies   : int  67 80 70 92
```

데이터를 불러오는 방법에 대해 주목할 몇 가지 흥미로운 점들이 있다. 변수명 `Social Studies`는 R의 관습에 따라 자동적으로 이름이 변경된다. `StudentID` 열은 이제 행 이름(row name)이 되었고, 라벨을 가지지 않고, 맨 앞의 0(zero)이 없어졌다. 결측된 Jane의 과학 성적은 결측으로 정확하게 읽혀졌다. Thornton과 III 사이의 콤마가 작동하는 것을 피하기 위해 Dan의 성(Last name)에 큰 따옴표("")를 붙여야만 했다. 그렇지 않으면, R은 이 줄에 값이 6개가 아니라, 7개가 있는 것으로 읽었을 것이다. 또 O'Leary에도 인용부호를 붙여야 했다. 그렇지 않으면, R은 작은 따옴표를 문자열 구분자(내가 원하는 바가 아님)로 읽었을 것이다. 마침내, 이름(First)과 성(Last)은 요인으로 변환된다.

read.table()은 디폴트로 문자 변수를 요인으로 변환한다. 그런데 이것이 항상 바람직한 것은 아니다. 예를 들어, 응답자의 코멘트를 담고 있는 문자 변수를 요인으로 변환할 이유는 거의 없다. 이것을 못하게 할 방도는 많다. stringsAsFactors=FALSE 옵션을 포함하면 모든 문자변수에 대한 요인 변환이 안된다. 대안으로, 각 열에 대해 클래스(예를 들어, 논리형, 숫자형, 문자형, 또는 요인)를 지정하는 colClasses 옵션을 사용할 수 있다.

동일한 데이터를 아래 프로그램문으로 불러오면

```
grades <- read.table("studentgrades.csv", header=TRUE,
   row.names="StudentID", sep=",",
   colClasses=c("character", "character", "character",
                "numeric", "numeric", "numeric"))
```

다음의 데이터프레임을 생산한다.

```
> grades
   First            Last  Math  Science  Social.Studies
011  Bob           Smith    90       80              67
012 Jane           Weary    75       NA              80
010  Dan   Thornton, III    65       75              70
040 Mary         O'Leary    90       95              92

> str(grades)
'data.frame':  4 obs. of  5 variables:
 $ First         : chr "Bob","Dan","Jane","Mary"
 $ Last          : chr "Smith","Weary","Thornton, III","O'Leary"
 $ Math          : num  90 75 65 90
 $ Science       : num  80 NA 75 95
 $ Social.Studies: num  67 80 70 92
```

행 이름은 맨 앞의 0(zero)을 유지하고 있고, First와 Last는 더 이상 요인이 아니라는 것을 주목하라. 게다가, 성적은 정수가 아닌 실제 값으로 저장된다.

read.table() 함수는 데이터 불러오기를 정교하게 튜닝하는 옵션들을 많이 가지고 있다. 세부사항은 help(read.table)을 보라.

◆ 연결(connection)을 통한 데이터 불러오기

이 장의 많은 예제들은 여러분의 컴퓨터에 존재하는 파일들로부터 데이터를 불러온다. R은 또한 연결을 통해 데이터에 접근하는 다양한 메카니즘을 제공한다. 예를 들어, file(), gzfile(), xzfile(), unz(), 그리고 url() 함수들이 파일이름을 대신하여 사용될 수 있다. file() 함수는 파일, 클립보드, 그리고 C-레벨 표준 입력물에 접근할 수 있게 해준다. gzfile(), bzfile(), xzfile(), 그리고 unz() 함수는 압축 파일들을 읽을 수 있게 해준다.

url() 함수는 완전한 URL을 통해 인터넷 파일에 접근할 수 있게 해준다. URL은 http://, ftp://, 또는 file:// 등을 모두 포함한다. HTTP와 FTP에 있어서는, 프록시가 지정될 수 있다. 편의를 위해, 대개 완전한 URL(큰 따옴표로 싸여진)이 파일명을 대신하여 바로 사용될 수도 있다. 세부사항을 보려면 help(file)을 보라.

2.3.3 엑셀로부터 데이터 불러오기

엑셀 파일을 읽는 가장 좋은 방법은 엑셀에서 이 파일을 콤마로 구분된 파일로 내보내고, 이를 앞서 기술한 방법을 사용하여 R로 불러오는 것이다. 대안으로, xlsx 패키지를 바로 사용하여 엑셀 작업시트를 불러올 수 있다. 이 패키지를 처음으로 사용하기 전에는 이를 내려받아 설치하여야 한다. 또한 `xlsxjars` 및 `rJava` 패키지, 그리고 Java(http://java.com)의 설치작업이 필요하다.

xlsx 패키지는 엑셀 97/2000/XP/2003/2007 파일을 읽고, 쓰고, 포맷을 만드는데 사용될 수 있다. `read.xlsx()` 함수는 작업시트를 데이터프레임 구조로 불러온다. 가장 간단한 포맷은 `read.xlsx(file, n)` 인데, 여기서 file은 엑셀 작업대상(workbook)의 경로이고, n은 불러올 작업시트 번호이고, 작업시트의 첫 줄은 변수 이름을 담고 있다.

예를 들어, 윈도우에서, 아래의 코드는

```
library(xlsx)
workbook <- "c:/myworkbook.xlsx"
mydataframe <- read.xlsx(workbook, 1)
```

C: 드라이브에 저장된 작업대상 myworkbook.xlsx의 첫 번째 작업시트를 불러와서 이것을 `mydataframe`이라는 데이터프레임으로 저장한다.

`read.xlsx()` 함수는 작업시트의 특정 행(`rowIndex`)을 지정하고 각 열의 클래스(`colClass`)와 더불어 특정 열(`colIndex`)을 지정하는 옵션을 가지고 있다. 대규모 작업시트(말하자면, 100,000+ 셀)에 대해서는, `read.xlsx2()`를 사용할 수도 있다. 이것은 자바에서 더 많은 처리작업을 수행하여 엄청난 성능 증대를 얻는다. 자세한 사항은 `help(read.xlsx)`를 보라.

엑셀 파일로 작업하는데 도움을 줄 수 있는 다른 패키지들도 있다. `XLConnect`, `openxlsx` 패키지 등이 있다(`XLConnect`는 Java에 의존적이지만 `openxlsx`는 그렇지 않다). 이 패키지들은 작업시트를 불러오는 것 이상을 할 수 있다. 이들은 엑셀 파일을 생성하고 조작할 수도 있다. R과 엑셀 간의 인터페이스를 개발할 필요가 있는 프로그래머는 이 패키지들을 검토할 필요가 있다.

2.3.4 XML로부터 데이터 불러오기

점차 데이터는 XML로 인코딩된 파일 형식으로 제공되고 있다. R은 XML 파일을 다루는 여러 개의 패키지를 가지고 있다. 예를 들어, Duncan Temple Lang이 작성한 XML 패키지는 XML 파일을 읽고, 쓰고, 그리고 조작하게 해준다. XML을 다루는 것은 이 책의 범위를 넘는다; R에서 XML 문서에 접근하는데 관심이 있다면, www.omegahat.org/RSXML에서 훌륭한 패키지 문서를 참조하라.

2.3.5 웹(web)으로부터 데이터 불러오기

웹스크래핑(webscraping)이나 APIs(application programming interfaces) 사용을 통해 웹에서 데이터를 획득할 수 있다. 웹스크래핑은 특정 웹페이지에 내장된 정보를 추출하는데 사용되는 반면, API는 웹 서비스 및 온라인 데이터 저장소와 상호작용하게 해준다.

전형적으로, 웹스크래핑은 웹 페이지에서 데이터를 추출하고 다음 분석을 위해 이를 R구조로 저장하는데 사용된다. 예를 들어, 어떤 웹페이지의 텍스트는 `readLines()` 함수를 사용하여 R 문자 벡터로 내려받아서 `grep()` 및 `gsub()` 같은 함수로 조작할 수 있다. 복잡한 웹 페이지의 경우, `RCurl` 및 XML 패키지가 원하는 정보를 추출하는데 사용될 수 있다. 예시와 더불어 더 많은 정보를 얻으려면 웹사이트 Programming with R (www.programmingr.com)에서 이용할 수 있는 "Webscraping Using readLines and RCurl" 을 참조하라.

API는 소프트웨어 구성요소들이 서로 상호작용할 방법을 지정한다. 많은 R 패키지는 웹접근이 가능한 자원의 데이터를 추출하는데 이 접근법을 사용한다. 웹접근이 가능한 자원들에는 생물학, 의학, 지구과학, 물리과학, 경제학과 경영, 재무, 문학, 마케팅, 뉴스, 그리고 스포츠 분야의 데이터 원천들이 있다.

예를 들어, 소셜미디어에 관심이 있다면 `twitterR`을 통하여 트위터 데이터에, `Rfacebook`을 통하여 페이스북 데이터에, `Rflickr`을 통하여 플리커(Flickr)에 접근할 수 있다. 다른 패키지들은 구글, 아마존, 드롭박스, 세일즈포스 등이 제공하는 인기 있는 웹서비스에 접근하게 해준다. 웹기반 자원에 접근하는 것을 지원하는 R 패키지의 포괄적인 목록을 얻으려면, Web Technologies and Services에 관한 CRAN Task view를 보라 (http://mng.bz/370r).

2.3.6 SPSS로부터 데이터 불러오기

IBM SPSS 데이터셋은 `foreign` 패키지의 `read.spss()` 함수를 통해 R로 불러올 수 있다. 대안으로, Hmisc 패키지의 spss.get() 함수를 사용할 수 있다. spss.get()은 이동을 더욱 쉽게 하고 데이터분석가가 기대하는 결과와 더욱 일치하도록 read.spss()의 파라미터들을 자동으로 설정하는 포장 함수(wrapper function)이다.

첫째, Hmisc 패키지 (foreign 패키지는 이미 디폴트로 설치되었다)를 내려받아 설치하라.

```
install.packages("Hmisc")
```

다음의 코드를 사용하여 데이터를 불러오라.

```
library(Hmisc)
mydataframe <- spss.get("mydata.sav", use.value.labels=TRUE)
```

이 코드에서, mydata.sav는 불러올 SPSS 데이터 파일이며, use.value.labels=TRUE는 값 라벨을 가진 변수를 같은 레벨을 가진 R 요인으로 변환하라고 함수에게 말해준다. 그리고 mydataframe은 결과로 생기는 R 데이터프레임이다.

2.3.7 SAS로부터 데이터 불러오기

R의 많은 함수들은 SAS 데이터셋을 불러오기 위해 설계되었다. 이것들에는 foreign 패키지의 read.sas(), Hmisc 패키지의 sas.get(), 그리고 sas7bdat 패키지의 read.sas7bdat() 등이 있다. SAS가 설치되어 있다면, sas.get()이 좋은 선택이 될 수 있다.

윈도우의 C:/mydata 디렉토리에 있는 clients.sas7bdat라는 이름의 SAS 데이터셋을 불러오기 원한다고 해보자. 다음의 코드는 데이터를 불러오고 이것을 R 데이터프레임에 저장한다.

```
library(Hmisc)
datadir <- "C:/mydata"
sasexe <- "C:/Program Files/SASHome/SASFoundation/9.4/sas.exe"
mydata  <-  sas.get(libraryName=datadir,  member="clients",
sasprog=sasexe)
```

libraryName은 SAS 데이터셋을 담고있는 디렉토리이고, member는 (sas7bdat 확장자를 제외한) 데이터셋 이름이고, sasprog는 SAS 실행프로그램의 전체 경로이다. 이용가능한 또 다른 옵션들이 많이 있다; 자세한 사항은 help(sas.get)을 보라.

SAS 안에서 PROC EXPORT를 사용하여 SAS 데이터셋을 콤마로 구분된 텍스트 파일로 저장할 수 있다. 그리고, 2.3.2절에서 기술한 방법을 사용하여 결과 파일을 R로 불러서 읽을 수 있다. 여기에 예제가 있다.

```
SAS program:
libname datadir "C:\mydata";
proc export data=datadir.clients
```

```
        outfile="clients.csv"
        dbms=csv;
run;
R program:
mydata <- read.table("clients.csv", header=TRUE, sep=",")
```

앞의 두 접근방식은 SAS 풀버전 설치를 요구한다. SAS에 접근할 수 없다면, `read.sas7bdat()` 함수가 좋은 대안이 될 것이다. 이 함수는 sas7bdat 형식의 SAS 데이터셋을 바로 읽을 수 있다. 이 예제의 코드는 아래와 같다.

```
library(sas7bdat)
mydata <- read.sas7bdat("C:/mydata/clients.sas7bdat")
```

`sas.get()`와 다르게, `read.sas7bdat()` 함수는 SAS 사용자-정의 포맷을 무시한다. 게다가, 이 함수는 실행하는데 훨씬 더 오래 걸린다. 비록 나는 이 패키지 사용의 행운이 있었지만, 여전히 실험적 수준으로 여겨진다.

마지막으로, (2.3.12 절에서 기술되는) Stat/Transfer라는 상용 제품은 SAS 데이터셋을 (존재하는 모든 변수 포맷도 포함하여) R 데이터프레임으로 저장하는 훌륭한 작업을 한다.

2.3.8 Stata로부터 데이터 불러오기

Stata로부터 R로 데이터를 불러오는 것은 간단하다. 필요한 코드는 다음과 같다.

```
library(foreign)
mydataframe <- read.dta("mydata.dta")
```

여기, mydata.dta는 Stata 데이터셋이고, `mydataframe`은 결과로 생성되는 R 데이터프레임이다.

2.3.9 NetCDF로부터 데이터 불러오기

Unidata의 NetCDF(Network Common Data Form) 오픈 소스 소프트웨어는 배열(array)-지향적 과학 데이터의 생성과 배포를 위한 기계-독립적 데이터 포맷을 담고 있다. NetCDF는 흔히 지구물리학 데이터를 저장하기 위하여 사용된다. ncdf 및 ncdf4 패키지는 NetCDF 데이터 파일에 높은 수준의 R 인터페이스를 제공한다.

`ncdf` 패키지는 Unidata의 NetCDF 라이브러리(버전 3 또는 이전)로 생성된 데이터 파일을 위한 지원을 제공하고, 윈도우, 맥 OS X, 그리고 리눅스 플랫폼에 이용가능하다. `ncdf4` 패키지는 버전 4 또는 이전 버전을 지원하지만, 윈도우에서는 아직 사용할 수 없다.

이 코드를 검토하라:

```
library(ncdf)
nc <- nc_open("mynetCDFfile")
myarray <- get.var.ncdf(nc, myvar)
```

이 예제에서, NetCDF 파일인 mynetCDFfile에 담겨 있는 변수 myvar의 모든 데이터는 myarray로 불리는 R 배열 안으로 읽혀지고 저장된다.

ncdf와 ncdf4 패키지 둘 다 최근 크게 업그레이드되어서 이전 버전과는 다르게 작동할지도 모른다. 게다가, 이 두 패키지의 함수 이름들이 다르다. 세부사항은 온라인 도움말을 읽어보라.

2.3.10 HDF5로부터 데이터 불러오기

위계적 데이터 포맷(Hierarchical Data Format, HDF5)는 엄청나게 크고 복잡한 데이터 집합물의 관리를 위한 소프트웨어 기술 묶음이다. rhdf5 패키지는 HDF5를 위한 R 인터페이스를 제공한다. 이 패키지는 CRAN보다는 Bioconductor 웹사이트에서 이용가능하다. 다음의 코드로 이것을 설치할 수 있다:

```
source("http://bioconductor.org/biocLite.R")
biocLite("rhdf5")
```

XML처럼, HDF5는 이 책의 범위를 뛰어넘는다. 더 배우려면 HDF Group 웹사이트 (www.hdfgroup.org)를 방문하라. http://mng.bz/eg6j에 Bernd Fischer가 쓴 rhdf5 패키지에 관한 훌륭한 지침서가 있다.

2.3.11 데이터베이스 관리 시스템(DBMSs)에 접근하기

R은 다양한 관계형 DBMS들과 인터페이스할 수 있다. 이것들에는 MS SQL Server, MS Access, MySQL, Oracle, PostgreSQL, DB2, Sybase, Teradata, 그리고 SQLite 등이 있다. 일부 패키지는 DB 고유의 드라이버를 통한 접근을 제공하는 반면, 다른 DBMS들은 ODBC 또는 JDBC를 통한 접근을 제공한다. 외부 DBMS에 저장된 데이터에 접근하기 위해 R을 사용하는 것은 대규모 데이터셋을 분석하는 효율적인 방법일 수 있고(부록 F를 보라), SQL과 R 둘 모두의 파워를 이용하는 것이다.

• ODBC 인터페이스

아마도 R에서 DBMS에 접근하는 가장 대중적인 방법은 RODBC 패키지를 통한 것이다. 이것은 ODBC 드라이버를 가진 어떤 DBMS에도 R이 연결되게 한다. 앞서 나열된 모든 DBMS를 포함한다.

첫 단계는 자신의 플랫폼과 데이터베이스에 적절한 ODBC 드라이버를 설치하고 구성하는 것이다(이 드라이버들은 R의 부품이 아니다). 꼭 필요한 드라이버가 컴퓨터에 설치되지 않았다면, 인터넷 검색을 하면 몇 가지 선택지를 가질 수 있다.

선택한 데이터베이스의 드라이버가 일단 설치되고 구성되면, RODBC 패키지를 설치하라. install.packages("RODBC") 명령어를 사용하여 설치할 수 있다. 이 패키지에 포함된 주요 함수들이 표 2.3에 나열되어 있다.

RODBC 패키지는 R과 ODBC로 연결된 SQL 데이터베이스 사이의 쌍방향 소통을 허용한다. 이것은 연결된 데이터베이스에서 R로 데이터를 읽어 들일 수 있을 뿐만 아니라, R을 사용하여 데이터베이스 자체의 콘텐츠를 변경할 수도 있다는 것을 의미한다. DBMS의 두개의 테이블(Crime과 Punishment)을 crimedat와 pundat라는 두개의 R 데이터프레임 안으로 불러오고자 한다고 가정해 보자. 다음과 유사한 코드로 이것을 달성할 수 있다.

```
library(RODBC)
myconn <-odbcConnect("mydsn", uid="Rob", pwd="aardvark")
crimedat <- sqlFetch(myconn, Crime)
pundat <- sqlQuery(myconn, "select * from Punishment")
close(myconn)
```

여기서, 여러분은 RODBC 패키지를 적재하고, 사용자ID(UID:rob)와 패스워드 (aardvark)로 등록된 데이터 원천 이름 (mydsn)을 통하여 ODBC 데이터베이스와의 연결을 연다. 연결은 sqlFetch()로 전달되고, 이는 Crime 테이블을 R 데이터프레임 crimedat에 복사한다. 다음으로 Punishment 테이블을 대상으로 SQL select 문을 실행하고 결과를 데이터프레임 pundat에 저장한다. 마지막으로, 연결을 닫는다.

어떤 유효한 SQL 진술문도 삽입될 수 있기 때문에, sqlQuery() 함수는 강력하다. 이러한 유연성이 특정 변수를 선택하고, 데이터의 하위셋을 만들고, 새로운 변수를 생성하고, 기존 변수의 리코딩

표 2.3 RODBC 함수

함수	기술
odbcConnect(*dsn*, uid="", pwd="")	ODBC 데이터베이스와의 연결을 연다.
sqlFetch(*channel*, *sqltable*)	ODBC 데이터베이스의 테이블을 데이터프레임으로 불러들여 읽는다.
sqlQuery(*channel*, *query*)	ODBC 데이터베이스에 쿼리(질의)를 제출하고 결과를 반환한다.
sqlSave(*channel*, *mydf*, tablename=*sqltable*, append=FALSE)	ODBC 데이터베이스의 테이블에 데이터프레임을 작성하거나, 업데이트(append=TRUE)한다.
sqlDrop(*channel*, *sqltable*)	ODBC 데이터베이스의 테이블을 제거한다.
close(*channel*)	연결을 종료한다.

및 재명명을 할 수 있게 허용한다.

- **DBI-관련(related) 패키지**

DBI 패키지는 DBMS에 대한 일반적이고 일관된 클라이언트 측면의 인터페이스를 제공한다. 이 프레임워크로 개발된, RJDBC 패키지는 JDBC 드라이버를 통해 DBMS로의 접근을 제공한다. 자신의 플랫폼과 데이터베이스에 필요한 JDBC 드라이버를 반드시 설치하라. 다른 유용한 DBI 기반 패키지로는 `RMySQL`, `ROracle`, `RPostgreSQL`, 그리고 `RSQLite` 등이 있다. 이 패키지들은 그들 각각의 데이터베이스를 위한 고유한 데이터베이스 드라이버를 제공한다. 하지만 모든 플랫폼에서 사용가능한 것은 아니다. 자세한 것은 CRAN(http://cran.r-project.org)에 있는 도움말을 살펴보라.

2.3.12 Stat/Transfer를 통하여 데이터 불러오기

데이터 불러오기를 끝내기 전에, 이 일을 엄청나게 쉽게 할 수 있는 상용 제품 하나를 언급하고자 한다. Stat/Transfer(www.stattransfer.com)는 R을 포함하여 34개 데이터 포맷의 데이터를 이송할 수 있는 독립형 어플리케이션이다(그림 2.4를 보라).

Stat/Transfer는 윈도우, 맥, 유닉스 플랫폼에도 사용할 수 있다. 이것은 Oracle, Sybase, Infomix, 그리고 DB2와 같은 ODBC로 접근된 DBMS 뿐아니라, 우리가 지금껏 논의해 온 통계패키지의 최신 버전 또한 지원한다.

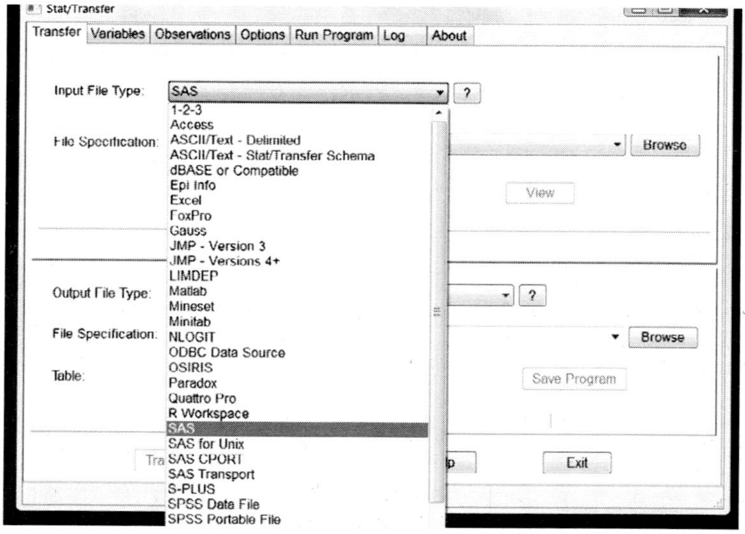

그림 2.4 윈도우즈에서 Stat/Transfer의 주 대화상자

2.4 데이터 주석달기

데이터 분석가들은 결과를 해석하기 더 쉽게 만들기 위해 데이터셋에 전형적으로 주석을 단다. 일반적으로 주석달기에는 변수 이름에 설명적 라벨을, 범주형 변수에 사용된 코드에 값 라벨을 붙이는 것 등이 있다. 예를 들어, 변수 age에 대해, 보다 설명적인 라벨 "입원 당시 나이(연령으로)"를 붙이기를 원할 수 있다. 1 또는 2로 코딩된 변수 gender에 대해, "남성"과 "여성" 라벨을 결부시키기를 원할 수 있다.

2.4.1 변수 라벨

애석하게도, R의 변수 라벨을 다루는 능력은 제한적이다. 변수 이름으로 변수 라벨을 사용하고, 그리고 나서 그것의 위치 색인으로 그 변수를 지칭하는 것이 한 가지 방법이다. 앞의 예시, 환자데이터를 담고 있는 데이터프레임을 예시를 생각해 보자. 두 번째 열 age는 개인들이 처음으로 입원한 나이를 담고 있다.

```
names(patientdata)[2] <- "Age at hospitalization (in years)"
```

상기 코드는 age를 "Age at hospitalization (in years)"로 이름을 바꾼다. 분명히 이 새로운 이름은 반복적으로 입력하기에는 너무 길다. 대신에 patientdata[2]로 이 변수를 지칭할 수 있고, 문자열 "Age at hospitalization (in years)"는 원래 age가 있었던 곳마다 인쇄할 것이다. 분명히, 이것은 이상적인 접근법은 아니다. 그래서, 더 좋은 변수명(예를 들면, admissionAge)을 만드는 것이 더 나을 것이다.

2.4.2 값 라벨

factor() 함수는 범주형 변수의 값 라벨을 만드는데 사용될 수 있다. 계속해서 상기 예제에서, gender라는 이름의 변수를 가정해 보자. gender는 남성(male)에게 1, 여성(female)에게 2로 코딩된다. 다음의 코드로 값 라벨을 생성할 수 있다.

```
patientdata$gender <- factor(patientdata$gender,
                             levels = c(1,2),
                             labels = c("male", "female"))
```

여기서 levels는 변수의 실제 값을 가리킨다. 그리고, labels는 원하는 라벨을 담고 있는 문자 벡터를 지칭한다.

2.5 데이터 객체로 작업하는데 유용한 함수들

데이터 객체로 작업하는데 유용한 함수들을 간략히 요약하면서 이 장을 끝내고자 한다(표 2.4를 보라).

우리는 이미 이 함수들의 대부분을 논의했다. `head()`와 `tail()`은 대규모 데이터를 빨리 훑어보는데 유용하다. 예를 들어, `head(patientdata)`는 데이터프레임의 첫 여섯 행을 나열하는 반면, `tail(patientdata)`는 마지막 여섯 개를 나열한다. `length()`, `cbind()`, 그리고 `rbind()` 같은 함수는 다음 장에서 다룰 것이다; 참조사항으로 여기 모아 놓았다.

표 2.4 데이터 객체와 작업하는데 유용한 함수들

함수	목적
length(*object*)	요소/성분의 숫자를 준다.
dim(*object*)	객체의 차원을 준다.
str(*object*)	객체의 구조를 준다.
class(*object*)	객체의 클래스를 준다.
mode(*object*)	객체가 어떻게 저장될 지를 결정한다.
names(*object*)	객체 안의 성분의 이름을 준다.
c(*object*, *object*, ...)	객체들을 벡터 안에 결합한다.
cbind(*object*, *object*, ...)	객체들을 열들로 결합한다.
rbind(*object*, *object*, ...)	객체들을 행들로 결합한다.
object	객체를 인쇄한다.
head(*object*)	객체의 처음 부분을 나열한다.
tail(*object*)	객체의 마지막 부분을 나열한다.
ls()	현재의 객체들을 나열한다.
rm(...)	하나 또는 그 이상의 객체를 삭제한다. 프로그램문rm(list=ls())는 작업환경의 대부분의 객체를 제거한다.
newobject <- edit(*object*)	객체를 편집하고 이것을 newobject로 저장한다.
fix(*object*)	객체를 편집한다.

2.6 요약

데이터분석의 가장 도전적인 과업 중 하나는 데이터의 준비이다. 우리는 이 장에서 데이터를 보유하기 위해 R이 제공하는 다양한 구조와 키보드와 외부 원천의 데이터를 불러오는데 이용가능한 여러 방법들을 개괄하는 것으로 이 장을 시작하였다. 특히, 우리는 이후의 장에서 계속해서 **벡터**(vector), **행렬**(matrix), **데이터프레임**(data frame), 그리고 **리스트**(list)에 대한 정의를 사용할 것이다. 괄호 표기법을 통해 이러한 구조의 요소들을 특정화하는 능력은 데이터를 선택하고, 하위셋으로 만들고, 변환하는데 특히 중요할 것이다.

앞서 보아왔듯이, R은 외부 데이터를 접근하는데 풍부한 함수를 제공한다. 이러한 외부데이터에는 플랫 파일(flat file), 웹 파일, 통계 패키지, 스프레드시트, 그리고 데이터베이스로부터의 데이터가 있다. 비록 이 장의 초점이 데이터를 R 안으로 불러오는 것이지만, R에서 이러한 외부 포맷으로 데이터를 내보낼 수도 있다. 데이터 내보내기는 부록 C에서, 그리고 대규모의 데이터셋으로 작업하는 방법은 (기가바이트에서 테라바이트 규모까지) 부록 F에서 다루어진다.

일단 데이터셋을 R 안으로 불러들이면, 그것들을 보다 다루기 쉬운 포맷으로 조작할 필요가 있다고 여길 것이다. 4 장에서, 우리는 새로운 변수를 생성하고, 기존 변수를 변환하고 리코딩하고, 데이터셋을 병합하고, 관측치를 선택하는 방법들을 탐색할 것이다.

그러나, 데이터 관리 임무로 관심을 돌리기 전에, R 그래픽에 약간의 시간을 할애하자. 많은 독자들은 R의 그래픽 역량에 홍미를 느껴 R로 방향을 바꿨다. 그래서 나는 여러분들을 더 이상 기다리게 하지 않겠다. 다음 장에서, 우리는 그래프 만들기로 바로 뛰어들 것이다. 이 책의 나머지 부분들 내내 적용될 수 있는 그래프 관리 및 사용자맞춤에 관한 전반적인 방법이 강조될 것이다.

제3장 그래프 시작하기

이 장에서 다룰 내용은 다음과 같다.

- 그래프 새로 만들기 및 저장하기
- 기호, 선, 색, 축들 맞춤화하기
- 텍스트와 제목으로 주석달기
- 그래프 차원 조정하기
- 여러 개의 그래프를 하나로 결합하기

많은 경우 클라이언트에게 숫자와 텍스트만으로 작성된 통계결과를 제시했을 때 그들은 졸리고 따분해 한다. 그런데 똑같은 정보를 그래프 형태로 제시했을 때 열정적으로 "아하!" 라는 반응을 보인다. 종종 나는 통상적인 통계분석을 했을 때 완전히 놓쳤던 패턴이나 비정상치들을 그래프를 보면서 찾아내곤 한다.

인간은 시각적 묘사로부터 관계를 구별해내는데 훨씬 능숙하다. 잘 만들어진 그래프는 수많은 정보들 사이에서 유의미한 비교를 하도록 하여 다른 방법을 통해서는 쉽게 찾을 수 없는 패턴을 추출하게 도와준다. 이것이 통계그래픽 영역의 발전이 데이터분석에 매우 큰 영향력을 가지게 된 이유이다. 데이터분석가는 자신의 데이터를 '견(見)' 할 필요가 있는데, 여기서 R이 빛을 발한다.

이 장에서 우리는 그래프 작업을 하는 일반적인 방법에 대해 검토할 것이다. 우선 그래프를 만들고 저장하는 법을 다룰 것이다. 그리고 그래프의 특성(features)을 변경하는 법을 살펴본다. 이러한 특성에는 그래프 제목, 축, 라벨, 색, 선, 기호, 텍스트 주석달기 등이 있다. 대부분의 그래프에 적용되는 일반적인 테크닉에 초점을 맞출 것이다(그래프의 특정 유형들은 뒤에서 다룬다). 마지막으로 여러 개의 그래프를 하나의 전체 그래프로 결합하는 방법을 탐구한다.

3.1 그래프 작업

R은 그래프를 만들어가기(building)에 아주 좋은 플랫폼이다. 나는 의도적으로 "만들어가기(building)"란 용어를 사용하고 있다. 전형적인 대화형 세션(interactive session)에서 그래프를 만들 때, 분석가는 최종적으로 원하는 그래프를 완성할 때까지 계속 특성을 추가해 가면서 한 번에 한 문장씩 그래프를 만들어 나간다.

아래 다섯 줄을 보자.

```
attach(mtcars)
plot(wt, mpg)
abline(lm(mpg~wt)
title("Regression of MPG on Weight")
detach(mtcars)
```

첫째 문장은 mtcars라는 데이터프레임을 부여한다. 둘째 문장은 그래픽 창을 열고 X축에 차 중량을 Y축에 연비를 나타내는 산점도(scatter plot)를 생성한다. 셋째 문장은 가장 적합화된 선을 추가한다. 넷째 문장은 제목을 붙인다. 마지막 문장은 데이터프레임을 떼어낸다. R에서 그래프는 전형적으로 이렇게 대화형 방식으로 만들어진다(그림 3.1을 보라).

이러한 그래프는 코드 혹은 GUI메뉴로 저장할 수 있다. 코드로 그래프를 저장하려면 그래프 생성문들을 저장파일 설정문과 종료문으로 감싸주면 된다. 예를 들어 아래 프로그램문은 위의 그래프를 현재 작업 디렉토리에 mygraph.pdf라는 PDF파일로 저장해줄 것이다.

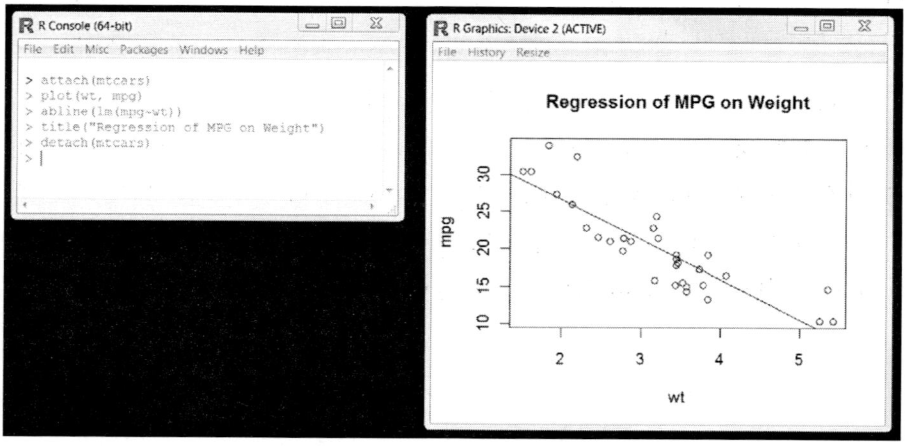

그림 3.1 그래프 만들기

```
pdf("mygraph.pdf")
 attach(mtcars)
 plot(wt, mpg)
 abline(lm(mpg~wt)
 title("Regression of MPG on Weight")
 detach(mtcars)
dev.off()
```

pdf() 외에, 다른 포맷으로 그래프를 저장하려면 win.metafile(), png(), jpeg(), bmp(), tiff(), xfig(), 그리고 postscript() 등의 함수들을 사용한다(윈도우의 메타파일 포맷은 윈도우 플랫폼에서만 가능하다는 것을 유의해라). 그래프를 파일로 내보는데 관한 상세한 사항은 1장 1.3.4를 참고하라.

GUI환경에서 그래프를 저장하는 방식은 플랫폼에 따라 다르다. 윈도우에서는 File 〉 Save as를 찾아 들어가서 원하는 포맷과 위치를 선택하면 된다. 맥에서는 Quartz 그래픽 창이 나타날 때 메뉴바에서 Save 〉 Save as 를 선택하면 된다. 출력 포맷은 PDF로 제공된다. 유닉스 플랫폼에서 그래프는 코드로만 저장된다. 부록A에서 각 플랫폼별로 보다 다양한 옵션을 가지는 GUI 방식들을 검토할 것이다.

plot(), hist() 또는 boxplot()과 같은 고수준(high-level)의 플롯팅 명령를 내려, 새 그래프를 생성하면 전형적으로 이전의 그래프를 덮어쓴다. 두 개 이상의 그래프를 만들면서도 어떻게 하면 각각의 그래프에 접근할 수 있는가? 몇 가지 방법이 있다.

첫째, 새 그래프를 만들기 전에 새 그래프 창을 연다.

```
dev.new()
 statements to create graph 1
dev.new()
 statements to create a graph 2
etc.
```

각각의 새 그래프는 가장 최근에 연 창에 나타날 것이다.

둘째, GUI를 통해 여러 개의 그래프에 접근할 수 있다. 맥 플랫폼에서는 Quartz 메뉴에서 'Back' 과 'Foward' 기능을 사용해서 언제든지 그래프들에 접근할 수 있다. 윈도우 플랫폼에서는 2단계 과정을 사용해야 한다. 첫 번째 그래프 창을 연 뒤 History〉 Recording을 선택한다. 그리고 나서 생성된 그래프들에 접근하기 위해 'Previous' 과 'Next' 메뉴를 사용한다

마지막으로, dev.new(), dev.next(), dev.prev(), dev.set(), dev.off() 함수들을 사용하여 여러 개의 그래프 창을 한 번에 열어서 어떤 출력을 어떤 창으로 보낼지를 선택할 수 있다. 이 방법은 어떤 플랫폼에서도 작동한다. 이 방법에 대한 자세한 내용은 help(dev.cur)를 참조하라.

R은 최소의 투입으로 매력적인 그래프를 만든다. 하지만 폰트, 색, 선 스타일, 축, 참조선, 주석 등을 설정하기 위해서는 그래픽 파라미터를 사용할 수 있다. 이러한 유연성으로 인해 맞춤화(customization)를 매우 광범위하게 할 수 있다.

이 장에서 우리는 간단한 그래프로 출발해서 최종적으로 원하는 것을 그리기 위해서 이를 수정하고 향상시키는 방법들을 찾아보기로 한다. 그런 다음 추가적인 맞춤화 방법을 보여주는 보다 복잡한 사례를 검토할 것이다. 우리의 촛점은 R에서의 다양한 그래프 생성에 적용되는 기법에 있다. 여기서 논의되는 방법들은 이 책에서 제시되는 모든 그래프 작성에 적용된다. 다만 19장의 ggplot2 패키지로 작성하는 것은 예외이다(ggplot2 패키지는 그래프 모양의 맞춤화에 자기만의 방법이 있다). 다른 장들에서는 각각의 특정한 그래프 유형을 탐구할 것이며 언제 어디에 가장 유용한지에 대해 논의할 것이다.

3.2 간단한 사례

표 3.1의 가상 데이터셋으로 시작해 보자. 이 데이터는 두 가지 약물에 대한 복용량별(5개 수준) 환자의 반응을 나타낸다.

아래의 코드로 이 데이터를 입력한다.

```
dose  <- c(20, 30, 40, 45, 60)
drugA <- c(16, 20, 27, 40, 60)
drugB <- c(15, 18, 25, 31, 40)
```

약물A의 복용량과 반응의 관계를 보여주는 단순 선 그래프는 아래의 코드로 생성된다.

```
plot(dose, drugA, type="b")
```

plot()은 R에서 객체들을 그리는 총칭함수(generic function)이다(이 함수의 출력은 객체 유형에 따라 다르다). 이 사례에서 plot(*x*, *y*, type="b")는 가로축에 *x*를 세로축에 *y*를 놓고, (*x*, *y*) 데

표 3.1 두 약물의 복용량에 따른 환자 반응

복용량	약물A에 대한 반응	약물B에 대한 반응
20	16	15
30	20	18
40	27	25
45	40	31
60	60	40

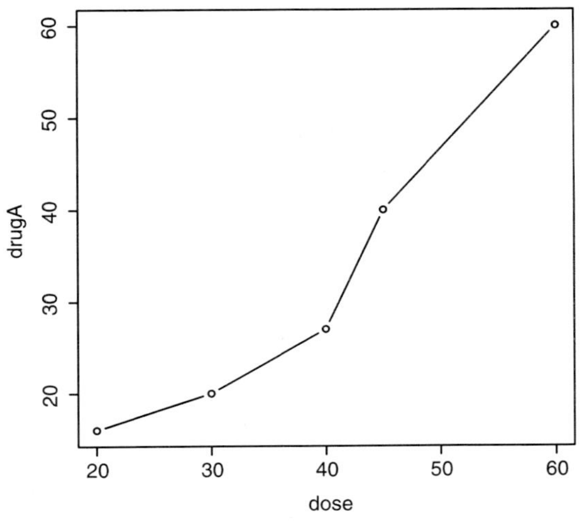

그림 3.2 약물A에 대한 복용량 vs. 반응의 선 플롯

이터 점을 표시하고, 이것들을 선으로 연결한다. type="b" 라는 옵션은 점과 선이 표시되어야 한다는 것을 가리킨다. 다른 옵션들을 보려면 help(plot)을 이용하라. 그래프는 그림 3.2에 나와 있다.

선 플롯은 11장에서 상세하게 다루고 있다. 이제 이 그래프의 모양을 변경해 보자.

3.3 그래픽 파라미터(Graphical parameters)

그래픽 파라미터(graphical parameter)라는 옵션을 통해 그래프의 많은 특성들(폰트, 색, 축, 라벨)을 맞춤화할 수 있다. 첫째 방법은 par() 함수로 이러한 옵션들을 설정한다. 이렇게 설정된 값들은 설정 이후 세션에서 효과를 나타낼 것이다. 설정 형식은 par(옵션이름=값, 옵션이름=값, ...)이다. 파라미터 없이 par()를 지정하면 현재의 그래픽 설정 리스트를 생산한다. no.readonly=TRUE 옵션을 추가하면 현재 변경할 수 있는 그래픽 설정 리스트를 생산한다.

이 사례에서 표시 기호로 빈 동그라미보다 색이 채워진 삼각형을 사용하기를 원하고, 실선보다 점선으로 점들을 연결하기를 원한다고 하자. 그렇다면 아래와 같은 코드를 작성하면 된다:

```
opar <- par(no.readonly=TRUE)
par(lty=2, pch=17)
plot(dose, drugA, type="b")
par(opar)
```

이 코드의 결과가 그림 3.3이다.

첫째 문장으로 현재 설정을 복제한다. 둘째 문장으로 기본설정된 선 타입을 점선(lty=2)으로, 기본

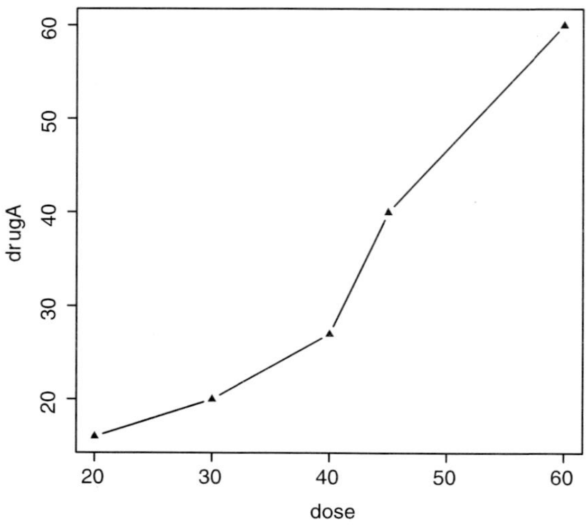

그림 3.3 선 형태와 기호가 변경된 약물A의 복용량 vs. 반응에 대한 선 플롯

설정된 기호를 색이 채워진 삼각형(pch=17)으로 바꾼다. 그리고 나서 셋째 문장으로 플롯을 생성하고, 넷째 문장으로 원래 설정들을 복원한다. 선 타입과 기호들은 3.3.1에서 다룬다.

`par()` 함수는 원하는 만큼 여러 개로 작성할 수 있다. 따라서 `par(lty=2, pch=17)`은 다음과 같이 작성될 수 있다.

```
par(lty=2)
par(pch=17)
```

그래픽 파라미터를 설정하는 두 번째 방법은 고수준 플롯팅 함수에 옵션이름=값을 바로 작성하는 것이다. 이 경우 옵션들은 특정 그래프에 대해서만 적용된다. 다음 코드로 동일한 그래프를 생성할 수 있다:

```
plot(dose, drugA, type="b", lty=2, pch=17)
```

모든 고수준 플롯팅 함수에 모든 그래픽 파라미터를 설정할 수 있는 것은 아니다. 어떤 그래픽 파라미터를 이런 방법으로 설정할 수 있는지는 플롯팅 함수에 대한 도움말(`?plot`, `?hist`, `?boxplot` 등)을 보라. 이 절에서 몇 개의 중요한 그래픽 파라미터에 대해 알아보겠다.

3.3.1 기호와 선

앞에서 본 바와 같이, 그래프의 선과 기호는 그래픽 파라미터를 통해 원하는 데로 설정할 수 있다. 관련 파라미터들은 표 3.2에 제시되어 있다.

pch= 옵션은 점을 그릴 때 사용하는 기호를 지정한다. 허용값들은 그림 3.4에 제시되어 있다. 기호 파라미터 값 21에서 25는 테두리(col=)와 속(bg=)의 색깔을 설정할 수도 있다. `lty=`는 선 타입을 원

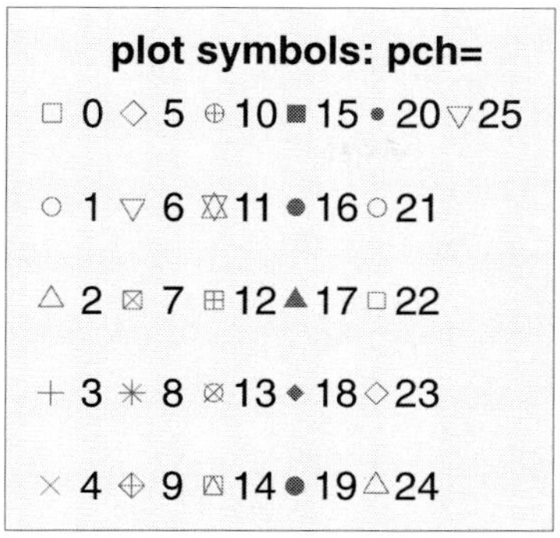

그림 3.4 pch 파라미터로 지정되는 플롯팅 기호

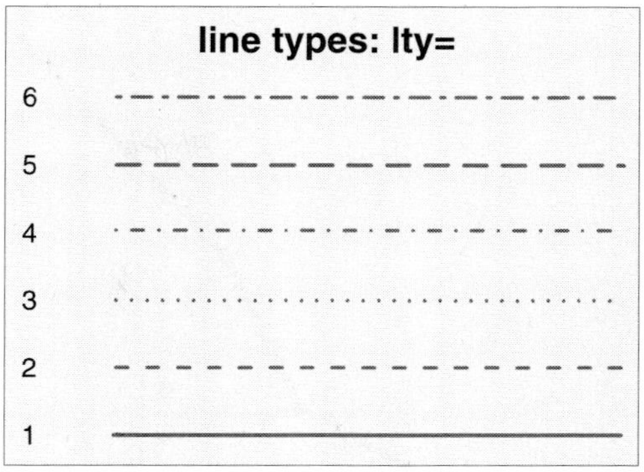

그림 3.5 lty 파라미터로 지정되는 선 타입

표 3.2 기호와 선을 지정하기 위한 파라미터들

파라미터	설명
pch	점을 그릴 때 사용하는 기호를 지정한다(그림 3.4를 보라).
cex	기호의 크기를 지정한다. cex는 기본설정에 비해 확대되는 크기를 나타내는 숫자이다. 기본설정은 1이며, 1.5는 기본설정보다 50% 더 크며, 0.5는 50% 작다.
lty	선 타입을 지정한다(그림 3.5를 보라).
lwd	선 굵기를 지정한다. lwd는 기본설정이 1이고 이를 기준으로 표현된다. 예를 들어 lwd=2는 기본설정보다 두 배 굵은 선을 생성한다.

하는 데로 설정하는데 사용한다. 옵션값들은 그림 3.5에 있다.

이 옵션들을 다 같이 사용하여 작성한 코드는 다음과 같다.

```
plot(dose, drugA, type="b", lty=3, lwd=3, pch=15, cex=2)
```

이 코드가 만드는 그래프는 기본설정 크기보다 2배 크고 속이 채워진 정사각형의 점들을, 기본설정 굵기보다 3배 굵은 점선으로 연결시킨 플롯이다. 그 결과는 그림 3.6에 있다.

다음으로 색 설정을 살펴 보자.

3.3.2 색

R에는 다수의 색깔 관련 파라미터가 있다. 표 3.3은 많이 쓰이는 것들이다.

R에서 색은 인덱스, 이름, 16진법, RGB 또는 HSV로 설정할 수 있다. 예를 들어, `col=1`, `col="white"`, `col="#FFFFFF"`, `col=rgb(1,1,1)`, and `col=hsv(0,0,1)` 등은 색을 흰색으로 설정

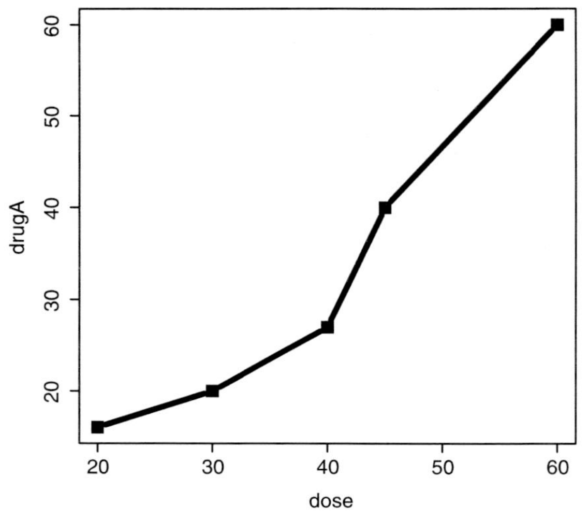

그림 3.6 선 타입, 선 굵기, 기호, 기호 크기가 변경된 약물A의 복용량 vs. 반응에 대한 선 플롯

표 3.3 색 설정 파라미터들

파라미터	설명
col	플롯팅의 기본설정 색. 어떤 함수들(선과 파이같은)은 벡터의 값이 재순환하는 것을 허락한다. 예를 들어, col=c("red", "blue")으로 세 개의 선을 그린다면, 첫째 선은 빨강, 둘째는 파랑, 그리고 셋째는 다시 빨강이다.
col.axis	축 텍스트의 색
col.lab	축 라벨의 색
col.main	제목의 색
col.sub	부제목의 색
fg	플롯의 전경 색
bg	플롯 배경 색

하는 동일한 방법들이다. `rgb()` 함수는 빨강-초록-파랑 값을 기반으로 색을 만드는 반면, `hsv()` 함수는 색조-포화도 값을 기반으로 색깔을 만든다. 더 상세한 사항은 이 함수들의 도움말을 참조하라.

`colors()` 함수는 모든 사용가능한 색깔명을 반환한다. Earl F. Glynn은 탁월한 R 색깔 차트를 온라인에 만들었다. 이것은 http://mng.bz/9C5p에서 사용가능하다. R은 또한 붙어 있는(contiguous) 색깔들의 벡터를 만들 수 있는 함수들이 많다. `rainbow()`, `heat.colors()`, `terrain.colors()`, `topo.colors()`, 그리고 `cm.colors()` 함수들이 그런 것들이다. 예를 들어, rainbow(10)은 10개의 인접한 "무지개" 색깔들을 만들어 낸다.

특히 `RColorBrewer` 패키지는 매력적인 색 팔레트를 만드는데 인기가 있다. 이를 사용하기 전에 `install.packages("RColorBrewer")` 명령어로 다운로드 받아야 한다. 설치된 후 색깔 벡터

를 만들려면 brewer.pal(*n*, *name*) 함수를 사용하라. 예를 들어, 아래 코드는 Set1 팔레트에서 16진법 포맷으로 7개의 색깔 벡터를 반환한다.

```
library(RColorBrewer)
n <- 7
mycolors <- brewer.pal(n, "Set1")
barplot(rep(1,n), col=mycolors)
```

사용가능한 팔레트들의 리스트를 얻으려면 brewer.pal.info를 쳐라; 또는 각 팔레트별 플롯을 한 번에 게시하려면 display.brewer.all()를 치면 된다. 더 상세한 사항은 help(RColorBrewer)를 보라.

마지막으로 회색 농도는 기본 설치에 있는 gray() 함수로 생성된다. 이 경우, 0과 1간의 숫자 벡터처럼 회색농도를 설정할 수 있다. gray(0:10/10)은 10개의 회색 농도를 만들어 낸다. 이것이 어떻게 작동하는지 보려면 아래 코드를 실행해 보라.

```
n <- 10
mycolors <- rainbow(n)
pie(rep(1, n), labels=mycolors, col=mycolors)
mygrays <- gray(0:n/n)
pie(rep(1, n), labels=mygrays, col=mygrays)
```

이와 같이 R은 색깔 벡터를 생성하는 많은 방법들을 제공한다. 이 장에서 색깔 파라미터를 사용하는 사례들을 볼 것이다.

3.3.3 텍스트 특징(Text characteristics)

그래픽 파라미터들은 텍스트 크기, 폰트, 스타일 등을 설정하는데도 사용된다. 텍스트 크기를 통제하는 파라미터들은 표 3.4에 설명되어 있다. 폰트 패밀리와 스타일은 폰트 옵션으로 통제할 수 있다

표 3.4 텍스트 크기를 설정하는 파라미터

파라미터	설명
cex	숫자는 그림에 있는 텍스트의 크기를 가리킨다. cex는 기본설정에 비해 확대되는 크기를 나타내는 숫자이다. 기본설정은 1이며, 1.5는 기본설정보다 50% 더 크며, 0.5는 50% 작다.
cex.axis	cex와 비교한 축 텍스트의 확대 배율
cex.lab	cex와 비교한 축 라벨의 확대 배율
cex.main	cex와 비교한 제목의 확대 배율
cex.sub	cex와 비교한 부제목의 확대 배율

표 3.5 폰트 패밀리, 크기, 스타일을 설정하는 파라미터

파라미터	설명
font	숫자로 텍스트의 폰트를 설정함. 1=plain, 2=bold, 3=italic, 4=bold italic 그리고 5=symbol(Adobe 심볼 인코딩으로)
font.axis	축 텍스트의 폰트
font.lab	축 라벨의 폰트
font.main	제목의 폰트
font.sub	부제목의 폰트
ps	폰트 점의 크기(대략 1/72인치), 텍스트 크기= ps * cex
family	텍스트를 그리는데 사용되는 폰트 패밀리. 표준값은 serif, sans, 그리고 mono이다.

(표 3.5를 보라)

예를 들어 다음 프로그램문으로 생성되는 그래프는 기본설정 텍스트 크기보다 1.5배 큰 이탤릭체의 축 라벨과 기본설정보다 두 배 큰 볼드 이탤릭체의 제목을 달게 된다.

```
par(font.lab=3, cex.lab=1.5, font.main=4, cex.main=2)
```

폰트 크기와 스타일은 쉽게 설정되지만, 폰트 패밀리는 조금 복잡하다. 이는 serif, sans, mono 등의 연결(mapping)이 디바이스마다 다르기 때문이다. 예를 들어, 윈도우에서 mono는 TT Courier New에 연결되고, serif는 TT Times New Roman과 연결된다. 그리고 sans는 TT Arial과 연결된다(TT는 TrueType이다). 이러한 연결에 만족한다면, family="serif" 같은 파라미터를 사용할 수 있다. 윈도우에서는 windowsFont() 함수로 이러한 연결을 만들 수 있다. 예를 들어, windowsFont()를 작성한 후 famaily 값으로 A, B, C를 사용할 수 있다.

```
windowsFonts(
  A=windowsFont("Arial Black"),
  B=windowsFont("Bookman Old Style"),
  C=windowsFont("Comic Sans MS")
)
```

이 경우, par(family="A")는 Arial Black font를 지정한다. (3.4.2의 프로그래밍 3.2는 텍스트 파라미터를 변경하는 예제를 보여준다.) windowsFont() 함수는 윈도즈에서만 작동한다는 것을 명심하라. 맥에서는 대신에 quartzFonts() 함수를 쓴다.

그래프가 PDF 혹은 PostScript 포맷으로 출력된다면, 폰트 패밀리의 변경은 상대적으로 간단하다. PDF에 있어, 자신의 시스템에서 사용가능한 폰트를 찾으려면 names(pdfFonts())를 사용하고,

표 3.6 그래프 차원 및 여백 차원을 위한 파라미터들

파라미터	설명
pin	인치로 플롯 차원(폭과 높이) 설정
mai	여백 크기를 나타내는 숫자 벡터, c(하단, 왼쪽, 상단, 오른쪽)은 인치로 표현된다.
mar	여백 크기를 나타내는 숫자 벡터, c(하단, 왼쪽, 상단, 오른쪽)은 줄(lines)로 표현된다. 디폴트는 c(5, 4, 4, 2) + 0.1이다.

플롯을 생성하려면 `pdf(file="myplot.pdf", family="fontname")`을 사용하라. PostScript 포맷의 그래프에서는 `names(postscriptFonts())`와 `postscript(file="myplot.ps", family="fontname")`을 사용하라. 더 많은 정보를 원한다면 온라인 상의 도움말을 보라.

3.3.4 그래프 및 여백 차원들(Graph and Margin dimensions)

마지막으로, 표 3.6에 나열된 파라미터를 사용하여 그림의 차원과 여백크기를 조정할 수 있다.

```
par(pin=c(4,3), mai=c(1,.5, 1, .2))
```

위 코드는 너비가 4인치 높이가 3인치이고 상,하단 여백이 1인치이고, 왼쪽 여백이 0.5인치, 오른쪽 여백이 0.2인치인 그래프를 만든다. 여백에 대해 더 알려면 Earl F. Glynn의 온라인 사용지침서(http://mng.bz/6aMp) 를 참고하라.

간단한 예제들을 고도화하기 위해 지금까지 취급한 옵션들을 사용해 보자. 아래 프로그래밍 코드는 그림 3.7의 그래프를 만들어 낸다.

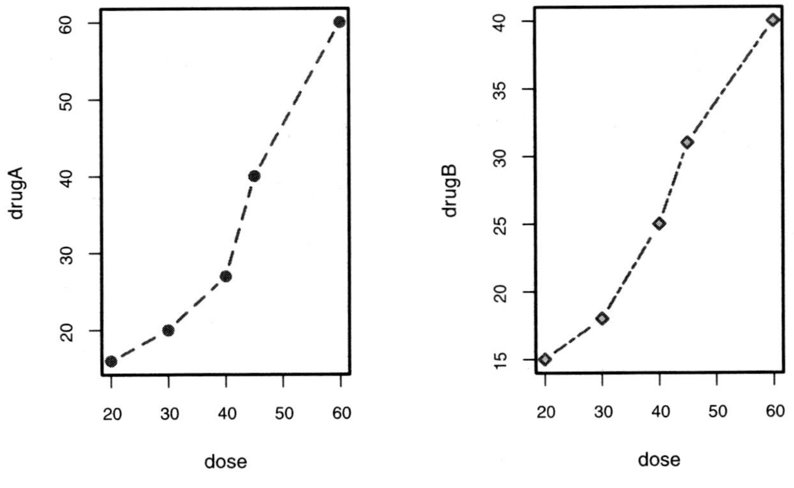

그림 3.7 약물A와 약물B에 대한 복용량 vs. 반응의 선 플롯

프로그래밍 3.1 그래프 모양을 조정하기 위해 그래픽 파라미터 사용하기

```
dose  <- c(20, 30, 40, 45, 60)
drugA <- c(16, 20, 27, 40, 60)
drugB <- c(15, 18, 25, 31, 40)

opar <- par(no.readonly=TRUE)
par(pin=c(2, 3))
par(lwd=2, cex=1.5)
par(cex.axis=.75, font.axis=3)
plot(dose, drugA, type="b", pch=19, lty=2, col="red")
plot(dose, drugB, type="b", pch=23, lty=6, col="blue", bg="green")
par(opar)
```

먼저 데이터를 벡터로 입력한다. 그런 다음 현재 그래픽 파라미터 설정을 저장한다(나중에 이를 복원하기 위해서). 그래픽 파라미터를 변경하여 기본설정 그래프를 폭 2인치 높이 3인치의 그래프로 만든다. 이에 더하여 선들은 기본 굵기의 두배, 기호는 기본 크기의 1.5배가 된다. 축 텍스트는 이텔릭체로 설정되고 기본설정의 75%크기로 된다. 첫째 플롯은 속이 채워진 빨강 원과 점선의 그래프다. 둘째 플롯은 초록 다이아몬드와 청색 테두리와 청색 점선의 그래프이다. `par()` 함수로 설정된 파라미터는 두 그래프에 모두 적용되지만, `plot()` 함수로 설정된 파라미터는 해당 그래프에만 적용된다는 것을 명심하라.

그림 3.7에서 몇 가지 표현의 한계를 볼 수 있다. 이 그래프들에는 제목이 없고 Y축이 같은 크기가 아니고, 그래서 두 약물을 직접적으로 비교할 수 없다. 축 라벨들에도 더 많은 정보를 달 수 있었을 텐데 말이다.

다음 절에서는 텍스트 주석달기(제목과 라벨 등의)와 축들의 맞춤화를 다룰 것이다. 사용가능한 그래픽 파라미터에 관한 추가 정보들은 `help(par)`를 참조하라.

3.4 텍스트, 맞춤화된 축, 그리고 범례 추가하기

많은 고수준 플롯팅 함수들(예를 들어, `plot`, `hist`, 그리고 `boxplot`)은 그래픽 파라미터는 물론 축과 텍스트 옵션을 사용할 수 있다. 예를 들어, 아래 코드는 제목(`main`), 부제목(`sub`), 축 라벨(`xlab`, `ylab`) 그리고 축 범위(`xlim`, `ylim`) 등을 추가하고 있다. 그 결과는 그림 3.8에 나타난다.

```
plot(dose, drugA, type="b",
    col="red", lty=2, pch=2, lwd=2,
    main="Clinical Trials for Drug A",
    sub="This is hypothetical data",
```

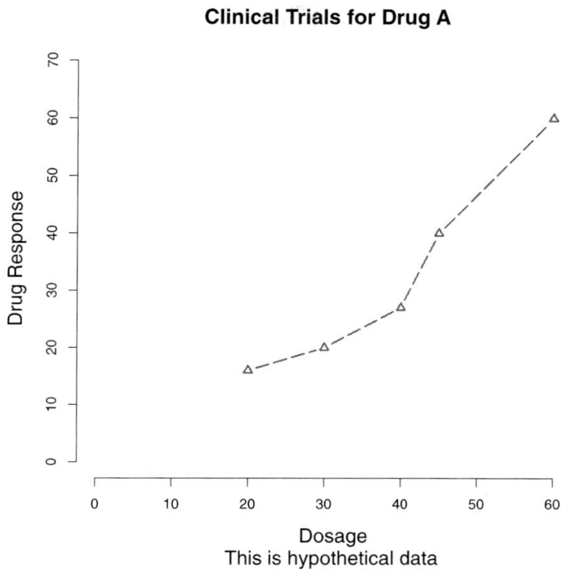

그림 3.8 제목, 부제목 그리고 변경된 축들을 가진 약물 A의 복용량 vs. 반응의 선 플롯

```
     xlab="Dosage", ylab="Drug Response",
     xlim=c(0, 60), ylim=c(0, 70))
```

다시 말하지만, 모든 함수들이 이러한 옵션을 허용하지는 않는다. 어떤 옵션들이 수용되는 지를 알려면 해당 함수의 도움말을 참조하라. 보다 정교한 통제와 모듈화를 위해서는, 이 절에서 설명하는 제목, 축, 범례, 그리고 텍스트 주석달기 등을 통제하는 함수들을 사용할 수 있다.

NOTE 일부 고수준 플롯팅 함수들은 기본설정으로 제목과 라벨을 포함하고 있다. 이 경우, `plot()` 문이나 별도의 `par()` 문에 ann=FALSE를 추가하여 제거할 수 있다.

3.4.1 제목(Titles)

그림에 제목과 축 라벨을 추가하려면 `title()` 함수를 사용한다. 포맷은 다음과 같다.

```
title(main="main title", sub="subtitle",
   xlab="x-axis label", ylab="y-axis label")
```

그래픽 파라미터들(텍스트 크기, 폰트, 회전 그리고 색과 같은)을 `title()`에서도 설정할 수 있다. 예를 들어, 아래 코드는 빨간 색 제목, 파란 색 부제목을 만들고, 기본설정 텍스트 크기보다 25% 작은 녹색의 x와 y 라벨을 생성한다.

```
title(main="My Title", col.main="red",
    sub="My Subtitle", col.sub="blue",
    xlab="My X label", ylab="My Y label",
    col.lab="green", cex.lab=0.75)
```

표 3.7 축 옵션들

옵션	설명
side	축을 그리는 그래프의 면을 지정하는 정수 (1=바닥, 2=왼쪽, 3=위, 4=오른쪽)
at	눈금(tick)표시가 그려져야 할 곳을 지시하는 숫자 벡터
labels	눈금(tick)표시에 놓여져야 할 라벨들의 문자 벡터(만약 NULL이면 at 값이 사용된다)
pos	축 선이 그려질 좌표 (즉, 교차하는 다른 축 상의 값)
lyt	선 타입
col	선과 눈금(tick) 표시 색
las	라벨이 축에 수평적(=0) 일지 수직적(=2) 일지를 정한다.
tck	그림 영역의 일부분인 각 눈금(tick)표시의 길이(음수는 그래프의 바깥, 양수는 안쪽, 0은 눈금(tick)을 표시 안하고, 1은 격자선을 만든다). 기본설정은 -0.01
(...)	다른 그래픽 파라미터들

전형적으로 `title()` 함수는 ann=FALSE 옵션을 통해 기본설정된 제목과 축 라벨이 제거된 플롯에 정보를 추가하는데 사용된다.

3.4.2 축

R의 기본설정된 축들을 사용하기 보다, `axis()` 함수로 원하는 형태의 축을 만들 수 있다. 포맷은 다음과 같다.

```
axis(side, at=, labels=, pos=, lty=, col=, las=, tck=, ...)
```

각 파라미터들은 표 3.7에 기술되어 있다.

맞춤형 축을 만들려고 하면 고수준 플롯팅 함수에 의해 자동으로 생성되는 축을 제거해야 한다. `axes=FALSE` 옵션은 모든 축들을 제거한다(모든 축 프레임 선들을 포함하여 이를 원하지 않으면 `frame.plot=TRUE` 옵션을 추가한다). `xaxt="n"` 과 `yaxt="n"` 옵션은 각각 x축과 y축을 억제한다(눈금을 없애고 프레임 선만 남는다). 프로그래밍 3.2는 지금까지 논의된 각 특성(features)을 예증하는 약간은 우스꽝스럽고 과장된 사례이다. 결과 그래프는 그림 3.9에 있다.

프로그래밍 3.2 맞춤형 축의 사례

```
x <- c(1:10)
y <- x
z <- 10/x
```

Specifies data

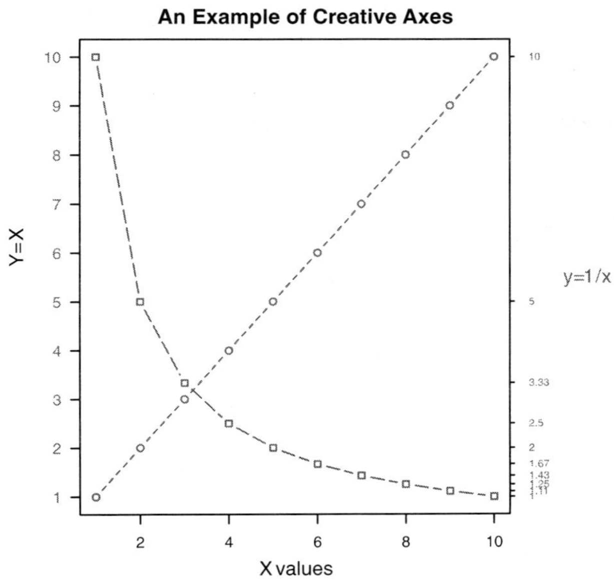

그림 3.9 축 옵션의 예증

```
opar <- par(no.readonly=TRUE)

par(mar=c(5, 4, 4, 8) + 0.1)
plot(x, y, type="b",
     pch=21, col="red",
     yaxt="n", lty=3, ann=FALSE)
lines(x, z, type="b", pch=22, col="blue", lty=2)

axis(2, at=x, labels=x, col.axis="red", las=2)

axis(4, at=z, labels=round(z, digits=2),
     col.axis="blue", las=2, cex.axis=0.7, tck=-.01)

mtext("y=1/x", side=4, line=3, cex.lab=1, las=2, col="blue")

title("An Example of Creative Axes",
      xlab="X values",
      ylab="Y=X")

par(opar)
```

Increases margins

Plots x vs. y, suppressing annotations

Adds an x versus l/x line

Draws the axes

Adds titles and text

우리는 `line()`과 `mtext()` 프로그램문을 제외하고 모든 것을 프로그래밍3.2에서 다루었다. `plot()` 문으로 새로운 그래프를 만들어 시작한다. `line()`을 사용하여 기존 그래프에 새로운 그래프 요소를 첨가할 수 있다. 3.4.4.에서 같은 그래프에 약물 A와 약물 B의 반응을 그릴 때 이것을 다시 한번 사용할 것이다. `mtext()` 함수는 플롯의 여백에 텍스트를 첨가할 때 사용된다. `mtext()`는 3.4.5에서 다루어 질 것이고 `line()`은 11장에서 더욱 충분히 다루어질 것이다.

◆ 작은 눈금 표시

지금까지 만든 그래프는 큰 눈금 표시를 만들었던 것이고 작은 눈금 표시는 만들지 않았다. 작은 눈금 표시를 만들려면 Hmisc 패키지의 minor.tick() 함수가 필요하다. Hmisc를 설치하지 않았다면 우선 이것부터 설치하라(1장 1.4.2절을 보라). 아래 코드로 작은 틱 표시를 추가할 수 있다.

```
library(Hmisc)
minor.tick(nx=n, ny=n, tick.ratio=n)
```

nx와 ny는 각각 x축과 y축 상의 큰 눈금 표시들간의 길이를 나눌 등분의 수를 지정한다. tick.ratio는 큰 눈금 표시와 비교한 작은 눈금 표시의 크기이다. 현재 큰 눈금 표시의 길이는 par("tck")를 사용하여 찾을 수 있다. 예를 들어, 아래 문장은 x축의 큰 눈금 표시 사이마다 작은 눈금 표시 하나씩을 첨가하고 y축의 큰 눈금 표시 사이마다 두 개의 눈금 표시를 추가한다.

```
minor.tick(nx=2, ny=3, tick.ratio=0.5)
```

이 작은 눈금 표시들은 큰 눈금 표시의 50% 크기이다. 작은 눈금 표시에 관한 예제는 3.4.4(프로그래밍 3.3과 그림 3.10)에서 제시된다.

3.4.3 참조선(Reference lines)

그래프에 참조선을 부가하기 위해서 abline() 함수를 사용한다. 포맷은 다음과 같다.

```
abline(h=yvalues, v=xvalues)
```

다른 그래픽 파라미터들(선 타입, 색, 폭 같은) 또한 abline() 함수 안에 설정될 수 있다. 예를 들어 보라.

```
abline(h=c(1,5,7))
```

이 프로그램문은 y=1, 5, 7 인 곳에 가로 실선을 덧붙인다.

```
abline(v=seq(1, 10, 2), lty=2, col="blue")
```

반면에 이 코드는 파란 세로 대시선을 x=1, 3, 5, 7, 9 인 곳에 부가한다. 다음 절의 프로그래밍 3.3은 y=30에서의 약물 사례를 위한 참조선을 생성한다. 결과 그래프는 그림 3.10(이것도 다음 절에서)에 제시된다.

3.4.4 범례

둘 이상의 데이터셋이나 집단을 하나의 그래프 내에 포함할 때, 범례는 각각의 막대들, 파이조각들, 선들이 어떤 것을 가리키는지를 식별하는데 도움을 준다. 범례는 legend() 함수로 추가할 수 있다. 포맷은 다음과 같다.

```
legend(location, title, legend, ...)
```

일반적인 옵션들은 표 3.8에 기술되어 있다.

다른 자주 쓰는 범례 옵션들에는 박스 타입을 위한 bty, 배경색을 위한 bg, 크기를 위한 cex, 그리고 텍스트 색을 위한 text.col 등이 있다. horiz=TRUE를 설정하면 범례를 세로가 아닌 가로로 놓는

표 3.8 범례 옵션들

옵션	설명
location	범례의 위치를 정하는 방법은 여러 가지이다. 왼쪽 위 구석에 자리잡기 위해 x, y 좌표를 줄 수 있다. locator(1)을 사용할 수 있다. 이 경우 범례의 위치를 정하기 위해 마우스를 사용할 수 있다. 또 범례 위치 지정을 위하여 bottom, bottomleft, left, topleft, top, topright, right, bottomright, center 같은 키워드를 사용하여 지정할 수 있다. 이러한 키워드를 사용할 경우 범례를(그림 영역의 일부분으로서) 그래프 안으로 얼마나 움직일 것인지를 정하기 위해 inset= 을 사용할 수 있다.
title	범례 제목용 문자열 (선택사항)
legend	라벨들을 가진 문자 벡터
...	다른 옵션들, 범례에 색깔 선을 붙이려면 col= 을 설정하여 색깔 벡터를 생성한다. 범례에 포인트 기호를 붙이려면 pch= 을 설정하면 포인트 기호 벡터를 생성한다. 범례에 선 굵기와 선 스타일을 붙이려면 lwd= 와 lty= 을 설정하면 굵기 혹은 스타일 벡터를 생성한다. 범례의 색깔 상자(막대, 박스플롯, 파이 차트에서는 일반적인)를 만들기 위해서는 fill= 과 색깔 벡터를 사용한다.

다. 보다 상세한 정보는 `help(legend)`를 참조하라. help 파일에 있는 사례들은 매우 유익하다.

약물 데이터를 사용하는 예제(프로그래밍 3.3)를 살펴보자. 여기서도 지금까지 다루어 온 많은 특성들을 사용할 것이다. 결과 그래프는 그림 3.10에 나와 있다.

프로그래밍 3.3 복용량에 따른 약물 A와 약물 B의 반응 비교

```
dose  <- c(20, 30, 40, 45, 60)
drugA <- c(16, 20, 27, 40, 60)
drugB <- c(15, 18, 25, 31, 40)

opar <- par(no.readonly=TRUE)

par(lwd=2, cex=1.5, font.lab=2)          # Increases line, text, symbol, and label size

plot(dose, drugA, type="b",
     pch=15, lty=1, col="red", ylim=c(0, 60),
     main="Drug A vs. Drug B",
     xlab="Drug Dosage", ylab="Drug Response")

lines(dose, drugB, type="b",
      pch=17, lty=2, col="blue")

abline(h=c(30), lwd=1.5, lty=2, col="gray")
                                         # Generates the graph
library(Hmisc)
minor.tick(nx=3, ny=3, tick.ratio=0.5)   # Adds minor tick marks

legend("topleft", inset=.05, title="Drug Type", c("A","B"),
       lty=c(1, 2), pch=c(15, 17), col=c("red", "blue"))   # Adds a legend

par(opar)
```

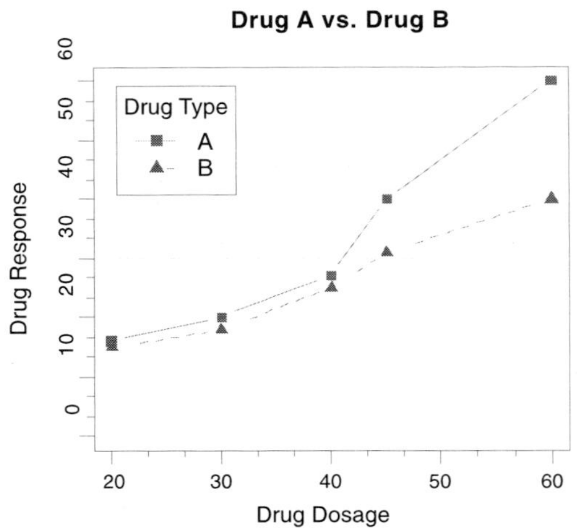

그림 3.10 주석을 붙인 약물 A와 약물 B의 비교

그림 3.10에 있는 그래프의 거의 모든 양상들은 지금까지 이 장에서 다뤄 온 모든 옵션들을 사용하여 변경될 수 있다. 나아가 옵션들을 원하는 데로 설정하기 위한 다른 방법들도 많다. 마지막으로 고려 사항인 주석달기는 그림 자체에 텍스트 주석을 다는 것이다. 이것은 다음 절에서 다루기로 한다.

3.4.5 텍스트 주석

텍스트는 `text()`와 `mtext()` 함수를 사용하여 그래프에 첨가할 수 있다. `text()` 함수는 그래프 안에 텍스트를 넣는 반면 `mtext()`는 4면의 여백 중 하나에 텍스트를 넣는다. 포맷은 다음과 같다.

```
text(location, "text to place", pos, ...)
mtext("text to place", side, line=n, ...)
```

그리고 자주 쓰는 옵션들은 표 3.9에 기술되어 있다. 다른 옵션들로는 `cex`, `col`, `font`(각각 크기,

표 3.9 text() 및 mtext() 함수를 위한 옵션들

옵션	설명
location	Location(위치)는 x,y 좌표일 수 있다. 대안으로 location을 locator(1)로 설정하면 마우스로 동작하면서 텍스트를 위치시킬 수 있다.
pos	Location의 상대적 위치. 1=아래, 2=왼쪽, 3= 위쪽, 4=오른쪽. pos를 설정하면 offset= 으로 글자폭 백분율을 설정할 수 있다.
side	텍스트가 놓이게 될 여백 면을 정한다. 1=아래, 2=왼쪽, 3= 위쪽, 4=오른쪽. line= 을 통해 여백에 선을 가리킬 수 있는데, 플롯영역에 가장 가까운 것을 0으로 하여 점점 바깥으로 움직이게 된다. 또 왼쪽/아래 정렬을 위해서 adj=0을 설정할 수 있고 위/오른쪽 정렬을 위해서 adj=1을 설정할 수 있다.

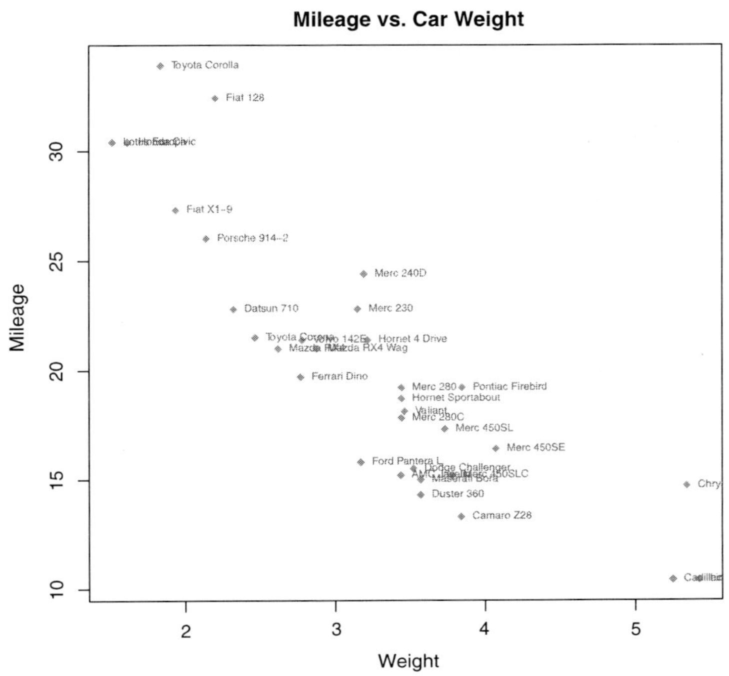

그림 3.11 라벨(차 제작사 및 모델)이 달린 점들로 만든 산점도(차 중량 vs. 마일리지)

색깔, 폰트 스타일을 설정) 등이 있다.

text() 함수는 다른 텍스트 주석을 추가하는 것 뿐 아니라, 점들에 라벨을 붙이는데 전형적으로 사용한다. 점들의 location은 x,y 좌표세트로 지정하고, 점들에 놓일 텍스트는 라벨의 벡터로 지정한다. x,y 벡터와 라벨 벡터는 길이가 같아야 한다. 아래에 예제가 있고 결과 그래프는 그림 3.11에 있다.

```
attach(mtcars)
plot(wt, mpg,
     main="Mileage vs. Car Weight",
     xlab="Weight", ylab="Mileage",
     pch=18, col="blue")
text(wt, mpg,
     row.names(mtcars),
     cex=0.6, pos=4, col="red")
detach(mtcars)
```

이 사례는 mtcars 데이터프레임에서 제공된 32개 자동차 제작사의 연비 대 중량의 플롯을 그리고 있다. text() 함수를 사용하여 차 제작사 정보는 각 데이터 점의 오른쪽에 놓인다. 라벨 크기는 40%로 축소되었고 빨간색으로 설정되었다.

두번째 사례로, 아래 코드는 폰트 패밀리를 보여주는데 사용될 수 있다.

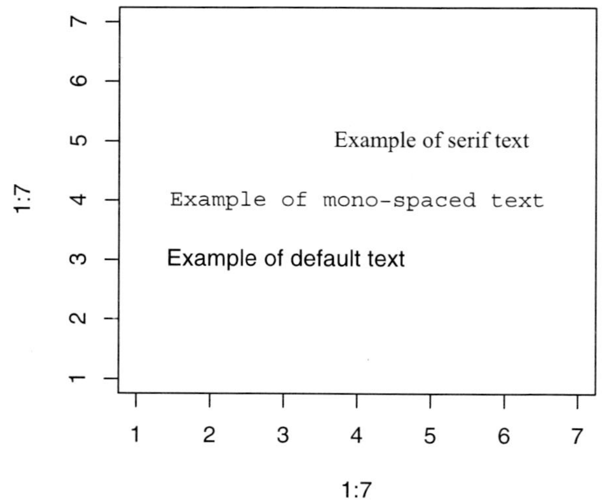

그림 3.12 윈도우 플랫폼에서 폰트 패밀리 사용 사례

```
opar <- par(no.readonly=TRUE)
par(cex=1.5)
plot(1:7,1:7,type="n")
text(3,3,"Example of default text")
text(4,4,family="mono","Example of mono-spaced text")
text(5,5,family="serif","Example of serif text")
par(opar)
```

윈도우 플랫폼에서 만들어진 결과는 그림 3.12에 나타나 있다. 더 좋은 디스플레이를 위해 폰트 크기를 키우려고 `par()` 함수가 사용되었다.

결과 그림은 플랫폼에 따라 다를 것이다. plain, mono, serif 텍스트가 시스템마다 다른 폰트 패밀리에 매핑되기 때문이다. 여러분의 시스템에서는 어떻게 보이는가?

3.4.6 수학 주석

마지막으로, TeX과 같은 툴을 사용하여 그래프에 수학적 기호와 공식을 첨가할 수 있다. 상세사항과 사례는 `help(plotmath)`를 참조하라. 또 demo(`plotmath`)를 시도하면 어떻게 작동하는 가를 볼 수 있다. 결과의 일부분이 그림 3.13에 나와 있다. `plotmath()` 함수는 제목, 축 라벨, 또는 그림 영역 내지, 여백 영역의 텍스트 주석 등에 수학 기호를 첨가하는데 사용된다.

여러분들은 가끔 여러 개의 그래프를 동시에 비교함으로써 데이터에서 큰 통찰력을 얻곤 한다. 그래서 우리는 여러 개의 그래프를 하나의 이미지로 결합하는 방법들을 살펴보고 이 장을 끝내도록 하겠다.

Arithmetic Operators	
x + y	$x + y$
x – y	$x - y$
x * y	xy
x/y	x/y
x %+-% y	$x \pm y$
x%/%y	$x \div y$
x %*% y	$x \times y$
x %.% y	$x \cdot y$
–x	$-x$
+x	$+x$
Sub/Superscripts	
x[i]	x_i
x^2	x^2
Juxtaposition	
x * y	xy
paste(x, y, z)	xyz
Lists	
list(x, y, z)	x, y, z

Radicals	
sqrt(x)	$\sqrt{x}$
sqrt(x, y)	$\sqrt[y]{x}$
Relations	
x == y	$x = y$
x != y	$x \neq y$
x < y	$x < y$
x <= y	$x \leq y$
x > y	$x > y$
x >= y	$x \geq y$
x %~~% y	$x \approx y$
x %=~% y	$x \cong y$
x %==% y	$x \equiv y$
x %prop% y	$x \propto y$
Typeface	
plain(x)	x
italic(x)	*x*
bold(x)	**x**
bolditalic(x)	***x***
underline(x)	$\underline{x}$

그림 3.13 demo(plotmath)의 일부 결과들

3.5 그래프의 결합(Combining graphs)

R은 `par()` 혹은 `layout()` 함수를 사용하여 여러 개의 그래프를 포괄적인 하나의 그래프로 쉽게 결합한다. 이 지점에서 결합될 그래프의 특정한 유형에 대해서는 걱정하지 말라; 여기서 우리의 초점은 그래프들을 결합하는데 사용하는 일반적인 방법에 있다. 각 그래프 유형의 생성과 해석은 뒷장에서 다룰 것이다.

플롯들을 행 순서로 채우는 *n*행×*n*열의 플롯 행렬을 만들기 위해, `par()`함수에 그래픽 파라미터 `mfrow=c(`*`nrows, ncols`*`)`를 포함하여 사용할 수 있다. 대신에 열 순서로 행렬을 채우려면 `mfcol=c(`*`nrows, ncols`*`)`를 사용하면 된다.

예를 들어, 아래 코드는 4개의 플롯을 생성하고 이것들을 두개의 행과 두개의 열로 배치한다.

```
attach(mtcars)
opar <- par(no.readonly=TRUE)
```

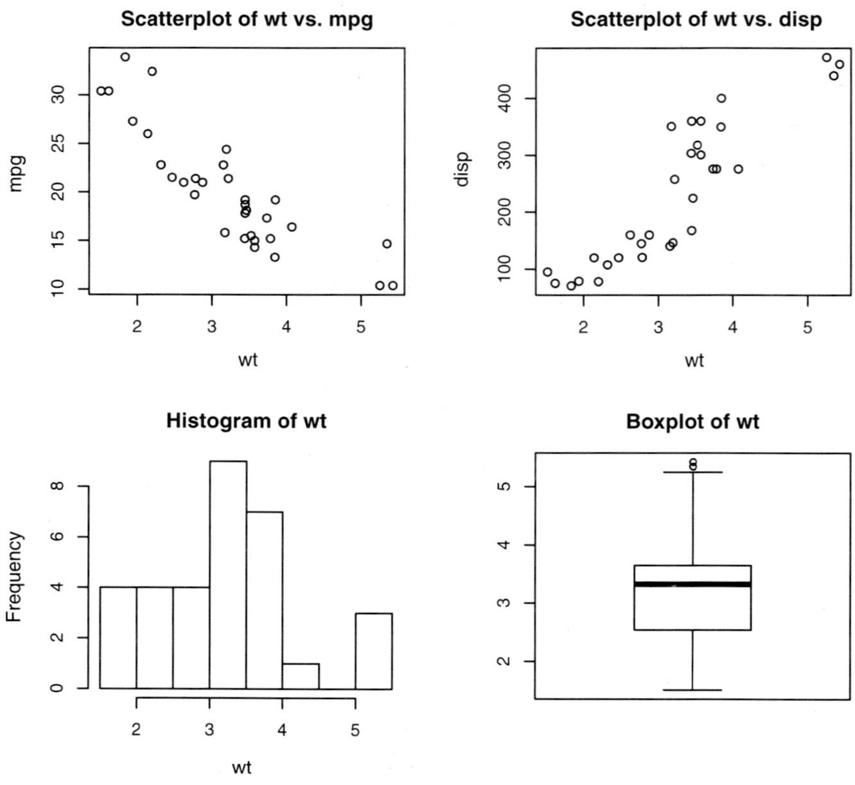

그림 3.14 par(mfrow=c(2,2))으로 4개 그림을 결합한 그래프

```
par(mfrow=c(2,2))
plot(wt,mpg, main="Scatterplot of wt vs. mpg")
plot(wt,disp, main="Scatterplot of wt vs. disp")
hist(wt, main="Histogram of wt")
boxplot(wt, main="Boxplot of wt")
par(opar)
detach(mtcars)
```

이 결과는 그림 3.14에 나와 있다.

둘째 사례로, 세 개의 행과 한 개의 열로 세 개의 플롯을 배치해 보자. 코드는 다음과 같다.

```
attach(mtcars)
opar <- par(no.readonly=TRUE)
par(mfrow=c(3,1))
hist(wt)
hist(mpg)
```

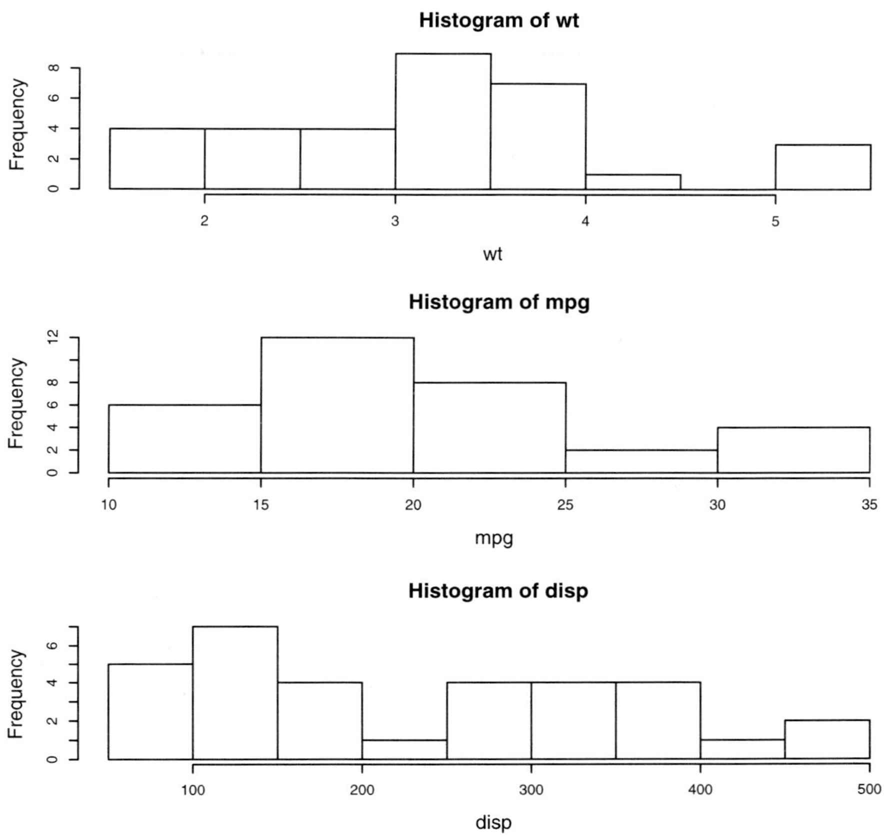

그림 3.15 par(mfrow=c(3,1))으로 세 개의 그림을 결합한 그래프

```
hist(disp)
par(opar)
detach(mtcars)
```

그래프는 그림 3.15에 나와 있다. 고수준 함수인 hist()는 제목을 기본설정으로 포함하고 있다(제목 기본설정을 제한하려면 main=""를 사용하고, 모든 제목과 라벨을 제한하려면 ann=FALSE를 사용하라).

layout() 함수는 layout(mat) 형태를 갖는다. 여기서 mat는 결합할 플롯들의 위치를 설정하는 행렬 객체이다. 아래 코드에서는 그림 한 개가 첫 번째 행에 놓이고 두 개 그림이 두 번째 행에 놓인다.

```
attach(mtcars)
layout(matrix(c(1,1,2,3), 2, 2, byrow = TRUE))
hist(wt)
```

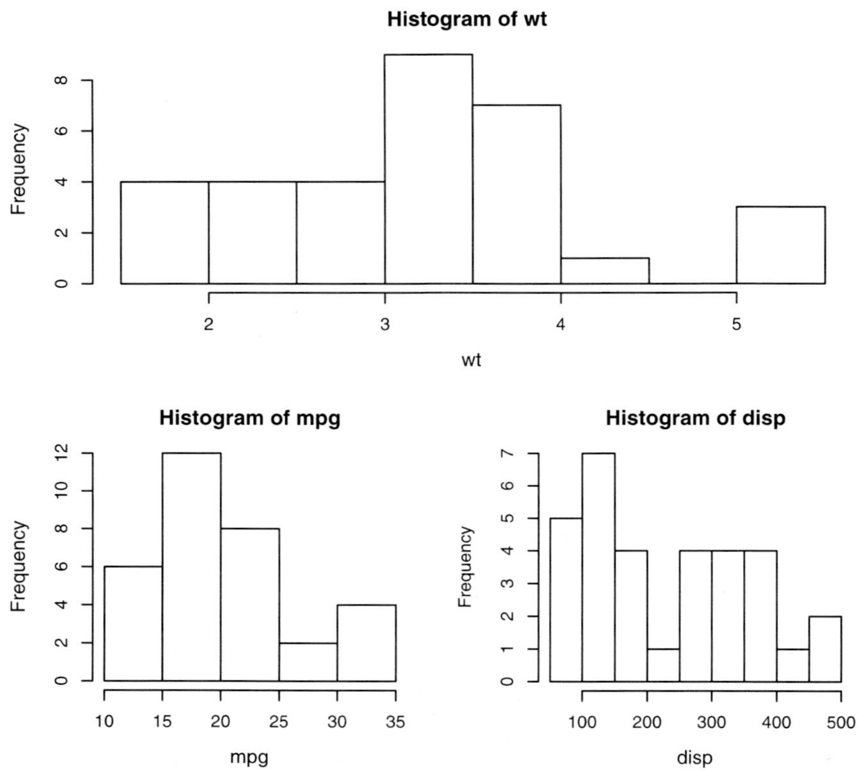

그림 3.16 layout() 함수를 사용하여 세 개 그림을 기본설정 폭으로 결합한 그래프

```
hist(mpg)
hist(disp)
detach(mtcars)
```

결과 그래프는 그림 3.16에 나와 있다.

각 그림의 크기를 보다 정교하게 조정하기 위해 `layout()` 함수에 `widths=` 와 `heights=` 옵션을 포함할 수도 있다. 이 옵션들은 다음과 같은 형태를 갖는다.

- widths-열들의 폭에 관한 값들의 벡터
- heights-행들의 높이에 관한 값들의 벡터

상대적인 너비가 숫자 값으로 설정된다. 절대적 너비(센티미터로)는 `lcm()` 함수로 설정할 수 있다.

아래 코드에서 1개 그림은 1행에 놓여지고 두개의 그림은 2행에 놓여진다. 그러나 1행의 그림의 높이는 2행 그림의 1/3 이다. 더구나 오른쪽 아래 그림의 너비는 왼쪽 아래 그림의 1/4 이다:

```
attach(mtcars)
```

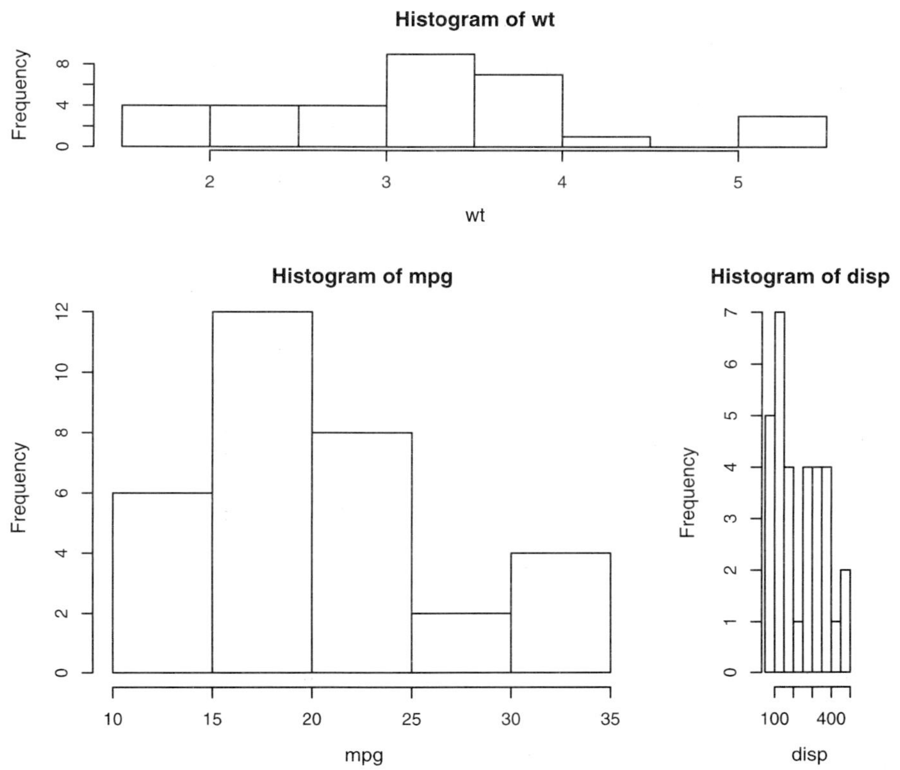

그림 3.17 llayout()함수를 사용하여 너비를 별도 설정하고 세 개의 그림을 결합한 그래프

```
layout(matrix(c(1, 1, 2, 3), 2, 2, byrow = TRUE),
      widths=c(3, 1), heights=c(1, 2))
hist(wt)
hist(mpg)
hist(disp)
detach(mtcars)
```

그래프는 그림 3.17에 나와 있다.

보시다시피 `layout()` 함수는 최종 이미지 상에 그래프들의 숫자와 위치 뿐 아니라, 그래프의 상대적 크기에 대해서도 손쉽데 조정할 수 있게 해준다. 자세한 사항은 `help(layout)`을 참조하라.

3.5.1 정교한 조정으로 그림 배열하기

하나의 의미있는 플롯을 만들기 위해 여러 개의 그림을 정리하거나 포개놓고 싶을 때가 있다. 그렇게 하기 위해서는 그림의 배치에 대한 정교한 조정능력이 필요하다. 이는 `fig=` 그래픽 파라미터로

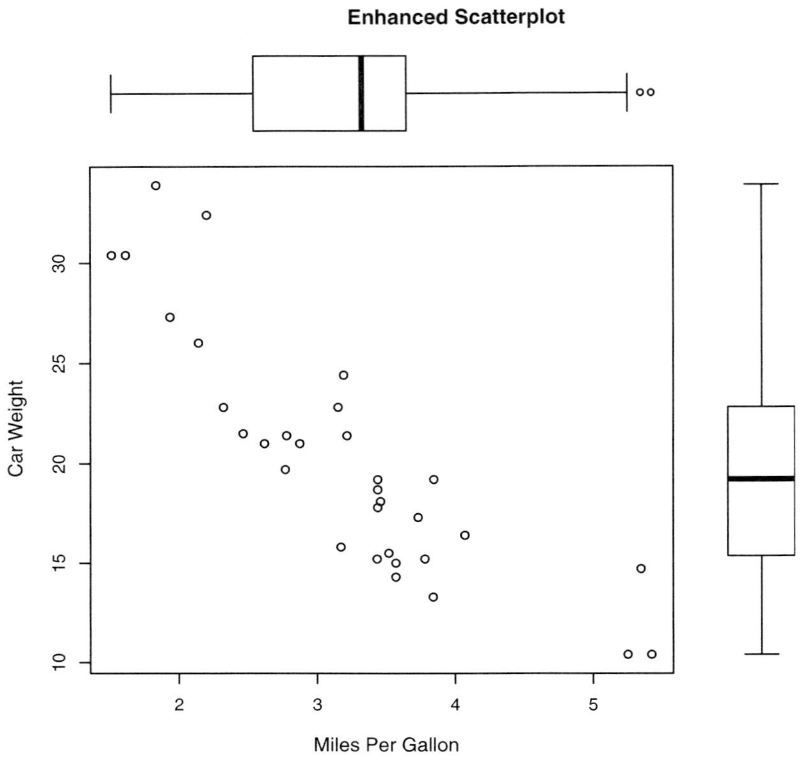

그림 3.18 여백에 두 개의 상자그림이 있는 산점도

얻을 수 있다. 아래 프로그래밍에서 보듯이 하나의 향상된 그래프를 만들기 위해 두 개의 상자그림이 산점도에 추가되었다. 결과 그래프는 그림 3.18에 나와 있다.

프로그래밍 3.4 여러 그림들을 한 개의 그래프에 정교하게 배치하기

```
opar <- par(no.readonly=TRUE)
par(fig=c(0, 0.8, 0, 0.8))
plot(mtcars$mpg, mtcars$wt,
     xlab="Miles Per Gallon",
     ylab="Car Weight")                          # Sets up the scatter plot
par(fig=c(0, 0.8, 0.55, 1), new=TRUE)
boxplot(mtcars$mpg, horizontal=TRUE, axes=FALSE) # Adds a box plot above

par(fig=c(0.65, 1, 0, 0.8), new=TRUE)
boxplot(mtcars$wt, axes=FALSE)                   # Adds a box plot to the right

mtext("Enhanced Scatterplot", side=3, outer=TRUE, line=-3)

par(opar)
```

이 그래프가 어떻게 생성되는지를 이해하기 위해 왼쪽 아래 구석인 (0,0)으로부터 오른쪽 위 구석인 (1, 1)까지 이르는 그래프의 전 면적을 생각해 보자. 그림 3.19는 이를 상상하는데 도움을 줄 것이다. `fig=` 파라미터의 포맷은 `c(x1, x2, y1, y2)` 형태의 숫자 벡터이다.

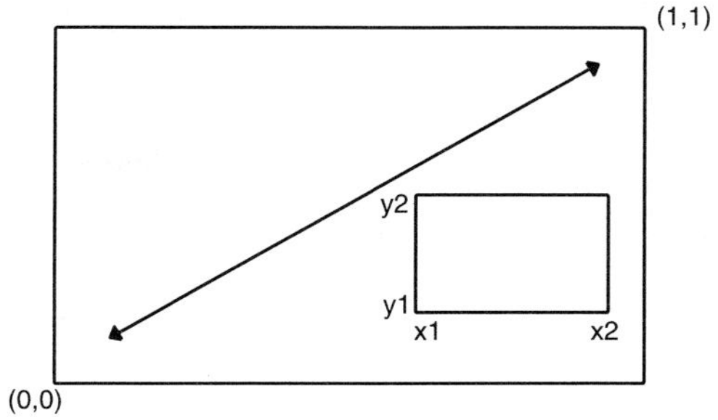

그림 3.19 fig= 그래픽 파라미터를 사용하여 위치 설정하기

첫째 `fig=` 는 산점도가 x축 상의 0에서 0.8로 y축 상의 0에서 0.8로 가도록 설정한다. 상단 상자 그림은 x축 상의 0에서 0.8로 가고 y축 상의 0.55에서 1로 간다. 우측 상자 그림은 x축 상의 0.65에서 1로 가고 y축 상의 0에서 0.8로 간다. `fig=` 는 새로운 플롯을 시작한다. 그래서 기존 그래프에 그림을 추가할 때는 `new=TRUE` 옵션을 포함해야 한다.

상단 그림이 산점도에 더 가깝게 하려고 0.8보다 0.55를 선택했다. 비슷하게, 산점도 우측에 더 가깝게 하려고 0.65를 선택했다. 배치가 잘 되었는지 다양하게 탐색하는 게 좋다.

> **NOTE** 각 하위 플롯에 필요한 공간면적은 장치에 따라 다를 수 있다. "Error in plot.new(): figure margins too large" 라는 에러 메시지가 뜬다면, 전체 그래프 중에서 각 부분별로 주어진 면적을 변경해 보라.

여러 개의 플롯을 하나의 그래프 안에 다양한 배열로 결합하고자 한다면 `fig=` 그래픽 파라미터를 사용할 수 있다. 조금만 연습하면, 복잡한 시각적 표현을 하고자 할 때 이 접근법은 엄청난 유연성을 줄 것이다.

3.6 요약

이 장에서 우리는 그래프를 생성하고 또 다양한 포맷으로 이를 저장하는 방법들을 검토하였다. 이 장의 대부분은 보다 유용하고 매력적인 플롯을 갖기 위해 R에서 기본설정으로 제공되는 그래프를 변경하는데 쓰여졌다. 그래프의 축, 폰트, 기호, 선, 색들을 변경하는 것을 공부했고 제목, 부제목, 라벨, 그래프의 텍스트들, 범례, 그리고 참조선들을 첨가하는 방법을 배웠다. 그래프와 여백의 크기를 설정하는 방법과 여러 개의 그래프를 하나의 유의미한 이미지로 결합하는 방법도 보았다.

이 장에서 우리의 초점은 모든 그래프에 적용할 수 있는 일반적인 기술이다(19장에서 다룰 `ggplot`

그래프는 제외하고). 뒷 장에서는 특정 유형의 그래프를 살펴볼 것이다. 예를 들어, 6장은 단일 변수 그래프 그리기를 다룬다. 변수 간 관계 그래프 그리기는 11장에서 기술될 것이다. 19장에서는 다변량 데이터 표현의 혁신적 방법을 포함하여 고급 그래픽 기술을 논의한다.

통계적 접근에서 특히 유용한 것으로 고려되고 있는 데이터 시각화 방법은 다른 장에서 다룰 것이다. 그래프는 현대 데이터 분석에서 중심적 부분이다. 그래서 앞으로 논의할 각 통계적 접근에 그래프들을 결합하려고 노력할 것이다.

이전 장에서 우리는 R로 데이터를 불러오는 일련의 방법들에 대해 논의하였다. 애석하게도 실제 세계에서는 여러분이 데이터를 획득한 최초의 포맷으로는 활용할 수 있는 것이 거의 없다. 다음 장은 데이터를 분석하는데 보다 유용하고 다루기 좋은 상태로 변형하고 마사지 하는 방법을 살펴보도록 한다.

제4장 기초 데이터 관리

이 장에서 다룰 내용은 다음과 같다.

- 날짜와 결측값 처리하기
- 데이터타입의 전환방법 이해
- 변수의 생성과 리코딩
- 데이터셋 정렬하기, 병합하기, 하위셋 만들기
- 변수 선택하기와 제외하기

2장에서 우리는 R로 데이터를 불러오는 다양한 방법을 다루었다. 아쉽게도 사각형의 행렬 혹은 데이터프레임 형태로 데이터를 취하는 것은 분석을 위한 데이터 준비의 1단계에 지나지 않는다. 스타트렉 "에피소드: 아마겟돈(A Taste of Armageddon)" 에서 커크(Kirk)선장이 말했듯이(그리고 나의 엽기성을 증명하듯이), "데이터는 지저분한 비지니스이다- 매우 매우 지저분한 비지니스이다". 나의 작업에서 데이터 분석에 사용하는 시간의 60%를 분석을 위한 데이터 준비에 쓴다. 이것은 대부분 현직 데이터 분석가에게 크게 차이가 없을 것이다. 사례를 살펴 보자.

4.1 작업 사례

내가 현재 연구 중인 주제의 하나는 남녀가 조직을 통솔하는 방식이 어떻게 다른가에 관한 것이다. 전형적인 질문들은 다음과 같다.

- 매니저급의 남자와 여자는 상사를 따르는 정도가 다른가?
- 이것이 나라에 따라 차이가 나는가, 아니면 이러한 성별 차이는 보편적인가?

이 질문을 다루는 한 가지 방법은 여러 나라의 조직의 보스들에게 소속 매니저들이 보스들을 존중하는지를 평가하게 하는 것이다. 아래와 같은 문항을 사용한다.

이 매니저는 개인적 의사결정을 하기 전에 내 의견을 묻는다.				
1 매우 동의하지 않음	2 동의하지 않음	3 동의도 비동의도 아님	4 동의	5 매우 동의

결과 데이터는 표 4.1과 유사할 것이다. 각 행은 보스들이 매니저에게 준 평가 값이다.

각 매니저들은 자신의 상사에 의해 권위에 대한 존중과 관련된 5개 문항(q1 ~ q5)으로 평가받았다. 예를 들어 매니저1은 미국에 일하는 32살의 남자이고, 상사에 의해 존중심이 있다고 평가되었다. 반면 매니저5는 영국에서 일하는 연령 미상(99는 아마 정보가 결측값이라는 것을 나타낸다)의 여성이며 존중하는 행동이 낮다고 평가되었다. 날짜 열은 평가가 행해진 때이다.

데이터셋이 수십 개의 변수와 수천 개의 관측치(observations)를 갖지만, 사례를 단순화 하기 위해 10개의 열과 5개 행만을 제시했다. 그리고 매니저의 존중심도 5개로 제한했다. 실제 연구에서는 결과의 신뢰도와 타당도를 높이기 위해 10~20개의 문항을 사용했을 것이다. 아래 코드를 사용하여 표 4.1에 있는 데이터를 담는 데이터프레임을 생성할 수 있다.

프로그래밍 4.1 리더십 데이터프레임 만들기

```
manager <- c(1, 2, 3, 4, 5)
date <- c("10/24/08", "10/28/08", "10/1/08", "10/12/08", "5/1/09")
country <- c("US", "US", "UK", "UK", "UK")
gender <- c("M", "F", "F", "M", "F")
age <- c(32, 45, 25, 39, 99)
q1 <- c(5, 3, 3, 3, 2)
q2 <- c(4, 5, 5, 3, 2)
q3 <- c(5, 2, 5, 4, 1)
q4 <- c(5, 5, 5, NA, 2)
q5 <- c(5, 5, 2, NA, 1)
leadership <- data.frame(manager, date, country, gender, age,
                         q1, q2, q3, q4, q5, stringsAsFactors=FALSE)
```

표 4.1 리더십 행동에서의 성별 차이

Manager	Date	Country	Gender	Age	q1	q2	q3	q4	q5
1	10/24/14	US	M	32	5	4	5	5	5
2	10/28/14	US	F	45	3	5	2	5	5
3	10/01/14	UK	F	25	3	5	5	5	2
4	10/12/14	UK	M	39	3	3	4		
5	05/01/14	UK	F	99	2	2	1	2	1

연구과제를 수행하기 위해, 먼저 데이터 관리 이슈를 처리해야만 한다. 다음 사항이 그것이다.

- 다섯 개(q1~q5)의 평점은 결합할 필요가 있다. 그래서 매니저 별로 하나의 평균 존중감 점수를 만들 수 있다.
- 서베이에서, 응답자들은 종종 질문을 건너 뛴다. 예를 들어, 매니저4를 평가한 보스는 문항 4와 5를 건너 뛰었다. 불완전한 데이터를 다루하는 방법이 필요하다. 또 연령 결측값 99와 같은 값을 리코딩할 필요가 있다.
- 데이터셋에 수백개의 변수가 있어도 관심이 있는 것은 몇 개에 불과할 수 있다. 문제를 단순화하기 위해 관심있는 변수만 있는 새로운 데이터셋을 만들고 싶어진다.
- 기존 연구에서는 리더십 행동이 매니저의 연령에 따라 변하는 것으로 나타났다. 이를 검정하기 위해 현재의 연령값을 그룹화하여 범주형 값(예를 들어 청년, 중년, 장년)으로 리코딩하기를 원할 수 있다.
- 리더십 행동은 시대에 따라 변할 수 있다. 최근 글로벌 금융위기 동안의 존중감에 초점을 두고 싶어할 수도 있다. 이를 위해 특정 기간 동안(예를 들어 2009년 1월 1일부터 2009년 12월 31일까지) 수집된 데이터만으로 연구를 한정하기를 원할 것이다.

이 장에서 우리는 이러한 이슈들을 다루어 나갈 것이다. 또한 데이터셋의 결합 및 정렬과 같은 다른 기초적인 데이터관리 업무도 다룰 것이다. 이후 5장에서는 좀 더 고급 주제를 살펴볼 것이다.

4.2 새로운 변수 만들기

전형적인 리서치 프로젝트에서는 새로운 변수를 생성하고 기존 변수를 변형할 필요가 있다. 이것은 아래 형태의 프로그램문으로 성취된다.

```
variable <- expression
```

광범위한 연산자와 함수들이 프로그램문의 *expression* 부분에 포함될 수 있다. 표 4.2는 R의 산술 연산자들을 목록으로 나열해 놓았다. 산술 연산자들은 공식을 개발할 때 사용된다.

변수 x1과 x2가 있는 mydata라는 데이터프레임이 있다고 하자. 이 두 변수를 더한 sumx라는 새로운 변수와 두 변수를 평균한 meanx라는 새로운 변수를 만들고 싶다고 하자. 다음과 같은 코드를 쓴다면 에러가 생길 것이다.

```
sumx  <-  x1 + x2
meanx <- (x1 + x2)/2
```

왜냐하면 R은 x1과 x2가 데이터프레임 mydata에서 왔는지 알 수 없다. 대신에 다음 코드를 쓴다

표 4.2 산술 연산자들

연산자	설명
+	더하기
-	빼기
*	곱하기
/	나누기
^ or **	자승
x%%y	나머지: 예를 들어 5%%2는 1
x%/%y	나누기 정수값: 예를 들어 5%/%2는 2

면 코드문은 성공적으로 수행된다.

```
sumx  <-  mydata$x1 + mydata$x2
meanx <- (mydata$x1 + mydata$x2)/2
```

그런데 이 결과는 데이터프레임(mydata)과 두 개의 벡터들(sumx, meanx)이다. 이것은 원한 바가 아닐 것이다. 궁극적으로 당신이 원하는 것은 원래 데이터프레임에 새로운 변수들을 결합하는 것이다. 다음 프로그래밍은 이러한 목적을 달성하기 위한 세 개의 방법을 제공하고 있다. 무엇을 선택할지는 여러분의 몫이지만 결과는 동일하다.

프로그래밍 4.2 새로운 변수 생성하기

```
mydata<-data.frame(x1 = c(2, 2, 6, 4),
                   x2 = c(3, 4, 2, 8))

mydata$sumx  <-  mydata$x1 + mydata$x2
mydata$meanx <- (mydata$x1 + mydata$x2)/2

attach(mydata)
mydata$sumx  <-  x1 + x2
mydata$meanx <- (x1 + x2)/2
detach(mydata)

mydata <- transform(mydata,
                    sumx  =  x1 + x2,
                    meanx = (x1 + x2)/2)
```

개인적으로 나는 `transform()` 함수를 사용한 세 번째 방법을 선호한다. 원하는 새로운 변수를 간단하게 포함하고 결과를 저장하게 해준다.

4.3 변수 리코딩(Recoding variables)

리코딩에는 기존의 같은 변수, 그리고/혹은 다른 변수의 기존 값들을 기반으로 변수의 새로운 값을 생성하는 것도 포함된다. 예를 들어, 다음을 하고 싶어 할 수 있다.

- 연속변수를 세 개의 범주로 바꾸고 싶다
- 잘못 코딩된 값을 바른 값으로 대체하고 싶다
- 컷오프 점수에 기반하여 통과/탈락(pass/fail) 변수를 만들고 싶다

데이터를 리코딩하려면 한 개 혹은 그 이상의 R의 논리연산자(표 4.3을 보라)를 사용할 수 있다. 논리연산자는 TRUE 혹은 FALSE를 반환하는 표현들이다.

리더십 데이터셋의 매니저 연령을 연속변수 age 에서 범주형 변수 agecat (Young, Middle Aged, Elder) 로 리코딩 한다고 하자. 먼저, 아래의 코드로 연령의 99 값이 결측값으로 지정하는 리코딩을 해야 한다.

```
leadership$age[leadership$age  == 99]     <- NA
```

variables[condition] <- expession 이 문장은 조건이 TRUE인 경우에만 작동이 할당된다.

연령의 결측치가 일단 지정되면, agecat 변수를 생성하기 위해 다음의 코드를 사용할 수 있다.

표 4.3 논리 연산자

연산자	설명
<	보다 작다
<=	같거나 작다
>	보다 크다
>=	같거나 크다
==	같다
!=	같지 않다
!x	x가 아니다
x | y	x 혹은 y
x & y	x 그리고 y
isTRUE(x)	x가 참인지 테스트한다

```
leadership$agecat[leadership$age  > 75]      <- "Elder"
leadership$agecat[leadership$age >= 55 &
                  leadership$age <= 75]      <- "Middle Aged"
leadership$agecat[leadership$age  < 55]      <- "Young"
```

새로운 변수가 기존 데이터프레임에 저장되는 것을 확실하게 하기 위해 leadership$agecat로 데이터프레임 이름을 지정한다. 만약 99를 결측치로 먼저 리코딩하지 않았다면 매니저5는 agecat의 "Elder"로 잘못 정해질 것이다.

위의 코드는 아래와 같이 더욱 간결하게 작성될 수 있다.

```
leadership <- within(leadership,{
        agecat <- NA
        agecat[age > 75]                <- "Elder"
        agecat[age >= 55 & age <= 75]   <- "Middle Aged"
        agecat[age < 55]                <- "Young" })
```

within() 함수는 with() 함수(2.2.4 절)와 유사하지만 데이터프레임의 변경을 허용한다. 우선 agecat 변수가 생성되고 이 데이터프레임의 각 행에 결측값을 설정한다. 다음으로 중괄호({ })안에 있는 나머지 문장을 순서대로 실행한다. 명심하라, agecat은 문자변수이다; 2.2.5절에서 설명했듯이 당신은 이를 서열변수로 바꾸고 싶어할 것이다.

여러 개의 패키지들이 유용한 리코딩 함수들을 제공하고 있다; 특히 car 패키지의 recode() 함수는 숫자 및 문자 벡터와 요인들을 매우 간단하게 리코딩한다. doBy 패키지는 또 다른 인기있는 함수인 recodeVar()를 제공한다. 마지막으로 R이 제공하는 cut() 함수는 숫자 범위 변수를 구간으로 분할하여 요인으로 반환해준다.

4.4 변수 재명명(Renaming variables)

변수명이 마음에 안든다면, 이를 대화형으로 혹은 프로그램으로 바꿀 수 있다. manager 변수를 managerID로, date를 testDate로 바꾸고 싶다고 하자. 대화형 편집기를 띄우려면 아래 프로그램문을 사용할 수 있다.

```
fix(leadership)
```

다음으로 나타난 대화창에서 변수명을 클릭하고 재명명을 하면 된다(그림 4.1을 보라).

프로그램 상으로는, names() 함수를 통해 변수명을 바꿀 수 있다. 예를 들어 다음 문장을 보자.

```
names(leadership)[2] <- "testDate"
```

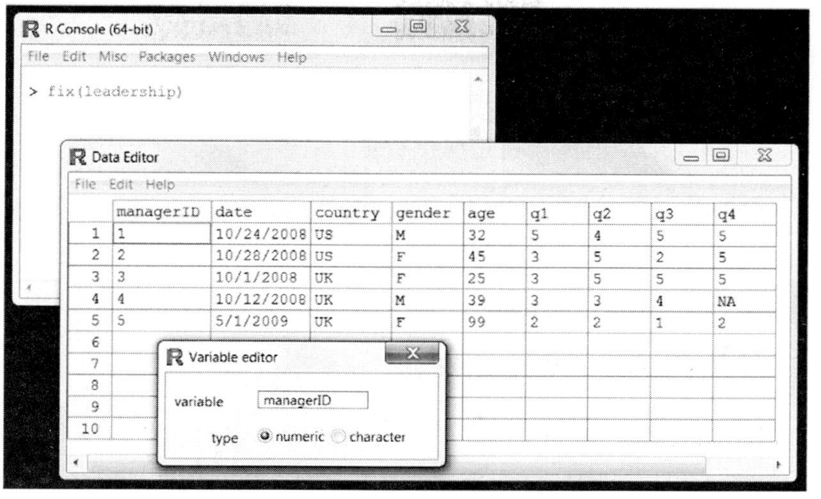

그림 4.1 fix()함수를 사용하여 대화형으로 변수 재명명

아래 코드에서 보이는 바와 같이, date를 testDate로 재명명한다.

```
> names(leadership)
  [1] "manager" "date"     "country" "gender"  "age"      "q1"       "q2"
  [8] "q3"      "q4"       "q5"
> names(leadership)[2] <- "testDate"
> leadership
  manager testDate country gender   age   q1    q2    q3    q4    q5
1       1 10/24/08      US      M    32    5     4     5     5     5
2       2 10/28/08      US      F    45    3     5     2     5     5
3       3  10/1/08      UK      F    25    3     5     5     5     2
4       4 10/12/08      UK      M    39    3     3     4    NA    NA
5       5   5/1/09      UK      F    99    2     2     1     2     1
```

유사한 방식으로 아래 문장은 q1부터 q5를 item1부터 item5로 재명명한다.

```
names(leadership)[6:10] <- c("item1", "item2", "item3", "item4", "item5")
```

마지막으로, plyr 패키지는 변수 이름을 바꾸는데 유용한 rename() 함수를 가지고 있다. plyr 패키지는 디폴트로 설치되지 않기 때문에 install.packages("plyr") 명령을 사용하여 이를 먼저 설치하여야 한다.

rename() 함수의 포맷은 다음과 같다.

```
rename(dataframe, c(oldname="newname", oldname="newname",...))
```

여기 leadership 데이터로 수행한 사례가 있다:

```
library(plyr)
leadership <- rename(leadership,
                     c(manager="managerID", date="testDate"))
```

plyr 패키지는 데이터셋을 조작하는데 강력한 함수들을 가지고 있다. http://had.co.nz/plyr 에서 이에 관해 더 많은 것을 배울 수 있다.

4.5 결측값(Missing values)

프로젝트의 대소에 상관없이 질문의 누락, 장비 오류 혹은 부적절한 데이터 코딩 등으로 인해 데이터는 대체로 완벽하지 않다. R에서 결측값은 NA(Not Available) 기호로 표현된다. SAS 같은 프로그램과는 달리, R은 문자나 숫자데이터에 동일한 결측값 기호를 사용한다.

R은 결측값을 포함하고 있는 관측치(사례)들을 식별하는 용도의 함수를 여러 개 제공한다. is.na() 함수는 결측값의 존재여부를 테스트할 수 있도록 해준다. 아래의 벡터를 가지고 있다고 하자.

```
y <- c(1, 2, 3, NA)
```

그러면 아래의 함수는 c(FALSE, FALSE, FALSE, TRUE)를 반환한다.

```
is.na(y)
```

is.na() 함수가 객체에 어떻게 작동하는지 알아보자. 이것은 요소가 결측값이면 참(TRUE)을, 결측값이 아니면 거짓(FALSE)를 대체하는 식으로 동일한 크기의 객체를 반환한다. 아래 프로그래밍은 이를 리더십 사례에 적용한 것이다.

프로그래밍 4.3 is.na() 함수의 적용

```
> is.na(leadership[,6:10])
        q1    q2    q3    q4    q5
[1,] FALSE FALSE FALSE FALSE FALSE
[2,] FALSE FALSE FALSE FALSE FALSE
[3,] FALSE FALSE FALSE FALSE FALSE
[4,] FALSE FALSE FALSE  TRUE  TRUE
[5,] FALSE FALSE FALSE FALSE FALSE
```

여기서 leadership[,6:10]은 데이터프레임을 6열에서 10열까지로 제한하는 것이고, is.na()는 어떤 값이 결측값인지 식별한다.

R에서 결측값 작업을 할 때 명심해야 할 중요한 사항이 두 가지 있다.

첫째, 결측값은 비교 불가능한 것으로(심지어 그 자체로도) 간주된다. 이것은 결측값 유무 테스트에 비교연산자를 사용할 수 없다는 것을 뜻한다. 예를 들어 논리테스트 `myvar == NA`는 결코 TRUE가 될 수 없다. 대신에 R 데이터 객체에서 결측값을 찾으려면 `is.na()`와 같은 결측값 함수들을 사용해야만 한다.

둘째, R은 무한값이나 불가능한 값(impossible value)을 결측값으로 나타내지 않는다. 이는 SAS 같은 다른 프로그램들이 이런 데이터를 취급하는 방법과 다르다. 양의 무한값은 `Inf` 기호로 나타내고, 음의 무한값은 `-Inf` 기호로 나타낸다. 그래서 5/0은 `Inf`를 반환한다. 불가능한 값(예를 들어 `sin(Inf)`)은 `NaN(not a number)` 기호로 나타낸다. 이런 값들을 식별하려면 `is.infinite()` 혹은 `is.nan()`를 사용할 필요가 있다.

4.5.1 값을 결측값으로 리코딩하기

4.3절에서 보았듯이, 값들을 결측(missing)으로 리코딩하는 할당을 사용할 수 있다. 리더십 사례에서 결측 연령값이 99로 코딩되었다. 이 데이터셋을 분석하기 전에 여러분은 이 경우에 값 99가 결측을 뜻한다는 것을 R이 알도록 해야 한다(그렇지 않으면 이 표본의 보스 평균 연령은 완전히 틀릴 것이다!). 이는 변수의 리코딩을 통해 수행할 수 있다.

```
leadership$age[leadership$age == 99] <- NA
```

99와 같은 연령값은 NA로 변한다. 데이터를 분석하기 전에 결측데이터가 결측값으로 적절히 코딩되지 않는다면, 결과는 무의미하다는 것을 명심하라.

4.5.2 분석에서 결측값 제외하기

일단 결측값을 식별했다면, 분석을 진행하기 전에 이들을 제거할 필요가 있다. 그 이유는 결측값을 포함하고 있는 산술표현과 함수들은 결측값을 생산하기 때문이다. 예를 들어 다음 코드를 생각해 보자.

```
x <- c(1, 2, NA, 3)
y <- x[1] + x[2] + x[3] + x[4]
z <- sum(x)
```

`x`의 세 번째 요소가 결측치이기 때문에, `y`와 `z`는 NA(결측)가 될 것이다

다행히 대부분의 숫자 함수는 계산 전에 결측값을 제거하고 남은 값들을 함수에 적용하는 `na.rm=TRUE` 함수를 가지고 있다.

```
x <- c(1, 2, NA, 3)
```

```
y <- sum(x, na.rm=TRUE)
```

결과값 y는 6이다.

불완전한 데이터로 함수를 사용할 때, 그 함수가 결측값을 어떻게 다루고 있는지는 함수의 온라인 도움말(예를 들어 `help(sum)`)을 참조하여 반드시 체크하기 바란다. `sum()` 함수는 5장에서 검토할 많은 함수 중에 하나일 뿐이다. 많은 함수들은 데이터를 유연하고도 쉽게 변환해준다.

`na.omit()` 함수는 결측값이 있는 관측치를 제거한다. 즉, `na.omit()`는 결측치가 있는 행을 삭제한다. 아래 프로그래밍으로 리더십 데이터셋에 적용해 보자.

프로그래밍 4.4 불완전한 관측치를 삭제하기 위해 na.omit() 사용하기

```
> leadership
  manager     date country gender age q1 q2 q3 q4 q5
1       1 10/24/08      US      M  32  5  4  5  5  5
2       2 10/28/08      US      F  40  3  5  2  5  5
3       3 10/01/08      UK      F  25  3  5  5  5  2
4       4 10/12/08      UK      M  39  3  3  4 NA NA
5       5 05/01/09      UK      F  NA  2  2  1  2  1

> newdata <- na.omit(leadership)
> newdata
  manager     date country gender age q1 q2 q3 q4 q5
1       1 10/24/08      US      M  32  5  4  5  5  5
2       2 10/28/08      US      F  40  3  5  2  5  5
3       3 10/01/08      UK      F  25  3  5  5  5  2
```

Data frame with missing data

Data frame with complete cases only

결과가 `newdata`에 저장되기 전에 결측값이 있는 행들이 `leadership`데이터에서 제거되었다.

결측값이 있을 때, 사례 전체를 삭제하는 방법(일괄삭제(listwise deletion)라고 불림)은 불완전한 데이터셋을 다루는 여러 방법 중 하나이다. 결측값이 매우 적거나, 몇 개의 관측치에 집중되어 있다면, 일괄삭제법은 결측값 문제를 해결하는 좋은 해결책이라 할 수 있다. 그러나 결측값이 데이터 전반에 퍼져 있거나, 몇 개의 변수에 많은 량의 결측값이 있다면, 일괄삭제법은 상당량의 데이터를 제외시킬 수 있다. 18장에서 결측값을 다루는 보다 정교한 방법들을 탐색해 볼 것이다. 다음으로 날짜를 살펴 보자.

4.6 날짜 값

날짜는 전형적으로 문자 열(character string)로 R에 입력된다. 그런 다음 수치로 저장되는 날짜변수

표 4.4 날짜 포맷

기호	의미	사례
%d	숫자 (0-31)로서 날(day)	01 - 31
%a	축약된 요일	Mon
%A	축약 안된 요일	Monday
%m	월 (00 - 12)	00 - 12
%b	축약된 월	Jan
%B	축약 안된 월	January
%y	두 자리 연도	07
%Y	4자리 연도	2007

로 번역된다. as.Date() 함수는 이러한 번역에 사용된다. 작성문법은 as.Date(x, "input_format")이다. 여기서 x는 문자데이터이고, input_format은 날짜를 읽는데 적절한 포맷을 정해 준다 (표 4.4를 보라).

날짜 입력의 기본설정 포맷은 yyyy-mm-dd이다. 아래 문장은 문자데이터를 기본설정 포맷을 사용하는 날짜로 변환한다.

```
mydates <- as.Date(c("2007-06-22", "2004-02-13"))
```

반대로 아래 문장은 mm/dd/yyyy 포맷을 사용하는 데이타로 읽는다.

```
strDates <- c("01/05/1965", "08/16/1975")
dates <- as.Date(strDates, "%m/%d/%Y")
```

리더십 데이터셋에서 날짜는 mm/dd/yy 포맷의 문자변수로 코딩되었다.

```
myformat <- "%m/%d/%y"
leadership$date <- as.Date(leadership$date, myformat)
```

위 문장은 문자변수를 읽기 위해 특정한 포맷을 사용하고, 데이터프레임에 있는 이 변수를 날짜변수로 대체한다. 일단 변수가 날짜 포맷이 되면, 뒷장에서 다룰 광범위한 분석 테크닉을 사용하여 날짜들을 분석하고 플롯팅 할 수 있다.

타임스탬프가 있는 데이터에 특별히 유용한 함수가 두 개 있다. Sys.Date() 함수는 오늘 날짜를 반환하고, date()는 현재의 날짜와 시간을 반환한다. 내가 이 글을 쓰는 시간은 2014년 11월 27일 오후 1시 21분이다. 이 함수를 실행하면 아래 결과를 산출한다.

```
> Sys.Date()
```

```
  [1]  "2014-11-27"
> date()
  [1]  "Fri Nov 27 13:21:54 2014"
```

특정한 포맷의 날짜를 산출하고 날짜의 일부분들을 추출하기 위해 (x, format="output_format") 포맷의 함수를 사용할 수 있다.

```
> today <- Sys.Date()
> format(today, format="%B %d %Y")
  [1] "November 27 2014"
> format(today, format="%A")
  [1] "Thursday"
```

format() 함수는 인자(이 경우에서는 날짜)를 취해서 산출 포맷(이 경우에는 표 4.4의 기호들로 조립되는)에 적용한다.

R이 날짜들(dates)을 내부적으로 적재할 때, 날짜들은 1970년 1월 1일 이후의 날수(days)로 표현된다. 이전의 날짜들(dates)은 음수의 날수(days)로 나타낸다. 이는 날짜에 산술적 계산을 할 수 있다는 것을 의미한다. 예를 들어 보자.

```
> startdate    <- as.Date("2004-02-13")
> enddate <- as.Date("2011-01-22")
> days     <- enddate - startdate
> days
Time difference of 2535 days
```

위 사례는 2004년 2월 13일과 2011년 1월22일 사이의 날수를 보여준다.

마지막으로 difftime() 함수는 시간 간격을 계산하고 이를 초, 분, 시, 일, 주로도 표현하게 해준다. 내가 1956년 10월 12일 태어났다고 가정해 보자. 나는 몇 살인가?

```
> today <- Sys.Date()
> dob    <- as.Date("1956-10-12")
> difftime(today, dob, units="weeks")
Time difference of 3033 weeks
```

분명히 나는 3,033주 먹었다. 마지막 테스트: 내가 태어난 주의 요일은?

4.6.1 날짜를 문자변수로 변환하기

날짜변수를 문자변수로 변환할 수도 있다. as.character() 함수로 날짜 값을 문자 값으로 변환할 수 있다.

```
strDates <- as.character(dates)
```

이 변환을 통해 날짜 값에 일련의 문자함수들(서브세팅, 치환, 접합(concatenation) 등)을 적용할 수 있다. 문자함수들은 5장에서 자세히 다룰 것이다.

4.6.2 더 공부하기

문자데이터의 날짜 변환에 관해 더 공부하려면 `help(as.Date)`와 `help(strftime)`를 살펴보기 바란다. 날짜와 시간의 포맷팅에 관해 더 공부하려면, `help(ISOdatetime)`를 보라. `lubridate` 패키지는 날짜-시간 데이터를 식별해서 파싱(parse)하는 함수, 날짜-시간 요소들을 추출하는 함수(예를 들어 연, 월, 일 등) 그리고 날짜-시간에 산술적 계산을 수행하는 함수 등을 비롯해 날짜로 작업하는 것을 간단하게 해주는 많은 함수들을 가지고 있다. 날짜로 복잡한 계산을 해야 된다면, `timeDate` 패키지가 도움이 될 수 있다. 이 패키지는 날짜를 다루는 엄청난 함수들을 제공하며, 여러 개의 시간대(time-zone)를 동시에 다룰 수 있고, 업무일, 주말, 휴일을 인식하는 정교한 달력 조작능력을 제공한다.

4.7 타입 변환

앞 절에서, 우리는 문자데이터를 날짜데이터로 그리고 그 반대로 변환하는 방법을 논의했다. R은 객체의 데이터 타입을 식별해서 그것을 다른 데이터 타입으로 변환하는 함수 셋을 제공한다.

R에서 타입 변환은 다른 통계 프로그램 언어에서 하는 방식과 유사하다. 예를 들어 숫자 벡터에 문자열을 추가하면 이 벡터의 모든 요소를 문자값으로 변환해 버린다. 데이터 타입을 검사하고 또 특정한 타입으로 변환하려면 표 4.5에 나열된 함수들을 사용할 수 있다.

표 4.5 타입-변환 함수들

테스트	변환
is.numeric()	as.numeric()
is.character()	as.character()
is.vector()	as.vector()
is.matrix()	as.matrix()
is.data.frame()	as.data.frame()
is.factor()	as.factor()
is.logical()	as.logical()

is.datatype() 형태의 함수들은 TRUE 혹은 FALSE 값을 반환한다. 반면에 as.datatype()는 인자를 지정한 형태로 변환한다. 아래 프로그래밍에 예제가 있다.

프로그래밍 4.5 어떤 데이터 타입에서 다른 타입으로 변환하기

```
> a <- c(1,2,3)
> a
[1] 1 2 3
> is.numeric(a)
[1] TRUE
> is.vector(a)
[1] TRUE
> a <- as.character(a)
> a
[1] "1" "2" "3"
> is.numeric(a)
[1] FALSE
> is.vector(a)
[1] TRUE
> is.character(a)
[1] TRUE
```

5장에서 논의할 실행흐름 제어(if-then과 같은)와 결합하면, is.datatype() 함수는 데이터 타입에 따라 다른 방식으로 데이터를 처리할 수 있게 하는 강력한 툴이 될 수도 있다. 게다가 어떤 R 함수들은 특정한 타입의 데이터(문자 혹은 숫자, 행렬 혹은 데이터프레임)를 요구한다. 그래서 as.datatype()은 분석 전에 요구되는 데이터 포맷으로 전환하게 해 준다.

4.8 데이터 정렬

가끔 정렬된 데이터셋을 바라보면 이것이 데이터에 대해 상당한 무언가를 말해 주기도 한다. 예를 들어 어느 매니저가 가장 존중심을 표하는가? R에서는 데이터프레임을 정렬하기 위해 order() 함수를 사용한다. 기본설정된 정렬순서는 오름차순이다. 내림차순으로 하려면 마이너스 부호를 정렬 변수에 붙여라. 아래 사례는 리더십 데이터프레임으로 정렬하는 것을 보여준다.

```
newdata <- leadership[order(leadership$age),]
```

이 문장은 가장 젊은 매니저부터 가장 늙은 매니저 순서로 정렬된 행을 가진 새로운 데이터셋을 만든다.

```
attach(leadership)
newdata <- leadership[order(gender, age),]
detach(leadership)
```

이 문장은 남성, 여성 순서로 행을 정렬하고 각 성별내에서 젊은 사람부터 늙은 사람 순으로 정렬한다.

마지막으로 아래 문장은 성별로 정렬하고 그리고 난 다음에는 각 성별 내에서 늙은 사람부터 젊은 사람 순서로 정렬한다.

```
attach(leadership)
newdata <-leadership[order(gender, -age),]
detach(leadership)
```

4.9 데이터셋 병합(merge)

데이터가 여러 위치에 존재한다면, 더 진행하기 전에 이것을 결합할 필요가 있다. 이 절에서는 데이터프레임에 열(변수)과 행(관측치)을 추가하는 방법을 보여 줄 것이다.

4.9.1 데이터프레임에 열 추가하기

두 개의 데이터프레임(데이터 셋)을 수평적으로 병합하기 위해서는 merge() 함수를 사용한다. 대부분의 경우 두 개의 데이터프레임은 하나 혹은 그 이상의 공통된 키 변수(즉 내부 병합, join)에 의해 합쳐진다. 예를 들어 보자.

```
total <- merge(dataframeA, dataframeB, by="ID")
```

이 문장은 dataframeA와 dataframeB를 ID를 기준으로 병합한다.

```
total <- merge(dataframeA, dataframeB, by=c("ID","Country"))
```

비슷하게, 이 문장은 두 개의 데이터프레임을 ID와 Country로 병합한다. 이와 같은 수평적 조인은 데이터프레임에 변수들을 추가하는 것으로 전형적으로 사용된다.

◆ cbind()를 사용한 수평적 접합(concatenation)

만약 두 개의 행렬 혹은 데이터프레임을 수평적으로 병합하려 하고 공통키를 특정할 필요가 없다면, cbind()함수를 사용할 수 있다:

```
total <- cbind(A, B)
```

이 함수는 객체 A와 B를 수평적으로 접합한다. 이 함수가 적절히 작동하기 위해서 각 객체는 행의 수가 같아야 하고 동일한 순서로 소팅되어 있어야 한다.

4.9.2 데이터프레임에 행 추가하기

두 개의 데이터프레임(데이터셋)을 수직적으로 접합하기 위해서 `rbind()`를 사용한다:

```
total <- rbind(dataframeA, dataframeB)
```

두 개의 데이터프레임은 동일한 변수들을 가지고 있어야 하지만 그 순서가 같을 필요는 없다. 만약 dataframeA이 dataframeB에 없는 변수를 가지고 있다면, 병합하기 전에 아래 중 하나를 해야 한다:

- dataframeA에서 가외의 변수 제거하기.
- dataframeB에 추가 변수를 생성하고 이를 NA(결측값)로 설정하기.

수직적 접합은 데이터프레임에 관측치를 추가하는데 전형적으로 사용된다.

4.10 데이터셋 하위셋 만들기(Subsetting datasets)

R은 객체의 요소에 접근하기 위한 강력한 인덱싱 기능(features)을 가지고 있다. 이 기능들은 변수, 관측치 혹은 두개 모두 선택하고 제외하는 데 사용될 수 있다. 다음 절들에서 변수와 관측치를 유지하거나 삭제하는 몇 가지 방법을 보여 줄 것이다.

4.10.1 변수 선택하기(유지하기)

큰 데이터셋에서 선택된 몇 개의 변수들로 새로운 데이터셋을 생성하는 것은 자주하는 일이다. 2절에서 `dataframe[row inices, column indices]` 표기법을 사용하여 데이터프레임의 요소에 접근할 수 있음을 보았다. 이것은 변수들을 선택하는데도 사용할 수 있다. 예를 들어 보자.

```
newdata <- leadership[, c(6:10)]
```

이 프로그램문은 leadership 데이터프레임에서 변수 q1, q2, q3, q4, q5를 선택하고 이를 newdata라는 데이터프레임으로 저장한다. 행 지수를 빈칸 (,)으로 두면 기본설정으로 모든 행을 선택한다.

```
myvars <- c(“q1”, “q2”, “q3”, “q4”, “q5”)
newdata <-leadership[myvars]
```

위 문장은 동일한 변수 선택을 수행한다. 여기서 변수명들(따옴표 안에 있는)이 열 인덱스 대신 입력되었고 그래서 동일한 열을 선택한다.

마지막으로 아래 문장을 사용할 수 있다.

```
myvars <- paste("q", 1:5, sep="")
newdata <- leadership[myvars]
```

이 사례는 이전 사례와 같은 문자 벡터를 생성하기 위해 paste() 함수를 사용하고 있다. paste()는 5장에서 다룰 것이다.

4.10.2 변수 제외하기(빼기)

변수들을 제외하는 이유는 여러 가지다. 예를 들어, 어떤 변수에 결측값이 많다면 분석을 진행하기 전에 이 변수를 빼고 싶을 것이다. 변수를 제외하는 몇 가지 방법을 살펴보자.

아래 문장들로 q3와 q4 변수들을 제외할 수 있다.

```
myvars <- names(leadership) %in% c("q3", "q4")
newdata <- leadership[!myvars]
```

이것이 작동하는 이유를 이해하기 위해, 이를 쪼개 볼 필요가 있다.

1. names(leadership)은 변수명이 있는 문자 벡터를 만들어 낸다.
   c("managerID","testDate","country","gender","age","q1","q2","q3","q4","q5")
2. names(leadership) %in% c("q3", "q4") 는 q3나 q4에 해당되는 names(leadership) 내의 요소들에 대해서는 TRUE를 그렇지 않으면 FALSE를 반환한다.
   c(FALSE, FALSE, FALSE, FALSE, FALSE, FALSE, FALSE, TRUE, TRUE, FALSE)
3. 부정(!) 연산자는 논리 값을 역치시킨다.
   c(TRUE, TRUE, TRUE, TRUE, TRUE, TRUE, TRUE, FALSE, FALSE, TRUE)
4. leadership[c(TRUE, TRUE, TRUE, TRUE, TRUE, TRUE, TRUE, FALSE, FALSE, TRUE)]는 TRUE 논리 값을 가진 열을 선택한다. 그래서 q3와 q4는 제외된다.

q3와 q4가 8번째와 9번째 변수인 것을 알면 이들을 아래 문장으로 제외시킬 수 있다.

```
newdata <- leadership[c(-8,-9)]
```

열 지수에 음 부호(-)를 붙이면 그 열을 제외시킨다

마지막으로 동일한 삭제가 아래 문장을 통해 수행될 수 있다.

```
leadership$q3 <- leadership$q4 <- NULL
```

여기서 열 q3와 q4를 정의되지 않은 것(NULL)로 설정했다. NULL은 NA(결측값)과 같은 것이 아니다는 것을 명심해라.

변수 빼기는 변수 유지와 정반대이다. 무엇을 선택하는가는 어떤 코드가 더 쉬운가에 달려 있다. 만약 빼야 할 변수가 많다면 남은 변수를 유지하는 것이 더 용이할 것이다. 그 반대도 마찬가지.

4.10.3 관측치 선택하기

관측치(행)의 선택 혹은 제외는 전형적으로 성공적인 데이터 준비와 분석에 핵심적인 측면이다. 아래 프로그래밍에 몇 가지 예제가 있다.

프로그래밍 4.6 관측치 선택하기

```
newdata <- leadership[1:3,]

newdata <- leadership[leadership$gender=="M" &
                      leadership$age > 30,]

attach(leadership)
newdata <- leadership[gender=='M' & age > 30,]
detach(leadership)
```

Asks for rows 1 through 3 (the first three observations)

❶ Selects all men over 30

Uses attach() so you don't have to prepend variable names with data-frame names

각 사례들은 행 인덱스를 제공하고 열 인덱스를 빈칸으로 둔다(따라서 모든 열을 선택한다). 이를 이해하기 위해 ❶에 있는 코드를 쪼개서 살펴 보자.

1. 논리 비교인 `leadership$gender=="M"` 은 벡터 `c(TRUE, FALSE, FALSE, TRUE, FALSE)`를 만들어 낸다
2. 논리 비교인 `leadership$age > 30` 는 벡터 `c(TRUE, TRUE, FALSE, TRUE, TRUE)`를 만들어 낸다.
3. 논리 비교인 `c(TRUE, FALSE, FALSE, TRUE, FALSE) & c(TRUE, TRUE, FALSE, TRUE, TRUE)` 는 벡터 `c(TRUE, FALSE, FALSE, TRUE, FALSE)`를 만들어 낸다.
4. `leadership[c(TRUE, FALSE, FALSE, TRUE, FALSE),]` 는 데이터프레임에서 첫째와 넷째 관측치를 선택한다(행 지수가 TRUE일 때 행은 포함되고; FALSE일 때 행은 제외된다). 이는 선택 기준(30 이상의 남자)을 충족한다.

이 장 앞 부분에서 나는 분석을 2009년 1월 1일부터 2009년 12월 31일까지 수집된 데이터로 제한할 수도 있다고 얘기했다. 이것을 어떻게 할 수 있는가? 여기 한 가지 해결책이 있다.

```
leadership$date <- as.Date(leadership$date, "%m/%d/%y")
startdate       <- as.Date("2009-01-01")
enddate <- as.Date("2009-10-31")
newdata <- leadership[which(leadership$date >= startdate &
```

```
                                    leadership$date <= enddate),]
```

as.Date() 함수의 기본설정은 yyyy-mm-dd이다. 그래서 여기서는 이를 따로 설정할 필요가 없다는 것을 알아 두라.

4.10.4 subset() 함수

앞 두 절의 사례들은 논리 벡터와 비교연산자들이 R안에서 해석되는 방식을 설명하는데 도움을 주기 때문에 중요하다. 이 사례들이 작동하는 방법을 이해하면 R 코드를 전반적으로 해석하는데 도움이 된다. 힘든 방법을 했으니까 이제 지름길을 살펴보자.

subset() 함수는 변수와 관측치를 선택하는 가장 쉬운 방법일 것이다. 여기 두 개의 사례가 있다.

```
newdata <- subset(leadership, age >= 35 | age < 24,
                  select=c(q1, q2, q3, q4))
```

연령이 35세보다 같거나 큰 또는 24세보다 작은 모든 행을 선택하고 q1부터 q4까지 변수들을 보존하라

```
newdata <- subset(leadership, gender=="M" & age > 25,
                  select=gender:q4)
```

연령이 25세보다 많은 모든 남자를 선택하고, 성별부터 q4까지의 변수(성별과 q4, 그리고 두 변수 사이에 있는 모든 변수)를 유지하라

2장에서 콜론 연산자 from:to를 보았다. 이 연산자는 from 변수와 to 변수 사이에 있는 모든 변수들을 제공한다.

4.10.5 무작위 표본

대규모 데이터셋으로부터의 표본추출은 데이터마이닝과 기계학습에서는 일반적인 일이다. 예를 들어, 여러분이 두 개의 무작위 표본을 선정하여 하나는 예측모델 생성용으로, 다른 하나는 이것의 효과성 검증용으로 사용하고자 한다. sample() 함수는 데이터셋에서 n 크기의 무작위 표집(대체허용 혹은 비허용)을 할 수 있다.

아래 문장으로 리더십 데이터셋에서 3개 크기의 무작위 표집을 할 수 있다.

```
mysample <- leadership[sample(1:nrow(leadership), 3, replace=FALSE),]
```

sample()의 첫째 인자는 선택의 대상이 되는 요소들의 벡터이다. 여기서 벡터는 데이터프레임내의 관측치 1부터 n까지 이다. 둘째 인자는 선택된 요소들의 개수이다. 그리고 셋째 인자는 대체 없는 표본추출을 지시한다. sample() 은 무작위로 추출된 요소를 반환한다. 그리고 난 이후에 이 요소들은 데이터프레임에서 행들을 선택하는데 사용된다.

R은 서베이 표본을 추출하고 보정하는 것(sampling 패키지를 보라) 그리고 복잡한 서베이 데이터를 분석하는 것(survey 패키지를 보라)을 포함하여 표본추출을 위한 광범위한 기능을 가지고 있다. 부트스트래핑(bootstrapping)과 재표본추출 통계학을 포함한 표본추출에 관련된 다른 방법들은

12장에서 기술된다.

4.11 데이터프레임을 조작하기 위해 SQL문 사용하기

지금까지 여러분은 데이터를 조작하기 위해 R 프로그램문을 사용했다. 그러나 많은 데이터 분석가들은 SQL에 정통한 채로 R을 따라 했다. 축적된 모든 지식을 잃는 것은 수치일 수 있다. 따라서 이 장을 끝내기 전에 sqldf 패키지에 대해 간단히 언급하고자 한다(SQL에 익숙하지 않는 분들은 이 절을 건너 뛰어도 좋다).

이 패키지를 다운받아 설치한(install.packages("sqldf")) 후, 데이터프레임에 SQL SELECT 문을 적용하기 위해 sqldf() 함수를 사용할 수 있다. 아래 프로그래밍에 두 개의 사례를 제시하고자 한다.

프로그래밍 4.7 데이터 프레임 조작을 위한 SQL 문 사용하기

Selects all variables (columns) from data frame mtcars, keeps only automobiles (rows) with one carburetor (carb), sorts in ascending order by mpg, and saves the results as the data frame newdf. The option row.names=TRUE carries the row names from the original data frame over to the new one.

```
> library(sqldf)
> newdf <- sqldf("select * from mtcars where carb=1 order by mpg",
                 row.names=TRUE)
> newdf
                mpg cyl  disp  hp drat   wt qsec vs am gear carb
Valiant        18.1   6 225.0 105 2.76 3.46 20.2  1  0    3    1
Hornet 4 Drive 21.4   6 258.0 110 3.08 3.21 19.4  1  0    3    1
Toyota Corona  21.5   4 120.1  97 3.70 2.46 20.0  1  0    3    1
Datsun 710     22.8   4 108.0  93 3.85 2.32 18.6  1  1    4    1
Fiat X1-9      27.3   4  79.0  66 4.08 1.94 18.9  1  1    4    1
Fiat 128       32.4   4  78.7  66 4.08 2.20 19.5  1  1    4    1
Toyota Corolla 33.9   4  71.1  65 4.22 1.83 19.9  1  1    4    1

> sqldf("select avg(mpg) as avg_mpg, avg(disp) as avg_disp, gear
            from mtcars where cyl in (4, 6) group by gear")
  avg_mpg avg_disp gear
1    20.3      201    3
2    24.5      123    4
3    25.4      120    5
```

Prints the mean mpg and disp within each level of gear for automobiles with four or six cylinders (cyl)

숙련된 SQL사용자는 sqldf 패키지가 R에서 데이터 관리에 유용한 부속물이라고 여길 것이다. 상세한 정보는 다음 홈페이지(http://code.google)를 참고하라.

4.12 요약

이 장은 많은 영역을 다뤘다. 첫째, R이 결측값과 날짜값을 어떻게 저장하는지 그리고 이 데이터를 처리하는 다양한 방법을 검토하였다. 다음으로, 객체의 데이터 타입을 결정하는 법과 다른 타입으로 변형하는 법을 배웠다. 간단한 공식으로 새로운 변수를 생성하고 기존 변수들을 리코딩했다. 데이터를 정렬하고, 변수를 재명명하고, 데이터를 다른 데이터셋과 수평적으로(변수를 추가하는) 그리고 수직적으로(관측치를 추가하는) 병합하는 방법을 배웠다. 마지막으로 변수를 보존하거나 탈락시키는 방법과 다양한 기준을 바탕으로 관측치를 선택하는 방법을 논의하였다.

다음 장에서는, 변수를 생성하고 변환하는데 사용하는 엄청난 양의 산술적, 문자적 통계적 함수들을 살펴볼 것이다. 프로그램 흐름를 통제하는 방법을 살펴본 뒤, 함수들을 작성하는 방법을 살펴볼 것이다. 또한 데이터를 집계하고 요약하는 함수들을 어떻게 사용하는지 알아볼 것이다.

5장이 끝나면 여러분은 복잡한 데이터셋을 관리하는데 필요한 대부분의 도구를 가지게 될 것이다(그러면 어디에 있더라도 데이터분석가의 질투의 대상이 될 것이다!).

제5장 고급 데이터 관리

이 장에서 다룰 내용은 다음과 같다.

- 수학 및 통계적 함수들
- 문자 함수들
- 순환반복(looping)과 조건 수행
- 사용자-작성 함수들
- 데이터 집계 방법과 재구성 방법

4장에서 우리는 R에서 데이터셋을 관리하는데 사용되는 기본 기법을 검토하였다. 이 장에서는 더 고급 주제를 다룰 것이다. 이 장은 기본적으로 세 부분으로 나뉘어져 있다. 첫째 부분에서는 수학적, 통계적, 문자적 조작을 위한 R의 많은 함수들을 살펴볼 것이다. 이 절을 잘 이해하기 위하여, 이 함수들을 활용해서 해결할 수 있는 데이터관리 문제를 다룬다. 함수 자체를 다룬 후에 데이터 관리 문제를 해결할 가능한 방법을 살펴볼 것이다.

다음으로, 데이터 관리와 분석을 수행할 자신만의 함수를 작성하는 방법을 다룰 것이다. 먼저 순환반복(looping)과 조건문 실행을 포함하여 프로그램 실행흐름을 통제하는 방법들을 탐색할 것이다. 그 다음으로 사용자-작성 함수의 구조와 일단 생성된 것을 불러내는 방법을 탐구할 것이다.

끝으로, 데이터셋의 변형(reshaping)과 재구성(restructuring) 방법과 함께 데이터의 집계 및 요약 방법들을 살펴볼 것이다. 데이터 집계를 위하여 요약화를 수행하는 적절한 내장 함수 또는 사용자작성 함수 어떤 것이라도 사용할 수 있다. 따라서 이 장 처음 두 절에서 배우는 내용들이 여러분에게 실질적인 도움을 줄 것이다.

5.1 데이터 관리의 도전과제

숫자 및 문자 함수에 대한 논의를 시작하면서, 데이터 관리 문제를 고려해 보자. 일군의 학생들이 수

표 5.1 학생 시험 데이터

학생	수학	과학	영어
John Davis	502	95	25
Angela Williams	600	99	22
Bullwinkle Moose	412	80	18
David Jones	358	82	15
Janice Markhammer	495	75	20
Cheryl Cushing	512	85	28
Reuven Ytzrhak	410	80	15
Greg Knox	625	95	30
Joel England	573	89	27
Mary Rayburn	522	86	18

학, 과학, 영어 시험을 치렀다. 학생별 단일 성적 지수를 결정하기 위해 이 점수들을 결합하고자 한다. 그리고 상위 20%에게는 A, 다음 상위 20%에게는 B, 등의 방식으로 등급을 부여하고자 한다. 마지막으로 학생들을 알파벳순으로 정렬하고자 한다. 데이터는 표 5.1에 제시되어 있다.

이 데이터셋을 살펴보면, 몇 가지 난관이 보인다. 첫째, 세 개의 점수들이 비교 가능하지 않다. 이들은 평균과 표준편차가 매우 다르다. 그래서 평균을 내는 것은 합리적이지 않다. 이들을 결합하기 전에 점수들을 비교가능한 단위로 변환하여야 한다. 둘째, 등급을 주기 위해 점수에 백분위를 결정하는 방법이 필요할 것이다. 셋째, 학생들을 정렬하는 작업의 복잡성에 비해 성명에 한 개 필드밖에 없다. 이들을 적절히 정렬하기 위해 성명을 성과 이름으로 분리시킬 필요가 있다.

이러한 작업들은 R의 숫자 및 문자 함수를 사용함으로써 수행될 수 있다. 다음 절에 기술되는 함수들을 공부하고 나면, 이상의 데이터 관리 과제를 해결할 가능한 방법을 찾아낼 수 있을 것이다.

5.2 숫자 및 문자 함수

이 절에서는 데이터 조작의 기초 재료로 사용할 수 있는 R의 함수들을 검토할 것이다. 이것들은 숫자함수(수학적, 통계적, 확률)와 문자함수로 나눌 수 있다. 각각의 타입을 검토한 후, 함수들이 행렬과 데이터프레임의 열(변수)과 행(관측치)에 어떻게 적용되는지를 보여줄 것이다(5.2.6을 보라)

5.2.1 수학적 함수

표 5.2는 많이 사용되는 수학적 함수들을 짧은 사례를 들어 나열하고 있다.

데이터 변환은 이들 함수들의 주요 용례 중 하나다. 예를 들어, 소득처럼 정적으로 치우쳐진 변수들은 심층분석에 들어가기 전에 종종 로그 척도로 변환한다. 또한 수학적 함수들은 공식(formulas), 플롯팅 함수(예를 들어 `x vs. sin(x)`), 그리고 출력 전 숫자 값의 포맷팅 등에서 요소로 사용된다.

표 5.2 수학적 함수

함수	설명
abs(x)	절대값 abs(-4)는 4를 반환한다.
sqrt(x)	루트값 sqrt(25)는 5를 반환한다. 이것은 25^(0.5)와 같다.
ceiling(x)	x보다 작지 않은 최소 정수 ceiling(3.475)는 4를 반환한다.
floor(x)	x보다 크지 않은 최대정수 floor(3.475)는 3을 반환한다.
trunc(x)	X에서 영을 기준으로 분리할 때 생기는 정수 trunc(5.99)는 5를 반환한다.
round(x, digits=n)	소수점 자리수를 지정했을 때 반올림 값 round(3.475, digits=2)은 3.48을 반환한다.
signif(x, digits=n)	유의미한 자릿수를 지정했을 때 반올림 값 signif(3.475, digits=2)는 3.5를 반환한다.
cos(x), sin(x), tan(x)	코사인, 사인, 탄젠트 cos(2)는 –0.416을 반환한다.
acos(x), asin(x), atan(x)	아크-코사인, 아크-사인, 아크-탄젠트 값. acos(-0.416)는 2를 반환한다.
cosh(x), sinh(x), tanh(x)	쌍곡 코사인, 사인, 탄젠트 sinh(2)는 3.627을 반환한다.
acosh(x), asinh(x), atanh(x)	쌍곡 아크-코사인, 아크-사인, 아크-탄젠트. asinh(3.627) 는 2를 반환한다.
log(x,base=n) log(x) log10(x)	베이스 n에 대한 x의 로그 • log(x)는 자연 로그 • log10(x) 는 상용 로그 • log(10) 는 2.3026을 반환한다. • log10(10) 는 1을 반환한다.
exp(x)	지수 함수 exp(2.3026)는 10을 반환한다.

표 5.2의 사례들은 수학적 함수를 스칼라(scalar:개별 숫자)에 적용한 것이다. 이 함수들이 숫자 벡터, 행렬, 혹은 데이터프레임에 적용될 때, 이들 함수들은 각 개별 숫자에 대해 작동한다. 예를 들어 `sqrt(c(4, 16, 25))`는 `c(2, 4, 5)`를 반환한다.

5.2.2 통계적 함수

자주 사용하는 통계 함수들은 표 5.3에 제시되어 있다. 이들 함수 중 많은 함수들은 산출값에 영향을 미치는 옵션 파라미터를 가지고 있다. 예를 들어,

```
y <- mean(x)
```

는 객체 x에 있는 요소들의 산술평균을 제공한다. 그리고

```
z <- mean(x, trim = 0.05, na.rm=TRUE)
```

는 상위 5%와 하위 5%의 점수 그리고 결측값을 제거한 절사평균(trimmed mean)을 제공한다. 사례와 문장 용례에 대해 더 알고 싶으면 `help()` 함수를 사용하라.

이들 함수들이 작동하는 것을 보려면 다음 프로그래밍을 살펴보라. 이 사례들은 숫자 백터의 평균과 표준편차를 계산하는 두 가지 방법을 보여준다.

프로그래밍 5.1 평균과 표준편차 계산

```
> x <- c(1,2,3,4,5,6,7,8)

> mean(x)
[1] 4.5
> sd(x)
[1] 2.449490
```

Short way

```
> n <- length(x)
> meanx <- sum(x)/n
> css <- sum((x - meanx)^2)
> sdx <- sqrt(css / (n-1))
> meanx
[1] 4.5
> sdx
[1] 2.449490
```

Long way

두번째 접근에서 수정된 자승합(CSS)이 계산되는 법을 살펴보자.

1. x는 `c(1, 2, 3, 4, 5, 6, 7, 8)`와 동일하고, x 평균은 4.5이다 (`length(x)`는 x에 있는 요소들의 갯수를 반환한다).

표 5.3 통계 함수

함수	설명
mean(x)	평균 mean(c(1,2,3,4))은 2.5를 반환한다.
median(x)	중앙값 median(c(1,2,3,4))는 2.5를 반환한다.
sd(x)	표준편차 sd(c(1,2,3,4))는 1.29를 반환한다.
var(x)	분산 var(c(1,2,3,4))는 1.67를 반환한다..
mad(x)	중위(중앙값), 절대편차 mad(c(1,2,3,4))는 1.48를 반환한다..
quantile(x, probs)	수치형 벡터 X에서 원하는 곳의 분위수. 여기서 probs는 [0,1]의 확률을 가진 수치형 벡터 # x의 30번째, 84번째 백분위수 y 〈- quantile(x, c(.3,.84))
range(x)	범위 x 〈- c(1,2,3,4) range(x)는 c(1,4)를 반환하고. diff(range(x))는 3을 반환한다.
sum(x)	합 sum(c(1,2,3,4))은 10을 반환한다.
diff(x, lag=n)	지연 차이값. 사용되는 지연을 표시. 기본설정 지연(lag)는 1. x〈- c(1, 5, 23, 29) diff(x) 는 c(4, 18, 6)를 반환한다.
min(x)	최소값 min(c(1,2,3,4))는 1을 반환한다.
max(x)	최대값 max(c(1,2,3,4))는 4를 반환한다.
scale(x, center=TRUE, scale=TRUE)	데이터 객체 x에서 열 중심(center=TRUE) 혹은 표준화 (center=TRUE, scale=TRUE). 예시는 프로그램 5.6에 있다.

2. `(x-meanx)`는 x의 개별 요소에서 4.5를 뺀다, 결과는 `c(-3.5, -2.5, -1.5, -0.5, 0.5, 1.5, 2.5, 3.5)`이다.
3. `(x-meanx)^2`는 `(x - meanx)`의 각 요소들을 제곱한다. 결과는 `c(12.25, 6.25, 2.25, 0.25, 0.25, 2.25, 6.25, 12.25)`이다.

4. `sum((x - meanx)^2)`은 `(x - meanx)^2`의 각 요소들을 더한다. 결과는 42이다.

R에서 공식을 만드는 것은 MATLAB 같은 행렬-조작 언어와 공통점이 많다(별첨 D에서 행렬 연산 문제 풀이에 대해 더욱 특별히 살펴 볼 것이다).

◆ 데이터 표준화

기본설정으로 scale() 함수는 지정된 행렬 혹은 데이터프레임의 열들을 평균값 0, 표준편차 1로 표준화한다.

```
newdata <- scale(mydata)
```

개별 열들을 임의적인 평균과 표준편차로 표준화하려면 다음와 같은 코드를 사용할 수 있다.

```
newdata <- scale(mydata)*SD + M
```

여기서 M은 희망하는 평균이고 SD는 희망 표준편차이다. 숫자 타입이 아닌 열에 scale() 함수를 사용하면 오류가 난다. 전체 행렬이나 데이터프레임보다는 특정 열을 표준화하기 위해서는 아래와 같은 코드를 사용할 수 있다.

```
newdata <- transform(mydata, myvar = scale(myvar)*10+50)
```

이 코드는 변수 myvar를 평균 50, 표준편차 10으로 표준화한다. 5.3절 데이터관리 도전과제에 대한 해결책으로 scale() 함수를 사용할 것이다.

5.2.3 확률 함수

왜 확률 함수가 통계 함수와 같이 나란히 다루어지지 않았는지 의아해 할 지 모른다. 확률 함수는 개념상으로는 통계학적이지만 별도의 절을 할애할 만큼 충분히 독특하다. 확률 함수는 종종 알고 있는 특성치(known characteristics)로 시뮬레이션 데이터를 생성하는데 사용되며, 그리고 사용자 작성 통계 함수 내에서 확률값을 계산하는데도 사용된다.

R에서 확률 함수는 다음과 같은 형태를 취한다.

여기서 첫 글자는 반환받는 분포의 측면을 지칭한다.

d = 밀도(density)

p = 분포(distribution) 함수

q = 분위(quantile) 함수

r = 무작위 생성(난수)

자주 사용하는 확률 함수들은 표 5.4에 나열되어 있다

이 함수들이 어떻게 작동하는지 알기 위해 정규분포에 관한 함수를 살펴보자. 평균과 표준편차를 특정하지 않는다면 표준 정규분포는 (평균=0, 표준편차=1)을 가정한다. 밀도(`dnorm`), 분포(`pnorm`), 분위(`qnorm`), 그리고 난수 생성(`rnorm`) 함수들의 사례는 표 5.5에 있다.

표 5.4 확률 분포들(Probability distributions)

분포	약어	분포	약어
베타	beta	로지스틱	logis
이항	binom	다항	multinom
코쉬	cauchy	음이항	nbinom
카이제곱	chisq	정규	norm
지수	exp	포아송	pois
F	f	윌콕슨 부호순위	signrank
감마	gamma	T	t
기하	geom	균등	unif
초기하	hyper	와이블	weibull
로그정규	lnorm	윌콕슨 순위합	wilcox

`plot()` 함수 옵션에 친숙하지 않더라도 걱정할 것 없다. 이것은 11장에서 상세히 다룰 것이다; `pretty()`는 이 장의 후반부 표 5.7에서 설명된다.

표 5.5 정규 분포 함수

문제	답
[-3, 3] 간격에 표준 정규곡선을 그려라(그림을 보라). 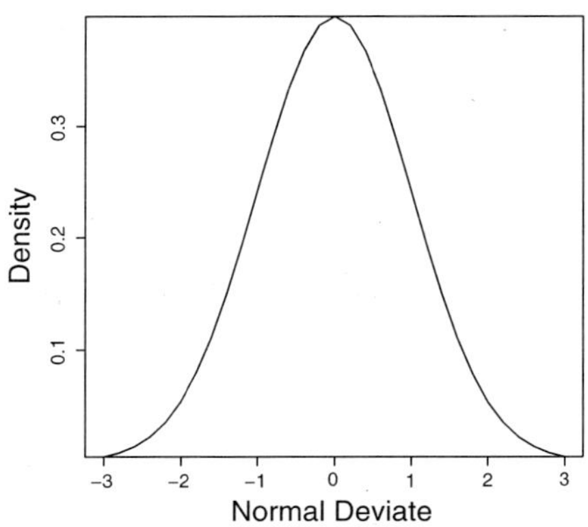 	x <- pretty(c(−3,3), 30) y <- dnorm(x) plot(x, y, type = "l", xlab = "Normal Deviate", ylab = "Density", yaxs = "i")
표준 정규곡선 z=1.96의 왼쪽의 면적은?	pnorm(1.96)은 0.975이다.
평균 500, 표준편차 100의 정규분포에서 90 백분위 값은?	qnorm(.9, mean=500, sd=100)은 628.16이다.
평균 50, 표준편차 10인 50개의 정규분포 난수를 생성하라.	rnorm(50 ,mean=50, sd=10)

• **난수 생성을 위한 SEED 세팅**

의사-난수(pseudo-random deviates)를 생성할 때마다 상이한 시드(seed:무작위로 뽑힌 요소)가 생산되고 따라서 결과도 상이하다. 결과를 재생산 하기 위해, `set.seed()` 함수를 사용하여 시드를 명확하게 특정할 수 있다. 다음 프로그래밍에서 예제를 주고 있다. 여기서 `runif()` 함수는 0에서 1까지 범위의 균등분포로부터 의사-난수를 생성하는데 사용된다.

프로그래밍 5.2 동일형태 분포에서 의사-무작위 숫자의 생성

```
> runif(5)
[1] 0.8725344 0.3962501 0.6826534 0.3667821 0.9255909
> runif(5)
[1] 0.4273903 0.2641101 0.3550058 0.3233044 0.6584988
> set.seed(1234)
> runif(5)
[1] 0.1137034 0.6222994 0.6092747 0.6233794 0.8609154
> set.seed(1234)
> runif(5)
[1] 0.1137034 0.6222994 0.6092747 0.6233794 0.8609154
```

seed를 수동으로 세팅함으로써 결과를 재생산할 수 있게 되었다. 이 기능은 나중에 접근하거나 공유할 사례를 생성하는데 도움이 될 수 있다.

• **다변량 정규 데이터 생성**

시뮬레이션 연구와 몬테카를로 연구들에서, 주어진 평균 벡터와 공분산 행렬을 가지고 다변량 정규분포로 부터 데이터를 추출하고자 하는 경우가 종종 있다. MASS 패키지의 `mvrnorm()` 함수는 이를 쉽게 해준다. 함수 호출은 다음과 같다.

```
mvrnorm(n, mean, sigma)
```

여기서 *n*은 원하는 표본 크기이고, `mean`은 평균들의 벡터이고, `sigma`는 분산-공분산(혹은 상관관계) 행렬이다. 프로그래밍 5.3은 아래의 특성을 지닌 세 변수의 다변량 정규분포에서 500개의 관측치를 표본 추출한다.

평균 벡터	230.7	146.7	3.6
공분산 행렬	15360.8	6721.2	-47.1
	6721.2	4700.9	-16.5
	-47.1	-16.5	0.3

프로그래밍 5.3에서 난수 시드를 정했다. 그래서 당신은 나중에 그 결과를 재생산할 수 있다❶. 원하는 평균 백터와 공분산 행렬을 지정한다❷. 500개의 의사-난수치를 생성한다❸. 편의를 위해 결과는

프로그래밍 5.3 다변량 정규분포에서 데이터의 생성

```
> library(MASS)
> options(digits=3)
> set.seed(1234)                        ❶ Sets the random number seed

> mean <- c(230.7, 146.7, 3.6)
> sigma <- matrix(c(15360.8, 6721.2, -47.1,
                    6721.2, 4700.9, -16.5,
                    -47.1,  -16.5,   0.3), nrow=3, ncol=3)    ❷ Specifies the mean vector and covariance matrix

> mydata <- mvrnorm(500, mean, sigma)
> mydata <- as.data.frame(mydata)
> names(mydata) <- c("y","x1","x2")     ❸ Generates data

> dim(mydata)
[1] 500 3
> head(mydata, n=10)                    ❹ Views the results
       y    x1   x2
1   98.8  41.3 4.35
2  244.5 205.2 3.57
3  375.7 186.7 3.69
4  -59.2  11.2 4.23
5  313.0 111.0 2.91
6  288.8 185.1 4.18
7  134.8 165.0 3.68
8  171.7  97.4 3.81
9  167.3 101.0 4.01
10 121.1  94.5 3.76
```

행렬에서 데이터프레임으로 전환되고 변수들에 이름이 주어진다. 마지막으로 500개의 관측치와 3개의 변수를 가진다는 것을 확인하고 처음 10개 관측치를 출력한다❹. 상관관계 행렬은 또한 공분산 행렬이기 때문에 바로 상관관계구조를 지정할 수도 있었다는 것을 알아두기 바란다.

R의 확률 함수들은 특성치를 알고 있는 분포에서 시뮬레이션 데이터를 생성하고 표본을 추출하도록 해준다. 시뮬레이션 데이터에 의존하는 통계방법들은 최근 기하급수적으로 증가해 왔다. 그래서 이 책 후반부에 몇 가지 사례를 볼 것이다.

5.2.4 문자 함수

수학적 통계적 함수들은 숫자 데이터에서 작동하는 반면, 문자 함수는 텍스트 데이터 혹은 출력과 리포팅을 위해 재포맷된 텍스트 데이터로부터 정보를 추출한다. 예를 들어, 첫 글자를 대문자로 만들면서 성과 이름을 붙이기를 원할 수 있다. 또는 개방형 응답 속에 있는 욕설 건수를 세고 싶을 수도 있다. 가장 유용한 문자함수들은 표 5.6에 제시되어 있다.

grep(), sub(), 그리고 strsplit() 함수들은 텍스트 문자열(fixed=TRUE)이나 정규표현식

((fixed=FALSE); FALSE가 기본설정이다)을 찾아낼 수 있다는 것을 알아두라. 정규표현식은 텍스트의 패턴을 매칭하는데 명료하고 간결한 구문을 제공한다. 예를 들어 정규표현식

```
^[hc]?at
```

은 0 또는 h나 c로 시작하는 문자에 at이 뒤따르도록 매치해 준다. 따라서 이 표현은 *hat*, *cat* 그리고 *at*을 매치시키지만 *bat*은 아니다. 더 배우려면 위키피디아에서 *regular expression*을 보라.

표 5.6 문자 함수

함수	설명
nchar(x)	xx의 문자 수를 센다. x <- c("ab", "cde", "fghij") length(x)는 3을 반환한다(표 5.7을 보라). nchar(x[3])는 5를 반환한다.
substr(x, start, stop)	문자 벡터에서 하위문자열(substring)을 추출하거나 대체한다. x <- "abcdef" substr(x, 2, 4)는 bcd 를 반환한다. substr(x, 2, 4) <- "22222"(x는 이제 "a222ef" 이다).
grep(pattern, x, ignore.case=FALSE, fixed=FALSE)	x에 있는 pattern을 찾는다. fixed=FALSE이면, pattern은 정규표현식이다. fixed=TRUE이면 pattern은 문자열이다. 매칭되는 인덱스를 반환한다. grep("A", c("b","A","c"), fixed=TRUE)는 2를 반환한다.
sub(pattern, replacement, x, ignore.case=FALSE, fixed=FALSE)	x에 있는 pattern을 찾아서 replacement 텍스트를 치환한다. fixed=FALSE 이면, pattern은 정규표현식이다. fixed=TRUE 이면 문자열이다. sub("\\s",".","Hello There")는 Hello.There 을 반환한다. "\s"은 공백을 찾는 정규표현식이다; "\"은 R의 확장문자(1.3.3을 보라)이기 때문에 대신에 "\\s"을 사용하라
strsplit(x, split, fixed=FALSE)	문자 벡터 x의 요소들을 split에서 분리한다. fixed=FALSE이면 정규표현식이다. fixed=TRUE이면 패턴은 문자열이다. y <- strsplit("abc", "")는 "a" "b" "c"를 담고 있는 3개 요소의 리스트, 하나의 컴포넌트를 반환한다.
paste(..., sep="")	sep을 문자열을 분리하는데 사용한 후 문자열들을 접합한다. paste("x", 1:3, sep="")은 c("x1", "x2", "x3")을 반환한다. paste("x",1:3,sep="M")은 c("xM1","xM2" "xM3")을 반환한다. paste("Today is", date())는 Today is Mon Dec 28 14:17:32 2015를 반환한다.
toupper(x)	Uppercase. toupper("abc")는 "ABC"를 반환한다.
tolower(x)	Lowercase. tolower("ABC")는 "abc"를 반환한다.

5.2.5 기타 유용한 함수들

표 5.7의 함수를 또한 데이터 관리 및 조작에 유용한 것들이다.

표의 마지막 사례는 출력에서 확장형 문자의 사용을 보여준다. 새로운 라인은 `\n`을, 탭은 `\t`를, 작은 따옴표는 `\'`, 백스페이스는 `\b` 등을 사용하라(추가정보를 원하면 `?Quotes`을 쳐보라). 예를 들어 아래 코드는

```
name <- "Bob"
cat( "Hello", name, "\b.\n", "Isn\'t R", "\t", "GREAT?\n")
```

아래 문장을 만들어 낸다.

```
Hello Bob.
 Isn't R          GREAT?
```

둘째 줄은 한 칸 들여 써 있다는 것을 주시하라. `cat`이 출력을 위해 객체를 접합할 때, 각각은 스페이스로 떨어져 있다. 그래서 마침표 전에 백스페이스(`\b`) 확장형 문자를 포함시킨 것이다. 백스페이스를 안 넣었다면 "`Hello Bob.`"처럼 한 칸 뛰어 마침표가 찍혔을 것이다.

지금까지 논의한 함수들을 숫자, 문자열, 백터 등에 적용하는 방법은 직관적이고 간단한 것이다. 하지만 이것들을 행렬과 데이터프레임에 어떻게 적용해야 하나? 이것이 다음 절의 주제이다.

표 5.7 다른 유용한 함수들

함수	설명
length(x)	객체 x의 길이를 반환한다. x <- c(2, 5, 6, 9) length(x)는 4를 반환한다.
seq(from, to, by)	시퀀스를 생성한다. indices <- seq(1,10,2) indices는 c(1, 3, 5, 7, 9)이다.
rep(x, n)	X를 n회 반복한다. y <- rep(1:3, 2) y는 c(1, 2, 3, 1, 2, 3)이다.
cut(x, n)	연속변인 x를 n 레벨을 가진 요인으로 나눈다. 서열요인을 생성하기 위해 ordered_result = TRUE 옵션을 포함한다.
pretty(x, n)	분할점을 만든다. 연속변인 x를 n+1 등간으로 나눈다. 종종 플롯팅에 사용된다.
cat(..., file = "myfile", append = FALSE)	...에 있는 객체들을 접합하고 이것들을 스크린이나 파일에 출력한다. name <- c("Jane") cat("Hello", name, "\n")

5.2.6 행렬과 데이터프레임에 함수 적용하기

R함수들의 흥미있는 특성 중 하나는 이것들이 다양한 데이터 객체들(스칼라, 벡터, 행렬, 배열, 그리고 데이터프레임)에 적용될 수 있다는 것이다. 다음 프로그래밍의 예제를 보자.

프로그래밍 5.4 데이터 객체들에 함수 적용하기

```
> a <- 5
> sqrt(a)
[1] 2.236068
> b <- c(1.243, 5.654, 2.99)
> round(b)
[1] 1 6 3
> c <- matrix(runif(12), nrow=3)
> c
       [,1]  [,2]  [,3]  [,4]
[1,] 0.4205 0.355 0.699 0.323
[2,] 0.0270 0.601 0.181 0.926
[3,] 0.6682 0.319 0.599 0.215
> log(c)
       [,1]   [,2]   [,3]   [,4]
[1,] -0.866 -1.036 -0.358 -1.130
[2,] -3.614 -0.508 -1.711 -0.077
[3,] -0.403 -1.144 -0.513 -1.538
> mean(c)
[1] 0.444
```

프로그래밍 5.4의 행렬 c의 평균은 0.444(스칼라)이다. `mean()` 함수는 이 행렬의 12개 전체 요소의 평균이다. 그런데 만약 당신이 세 개의 행 평균들 혹은 4개의 열 평균들을 원한다면?

R에는 행렬, 배열 혹은 데이터프레임의 어떤 차원에도 마음대로 함수를 `apply`할 수 있게 해주는 `apply()` 함수가 있다. `apply()` 함수의 포맷은 아래와 같다.

```
apply(x, MARGIN, FUN, ...)
```

여기서 `x`는 데이터 객체이고, *MARGIN*은 차원의 인덱스이고, *FUN*은 지정하는 함수이다. 그리고 ...는 FUN에 태워 보내길 원하는 파라미터이다. 행렬이나 데이터프레임에서 `MARGIN=1`은 행을 `MARGIN=2`는 열을 나타낸다. 아래 사례를 보자.

프로그래밍 5.5 매트릭스의 행(열)에 함수 적용하기

```
> mydata <- matrix(rnorm(30), nrow=6)        ◁ ❶ Generates data
> mydata
          [,1]   [,2]    [,3]   [,4]   [,5]
[1,]  0.71298  1.368 -0.8320 -1.234 -0.790
[2,] -0.15096 -1.149 -1.0001 -0.725  0.506
[3,] -1.77770  0.519 -0.6675  0.721 -1.350
[4,] -0.00132 -0.308  0.9117 -1.391  1.558
[5,] -0.00543  0.378 -0.0906 -1.485 -0.350
[6,] -0.52178 -0.539 -1.7347  2.050  1.569
> apply(mydata, 1, mean)                     ◁ ❷ Calculates the row means
[1] -0.155 -0.504 -0.511  0.154 -0.310  0.165
> apply(mydata, 2, mean)                     ◁ ❸ Calculates the column means
[1] -0.2907  0.0449 -0.5688 -0.3442  0.1906
> apply(mydata, 2, mean, trim=0.2)           ◁ ❹ Calculates the trimmed column means
[1] -0.1699  0.0127 -0.6475 -0.6575  0.2312
```

제일 먼저 정규분포 난수를 가지는 6×5 행렬을 생성한다❶. 다음으로 6개의 행 평균들을 계산하고❷, 5개의 열 평균들을 계산한다❸. 마지막으로, 절사된 열 평균들을 계산한다(이 경우 값의 하위 20% 상위 20%는 버리고 중간 60%를 대상으로 한 평균값)❹.

FUN은 사용자 스스로 작성한(5.4 절을 보라) 함수를 포함하여 R의 어떤 함수라도 될 수 있기 때문에, `apply()`는 강력한 매카니즘이다. `apply()`가 배열의 차원에 적용되는 함수를 다루는 반면, `lapply()`와 `sapply()`는 리스트에 적용되는 함수를 다룬다 다음 절에서 `sapply()` 사례를 볼 것이다(`sapply()`는 `lapply()`의 사용자 친화적인 버전이다)

이제 5.1절에서 제시된 데이터 과제를 해결하는 데 필요한 모든 툴을 갖게 되었다. 그럼 한번 시도해 보자.

5.3 데이터 관리 과제의 해결책

5.1절의 과제는 각 과목의 시험점수를 결합하여 학생별 하나의 성적지표로 만드는데 이는 A부터 F까지의 등급(상위 20% 다음 20% 씩으로)을 주고, 명단을 성과 이름을 기준으로 정렬하라는 것이다. 답이 아래 프로그래밍에 있다.

프로그래밍 5.6 학습사례 해결책

Step 1 ❶

```
> options(digits=2)

> Student <- c("John Davis", "Angela Williams", "Bullwinkle Moose",
               "David Jones", "Janice Markhammer", "Cheryl Cushing",
               "Reuven Ytzrhak", "Greg Knox", "Joel England",
               "Mary Rayburn")
> Math <- c(502, 600, 412, 358, 495, 512, 410, 625, 573, 522)
> Science <- c(95, 99, 80, 82, 75, 85, 80, 95, 89, 86)
> English <- c(25, 22, 18, 15, 20, 28, 15, 30, 27, 18)
> roster <- data.frame(Student, Math, Science, English,
                       stringsAsFactors=FALSE)
```

Step 2 ❷ / Step 3 ❸ — Obtains the performance scores

```
> z <- scale(roster[,2:4])
> score <- apply(z, 1, mean)
> roster <- cbind(roster, score)
```

Step 4 ❹ / Step 5 ❺ — Grades the students

```
> y <- quantile(score, c(.8,.6,.4,.2))
> roster$grade[score >= y[1]] <- "A"
> roster$grade[score < y[1] & score >= y[2]] <- "B"
> roster$grade[score < y[2] & score >= y[3]] <- "C"
> roster$grade[score < y[3] & score >= y[4]] <- "D"
> roster$grade[score < y[4]] <- "F"
```

Step 6 ❻ / Step 7 ❼ — Extracts the last and first names

```
> name <- strsplit((roster$Student), " ")
> Lastname <- sapply(name, "[", 2)
> Firstname <- sapply(name, "[", 1)
> roster <- cbind(Firstname,Lastname, roster[,-1])
```

Step 8 ❽ — Sorts by last and first names

```
> roster <- roster[order(Lastname,Firstname),]

> roster
    Firstname    Lastname Math Science English score grade
6      Cheryl     Cushing  512      85      28  0.35     C
1        John       Davis  502      95      25  0.56     B
9        Joel     England  573      89      27  0.70     B
4       David       Jones  358      82      15 -1.16     F
8        Greg        Knox  625      95      30  1.34     A
5      Janice  Markhammer  495      75      20 -0.63     D
3  Bullwinkle       Moose  412      80      18 -0.86     D
10       Mary     Rayburn  522      86      18 -0.18     C
2      Angela    Williams  600      99      22  0.92     A
7      Reuven     Ytzrhak  410      80      15 -1.05     F
```

코드가 빽빽하다, 단계별로 살펴 보자.

❶ 원래 학생명단이 주어진다. options(digits=2)는 소수점 뒤에 출력될 자릿수를 제한한다:

```
> options(digits=2)
> roster
```

```
              Student   Math  Science  English
1          John Davis    502       95       25
2     Angela Williams    600       99       22
3    Bullwinkle Moose    412       80       18
4         David Jones    358       82       15
5   Janice Markhammer    495       75       20
6      Cheryl Cushing    512       85       28
7     Reuven Ytzrhak    410       80       15
8           Greg Knox    625       95       30
9       Joel England    573       89       27
10      Mary Rayburn    522       86       18
```

❷ 수학, 과학, 영어가 서로 다른 척도로(매우 다른 평균과 표준편차를 가진) 되어 있기 때문에, 이것들을 결합하기 전에 비교 가능하도록 만들어야 한다. 이를 위한 하나의 방법이 변수들을 표준화하는 것이다. 그러면 각 시험은 원점수보다는 표준편차 단위로 보고된다. 이것은 `scale()` 함수로 할 수 있다.

```
> z <- scale(roster[,2:4])
> z
        Math   Science   English
[1,]    0.013   1.078    0.587
[2,]    1.143   1.591    0.037
[3,]   -1.026  -0.847   -0.697
[4,]   -1.649  -0.590   -1.247
[5,]   -0.068  -1.489   -0.330
[6,]    0.128  -0.205    1.137
[7,]   -1.049  -0.847   -1.247
[8,]    1.432   1.078    1.504
[9,]    0.832   0.308    0.954
[10,]   0.243  -0.077   -0.697
```

❸ `mean()` 함수를 사용해 행 평균을 계산함으로써 학생별 성적을 얻을 수 있다. 그리고 `cbind()` 함수를 사용하여 명단에 이 점수를 첨가한다.

```
> score <- apply(z, 1, mean)
> roster <- cbind(roster, score)
> roster
              Student   Math  Science  English  score
1          John Davis    502       95       25  0.559
2     Angela Williams    600       99       22  0.924
```

```
3   Bullwinkle Moose   412   80   18   -0.857
4        David Jones   358   82   15   -1.162
5  Janice Markhammer   495   75   20   -0.629
6     Cheryl Cushing   512   85   28    0.353
7     Reuven Ytzrhak   410   80   15   -1.048
8          Greg Knox   625   95   30    1.338
9       Joel England   573   89   27    0.698
10      Mary Rayburn   522   86   18   -0.177
```

❹ quantile() 함수는 학생들 성적의 백분위 값을 제공한다. A의 컷오프는 0.74이고, B는 0.44 등이다.

```
> y <- quantile(roster$score, c(.8,.6,.4,.2))
> y
 80%    60%    40%    20%
0.74   0.44  -0.36  -0.89
```

❺ 논리연산자를 사용해 학생들의 백분위 등수를 새로운 범주형 등급변수로 리코딩할 수 있다. 이 코드는 등급변수를 명단 데이터프레임 내에 만든다.

```
> roster$grade[score >= y[1]] <- "A"
> roster$grade[score < y[1] & score >= y[2]] <- "B"
> roster$grade[score < y[2] & score >= y[3]] <- "C"
> roster$grade[score < y[3] & score >= y[4]] <- "D"
> roster$grade[score < y[4]] <- "F"
> roster
              Student  Math  Science  English  score  grade
1          John Davis   502       95       25  0.559      B
2     Angela Williams   600       99       22  0.924      A
3    Bullwinkle Moose   412       80       18 -0.857      D
4         David Jones   358       82       15 -1.162      F
5   Janice Markhammer   495       75       20 -0.629      D
6      Cheryl Cushing   512       85       28  0.353      C
7      Reuven Ytzrhak   410       80       15 -1.048      F
8           Greg Knox   625       95       30  1.338      A
9        Joel England   573       89       27  0.698      B
10       Mary Rayburn   522       86       18 -0.177      C
```

❻ 스페이스가 있는 곳에서 성과 이름을 분리하기 위해서는 strsplit() 함수를 사용한다. strsplit()을 문자열 벡터에 적용하면 리스트를 반환한다.

```
> name <- strsplit((roster$Student), " ")
> name
[[1]]
[1] "John" "Davis"
[[2]]
[1] "Angela" "Williams"
[[3]]
[1] "Bullwinkle" "Moose"
[[4]]
[1] "David" "Jones"
[[5]]
[1] "Janice" "Markhammer"
[[6]]
[1] "Cheryl" "Cushing"
[[7]]
[1] "Reuven" "Ytzrhak"
[[8]]
[1] "Greg" "Knox"
[[9]]
[1] "Joel" "England"
[[10]]
[1] "Mary" "Rayburn"
```

❼ sapply() 함수를 사용하여 각 컴포넌트의 첫째 요소를 Firstname 백터로 넣는다. 그리고 두 번째 요소는 Lastname 백터로 넣는다. "[" 는 객체에서 부분을 추출하는 함수이다-이 경우에는 name 리스트의 첫째 또는 둘째 컴포넌트. cbind()를 사용해 명단에 이들 요소들을 첨가한다. 그리고 이제는 student 변수가 더 이상 필요 없기 때문에 이를 뺀다(명단 인덱스에 −1를 줌으로써).

```
> Firstname <- sapply(name, "[", 1)
> Lastname <- sapply(name, "[", 2)
> roster <- cbind(Firstname, Lastname, roster[,-1])
> roster
   Firstname   Lastname  Math  Science  English  score  grade
1       John      Davis   502       95       25  0.559      B
2     Angela   Williams   600       99       22  0.924      A
3 Bullwinkle      Moose   412       80       18 -0.857      D
4      David      Jones   358       82       15 -1.162      F
5     Janice Markhammer   495       75       20 -0.629      D
```

5.4.2 조건 수행(Conditional execution)

조건 수행에서 프로그램문(들)은 특정한 조건이 충족되었을 때만 수행된다. 이 작성문에는 if-else, ifelse, 그리고 switch 등이 있다.

• IF-ELSE

if-else 통제 구조는 주어진 조건이 참(true)이면 프로그램문을 실행한다. 선택사항으로 조건이 거짓이면(false) 다른 문장을 수행한다. 구문은 다음과 같다.

```
if (cond) statement
if (cond) statement1 else statement2
```

예제는 다음과 같다.

```
if (is.character(grade)) grade <- as.factor(grade)
if (!is.factor(grade)) grade <- as.factor(grade) else print("Grade
already is a factor")
```

첫째 경우, grade가 문자 벡터이면, 이것은 요인으로 변환된다. 둘째 경우, 두 문장 중 한 문장이 수행된다. grade가 요인이 아니라면(! 부호를 기억하라), 요인이 된다. 요인이라면 메시지가 출력된다.

• IFELSE

ifelse 작성문은 if-else 구조의 간결하고 벡터화된 버전이다. 구문은 다음과 같다.

```
ifelse(cond, statement1, statement2)
```

cond가 TRUE이면 첫째 문장이 수행되고, cond가 FALSE라면 둘째 문장이 수행된다. 사례는 아래에 있다.

```
ifelse(score > 0.5, print("Passed"), print("Failed"))
outcome <- ifelse (score > 0.5, "Passed", "Failed")
```

양자 택일을 취하고 싶을 때나, 작성문으로부터 나오는 벡터를 입력하거나 출력하고 싶을 때 ifelse를 사용하라.

• SWITCH

switch는 표현(expression)의 값에 기반하여 문장을 선택한다. 구문은 다음과 같다.

```
switch(expr, ...)
```

여기서 ...는 *expr*의 가능한 결과값에 연계된 프로그램문을 나타낸다. 아래 프로그래밍의 사례를 살펴보면 switch가 어떻게 작동하는지 잘 알 수 있다.

프로그래밍 5.7 switch 사례

```
> feelings <- c("sad", "afraid")
> for (i in feelings)
```

```
    print(
      switch(i,
        happy   = "I am glad you are happy",
        afraid = "There is nothing to fear",
        sad     = "Cheer up",
        angry   = "Calm down now"
      )
    )
[1] "Cheer up"
[1] "There is nothing to fear"
```

이것은 우스운 사례지만 주요 특성을 보여주고 있다. switch를 어떻게 쓰는지는 다음 절에서 배울 것이다.

5.5 사용자작성 함수

R의 가장 큰 강점 중 하나는 사용자가 함수들을 첨가하는 능력이다. 사실 R의 많은 함수들은 기존의 함수에 대한 함수이다. 함수의 구조는 다음과 같다.

```
myfunction <- function(arg1, arg2, ... ){
  statements
  return(object)
}
```

함수 안에 있는 객체들은 그 함수에 국한되어 있다. 반환된 객체는 scalar에서 리스트까지 어떤 데이터타입도 될 수 있다. 사례를 보자.

여러분이 데이터 객체의 집중경향과 분산을 계산하는 함수를 갖고자 한다고 하자. 이 함수는 모수통계(평균과 표준편차)와 비모수통계(중앙값과 중앙값 절대 편차)에 대해 선택을 할 수 있어야 한다. 결과는 이름이 붙여진 리스트로 반환되어야 한다. 그리고 결과를 자동으로 출력 할지 아닌지에 대해서도 선택할 수 있어야 한다. 만약 지정하지 않는다면 함수는 기본설정으로 모수통계를 계산하도록 하고 결과 출력은 하지 않도록 해야 한다. 이에대한 해결책 중 하나가 아래 프로그래밍에 제시되어 있다.

프로그래밍 5.8 mystats() 요약 통계용 사용자 작성 함수

```
mystats <- function(x, parametric=TRUE, print=FALSE) {
  if (parametric) {
    center <- mean(x); spread <- sd(x)
```

```
  center <- median(x); spread <- mad(x)
}
if (print & parametric) {
  cat("Mean=", center, "\n", "SD=", spread, "\n")
} else if (print & !parametric) {
  cat("Median=", center, "\n", "MAD=", spread, "\n")
}
result <- list(center=center, spread=spread)
return(result)
```

이 함수가 작동하는 지를 보기 위해, 먼저 약간의 데이터(정규분포에서 500개 무작위 표본)를 생성하자.

```
set.seed(1234)
x <- rnorm(500)
```

아래 문장을 실행하면

```
y <- mystats(x)
```

y$center는 평균(0.0014)를 y$spread는 표준편차(1.03)을 갖고 있다. 출력은 되지 않았다. 아래 문장을 수행하면

```
y <- mystats(x, parametric=FALSE, print=TRUE)
```

y$center는 중앙값(-0.0207), y$spread는 중앙절대편차(1.001)을 갖고 있고 추가로 아래와 같이 출력이 되었다.

```
Median= -0.0207
MAD= 1
```

다음으로 switch 작성문을 사용하는 사용자작성 함수를 살펴보자. 이 함수는 사용자에게 오늘 날짜 포맷에 대해 선택권을 준다. 함수 선언 내에 파라미터에 부여된 값들이 기본설정으로 여겨진다. mydate() 함수에서 타입이 지정되지 않는다면 long이 기본설정 포맷이다.

```
mydate <- function(type="long") {
      switch(type,
    long =  format(Sys.time(), "%A %B %d %Y"),
    short = format(Sys.time(), "%m-%d-%y"),
    cat(type, "is not a recognized type\n")
  )
}
```

이 함수가 작동한다.

```
> mydate("long")
```

```
[1] "Monday July 14 2014"
> mydate("short")
[1] "07-14-14"
> mydate()
[1] "Monday July 14 2014"
> mydate("medium")
medium is not a recognized type
```

cat() 함수는 입력 타입이 "long"이나 "short"에 해당되지 않을 때만 작동한다는 것을 알아두자. 부정확하게 입력된 인자를 잡아내는 표현식을 보유한다는 것은 좋은 생각이다.

여러분의 함수에 오류 트래핑이나 오류수정을 첨가하는데 도움을 줄 수 있는 몇 가지 함수들이 있다. 경고메시지를 생성하기 위해서는 warning() 함수를, 진단메시지를 생성하기 위해 message() 함수를, 현재 표현식의 수행 중단을 위해서는 stop() 함수를 사용할 수 있고 오류 조치를 수행할 수 있다. 오류 트래핑과 디버깅은 20.5절에서 더욱 충분히 논의될 것이다.

자신만의 함수를 만든 후에, 모든 세션에서 이를 사용 가능하도록 만들고 싶을 것이다. 부록 B는 R 환경을 맞춤화하여 사용자정의 함수가 시작부터 자동으로 탑재되는 방법을 기술하고 있다. 사용자정의 함수의 추가적인 사례에 대해서는 6장과 8장에서 살펴볼 것이다.

여러분은 이 절에서 제공된 기법을 사용하여 많은 것을 수행할 수 있다. 통제플로우 및 다른 프로그래밍 주제들은 20장에서 더욱 자세히 다루고 있다. 패키지 만들기는 21장에서 다루고 있다. 함수 작성의 세부사항을 탐색하거나 다른 사람에게 배포할 정도로 전문가수준의 코드를 작성하고 싶다면, 이 두 장을 읽고 난 뒤 참고문헌에 있는 두 권의 탁월한 책을 읽기를 권고한다: Venables & Ripley (2000)와 Chambers (2008). 이 책들은 매우 방대하고 상세한 사례를 아울러 제공하고 있다.

이제 사용자작성 함수를 다루었으니 데이터 집계와 재구성을 검토하고 이 장을 마치려 한다.

5.6 집계와 재구성(reshaping)

R은 데이터를 집계하고 재구성하는 강력한 방법들을 많이 제공한다. 여러분들이 데이터를 집계한다(aggregate)고 할 때, 관측 대상집단들을 이들의 요약 통계치로 대체한다. 여러분들이 데이터를 재구성(reshape) 한다고 할 때, 데이터가 어떻게 조직되어질 지를 결정하면서 구조(행과 열)를 바꾼다. 이 절은 이러한 업무를 수행하는 다양한 방법들을 기술할 것이다.

다음 두 절에서 우리는 R에 기본 내장되어 있는 mtcars 데이터프레임을 사용할 것이다. Motor Trend(1974)라는 잡지에서 추출한 이 데이터셋은 34개 자동차의 디자인 및 성능 특성들(실린더 수,

배기량, 마력, 연비 등)을 나타내고 있다. 이 데이터셋에 대해 더 알려면 help(mtcars)를 보라.

5.6.1 전치(Transpose)

전치(열과 행을 뒤집어 놓기)는 데이터셋 재구성의 가장 단순한 방법일 것이다. 행렬이나 데이터프레임을 전치하려면 t() 함수를 사용하라. 데이터프레임의 경우, 행이름이 열이름으로 된다. 사례가 다음 프로그래밍에 제시되어 있다.

프로그래밍 5.9 데이터셋 전치하기

```
> cars <- mtcars[1:5,1:4]
> cars
                   mpg cyl disp  hp
Mazda RX4         21.0   6  160 110
Mazda RX4 Wag     21.0   6  160 110
Datsun 710        22.8   4  108  93
Hornet 4 Drive    21.4   6  258 110
Hornet Sportabout 18.7   8  360 175
> t(cars)
     Mazda RX4 Mazda RX4 Wag Datsun 710 Hornet 4 Drive Hornet Sportabout
mpg         21            21       22.8           21.4              18.7
cyl          6             6        4.0            6.0               8.0
disp       160           160      108.0          258.0             360.0
hp         110           110       93.0          110.0             175.0
```

프로그래밍 5.9는 페이지 공간이 협소해서 mtcars 데이테셋의 하위셋을 사용한다. 이 절 후반부의 reshape2 패키지를 보게 되면 데이터 전치의 더욱 유연한 방법을 알게 될 것이다.

5.6.2 데이터 집계(Aggregating data)

한 개 혹은 그 이상의 변수로 정의된 함수를 사용하여 데이터를 집약하는 것은 R에서 상대적으로 쉬운 일이다. 포맷은 다음과 같다.

aggregate(*x*, *by*, *FUN*)

여기서 *x*는 집약될 데이터 객체이고, *by*는 새로운 관측치를 만드는데 통용되는 변수들의 리스트이고, *FUN*은 새로운 관측치 값을 이루게 될 요약 통계치를 계산하는데 사용되는 scalar 함수이다.

사례로 실린더와 기어 수를 기준으로 mtcars 데이터를 집계하고 각 숫자 변수의 평균을 반환한다고 하자.

프로그래밍 5.10 데이터 집계

```
> options(digits=3)
> attach(mtcars)
> aggdata <-aggregate(mtcars, by=list(cyl,gear), FUN=mean, na.rm=TRUE)
> aggdata
  Group.1 Group.2  mpg cyl disp  hp drat   wt qsec  vs   am gear carb
1       4       3 21.5   4  120  97 3.70 2.46 20.0 1.0 0.00    3 1.00
2       6       3 19.8   6  242 108 2.92 3.34 19.8 1.0 0.00    3 1.00
3       8       3 15.1   8  358 194 3.12 4.10 17.1 0.0 0.00    3 3.08
4       4       4 26.9   4  103  76 4.11 2.38 19.6 1.0 0.75    4 1.50
5       6       4 19.8   6  164 116 3.91 3.09 17.7 0.5 0.50    4 4.00
6       4       5 28.2   4  108 102 4.10 1.83 16.8 0.5 1.00    5 2.00
7       6       5 19.7   6  145 175 3.62 2.77 15.5 0.0 1.00    5 6.00
8       8       5 15.4   8  326 300 3.88 3.37 14.6 0.0 1.00    5 6.00
```

위 결과에서 Group1은 실린더 개수(4,6,8)를 나타내고 Group2는 기어 개수(3,4,5)를 나타낸다. 예를 들어 4 실린더와 3 기어를 가진 차는 평균 연비가 21.5 이다.

aggregate() 함수를 사용할 때, by 변수는 반드시 리스트 안에 있어야 한다(변수가 하나라도). 리스트 안에서 생기는 집단에 대해 원하는 이름을 붙일 수 있다. 예를 들어, by=list(Group.cyl=cyl, Group.gears=gear)를 사용해서. 지정하는 함수는 내장된 것이든 사용자 함수든 상관없다. 이 것은 집계 명령어에 엄청난 파워를 준다. 그러나 파워라면 reshape 패키지를 당할 자가 없다.

5.6.3 reshape2 패키지

reshape2 패키지는 데이터셋을 재구성하고 집계하는데 대단히 다재다능한 접근방법이다. 이러한 다재다능함 때문에, 배우기가 좀 만만치 않다. 우리는 이 과정을 천천히 밟아 나갈 것이고 어떤 일이 벌어지는지 명확히 알기 위해 작은 데이터셋을 사용할 것이다. reshape2는 R 기본설치판에 없기 때문에 install.packages("reshape2")를 사용해 한 번 설치하여야 한다.

기본적으로 각 행이 고유한 ID변수로 결합되기 위해 여러분은 데이터를 **녹인다(melt)**. 그런 다음, 녹인 데이터를 당신이 원하는 형태로 주조한다. 주조 과정에서 당신은 원하는 어떤 함수로도 데이터를 집계할 수 있다. 당신이 작업할 데이터셋은 표 5.8에 있다.

이 데이터셋에서 측정값은 마지막 두 개 열에 있는 값들(5,6,3,5,6,1,2,4)이다. 각 측정값들은 ID 변수들의 결합(이 경우는 ID와 Time 그리고 측정이 X1인가 X2인가)에

표 5.8 원 데이터셋(mydata)

ID	Time	X1	X2
1	1	5	6
1	2	3	5
2	1	6	1
2	2	2	4

의해 고유하게 식별된다. 예를 들어 첫번째 행에 측정된 값 5는 관측치 ID 1, Time 1 그리고 변수 X1을 앎으로써 고유하게 식별된다.

표 5.9 녹여진 데이터셋

ID	Time	variables	value
1	1	X1	5
1	2	X1	3
2	1	X1	6
2	2	X1	2
1	1	X2	6
1	2	X2	5
2	1	X2	1
2	2	X2	4

• **데이터 녹이기(MELTING)**

데이터셋을 녹인다는 것은, 각각의 측정된 변수가 이 값을 고유하게 식별하는데 필요한 ID 변수들로 자기만의 행안에 있도록 포맷을 재구조화하는 것이다. 아래 코드를 사용하여 표 5.8의 데이터를 녹인다면 표 5.9에 나타난 구조를 얻게 될 것이다.

```
library(reshape2)
md <- melt(mydata, id=c("ID", "Time"))
```

각 측정값을 고유하게 식별하는데 필요한 변수들(ID와 Time)을 지정해야 한다. 그리고 측정 변수 이름(X1 혹은 X2)을 가리키는 변수(variables)는 자동으로 생성된다.

이제 데이터를 녹인 형태로 가지게 되었다. 이것을 `dcast()` 함수를 사용하여 어떤 형태로도 재주조할 수 있다.

• **주조(CASTING)**

`dcast()` 함수는 녹여진 데이터프레임으로 시작해서, 여러분들이 정의하는 공식과 함수를 사용하여 새로운 데이터프레임으로 재구성한다. 여기서 데이터를 집계하는데 사용된 함수를 사용하는 것은 선택사항이다. 포맷은 다음과 같다.

```
newdata <- dcast(md, formula, fun.aggregate)
```

여기서 *md*는 녹여진 데이터(melted data)이고, *formula*는 원하는 최종 결과를 기술한다. 그리고 *fun.aggregate*는 (선택사항인) 집계 함수이다. formular는 아래와 같은 형태를 취한다.

```
rowvar1 + rowvar2 + ... ~ colvar1 + colvar2 + ...
```

이 공식에서 `rowvar1 + rowvar2 + ...`는 행들을 규정하는데 관련되는 변수 셋을 정의하고, `colvar1 + colvar2 + ...`는 열들을 규정하는데 관련되는 변수 셋을 정의한다. 그림 5.1의 사례를 보라.

오른쪽(d,e,f)에 있는 공식들은 함수를 포함하지 않았기 때문에, 데이터가 재구성되었다. 반대로 왼쪽에 있는 사례들(a,b,c)은 집계 함수로 평균을 지정하였다. 따라서 데이터는 재구성되었을 뿐아니라 집계되었다. 사례 c는 Time1과 Time2 변수의 각 관측치에 X1과 X2를 평균화한 평균점수가 있다.

이와 같이, `melt()`와 `dcast()` 함수가 제공하는 유연성은 대단하다. 분석 전에 데이터를 재구성

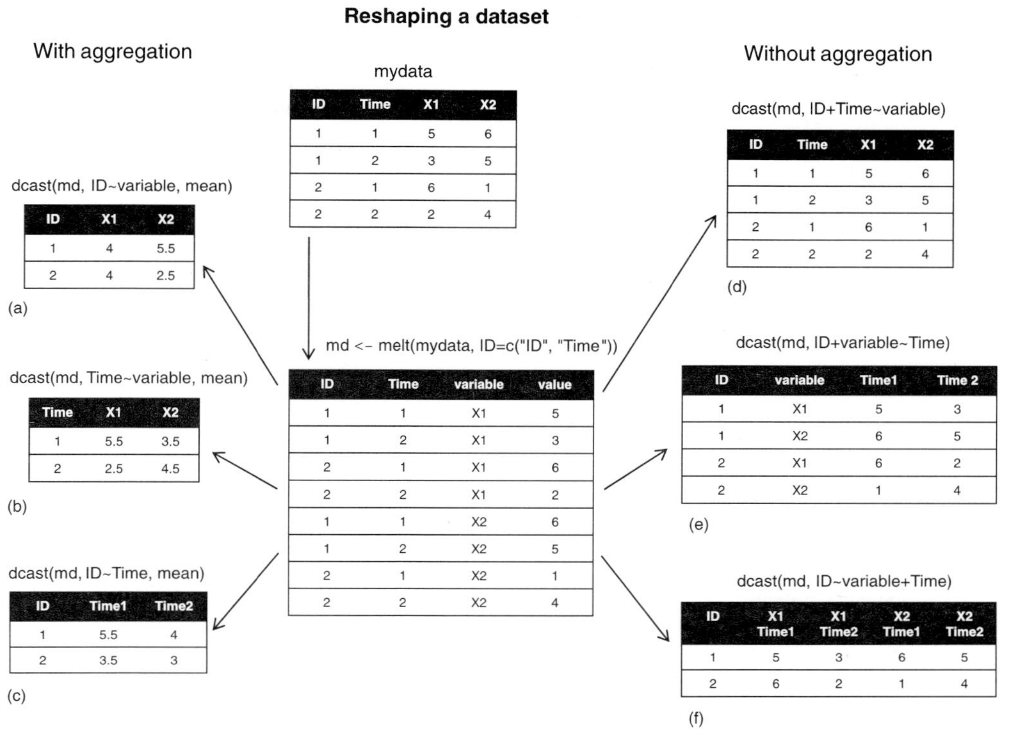

그림 5.1 melt()와 dcast() 함수로 데이터 재구성하기

하거나 집계해야 할 경우가 많다. 예를 들어, 반복-측정(repeated-measures) 데이터를 분석할 때, 데이터를 표 5.9와 유사한 소위 **롱 포맷**(long format)에 넣을 필요가 있다(반복-측정 데이터는 한 관측치에 여러 번의 측정을 기록하는 데이터). 사례는 9.6 절을 보라.

5.7 요약

우리는 이 절에서 데이터 조작에 유용한 많은 수학적, 통계적 함수 그리고 확률 함수들을 검토하였다. 벡터, 행렬, 그리고 데이터프레임을 포함한 광범위한 데이터 객체에 이 함수들을 적용하는 방법을 보았다. 어떤 문장은 반복적으로 실행하고 다른 문장은 특정한 조건이 충족될 때만 수행하게 하기 위해 순환반복과 분기형(branching) 실행흐름 제어구조를 배웠다. 그 다음으로 자신만의 함수를 작성하고 이를 데이터에 적용할 기회를 가졌다.

마지막으로 데이터 집약, 집계, 재구성의 방법을 탐색하였다. 이제 데이터를 구성하는데 필요한 연장들은 모았으므로, 1부와는 작별하고 흥미진진한 데이터 분석의 세계로 들어갈 때다. 앞으로의 장들은 데이터를 정보로 전환시키는데 사용가능한 많은 통계적인 그래프활용 방법들을 탐색하는 것으로 시작할 예정이다.

제 2 부

초급 분석 방법

1부에서 우리는 R 환경을 탐험했다. 그리고 다양한 데이터 원천으로부터 데이터를 입력하고, 결합하고 변형하고, 그리고 추가 분석을 위해 준비하는 방법을 논의하였다. 일단 데이터가 입력되고 정제되면, 그 다음 단계는 전형적으로 변수들을 한 번에 하나씩 탐색하는 것이다. 이것은 여러분에게 각 변수들의 분포에 관한 정보를 제공하는데, 표본의 특징을 이해하고, 기대하지 않았거나, 문제시되는 혹은 문제적인 값을 식별하고, 그리고 적절한 통계 방법을 선택하는데 유용하다. 다음으로 변수들은 전형적으로 한 번에 두 개씩 동시에 연구된다. 이 과정은 변수들 간의 기본적인 관계가 드러나도록 도와주며, 보다 복잡한 모델을 개발하기 위한 유용한 첫 단계이다.

2부는 데이터에 관한 기초 정보를 얻기 위한 그래픽과 통계 기법에 초점을 둔다. 6장은 개별 변수들의 분포를 시각화하는 방법을 설명한다. 범주형 변수일 때, 막대그래프, 파이차트, 그리고 새로운 부채그림 방법들이 있다. 숫자 변수의 경우, 히스토그램, 밀도플롯, 상자그림, 점그림, 그리고 잘 알려지지 않은 바이올 플롯 등이 있다. 그래프의 각 유형은 단일 변수의 분포를 이해하는데 유용하다.

7장은 개별 변수들과 이변량 관계를 요약하는데 필요한 통계 방법을 설명한다. 이 장은 전체 데이터셋 기반과 관심 대상 하위집단 기반의 숫자 변수에 대한 기술통계를 다루는 것으로 시작한다. 다음으로, 범주형 데이터 요약을 위한 빈도표와 교차분석표의 사용을 다룬다. 이 장은 두 변수 간의 관계를 이행하기 위한 기초 추론 방법을 논의하는 것으로 마무리 한다. 이변량 상관관계, 카이제곱 검정, t-검정, 그리고 비모수방법 등이 이에 해당한다.

여러분이 2부를 마치면, 데이터를 기술하고, 집단 차이를 탐색하고, 그리고 변수들간의 유의미한 관계를 식별하는데 사용가능한 R의 기초 그래픽적 통계적 방법을 사용할 수 있을 것이다.

제6장 기초 그래프

이 장에서 다룰 내용은 다음과 같다.

- 막대그림, 상자그림, 그리고 점그림
- 파이차트와 부채그림
- 히스토그램과 커널 밀도그림

데이터를 분석할 때마다, 우리가 해야 할 첫 번째 일은 그것을 살펴보는 것이다. 각 변수에서 가장 공통적인 값은 무엇인가? 얼마나 큰 변동성을 보이는가? 혹시 이상한 관측치가 있는가? R은 데이터의 시각화를 위한 풍부한 함수들을 제공한다. 이 장에서, 우리는 범주형 또는 연속형의 단일 변수를 이해하는데 도움이 되는 그래프들을 살펴볼 것이다. 여기에는 아래의 주제가 포함된다.

- 단일 변수의 분포를 시각화하기
- 단일 결과 변수를 집단별로 비교하기

두 경우 모두에서, 변수는 연속형(예를 들어, 리터 당 거리 같은 자동차 연비)이거나, 범주형 (예를 들어, 없음/ 조금/ 상당함 같은 치료 결과)이다. 뒷 장에서, 우리는 변수들 간의 이변량 또는 다변량 관계를 나타내는 그래프들을 탐색할 것이다.

다음 절들은 막대그림, 파이차트, 부채그림, 히스토그램, 커널밀도그림, 상자그림, 바이올린그림, 그리고 점그림 등을 살펴 본다. 일부는 친숙할 수도 있지만, 새로운 것(예를 들어 부채그림이나 바이올린그림)도 있다. 항상 그렇듯이, 목표는 데이터를 보다 잘 이해하고, 이렇게 이해한 것으로 다른 사람들과 소통하는 것이다. 막대그림으로 시작해 보자.

6.1
막대그림(Bar Plot)

막대그림은 세로나 가로의 막대들을 통하여 범주형 변수의 분포(빈도)를 나타낸다. 가장 단순한 형태로 barplot() 함수의 포맷은 다음과 같다:

```
barplot(height)
```

여기서 *height*는 벡터 내지 행렬이다.

다음 예제에서, 류마티스 관절염의 새로운 치료법에 대한 조사 연구의 결과를 그릴 것이다. 데이터는 vcd 패키지와 함께 배포된 Arthritis 데이터프레임에 담겨있다. 이 패키지는 R에 디폴트로 설치되어 있지 않으므로, 사용하기에 앞서 설치해야 한다(install.packages("vcd")).

vcd 패키지는 막대그림을 만드는데는 필요하지 않다는 것을 유의하자. Arthritis 데이터셋에 접근하기 위하여 이 패키지를 탑재하는 것이다. 하지만 6.1.5절에서 설명할 스피노그램(spinogram)을 만들 때는 vcd 패키지가 필요할 것이다.

6.1.1 단순 막대그림(Simple bar Plot)

height가 벡터라면, 그 값들은 그림 속 막대의 높이를 결정하고, 세로 막대그림 하나가 생산된다. horizon=TRUE 옵션을 넣으면 가로 막대그림이 대신 생산된다. 주석달기 옵션을 더할 수도 있다. main 옵션은 그림의 제목을 붙이고, xlab과 ylab 옵션은 각각 x-축과 y-축의 라벨을 부가한다.

관절염 연구에서, 변수 Improved는 가짜 약 혹은 진짜 약을 받는 개인들의 환자결과를 기록한 것이다.

```
> library(vcd)
> counts <- table(Arthritis$Improved)
> counts

None   Some  Marked
 42     14     28
```

여기서, 28명의 환자들이 상당한 개선을 보였고, 14명이 약간 개선을, 그리고 42명이 전혀 개선을 보이지 않았다는 것을 보게 된다. 셀(cell) 개수 정보를 얻기 위한 table() 함수의 사용에 대해서는 7장에서 더욱 논의할 것이다.

가로 또는 세로 막대그림을 사용하여 counts 객체를 그래프로 그릴 수 있다. 아래 프로그래밍에 코드가 제공되어 있고 결과 그래프들은 그림 6.1에 있다.

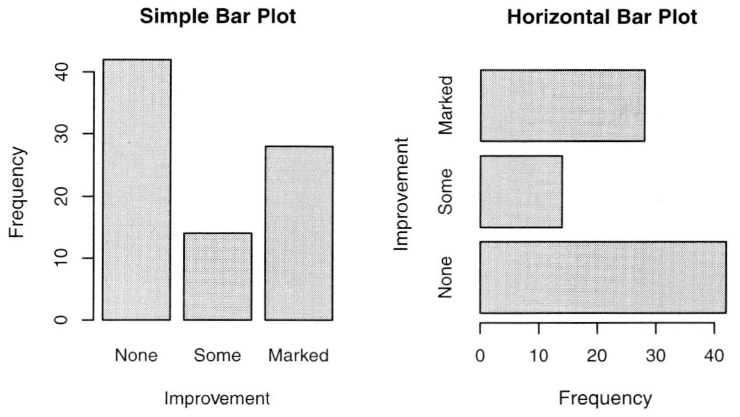

그림 6.1 단순 가로 및 세로 막대그림

프로그래밍 6.1 단순 막대그림

```
barplot(counts,
        main="Simple Bar Plot",
        xlab="Improvement", ylab="Frequency")
barplot(counts,
        main="Horizontal Bar Plot",
        xlab="Frequency", ylab="Improvement",
        horiz=TRUE)
```

Simple bar plot

Horizontal bar plot

◆ 요인 변수로 막대그림 만들기

그림으로 그려질 범주형 변수가 요인 또는 서열 요인이면, plot() 함수로 가로 및 세로 막대그림을 재빨리 만들 수 있다. 왜냐하면 Arthritis$Improved는 요인이기 때문에,

```
plot(Arthritis$Improved, main="Simple Bar Plot",
     xlab="Improved", ylab="Frequency")
plot(Arthritis$Improved, horiz=TRUE, main="Horizontal Bar Plot",
xlab="Frequency", ylab="Improved")
```

이 코드는 table()함수로 값을 표로 만들지 않아도 프로그래밍 6.1의 그림과 같은 결과를 생성할 것이다.

만약 라벨이 길면 어떻게 될까? 6.1.4 섹션에서, 라벨들이 겹치지 않도록 라벨을 어떻게 비트는 지를 보게 될 것이다.

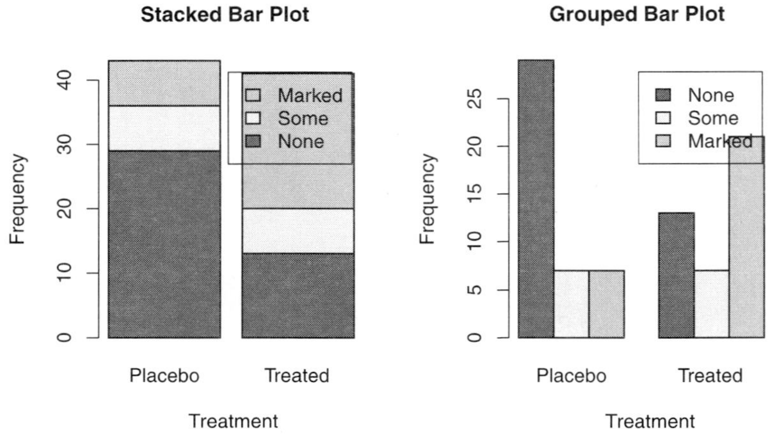

그림 6.2 누적 막대그림과 집단 막대그림

6.1.2 누적 막대그림과 집단화된(묶은) 막대그림(Stacked and grouped bar plots)

만약에 height가 벡터라기보다 행렬이라면, 결과 그래프는 누적 또는 집단화된 막대그림이 될것이다. beside=FALSE(디폴트이다) 이면, 행렬의 각 열은 그림에서 하나의 막대를 만드는데, 이 막대의 값은 누적된 "하위-막대들"의 높이 값이다. beside=TRUE이면, 행렬의 각 열은 집단을 나타내며, 각 열의 값들은 누적되지 않고 나란히 놓인다.

치료유형과 개선상태에 관한 교차표를 고려해보자.

```
> library(vcd)
> counts <- table(Arthritis$Improved, Arthritis$Treatment)
> counts

        Placebo  Treated
None         29       13
Some          7        7
Marked        7       21
```

이 결과를 누적 막대그림이나 집단화된 막대그림으로 그릴 수 있다(아래의 프로그래밍을 보라). 결과 그래프는 그림 6.2에 게시되어 있다.

프로그래밍 6.2 누적 또는 집단화된 막대그림

```
barplot(counts,
     main="Stacked Bar Plot",
     xlab="Treatment", ylab="Frequency",
     col=c("red", "yellow","green"),
     legend=rownames(counts))
```

Stacked bar plot

```
barplot(counts,
     main="Grouped Bar Plot",
     xlab="Treatment", ylab="Frequency",
     col=c("red", "yellow", "green"),
     legend=rownames(counts), beside=TRUE)
```

Grouped bar plot

첫 번째 barplot() 함수는 누적 막대그림을 만들고, 두 번째는 집단화된 막대그림을 생산한다. 아울러 막대에 색깔을 입히기 위해 col 옵션을 추가하였다. legend.text 파라미터는 범례로 막대 라벨을 제공한다(이는 height가 행렬인 경우에 한해서 유용하다).

3장에서 우리는 범례를 가장 잘 포맷하고 자리잡는 방법을 다루었다. 막대와 겹치지 않도록 범례를 재배열할 수 있는지 보라.

6.1.3 평균 막대그림(Mean bar plots)

막대그림이 사례 수나 빈도값에만 기반할 필요는 없다. 집계 함수를 사용하고 그 결과를 barplot() 함수로 보냄으로써 평균, 중앙값, 표준편차 등을 나타내는 막대그림을 만들 수 있다. 아래의 프로그래밍은 그러한 사례를 보여준다. 결과는 그림 6.3에 게시되어 있다.

프로그래밍 6.3 정렬된 평균 값에 대한 막대그림

```
> states <- data.frame(state.region, state.x77)
> means <- aggregate(states$Illiteracy, by=list(state.region), FUN=mean)
> means
        Group.1    x
1     Northeast 1.00
2         South 1.74
3 North Central 0.70
4          West 1.02
> means <- means[order(means$x),]
> means
        Group.1    x
3 North Central 0.70
1     Northeast 1.00
4          West 1.02
2         South 1.74
> barplot(means$x, names.arg=means$Group.1)
> title("Mean Illiteracy Rate")
```

❶ Sorts means, smallest to largest

❷ Adds title

프로그래밍 6.3은 평균을 가장 작은 것에서 가장 큰 것 순서로 정렬한다❶. 또 title() 함수를 사용하는 것은❷ 플롯 호출에서 main 옵션을 추가하는 것과 동등하다는 것을 알아두라. means$x는 막대들의 높이를 보유하고 있는 벡터이며, 라벨을 붙이기 위해 names.arg=means$Group.1 옵션이 추가되었다.

이 사례를 더 진전시킬 수 있다. lines() 함수를 사용하여 막대들을 직선 조각으로 연결할 수 있다. 또 gplots 패키지의 barplot2() 함수를 사용하여 신뢰 구간을 덧씌운 평균 막대그림을 만들 수도 있다. 예시는 help(barplot2)를 보라.

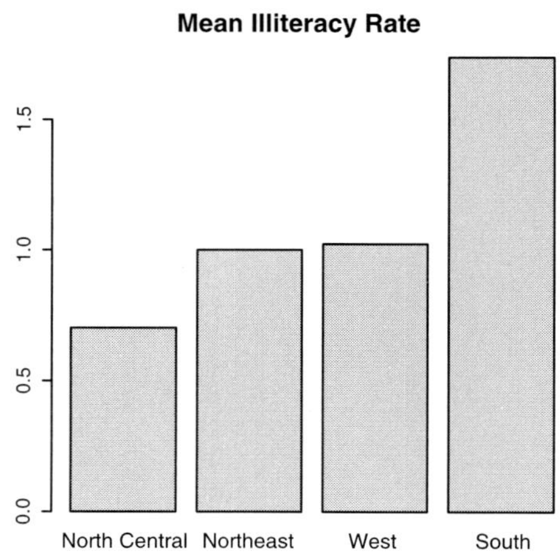

그림 6.3 비율로 정렬된 미국 지역별 평균 문맹율에 관한 막대그림

6.1.4 막대그림 비틀기

막대그림의 모양을 변경하는 방법은 여러 가지다. 예를 들어, 막대가 너무 많아서 막대 라벨이 처음부터 겹칠 수 있다. cex.names 옵션을 써서 폰트 크기를 줄일 수 있다. 1보다 작은 값을 지정하면 라벨의 크기는 줄 것이다. 선택사항으로, names.arg 인자는 막대들의 라벨 이름들로 문자 벡터를 지정하게 해준다. 또 텍스트 공간지정을 돕기 위하여 그래픽 파라미터들을 사용할 수 있다. 다음의 프로그래밍에 예시가 있고, 결과는 그림 6.4에 게시되어 있다.

프로그래밍 6.4 막대그림의 라벨 짜 맞추기

```
par(mar=c(5,8,4,2))                          # Increases the size of the y margin
par(las=2)
counts <- table(Arthritis$Improved)          # Rotates the FL bar labels
barplot(counts,
        main="Treatment Outcome",
        horiz=TRUE,
        cex.names=0.8,                       # Decreases the font size in order to fit the labels comfortably
    names.arg=c("No Improvement", "Some Improvement",
                "Marked Improvement"))       # Changes the label text
```

par() 함수로 R이 사전 지정된 그래프에 진전된 수정을 할 수 있다. 보다 자세한 내용은 3장을 보라.

6.1.5 스피노그램(Spinograms)

막대그림에 관한 논의를 끝내기 전에, **스피노그램(spinogram)**이라는 특수 버전을 살펴보자. 스피노그램에서, 누적된 막대그림은 각 막대의 높이를 1로 재설정하고 하위 막대의 높이는 비율로 나타낸

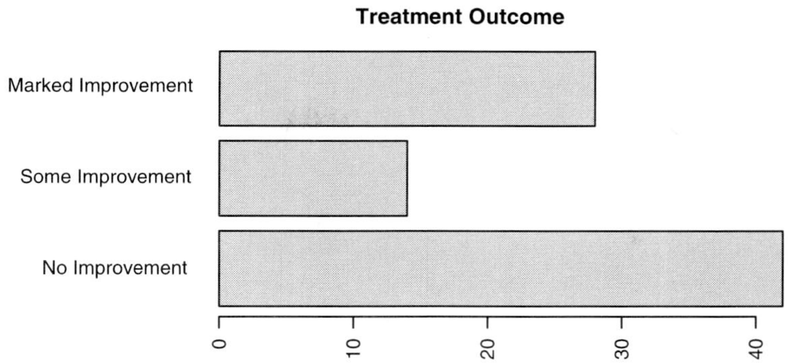

그림 6.4 비튼 라벨이 있는 가로 막대그림

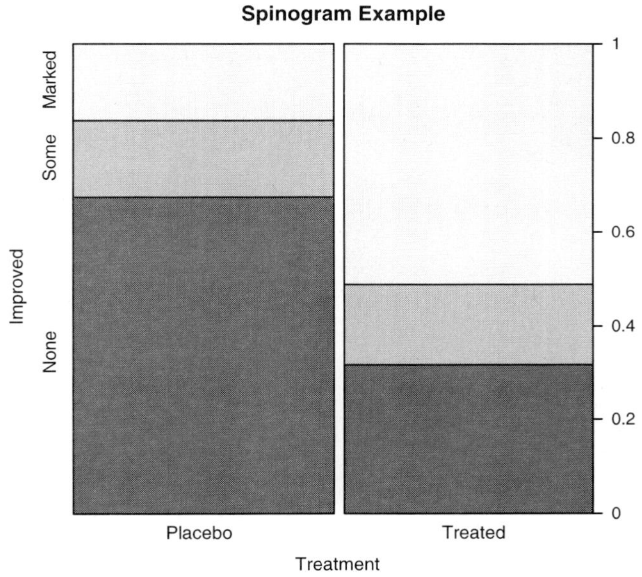

그림 6.5 관절염 치료 결과에 대한 스피노그램

다. 스피노그램은 vcd 패키지의 spine() 함수를 통하여 생성된다. 다음의 코드는 단순 스피노그램을 생산한다:

```
library(vcd)
attach(Arthritis)
counts <- table(Treatment, Improved)
spine(counts, main="Spinogram Example")
detach(Arthritis)
```

결과는 그림 6.5에 있다. 가짜약 조건과 비교할 때, 진짜약으로 치료한 조건에서 상당한 개선을 이룬 환자의 비율이 더 크다는 것은 분명하다.

막대그림과 더불어 파이차트는 범주형 변수의 분포를 보여주는데 많이 쓰는 수단이다. 다음으로 파

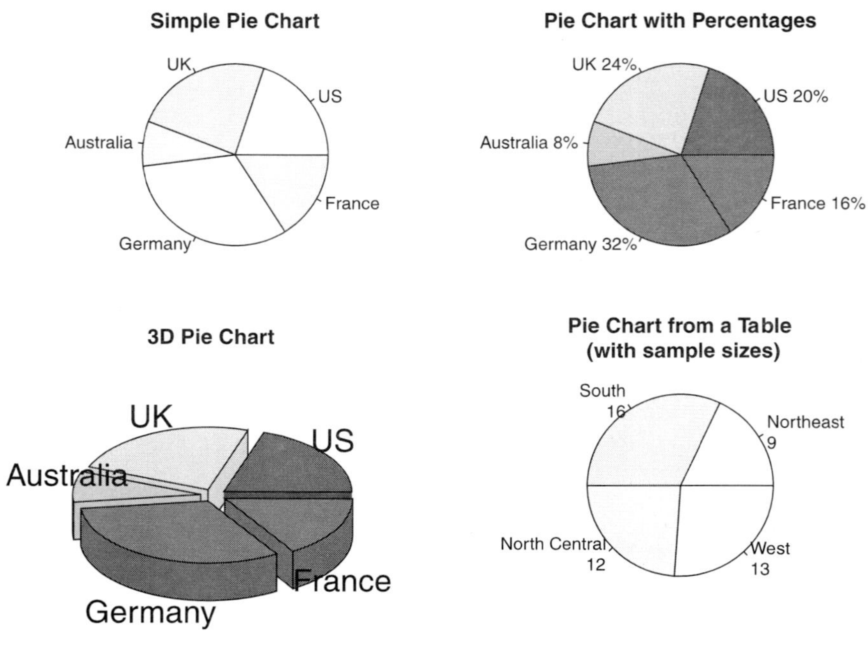

그림 6.6 파이 차트 사례들

이차트를 검토할 것이다.

6.2 파이차트

파이차트는 업계에서는 보편적인 반면, R 문서 저자들을 포함하여 대부분의 통계학자들은 파이차트를 폄하한다. 그들은 파이차트보다 막대나 점그림을 추천하는데, 사람들은 용적보다 길이를 보다 더 정확하게 판단할 수 있기 때문이다. 아마도 이러한 이유 때문에, 다른 통계 소프트웨어와 비교해 보면 R의 파이차트 옵션들은 제한적이다.

파이차트는 다음의 함수로 생성된다.

```
pie(x, labels)
```

여기서 *x*는 각 조각의 면적을 가리키는 비음수의 숫자 벡터이고, *labels*는 조각들 라벨을 가리키는 문자 벡터를 제공한다. 4개의 예제가 다음의 프로그래밍에 있다. 결과 그림은 그림 6.6이다.

프로그래밍 6.5 파이차트

```
par(mfrow=c(2, 2))
slices <- c(10, 12,4, 16, 8)
lbls <- c("US", "UK", "Australia", "Germany", "France")
pie(slices, labels = lbls,
    main="Simple Pie Chart")

pct <- round(slices/sum(slices)*100)
lbls2 <- paste(lbls, " ", pct, "%", sep="")
pie(slices, labels=lbls2, col=rainbow(length(lbls2)),
    main="Pie Chart with Percentages")
library(plotrix)
pie3D(slices, labels=lbls,explode=0.1,
      main="3D Pie Chart ")
mytable <- table(state.region)
lbls3 <- paste(names(mytable), "\n", mytable, sep="")
pie(mytable, labels = lbls3,
    main="Pie Chart from a Table\n (with sample sizes)")
```

❶ Combines four graphs into one

❷ Adds percentages to the pie chart

❸ Creates a chart from the table

먼저 4개의 그래프가 하나로 결합하도록 전체 그림을 설정한다❶. (다수의 그래프들을 결합하는 것은 3장에서 다룬다). 다음으로 앞의 3개 그래프에 사용될 데이터를 투입한다.

두 번째 파이차트를 위하여❷ 표본의 크기를 백분율로 변환하고 조각 라벨에 이 정보를 첨가한다. 또한 두 번째 파이차트는 3장에서 기술한 `rainbow()` 함수를 사용하여 조각의 색깔들을 지정한다. 여기서 `rainbow(length(lbls2))`는 `rainbow(5)`로 번역되어 그래프에 5개 색깔을 제공한다.

세 번째 파이차트는 plotrix 패키지의 `pie3D()` 함수를 사용하여 생성된 3D 차트다. 이 패키지를 처음으로 사용한다면, 먼저 내려받아 설치해야함을 명심하자. 통계학자가 파이차트를 싫어한다면, 그들은 분명히 3D 파이차트도 경멸할 것이다(3D 파이 차트가 예쁘다는 것을 남몰래 안다 하더라도). 이것은 3D 효과가 데이터에 추가적인 통찰력을 더해 주지 않으면서 눈만 홀리는 것으로 여겨지기 때문이다.

네 번째 파이차트는 어떻게 표로부터 차트를 만들어내는지를 사례로 보여준다❸. 이 사례에서는 미국 지역별로 주의 개수를 세고 그림을 만들기 전에 지역 라벨에 이 정보를 붙인다

파이차트에서 조각들의 값을 비교하기 힘들다(값들이 라벨에 붙어있더라도). 예를 들어, 단순 파이차트를 볼 때, 미국이 독일과 비교해서 어떻다고 말할 수 있을까?(만약 여러분이 말할 수 있다면, 나보다 더 지각력이 좋다.) 이 상황을 개선하기 위한 시도로, **부채그림**(fan plot)이라는 파이차트의 변형이 개발되었다. 부채그림(Lemon & Tyagi, 2009)은 상대적인 양과 차이 둘 다 제시하고 있다. R에서 이것은 `plotrix` 패키지의 `fan.plot()` 함수를 통해 구현된다.

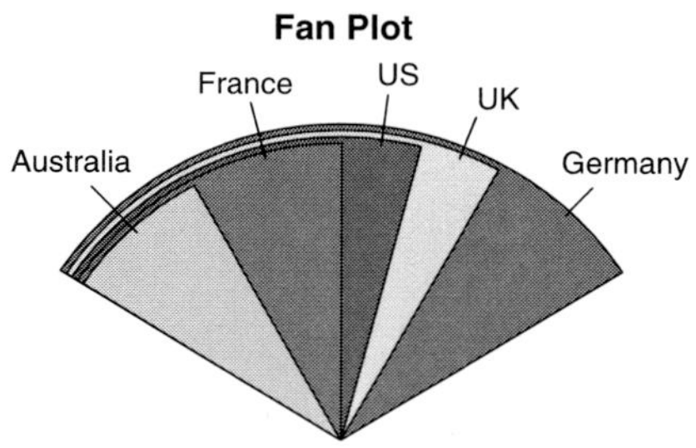

그림 6.7 국가 데이터에 관한 부채그림(Fan Plot)

다음의 코드와 결과 그래프 (그림 6.7)를 검토하라.

```
> library(plotrix)
> slices <- c(10, 12, 4, 16, 8)
> lbls <- c("US", "UK", "Australia", "Germany", "France")
> fan.plot(slices, labels = lbls, main="Fan Plot")
```

부채그림에서, 조각들은 서로 중첩되도록 재배열되며, 각 조각이 보이도록 조각의 반지름들이 다르게 조정된다. 여기서 독일이 가장 큰 조각이고, 미국은 대략 60% 정도라는 걸 알 수 있다. 프랑스는 독일의 절반, 호주의 두 배로 보인다. 여기서 중요한 것은 반경이 아니라 조각의 폭이라는 것을 기억하라.

이와 같이, 조각의 상대 크기의 판단에 파이차트보다 부채그림이 훨씬 용이하다. 부채그림은 아직 유행하지 않은 새로운 것이다.

이제 파이 차트와 부채그림을 다루었으니, 히스토그램으로 이동하자. 막대그림과 파이 차트와 달리, 히스토그램은 연속형 변수의 분포를 기술한다.

6.3 히스토그램

히스토그램은 연속형 변수의 분포를 보여주는데, X축은 점수의 범위를 지정한 개수 만큼의 구간으로 나누고, Y축은 각 구간별 점수의 빈도를 나타낸다. 아래 함수로 히스토그램을 만들 수 있다.

```
hist(x)
```

여기서 *x*는 값들이 있는 수치형 벡터이다. `freq=FALSE` 옵션을 주면 빈도가 아니라 확률 밀도에 기초하여 그림을 만든다. `breaks` 옵션은 구간의 개수를 통제한다. 히스트그램의 셀을 기본설정으로 하면, 각 셀들은 동일한 공간으로 나누어진다. 아래 프로그래밍은 4개의 서로 다른 히스토그램을 생성하는 코드이고, 그 결과는 그림 6.8에 있다.

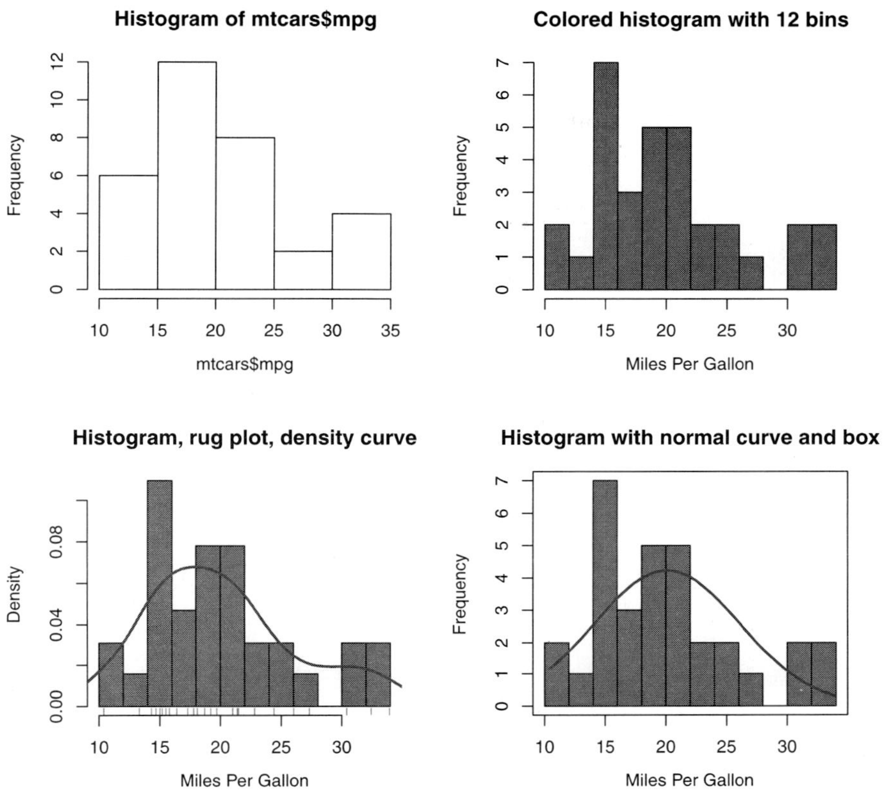

그림 6.8 히스토그램 사례들

프로그래밍 6.6 히스토그램

```
par(mfrow=c(2,2))

hist(mtcars$mpg)

hist(mtcars$mpg,
     breaks=12,
     col="red",
     xlab="Miles Per Gallon",
     main="Colored histogram with 12 bins")

hist(mtcars$mpg,
     freq=FALSE,
     breaks=12,
     col="red",
     xlab="Miles Per Gallon",
     main="Histogram, rug plot, density curve")
rug(jitter(mtcars$mpg))
lines(density(mtcars$mpg), col="blue", lwd=2)
```

❶ Simple histogram

❷ With specified bins and color

❸ With a rug plot

```
x <- mtcars$mpg
h<-hist(x,
        breaks=12,
        col="red",
        xlab="Miles Per Gallon",
        main="Histogram with normal curve and box")
xfit<-seq(min(x), max(x), length=40)
yfit<-dnorm(xfit, mean=mean(x), sd=sd(x))
yfit <- yfit*diff(h$mids[1:2])*length(x)
lines(xfit, yfit, col="blue", lwd=2)
box()
```

❹ With a normal curve and frame

첫 히스토그램은❶ 옵션이 하나도 지정되지 않은 디폴트로 설정된 그림을 보여준다. 이 경우, 다섯 구간이 생성되며, 디폴트의 축 라벨과 제목이 인쇄된다. 두 번째 히스토그램은 ❷ 12개의 구간, 붉은 색 막대, 그리고 보다 매력적이고 정보가 풍부한 라벨과 제목을 지정했다.

세 번째 히스토그램은❸ 앞의 그림과 동일한 색깔, 구간, 라벨, 그리고 제목들을 유지하지만, 밀도곡선과 깔개그림(rug-plot)을 추가로 덧씌운다. 밀도곡선은 커널 밀도 계수인데 다음 절에서 설명한다. 밀도곡선은 점수 분포를 더 부드럽게 묘사한다. lines() 함수를 사용하여 기본설정보다 두배 두꺼운 푸른 색 선의 곡선을 덧씌운다. 마지막으로, 깔개그림은 실제 데이터 값을 일차원적으로 표현한 것이다. 만약 동점이 많다면, 다음과 같은 코드를 사용하여 깔개 그림 위에서 이 데이터들을 흐트러지게 할 수 있다.

```
rug(jitter(mtcars$mpg, amount=0.01))
```

점들이 겹치는 것을 피하기 위해, 각 데이터에 작은 무작위 값(±amount 사이의 균일 무작위 변량)을 첨가한다.

네 번째 히스토그램은❹ 두 번째와 유사하지만 정규곡선(normal curve)을 덧붙이고, 그림을 박스로 둘러 치고 있다. 정규곡선을 덧붙이는 코드는 Peter Dalgaard가 R-help 메일링 리스트에 붙인 제안에서 생겨났다. 박스치기는 box() 함수로 만들어진다.

6.4 커널밀도그림(Kernel density plots)

앞 절에서, 히스토그램에 덧씌워진 커널밀도그림을 보았다. 기술적으로, 커널밀도 추정은 무작위 변수의 확률 밀도 함수를 추정하기 위한 비모수 방법이다. 비록 수학적 공식은 이 책의 범위를 뛰어넘지만, 일반적으로 커널밀도그림은 연속형 변수의 분포를 보는데 효과적인 방법이 될 수 있다. 밀도그림의 포맷은(이것은 다른 그래프 위에 덧붙이는 것이 아니다) 다음과 같다.

```
plot(density(x))
```

여기서 x는 숫자 벡터이다. plot() 함수가 새로운 그래프를 시작하기 때문에, 기존 그래프 위에 밀도 곡선을 덧씌울 때는 lines() 함수 (프로그래밍 6.6)를 사용하라. 두 개의 커널밀도 예제가 아래 프로그래밍에서 주어지고, 그림 6.9에 결과가 그려져 있다.

프로그래밍 6.7 커널밀도그림

```
par(mfrow=c(2,1))
d <- density(mtcars$mpg)

plot(d)                      # Creates the minimal graph with all the defaults in place

d <- density(mtcars$mpg)
plot(d, main="Kernel Density of Miles Per Gallon")     # Adds a title
polygon(d, col="red", border="blue")   # Colors the curve blue and fills the area under the curve with solid red
rug(mtcars$mpg, col="brown")           # Adds a brown rug
```

polygon() 함수는 각 꼭지점이 x와 y인 다각형을 그린다. 이 경우에는 density() 함수가 이 값들을 제공한다.

커널밀도그림은 집단들을 비교하는데 사용될 수 있다. 이러한 접근은 크게 활용되지 않았는데, 아마도 쉽게 접근할 수 있는 소프트웨어의 전반적인 부족에 기인한 것 같다. 다행스럽게도, sm 패키지는 이 간극을 멋지게 채워준다.

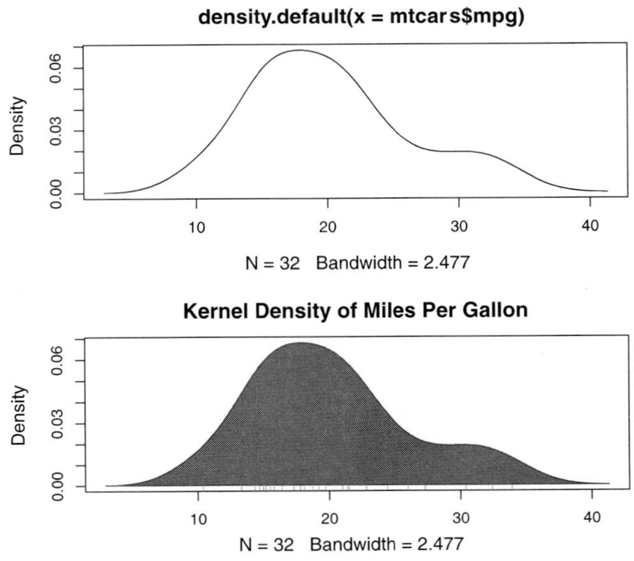

그림 6.9 커널 밀도 플롯

sm 패키지의 sm.density.compare() 함수는 두 개 이상의 집단들의 커널밀도그림을 덧씌울 수 있게 한다. 포맷은 다음과 같다.

sm.density.compare(*x*, *factor*)

여기서 *x*는 숫자 벡터이며 *factor*는 집단화 변수이다. 처음 사용하기에 앞서 sm 패키지를 설치하는 것을 명심하라. 4개, 6개, 그리고 8개의 실린더를 가진 차들의 연비(mpg)를 비교하는 예제가 아래 프로그래밍에 제공된다.

프로그래밍 6.8 비교 커널밀도그림

```
library(sm)
attach(mtcars)

cyl.f <- factor(cyl, levels= c(4,6,8),
                labels = c("4 cylinder", "6 cylinder",
                           "8 cylinder"))                  ❶ Creates a grouping factor

sm.density.compare(mpg, cyl, xlab="Miles Per Gallon")      ❷ Plots the densities
title(main="MPG Distribution by Car Cylinders")

colfill<-c(2:(1+length(levels(cyl.f))))                    ❸ Adds a legend via mouse click
legend(locator(1), levels(cyl.f), fill=colfill)

detach(mtcars)
```

먼저, sm 패키지를 탑재하고 mtcars 데이터프레임을 첨부한다. mtcars 데이터프레임에서❶ 변수 cyl은 4, 6, 8로 코딩된 수치형 변수이다. cyl은 그림에 값 라벨을 주기 위해 cyl.f라는 요인으로 변환된다. sm.density.compare() 함수는 그림을 생성하고❷, title() 프로그램문은 주제목을 첨가한다.

마지막으로, 해석력을 높이기 위하여 범례를 추가한다❸. (범례는 3장에서 다루었다.) 색깔의 벡터가 생성된다; 여기서, colfill은 c(2, 3, 4)이다. 다음으로 범례는 legend() 함

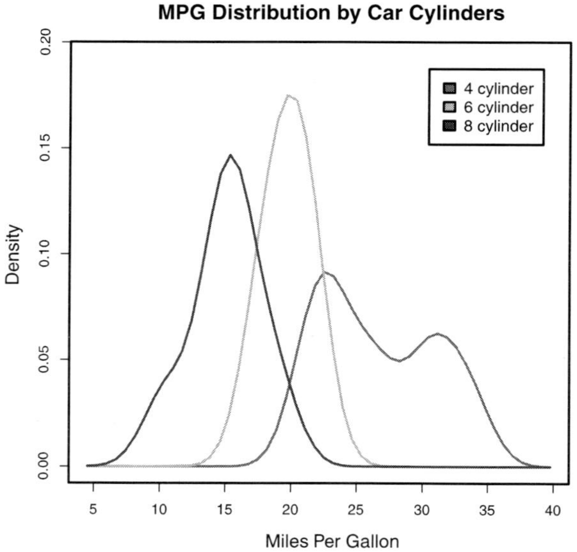

그림 6.10 실린더 갯수에 따른 연비의 커널밀도그림

수로 그림에 추가된다. locator(1) 옵션은 범례가 나타날 곳을 그래프상의 클릭을 통해 대화형으로 배치할 수 있음을 가리킨다. 두 번째 옵션은 라벨을 위한 문자 벡터를 제공한다. 세 번째 옵션은 cyl.f의 각 레벨에 colfill 벡터의 색깔을 할당한다. 결과는 그림 6.10에 제시된다.

커널밀도그림의 중첩은 관찰 집단들을 결과 변수상에서 비교하는 강력한 방법이 될 수 있다. 여기서 각 집단의 점수 분포의 모양과 집단들간의 중첩량을 동시에 볼 수 있다(이것의 교훈은 다음과 같다. 나의 다음 자동차는 4개의 실린더-또는 (전기차) 배터리를 가질 것이다).

상자그림 또한 집단들 간의 분포와 차이를 시각화하는데 멋진(그리고 더욱 보편적으로 사용되는) 그래픽적 접근이다. 다음으로 이를 논의할 것이다.

6.5 상자그림

상자와 수염그림(a box-and-whiskers plot)은 다섯 개의 요약 정보를 그림으로 그려서 연속형 변수의 분포를 기술한다: 최소값, 하위 사분위수(25%), 중앙값(50%), 상위 사분위수(75%) 및 최대값. 아울러 이상치로 보이는 관측치를 나타낼 수 있다(이상치는 ±1.5*IQR 범위 바깥의 값인데, 여기서 IQR은 사분위 범위(inter-quartile range)이고 상위 사분위수에서 하위 사분위수를 뺀 것으로 정의된다). 예를 들어서, 이 프로그램문은 그림 6.11에서 보이는 그림을 생산한다.

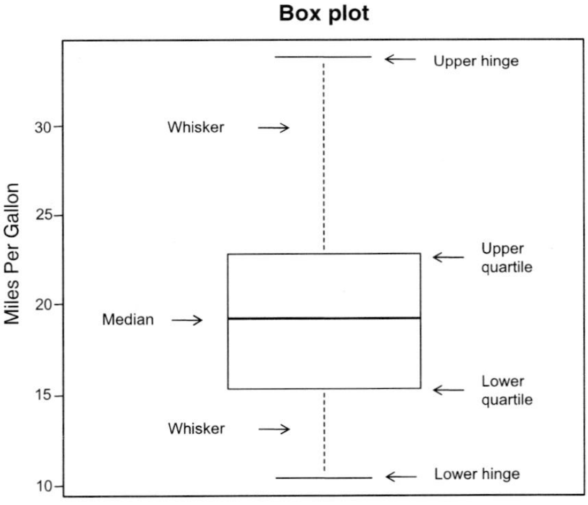

그림 6.11 손으로 주석을 단 상자그림

```
boxplot(mtcars$mpg, main="Box plot", ylab="Miles per Gallon")
```

나는 요소들을 설명하기 위하여 손으로 주석들을 추가하였다.

디폴트로, 각 수염(whisker)은 가장 극단적 데이터 지점까지 확장하는데, 이 지점은 상자에서 IQR(interquartile range)의 1.5배를 넘지 않는다. 이 범위 바깥의 값들은 점으로 그려진다(이 그림에서는 보이지 않는다).

예를 들어 자동차 사례에서, mpg의 중앙값은 19.2, 즉 점수들의 50%는 15.3과 22.8 사이에 있고, 최소값은 10.4, 최대값은 33.9이다. 그래프로부터 어떻게 이것들을 정확하게 알 수 있는가? 사실은 boxplot.stats(mtcars$mpg)를 실행하면 그래프 작성에 사용된 통계치를 보여준다. 이상치는 없고, 약한 양적 치우침(하위 수염보다 상위 수염이 더 길다)이 있다.

6.5.1 집단비교를 위해 병렬 상자그림(Parallel box plots) 사용하기

상자그림은 개별 변수에 대해 또는 집단별로 변수들에 대해 만들어질 수 있다. 포맷은 다음과 같다:

```
boxplot(formula, data=dataframe)
```

여기서 *formula*는 공식이며, *dataframe*은 데이터를 제공하는 데이터프레임 (또는 리스트)을 나타낸다. 공식의 한 사례로 y~A가 있다. 여기서 숫자 변수y에 대한 별도의 상자그림이 범주형 변수 A의 각 값별로 생성된다. 공식 y~A*B 는 숫자 변수 y의 상자그림들을 범주형 변수 A, B에 있는 레벨들의 각 조합별로 그림을 생산할 것이다.

varwidth=TRUE 옵션을 추가하면 상자그림의 너비를 각 집단의 표본 크기의 제곱근 비율에 따라 조정해 준다. 축 방향을 반대로 하려면 horizontal=TRUE를 추가하라.

아래의 코드는 병렬 상자그림으로 자동차 연비에 대한 실린더 네 개, 여섯 개, 그리고 여덟 개의 영향력을 다시 알아본다. 상자그림은 그림 6.12에 있다.

```
boxplot(mpg ~ cyl, data=mtcars,
        main="Car Mileage Data",
        xlab="Number of Cylinders",
        ylab="Miles Per Gallon")
```

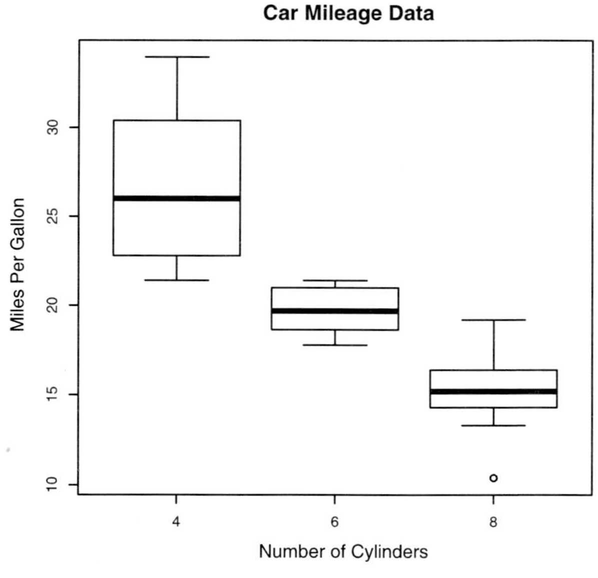

그림 6.12 연비 vs. 실린더 수의 상자그림

그림 6.12을 통해 연비에 기반하여 좋은 집단 분류법이 있음을 알 수 있다. 또한 6실린더 자동차의 연비 분포가 다른 두 유형의 그것보다 훨씬 대칭적임을 볼 수 있다. 6 및 8실린더 자동차와 비교해볼 때, 4실린더 자동차는 연비점수가 가장 크게 퍼져 있다(또 양적으로 치우쳐 있다). 그리고 8실린더 집단에는 이상치도 하나 있다.

상자그림은 용도가 매우 다양하다. notch=TRUE를 추가하면, 톱니(notched) 상자그림을 갖는다. 만약 두 상자들의 톱니가 겹치지 않으면, 이들의 중앙값은 다르다는 강한 증거가 있는 것이다 (Chambers et al. 1983, p.62). 다음의 코드는 연비 예제에 대해 톱니 상자그림을 생성한다.

```
boxplot(mpg ~ cyl, data=mtcars,
        notch=TRUE,
        varwidth=TRUE,
        col="red",
        main="Car Mileage Data",
        xlab="Number of Cylinders",
        ylab="Miles Per Gallon")
```

col 옵션은 상자그림을 붉은색으로 채우고, varwidth=TRUE는 표본 크기의 비율에 따르는 너비를 가진 상자그림을 만든다.

그림 6.13에서 4, 6, 8 실린더 자동차별로 자동차 연비의 중앙값이 다르다는 것을 알 수 있다. 마일리지(연비)는 분명히 실린더 개수와 더불어 감소한다.

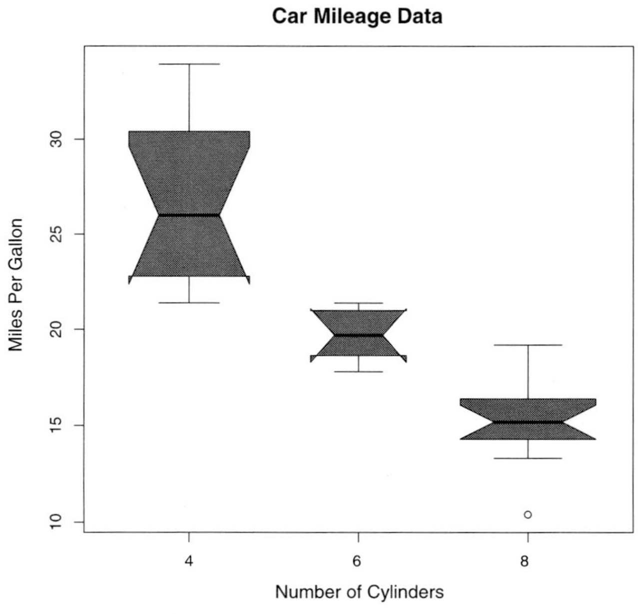

그림 6.13 자동차 연비 vs. 실린더 수에 대한 톱니 상자그림

마지막으로, 2개 이상의 집단화 요인에 대해서도 상자그림을 생산할 수 있다. 프로그래밍 6.9는 연비 vs. 실린더 개수 및 변속기 유형에 대한 상자그림을 제공한다 (그림 6.14를 보라). 다시, 상자그림을 색으로 채우기 위하여 col 옵션을 사용한다. 색깔은 재순환한다는 것을 알아두라. 이 경우에는 상자는 6개이고 지정된 색깔은 2개이므로 색깔들이 세 번 반복된다.

프로그래밍 6.9 두 개의 요인 교차에 대한 상자그림

```
mtcars$cyl.f <- factor(mtcars$cyl,
                       levels=c(4,6,8),
                       labels=c("4","6","8"))
```

Creates a factor for the number of cylinders

```
mtcars$am.f <- factor(mtcars$am,
                      levels=c(0,1),
                      labels=c("auto", "standard"))
```

Creates a factor for transmission type

```
boxplot(mpg ~ am.f *cyl.f,
       data=mtcars,
       varwidth=TRUE,
       col=c("gold","darkgreen"),
       main="MPG Distribution by Auto Type",
       xlab="Auto Type", ylab="Miles Per Gallon")
```

Generates the box plot

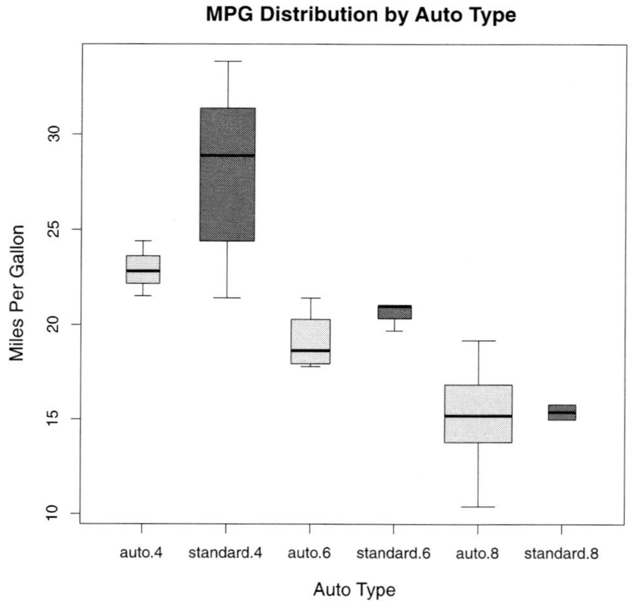

그림 6.14 자동차 연비 vs. 변속기 유형과 실린더 개수에 대한 상자그림

그림 6.14에서, 실린더 개수와 더불어 마일리지(연비) 중앙값은 감소한다는 것이 다시 분명해진다. 4실린더와 6실린더 자동차에서는 수동 변속기에서 연비가 더 높다. 그러나 8실린더 자동차에서는 차이가 나타나지 않는다. 또 상자그림의 너비를 통해 4-실린더 수동 자동차와 8실린더 오토 자동차가 이 데이터셋에서 가장 흔한다는 것을 알 수 있다.

6.5.2 바이올린그림(Violin plots)

상자그림의 논의를 끝내기 전에, 바이올린그림이라 불리는 변종 하나를 살펴볼 만하다. 바이올린그림은 상자그림과 커널밀도그림의 결합이다. `vioplot` 패키지의 `vioplot()` 함수를 사용하여 이를 생성할 수 있다. 처음 사용하기 전에 `vioplot` 패키지를 설치했는지 확인하라.

`vioplot()`의 포맷은 다음과 같다.

```
vioplot(x1, x2, ... , names=, col=)
```

여기서 *x1, x2 ...* 는 그려질 하나 이상의 숫자 벡터를 나타낸다(벡터별로 하나의 바이올린그림이 만들어진다). *names* 파라미터는 바이올린그림에 쓸 라벨들의 문자 벡터를 제공하고, `col`은 각 바이올린그림에 색깔을 지정하는 벡터이다. 다음 프로그래밍에 예제가 있다.

프로그래밍 6.10 바이올린그림

```
library(vioplot)
x1 <- mtcars$mpg[mtcars$cyl==4]
x2 <- mtcars$mpg[mtcars$cyl==6]
x3 <- mtcars$mpg[mtcars$cyl==8]
vioplot(x1, x2, x3,
        names=c("4 cyl", "6 cyl", "8 cyl"),
        col="gold")
title("Violin Plots of Miles Per Gallon", ylab="Miles Per Gallon",
      xlab="Number of Cylinders")
```

`vioplot()` 함수는 그려질 집단들을 별도의 변수로 분리할 것을 요구한다. 결과는 그림 6.15에서 게시되어 있다.

바이올린그림은 기본적으로 커널밀도그림인데, 이는 상자그림 위에 커널밀도그림을 거울-이미지 방식으로 겹쳐놓은 것이다. 여기서, 하얀 색 점은 중앙값이며, 검은 상자는 하위와 상위 사분위수의 범위를 가지며, 가는 검정 선들은 수염들을 나타낸다. 외부의 형태는 커널밀도그림을 제공한다. 바이올린그림은 정말로 아직 알려지지 않았다. 이것 또한 쉽게 접근할 수 있는 소프트웨어의 부족에 기인한 것일 수 있다. 시간이 말해줄 것이다.

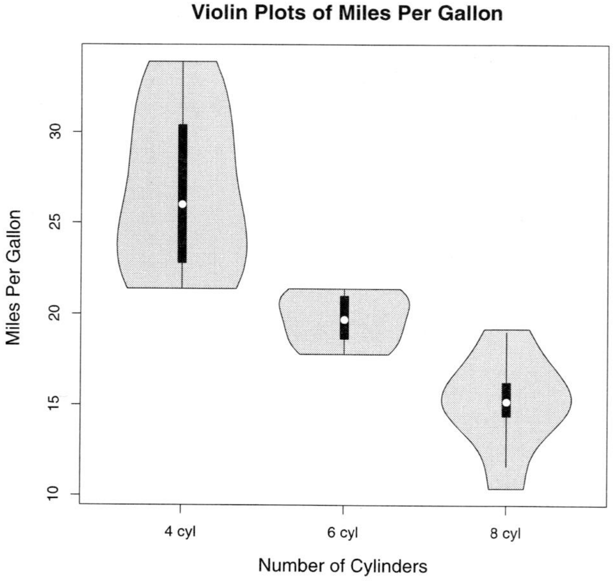

그림 6.15 연비 vs. 실린더 개수의 바이올린그림

점그림을 살펴보고 이 장을 끝낼 것이다. 앞서 본 그래프들과 달리, 점그림은 변수의 모든 값을 그린다.

6.6 점그림(Dot plots)

점그림은 단순한 가로 척도 위에 많은 라벨을 가진 값들을 그림으로 그리는 방법을 제공한다. `dotchart()` 함수로 이를 만드는데 포맷은 다음과 같다.

```
dotchart(x, labels=)
```

여기서 *x*는 숫자 벡터이며, *labels*는 각 포인트에 붙일 라벨의 벡터를 지정한다. `groups` 옵션을 추가하여 x의 요소들의 집단화 방법을 정하는 요인을 지정할 수 있다. 그렇게 하면, `gcolor` 옵션은 집단 라벨의 색깔을 통제하며, `cex`는 이름표의 크기를 통제한다. 여기에 `mtcars` 데이터셋을 활용한 예제가 있다.

```
dotchart(mtcars$mpg, labels=row.names(mtcars), cex=.7,
         main="Gas Mileage for Car Models",
         xlab="Miles Per Gallon")
```

결과 그림은 그림 6.16이다. 이 그래프로 개별 자동차의 연비를 같은 가로축 상에서 볼 수 있다. 점그림들이 정렬되고 집단화 요인들이 기호와 색깔로 구분될 때, 점그림은 가장 흥미롭다. 다음 프로그래밍에 예제가 있고 결과 그림은 그림 6.17이다.

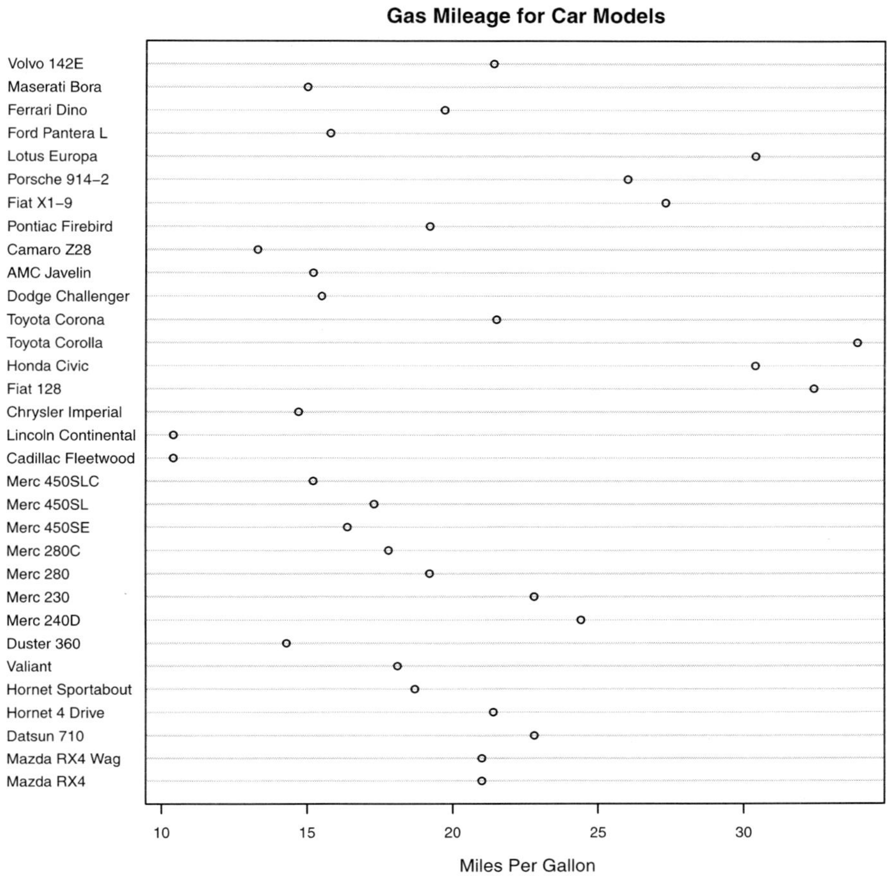

그림 6.16 자동차 모델별 연비에 대한 점그림

프로그래밍 6.11 집단화된, 정렬된, 색깔 칠해진 점그림

```
x <- mtcars[order(mtcars$mpg),]
x$cyl <- factor(x$cyl)

x$color[x$cyl==4] <- "red"
x$color[x$cyl==6] <- "blue"
x$color[x$cyl==8] <- "darkgreen"

dotchart(x$mpg,
         labels = row.names(x),
         cex=.7,
         groups = x$cyl,
         gcolor = "black",
         color = x$color,
         pch=19,
         main = "Gas Mileage for Car Models\ngrouped by cylinder",
         xlab = "Miles Per Gallon")
```

- **Sorts the data frame mtcars by mpg (lowest to highest) and saves it as data frame x**
- **Transforms the numeric vector cyl into a factor**
- **Adds a character vector (color) to data frame x containing the value "red", "blue", or "darkgreen" depending on the value of cyl**
- **The labels for the data points are taken from the row names of the data frame (car makes).**
- **Groups data points by number of cylinders**
- **Prints the numbers 4, 6, and 8 in black**
- **The colors of the points and labels are derived from the color vector.**

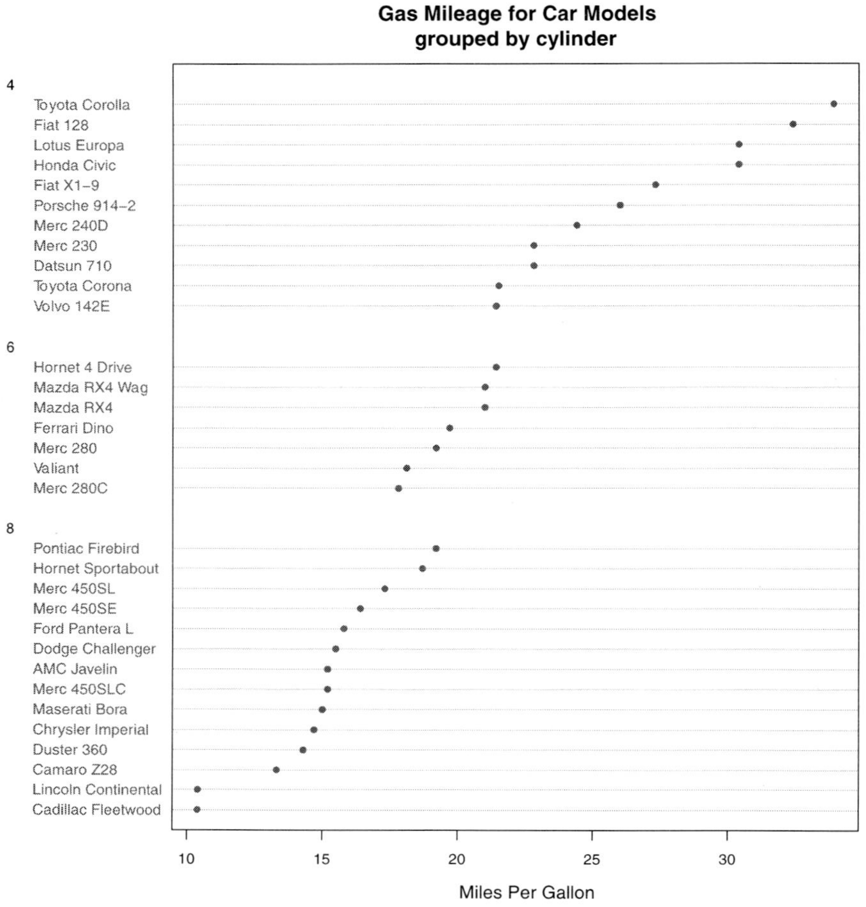

그림 6.17 실린더 갯수로 집단화된 자동차 모델들의 연비에 관한 점그림(Dot Plot)

그림 6.17에서, 많은 특성들이 처음으로 확연해진다. 실린더 개수가 감소하면 연비가 증가한다는 것이 보이고, 또한 예외들도 보인다. 예를 들어, 8개의 실린더를 가진 Pontiac Firebird는 여섯 개의 실린더를 가진 Mercury 280C와 Valiant보다 높은 연비를 갖는다. 여섯 개의 실린더를 가진 Hornet 4 Drive는 네 개의 실린더를 가진 Volvo 142E와 동일한 연비를 갖는다. Toyota Corolla는 최고의 연비를 갖는 반면에 Lincoln Continental과 Cadillac Fleetwood는 연비가 낮은 이상치임이 분명하다.

각 점은 이름이 있고, 각 점의 값은 고유한 의미가 있고, 그리고 점들이 비교를 촉진하는 방식으로 배열되어 있기 때문에, 이 사례의 점그림으로부터 중요한 통찰을 얻을 수 있다. 그러나 데이터 점들의 개수가 증가하면서, 점그림의 유용성은 감소한다.

NOTE 점그림의 많은 변형들이 있다. Jacoby(2006)는 점그림에 대한 매우 유익한 논의를 하고 있으며, 혁신적인 응용프로그램용 R 코드도 제공하고 있다. 아울러, `Hmisc` 패키지는 수많은 추가 특성(feature)을 가진 점그림 함수(`dotchart2()`라고 이름붙여진)를 제공하고 있다.

6.7 요약

이 장에서 연속변수와 범주형 변수들을 묘사하는 방법들을 배웠다. 막대그림과 (적게나마) 파이차트가 범주형 변수의 분포에 통찰을 얻는 데 어떻게 사용될 수 있는지를 살펴 보았다. 그리고 집단들이 범주형 변수의 결과값에 있어 얼마나 다른지를 이해하는데 누적 및 집단 막대그림이 도움을 주는 것도 보았다. 우리는 또한 히스토그램, 막대그림, 깔개(rug)그림, 그리고 점그림이 연속형 변수의 분포를 시각화하는 것을 탐색하였다. 마지막으로, 우리는 중첩하는 커널밀도그림, 병렬 상자그림, 그리고 집단화된 점그림이 연속형의 결과 변수에서 집단 차이를 시각화하는데 어떻게 도움을 주는지 알아보았다.

뒷 장들에서, 우리는 이러한 단변량에서 이변량 및 다변량 그래픽 방법으로 초점을 확장할 것이다. 여러분은 산점도, 다집단 선그림, 모자이크그림, 상관도, 라티스(lattice)그래프 등과 같은 방법을 사용하여 많은 변수들 간의 관계성을 한 번에 시각적으로 묘사하는 방법을 보게 될 것이다.

다음 장에서, 우리는 분포와 이변량 관계를 수치적으로 묘사하는 기초 통계 방법들과 함께, 변수들 사이의 관계가 존재하는지, 아니면 표본오차에 기인하는지를 평가하는 추론적 방법을 살펴볼 것이다.

제7장 기초 통계

이 장에서 다룰 내용은 다음과 같다.

- 기술통계
- 빈도표와 분할표
- 상관관계와 공분산
- t-검정
- 비모수통계

앞 장들에서는 데이터를 R로 불러오는 방법과 이 데이터를 유용한 포맷으로 조직하고 변환하는 다양한 함수들의 사용법을 배웠다. 다음으로 데이터 시각화에 대한 기초 방법들을 검토하였다.

데이터를 적절히 만들었고, 이를 시각적으로 탐색하기 시작했다면, 다음 단계는 각 변수들의 분포를 수치적으로 기술하고, 이어서 두 변수 간의 관계를 탐색하는 것이 전형적인 과정이다. 목표는 다음과 같은 질문에 대답하는 것이다.

- 요즘 자동차의 연비는 어떠한가? 특히, 자동차 제조사 및 모델별 갤런당 마일리지의 분포(평균, 표준편차, 중앙값, 범위 등등)는 어떠한가?
- 신약 개발 후, 시약 치료 집단과 가짜약 치료 집단에 대한 결과(개선 없음, 일부 개선, 큰 개선)는 어떠한가? 참여자의 성별이 결과에 영향을 미치는가?
- 소득과 기대 수명 간의 상관관계는 어떠한가? 상관계수는 0과 유의미하게 다른가?
- 미국 지역별로 범죄 형량이 다를 것 같은가? 이러한 지역간 차이는 통계적으로 유의미한가? 지역별 차이는 통계적으로 유의미한가?

이 장에서는 기초적인 기술 및 추리통계를 수행하는 R 함수들을 검토할 것이다. 첫째 양적 변수에 대해서는 위치와 규모에 대한 척도들을 살펴볼 것이다. 다음으로 범주형 변수에 대해서는 빈도와 분할표(그리고 이와 관련된 카이제곱 검정) 생성방법을 배운다. 다음으로, 연속 및 서열에서 이용가능한 다양한 형태의 상관계수를 검토할 것이다. 마지막으로, 모수(t-검정)와 비모수(Mann-Whitney U

검정, Kruskal-Wallis 검정) 방법을 통하여 집단 차이에 대한 공부를 할 것이다. 우리가 수치 결과에 초점을 맞추고 있지만, 결과들의 시각화를 위한 그래픽 방법에 대해서도 계속 언급할 것이다.

이 장에서 다루는 통계 방법은 전형적으로 학부 1학년 통계 과정에서 가르치는 것이다. 이 방법론에 친숙하지 않다면, McCall(2000)과 Kirk(2007)라는 두 개의 훌륭한 참고서가 있다. 대안으로, Wikipedia 같은 온라인 자원도 이 주제에 대한 풍부한 정보를 주고 있다.

7.1 기술통계(Descriptive statistics)

이 절에서, 연속변수에 대해서는 집중 경향, 변이성(variability), 그리고 분포 형태에 대한 측정방법들을 살펴볼 것이다. 예시를 위해, 1장에서 처음 보았던 Motor Trend Car Road Tests (`mtcars`)에서 여러 개의 변수를 사용할 것이다. 초점은 연비(마일당 소비한 갤런량, mpg), 힘(마력, hp), 그리고 무게(`wt`) 등이다.

```
> myvars <- c("mpg", "hp", "wt")
> head(mtcars[myvars])
                   mpg  hp    wt
Mazda RX4         21.0 110 2.620
Mazda RX4 Wag     21.0 110 2.875
Datsun 710        22.8  93 2.320
Hornet 4 Drive    21.4 110 3.215
Hornet Sportabout 18.7 175 3.440
Valiant           18.1 105 3.460
```

첫째, 32개 모든 차종에 대해 기술통계를 살펴 본다. 다음으로 변속기 유형(am) 및 실린더 개수(`cyl`) 기준으로 기술통계를 검토할 것이다. 변속기 유형은 0=자동, 1=수동으로 코딩된 이산형 변수이고, 실린더 개수는 4, 6, 또는 8 등이다.

7.1.1 방법들의 다양한 혼합(A menagerie of methods)

기술통계 계산에 관한 한, R은 처치곤란할 정도로 풍부하다. 기본설치판에 있는 함수들로 시작하자. 다음으로 사용자-기여 패키지를 통한 확장을 검토할 것이다.

기초설치판에서는 `summary()` 함수를 사용하여 기술통계를 얻을 수 있다. 예제는 다음 프로그래밍에 나와 있다.

프로그래밍 7.1 summary()를 통한 기술통계

```
> myvars <- c("mpg", "hp", "wt")
> summary(mtcars[myvars])
      mpg             hp              wt
 Min.   :10.4   Min.   : 52.0   Min.   :1.51
 1st Qu.:15.4   1st Qu.: 96.5   1st Qu.:2.58
 Median :19.2   Median :123.0   Median :3.33
 Mean   :20.1   Mean   :146.7   Mean   :3.22
 3rd Qu.:22.8   3rd Qu.:180.0   3rd Qu.:3.61
 Max.   :33.9   Max.   :335.0   Max.   :5.42
```

summary() 함수는 숫자 변수에 대해서는 최소값, 최대값, 사분위수, 그리고 평균을 제공하고, 요인 및 논리 벡터에 대해서는 빈도를 제공한다. 여러분이 선택한 기술통계를 제공하기 위해 5장에서 다룬 apply(), sapply() 함수를 사용할 수 있다. sapply() 함수의 경우, 포맷은

sapply(*x*, *FUN*, *options*)

이다. 여기서 *x*는 데이터프레임(또는 행렬)이고, *FUN*은 임의의 함수이다. options가 있으면, 이것은 *FUN*에 적용된다. 여기서 플러그인 할 수 있는 전형적인 함수는 mean(), sd(), var(), min(), max(), median(), length(), range(), 그리고 quantile() 등이다. fivenum() 함수는 Tukey의 다섯가지(five-number) 요약(최소값, 하위분할수, 중앙값, 상위분할수, 그리고 최대값)을 반환한다.

놀랍게도, 기본설치판은 왜도(치우침)과 첨도(뾰족함)를 위한 함수를 제공하지 않는다. 그러나, 자신이 만들어 추가할 수 있다. 다음 프로그래밍 예제는 치우침(왜도)과 뾰족함(첨도)을 포함하는 여러 개의 기술통계를 제공한다.

프로그래밍 7.2 sapply()를 통한 기술통계

```
> mystats <- function(x, na.omit=FALSE){
                if (na.omit)
                    x <- x[!is.na(x)]
                m <- mean(x)
                n <- length(x)
                s <- sd(x)
                skew <- sum((x-m)^3/s^3)/n
                kurt <- sum((x-m)^4/s^4)/n - 3
                return(c(n=n, mean=m, stdev=s, skew=skew, kurtosis=kurt))
              }

> myvars <- c("mpg", "hp", "wt")
> sapply(mtcars[myvars], mystats)
```

```
          mpg      hp      wt
n        32.000  32.000  32.0000
mean     20.091 146.688   3.2172
stdev     6.027  68.563   0.9785
skew      0.611   0.726   0.4231
kurtosis -0.373  -0.136  -0.0227
```

이 예제에 있는 자동차들의 연비(mpg) 평균은 20.1, 표준편차는 6.0이다. 분포는 오른쪽으로 치우쳐 있고(+0.61) , 정규분포보다 약간 편평하다(-0.37). 이 데이터를 그래프로 그려보면, 가장 분명하다. 결측값을 생략하기 원한다면, sapply(mtcars[myvars], myststs, na.omit=TRUE)를 사용할 수 있다.

7.1.2 추가 방법들

Hmisc, pastecs, 그리고 psych를 포함하여 여러 개의 사용자-기여 패키지들이 기술통계를 위한 함수들을 제공한다. 이 패키지들은 기본배포판에 없기 때문에, 처음 사용할 때 설치해야 한다(1.4절을 보라).

Hmisc 패키지의 describe() 함수는 변수와 관측치의 개수, 결측값과 고유치(중복없는 관측치)의 수, 평균, 분위수, 그리고 다섯 개의 최상값과 최하값을 반환한다. 다음 프로그래밍에 예제가 제공된다.

프로그래밍 7.3 Hmisc 패키지의 describe()를 통한 기술통계

```
> library(Hmisc)
> myvars <- c("mpg", "hp", "wt")
> describe(mtcars[myvars])

 3  Variables      32  Observations
---------------------------------------------------------------------------
mpg
n missing  unique  Mean    .05   .10    .25   .50    .75    .90    .95
32      0     25  20.09 12.00  14.34  15.43  19.20  22.80  30.09  31.30

lowest : 10.4 13.3 14.3 14.7 15.0, highest: 26.0 27.3 30.4 32.4 33.9
---------------------------------------------------------------------------
hp
n missing  unique    Mean    .05    .10   .2     .50   .75    .90    .95
32       0     22   146.7  63.65  66.00 96.50 123.00 180.00 243.50 253.55

lowest :  52  62  65  66  91, highest: 215 230 245 264 335
---------------------------------------------------------------------------
wt
n missing  unique    Mean    .05    .10    .25    .50    .75    .90   .95
32      0      29   3.217  1.736  1.956  2.581  3.325  3.610  4.048 5.293

lowest : 1.513 1.615 1.835 1.935 2.140, highest: 3.845 4.070 5.250 5.345 5.424
```

pastecs 패키지에는 광범위한 기술통계를 제공하는 stat.desc()라는 함수가 있다. 포맷은 다음과 같다.

```
stat.desc(x, basic=TRUE, desc=TRUE, norm=FALSE, p=0.95)
```

으로, 여기서 *x*는 데이터프레임 또는 시계열이다. basic=TRUE(기본설정이다)를 하면, 변수값, 널(null) 값, 그리고 결측값의 개수, 최소값, 최대값, 범위, 그리고 합이 제공된다. desc=TRUE(이 또한 기본설정이다)를 하면, 중앙값, 평균, 평균의 표준오차, 평균에 대한 95% 신뢰구간, 분산, 표준편차 및 변이계수 등이 제공된다. 마지막으로, norm=TRUE(기본설정이 아니다)를 하면, 정규분포 통계치를 반환하는데 여기에는 왜도와 첨도(그리고 이것의 통계적 유의미성) 그리고 Shapiro-Wilk의 정규성 검정이 포함된다. 평균에 대한 신뢰구간(기본설정은 .95)을 계산하기 위해 p값 옵션을 사용한다. 다음 프로그래밍에 예시가 있다.

프로그래밍 7.4 pastecs 패키지의 stat.desc()를 통한 기술통계

```
> library(pastecs)
> myvars <- c("mpg", "hp", "wt")
> stat.desc(mtcars[myvars])
                mpg       hp      wt
nbr.val       32.00   32.000  32.000
nbr.null       0.00    0.000   0.000
nbr.na         0.00    0.000   0.000
min           10.40   52.000   1.513
max           33.90  335.000   5.424
range         23.50  283.000   3.911
sum          642.90 4694.000 102.952
median        19.20  123.000   3.325
mean          20.09  146.688   3.217
SE.mean        1.07   12.120   0.173
CI.mean.0.95   2.17   24.720   0.353
var           36.32 4700.867   0.957
std.dev        6.03   68.563   0.978
coef.var       0.30    0.467   0.304
```

마치 이것이 충분치 않다는 듯이, psych 패키지 또한 describe()라는 함수를 가지고 있다. describe()는 비결측 관측치 개수, 평균, 표준편차, 중앙값, 절사 평균, 중위값, 절대편차, 최소값, 최대값, 범위, 왜도, 첨도, 그리고 평균의 표준오차 등을 제공한다. 다음 프로그래밍에서 예제를 볼 수 있다.

프로그래밍 7.5 psych 패키지에 있는 describe()를 통한 기술통계

```
> library(psych)
Attaching package: 'psych'
```

```
        The following object(s) are masked from package:Hmisc :
          describe
> myvars <- c("mpg", "hp", "wt")
> describe(mtcars[myvars])
    var  n   mean    sd median trimmed   mad   min    max
mpg   1 32  20.09  6.03  19.20   19.70  5.41 10.40  33.90
hp    2 32 146.69 68.56 123.00  141.19 77.10 52.00 335.00
wt    3 32   3.22  0.98   3.33    3.15  0.77  1.51   5.42
     range skew kurtosis    se
mpg  23.50 0.61    -0.37  1.07
hp  283.00 0.73    -0.14 12.12
wt    3.91 0.42    -0.02  0.17
```

나는 이것을 처치곤란할 정도로 풍부하다라고 말했다!

> **NOTE** 이전의 예제에서, psych 패키지와 Hmisc 패키지 둘 다 describe()라는 이름의 함수를 제공하고 있다. 어느 것을 사용하는지 R이 어떻게 아는가? 간단히 말해서, 프로그래밍 7.5가 보여주듯이, 마지막으로 탑재된 패키지가 우선권을 갖는다. 여기서, psych는 Hmisc 이후에 탑재되었다. 그리고, Hmisc에 있는 describe() 함수는 psych에 있는 함수에 의해 가려진다는 메시지가 출력된다. describe() 함수를 입력하고 R이 이것을 검색할 때, R이 psych 패키지로 먼저 오고, 이 함수를 실행한다. 대신에 Hmisc 버전을 원한다면, Hmisc::describe(mt)를 입력하면 된다. 이 함수는 여전히 거기에 있다. 이것을 찾기 위해서 여러분은 R에게 더 많은 정보를 주어야 한다.

이제 데이터 전체에 대한 기술통계를 생성하는 법을 알았으니, 데이터의 하위집단에 대한 통계치를 구하는 방법을 검토해 보자.

7.1.3 집단별 기술통계(Descriptive statistics by group)

개인 또는 관측치들의 집단을 비교할 때, 대개 전체보다는 각 집단의 기술통계에 초점을 둔다. R에서 이것을 달성하는 방법은 여러 가지로 다양하다. 변속기 유형의 각 레벨에 대한 기술통계를 구하는 것으로 시작할 것이다. 집단별 기술통계를 얻기 위해서는 aggregate() 함수(5.6.2절에서 본)를 사용할 수 있다. 이는 다음 프로그래밍에 나와 있다.

프로그래밍 7.6 aggregate()를 사용한 집단별 기술통계

```
> myvars <- c("mpg", "hp", "wt")
> aggregate(mtcars[myvars], by=list(am=mtcars$am), mean)
```

```
      am    mpg     hp      wt
1      0   17.1    160    3.77
2      1   24.4    127    2.41

> aggregate(mtcars[myvars], by=list(am=mtcars$am), sd)
      am    mpg     hp      wt
1      0   3.83   53.9   0.777
2      1   6.17   84.1   0.617
```

list(am=mtcars$am)의 사용을 알아두라. list(mtcars$am)을 사용한다면, am 열은 am이 아닌 Group.1로 라벨이 붙을 것이다. 보다 유용한 열 라벨을 붙이려면 할당을 사용한다. 두 개 이상의 집단화 변수들이 있다면, by=list(*name1=groupvar1*, *name2=groupvar2*, ... , *nameN=groupvarN*)와 같이 코드를 사용할 수 있다.

아쉽게도, aggregate()는 평균, 표준편차 등과 같은 일가(single-value) 함수를 각각 호출해야 한다. 이 함수는 한 번의 호출로 여러 개의 통계치를 반환하지 않는다. 이런 과제가 있다면, by() 함수를 사용할 수 있다. 포맷은 다음과 같다.

by(*data*, *INDICES*, *FUN*)

여기서 *data*는 데이터프레임이나 행렬이고, *INDICES*는 집단을 정의하는 요인 또는 요인들의 리스트이고, *FUN*은 데이터프레임의 모든 열을 작동하는 임의의 함수이다. 다음 프로그래밍에 예제가 나와 있다.

프로그래밍 7.7 by()를 사용하는 집단별 기술통계

```
> dstats <- function(x)sapply(x, mystats)
> myvars <- c("mpg", "hp", "wt")
> by(mtcars[myvars], mtcars$am, dstats)
mtcars$am: 0
             mpg         hp        wt
n         19.000    19.0000    19.000
mean      17.147   160.2632     3.769
stdev      3.834    53.9082     0.777
skew       0.014    -0.0142     0.976
kurtosis  -0.803    -1.2097     0.142
----------------------------------------
mtcars$am: 1
             mpg         hp        wt
n         13.0000    13.000    13.000
mean      24.3923   126.846     2.411
stdev      6.1665    84.062     0.617
skew       0.0526     1.360     0.210
kurtosis  -1.4554     0.563    -1.174
```

이 사례에서, dstats()는 프로그래밍 7.2에서 본 mystats() 함수를 데이터프레임의 각 열에 적용한다. by() 함수 안에 이것을 넣으면 am의 각 레벨에 대한 요약 통계를 준다.

7.1.4 추가적인 집단별 방법들(Additional methods by group)

doBy 패키지와 psych 패키지 또한 집단별 기술통계를 위한 함수들을 제공한다. 이것들은 기본설치판에 배포되지 않기 때문에 첫 사용 전에 설치해야 한다. doBy 패키지의 summaryBy() 함수의 포맷은 다음과 같다.

```
summaryBy(formula, data=dataframe, FUN=function)
```

여기서 formula는 다음의 형태를 취한다:

```
var1 + var2 + var3 + ... + varN ~ groupvar1 + groupvar2 + ... + groupvarN
```

~의 왼쪽 변수들은 분석되어야 할 숫자 변수이고, 오른쪽 변수들은 범주형의 집단화 변수들이다. function은 내장 또는 사용자-생성 R 함수일 수 있다. 7.2.1 절에서 생성된 mystats() 함수를 사용하는 예제가 다음 프로그래밍에 나와 있다.

프로그래밍 7.8 doBy 패키지의 summaryBy()를 사용한 집단별 요약 통계

```
> library(doBy)
> summaryBy(mpg+hp+wt~am, data=mtcars, FUN=mystats)
  am  mpg.n  mpg.mean  mpg.stdev  mpg.skew  mpg.kurtosis  hp.n  hp.mean hp.stdev
1  0     19      17.1       3.83    0.0140        -0.803    19      160      53.9
2  1     13      24.4       6.17    0.0526        -1.455    13      127      84.1
   hp.skew  hp.kurtosis  wt.n  wt.mean   wt.stdev   wt.skew   wt.kurtosis
1  -0.0142       -1.210    19     3.77      0.777     0.976         0.142
2   1.3599        0.563    13     2.41      0.617     0.210        -1.174
```

psych() 패키지의 describeBy() 함수는 describe()와 동일한 기술통계를 제공하는데, 이를 집단화 변수에 의해 층을 나누어 제공한다. 다음 프로그래밍에서 볼 수 있다.

프로그래밍 7.9 psych 패키지의 describeBy()를 사용한 집단별 요약 통계

```
> library(psych)
> myvars <- c("mpg", "hp", "wt")
> describeBy(mtcars[myvars], list(am=mtcars$am))

am: 0
       var   n    mean     sd    median   trimmed    mad     min      max
mpg      1  19   17.15   3.83    17.30     17.12   3.11   10.40    24.40
```

```
hp        2   19   160.26   53.91   175.00    161.06   77.10   62.00   245.00
wt        3   19     3.77    0.78     3.52      3.75    0.45    2.46     5.42
       range    skew  kurtosis    se
mpg    14.00    0.01     -0.80  0.88
hp    183.00   -0.01     -1.21 12.37
wt      2.96    0.98      0.14  0.18
------------------------------------------------------------------------------
am: 1
       var  n     mean       sd    median   trimmed    mad     min      max
mpg      1  13   24.39     6.17    22.80     24.38    6.67   15.00    33.90
hp       2  13  126.85    84.06   109.00    114.73   63.75   52.00   335.00
wt       3  13    2.41     0.62     2.32      2.39    0.68    1.51     3.57
       range   skew  kurtosis    se
mpg    18.90   0.05    -1.46   1.71
hp    283.00   1.36     0.56  23.31
wt      2.06   0.21    -1.17   0.17
```

이전의 예제와 달리, describeBy() 함수는 함수를 마음대로 지정하는 것을 허용하지 않는다. 그래서 일반적으로 적용가능성이 낮다. 두 개 이상의 집단화 변수가 있다면, list(*name1=groupvar1, name2=groupvar2, ... , nameN=groupvarN*)와 같이 쓸 수 있다. 그러나 집단화 변수들을 교차했을 때, 빈 칸이 없는 경우에만 작동할 것이다.

데이터 분석가는 어떤 종류의 기술통계를 보여 줄 것인지, 그리고 어떤 포맷으로 보기를 원하는지에 대한 자신들만의 선호가 있다. 이것이 아마 이렇게 많은 사용가능한 변이가 존재하는 이유일 것이다. 여러분에게 최선인 것을 선택하라, 아니면 자신의 것을 창조하라!

7.1.5 결과 시각화하기

분포의 특징에 관한 수치적 요약은 중요하다. 하지만, 시각적 표현을 대체하는 것은 없다. 양적 변수에 대해서는, 히스토그램(6.3절), 밀도그림(6.4절), 상자그림(6.절5), 점그림(6.6절) 등이 있다. 이것들은 소수의 기술통계치에 의존해서는 놓치기 쉬운 통찰력을 줄 수 있다.

지금까지 검토한 함수들은 양적 변수에 대한 요약 정보를 제공한다. 다음 절의 함수들은 범주형 변수의 분포를 검토할 수 있게 해준다.

7.2 빈도와 분할표(Frequency and contingency tables)

이 절에서 우리는 범주형 변수에 대한 빈도표와 분할표를 살펴볼 것이다. 아울러 독립성 검정, 연관성 척도, 그리고 그래픽 결과 등도 볼 것이다. 우리는 vcd와 gmodels 패키지의 함수와 더불어 기본

설치에 있는 함수를 사용할 것이다. 아래의 예제들에서 A, B, C는 범주형 변수를 나타낸다고 가정하라.

이 절에 사용되는 데이터는 vcd 패키지에 포함된 Arthritis 데이터셋에서 온 것이다. 이 데이터는 Kock과 Edward(1988)에서 온 것인데, 류마티스 관절염의 신 치료법에 대한 이중 눈가림 임상 실험에 관한 것이다. 여기 몇 개의 관측치가 있다.

```
> library(vcd)
> head(Arthritis)
  ID  Treatment   Sex   Age   Improved
1 57    Treated  Male    27       Some
2 46    Treated  Male    29       None
3 77    Treated  Male    30       None
4 17    Treated  Male    32     Marked
5 36    Treated  Male    46     Marked
6 23    Treated  Male    58     Marked
```

치료(가짜약, 시약), 성별(남성, 여성), 그리고 개선여부(없음, 조금, 상당함)는 모두 범주형 요인이다. 다음 절에서는 이 데이터로 빈도표와 조건분할표(교차-분류)를 만들 것이다.

7.2.1 빈도표 만들기

R은 빈도와 분할표를 생성하는 여러 가지 방법을 제공한다. 가장 중요한 함수들이 표 7.1에 나열되어 있다.

다음 절에서, 범주형 변수를 탐색하기 위하여 이 함수들을 각각 사용할 것이다. 단순 빈도로 시작해서, 다음으로 이원 분할표, 마지막으로 다원 분할표를 살펴볼 것이다. 첫 단계는 table() 또는

표 7.1 조건분할표를 만들고 조작하는데 사용되는 함수들

함수	기술
able(var1, var2, ... , varN)	*N*개의 범주형 변수(요인)로 N-원 분할표를 만든다.
xtabs(formula, data)	공식과 행렬 내지 데이터프레임에 기반한 *N*-원 분할표를 만든다.
prop.table(table, margins)	주변들로 정의된 한계표의 분수들로 표 입력값들을 표현한다.
margin.table(table, margins)	주변들로 정의된 한계표에 표 입력값들의 합을 계산한다.
addmargins(table, margins)	표에 합계 주변(합계가 기본설정)을 넣는다.
ftable(table)	압축적인, "편평한(flat)" 분할표를 생성한다.

xtabs()를 사용하여 표를 생성하는 것이다. 그리고 나서 다른 함수를 사용하여 이것을 조작한다.

• 일원표(ONE-WAY TABLES)

table() 함수를 사용하여 단순 빈도 수를 생성할 수 있다. 여기에 예제가 있다.

```
> mytable <- with(Arthritis, table(Improved))
> mytable
Improved
  None   Some  Marked
   42     14     28
```

prop.table() 으로 빈도를 비율로 바꿀 수 있다.

```
> prop.table(mytable)
Improved
  None   Some  Marked
 0.500  0.167  0.333
```

prop.table()*100을 사용하여 백분율로 바꿀 수 있다.

```
> prop.table(mytable)*100
Improved
  None   Some  Marked
  50.0   16.7   33.3
```

여기서, 50%의 연구 참여자가 약간 또는 상당한 개선(16.7+33.3)이 있다는 것을 볼 수 있다.

• 이원표(TWO-WAY TABLES)

이원표의 경우, table()의 포맷은 다음과 같다.

```
mytable <- table(A, B)
```

여기서 *A*는 행 변수이고, *B*는 열 변수이다. 대안으로, xtabs() 함수는 공식-스타일(formula-style) 입력을 사용하여 분할표를 만들게 해준다. 포맷은 다음과 같다.

```
mytable <- xtabs(~ A + B, data=mydata)
```

여기서 *mydata*는 행렬 또는 데이터프레임이다. 일반적으로, 교차-분류되어질 변수들이 + 기호로 분리되는 공식의 오른쪽에 (즉 ~ 의 오른쪽으로) 나타난다. 변수가 공식의 왼쪽에 있다면, 이것은 빈도의 벡터로(데이터가 이미 표로 만들어졌다면 유용하다) 가정된다.

Arthritis 데이터에 적용해 보면 다음과 같다.

```
> mytable <- xtabs(~ Treatment+Improved, data=Arthritis)
> mytable
          Improved
Treatment None Some Marked
```

```
  Placebo    29     7       7
  Treated    13     7      21
```

margin.table()과 prop.table() 함수를 사용하여 주변 빈도와 주변 비율을 각각 만들 수 있다. 행 합계와 행 비율이 아래에 있다.

```
> margin.table(mytable,1) #row sums
Treatment
Placebo Treated
     43      41
> prop.table(mytable, 1)
          Improved
Treatment  None   Some Marked
  Placebo 0.674  0.163  0.163
  Treated 0.317  0.171  0.512
```

인덱스 (1)은 table() 프로그램문 안에 있는 첫째 변수를 가리킨다. 표를 보면, 가짜약을 받은 사람의 16%와 비교해서, 시약 처치를 받은 사람들의 51%가 상당한 개선을 보였다는 것을 알 수 있다.

열 합계와 열 비율이 다음에 있다.

```
> margin.table(mytable, 2)
Improved
  None    Some Marked
    42      14     28
> prop.table(mytable, 2)
          Improved
Treatment None  Some Marked
  Placebo 0.69  0.50   0.25
  Treated 0.31  0.50   0.75
```

여기서, 인덱스 (2)는 table() 프로그램문 안의 둘째 변수를 가리킨다.

셀 비율은 다음 프로그램문으로 획득된다.

```
> prop.table(mytable)
          Improved
Treatment    None    Some Marked
  Placebo 0.3452 0.0833 0.0833
  Treated 0.1548 0.0833 0.2500
```

이 테이블에 주변 합계를 추가하려면 addmargins() 함수를 사용한다. 예를 들어, 다음 코드는 행 합계과 열 합계을 추가한다.

```
> addmargins(mytable)
```

```
          Improved
Treatment None Some Marked Sum
  Placebo   29    7      7  43
  Treated   13    7     21  41
  Sum       42   14     28  84
> addmargins(prop.table(mytable))
          Improved
Treatment   None   Some Marked    Sum
  Placebo 0.3452 0.0833 0.0833 0.5119
  Treated 0.1548 0.0833 0.2500 0.4881
  Sum     0.5000 0.1667 0.3333 1.0000
```

addmargins()을 사용할 때, 기본설정은 표에 있는 모든 변수에 대한 주변 합계를 만드는 것이다. 반대로, 다음 코드는 열 합계만을 추가한다.

```
> addmargins(prop.table(mytable, 1), 2)
          Improved
Treatment  None  Some Marked   Sum
  Placebo 0.674 0.163  0.163 1.000
  Treated 0.317 0.171  0.512 1.000
```

유사한 방식으로, 아래의 코드는 행 합계를 추가한다.

```
> addmargins(prop.table(mytable, 2), 1)
          Improved
Treatment None Some Marked
  Placebo 0.69 0.50   0.25
  Treated 0.31 0.50   0.75
  Sum     1.00 1.00   1.00
```

이 표에서, 상당한 개선을 보인 환자 중 25%가 가짜약을 받았다는 것을 알 수 있다.

> **NOTE** table() 함수는 기본설정으로 결측값(NAs)을 무시한다. 빈도 계산에서 NA를 타당한 범주로 포함하려면, 표 옵션인 useNA="ifany"를 포함하라.

이원표를 만드는 셋째 방법은 gmodels 패키지에 있는 CrossTable() 함수이다. CrossTable() 함수는 SAS의 PROC FREQ 또는 SPSS의 CROSSTABS 등이 만드는 이원표를 생산한다. 다음 프로그래밍에 예제가 나와 있다.

프로그래밍 7.10 CrossTable()를 사용하는 이원표

```
> library(gmodels)
> CrossTable(Arthritis$Treatment, Arthritis$Improved)

   Cell Contents
|-------------------------|
|                       N |
| Chi-square contribution |
|           N / Row Total |
|           N / Col Total |
|         N / Table Total |
|-------------------------|

Total Observations in Table:  84

                    | Arthritis$Improved
Arthritis$Treatment |       None |       Some |     Marked |  Row Total |
--------------------|------------|------------|------------|------------|
            Placebo |         29 |          7 |          7 |         43 |
                    |      2.616 |      0.004 |      3.752 |            |
                    |      0.674 |      0.163 |      0.163 |      0.512 |
                    |      0.690 |      0.500 |      0.250 |            |
                    |      0.345 |      0.083 |      0.083 |            |
--------------------|------------|------------|------------|------------|
            Treated |         13 |          7 |         21 |         41 |
                    |      2.744 |      0.004 |      3.935 |            |
                    |      0.317 |      0.171 |      0.512 |      0.488 |
                    |      0.310 |      0.500 |      0.750 |            |
                    |      0.155 |      0.083 |      0.250 |            |
--------------------|------------|------------|------------|------------|
       Column Total |         42 |         14 |         28 |         84 |
                    |      0.500 |      0.167 |      0.333 |            |
--------------------|------------|------------|------------|------------|
```

CrossTable() 함수는 다음과 같은 여러 가지 옵션을 가지고 있다. 백분율(행, 열, 셀) 보고, 소수점 자리수 지정; 카이-제곱, Fisher 그리고 McNemar 독립성 검정의 산출, 기대값과 잔차값(Pearson, 표준화, 조정 표준화) 보고, 결측값의 포함, 행과 열 제목으로 주석달기, SAS 및 SPSS 스타일의 아웃풋으로 포맷하기 등. 세부사항은 help(CrossTable)을 보라.

3개 이상의 범주형 변수가 있다면, 다차원표를 다루는 것이다. 다음 절에서 이것을 검토해 보자.

• 다차원표(MULTIDIMENSIONAL TABLES)

table()과 xtabs() 모두 셋 이상의 범주형 변수에 기반한 다차원표를 생성하는데 사용될 수 있다. margin.table(), prop.table(), 그리고 addmargins() 함수는 자연스럽게 3차원 이상으로 확장한다. 추가적으로, ftable() 함수는 간결하고 매력적인 방식으로 다차원표를 출력하는데 사용될 수 있다. 예제가 다음 프로그래밍에 나와있다.

프로그래밍 7.11 삼원(three-way) 분할표

```
> mytable <- xtabs(~ Treatment+Sex+Improved, data=Arthritis)     ❶ Cell frequencies
> mytable
, , Improved = None

          Sex
Treatment  Female Male
  Placebo      19   10
  Treated       6    7

, , Improved = Some

          Sex
Treatment  Female Male
  Placebo       7    0
  Treated       5    2

, , Improved = Marked

          Sex
Treatment  Female Male
  Placebo       6    1
  Treated      16    5

> ftable(mytable)
                   Sex Female Male
Treatment Improved
Placebo   None             19   10
          Some              7    0
          Marked            6    1
Treated   None              6    7
          Some              5    2
          Marked           16    5
                                        ❷ Marginal frequencies
> margin.table(mytable, 1)
Treatment
Placebo Treated
     43      41
> margin.table(mytable, 2)
Sex
Female   Male
    59     25
> margin.table(mytable, 3)
Improved
  None   Some Marked
    42     14     28
                                        ❸ Treatment × Improved
> margin.table(mytable, c(1, 3))          marginal frequencies
         Improved
Treatment None Some Marked
  Placebo   29    7      7
  Treated   13    7     21
                                        ❹ Improved proportions
 > ftable(prop.table(mytable, c(1, 2)))   for Treatment × Sex
                 Improved  None  Some Marked
Treatment Sex
Placebo   Female          0.594 0.219  0.188
          Male            0.909 0.000  0.091
```

```
Treated    Female              0.222 0.185  0.593
           Male                0.500 0.143  0.357

> ftable(addmargins(prop.table(mytable, c(1, 2)), 3))
                 Improved  None  Some Marked   Sum
Treatment Sex
Placebo    Female              0.594 0.219  0.188 1.000
           Male                0.909 0.000  0.091 1.000
Treated    Female              0.222 0.185  0.593 1.000
           Male                0.500 0.143  0.357 1.000
```

❶에 있는 코드는 삼원 분류의 셀 빈도를 생산한다. 또한 이 코드는 보다 간결하고 매력적인 버전의 표를 출력하는데 `ftable()` 함수가 어떻게 사용되는지를 보여 준다.

❷에서 코드는 치료(Treatment), 성별(Sex), 그리고 개선여부(Improved)에 대한 주변 빈도를 만들어 낸다. 공식(`formula`) `~ Treatment + Sex + Improved` 으로 표를 만들었기 때문에, Treatment는 인덱스 1, Sex는 인덱스 2, 그리고 Improved는 인덱스 3을 가리킨다.

❸에 있는 성별이 합쳐진 치료(Treatment), 개선 여부(Improved) 분류에 대한 주변 빈도를 생산한다. 치료(Treatment), 성별(Sex) 조합에 대한 None, Some, 그리고 Marked 개선 여부에 따른 환자비율은 ❹에서 제공하고 있다. 여기서 보면, 시약치료를 받은 여성의 59%가 상당한 개선을 보인데 비해 남성은 36%만 상당한 개선을 보였다. 일반적으로, 비율은 `prop.table()` 호출에 포함되지 않은 인덱스(셋째 인덱스 혹은 이 사례에서는 개선 여부)를 넘어 1에 추가한다. 마지막 사례에서 이를 볼 수 있는데, 여기서 셋째 인덱스에 주변 합계를 추가한다.

비율 대신에 백분율을 원한다면, 결과표에 100을 곱하면 된다. 예를 들어, 프로그램문은 다음과 같다.

```
> ftable(addmargins(prop.table(mytable, c(1, 2)), 3)) * 100
```

만들어진 표는 다음과 같다:

```
                       Sex   Female    Male     Sum
Treatment   Improved
Placebo     None               65.5    34.5   100.0
            Some              100.0     0.0   100.0
            Marked             85.7    14.3   100.0
Treated     None               46.2    53.8   100.0
            Some               71.4    28.6   100.0
            Marked             76.2    23.8   100.0
```

분할표는 표를 이루고 있는 변수들 조합별로 관측치들의 빈도 내지 비율을 말해주고 있다. 그러나 또한 표에 있는 변수들이 관련성이 있는지 아니면 독립적인지에도 관심이 있을 것이다. 독립성 검정은 다음 절에서 다룬다.

7.2.2 독립성 검정(Tests of independence)

R은 범주형 변수의 독립성을 검정하는 여러 방법을 제공한다. 이 절에서 설명할 세 가지 검정은 카이-제곱 독립성 검정, Fisher의 정확성 검정, 그리고 Cochran-Mantel-Haenszel 검정이다.

• 카이-제곱 독립성 검정(CHI-SQUARE TEST OF INDEPENDENCE)

행과 열 변수의 카이-제곱 독립성 검정을 하기 위해 `chisq.test()` 함수를 이원표에 적용할 수 있다. 예제가 아래 프로그래밍에 있다.

프로그래밍 7.12 카이-제곱 독립성 검정

```
> library(vcd)
> mytable <- xtabs(~Treatment+Improved, data=Arthritis)
> chisq.test(mytable)
        Pearson's Chi-squared test
data:  mytable
 X-squared = 13.1, df = 2, p-value = 0.001463

> mytable <- xtabs(~Improved+Sex, data=Arthritis)
> chisq.test(mytable)
        Pearson's Chi-squared test
data:  mytable
 X-squared = 4.84, df = 2, p-value = 0.0889

Warning message:
In chisq.test(mytable) : Chi-squared approximation may be incorrect
```

❶ **Treatment and Improved aren't independent.**

❷ **Gender and Improved are independent.**

결과 ❶에서, 치료와 개선 정도 간에 관계(p 〈 .01)가 있는 것으로 나타난다. 그러나 환자의 성별과 개선정도 간의 관계(p 〉 .05)는 ❷ 나타나지 않는다. p-값은 모집단에 있는 행과 열 변수의 독립성 가정이 표본의 결과에서도 획득될 확률이다. 확률이 ❶에서는 작기 때문에, 치료 유형과 그 결과가 독립적이라는 가설을 기각한다. 그러나 ❷에서는 그 확률이 작지 않기 때문에, 결과와 성별이 독립적이라고 가정하는 것은 비합리적이지 않다. 프로그래밍 7.12의 경고 메시지는 표에 있는 6개 셀 중 하나(남성-약간 개선)가 카이-제곱 추정을 무효화할 정도인 5보다 작은 기댓값을 가지기 때문에 출력되었다.

• FISHER의 정확성 검정(FISHER'S EXACT TEST)

`fisher.test()` 함수로 Fisher의 정확성 검정을 할 수 있다. Fisher의 정확성 검정은 고정된 주변

들을 가진 분할표에서 행과 열의 독립성에 관한 영가설을 검정한다. 포맷은 fisher.test (mytable) 인데, 여기서 mytable은 이원표이다. 여기 예가 있다.

```
> mytable <- xtabs(~Treatment+Improved, data=Arthritis)
> fisher.test(mytable)
          Fisher's Exact Test for Count Data
data:  mytable
p-value = 0.001393
alternative hypothesis: two.sided
```

많은 통계패키지와 대조적으로, fisher.test() 함수는 2×2 표가 아닌, 둘 혹은 그 이상의 행과 열을 가진 이원표에도 적용될 수 있다.

• COCHRAN-MANTEL-HAENSZEL 검정(COCHRAN-MANTEL-HAENSZEL TEST)

mantelhaen.test() 함수는, 두 명목변수가 세 번째 변수의 각 층에서 조건적으로 독립적이라는 영가설에 대해 Cochran-Mantel-Haenszel 카이-제곱 검정을 제공한다. 다음 코드는 치료와 개선여부 변수들은 성별의 각 개별 수준(즉, 남성 및 여성)에서 독립적이라는 가설을 검정한다. 검정은 삼원(처치×개선여부×성별) 상호작용이 없다고 가정한다.

```
> mytable <- xtabs(~Treatment+Improved+Sex, data=Arthritis)
> mantelhaen.test(mytable)
         Cochran-Mantel-Haenszel test
data:  mytable
Cochran-Mantel-Haenszel M^2 = 14.632, df = 2, p-value = 0.0006647
```

결과는 치료와 개선은 성별의 각 수준 내에서 독립적이지 않음을 보여준다(즉, 성별을 통제했을 때 시약 치료를 받은 사람들이 가짜약을 받은 사람들보다 더 나아졌다).

7.2.3 연관성 측정(Measures of assoiation)

앞 절의 유의도 검정은 변수들 간의 독립성을 주장하는 영가설을 기각할 충분한 증거가 존재하는지를 평가한다. 영가설을 기각할 수 있다면, 자연적으로 관심은 관계의 강도가 어느 정도인지 알아보기 위하여 연관성을 측정하는 것으로 향할 것이다. vcd 패키지의 assocstats() 함수는 이원표에 대해 파이계수(phi coefficient), 유관계수(contingency coefficient) , 그리고 Cramer's V를 계산하는데 사용될 수 있다. 다음 프로그래밍에 예가 나와 있다.

프로그래밍 7.13 이원표에 대한 연관성 측정

```
> library(vcd)
> mytable <- xtabs(~Treatment+Improved, data=Arthritis)
> assocstats(mytable)
```

```
                    X^2 df  P(> X^2)
Likelihood Ratio 13.530  2 0.0011536
Pearson          13.055  2 0.0014626

Phi-Coefficient   : 0.394
Contingency Coeff.: 0.367
Cramer's V        : 0.394
```

일반적으로, 숫자가 클수록 더 강한 연관성을 나타낸다. 또한 vcd 패키지는 혼동행렬(confusion matrix)(예를 들어, 일군의 물건들을 여러 범주로 분류하는 두 판정관들 간 합의 정도)에 대해 Cohen의 kappa와 가중 kappa를 계산할 수 있는 `kappa()` 함수를 제공한다.

7.2.4 결과 시각화(Visualizing results)

R은 범주형 변수들 사이의 관계를 시각적으로 탐색하기 위한 메카니즘을 가지고 있는데, 이는 다른 통계플랫폼의 그것보다 훨씬 뛰어나다. 일차원의 빈도를 시각화하기 위해서는 전형적으로 막대차트를 쓴다(6.1 절을 보라). `vcd` 패키지는 모자이크와 연관성 플롯(11.4절을 보라)을 사용하여 다차원 데이터셋에 있는 범주형 변수들의 관계를 시각화하는데 탁월한 함수들을 가지고 있다. 마지막으로, `ca` 패키지에 있는 대응-분석(correspondence-analysis) 함수들은 다양한 기하학적 표현을 사용하여 분할표에 있는 행과 열 사이의 관계를 시각적으로 탐색하게 해준다(Nenadic과 Greenacre, 2007).

이것으로 분할표에 관한 논의를 마치고, 더 고급 주제에 관해서는 11장과 15장에서 다루기로 하자. 다음으로, 다양한 유형의 상관관계 계수를 살펴 보자.

7.3 상관관계(Correlations)

상관관계 계수는 양적 변수들 간의 관계를 기술하는데 사용된다. ±부호는 관계의 방향(정 또는 부)을 가리킨다. 그리고 크기는 관계의 강도(관계 없음의 0에서부터 완벽하게 예측가능한 관계의 1까지)를 가리킨다.

이 절에서는, 유의도 검정만큼이나 다양한 상관관계 계수를 살펴볼 것이다. 우리는 R 기본설치판에서 이용가능한 `state.x77` 데이터셋을 사용할 것이다. 이것은 1977년 미국 50개 주의 인구, 소득, 문맹율, 기대 수명, 살인율, 그리고 고등학교 졸업율에 관한 데이터를 제공한다. 또한 기온과 토지면적도 있지만, 공간을 절약하기 위하여 뺄 것이다. 이 파일에 대해 더 알려면 `help(state.x77)`를 사용하라. 기본설치 이외에도, `psych`와 `ggm` 패키지를 사용할 것이다.

표 7.2 cor / cov 옵션

옵션	설명
x	행렬 또는 데이터프레임
use	결측데이터의 취급방식을 지정한다. 옵션에는 all.obs(결측데이터가 없다고 가정한다. 결측데이터는 오류를 생산할 것이다), everything(결측값이 있는 관측치가 포함된 상관관계는 결측으로 설정될 것이다), complete.obs(일괄삭제:listwise deletion), 그리고 pairwise.complete.obs(쌍별삭제) 등이 있다.
method	상관관계의 유형을 지정한다. 옵션에는 pearson, spearman, 그리고 kendall 등이 있다.

7.3.1 상관관계의 유형(Types of correlations)

R은 Pearson, Spearman, Kendall, partial, polychoric, 그리고 polyserial 등의 다양한 상관계수를 만들어낼 수 있다. 차례로 살펴보자.

• PEARSON, SPEARMAN, 그리고 KENDALL 상관

피어슨 적률 상관관계(Pearson product-moment correlation)는 두 양적 변수들 간의 선형 관계의 정도를 평가한다. 스피어만의 등위 상관계수(Spearman' s rank-order correlation coefficient)는 두 등위 변수들 간의 관계의 정도를 평가한다. Kendall의 tau 역시 순위 상관에 대한 비모수 척도이다.

cor() 함수는 세 개의 상관계수 모두를 생산하는 반면, cov() 함수는 공분산(covariances)을 제공한다. 많은 옵션이 있지만, 상관관계를 생산하는 간단한 포맷은 다음과 같다.

```
cor(x, use= , method= )
```

표 7.2에서 옵션을 설명한다.

프로그래밍 7.14 공분산과 상관관계

```
> states<- state.x77[,1:6]
> cov(states)
           Population Income Illiteracy Life Exp Murder  HS Grad
Population   19931684 571230    292.868 -407.842 5663.52 -3551.51
Income         571230 377573   -163.702  280.663 -521.89  3076.77
Illiteracy        293   -164      0.372   -0.482    1.58    -3.24
Life Exp         -408    281     -0.482    1.802   -3.87     6.31
Murder           5664   -522      1.582   -3.869   13.63   -14.55
HS Grad         -3552   3077     -3.235    6.313  -14.55    65.24

> cor(states)
           Population Income Illiteracy Life Exp Murder HS Grad
Population     1.0000  0.208      0.108   -0.068  0.344 -0.0985
Income         0.2082  1.000     -0.437    0.340 -0.230  0.6199
Illiteracy     0.1076 -0.437      1.000   -0.588  0.703 -0.6572
```

```
Life Exp      -0.0681  0.340      -0.588    1.000 -0.781  0.5822
Murder         0.3436 -0.230       0.703   -0.781  1.000 -0.4880
HS Grad       -0.0985  0.620      -0.657    0.582 -0.488  1.0000
> cor(states, method="spearman")
           Population Income Illiteracy Life Exp Murder HS Grad
Population      1.000  0.125      0.313   -0.104  0.346  -0.383
Income          0.125  1.000     -0.315    0.324 -0.217   0.510
Illiteracy      0.313 -0.315      1.000   -0.555  0.672  -0.655
Life Exp       -0.104  0.324     -0.555    1.000 -0.780   0.524
Murder          0.346 -0.217      0.672   -0.780  1.000  -0.437
HS Grad        -0.383  0.510     -0.655    0.524 -0.437   1.000
```

기본설정 옵션은 use="everything"과 method="pearson"이다. 예제가 다음 프로그래밍에 나와 있다.

첫째 요청은 분산과 공분산을 생산한다. 둘째는 피어슨 적률 상관계수, 그리고 셋째는 스피어만 등위 상관계수를 생산한다. 예를 들어, 소득과 고졸 비율 간에는 강한 정(+)의 상관관계가 있고, 문맹율과 기대수명 간에는 강한 부(-)의 상관관계가 있음을 알 수 있다.

기본설정으로 정방형 행렬(모든 변수는 다른 모든 변수들과 교차되는)을 갖게 된다. 아래 예제에서 보여주듯이 비정방형 행렬을 만들어낼 수도 있다.

```
> x <- states[,c("Population", "Income", "Illiteracy", "HS Grad")]
> y <- states[,c("Life Exp", "Murder")]
> cor(x,y)
           Life Exp Murder
Population  -0.0681  0.344
Income       0.3403 -0.230
Illiteracy  -0.5885  0.703
HS Grad      0.5822  0.488
```

이 함수의 버전은 일군의 변수와 다른 일군의 변수들 간의 관계를 보고자 할 때 특히 유용하다. 결과가 상관관계는 0과는 유의미하게 다른 지를 말해 주지는 않는다는 것을 알아두라(즉, 모집단 상관관계가 0과 다르다고 결론지을 정도로 표본데이터에 기반하여 충분한 증거가 있는지의 여부). 이를 위해, 유의도 검정(절 7.3.2에서 기술된)이 필요하다.

• 부분 상관관계(PARTIAL CORRELATIONS)

부분(partial) 상관관계는 하나 또는 그 이상의 다른 양적 변수를 통제하면서, 두개의 양적 변수 간의 관계이다. ggm 패키지의 pcor() 함수를 사용하여 부분 상관계수를 생산할 수 있다. ggm 패키지는 기본설정으로 설치되어 있지 않다. 처음 사용하려면 먼저 설치하라. 포맷은 다음과 같다.

```
pcor(u, S)
```

여기서 u는 숫자 벡터로, 처음 두 숫자는 상관되는 변수들의 인덱스이고 나머지 숫자들은 조건 변수들(즉, 부분 배제되는 변수들)의 인덱스이다. S는 변수들 간의 공분산 행렬이다. 예제가 이를 명확히 하는데 도움을 줄 것이다.

```
> library(ggm)
> colnames(states)
[1] "Population" "Income" "Illiteracy" "Life Exp" "Murder" "HS Grad"
> pcor(c(1,5,2,3,6), cov(states))
[1] 0.346
```

이 경우에, 0.346은 Population(변수 1)과 Murder(변수 5) 간의 상관관계인데, Income, Illiteracy, HS Grad(각각 변수 2, 3, 6)을 통제한다. 부분 상관은 사회 과학에서 흔히 사용한다.

• 다른 상관관계 유형들(OTHER TYPES OF CORRELATIONS)

polycor 패키지에 있는 hetcor() 함수는 서로 다른 종류의 상관 행렬을 계산할 수 있다. 이 행렬에는 숫자 변수들 간의 피어슨 적률 상관관계, 숫자 변수와 서열변수 사이의 polyserial 상관관계, 서열변수들 간의 상관관계, 그리고 두 이산형 변수들 간의 tetrachoric 상관관계들이 있다. Polyserial, polychoric, 그리고 tetrachoric 상관관계는 서열 내지 이산형 변수들이 근본적으로 정규분포로부터 파생되었다고 가정한다. 더 많은 정보를 얻으려면 이 패키지에 있는 문서를 보라.

7.3.2 상관관계의 유의도 검정하기(Testing correlations for significance)

일단 상관계수를 산출했다면, 이것들의 통계적 유의도를 어떻게 검정할 것인가? 전형적인 영가설은 관계가 없다는 것이다(즉, 모집단의 상관관계는 0이다). 피어슨, 스피어만, 그리고 캔달의 상관계수를 개별적으로 검증하려면 cor.test() 함수를 사용할 수 있다. 간단한 포맷은 다음과 같다:

```
cor.test(x, y, alternative = , method = )
```

여기서 *x*와 *y*는 상관분석할 변수들이고, alternative는 양측 검증(two-tailed test) 또는 단측 검증(one-tailed test)을 지정한다("two.side", "less", 또는 "greater"), method는 계산할 상관의 유형("pearson", "kendall", 또는 "spearman")을 지정한다. 연구가설이 모집단 상관은 0보다 작다는 것일 때, alternative="less"를 사용하라. 연구가설이 모집단 상관은 0보다 크다는 것일 때, alternative="greater"를 사용하라. 기본설정으로 alternative="two.side"(모집단 상관은 0이 아니다)가 가정된다. 다음 프로그래밍에서 예제를 보라.

프로그래밍 7.15 상관계수 유의도 검정하기

```
> cor.test(states[,3], states[,5])

        Pearson's product-moment correlation

data:  states[, 3] and states[, 5]
t = 6.85, df = 48, p-value = 1.258e-08
alternative hypothesis: true correlation is not equal to 0
95 percent confidence interval:
 0.528 0.821
sample estimates:
  cor
0.703
```

이 코드는 기대수명(life expectancy)과 범죄율(murder rate) 간의 피어슨 상관은 0이라는 영가설을 검정한다. 모집단 상관이 0이라고 가정하면서, 표본 상관관계가 0.703 만큼 되는 것은 천만분의 일도 안된다고 기대했다. 이것이 전혀 그럴 것 같지 않는 것을 기반으로 연구가설에 우호적인 가운데 영가설을 기각한다. 즉 기대수명과 범죄율 간의 모집단 상관관계는 0이 아니다.

프로그래밍 7.16 상관관계 행렬과 corr.test()를 통한 유의도 검정

```
> library(psych)
> corr.test(states, use="complete")

Call:corr.test(x = states, use = "complete")
Correlation matrix
           Population Income Illiteracy Life Exp Murder HS Grad
Population       1.00   0.21       0.11    -0.07   0.34   -0.10
Income           0.21   1.00      -0.44     0.34  -0.23    0.62
Illiteracy       0.11  -0.44       1.00    -0.59   0.70   -0.66
Life Exp        -0.07   0.34      -0.59     1.00  -0.78    0.58
Murder           0.34  -0.23       0.70    -0.78   1.00   -0.49
HS Grad         -0.10   0.62      -0.66     0.58  -0.49    1.00

Sample Size
[1] 50

Probability value
           Population Income Illiteracy Life Exp Murder HS Grad
Population       0.00   0.15       0.46     0.64   0.01     0.5
Income           0.15   0.00       0.00     0.02   0.11     0.0
Illiteracy       0.46   0.00       0.00     0.00   0.00     0.0
Life Exp         0.64   0.02       0.00     0.00   0.00     0.0
Murder           0.01   0.11       0.00     0.00   0.00     0.0
HS Grad          0.50   0.00       0.00     0.00   0.00     0.0
```

아쉽게도, cor.test()를 사용해서는 한 번에 오직 하나의 상관관계만 검정할 수 있다. 다행히, psych 패키지의 corr.test()는 진보했다. corr.test() 함수는 피어슨, 스피어만, 그리고 켄달 상관관계의 행렬에 대해 상관관계와 유의도를 산출한다. 다음의 프로그래밍에 예가 있다.

use= 옵션은 "pairwise" 또는 "complete" (각각 결측값의 쌍별 삭제 또는 일괄 삭제)가 될 수 있다. method= 옵션은 "pearson"(기본설정), "spearman", 또는 "kendall"이다. 여기서 인구 규모와 고등학교 졸업율 간의 상관관계(−0.10)는 0과 유의미하게 다르지 않다($p = 0.5$).

• 다른 유의도 검정

7.4.1절에서, 우리는 부분 상관을 살펴보았다. 다변량 정규성(multivariate normality)을 전제로, psych 패키지의 pcor.test() 함수는 하나 또는 그 이상의 추가 변수를 통제하면서 두 변수의 조건적인 독립성을 검정하는데 사용될 수 있다. 포맷은 다음과 같다.

```
pcor.test(r, q, n)
```

여기서 *r*은 pcor() 함수에 의하여 생산되는 부분 상관관계이고, *q*는 통제되는 변수의 번호이고, *n*은 표본 크기이다.

이 주제를 마치기 전에, psych 패키지의 r.test() 함수 또한 많은 유용한 유의도 검정을 제공한다는 것을 언급하고자 한다. 이 함수는 다음을 검정하는 데 사용될 수 있다.

- 상관계수의 유의도
- 두 개의 독립적 상관관계 간의 차이
- 하나의 변수를 공유하는 두 개의 종속적 상관관계 간의 차이
- 완전히 다른 변수들에 기반한 두 개의 종속적 상관관계 간의 차이

세부사항은 help(r.test)를 보라.

7.3.3 상관관계의 시각화

상관관계에 기반한 이변량 관계는 산점도 또는 산점도 행렬을 통하여 시각화될 수 있다. 반면에 상관도(correlogram)는 많은 상관계수들을 의미있게 비교하는데 독특하고 강력한 방법을 제공한다. 11장에서 각각 다루어진다.

7.4 T-검정

연구에서 가장 흔한 활동은 두 집단의 비교이다. 신약을 받은 환자는 기존 약을 사용하는 환자들보다 훨씬 큰 호전을 보이는가? 어떤 제조 과정이 다른 것보다 결함이 적은가? 두 강의 방법 중에 어느 것이 가장 비용-효과적인가? 결과 변수가 범주형이면, 7.3 절에 기술된 방법을 사용할 수 있다. 여기서는 집단 비교에 초점을 맞출 것인데, 이는 결과 변수가 연속형이고 정규분포를 이룬다고 가정한다.

예제용 데이터로는 MASS 패키지에 있는 UScrime 데이터셋을 사용할 것이다. 이것은 1960년 미국의 47개주의 범죄율에 대한 형벌체제의 효과에 관한 정보를 담고 있다. 관심이 있는 결과 변수는 Prob (투옥확률), U1(14-24세의 도시 남성 실업율), 그리고 U2(35-39세의 도시 남성 실업율)이다. 범주형 변수 So(남부 주들을 위한 지시 변수)는 집단화 변수로 역할을 할 것이다. 데이터는 원 저자들에 의하여 재설계되었다.

7.4.1 독립표본 t-검정

남부에서 범죄를 저지르면 더 투옥되기 쉬울까? 비교의 관심은 남부와 비남부 주들이며, 종속변수는 투옥가능성이다. 두 독립표본 t-검정은 두 모집단 평균이 같다는 가설을 검정하는데 사용될 수 있다. 여기서, 두 집단은 독립적이며 데이터는 정규 모집단에서 추출된다고 가정한다. 포맷은 다음 둘 중 어느 것을 써도 좋다.

```
t.test(y ~ x, data)
```

여기서 *y*는 숫자 변수이고 *x*는 이산형 변수이다.

```
t.test(y1, y2)
```

여기서 *y1*과 *y2*는 숫자 벡터(각 집단의 결과변수)이다. 옵션인 `data` 인자는 변수들을 담고 있는 행렬 내지 데이터프레임을 가리킨다. 대부분의 통계 패키지와 대조적으로, 기본설정 검정은 비등분산(unequal variance)을 가정하고 `Welch` 자유도 수정을 적용한다. 등분산(equal variance)과 합동표본분산(pooled variance estimates)을 지정하려면 `var.equal=TRUE` 옵션을 추가할 수 있다. 기본설정으로, 양측검정이 가정된다(즉, 평균은 다르지만 방향은 지정되지 않는다). 방향성 테스트를 지정하려면 `alternative="less"` 또는 `alternative="greater"` 옵션을 추가할 수 있다.

다음 코드는 등분산 가정을 하지 않는 양측검정을 사용하여 남부(집단 1)과 비-남부(집단 2)를 투옥확률로 비교한다:

```
> library(MASS)
> t.test(Prob ~ So, data=UScrime)
```

```
        Welch Two Sample t-test

data:  Prob by So
t = -4, df = 20, p-value = 7e-04
alternative hypothesis: true difference in means is not equal to 0
95 percent confidence interval:
 -0.0385 -0.0119
sample estimates:
mean in group 0 mean in group 1
         0.0385          0.0637
```

남부와 비남부가 같은 투옥 확률을 가진다는 가설을 기각할 수 있다.

> **NOTE** 결과 변수가 비율이기 때문에, 여러분은 아마도 t-검정을 실행하기 전에 이것을 정규성으로 변환하려고 할 수 있다. 현 사례에서, 결과 변수를 합당하게 변환(`Y/1-Y`, `log(Y/1-Y)`, `arcsin(Y)`, 그리고 `arcsin(sqrt(Y))` 해도 모두 결론은 같을 것이다. 변환은 8장에서 자세히 다룰 것이다.

7.4.2 종속표본 t-검정

둘째 예로, 젊은 남성(14-24)의 실업율이 장년 남성 (35-39)보다 높은 지를 물어볼 수도 있다. 이 경우, 두 집단은 독립적이지 않다. Alabama의 젊은 남성과 장년 남성의 실업률이 관계없다고 기대하기 어렵다. 두 집단의 관측치가 관계되어 있을 때, 종속집단 설계를 하게 된다. 사전-사후 설계 또는 반복-측정 설계 또한 종속집단을 생산한다.

종속표본 t-검정은 집단들 간의 차이가 정규적으로 분포되어 있다고 가정한다. 이 경우, 포맷은 다음과 같다.

```
t.test(y1, y2, paired=TRUE)
```

여기서 *y1*과 *y2*는 두 종속집단의 숫자 벡터이다. 결과는 다음과 같다:

```
> library(MASS)
> sapply(UScrime[c("U1","U2")], function(x)(c(mean=mean(x),sd=sd(x))))
           U1       U2
mean 95.46809 33.97872
sd   18.02878  8.44545
> with(UScrime, t.test(U1, U2, paired=TRUE))

        Paired t-test
```

```
data:  U1 and U2
t = 32.407, df = 46, p-value < 2.2e-16
alternative hypothesis: true difference in means is not equal to 0
95 percent confidence interval:
 57.67003 65.30870
sample estimates:
mean of the differences
               61.48936
```

평균 차이(61.5)는 젊은 남성과 장년 남성의 실업율 평균이 같다는 가설을 기각하는 것을 보증하기에 충분하다. 젊은 남성의 실업율이 더 높다. 사실, 모집단 평균이 동등한 경우 이렇게 큰 표본 차이를 획득할 확률은 0.00000000000000022 (즉, 2.2e-16)보다 작다.

7.4.3 세 집단 이상일 경우

세 개 이상의 집단을 비교하고자 한다면 어떻게 해야 하는가? 데이터가 정규 모집단으로부터 독립적으로 추출된다고 가정할 수 있다면, 분산 분석(analysis of variance, ANOVA)를 사용할 수 있다. ANOVA는 많은 실험설계 및 유사-실험설계를 다루는 포괄적인 방법론이다. 그런 만큼, 분산분석은 독립적인 장으로 다루어진다. 9장으로 바로 뛰어 넘어갈 수 있다.

7.5 집단 차이에 대한 비모수 검정

t-검정 또는 ANOVA가 요구하는 모수 가정을 충족할 수 없다면, 비모수 접근을 할 수 있다. 예를 들어, 결과 변수가 사실상 심하게 치우쳐 있거나 서열적이라면, 이 절의 기법들을 사용하고자 할 것이다.

7.5.1 두 집단 비교

두 집단이 독립적이면, Wilcoxon 순위합 검정(rank sum test: Mann-Whitney U 검정으로 더 잘 알려진)을 사용하여 관측치들이 동일한 확률분포에서 추출되었는지(즉, 어떤 집단에서 높은 점수를 획득할 확률이 다른 집단보다 더 큰지를)를 평가할 수 있다. 포맷은 다음 둘 중 하나를 쓰면 된다.

```
wilcox.test(y ~ x, data)
```

여기서 *y*는 숫자 변수이고 *x*는 이분형 변수이다.

```
wilcox.test(y1, y2)
```

여기서 *y1*과 *y2*는 각 집단의 결과변수이다. 옵션인 data 인자는 변수를 담고 있는 행렬 또는 데이터 프레임이다. 기본설정은 양측검정이다. 정확한 검정을 생산하기 위하여 exact 옵션을 추가할 수 있고, 방향성 검증을 지정하기 위해 `alternative="less"` 또는 `alternative="greater"`를 추가할 수 있다.

앞 절에서 나온 투옥 확률 문제에 Mann-Whitney U 검정을 적용한다면, 결과는 다음과 같다.

```
> with(UScrime, by(Prob, So, median))
So: 0
[1] 0.038201
--------------------------------------
So: 1
[1] 0.055552
> wilcox.test(Prob ~ So, data=UScrime)

          Wilcoxon rank sum test

data:  Prob by So
W = 81, p-value = 8.488e-05
alternative hypothesis: true location shift is not equal to 0
```

다시, 남부와 비남부의 투옥확률이 같다는 가설을 기각할 수 있다($p < .001$).

Wilcoxon 부호순위 검정은 종속 집단 t-검정에 대한 비모수 대안을 제공한다. 이것은 집단이 짝을 이루고 있고 정규성 가정이 보증되지 않는 상황에서 적절하다. 포맷은 Mann-Whitney U 검정과 동일하지만 `paired=TRUE` 옵션을 추가한다. 이것을 앞 절의 실업 문제에 적용해보자.

```
> sapply(UScrime[c("U1", "U2")], median)
U1 U2
92 34
> with(UScrime, wilcox.test(U1, U2, paired=TRUE))
        Wilcoxon signed rank test with continuity correction

data:  U1 and U2
V = 1128, p-value = 2.464e-09
alternative hypothesis: true location shift is not equal to 0
```

다시, 짝(쌍) 비교 t-검정(paired t-test)과 같은 결론에 도달한다.

이 경우, 모수 t-검정과 이것의 비모수 등가물은 같은 결론에 도달한다. t-검정을 위한 가정이 합리적일 때, 모수 검정이 보다 강력하다(만약 차이가 있다면, 이를 더 잘 찾을 것이다). 비모수 검정은 가정이 심하게 비합리적일 때(예를 들어 서열데이터) 보다 적절하다.

7.5.2 세 집단 이상 비교하기

비교할 집단이 셋 이상일 때, 다른 방법을 모색해야 한다. 7.4절의 `state.x77` 데이터셋을 검토해 보자. 이 데이터는 미국 주들의 인구, 소득, 문맹율, 기대수명, 살인율, 그리고 고등학교 졸업율을 담고 있다. 미국의 네 지역(북동부, 남부, 북중부, 그리고 서부)의 문맹율을 비교하기 원하면 어떻게 될까? 이것은 일원 설계(one-way design)라 불리는데, 이 질문에 대응하는데 모수 및 비모수 접근 둘 다 이용가능하다.

만약 ANOVA 설계의 가정을 충족시킬 수 없다면, 집단 차이를 평가하기 위하여 비모수 방법을 사용할 수 있다. 집단들이 독립적이면, Kruskal-Wallis 검정이 유용한 접근이다. 집단들이 종속적이면(예를 들어, 반복 측정 또는 무작위 블록 설계), Friedman 검정이 보다 적절하다.

Kruskal-Wallis 검정을 위한 포맷은 다음과 같다.

```
kruskal.test(y ~ A, data)
```

여기서 *y*는 숫자 결과 변수이고 A는 두 개 또는 그 이상의 레벨을 가진 집단화 변수(만약 두 레벨이 있다면, 그것은 Mann-Whitney U 검정과 동등하다)이다. Friedman 검정의 경우, 포맷은 다음과 같다.

```
friedman.test(y ~ A | B, data)
```

여기서 *y*는 숫자 변수이고, *A*는 집단화 변수, *B*는 연관된 관측치를 식별하는 블럭화 변수이다. 두 경우 모두, *data*는 변수를 담고 있는 행렬과 데이터프레임을 지정하는 옵션 인자이다.

문맹률 문제에 Kruskal-Wallis 검정을 적용해보자. 첫째, 데이터셋에 지역 지정을 추가해야 한다. 이것들은 R의 기본설치판과 함께 배포되는 `state.region` 데이터셋에 담겨있다.

```
states <- data.frame(state.region, state.x77)
```

이제 검정을 적용할 수 있다.

```
> kruskal.test(Illiteracy ~ state.region, data=states)
        Kruskal-Wallis rank sum test


data:  Illiteracy by state.region
Kruskal-Wallis chi-squared = 22.672, df = 3, p-value = 4.726e-05
```

유의도 검정 결과는 네 지역의 문맹률이 같지 않음을 보여준다($p < .001$).

비록 차이가 없다는 영가설을 기각할 수 있지만, 이 검정은 어느 지역이 다른 지역들과 유의미하게 차이가 나는지를 알려 주지 않는다. 이 질문에 답하기 위해, Wilcoxon 검정을 이용하여 한 번에 두 집단을 비교할 수 있다. 보다 세련된 접근은 제 1종 오류(type 1 error:없는 차이를 발견할 확률)를 통제하면서, 모든 쌍별 비교를 계산하는 다중-비교 프로시저를 적용하는 것이다. 나는 이런 목적에 사용될 수 있는 wmc()라는 함수를 만들었다. 이것은 Wilcoxon 검정을 사용하여 한 번에 두 집단을 비교하고 p.adj() 함수를 사용하여 확률 값을 조정한다.

솔직하게, 나는 이 장의 제목에 있는 기초의 범위를 좀 확장하고 있다. 하지만 좀 참아주길 바란다. 왜냐하면 이 함수는 여기에 잘 맞기 때문이다. wmc()가 담긴 텍스트 파일은 www.statmethod.net/RiA/wmc.txt에서 내려받을 수 있다. 다음 프로그래밍은 이 함수를 사용하여 미국 네 지역의 문맹율을 비교한다.

프로그래밍 7.17 비모수 다중비교

```
> source("http://www.statmethods.net/RiA/wmc.txt")
> states <- data.frame(state.region, state.x77)
> wmc(Illiteracy ~ state.region, data=states, method="holm")

Descriptive Statistics

        West North Central Northeast South
n      13.00         12.00       9.0 16.00
median  0.60          0.70       1.1  1.75
mad     0.15          0.15       0.3  0.59

Multiple Comparisons (Wilcoxon Rank Sum Tests)
Probability Adjustment = holm

        Group.1       Group.2  W       p
1          West North Central 88 8.7e-01
2          West     Northeast 46 8.7e-01
3          West         South 39 1.8e-02   *
4 North Central     Northeast 20 5.4e-02   .
5 North Central         South  2 8.1e-05 ***
6     Northeast         South 18 1.2e-02   *
---
Signif. codes:  0 '***' 0.001 '**' 0.01 '*' 0.05 '.' 0.1 ' ' 1
```

❶ Accesses the function
❷ Basic statistics
❸ Pairwise comparisons

source() 함수는 wmc() 함수를 정의하는 R 스크립트를 내려받고 실행한다❶. 함수의 형식은 wmc(*y~A*, *data*, *method*)으로, 여기서 *y*는 숫자형 결과 변수이고, *A*는 집단화 변수이고, *data*는 이 변수들을 담고 있는 데이터프레임이고, *method*는 제 1종 오류를 제한하기 위하여 사용되는 접근법이다. 이용 가능한 다른 방법들을 보려면 help(p.adjust)를 보라.

wmc() 함수는 먼저 각 집단의 표본크기, 중앙값, 그리고 중앙값 절대편차를 제공한다❷. 서부가 가장 낮은 문맹율, 남부가 가장 높은 문맹율을 가진다. 다음으로 여섯 개의 통계적 비교(서부 vs 북중부, 서부 vs 북동부, 서부 vs 남부, 남중부 vs 북동, 남중부 vs 남부, 북동부 vs 남부)를 생성한다❸. 당신은 양면 p-값 (p)으로부터 남부는 다른 세 지역과 유의미하게 다르고, 다른 세 지역은 p 〈 .05 수준에서 서로 다르지 않다는 것을 알 수 있다.

비모수 다중 비교는 R에서 쉽게 접근할 수 없는 유용한 기법이다. 21 장에서, wmc () 함수를 개발된 패키지 전체로 확장할 기회를 가지게 되는데, 여기에는 오류 체크와 풍부한 정보를 담은 그래픽 등이 포함된다.

7.6 집단 차이 시각화하기

7.4와 7.5 절에서 집단비교의 통계방법을 살펴보았다. 시각적으로 집단 차이를 탐색하는 것 또한 포괄적인 데이터 분석 전략의 중요한 부분이다. 이것은 차이의 규모를 평가하고, 결과에 영향을 미치는 분포 특징(치우침, 쌍봉, 또는 이상치 같은)을 식별하고, 검정 가정의 적절성을 평가하게 해준다. R은 집단들을 비교하는 매우 넓은 그래픽 방법들을 제공한다. 이것들에는 6.5 절에서 다룬 상자그림(단순, 톱니, 그리고 바이올린), 6.4.1 절에서 다룬 중첩하는 커널 밀도 그림, 9장에서 다루는 ANOVA에서 결과를 시각화하는 그래픽 방법 등이 있다. 집단화와 집단 차이를 시각화하는 고급 방법은 19장에서 논의된다.

7.7 요약

이 장에서, 우리는 기초 통계 요약과 검정을 제공하는 R 함수들을 검토하였다. 우리는 표본 통계치를 살펴보았고, 범주형 변수를 대상으로 빈도표, 독립성 검정 그리고 연관성 측정을 살폈고, 양적 변수 사이의 상관(그리고 연관된 유의도 검정), 그리고 양적 결과변수에 대한 둘 또는 그 이상의 집단 비교를 살펴보았다.

다음 장에서, 우리는 단순 및 다중 회귀를 알아볼 것이다. 여기서 초점은 하나(단순) 또는 둘 이상(다중)의 예측변수와 예측된 또는 기준변수(criterion variable) 간의 관계를 이해하는데 있다. 그래픽 방법은 잠재적인 문제를 진단하고, 모델의 적합성을 평가 및 개선하고, 그리고 기대하지 않은 보석 같은 정보가 드러나도록 도와줄 것이다.

제 3 부

중급 분석 방법

2부가 기초 그래프 및 통계방법들을 다루었다면, 3부는 중급 방법들을 논의한다. 우리는 두 변수 간의 관계를 기술하는 것으로부터 한 개의 수치 결과변수와 일군의 수치 및/혹은 범주형 예측변수들간의 관계를 모델링하는 회귀분석 모델을 사용하는 것(8장에서)으로 이동한다. 데이터를 모델링하는 것은 전형적으로 복잡하고 다단계이며 상호작용적인 프로세스이다. 8장은 적합화 선형모델, 적정성, 그리고 의미 해석 등에 사용가능한 방법들을 단계별로 제공한다.

9장은 분산분석을 이용한 기본 실험설계 및 의사-실험설계에 대한 분석을 검토한다. 여기서 우리는 처치의 조합 및 조건이 어떻게 수치인 결과 변수에 영향을 주는 지에 관심이 있다. 이 장에서는 ANOVA, ANCOVA, 반복 측정 ANOVA, 다중요인 ANOVA, 그리고 MANOVA 등을 수행하는데 사용되는 R 함수들을 소개한다. 아울러 이 분석들의 적정성 및 결과의 시각화를 평가하는 방법들도 논의한다.

실험 및 의사-실험연구 설계를 할 때, 표본크기가 관심 있는 효과를 발견하기에 충분한가를 결정하는 것이 중요하다(검정력 분석). 검정력 분석의 상세한 사항이 10장에 제시된다. 가설검정에 대한 논의로 시작하여 일정한 신뢰도로 일정한 처치의 효과를 얻기 위해 필요한 표본크기를 결정하기 위해 R함수를 어떻게 사용하는지에 초점을 맞출 것이다. 이것은 유용한 결과를 생산하기 위한 연구설계에 도움을 줄 것이다.

11장은 두 개 이상의 변수들 간의 관계를 시각화하는데 도움을 주는 그래프 생성을 다룸으로써 5장의 논의를 확장한다. 이 장은 다양한 형태의 2D, 3D 산점도, 산점도 행렬, 선그림, 그리고 버블플롯 등을 포함한다. 그리고 매우 유용하지만 잘 알려지지 않은 상관관계 행렬도과 모자이크플롯을 소개한다.

8장과 9장에서 기술된 선형모델은 결과변수가 수치적일 뿐 아니라 정규분포로부터 무작위로 추출된 것을 가정한다. 이러한 분포의 가정이 지지될 수 없는 상황도 많이 있다. 12장은 데이터가 알려지지 않았거나 혼재된 분포에서 표집된 데이터, 표본 크기가 작은 데이터, 이상치가 문제가 되는 데이터, 혹은 이론적 분포에 기반한 적절한 검증을 하기가 너무 복잡하고 수학적으로 다루기 힘든 경우에 잘 작동하는 분석 방법들을 제시한다. 이 방법에는 재표집과 부트스트래핑 접근이 있는데 이는 R에서 강력하게 구현된 컴퓨터-집중적인 방법들이다. 이 장에서 기술된 방법들은 전통적인 모수를 충족하지 못하는 데이터에 대한 가설검정을 가능하게 한다.

3부를 끝내고 나면, 여러분은 실질적으로 접하는 대부분의 일반적인 데이터 분석 문제를 해결할 도구들을 가지게 된다. 그리고 멋진 그래프를 만들 수 있게 될 것이다!

제8장 회귀분석

이 장에서 다룰 내용은 다음과 같다.

- 선형모델의 적합화와 해석하기
- 모델의 가정 평가하기
- 경쟁 모델들에서 선택하기

많은 이유로 회귀분석은 통계학의 중심에 위치하고 있다. 회귀분석은 넓은 의미에서 하나 혹은 그 이상의 예측변수(독립변수 혹은 설명변수라고도 함)로부터 반응변수(종속변수 혹은 결과변수라고도 함)를 예측하는데 사용하는 방법론들의 묶음을 가리킨다. 일반적으로 회귀분석은 결과변수와 관련된 설명변수를 확인하고, 이들 간의 관계의 형태를 기술하고, 설명변수로부터 결과변수를 예측하는 방정식을 구하기 위해 사용한다.

예를 들어, 운동심리학자는 런닝머신에서 운동할 때 얼마나 칼로리가 소모되는지를 예측하기 위한 공식의 개발을 위해서 회귀 분석을 적용한다. 이때 반응변수는 칼로리 소모량이고, 예측변수는 운동시간을 비롯하여, 평균 스피드. 운동하는 사람의 나이, 성, 체질량지수(BMI , Body Mass Index)가 될 것이다.

이론적 관점에서 회귀 분석은 아래와 같은 질문의 답을 구하는데 도움을 준다.

- 운동시간과 칼로리 소모량 사이에는 어떠한 관계가 있는가? 선형적 혹은 곡선적 관계인가? 예를 들어 운동을 시작한지 일정 시점에 이르면 칼로리 소모에 미치는 효과가 감소하는가?
- 운동강도(목표 심장 박동에 이른 시간 백분율, 평균 걷는 속도)를 얼마나 고려해야 하는가?
- 이같은 관련성은 나이, 성별, 몸무게에 따라서 동일한가?

현실적 관점에서 회귀분석은 다음 질문에 대한 답을 구하는데 도움을 준다

- 체질량지수가 28.7인 30세 남성이 한 시간에 4마일 평균 속도로 45분 걷고. 목표 심장 박동을 운

동 시간 동안 80% 유지한다면, 얼마나 많은 칼로리 소모를 기대할 수 있는가?

- 체질량지수가 28.7인 30세 남성의 걸을 때 칼로리 소모량을 정확하게 예측하기 위해서 수집해야 할 변수의 수는 최소 몇 개인가?
- 당신의 예측은 얼마나 정확한가?

회귀분석이 현대 통계학에서 차지하는 중심적 역할때문에 이 장에서 비교적 내용을 깊이 있게 다루고자 한다. 주요 내용은 다음과 같다. 첫째, 회귀 모델의 적합성을 평가하고 해석하는 방법을 설명한다. 둘째. 모델에서 발생할 수 있는 잠재적 문제점들을 발견하고, 이를 해결하는 여러 기법들을 검토한다. 셋째, 예측변수들의 후보들 중에서 어떻게 변수를 선정하여 최종 모델에 포함할 것인지 결정하는 방법을 다룬다. 넷째, 모델에 포함된 모든 예측변수들 중에서 어떠한 변수가 중요한지의 상대적 중요도를 알아보는 방법을 설명한다.

여러분도 짐작하는 바와 같이, 우리는 광범위한 내용을 다루고 있다. 효율적인 회귀분석은 여러 단계를 거쳐 이루어지는 대화적이고 종합적인 과정으로서, 단순한 기법 이상을 포함한다. 따라서 전체 양상을 파악할 수 있도록 여러 장으로 나누지 않고 하나의 장으로 구성하였다. 결과적으로 이 장은 이 책에서 가장 길고 내용이 가장 많은 장이 될 것이다. 여러분들에게 약속하건데, 포기하지 않고 끝까지 가다 보면 매우 다양한 연구문제를 해결하는데 긴요한 수단들을 모두 확보할 수 있을 것이다. 약속한다!

8.1 회귀분석의 여러 얼굴들

회귀(regression) **분석**이라는 용어가 혼란을 줄 수 있다. 매우 특정화되고 다양한 의미가 많기 때문이다(표 8.1을 보라). 특히 R은 회귀모델의 적합화를 위한 강력하고 광범위한 도구들을 지니고 있으며 엄청난 양의 옵션들을 포함하고 있다. 예컨대, Vito Ricci는 2005년에 회귀분석을 산출하는데 사용되는 250개가 넘는 R함수의 목록을 제시한 바 있다(http://mng.bz/NJhu).

이 장에서 우리는 **일반최소자승법**(OLS ; ordinary least squares)의 영역에 해당하는 회귀분석 방법(선형회귀, 다항회귀, 다중 선형회귀)에 초점을 맞춘다. 오늘날 OLS 회귀는 회귀분석에서 가장 보편적인 통계적 분석이 되었다. 다른 회귀모델(로지스틱 회귀분석, 포아송 회귀분석)은 13장에서 다루도록 한다.

8.1.1 OLS 회귀분석 시나리오

OLS 회귀에서 양적 종속변수는 예측변수의 가중치의 합을 통해서 예측되는데 가중치는 자료에서

표 8.1 회귀분석의 많은 얼굴들

회귀 종류	주 목적
단순 선형(Simple linear)	하나의 양적 설명변수로부터 하나의 양적 반응변수를 예측한다.
다항(Polynomial)	n차의 서열항으로 관련성을 모델화하고, 하나의 양적 설명변수로부터 하나의 양적 반응변수를 예측한다.
다중 선형(Multiple linear)	두 개 이상의 설명변수로부터 하나의 양적 반응변수를 예측한다.
다차원(Multilevel)	위계 구조를 가진 데이터로부터(예를 들면, 학생의 소속 학급, 소속 학교) 하나의 반응변수를 예측한다. 위계적, 내재적, 혹은 혼합 모델로도 부른다.
다변량(Multivariate)	하나 혹은 둘 이상의 설명변수로부터 둘 이상의 반응변수를 예측한다.
로지스틱(Logostics)	하나 혹은 둘 이상의 설명변수로부터 하나의 범주화된 반응변수를 예측한다.
포아송(Poisson)	하나 혹은 둘 이상의 설명변수로부터 하나의 서열화된 반응변수를 예측한다.
Cox비례위험 (Cox proportional hazards)	하나 혹은 둘 이상의 설명변수로부터 사건(죽음, 실패, 생존 시간을 예측한다.
시계열(Time-series)	상관된 오차가 있는 데이터의 시계열성을 모델링한다.
비선형(Nonlinear)	모델 형태가 비선형적인, 하나 혹은 둘 이상의 설명변수로부터 하나의 반응변수를 예측한다.
비모수적(Nonparametic)	하나 혹은 둘 이상의 설명변수로부터 반응변수를 예측한다. 여기서 모델은 선험적으로 특정화되지 않고 데이터로부터 도출한다.
로버스트(Robust)	하나 혹은 둘 이상의 설명변수로부터 하나의 양적 반응 예측변수를 예측한다. 영향력있는 관측치 효과에 저항하도록 설계한다.

추정된 모수를 의미한다. 구체적인 예를 통해서 살펴보자.

교량 붕괴와 관련된 중요한 요인들을 확인하고(예를 들어 연한, 교통량, 다리 형태, 건설 재료와 방법, 건축의 질, 기후 조건) 관련성을 설명하는 수식을 구하려는 기술자가 있다. 기술자는 대표성있는 교량 표본을 구하고 이곳에서 변수들에 대한 자료를 수집한 다음, OLS 회귀를 이용하여 자료를 모델링한다. 이 접근은 매우 대화적이다. 기술자는 일련의 모델을 적합화하고, 통계적 가정들을 충족하는지 점검하고, 미리 예상하지 못했거나 예외적 발견이 없는가를 찾아보고, 결론적으로 가능한 많은 모델 가운데 가장 "좋은" 모델을 선택한다. 이 작업이 성공적이었다면 결과는 기술자에게 아래와 같은 도움을 줄 것이다.

- 교량 붕괴를 예측하기 위해 수집된 많은 변수들 중에서 상대적 중요성에 따라서 중요한 변수에 초점을 맞춘다.
- 교량 붕괴의 새로운 사례(이 사례의 예측변수의 수치는 알려져 있으나 교량 붕괴의 정도는 알려

져 있지 않은)를 예측하는데 활용할 수 있는 수식을 산출함으로써 위험한 교량을 찾아낼 수 있다.

- 예외적인 교량을 찾아내는 우연한 발견(serendipity)의 잇점이 있다. 모델에서 예측한 것보다 훨씬 빨리 혹은 늦게 붕괴하는 교량들을 찾아낼 수 있다면, 이같은 예외적 사례의 연구를 통해서 교량 붕괴 메커니즘 이해에 도움이 되는 중요한 발견을 가져다 줄 것이다.

아마도 여러분들에게 교량은 그다지 흥미가 없을 것이다. 나는 임상 심리학자이자 통계학자이다. 게다가 공공 건축은 전혀 문외한이다. 그러나 위에서 밝힌 일반적 원리는 물리학, 생물학, 사회과학 분야에서 놀라운 만큼 넓은 범위의 문제에 적용될 수 있다. 아래의 문제들은 OLS 접근을 이용하여 해결될 수 있다.

- 수면 염분과 도로 표면 포장과의 관계는 무엇인가(Montgomery, 2007)?
- 사용자 경험의 어떤 측면이 온라인 롤프레잉 게임의 멀티플레이(MMORPGs) 과다이용에 기여하는가(Hsu, Wen, & Wu, 2009)?
- 고등학생의 학업성적에 가장 관련성이 강한 질적 교육환경의 요소는 무엇인가?
- 혈압, 염분 섭취 그리고 나이 사이의 관계는 어떠한가? 이 관련성은 남성과 여성에게 동일한가?
- 대도시 지역 발달에 운동경기장과 프로스포츠는 어떤 영향을 미치는가(Baade & Dye, 1990)?
- 주마다 맥주 값의 차이가 발생하는 요인은 무엇인가(Culbertson & Bradford, 1991)?

우리의 주된 제약은 흥미있는 질문을 설정하고, 유용한 응답변수의 측정을 고안하고, 적합한 자료를 수집하는 우리의 능력에 있다.

8.1.2 여러분이 알아야 할 것

이 장의 나머지 부분은 OLS 회귀모델을 적합화하고, 적합성을 평가하고, 경쟁적인 여러 모델 중에서 선택하는 과정에서 R 함수의 활용하는 방법에 대해서 기술할 것이다.

나는 여러분들이 학부 2학년 통계과목에서 최소자승 회귀분석 과정을 배우고 있다고 가정하고 설명할 것이다. 그러나 수학적 표기는 최소화하고 이론적 문제보다는 현실적 문제에 초점을 맞추도록 노력할 것이다. 이 장에서 소개하는 통계학적 내용을 다루는 훌륭한 교재가 많다. 나는 John Fox의 Applied Regression Analysis and Generalized Linear Models(이론편)과 An R and S-Plus Companion to Applied Regression (응용편)을 즐겨 본다. 본 장에서 다루는 주요 출처들은 이 두 책에서 제공된 것들이다. 비기술적인 내용을 잘 개관하고 있는 책으로는 Licht(1995)가 있다.

8.2 OLS 회귀

이 장 대부분에서 OLS를 사용하여 예측변수의 묶음으로부터 반응변수를 예측할 것이다(달리 표현하면, 예측변수에 대해서 반응변수를 회귀한다). OLS 회귀는 아래 형태의 모델로 적합화한다.

$$\hat{Y}_i = \hat{\beta}_0 + \hat{\beta}_1 X_{1i} + \ldots + \hat{\beta}_k X_{ki} \quad i = 1 \ldots n$$

여기서 n은 관측치 수, k는 예측변수의 수이다(나는 논의에서 가능하면 방정식을 배제하려고 노력하지만. 이 방정식은 대상을 단순화하는 몇 개 방정식 가운데 하나이다). 이 방정식에서

$\hat{Y}_i$ 는 관측치i의 예측된 종속변수 값이다(특히 예측변수의 조건적 집합 Y분포의 추정된 평균이다).

X_{ji} 는 i번째 관찰에 대한 j번째 예측 값이다.

$\hat{\beta}_0$ 는 절편이다(모든 예측변수가 0일 때 Y의 예측 값).

$\hat{\beta}_j$ 는 j번째 예측변수의 회귀계수이다(기울기는 X_j의 한 단위 변화에 대한 Y의 변화를 의미한다).

우리의 목적은 실제 반응 값과 모델이 예측한 값 사이의 차이를 최소화하는 모델의 모수(절편과 기울기)를 선택하는 것이다. 특히 모델의 모수는 잔차 제곱의 합을 최소화하도록 선택한다.

$$\sum_{i=1}^{n}(Y_i - \hat{Y}_i)^2 = \sum_{i=1}^{n}(Y_i - \hat{\beta}_0 + \hat{\beta}_1 X_{1i} + \ldots + \hat{\beta}_k X_{ki})^2 = \sum_{i=1}^{n}\varepsilon_i^2$$

OLS 모델에서 계수를 정확하게 해석하기 위해서는 다음의 통계적 가정들을 만족해야 한다.

- **정규성(Normality)**: 독립변수의 고정된 값에 대해서, 종속변수는 정규분포를 이루어야 한다.
- **독립성(independence)**: Yi 값들은 상호독립적이어야 한다.
- **선형성(linearity)**: 종속변수는 독립변수와 직선적 관계를 지닌다
- **등분산성(homoscedasticity)**: 종속변수 Y의 분산이 대응하는 독립변수 X값의 차이에도 불구하고 (모든 X값에 대해서) 같아야 한다.

만일 이 가정들에 위배된다면, 통계적 유의도 검정이나 신뢰구간은 정확하지 않다. 또한 OLS 회귀분석은 독립변수가 고정되어 있고 오차없이 측정된다는 것을 가정한다. 그러나 이 가정은 실제에서는 융통성이 있다.

8.2.1 lm()으로 회귀모델 적합화하기

R에서 선형 모델을 적합화하는 기본 함수는 lm()이다. 포맷은 `myfit <- lm(`*`formula, data`*`)`이다. 여기서 *formula*은 적합한 모델을 기술하고 *data*는 모델의 적합화에 사용하는 자료를 포함하고 있

표 8.2 R 공식에서 일반적으로 사용하는 기호들

기호	사용법
~	왼편의 종속변수와 오른 편의 설명변수를 구분한다. 예를 들어 x와 z로부터 y를 예측하고자 한다면 y ~ x + z + w로 입력한다.
+	예측변수들을 구분한다.
:	예측변수들 간 상호작용을 가리킨다. x, z 그리고 x와 z의 상호작용으로부터 y를 예측하고자 한다면 y ~ x + z + x:z로 입력한다.
*	예측변수 항목 간 모든 가능한 상호작용을 가리킨다. 코드 y~x*z*w는 y ~ x + z + w + x:z + x:w + z:w + x:z:w.로 확장된다.
^	상호작용의 정도를 가리킨다. y~(x+z+w)^2는 y~x+z+w+x:z+x:w+z:x로 확장된다.
.	종속변수를 제외한 데이터의 모든 변수의 placehoder. 예를 들어 자료에 x. y, z, w가 포함되어 있다면 y로 입력하면 y~x+z+w로 확장한다.
-	방정식에서 변수를 제외한다. 예를 들어 y~(x+z+w)^2-x:w는 y~x+z+w+x:z+z:w로 확장된다(상호작용항에서 x:w항이 제외됨).
-1	절편을 없앰. 예를 들어, y~x-1은 x에 대한 y의 회귀를 적합화하고 x=0으로 선을 강제한다.
I( )	괄호 안 요소들은 산술적으로 해석한다. 예를 들어 y~x+(z+w)^2는 y~x+z+w+z:x로 확장됨. 반면 y~x+I((z+w)^2)는 y~x+h로 확장되어, h는 z와 w의 합의 제곱 항이 된다. .
function	수학적 함수는 공식에서도 사용할 수 있다. 예를 들어 log(y) ~ x+z+w는 x, z, w로부터 log(y)를 예측한다.

는 데이터프레임이다. 결과 객체(이 경우에 myfit)는 적합화된 모델에 관한 광범위한 정보를 포함하고 있는 리스트이다. 공식은 전형적으로 Y ~ X1 + X2 + . . . + Xk와 같이 쓴다. 여기서 변수들은 ~ 로 구분하여 왼편은 반응변수를 오른편은 예측변수(설명변수)를 나타낸다. 또한 예측변수들은 +로 구분

표 8.3 선형 모델을 적합화할 때 유용한 기타 함수들

함수	활동
summary ( )	적합화 모델의 세부 결과를 보여준다.
coefficients ( )	모델 적합화를 위한 모델 모수(절편과 기울기)를 나열한다.
confint ( )	모델 파라아리미터의 신뢰 구간(디폴트 95%)을 제공한다.
fitted ( )	적합화 모델에서 예측값을 나열한다.
residual ( )	적합화 모델에서 잔차값을 나열한다.
anova ( )	적합화 모델에서 ANOVA표를 산출하거나, 두 개 혹은 그 이상의 적합화 모델을 비교한다.
vcov ( )	모델 파라미터의 공분산 행렬을 나열한다.
AIC ( )	Akaike' s Information Criterion 출력한다.
plot ( )	모델 적합성을 평가하기 위한 진단 플롯을 생성한다.
predict ( )	새로운 데이터 셋의 반응 값 예측을 위해서 적합화 모델을 사용한다.

한다. 이외에도 여러 기호들을 사용하여 공식을 다양한 방식으로 수정할 수 있다(표 8.2를 볼 것).

`lm()` 에 덧붙여 표 8.3은 단순 혹은 다중 회귀분석에서 유용하게 사용할 수 있는 여러 가지 함수의 리스트이다. 이들 각 함수들은 적합화된 모델에 기초하여 부가적 정보를 산출하기 위해서 `lm()` 에 의해서 반환된 객체에 적용한다.

하나의 독립변수와 하나의 종속변수가 있는 회귀분석을 **단순 선형회귀분석**(simple linear regression)이라고 한다. 자승변수가 포함된 예측변수가 있는 경우를 다항(polynomial) 회귀분석이라고 부른다(예를 들어 X, X^2, X^3). 또한 하나 이상의 예측변수가 있을 때를 **다중 선형회귀분석**(multiple linear regression)이라고 한다. 우리는 단순 선형회귀의 사례에서 시작하여 다항 회귀와 다중 선형회귀분석을 살펴보고, 예측 항에 상호작용 항이 포함되어 있는 다중 회귀분석 사례에서 설명을 마치려고 한다.

8.2.2 단순 선형회귀(Simple linear regression)

단순 회귀분석 사례를 표 8.3에 있는 함수를 통해서 살펴보자. 분석 사례인 women 데이터셋에는 30대 여성 15명의 키와 몸무게가 입력되어 있다. 이제 키로 부터 몸무게를 예측한다고 가정하자. 키로 부터 몸무게를 예측하기 위한 공식을 얻는다면 특정 개인이 과몸무게인지 혹은 미달 몸무게인지를 구분하는데 도움을 줄 수 있다. 아래의 프로그래밍에 분석 결과가 제시되어 있으며 결과 그래프는 그림 8.1이다.

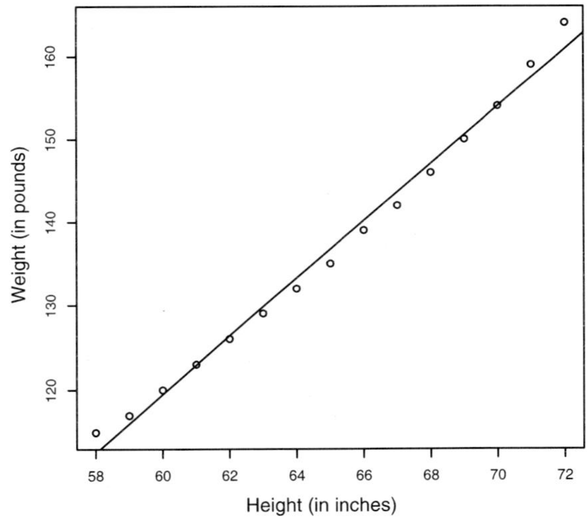

그림 8.1 키로 부터 몸무게를 예측하는 회귀선이 있는 산점도

프로그래밍 8.1 단순 선형회귀

```
Call:
lm(formula=weight ~ height, data=women)

Residuals:
   Min     1Q Median     3Q    Max
-1.733 -1.133 -0.383  0.742  3.117

Coefficients:
            Estimate Std. Error t value Pr(>|t|)
(Intercept) -87.5167     5.9369   -14.7  1.7e-09 ***
height        3.4500     0.0911    37.9  1.1e-14 ***
```

```
Signif. codes:  0 '***' 0.001 '**' 0.01 '*' 0.05 '.' 0.1 '' 1

Residual standard error: 1.53 on 13 degrees of freedom
Multiple R-squared: 0.991,      Adjusted R-squared: 0.99
F-statistic: 1.43e+03 on 1 and 13 DF,  p-value: 1.09e-14

> women$weight

 [1] 115 117 120 123 126 129 132 135 139 142 146 150 154 159 164

> fitted(fit)

     1      2      3      4      5      6      7      8      9
112.58 116.03 119.48 122.93 126.38 129.83 133.28 136.73 140.18
    10     11     12     13     14     15
143.63 147.08 150.53 153.98 157.43 160.88

> residuals(fit)
    1     2     3     4     5     6     7     8     9    10    11
 2.42  0.97  0.52  0.07 -0.38 -0.83 -1.28 -1.73 -1.18 -1.63 -1.08
   12    13    14    15
-0.53  0.02  1.57  3.12

> plot(women$height,women$weight,
      xlab="Height (in inches)",
      ylab="Weight (in pounds)")
> abline(fit)
```

산출물로부터 아래의 예측 방정식을 얻을 수 있다.

$$\widehat{\text{Weight}} = -87.52 + 3.45 \times \text{Height}$$

키가 0인 경우는 불가능하기 때문에 절편에 대해서 물리적 해석을 할 필요는 없다. Pr(>|t|) 컬럼에서 회귀계수(3.45)가 0과는 유의미하게 다르다는 것을 알 수 있으며($p < 0.001$), 키가 1인치 커지면 3.45파운드의 몸무게 증가를 예측할 수 있다. 다중 R제곱(0.991)은 모델이 몸무게 변량의 99.1%를 설명하고 있음을 의미한다. R제곱은 실제 값과 예측치 간 상관계수의 제곱이기도 하다(즉 $R^2 = r_{\hat{y}y}$). 잔차 표준오차(1.53파운드)는 모델을 적용하여 키로 부터 몸무게를 예측할 때 발생하는 오차들의 평균으로 생각할 수 있다. F검정은 모델에서 예측변수를 동시에 고려했을 때 반응변수의 예측이 우연히 얻게 되는 수준 이상에 해당하는지 여부를 검정한다. 단순 회귀방정식에는 하나의 종속변수만 있기 때문에 여기서 F검정은 몸무게의 회귀계수에 대한 t검정과 동일하다.

이해를 돕기 위해서 실제 값, 예측 값, 잔차 값을 각각 표시하였다. 결과적으로 가장 큰 잔차는 그림 8.1의 플롯에서도 확인할 수 있듯이 작은 키와 큰 키에서 발생한다.

플롯은 하나의 선을 이용하여 예측을 향상시키고자 할 때 유용하게 쓰인다. 예를 들어 $\hat{Y}_i=\hat{\beta}_0+\hat{\beta}_1X+\hat{\beta}_2X^2$의 형태가 이 데이터에 보다 적합한 모델을 제공한다. 다항 회귀분석은 관계의 형태가 n차 다항인 경우에 설명변수로 부터 결과변수를 예측하는 방법이다.

8.2.3 다항 회귀분석(Polynomial regression)

그림 8.1의 플롯은 지수 형태의 회귀를 사용하여 예측을 향상할 수 있음을 시사한다(예컨대 X^2). 아래 프로그래밍을 사용하여 이차함수방정식을 적합화할 수 있다.

```
fit2 <- lm(weight ~ height + I(height^2), data=women)
```

새로운 항인 `I(height^2)`은 설명이 필요하다. 예측방정식에 `height^2` 항목을 첨가한다. R의 일반적 표현과 마찬가지로 I 함수는 ( )안의 내용을 취급하는데 ^는 공식에서 특정한 의미를 가진다(표 8.2를 보라).

아래의 프로그래밍은 이차방정식의 적합화 결과를 보여준다.

프로그래밍 8.2 다항 회귀분석

```
> fit2 <- lm(weight ~ height + I(height^2), data=women)
> summary(fit2)

Call:
lm(formula=weight ~ height + I(height^2), data=women)

Residuals:
    Min      1Q  Median      3Q     Max
-0.5094 -0.2961 -0.0094  0.2862  0.5971

Coefficients:
             Estimate Std. Error t value Pr(>|t|)
(Intercept) 261.87818   25.19677   10.39  2.4e-07 ***
height       -7.34832    0.77769   -9.45  6.6e-07 ***
I(height^2)   0.08306    0.00598   13.89  9.3e-09 ***
---
Signif. codes:  0 '***' 0.001 '**' 0.01 '*' 0.05 '.' 0.1 ' ' 1

Residual standard error: 0.384 on 12 degrees of freedom
Multiple R-squared: 0.999,      Adjusted R-squared: 0.999
F-statistic: 1.14e+04 on 2 and 12 DF,  p-value: <2e-16

> plot(women$height,women$weight,
       xlab="Height (in inches)",
       ylab="Weight (in lbs)")
> lines(women$height,fitted(fit2))
```

이 새로운 분석에서 예측방정식은

$$\widehat{\text{Weight}} = 261.88 - 7.35 \times \text{Height} + 0.083 \times \text{Height}^2$$

이며 예측방정식과 두 계수는 $p < .0001$ 수준에서 유의미하다. 분산의 정도는 99.9%까지 증가하고 있다. 제곱 항이 유의미하다는 것은($t = 13.89$, $p < .001$)은 제곱 항을 포함했을 때 모델적합성이 증가하

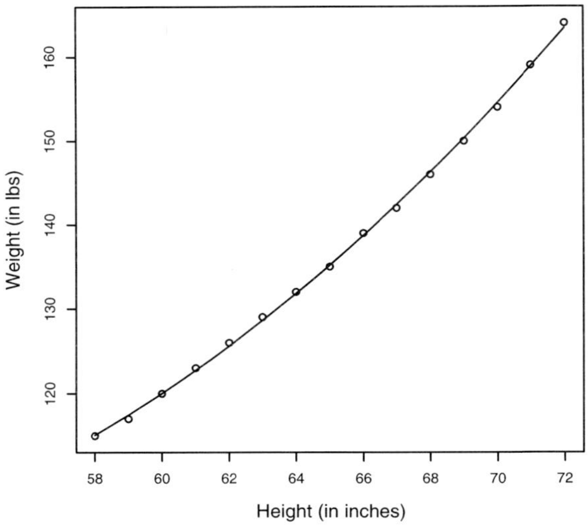

그림 8.2 키(height)에 의한 몸무게(weight)의 이차 함수 회귀

고 있음을 시사한다. 그림 8.2의 `fit2` 플롯을 보면 곡선이 훨씬 나은 적합성을 제공하고 있음을 알 수 있다.

◆ 선형 vs 비선형 모델

다항 방정식은 여전히 선형회귀의 지시문으로 적합화한다. 방정식이 예측변수의 가중치 합을 포함하고 있기 때문에 선형적이다(이 경우에 몸무게와 몸무게의 제곱이다). 아래와 같은 모델이라도

$$\hat{Y}_i = \hat{\beta}_0 \times \log X_1 + \hat{\beta}_2 \times \sin X_2$$

선형모델로 간주될 수 있으며(모수 차원에서 선형적이다), 다음 공식으로 적합화한다.

`Y~log(X1)+sin(X2)`

반면, 다음은 진정한 비선형 모델의 보기이다.

$$\hat{Y}_i = \hat{\beta}_0 + \hat{\beta}_1 e^{x/\beta_2}$$

이같은 형태의 비선형모델은 `nls( )` 함수로 적합화할 수 있다.

일반적으로 n제곱 항은 n-1 만큼 구부러지는 곡선을 낳는다. 세제곱 항의 적합화를 위해서 아래를 사용한다.

```
fit3 <- lm(weight ~ height + I(height^2) +I(height^3), data=women)
```

보다 높은 고차 항이 가능하지만, 세제곱보다 더 고차 항을 사용한 경우는 거의 보지 못했다.

다음 주제로 옮겨가기 전에 car 패키지가 제공하는 이원 관계를 플롯팅하는 간단하고 전형적인 방법을 아래에 소개한다. 코드는 다음과 같다.

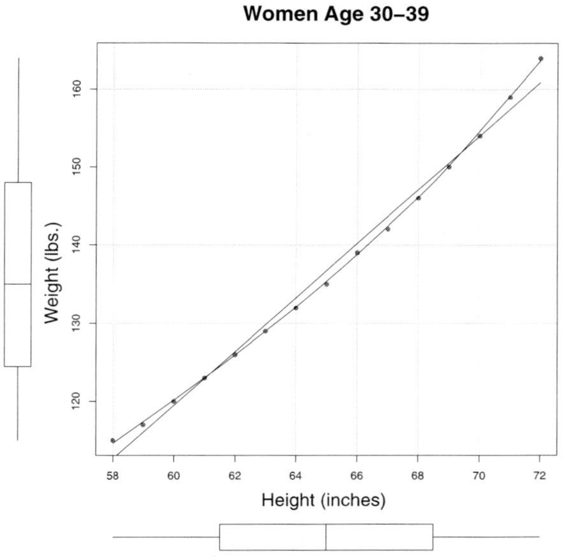

그림 8.3 몸무게에 의한 키의 산점도. 직선과 평활화(smoothed) 직선 및 주변 상자그림(box plots)

```
library(car)
scatterplot(weight ~ height, data=women,
spread=FALSE, smoother.args=list(lty=2), pch=19,
main="Women Age 30-39",
xlab="Height (inches)",
ylab="Weight (lbs.)")
```

이 분석 결과가 그림 8.3이다. 결과는 몸무게와 키의 산점도, 각 변수 축 아래에 변수의 상자그림(box plot), 가장 적합한 직선, 그리고 평활화 적합선(loess)을 보여준다. spread=FALSE 옵션은 산포와 비대칭적인 정보를 없애라는 옵션이다. smoother.args=list(lty=2) 옵션평활화 적합선을 점선으로 표시하라는 옵션이며, pch=19옵션은 점을 채워진 원으로 표시하라는 명령이다(디폴트는 빈 원). 그림은 한 눈에 두 변수가 대략 대칭적이며 점들을 직선보다는 곡선에 더 적합함을 알 수 있다.

8.2.4 다중 선형회귀(Multiple linear regression)

예측변수가 둘 이상인 회귀분석을 다중 회귀분석이라 한다. 기술적으로, 다항회귀분석은 다중회귀분석의 특별한 사례이다. 이차방정식 회귀분석은 예측변수가 두 개이며(X^1, X^2), 삼차방정식 회귀분석은 예측변수가 3개이다(X^1, X^2, X^3). 보다 일반적인 사례를 보자.

이 사례는 기본 패키지에 있는 `state.x77` 데이터 셋을 이용한다. 각 주정부의 살인율과 인구, 문맹율, 평균 소득, 추위(빙점 아래에 이르는 평균 날 수) 사이의 관계를 알고자 한다. `lm()` 함수에는 데이터프레임을 필요하기 때문에(`state.x77` 데이터셋은 행렬 형태이다) 아래의 코드로 단순화할 수 있다.

```
states <- as.data.frame(state.x77[,c("Murder", "Population",
"Illiteracy", "Income", "Frost")])
```

이 코드는 흥미있는 변수들을 포함하고 있는 states라 불리는 데이터프레임을 산출한다. 이 장의 나머지 부분에서 이 새로운 데이터 셋은 사용할 것이다. 다중 회귀분석에서 바람직한 첫 번째 단계는 한 번에 두 변수씩 이들 관계를 살펴보는 것이다. cor()로 두 변수 간 상관성을, 패키지에 있는 scatterplotMatrix() 함수로 산점도를 각각 산출한다(아래의 프로그래밍과 그림 8.4를 볼 것).

프로그래밍 8.3 두 변수 간 관계 살펴보기

```
> states <- as.data.frame(state.x77[,c("Murder", "Population",
                          "Illiteracy", "Income", "Frost")])

> cor(states)
           Murder Population Illiteracy Income Frost
Murder       1.00       0.34       0.70  -0.23 -0.54
Population   0.34       1.00       0.11   0.21 -0.33
Illiteracy   0.70       0.11       1.00  -0.44 -0.67
Income      -0.23       0.21      -0.44   1.00  0.23
Frost       -0.54      -0.33      -0.67   0.23  1.00

> library(car)
> scatterplotMatrix(states, spread=FALSE, smoother.args=list(lty=2),
    main="Scatter Plot Matrix")
```

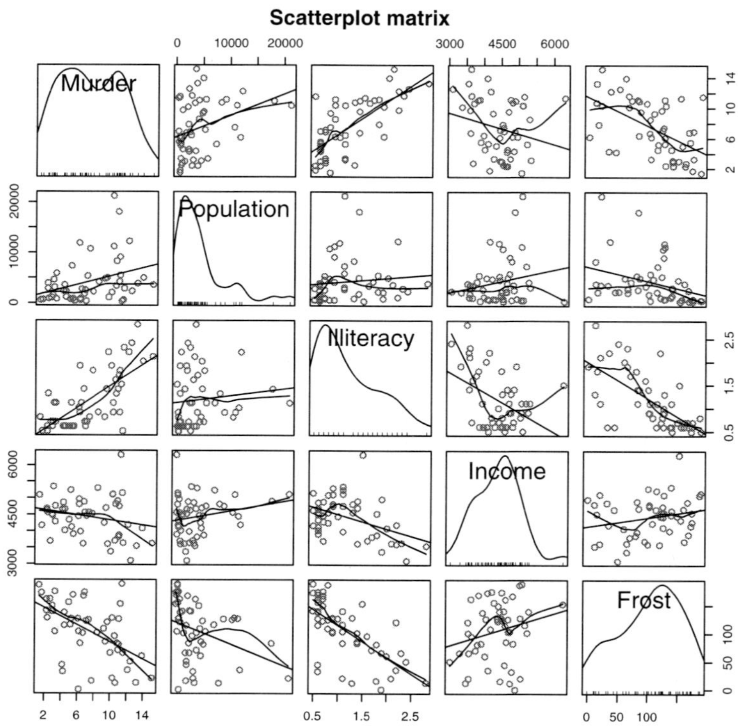

그림 8.4 states 데이터의 독립변수와 종속변수의 산점도. 직선, 평활화 선 및 주변 분포(magrinal distribution)(커널 밀도 플롯과 깔개 플롯)

scatterplotMatrix() 함수는 기본설정으로 각 변수들의 비대각 산포도와 이들 플롯에 적합한 직선과 평활선(loess)을 제공한다. 주 대각선에는 각 변수의 밀도와 깔개(rug) 플롯을 포함한다.

여러분은 살인율이 쌍봉 분포(bimodal)이며, 각 예측변수들의 분포가 상당히 치우쳐 있음을 알 수 있다. 살인율은 인구와 문맹율에 따라서 증가하며 소득 수준과 추위 수준이 증가하면서 감소한다. 동시에 날씨가 추운 주일수록 문맹율과 인구가 감소하지만 소득은 증가한다는 것을 파악할 수 있다.

이제 lm() 함수를 다중 회귀모델에 적용해 보자.(아래 프로그래밍을 볼 것)

프로그래밍 8.4 다중 선형회귀

```
> states <- as.data.frame(state.x77[,c("Murder", "Population",
                          "Illiteracy", "Income", "Frost")])

> fit <- lm(Murder ~ Population + Illiteracy + Income + Frost,
          data=states)
> summary(fit)
Call:
lm(formula=Murder ~ Population + Illiteracy + Income + Frost,
    data=states)

Residuals:
    Min      1Q  Median      3Q     Max
-4.7960 -1.6495 -0.0811  1.4815  7.6210

Coefficients:
            Estimate Std. Error t value Pr(>|t|)
(Intercept) 1.23e+00   3.87e+00    0.32    0.751
Population  2.24e-04   9.05e-05    2.47    0.017 *
Illiteracy  4.14e+00   8.74e-01    4.74  2.2e-05 ***
Income      6.44e-05   6.84e-04    0.09    0.925
Frost       5.81e-04   1.01e-02    0.06    0.954
---
Signif. codes:  0 '***' 0.001 '**' 0.01 '*' 0.05 '.v 0.1 'v' 1

Residual standard error: 2.5 on 45 degrees of freedom
Multiple R-squared: 0.567,      Adjusted R-squared: 0.528
F-statistic: 14.7 on 4 and 45 DF,  p-value: 9.13e-08
```

예측변수가 둘 이상일 때의 회귀계수는 특정 예측변수 이외의 다른 모든 예측변수가 일정하다면, 특정 예측변수의 한 단위가 변화할 때 종속변수의 변화량을 가리킨다. 예컨대 4.14라는 문맹율 회귀계수는 인구, 소득, 추위를 통제했을 때 문맹율이 1% 증가하면 살인율이 4.14% 증가함을 의미한다. 이 계수는 p 〈 .0001 수준에서 0과 유의미하게 다르다(즉 계수가 0이라는 영가설을 p〈.0001에서 기각한다). 반면 추위 계수가 0과 유의미하게 다르지 않다(p = 0.954)는 것은 다른 예측변수를 통제했을 때 추위와 살인율은 직선적 관계가 아니라는 것을 의미한다. 모든 예측변수를 다 같이 고려했을 때 예측변수들은 주별 살인율의 변이를 57% 설명한다.

지금까지 우리는 예측변수들이 상호작용하지 않는다고 가정해 왔다. 다음 장에서 상호작용의 문제를 다루어 보자.

8.2.5 상호작용이 있는 다중 선형회귀

흥미로운 연구 발견의 상당 수는 예측변수들 간 상호작용을 포함하고 있다. mtcar 데이터프레임의 자동차 데이터를 보자. 여러분이 자동차의 무게와 마력(힘)이 마일리지에 미치는 영향에 관심이 있다고 하자. 예측변수와 이들의 상호작용을 포함하는 회귀분석 모델을 아래와 같이 최적화할 수 있다.

프로그래밍 8.5 유의미한 상호작용 항을 가진 다중 선형회귀

```
> fit <- lm(mpg ~ hp + wt + hp:wt, data=mtcars)
> summary(fit)
Call:
lm(formula=mpg ~ hp + wt + hp:wt, data=mtcars)

Residuals:
   Min     1Q Median     3Q    Max
-3.063 -1.649 -0.736  1.421  4.551

Coefficients:
            Estimate Std. Error t value Pr(>|t|)
(Intercept) 49.80842    3.60516   13.82  5.0e-14 ***
hp          -0.12010    0.02470   -4.86  4.0e-05 ***
wt          -8.21662    1.26971   -6.47  5.2e-07 ***
hp:wt        0.02785    0.00742    3.75  0.00081 ***
---
Signif. codes:  0 '***' 0.001 '**' 0.01 '*' 0.05 '.' 0.1 ' ' 1

Residual standard error: 2.1 on 28 degrees of freedom
Multiple R-squared: 0.885,      Adjusted R-squared: 0.872
F-statistic: 71.7 on 3 and 28 DF,  p-value: 2.98e-13
```

여러분은 Pr(>|t|)칸에서 마력과 차의 무게사이의 상호작용이 유의미하다는 것을 발견할 수 있다. 이것이 무엇을 의미하는가? 두 개 예측변수들 간 유의미한 상호작용이란 하나의 예측변수가 다른 예측변수의 수준에 달려있다는 것을 말해준다. 여기서는, 갤론 당 마일 수와 마력은 차의 무게에 따라서 변한다는 의미이다.

mpg를 예측하는 모델은 $\widehat{mpg} = 49.81 - 0.12 \times hp - 8.22 \times wt + 0.03 \times hp \times wt$이다. 상호작용을 해석하기 위해서는 wt의 여러 수치를 대입하여 수식을 단순화 할 수 있다. 예를 들어 wt의 평균 3.2와 위아래로 1 표준편차인 2.2와 4.2를 각각 대입해 보자. wt가 2.2일 때 수식은 다음과 정리된다. $\widehat{mpg}=$

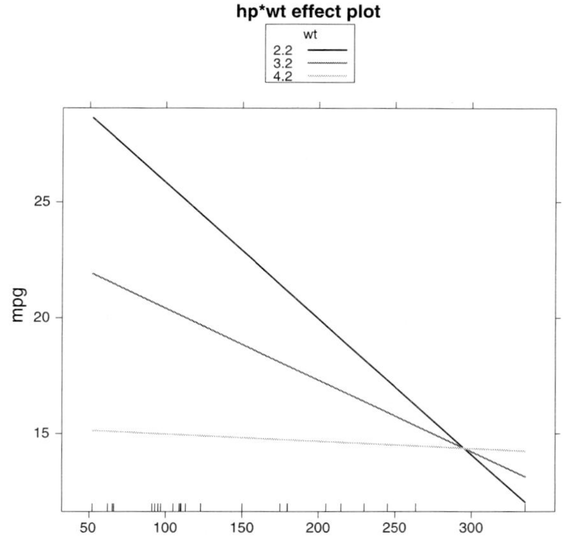

그림 8.5 hp*wt의 상호작용 플롯. 이 플롯은 mpg와 hp 간 관련성과 wt의 3개 수치에서 hp를 나타낸다.

49.81−0.12×hp−8.22×(2.2)+0.03×hp×(2.2) = 31.41−0.06×hp. wt=3.2인 경우에는 $\widehat{mpg}$=23.37−0.03×hp이고 wt=4.2인 경우에는 15.33−0.003×hp이다. 여러분은 무게가 무거워질수록(2.2, 3.2, 4.2) mpg의 기대되는 단위의 변화치가 감소한다는 것을 알았을 것이다(0.06, 0.03, 0.003).

여러분은 effect 패키지에서 effect() 함수를 사용하여 상호작용을 시각화할 수 있다. 포맷은 다음과 같다.

```
plot(effect(term, mod,, xlevels), multiline=TRUE)
```

여기서 *term*은 플롯할 인용 모델이며, *mod*는 lm()에 의해 반환되는 적합화 모델이다. *xlevels*은 상수와 적용할 수치로 변수를 지정한다. multiline=TRUE 옵션은 플롯팅하는 직선을 덧붙인다. 앞 서 모델에 적용하면 다음과 같다.

```
library(effects)
plot(effect("hp:wt", fit,, list(wt=c(2.2,3.2,4.2))), multiline=TRUE)
```

이에 대한 결과 그래프가 그림 8.5이다.

여러분은 이 그래프에서 차 중량이 증가하면서 마력과 mpg 사이의 관계는 약화하는 것을 알 수 있다. wt가 4.2일 때 선은 거의 수평으로 hp의 증가에도 불구하고 mpg는 거의 변화하지 않는다.

유감스럽게도 모델 적합화는 분석의 단지 첫 번째 단계에 지나지 않는다. 일단 회귀분석 모델을 적합화하면, 여기서 내린 추론을 신뢰하기에 앞서, 방법이 전제하고 있는 통계적 가정이 충족되고 있는지 여부를 평가할 필요가 있다. 이것이 다음 절의 주제이다.

8.3 회귀진단(Regression diagnostics)

앞 절에서 여러분은 OLS 회귀모델을 정하기 위해 lm() 함수를, 모델의 모수와 요약 통계를 얻기 위해서 summary() 함수를 사용하였다. 유감스럽게도 이 함수의 결과물에는 여러분이 적용한 모델이 적합한지 여부에 대해서 말해주는 것이 없다. 회귀 모수에 대한 추리의 신뢰도는 가정한 OLS 모델의 통계적 가정을 충족시키는 정도에 달려있다. 프로그래밍 8.4의 summary() 함수는 모델을 기술하지만, 모델이 전제하고 있는 통계적 가정을 얼마나 만족시키고 있는가에 대해서는 어떠한 정보도 제공하지 않는다.

이것이 왜 중요한가? 자료가 균일하지 않거나 예측변수와 종속(반응)변수의 관련성에 대한 잘못된 특정화는 부정확한 모델을 수용하는 잘못된 방향으로 이끌 수 있다. 다른 한편으로 예측변수와 반응변수가 관계가 없다거나, 다른 한편으로는 관계가 없는 관계를 관계가 있다고 결론을 내릴 수 있다. 명백하고도 불필요한 오류로 현실에 적용했을 때 잘못된 예측을 하는 모델을 산출한다.

8.2.2절에서 states 데이터의 회귀분석에 적용했던 confint() 함수의 산출물을 살펴보자.

```
> states <- as.data.frame(state.x77[,c("Murder", "Population",
"Illiteracy", "Income", "Frost")])
> fit <- lm(Murder ~ Population + Illiteracy + Income + Frost,
data=states)
> confint(fit)
2.5 % 97.5 %
(Intercept)    -6.55e+00 9.021318
Population      4.14e-05 0.000406
Illiteracy      2.38e+00 5.903874
Income         -1.31e-03 0.001441
Frost           1.97e-02 0.020830
```

결과는 문맹율(Illiteracy)이 1% 변할 때 살인율의 진정한 변화는 2.38과 5.90사이의 신뢰 구간에서 95%신뢰할 수 있음을 시사한다. 덧붙여 추위(Frost)는 신뢰 구간에 0을 포함하기 때문에 다른 요인이 일정할 때 기온 변화는 살인율과 관계가 없다고 결론내릴 수 있다. 그러나 이 결과에 대한 신뢰는 데이터가 모델의 통계적 가정을 충족했을 때만 강력한 근거가 된다.

회귀진단(regression diagnostics)으로 불리워지는 일련의 기법들은 모델의 적합도를 평가하는 필수적인 틀을 제공하며 문제를 찾아내어 고치는데 도움을 준다. 우리는 R을 기본 설치했을 때 제공하는 함수를 사용하는 표준적 접근에서부터 출발하고자 한다. 그 뒤에 car 패키지에서 이용할 수 있는 보다 최신의 그리고 향상된 방법들을 살펴보자.

8.3.1 전형적인 접근

R 기본설치시 회귀분석의 통계적 가정을 평가하는 수많은 방법이 제공된다. 가장 일반적인 접근 방법은 plot() 함수를 lm() 반환 대상에 적용하는 방법이다. 이 방법으로 모델적합성 평가에 유용한 네 가지 그래프를 산출한다. 단순 선형회귀분석 사례에 이 방법을 적용하면 아래와 같다.

```
fit <- lm(weight ~ height, data=women)
par(mfrow=c(2,2))
plot(fit)
```

결과 그래프가 그림 8.6이다. par(mfrow=c(2.2)) 프로그램 문은 plot() 함수로 산출한 4개 플롯을 하나의 큰 2×2 그래프로 결합할 때 쓴다. par() 함수는 3장에 기술되어 있다.

이 그래프들을 이해하기 위해서 OLS 회귀분석의 가정을 검토해 보자.

- **정규성(Normality)**: 만일 고정된 예측치들의 집합에 대해서, 종속변수가 정규적으로 분포되어 있다면, 잔차 값들은 0의 평균을 지니는 정규 분포를 이루어야 한다. 정규성 Q-Q 플롯은(오른편 위쪽) 정상 이하로 예상될 수 있는 값들에 대한 표준화된 잔차의 확률 플롯이다. 만일 정규성 가정

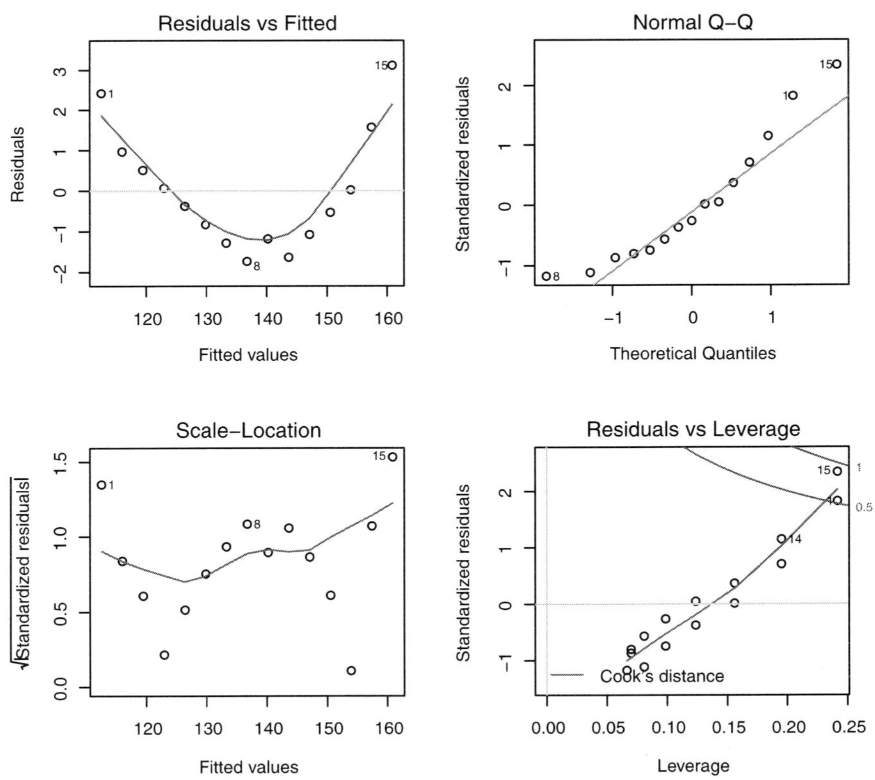

그림 8.6 키(height)에 대한 몸무게(weight) 회귀의 진단 플롯

에 충족된다면 그래프에서 점들은 45도 직선에 위치해야 한다. 그런데 그림에서 그렇지 않기 때문에 정규성 가정은 명백히 흔들린다.

- **독립성(Independence)**: 이 그림에서 종속변수의 값들이 독립적이라고 말할 수 없다. 데이터가 어떻게 수집되었는지를 이해해야만 한다. 한 여성의 몸무게가 다른 여성의 몸무게에 영향을 미친다고 믿을 수 있는 선험적 이유는 없다. 만일 데이터가 한 가족에서 표집된 것을 알았다면 독립성의 가정을 수정해야 할 것이다.
- **선형성(Linearity)**: 만일 종속변수가 독립변수와 직선적 관계를 맺고 있다면, 잔차와 예측된 값 사이에는 체계적 관련성이 없어야 한다. 다시 말하면, 모델은 무작위 오차를 제외하고 데이터에 존재하는 모든 체계적 변량을 포착해야 한다. 잔차 vs 고정 그래프(왼편 위쪽)는 곡선적 관계의 분명한 근거를 보여준다. 이는 회귀분석에 제곱 항을 첨가할 필요가 있음을 시사하는 결과이다.
- **등분산성(Homoscedasticity)**: 만일 고정된 변량의 가정을 충족하고자 한다면, Scale-Location 그래프(왼편 맨 아래쪽)는 수평선 주변에 무작위적으로 위치해야 한다. 여기서 이 가정은 충족되는 듯 보인다.

마지막으로 잔차 vs 지래점(Leverage) 그래프는(오른편 아래쪽)는 개별 관측치들에 대한 정보를 제공한다. 그래프는 이상치, 큰 지래점, 영향력있는 관측치를 보여준다.

- **이상치(outlier)**는 회귀방정식 모델로 잘 예측될 수 없는 관측치이다(즉, 값이 큰 정적 혹은 부적 잔차를 지닌다)
- **큰 지래점(High leverage)**을 지니는 관측치는 예측변수의 비일상적 결합이다. 즉 예측변수 공간의 이상치이다. 종속변수의 값은 관측치의 큰 지래점 계산에 사용할 수 없다.
- **영향치(influential observation)**는 모델 모수의 결정에 비비례적 영향을 미치는 관측치이다. 영향치는 쿡의 거리(Cook' s distance), 혹은 쿡의 D(Cook' s D)로 불리는 통계치를 사용하여 확인할 수 있다. 솔직히 저자 경험으로는 잔차 vs 지래점 그림은 해석하기 어렵고 유용하지 않다. 이후 절에서 영향치를 보다 잘 보여주는 방법을 제시할 것이다. 이 절을 끝내면서 2차 함수의 적합성 진단 플롯에 대해서 알아보자. 필요한 코드는 다음과 같다.

```
fit2 <- lm(weight ~ height + I(height^2), data=women)
par(mfrow=c(2,2))
plot(fit2)
```

이에 대한 결과 그래프가 그림 8.7이다.

플롯들에 따르면 선형성, 잔차의 정규성(13번 관측치는 예외) 그리고 잔차의 등분산성에 비추어 볼 때 다항 회귀분석이 더 적합함을 시사한다. 또한 쿡의 D통계에 따르면 가장 높은 영향치는 15번 관측치이다. 따라서 이 관측치를 삭제하면 모수 추정에 영향을 미칠 것이다. 즉 13번과 15번 관측치를

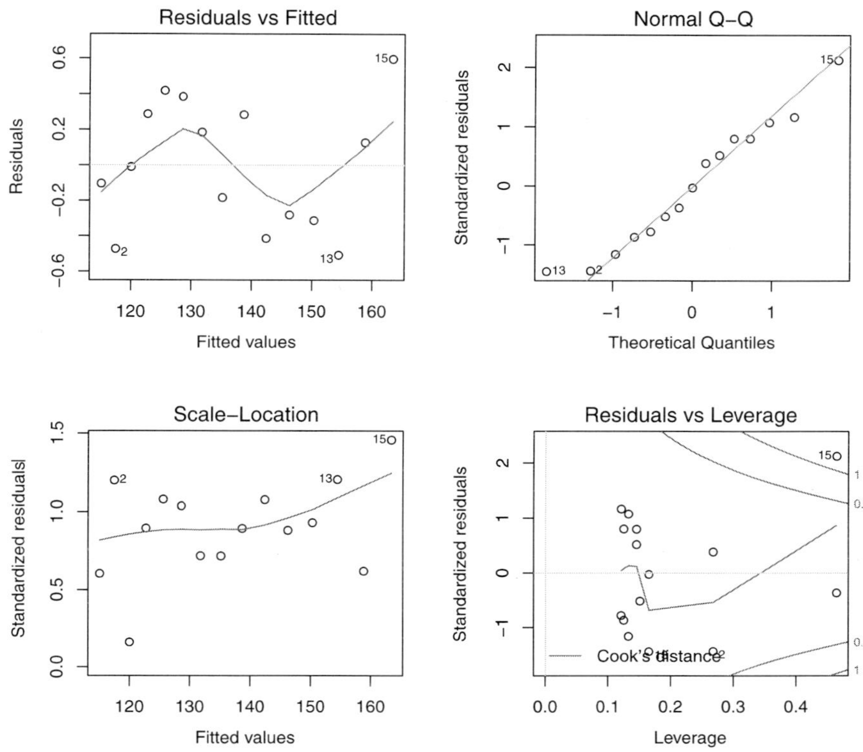

그림 8.7 키(height)와 제곱-키에 대한 몸무게(weight) 회귀의 진단 플롯들

제외하면 훨씬 적합한 모델을 구할 수 있다. 이를 알아보기 위해서 다음과 같이 해보자.

```
newfit <- lm(weight~ height + I(height^2), data=women[-c(13,15),])
```

그런데 관측치를 삭제할 때는 주의해야 한다. 반드시 모델이 데이터에 적합해야 한다!

마지막으로 states 다중회귀 분석문제에 기본적 접근을 적용해 보자.

```
states <- as.data.frame(state.x77[,c("Murder", "Population",
                                     "Illiteracy", "Income", "Frost")])
fit <- lm(Murder ~ Population + Illiteracy + Income + Frost,
data=states)
par(mfrow=c(2,2))
plot(fit)
```

분석 결과가 그림 8.8이다. 여러분이 그래프에서 보는 바와 같이 이상치인 네바다 주를 제외하고 모델의 가정들이 잘 충족된 것으로 나타나고 있다. 이처럼 표준적 진단 플롯이 도움을 주기는 하지만, 현재 R에는 더 나은 틀들이 제공되고 있어 나는 plot(*fit*) 방법 대신 이를 사용하기를 권고한다.

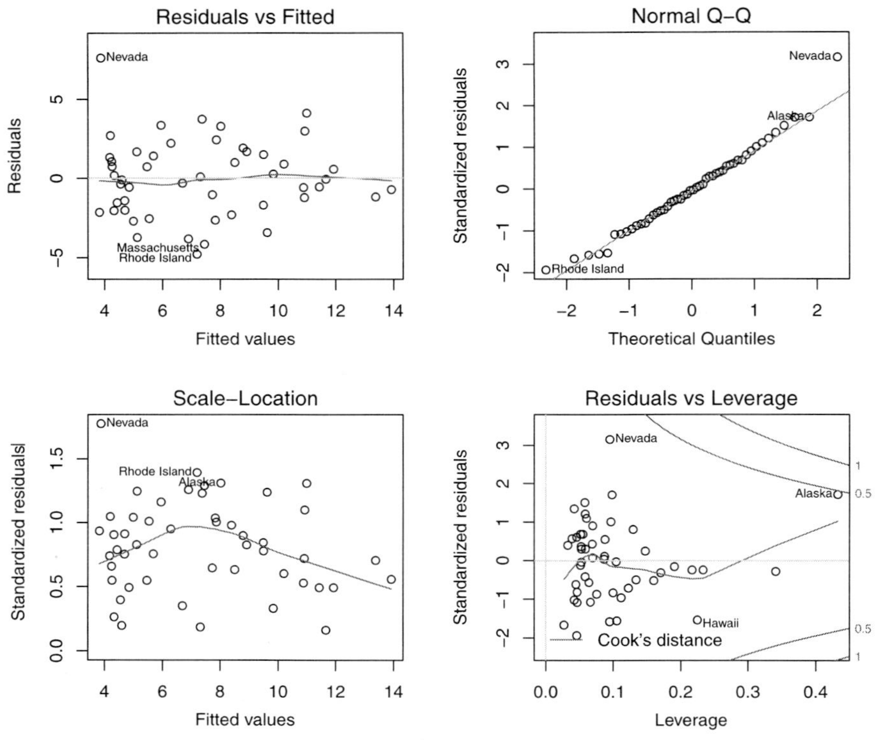

그림 8.8 주(state)의 특성에 대한 살인율 회귀의 진단 플롯들

8.3.2 향상된 접근들

car 패키지는 회귀분석 모델을 평가하고 적합한 모델을 찾기 위한 향상된 많은 함수를 제공하고 있다(표 8.4를 볼 것).

car 패키지의 1.x 버전과 2.x 버전 사이에는 함수 이론과 기능에 많은 변화가 있다는 사실에 유의해야 한다. 이 장에서 설명은 2.x버전에 기초한다.

또한 gvlma 패키지는 선형모델 가정의 전반적 검정들을 제공한다. 여러 다중 회귀분석 사례들을 대상으로 차례로 살펴보자.

• **정규성(NORMALITY)**

plot() 함수보다 qqPlot() 함수는 정규성 가정을 평가하는 보다 정확한 방법을 제시한다. 스튜던트 잔차(studentized residuals)를 자유도가 n-p-1인 t분포를 기준 분포로 삼아 함께 표시한다. 여기서 n은 표본의 크기이며 p는 회귀 모수의 수이다(절편 포함). 코드는 다음과 같다.

```
library(car)
states <- as.data.frame(state.x77[,c("Mur der", "Population",
                                     "Illiteracy", "Income", "Frost")])
```

표 8.4 회귀진단에 유용한 함수들(car 패키지)

함수	목적
qqPlot()	분위수 비교 플롯
durbinWatsonTest()	자기상관 오차에 대한 Durbin Watson 검정
crPlots()	성분 + 잔차 플롯
ncvTest()	비일치 오차 분산의 score 검정
spreadLevelPlot()	스프레드-레벨 플롯
outlierTest()	Bonferroni 이상치 테스트
avPlots()	첨가된 변수 플롯(added variable plot)
influencePlot()	영양치 회귀 플롯
scatterplot()	향상된 산점도
scatterplotMatrix()	향상된 산점도 행렬
vif()	분산팽창지수(Variance inflation factors)

```
fit <- lm(Murder ~ Population + Illiteracy + Income + Frost,
data=states)
qqPlot(fit, labels=row.names(states), id.method="identify",
                    simulate=TRUE, main="Q-Q Plot")
```

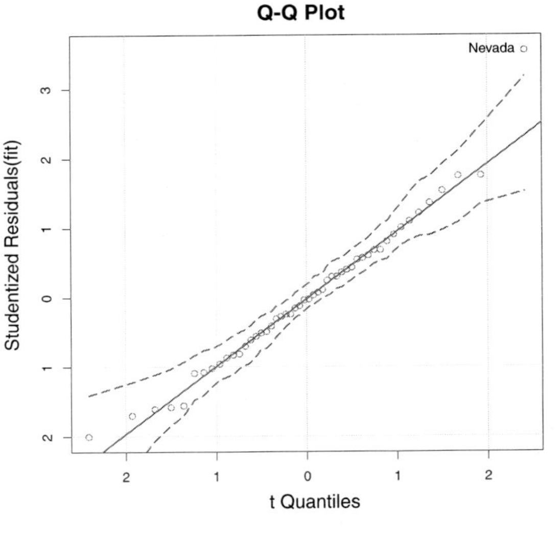

그림 8.9 스튜던트 잔차의 Q-Q 플롯

qqPlot() 함수는 그림 8.9와 같은 확률 플롯을 산출한다. 옵션 id.method="identify"는 그래프를 그린 다음에, 플롯과 대화할 수 있도록 한다. 마우스를 그래프의 특정 점에 가져가면 함수의 라벨 옵션에서 지정한 특정 라벨과 값을 보여준다. Esc키를 누른 상태에서 그래프의 위 아래 메뉴에서 Stop를 선택하거나 오른편을 클릭하면 대화형 모드를 종료한다. 여기서 나는 Nevada주를 확인하였다. simulate=TRUE일 때, 95% 신뢰도 봉투(confidence envelope)가 부스트랩(bootstrap)을 이용하여 산출된다(부스트랩 방법은 12장에서 다룬다).

네바다 주를 제외하고, 모든 점이 선에 가깝게 모여 있으며 신뢰구간 내에 있다는 것은 정상성 가정을 비교적 잘 충족한다고 볼 수 있다. 그러나 네바다 주는 매우 큰 정적 잔차를 가지고 있어 이 모델을 적용한다면 네바다 주의 살인율을 과소추정하는 결과를 가져온다.

```
> states["Nevada",]

         Murder Population Illiteracy Income Frost
Nevada     11.5        590        0.5   5149   188

> fitted(fit)["Nevada"]

Nevada
3.878958

> residuals(fit)["Nevada"]

Nevada
7.621042

> rstudent(fit)["Nevada"]

Nevada
3.542929
```

자료에서 네바다 주의 살인율은 11.5%인데 모델은 3.9%로 예측하고 있다. 여러분은 다음과 같은 질문을 던질 것이다. "왜 네바다 주는 주민 수, 수입, 문맹율 그리고 추위로 예측한 것 보다 살인율이 높지?" 누구 아는 사람이 있을까?

오차를 시각적으로 보여주는 방법을 하나 더 소개한다. 다음 프로그래밍을 보자. residplot() 함수는 표준화된 잔차(스튜던트 잔차), 히스토그램을 정규 분포 곡선, 커널 밀도 곡선, 깔개(rug) 플롯과 동시에 표시한다. 이것은 car 패키지를 요구하지 않는다.

프로그래밍 8.6 스튜던트 잔차 플롯팅 함수

```
residplot <- function(fit, nbreaks=10) {
               z <- rstudent(fit)
               hist(z, breaks=nbreaks, freq=FALSE,
                    xlab="Studentized Residual",
                    main="Distribution of Errors")
```

```
                rug(jitter(z), col="brown")
                curve(dnorm(x, mean=mean(z), sd=sd(z)),
                      add=TRUE, col="blue", lwd=2)
                lines(density(z)$x, density(z)$y,
                      col="red", lwd=2, lty=2)
                legend("topright",
                       legend = c( "Normal Curve", "Kernel Density Curve"),
                       lty=1:2, col=c("blue","red"), cex=.7)
        }
residplot(fit)
```

결과는 그림 8.10이다.

여러분이 보는 바와 같이, 큰 값을 가진 이상치를 제외하고 오차는 정규 분포를 따른다. Q-Q 플롯이 더 많은 정보를 준다. 그러나 분포의 치우침을 알아내기가 확률 플롯보다 히스토그램이나 밀도 플롯이 더 쉽다는 것을 나는 항상 확인해 왔다. 물론 두 개 모두 사용하지 못할 이유가 없다.

• **오차 독립성(INDEPENDENCE OF ERRORS)**

앞에서 설명한 바와 같이. 종속변수 값(그리고 잔차)의 독립성 여부를 평가하기 위한 최선의 방법은 자료가 어떻게 수집되었는가에 관한 지식에서 얻어진다. 예를 들어, 시계열 자료는 종종 자기상관성을 보여준다. 시간적으로 접근한 두 개 관찰은 시간 간격이 큰 관찰에 비해서 두 관찰 사이에

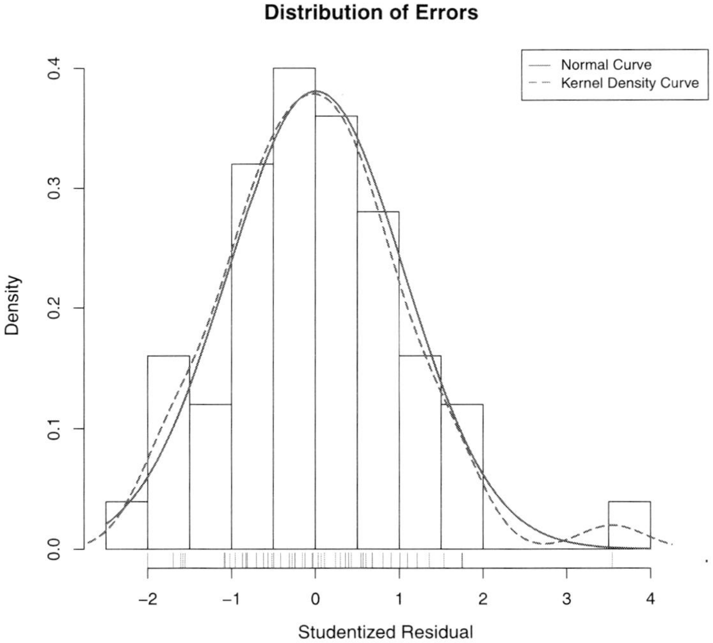

그림 8.10 residplot() 함수를 사용한 스튜던트 잔차의 분포

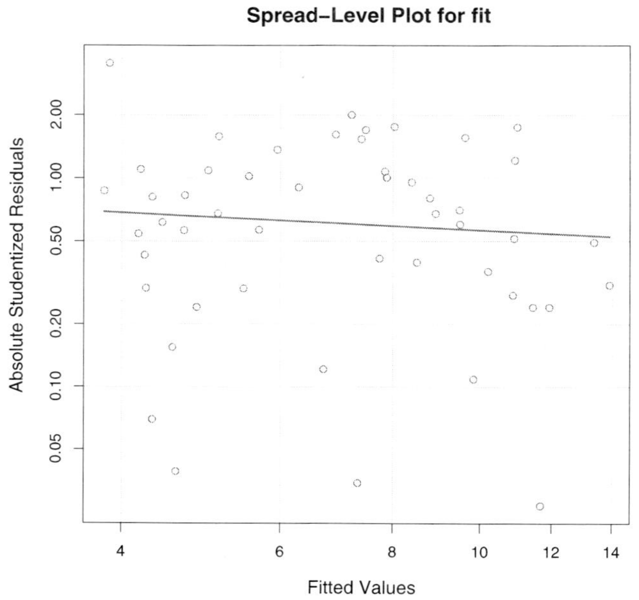

그림 8.12 일정한 오차분산성을 평가하는 스프레드-레벨 플롯

score 검정 결과가 유의미하지 않아(p=0.19), 등분산 가정을 충족한다. 그림 8.12의 스프레드-레벨 플롯에서 이것을 확인할 수 있다. 점들은 가장 적합한 수평선 주위에 무작위적인 수평적 무리를 형성한다. 가정에 위배된다면 수평이 아닌 선이 나타날 것이다. 프로그래밍 8.7의 지수 변환에서 제안된 지수 p(Y^p)는 오차 이분산을 안정화할 수 있는 수치이다. 예를 들어, 만일 플롯이 비수평적 경향을 띠고, 지수 변환이 0.5라면, 회귀방정식에서 $\sqrt{Y}$를 사용하는 모델은 등분산성을 충족할 것이다. 만일 지수가 0이라면 로그 변환을 사용하는 것이 좋다. 아래 사례에서 이분산성의 증거는 없으며, 제안한 지수는 1에 가깝다(지수 변환이 필요없다).

8.3.3 선형모델 가정의 전반적 검증

마지막으로, gvlma 패키지에 있는 gvlma() 함수를 살펴보자. Pena와 Slate(2006)의 함수는 뾰족함, 치우침, 이분산성과 함께 선형모델 가정 전반에 대한 검정을 수행한다. 즉 모델 가정에 대한 단일 옴니버스 테스트를 제공한다. 아래는 state 자료 검정을 위한 프로그래밍이다.

프로그래밍 8.7 등분산성 평가하기

```
> library(gvlma)
> gvmodel <- gvlma(fit)
```

```
> summary(gvmodel)

ASSESSMENT OF THE LINEAR MODEL ASSUMPTIONS
USING THE GLOBAL TEST ON 4 DEGREES-OF-FREEDOM:
Level of Significance= 0.05

Call:
 gvlma(x=fit)

                    Value p-value                Decision
Global Stat         2.773   0.597 Assumptions acceptable.
Skewness            1.537   0.215 Assumptions acceptable.
Kurtosis            0.638   0.425 Assumptions acceptable.
Link Function       0.115   0.734 Assumptions acceptable.
Heteroscedasticity 0.482   0.487 Assumptions acceptable.
```

결과는(Global Stat 줄) OLS 회귀모델의 통계적 가정을 충족하고 있음을 보여준다($p = 0.597$). 만일 p〈.005 등으로 전반적 가정이 충족되지 않았다면 문제가 있는 가정이 무엇인지 구체적 알아야 보아야 한다. 이 장에서 지금까지 설명한 방법들을 적용하여 검토해야 할 것이다.

8.3.4 다중공선성(Multicollinearity)

회귀분석 진단을 끝내기 전에 통계적 가정과 직접 관계는 없지만, 다중 회귀분석 결과를 해석할 때 중요한 문제에 초점을 맞추어 보자. 여러분이 악력(握力)에 관한 연구를 진행한다고 해보자. 독립변수는 생년월일과 나이이다. 분석 결과 악력에 대한 생년월일과 나이의 회귀분석의 전체 모델에 대한 F 검정은 p〈.001 수준에서 의미가 있음을 발견하였다. 그러나 생년월일과 나이에 대한 개별 회귀계수는 둘 다 모두 의미가 없는 것으로 나타났다. 왜 이같은 결과가 나타났을까?

문제는 생년월일과 나이 사이에 존재하는 반올림 오차 내의 완벽한 상관성에 있다. 회귀계수는 다른 예측변수가 일정할 때 하나의 예측변수가 종속변수에 미치는 효과를 의미한다. 이 문제를 다중공선성이라 부르는데 다중공선성이 발생하면 모델의 모수 신뢰구간이 매우 넓어지고 개별 회귀 계수의 해석이 어렵다.

다중공선성은 **분산팽창요인**(VIF, variance inflation factor) **방법**으로 검토한다. 예측변수의 분산팽창요인 제곱근은 예측변수들 간 상관성이 없는 모델과 비교해서 특정변수의 회귀 파라미터의 신뢰구간이 확장되는 정도를 가리킨다. 분산팽창요인는 `car` 패키지의 `vif()` 함수를 사용한다. 일반적으로 $\sqrt{vif}$ 〉2인 경우 다중공선성이 문제시 된다. 아래 코드는 다중공선성 분석 리스트이다. 다중공산성 검토 결과, 네 변수 모두 문제가 없음을 보여준다.

프로그래밍 8.9 다중공선성 평가하기

```
> library(car)
> vif(fit)

Population Illiteracy     Income      Frost
       1.2        2.2        1.3        2.1

> sqrt(vif(fit)) > 2 # problem?

Population Illiteracy     Income      Frost
     FALSE      FALSE      FALSE      FALSE
```

8.4 흔치않은 관측치들(Unusual observations)

포괄적인 회귀분석에는 흔치않은 관측치 즉 이상치, 높은 지래점, 영향치를 골라내는 방법을 포함한다. 이 관측치들은 여러 이유에서 다른 관측치와 다르며 결과에 큰 영향력을 미치기 때문에 분석에 주의가 필요하다. 이를 차례로 살펴보자.

8.4.1 이상치(Outliers)

이상치는 모델로 잘 예측할 수 없는 관측치이다. 대체로 양수나 음수의 큰 잔차를 가진다. $(Y_i - \hat{Y}_i)$. 양의 잔차인 경우에는 모델이 종속변수값을 과소추정하며 음의 잔차인 경우에는 종속변수값을 과대추정한다.

이미 그림 8.9의 Q-Q 플롯에서 신뢰 영역 바깥에 있는 이상치를 찾아내는 하나의 방법을 설명한 바 있다. 대충 어림잡아 말하면 표준화 잔차가 2보다 크거나 2보다 적으면 이상치가 의심이 된다. car 패키지도 이상치에 대한 유의 검정을 제공한다. outlierTest() 함수는 가장 큰 표준화 잔차의 절대값에 대해서 수정 Bonferroni p값을 제시한다.

```
> library(car)
> outlierTest(fit)

rstudent unadjusted p-value Bonferonni p
Nevada 3.5 0.00095 0.048
```

위에서 네바다 주는 이상치이다(p=0.048). 이 함수 테스트는 이상치의 유의 검증을 위해서 가장 큰 절대값을 지닌 하나의 잔차를 검정한다. 만일 유의미하지 않다면 데이터 셋에 이상치가 포함되어 있지 않다. 만일 유의미하다면 이상치를 삭제한 다음, 또 다른 이상치 여부를 다시 검정해야 한다.

8.4.2 큰 지래점(High-leverage points)

큰 지래점을 지닌 관측치란 다른 예측변수 값들에 비추어 이상치인 경우를 말한다. 다시 말하면, 통상을 벗어난 예측치들의 결합치이다. 지래점을 판단할 때 반응변수는 고려하지 않는다.

큰 지래점을 지닌 관측치는 **모수 추정통계**(hat statistic)로 결정한다. 데이터셋에서 평균 추정된 모수치(hat value)는 p/n이다. p는 모델에서 절편을 포함한 모수의 갯수이며, n은 표본 크기이다. 어림잡아서 추정 모수치가 평균 모수치보다 2배나 3배 큰 관측치에 주목한다. 아래 코드로 추정 모수치를 플롯팅한다.

```
hat.plot <- function(fit) {
    p <- length(coefficients(fit))
    n <- length(fitted(fit))
    plot(hatvalues(fit), main="Index Plot of Hat Values")
    abline(h=c(2,3)*p/n, col="red", lty=2)
    identify(1:n, hatvalues(fit), names(hatvalues(fit)))
    }
hat.plot(fit)
```

결과는 그림 8.13 그래프에 나와 있다. 두 개의 수평선은 평균 추정모수치(hat value)의 각각 2배와 3배되는 선이다. 위치 함수로 그래프와 대화가 가능하다. 관심있는 라벨을 골라서 클릭하고, 그래프의 드롭다운 메뉴에서 Stop을 선택하거나 그래프의 오른편을 클릭한다.

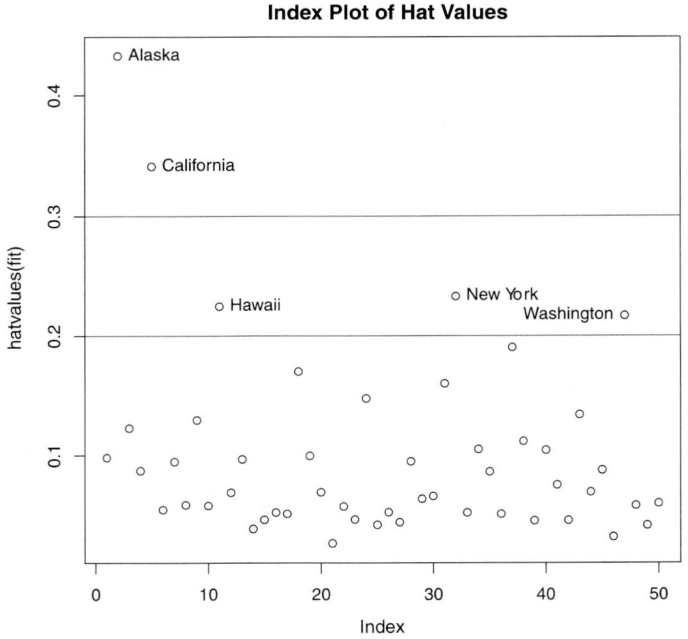

그림 8.13 큰 지래점을 평가하는 추정 모수값(hat value)의 인덱스 플롯

여기에서 알라스카와 캘리포니아의 예측치가 특히 예외적이다. 알라스카는 다른 주에 비해서 수입이 매우 높고 인구와 기온은 낮다. 반면, 캘리포니아는 인구는 매우 많고 수입이 높고 기온도 높다. 이 두 개주는 다른 48개 주에 비해서 덜 전형적이다. 큰 지래점은 영향력있는 관측치가 될 수도 있고 그렇지 않을 수도 있다. 그것은 이들이 이상치의 여부에 달려있다.

8.4.3 영향치(Influential observations)

영향치(Influential observations)란 모델의 모수에 큰 영향을 미치는 관측치이다. 모델이 하나의 관측치 유무에 따라서 극적으로 변화할 때, 이 관측치를 영향치라고 한다. 영향치를 확인하는 방법은 두 가지이다. Cook의 거리(혹은 D)와 **첨가 변수(added variable) 플롯**이 그것이다. 개략적으로 말하자면 n이 표본 크기이며 k가 예측변수인 경우에 $4/(n-k-1)$보다 Cook의 D가 크다면 영향치임을 가리킨다. Cook의 D 플롯은 아래 코드로 산출한다. 결과는 그림 8.14이다. .

```
cutoff <- 4/(nrow(states)-length(fit$coefficients)-2)
plot(fit, which=4, cook.levels=cutoff)
abline(h=cutoff, lty=2, col="red")
```

그래프는 알라스카, 하와이, 그리고 네바다주가 영향치임을 보여준다. 이들 주를 삭제한 후, 회귀분석을 실행하면 모델의 기울기와 절편이 이전과는 크게 달라진다. 이 방법은 영향치를 찾기 위해서 넓은 그물을 던지는 식의 유용한 방법이지만 내 경험상으로는 $4/(n-k-1)$ 대신에, 1을 기준으로 삼는 것이 일반적으로 유용했다. D=1이라는 기준을 적용해 보니, 분석 대상 데이터셋에서 영향치는

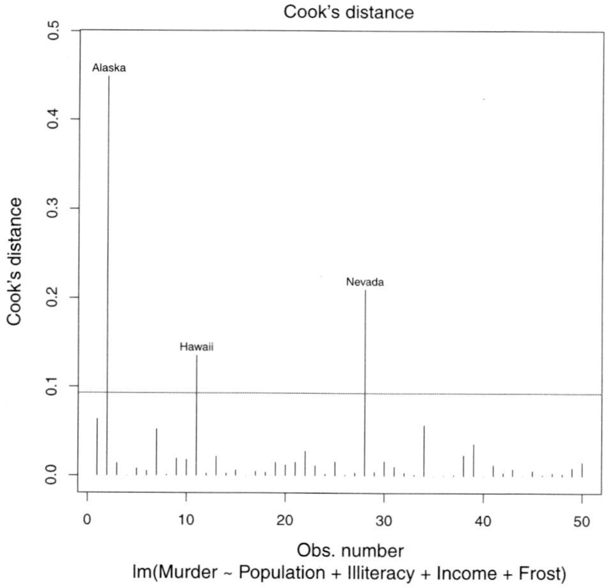

그림 8.14 영향치 확인을 위한 Cook의 D 플롯

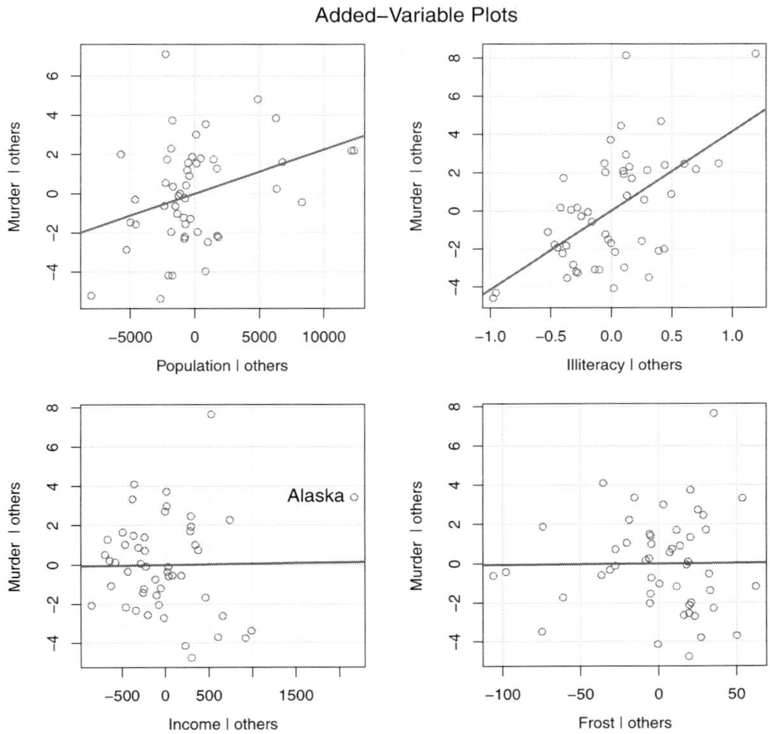

그림 8.15 영향치의 영향을 평가하는 Added-variable 플롯

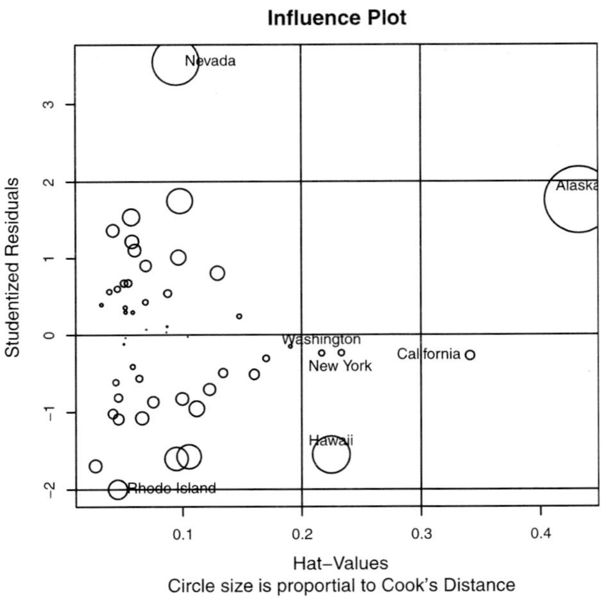

그림 8.16 영향치 플롯. 수직 축에서 +2 이상이거나 -2이하인 주는 이상치로 간주한다. 수평 축에서 0.2나 0.3이상인 주는 큰 지래점(예측치의 비일상적 결합). 원의 크기는 영향력에 비례한다. 큰 원으로 묘사한 관측치는 모수 추정에서 비비례적 영향력을 가진다.

발견할 수 없다.

Cook의 D 플롯은 영향치를 찾는데 도움을 주지만. 이 관측치가 모델에 어떻게 영향을 미치는가의 정보는 제공하지 않는다. Added-variable 플롯은 이점에서 도움이 된다. 하나의 종속변수와 k개의 예측변수가 있다면 다음과 같이 *k* added-variable을 산출할 수 있다.

각각의 예측변수 X*k*에 대해여 Xk를 제외한 k-1 예측변수로 종속변 수를 회귀분석한 잔차와 *k*−1 예측변수에 대하여 X*k*를 회귀한 잔차를 표시한다. `car` 패키지의 `avPlots()` 함수를 이용하여 Added-variable 플롯을 산출할 수 있다.

```
library(car)
avPlots(fit, ask=FALSE, id.method="identify")
```

결과가 그림 8.15이다. 각 플롯에서 직선은 예측변수에 대한 실제 회귀계수이다. 관측치를 나타내는 점을 삭제했을 때, 선이 어떻게 변할 것인지를 상상하면서 영향치 효과를 살펴볼 수 있다. 예를 들어 아래쪽 왼편의 Murder | Others vs Income | Others 그래프를 보자. 알라스카 라벨인 점을 삭제한다면 선은 부적 방향으로 변화할 것이다. 실제 알라스카 관측치를 삭제하면 수입에 대한 회귀계수는 +값인 .00006에서 음수값인 −.00085로 변한다.

`car` 패키지의 `influencePlot()` 함수를 이용하면 이상치, 지래점, 그리고 영향치 플롯에 대한 정보를 결합한 종합 정보의 플롯을 산출할 수 있다.

```
library(car) influencePlot(fit,
id.method="identify", main="Influence Plot",
sub="Circle size is proportional to Cook's distance")
```

그림 8.16의 결과는 네바다와 로드아일랜드가 이상치이고, 뉴욕, 캘리포니아. 하와이, 워싱턴은 큰 지래점이며, 네바다, 알라스카는 영향치임을 보여 준다.

8.5 측정치의 교정

앞에서 회귀모델을 진단하는 방법에 대해서 배웠는데, 이제 여러분은 다음과 같이 질문할 차례이다. "만일 문제가 발견되었다면 어떻게 하지?" 회귀분석의 가정이 훼손되었을 때 이를 해결하는 네 가지 방법이 있다.

- 관측치의 삭제
- 변수의 변환
- 변수를 더하거나 빼기

■ 다른 회귀분석 방법을 사용하기

차례로 살펴보자.

8.5.1 관측치 삭제하기

이상치를 제거하면 데이터셋은 정규성 가정에 보다 적합하게 개선된다. 결과에 예외적인 영향을 미치는 영향치도 삭제하면 마찬가지로 정확한 효과를 얻을 수 있다. 적합성이 있는 데이터를 생성하기 위해서 가장 큰 이상치와 영향치를 삭제하였는데도, 여전히 이상치와 영향치들이 존재한다면 수용할 수 있는 적합성을 얻을 때까지 삭제 과정을 지속한다.

그런데 앞에서도 말한 바와 같이 관측치의 삭제를 고려할 때 따져보아야 할 사항이 있다. 이상치가 왜 발생했는지, 기록의 오류인지 혹은 프로토콜의 누락인지, 아니면 조사대상자들이 지침을 오해했는지, 이같은 경우에는 관측치를 삭제하는 것은 매우 합리적이다.

그러나, 흔치않은 관측치가 여러분이 수집한 자료 중 가장 흥미있는 자료일 가능성이 있다. 이때는 이 지료가 다른 자료와 왜 다른지의 이유를 찾아낸다면 지금까지 미처 몰랐던 훌륭한 통찰력을 얻을 수 있다. 위대한 발견은 기존 생각에 들어맞지 않는 "우연한 발견(serendipity)" 에 주목함으로써 이루어져 왔음을 기억하자.

8.5.2 변수 변환하기

모델이 정규성, 선형성, 등분산성 가정을 충족하지 못할 경우에, 하나 혹은 둘 이상의 변수를 변환하면 상황을 개선하거나 교정할 수 있다. 변환은 전형적으로 변수 Y를 변수 Y^λ로 대체하는 방식이다. 자주 쓰는 λ와 설명은 표8.5에 나와 있다. Y가 비율일 때는 일반적으로 로짓 변환 `[ln (Y/1-Y)]`을 이용하는 경우가 많다.

모델이 정규성 가정에 위배된다면 전형적으로 반응변수를 변환한다. `car` 패키지의 `powerTransform()` 함수를 사용하여 변수 X^λ를 표준화하기 위해서 최대우도추정법(maximum-likelihood estimation)으로 지수를 산출한다. `states` 자료에 아래 프로그래밍을 적용한다.

표 8.5 자주 쓰는 변환

λ	−2	−1	−0.5	0	0.5	1	2
변환	$1/Y^2$	1/Y	$1/\sqrt{Y}$	log(Y)	$\sqrt{Y}$	없음	Y^2

프로그래밍 8.10 Box-Cox 정규성 변환

```
> library(car)
> summary(powerTransform(states$Murder))
bcPower Transformation to Normality
              Est.Power Std.Err. Wald Lower Bound Wald Upper Bound
states$Murder       0.6     0.26            0.088              1.1

Likelihood ratio tests about transformation parameters
                      LRT df  pval
LR test, lambda=(0) 5.7  1 0.017
LR test, lambda=(1) 2.1  1 0.145
```

결과를 보면, 변수 Murder를 Murder$^{0.6}$으로 대체함으로써 표준화할 수 있음을 가리킨다. 0.6이 0.5에 가깝기 때문에 모델의 정규성 가정을 개선하기 위해서 제곱근 변환을 할 수도 있다. 그러나 이 사례에서 λ=1이라는 가설을 기각할 수 없기 때문에(p = 0.145) 변환이 필요하다는 강력한 근거는 없다. 이 결과는 그림8.9의 Q-Q 플롯 결과와 일치한다.

정규성 가정이 위배될 때, 예측변수의 변환은 종종 유용하다. `car` 패키지의 `boxTidwell()` 함수는 선형성을 개선할 수 있는 최대우도추정을 예측변수 지수 산출에 사용할 수 있다. 아래는 주별 살인율을 인구와 문맹율로부터 예측하기 위한 모델의 Box-Tidwell 변환에 적용하기 위한 것이다.

```
> library(car)
> boxTidwell(Murder~Population+Illiteracy,data=states)

Score Statistic p-value MLE of lambda
Population -0.32 0.75 0.87
Illiteracy  0.62 0.54 1.36
```

결과를 보면, 인구$^{.87}$과 문맹율$^{1.36}$로 변환하면 높은 선형성을 얻을 수 있음을 시사한다. 그러나 인구와 문맹율에 대한 score 검정 결과는 변환이 필요한 변수가 없음을 가리킨다. 이 결과는 그림 8.11의 CRP 플롯과 일치한다.

마지막으로 이분산성 상황에서 종속변수의 변환은 문제 해결에 도움을 줄 수 있다. 프로그래밍 8.7에서 등분산성 개선을 위한 지수변환을 제공하는 `car` 패키지의 `spreadLevelPlot()` 함수를 본 적이 있다. states 사례를 보면, 오차의 등분산성 가정을 충족하고 있으며 따라서 변환할 필요가 없다.

◆ 변환에 관한 주의

만일 변수를 변환했다면 원래 변수가 아닌 변환 변수에 기반하여 해석이 이루어져야 한다.

만일 로그화된 수입이나 거리의 역(inverse of distance)과 같이 변환이 의미가 있다면, 해석이 훨씬 쉽다. 그러나 자살성 사고 빈도와 우울의 "세제곱근" 간 관련성을 어떻게 해석할 수 있는가? 변환한 변수의 의미가 명확하지 않다면, 변환을 자제해야 할 것이다.

8.5.3 변수의 삽입과 삭제

모델 내의 변수 교체는 모델적합성에 영향을 미칠 것이다. 종종 중요한 변수를 첨가하여, 지금까지 설명한 문제점을 해결하기도 한다. 문제가 되는 변수의 삭제도 마찬가지이다. 변수 삭제는 다중공선성 문제를 다루는데 특히 중요한 접근 방법이다. 만일 단지 예측만 목적이라면 다중공선성은 문제가 안 된다. 그러나 각 예측변수를 해석하고자 한다면 문제를 해결해야 한다. 가장 일반적인 접근은 다중공선성에 해당하는 하나의 변수를 모델에서 빼는 것이다. 대안적 방법으로 다중공선성의 상황을 다루도록 설계된 다중 회귀분석의 변형인 리지 회귀(ridge regression)를 사용한다.

8.5.4 다른 접근 시도하기

방금 위에서 설명한 바와 같이, 다중공선성의 문제를 해결하는 하나의 방법은 리지 회귀와 같이 다른 방식의 모델을 적용하는 것이다. 만일 이상치 혹은 영향치가 있다면 OLS 회귀보다는 로버스트(robust) 회귀가 적합하고 정규성 가정에 위배된다면 비모수 회귀모델을 적용하며, 유의미한 비선형성이 존재한다면 비선형 회귀모델을 생각할 수 있다. 또한 오차의 독립성 가정에 위배된다면 시계열 모델이나 다차원 회귀모델을 고려할 수 있다. 마지막으로, OLS의 가정이 지지되지 않는 상황에서 적용가능한 모델의 넓은 범위는 일반화된 선형모델로 돌아갈 수 있다.

이와 같은 몇 가지 대안적 모델은 13장에서 논의할 것이다. 언제 OLS 회귀 모델 적합성 향상을 시도할 것이지, 그리고 언제 대안적 접근을 시도할 것인지의 결정은 매우 복합적이다. 전형적으로, 이는 다루는 주제에 대한 지식과 어떠한 접근이 최선의 결과를 낳을 것인가에 대한 평가에 달려있다. 최선의 결과를 찾기 위해서 회귀분석에 포함된 예측변수들을 결정하는 문제를 다루어 보자.

8.6 '최선'의 회귀모델 선택하기

회귀방정식을 발전시키는 과정에서, 가능한 많은 모델 가운데 선택해야 하는 상황에 직면한다. 연구에 모든 변수들을 다 포함할 것인가? 혹은 예측에 크게 기여하지 못하는 변수를 빼야 하는가? 적합성을 개선하기 위해서 다항이나 상호작용항을 설정해야 하는가? 회귀모델의 선택은 항상 예측의 정확성(가능한 데이터에 가장 적합한 모델)과 검약성(단순하고 반복가능성있는 모델) 사이의 타협을 필요로 한다. 모든 것이 동등하고 예측적 정확성이 같은 두 개의 모델을 있다면, 보다 단순한 모델을 선택하는 편이 좋다. 이 절에서는 경쟁 모델 가운데 선택하는 방법에 대해서 설명하고자 한다. "최선" 이라는 단어에 인용부호가 있는 것은 의사결정에 단일 기준은 없기 때문이다. 최종적 결정은 연구자 본인 판단의 몫이다.

8.6.1 모델 비교하기

여러분은 두 개의 **둥지(nested) 모델** 적합성을 R 기본 설치에 있는 `anova()` 함수를 이용하여 비교할 수 있다. 둥지 모델은 하나의 모델의 항이 다른 모델의 항에 모두 포함되어 있는 모델이다. `states` 사례의 다중 회귀모델에서 Income과 Frost 항의 회귀계수가 유의미하지 않다는 것을 알았다. 이들 두 개변 수가 없는 모델과 이들을 모두 포함한 모델을 함께 검정할 수 있다. 아래 프로그래밍을 보자.

프로그래밍 8.11 anova () 함수를 사용한 내포 모델 비교하기

```
> states <- as.data.frame(state.x77[,c("Murder", "Population",
                     "Illiteracy", "Income", "Frost")])
> fit1 <- lm(Murder ~ Population + Illiteracy + Income + Frost,
           data=states)
> fit2 <- lm(Murder ~ Population + Illiteracy, data=states)
> anova(fit2, fit1)

Analysis of Variance Table

Model 1: Murder ~ Population + Illiteracy
Model 2: Murder ~ Population + Illiteracy + Income + Frost
  Res.Df     RSS Df      Sum of Sq      F Pr(>F)
1     47 289.246
2     45 289.167  2      0.079 0.0061     0.994
```

여기서 모델 1은 모델 2에 포함되어 있다. `anova()` 함수는 인구와 문맹율에 수입과 추위를 첨가하여 동시에 검정한다. 검정 결과가 유의미하지 않기 때문에, 선행 예측 모델에 이들을 첨가하지 않고 빼는 것이 정당화된다.

Akaike Information Criterion(AIC)는 모델 비교의 또 다른 방법이다. 인덱스는 모델의 통계적 적합성과 적합성을 유지하는데 필요한 모수의 수에 관한 정보이다. AIC가 적을수록–보다 적은 수의 모수가 적합하다는 의미–좋다. 기준은 `AIC()` 함수가 제공한다. 아래 프로그래밍을 보자

프로그래밍 8.12　AIC로 모델 비교하기

```
> fit1 <- lm(Murder ~ Population + Illiteracy + Income + Frost,
          data=states)
> fit2 <- lm(Murder ~ Population + Illiteracy, data=states)
> AIC(fit1,fit2)

     df      AIC
fit1  6 241.6429
fit2  4 237.6565
```

AIC수치는 Income과 Frost가 없는 모델이 더 좋은 모델임을 보여준다. ANOVA 접근이 둥지 모델을 요구하지만 AIC는 그렇지 않다. 두 개 모델을 비교한다는 것은 상대적으로 단순하다. 그러나 4개, 10개 혹은 100개의 모델을 고려해야 한다면 어떻게 할까? 다음 절에서 이 문제를 다루어 보자.

8.6.2 변수의 선택

많은 변수 중에서 최종 예측변수를 선택하는 두 개의 일반적 방법은 단계적 방법과 모든 변수를 입력하는 방법이다.

- **단계적 회귀(STEPWISE REGRESSION)**

단계적 선택에서 변수들은 중단하는 기준에 이를 때까지 모델에 변수를 더해가거나 삭제한다. 예를 들어 전진(forward stepwise) 방법은 예측변수를 더 이상 더해도 모델 설명력이 향상되지 않을 때까지 모델에 예측변수를 하나 씩 차례로 첨가해 나간다. 반대로 후진(Backword stepwise) 방법은 모든 예측변수를 포함한 모델로부터 시작한다. 변수를 제거해도 모델 설명력이 더 이상 감소하지 않을 때까지 하나 씩 차례로 변수를 제거해 간다. 단계별 단계 회귀(stepwise stepwise regression, 흔히 단계라고 부른다)에서는 전진과 후진 방법을 결합한다. 변수들은 한 번에 하나 씩 투입되지만 각 단계의 모델마다 변수들은 다시 평가된다. 예측변수는 최종 해법에 도달하기 전까지 여러 번 첨가하거나 삭제한다.

단계적 회귀방법은 투입이나 삭제변수의 선택에 사용되는 기준에 따라서 바뀐다. `MASS` 패키지의 `stepAIC()` 함수는 정확한 AIC 기준을 사용하여 단계 모델을 선택한다(전진, 후진, 단계). 다음 프로그래밍은 다중회귀분석에 후진 단계 회귀를 적용한다.

프로그래밍 8.13　후진 단계적 선택

```
> library(MASS)
> states <- as.data.frame(state.x77[,c("Murder", "Population",
                           "Illiteracy", "Income", "Frost")])
```

```
> fit <- lm(Murder ~ Population + Illiteracy + Income + Frost,
          data=states)
> stepAIC(fit, direction="backward")

Start:  AIC=97.75
Murder ~ Population + Illiteracy + Income + Frost

             Df Sum of Sq    RSS    AIC
- Frost       1      0.02 289.19  95.75
- Income      1      0.06 289.22  95.76
<none>                    289.17  97.75
- Population  1     39.24 328.41 102.11
- Illiteracy  1    144.26 433.43 115.99

Step:  AIC=95.75
Murder ~ Population + Illiteracy + Income

             Df Sum of Sq    RSS    AIC
- Income      1      0.06 289.25  93.76
<none>                    289.19  95.75
- Population  1     43.66 332.85 100.78
- Illiteracy  1    236.20 525.38 123.61
Step:  AIC=93.76
Murder ~ Population + Illiteracy

             Df Sum of Sq    RSS    AIC
<none>                    289.25  93.76
- Population  1     48.52 337.76  99.52
- Illiteracy  1    299.65 588.89 127.31

Call:
lm(formula=Murder ~ Population + Illiteracy, data=states)

Coefficients:
(Intercept)   Population   Illiteracy
  1.6515497    0.0002242    4.0807366
```

이 모델은 네 개의 예측변수로부터 시작한다. 각 단계마다 AIC 칸은 열에 열거된 변수를 삭제했을 때의 결과를 제시한다. <none>에 대한 AIC 수치는 어떤 변수도 제거하지 않은 ACI 모델에 해당한다. 첫 번째 단계에서 추위가 제거되었으며 AIC 수치는 97.75에서 95.57로 감소하였다. 두 번째 단계에서 수입이 제거되었으며 AIC는 93.76으로 감소하였다. 더 이상 어떤변수를 더 제거하여도 AIC는 증가하지 않는다. 따라서 분석이 종료되었다.

단계적 방법은 논란이 있다. 좋은 모델을 발견하기는 하지만 발견한 모델이 "최선" 인지 보장할 수 없다. 모든 가능한 모델은 평가하지 않기 때문이다. 이 한계를 극복하기 위한 시도가 **모든 부분집합 회귀**(all subsets regression)이다.

• 모든 부분집합 회귀(ALL SUBSETS REGRESSION)

모든 부분집합 회귀에서는 모든 가능한 모델을 검토한다. 분석자는 모든 가능한 결과의 제시나 각 부분집단의 크기를 지닌 *nbest* 모델을(예를 들면 예측변수 하나, 예측변수 두 개 등) 선택하여 요구한다. 만일 nbest=2로 하면, 하나의 예측변수로 이루어진 두 개의 최선 예측모델과 두 개의 예측변수로 이루어진 두 개의 최선의 예측모델, 세 개의 예측변수로 이루어진 두 개의 최선 예측모델 등 모든 예측변수가 포함될 때까지 결과를 보여준다.

모든 부분집합 회귀는 leaps 패키지의 regsubsets() 함수를 이용하여 실행한다. "최선"의 모델을 선택하는 기준으로 R제곱, 수정된 R제곱, Mallows Cp statistic이 있다.

설명한 바와 같이 R제곱은 예측변수에 의해서 설명되는 종속변수 변량의 크기이다. 수정된 R제곱은 R과 비슷하지만 모수의 수를 고려한다. R제곱은 예측변수의 수가 많아지면 항상 증가한다. 표본 크기에 비해서 모수의 수가 많으면 유의도의 과잉적합성을 가져온다. 수정된 R제곱은 R제곱에 비해서 보다 정직한 모집단의 추정치이다. Mallows Cp statistic은 단계별 회귀분석에서 분석을 종료하는 규칙으로도 사용한다. 좋은 모델은 Cp 통계치가 모델의 모수의 수(절편 포함)에 근접한다.

프로그래밍 8.14에서 주정부 자료에 대하여 모든 부분집합 회귀를 적용한다. 결과는 leaps 패키지의 plot() 함수나 car 패키지의 subset() 함수로 플롯팅할 수 있다. 그림8.17는 전자로 산출한 결과이며 그림 8.18은 후자를 이용한 결과이다.

프로그래밍 8.14 모든 부분집합 회귀

```
library(leaps)
states <- as.data.frame(state.x77[,c("Murder", "Population",
          "Illiteracy", "Income", "Frost")])

leaps <-regsubsets(Murder ~ Population + Illiteracy + Income +
                     Frost, data=states, nbest=4)
plot(leaps, scale="adjr2")

library(car)
subsets(leaps, statistic="cp",
        main="Cp Plot for All Subsets Regression")
abline(1,1,lty=2,col="red")
```

그림 8.17은 읽기에 혼란이 있을 수 있다. 첫 번째 열을 보면 수입(Income)과 절편으로 이루어진 모델로 수정된 R값 0.033이다. 인구(Population)와 절편으로 구성된 모델의 수정된 R값은 0.1이다. 12번째 열로 가보면 절편, 인구, 문맹율 모델의 수정된 R제곱이 0.55인데 비해서 절편, 인구, 문맹율, 그리고 수입 모델의 수정된 R값은 0.54이다. 여기서 적은 예측변수로 큰 수정된 R 제곱 값(수정되지 않은 R제곱 값으로는 이같은 판단을 할 수 없다)을 가지는 모델을 확인할 수 있다.

그림 8.18은 Mallows Cp statistic에 근거하여 각 부분집합 크기별로 4개의 모델을 보여준다. 보다 나

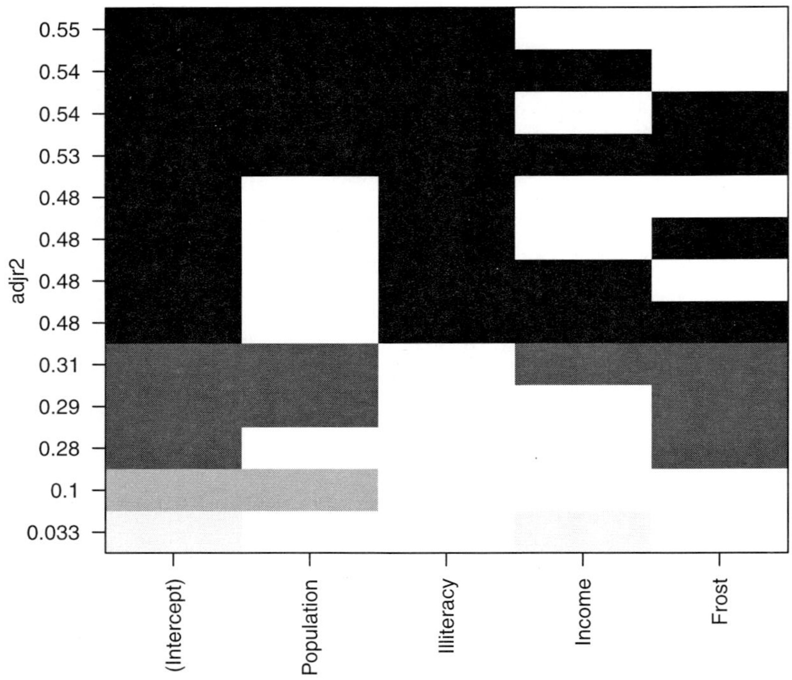

그림 8.17 수정된 R제곱에 근거한 부분집합 크기의 최선의 네 가지 모델

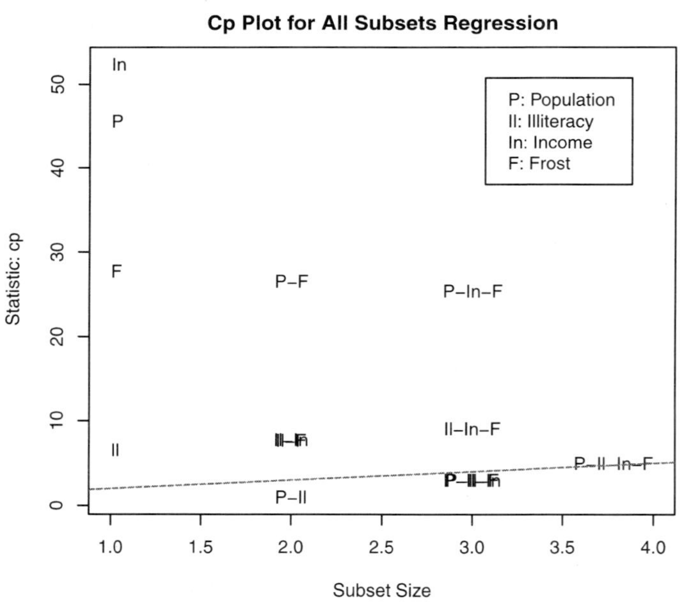

그림 8.18 Mallows Cp 통계에 근거한 각 부분집합 크기의 최선의 네 가지 모델

은 모델은 절편 1과 기울기 1의 선에 근접할 것이다. 플롯에 따르면 두 개 예측변수를 지닌 모델로 인구와 문맹율, 세 개의 예측변수를 가진 모델로 인구, 문맹율, 추위, 아니면, 인구, 문맹율, 수입(이

둘이 그래프에서 중첩되어 알아보기 어렵다)을 고려할 것을 시사한다. 다른 가능한 모델은 거부할 수 있다.

많은 경우에, 모든 부분집합 회귀를 단계별 회귀보다 선호한다. 더 많은 모델을 고려하기 때문이다. 그러나 예측변수의 수가 많으면 절차에 상당한 계산 시간이 소요된다. 일반적으로 말하자면 변수를 자동 선택하는 방법은 모델 선택시 결정적 근거보다는 참고 사항 정도로 고려해야 한다. 통계적으로 잘 들어맞는 모델이라 해도 현실적인 의미가 없다면 도움이 안 된다. 궁극적으로 여러분을 이끄는 것은 연구주제에 대한 지식이다.

8.7 더 분석하기

우리는 회귀분석에 대한 논의를 모델의 일반화 가능성과 예측변수의 상대적 중요도를 평가하기 위한 방법들에 대한 주제로 끝맺고자 한다.

8.7.1 교차타당성 검증(Cross-validation)

우리는 앞 절에서 회귀분석에 포함시킬 변수들을 선택하는 방법들에 대해서 살펴보았다. 주 목적이 기술하는데 있다면 회귀분석의 선택과 해석은 여러분 작업의 종료 신호이다. 그러나 목적이 예측에 있다면 당당하게 질문할 수 있다. "이 방정식이 현실에서 얼마나 잘 작동할 것인가?"

회귀분석 기법은 정의 상, 특정 데이터셋에 최적화된 모델의 모수를 얻기 위한 것이다. OLS 회귀분석에서 예측 오차의 제곱 합을 최소화하고, 설명하는 종속변수 변량을 최대화하는 모델의 모수를 선택한다. 방정식은 특정 데이터셋에 최적화되기 때문에 새로운 데이터셋에는 해당하지 않을 것이다.

우리는 개인의 칼로리 소모양을 운동 시간과 강도, 나이, 성 그리고 체질량지수로부터 예측하고자 하는 심리학 연구 사례로 이 장을 시작하였다. 만일 이 데이터에 적합한 OLS 회귀방정식을 구했다면, 특정 관찰셋의 R제곱을 최대화하는 모델의 모수를 얻었을 것이다. 그런데 연구자가 이 방정식을 애초 연구 뿐만 아니라 개인의 칼로리 소모량을 일반적으로 예측하기 위한 방정식으로 사용하기 원할 수 있다. 여러분은 기존 방정식이 새로운 관찰 표본에는 잘 들어맞지 않을 것으로 생각할 것이다. 얼마나 차이가 발생할까? 교차-검정법은 회귀방정식의 일반화 가능성을 평가하는 유용한 방법이다.

교차타당성 검증에서 데이터 일부를 훈련 표본으로 뽑고, 일부는 테스트에 얼마나 견디는지 알아보기 위한 검증 표본으로 선택한다. 훈련 표본을 대상으로 회귀방정식을 수립하고 이를 검증 표본에 적용한다. 검증 표본는 모델의 모수 선택에 포함되지 않기 때문에, 새로운 데이터의 모델 특성이 얼마나 정확한가를 평가하는 목적으로 사용한다.

K-겹 교차타당성 검증(k-fold cross-validation)은 전체 표본을 k개의 부분 표본으로 나눈다. k부분 표본이 검증 표본이 되며 나머지 $k-1$ 부분표본이 훈련 표본으로 되어 관찰들을 결합한다. 산출한 k 예측방정식을 k 저항 표본에 적용하여 얻은 성과를 기록하여 평균을 낸다(k개가 전체 교차관찰의 수 n와 같을 때, jackknifing이라고 한다).

여러분은 bootstrap 패키지에 있는 crossval() 함수를 이용하여 K겹 교차검증법을 수행할 수 있다. 아래 프로그래밍은 모델의 R제곱을 이용하는 K겹 교차타당성 검증을 시행하는 shrinkage() 로 불리워지는 함수를 제공한다.

프로그래밍 8.15 K-겹 교차타당성 검증 R제곱을 위한 함수

```
shrinkage <- function(fit, k=10){
  require(bootstrap)

  theta.fit <- function(x,y){lsfit(x,y)}
  theta.predict <- function(fit,x){cbind(1,x)%*%fit$coef}

  x <- fit$model[,2:ncol(fit$model)]
  y <- fit$model[,1]

  results <- crossval(x, y, theta.fit, theta.predict, ngroup=k)
  r2 <- cor(y, fit$fitted.values)^2
  r2cv <- cor(y, results$cv.fit)^2
  cat("Original R-square =", r2, "\n")
  cat(k, "Fold Cross-Validated R-square =", r2cv, "\n")
  cat("Change =", r2-r2cv, "\n")
  }
```

이 프로그래밍을 사용하여, 함수를 정의하고, 예측변수의 행렬과 예측치를 산출하고, R제곱을 구한 뒤, 교차검증 R제곱을 얻는다(12장에서 부트스트래핑을 자세히 다룬다).

shrinkage() 함수는 states 자료로 네 개의 예측변수를 모두 이용하여 10겹 교차검증을 수행하는데 사용한다.

```
> states <- as.data.frame(state.x77[,c("Murder", "Population",
"Illiteracy", "Income", "Frost")])
> fit <- lm(Murder ~ Population + Income + Illiteracy + Frost,
data=states)
> shrinkage(fit)

Original R-square=0.567
```

```
10 Fold Cross-Validated R-square=0.4481
Change=0.1188
```

여러분은 표본의 원래 R제곱이 0.567로 매우 낙관적임을 알 수 있다. 새로운 데이터에 적용한 모델에서 살인율의 분산량의 평가는 교차검증의 R제곱으로 얻어진다(.448)(관찰이 *k*집단에 무작위적으로 이루어지기 때문에, `shrinkage()` 함수를 이용할 때, 매번 약간 다른 결과를 얻는다).

일반화 가능성이 더 높은 모델을 선택하기 위해서 변수 선택에 교차검증을 사용할 수도 있다. 예를 들어 두 개의 예측변수로 구성한 모델(Population과 Illiteracy)이 전체 모델에 비해서 R제곱의 감소폭이 적다(0.3과 0.12). 이 결과에 따르면 전체 모델에 비해서 두 개 예측변수 모델이 더 매력있는 대안이다.

```
> fit2 <- lm(Murder ~ Population + Illiteracy,data=states)
> shrinkage(fit2)
Original R-square=0.5668327
10 Fold Cross-Validated R-square=0.5346871
Change=0.03214554
```

다른 모든 상황이 동등하다면, 표본 크기가 크고, 관심대상 인구 집단을 보다 잘 반영하는 훈련 표본에 근거한 회귀방정식이 더 나은 교차검증 결과를 가져온다. R제곱의 변화가 보다 적어지고 더 정확한 예측을 할 수 있다.

8.7.2 상대적 중요도(Relative importance)

이 장에서 지금까지 우리는 "어떤 변수가 결과 예측에 유용한가?"라고 질문해 왔다. 그러나 종종 진짜 관심은 다음 질문에 있다. "어떤 변수가 결과를 예측하는데 가장 중요한가?" 아마도 예측변수의 상대적 중요도에 대한 순위를 원할 것이다. 두 번째 질문을 던지는 실제적 이유가 있다. 예를 들어 조직 성공에 영향을 미치는 리더쉽 행위 요인들의 상대적 중요성을 서열화할 수 있다면 경영자가 특정 행위에 집중하도록 도움을 줄 수 있다.

만일 예측변수들이 상관성이 없다면, 이것은 단순하다. 종속변수와 상관성에 근거하여 예측변수의 순위를 매기면 된다. 그런데, 많은 경우에 예측변수들이 상호관련되어 있기 때문에, 문제가 복잡하다.

예측변수들의 상대적 중요도를 평가하는 많은 방법들이 개발되어 왔다. 가장 단순한 방법은 표준화 회귀계수의 비교이다. 표준화 회귀계수는 다른 예측변수들이 일정할 때, 특정 예측변수의 표준편차 변화가 종속변수의 표본편차에 미치는 기대되는 변화이다. R에서 표준화 회귀계수를 얻는 방법은 `scale()` 함수를 이용하여 회귀분석을 실행하기 전에 데이터셋에 있는 개별 변수를 평균 0과 표준편차 1을 가지는 변수로 표준화한다(scale() 함수는 행렬을 반환하고 lm() 함수는 데이터프레임이 필요하기 때문에, 중간 단계에서 둘을 변환시켜야 한다). 다중 회귀분석에 필요한 코드와 그 결과를 보자.

```
> states <- as.data.frame(state.x77[,c("Murder", "Population",
"Illiteracy", "Income", "Frost")])
> zstates <- as.data.frame(scale(states))
> zfit <- lm(Murder~Population + Income + Illiteracy + Frost,
data=zstates)
> coef(zfit)

(Intercept) Population Income Illiteracy Frost
-9.406e-17 2.705e-01 1.072e-02 6.840e-01 8.185e-03
```

여기에서 여러분은 인구, 수입, 기온을 통제했을 때. 문맹율 표준편차가 1단위 증가하면 살인율 표준편차는 0.68단위 증가하는 것을 볼 수 있다. 표준화 회귀계수를 기준으로 할 때, 문맹율이 가장 중요한 예측변수이고 추위는 가장 덜 중요한 변수이다.

상대적 중요도를 양화하려는 많은 시도들이 있다. 상대적 중요도는 하나의 예측변수가 독자적으로 그리고 다른 예측변수와 결합하여 R제곱에 얼마나 기여하는가를 의미한다, 상대적 중요도에 대한 여러 가능한 접근들은 Ulrike Gröping이 쓴 relaimpo 패키지에서 접할 수 있다(http://mng.bz/KDYF).

상대적 가중(relative weights)이라고 불리는 새로운 방법은 의미있는 전망을 보여준다. 모든 가능한 부분 모델에 대하여 예측변수를 부가할 때 얻어지는 R제곱의 평균 증가를 거의 정확하게 계산해 낸다(Johnson, 2004; Johnson and Lebreton, 2004; LeBreton and Tonidandel, 2008). 아래는 상대적 가중 산출을 위한 함수이다.

프로그래밍 8.16 예측변수의 상대적 중요도 계산을 위한 relweights()

```
relweights <- function(fit,...){
  R <- cor(fit$model)
  nvar <- ncol(R)
  rxx <- R[2:nvar, 2:nvar]
  rxy <- R[2:nvar, 1]
  svd <- eigen(rxx)
  evec <- svd$vectors
  ev <- svd$values
  delta <- diag(sqrt(ev))
  lambda <- evec %*% delta %*% t(evec)
  lambdasq <- lambda ^ 2
  beta <- solve(lambda) %*% rxy
```

```
rsquare <- colSums(beta ^ 2)
rawwgt <- lambdasq %*% beta ^ 2
import <- (rawwgt / rsquare) * 100
import <- as.data.frame(import)
row.names(import) <- names(fit$model[2:nvar])
names(import) <- "Weights"
import <- import[order(import),1, drop=FALSE]
dotchart(import$Weights, labels=row.names(import),
```

NOTE 프로그래밍 8.16의 코드는 Johnson 박사가 제공하여 SPSS 프로그램에서 채택되고 있다. 상대적 가중을 도출하는 방법에 대해서는 Johnson (2000, Multivariate Behavioral Research, 35, 1 19)을 참조하라.

프로그래밍 8.17에서 `relweights()` 함수는 `states` 자료를 사용하여 인구(population), 문맹율(illiteracy), 수입(income) 그리고 기온(temperature)으로 살인율을 예측하기 위한 것이다. 그림8.19를 보면, 모델 전체 변량을(R-square=0.567) 예측변수별로 나눈다. 문맹율은 R제곱의 59%, 추위는 20.79% 등이다. 상대적 가중방법에 기초할 때 문맹율이 상대적 중요도가 가장 크며 그 다음으로 추위, 인구 그리고 수입의 순서이다.

프로그래밍 8.17 relweights() 함수 적용하기

```
> states <- as.data.frame(state.x77[,c("Murder", "Population",
        "Illiteracy", "Income", "Frost")])
> fit <- lm(Murder ~ Population + Illiteracy + Income + Frost, data=states)
> relweights(fit, col="blue")
           Weights
Income        5.49
Population   14.72
Frost        20.79
Illiteracy   59.00
```

상대적 중요도를 측정하기 위한 방법(특히 상대적 가중 방법)은 적용 범위가 넓다. 상대적 가중 방법은 표준화 회귀계수 방법보다는 상대적 중요도의 직관적 개념에 훨씬 가깝다. 앞으로 상대적 가중의 이용이 극적으로 증가할 것으로 기대한다.

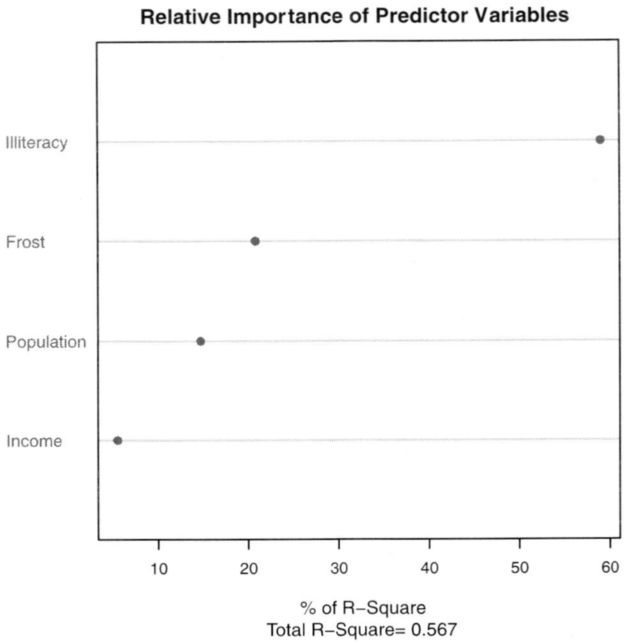

그림 8.19 states의 다중회귀 문제에서 상대적 가중의 점 차트. 큰 가중치는 상대적으로 중요한 변수임은 가리킨다. 예를 들어, 문맹율은 전체 설명량(0.567)의 59%를 설명하고 있으며, 수입은 단지 5.49%만을 설명한다. 따라서 이 모델에서 문맹율은 수입에 비해서 상대적 훨씬 중요하다.

8.8 요약

회귀분석은 통계학 방법론에서 넓은 영역에 걸쳐 있다. 적합한 모델을 찾고, 이것이 통계적 가정에 맞는지 평가하고, 자료와 모델을 수정하고, 그리고 최종 결과에 이르기 위한 재조정을 포함하는 상호작용의 과정이다. 이같은 이유로 최종 결과는 과학은 물론 예술의 영역이며, 숙련에 달려있다.

회귀분석은 많은 부분으로 이루어진 과정이라서 이 장은 길이가 매우 길었다. 적합한 OLS 모델 구하기, 통계적 가정의 적합성을 진단하는 여러 방법, 가정에 접근하도록 자료를 수정하는 방법에 대해서 설명하였다. 많은 가능한 모델 중에서 최종 모델을 선택하는 방법과 새로운 자료 표본에 적용가능한지를 평가하는 방법도 다루었다. 마지막으로 어떤 변수가 결과를 예측하는데 가장 중요한가를 구분하는 변수 중요도라는 골치 아픈 문제도 공략했다.

이 장에서 다루어진 모든 사례들에서, 예측변수는 양적인 것이다. 그러나 범주화된 변수를 예측변수로 사용하는데 어떠한 제한은 없다. 성별, 치료 유형, 제조 과정과 같은 범주화된 방법을 사용하여 집단 차이가 종속변수나 결과에 미치는 영향을 살펴볼 수 있다. 이것이 다음 장의 초점이다.

제9장 분산분석

이 장에서 다룰 내용은 다음과 같다.

- 기본 실험설계에서 R 사용하기
- ANOVA 형식 모델의 적합화와 해석하기
- 모델 가정 평가하기

8장에서 양적 예측변수에서 양적 종속변수를 예측하는 회귀분석 모델에 대해서 알아보았다. 그러나 명목적 혹은 서열적 예측변수를 포함하지 못할 이유가 없다. 요인이 설명변수일 때 초점은 예측으로부터 집단 차의 이해로 옮겨가고 방법론은 **분산분석**(ANOVA, Analysis of variance)에 근거한다. ANOVA 방법은 실험적 그리고 의사실험적 설계의 다양한 형태를 분석하는데 사용한다. 이 장에서는 일반적인 연구설계 분석을 위한 R함수의 개요를 제공한다.

첫째, 연구설계와 관련한 용어를 설명한 다음, ANOVA 모델을 적합화하기 위한 R접근법에 대해서 논의한다. 불안장애, 혈중 콜레스테롤 낮추기, 임신한 쥐가 통통한 새끼를 낳도록 도와주기, 이빨이 길게 자란 돼지, 산림에서 용이하게 호흡하기, 편의점에서 피해야 할 선반 사례들을 다루도록 한다. 기본 설치 이외에도 `car`, `gplots`, `HH`, `rrcov`, `multicomp`, `effects`, `MASS`, `mvoutlier` 패키지를 사용한다. 예시 코드 설명에 앞서 이들을 설치하기 바란다.

9.1 용어에 대한 간략한 설명

일반적으로 실험설계 특히 분산분석은 자체 용어를 가지고 있다. 이 설계에 대한 분석을 논의하기에 앞서 중요한 몇 가지 용어를 신속하게 검토해 보자. 가장 중요한 개념을 소개하기 위해서 점차 복잡한 일련의 연구설계 들을 사용할 것이다.

료와 시간이 상호작용한다는 것은 불안에 대한 두 개 치료가 시간에 따라 상이한 효과를 가져온다는 것을 의미한다(즉, 5주부터 6개월까지의 불안의 변화는 두 개의 치료에 따라 다르게 나타난다).

이제 설계를 약간 더 확대해 보자. 우울 수준이 치료에 영향을 미칠 수 있다는 사실은 잘 알려져 있다. 또한 우울은 불안과 동시에 발생하기도 한다. 실험 대상을 치료 유형에 무작위적으로 배정한다고 해도 연구시작 시점에 두 치료 집단의 우울 수준이 다를 가능성이 있다. 치료 이후에 차이가 발생했다 해도 실험요인 때문이 아니라 이미 치료 이전에 존재했던 우울 수준의 차이에서 비롯되었을 가능성이 있다. 우을 또한 종속변수의 집단 차이를 설명할 수 있는데 이 요인을 **교란요인**(confounding factor)이라고 한다. 그리고 연구자가 우울에 관심이 있는 것이 아니기 때문에 이를 **잡음변수**(nuisance variable)라고 부른다.

만일 여러분이 실험 대상 환자를 처음 충원했을 때 Beck Depression Inventory(BDI)와 같은 자기보고식 우울측정도구를 사용하여 우울을 기록했다면 치료 방법의 효과를 평가하기에 앞서서 각 치료 집단의 우울 차이를 통계적으로 통제할 수 있을 것이다. 이 경우에 BDI는 **공변량**(covariate), 이 설계는 **공분산분석**(ANCOVA analysis of covariance)이라고 부른다.

마지막으로 이 연구에서 STAI라는 단일 종속변인을 측정했지만, 불안을 추가로 측정하여 연구의 타당도를 증가시킬 수 있다(가족 평정, 심리상담사 평정, 일상생활에서의 불안 효과 등). 이처럼 연구에 하나 이상의 종속변수가 있는 설계를 **다변량 분산분석**(MANOVA, multivariate analysis of variance)이라고 부른다. 여기에 공분산을 포함하면 **다변량 공분산**(MANCOVA, multivariate analysis of covariance) **설계**가 된다.

이제 기본 용어를 습득했다. R을 사용하여 ANOVA/ANCOVA/MANOVA을 적합화하는 방법에 대해서 공부해 보자

9.2 ANOVA 모델을 적합화하기

ANOVA 모델과 회귀분석 모델은 각각 별개로 발전한 방법들이지만. 기능적으로는 둘 다 일반화된 선형모델의 특별한 사례이다. ANOVA 모델은 7장에서 소개한 `lm()` 함수를 사용하여 분석할 수 있지만, 이 장에서는 기본적으로 `aov()` 함수를 사용한다. 두 함수의 결과는 동일하지만, `aov()` 함수가 ANOVA방법에 보다 익숙한 형태의 산출물을 제공한다. `lm()` 함수를 사용한 사례는 이 장의 끝부분에 제시하기로 한다.

표 9.4 R 공식에서 사용되는 기호

기호	사용법
~	설명변수를 오른 쪽에 반응변수를 왼 쪽으로 분리한다. 예를 들어 A, B, C로부터 y를 예측하고자 한다면 다음과 같이 코드화 한다. y ~ A + B + C
:	변수 간 상호작용을 가리킨다. A, B 그리고 A와 B의 상호작용으로부터 y를 예측하고자 한다면 다음과 같이 코드화 한다. y ~ A + B + A:B
*	변수 간 완전 교차를 가리킨다. y ~ A*B*C 코드는 다음과 같이 확장된다. y ~ A + B + C + A:B + A:C + B:C + A:B:C
^	교차하는 변수의 수를 가리킨다. y ~ (A+B+C)^2 코드는 다음과 같이 확장된다. y ~ A + B + C + A:B + A:C + A:B
.	모든 나머지 변수들을 가리킨다. y ~. 코드는 다음과 같이 확장된다. y ~ A + B + C

9.2.1 aov() 함수

avo() 함수의 구문문은 aov(*formula*, data=*dataframe*)이다. 표 9.4는 식에 사용하는 특별한 기호들이다. 이 표에서 y는 종속변수를, A, B, C는 요인들을 가리킨다.

표 9.5의 공식들은 연구설계에서 일반적으로 쓰이는 것들이다. 이 표에서 소문자는 양적변수를, 대문자는 집단 요인을, Subjects는 각 대상의 고유 번호이다.

표 9.5 일반적인 연구설계에서 쓰이는 공식들

설계	공식
일원 분산분석(One-way ANOVA)	y ~ A
하나의 공변량이 있는 일원 분산분석(One-way ANCOVA with 1 covariate)	y ~ x + A
이원요인 분산분석(Two-way factorial ANOVA)	y ~ A * B
2개의 공변량이 있는 이원요인 분산분석 (Two-way factorial ANCOVA with 2 covariates)	y ~ x1 + x2 + A * B
무선화 구획설계(Randomized block)	y ~ B + A (B는 구획 요인)
일원 집단 내 분산분석(One-way within-groups ANOVA)	y ~ A + Error(Subject/A)
하나의 집단 내 요인(W)과 하나의 집단 간 요인(B)이 있는 반복측정 분산분석	y ~ B * W + Error(Subject/W)

이 장에서는 설계별로 여러 예시를 통해서 자세히 살펴보기로 한다.

9.2.2 공식에서 항목의 순서

공식에서 효과의 순서를 고려해야 하는 상황은 a) 요인이 두 개 이상이고 비균형적 설계이거나 b) 공변량이 존재할 때이다. 이 두 가지 조건 중 하나라도 존재하면 수식의 오른 편에 있는 변수 간 상호관련성이 나타날 것이다. 이때 이들 변수들이 종속변수에 지니는 효과를 변수별로 분명하게 나눌 방법은 없다. 예를 들어, 사례 수가 동일하지 않은 두 개 처치 상황의 조합을 지닌 이원분산분석에서 `y ~ A*B` 모델은 `y ~ B*A` 모델과 동일한 결과를 산출하지 않는다.

R에서는 ANOVA 효과를 계산할 때 유형I(연속적)을 기본설정으로 한다. `y ~ A + B + A:B` 모델에서 R 분산분석은 a) y에 대한 A의 효과 계산. b) A를 통제한 후, y에 대한 B의 효과 계산, c) A와 B의 주효과를 통제한 후, A와 B의 상호작용 효과를 계산하는 순서로 진행한다.

◆ 항목 순서의 배열

독립변수들이 상호 상관성이 있거나 공변량과 상관성이 있을 때, 이들 변수가 종속변수에 미치는 독립적 효과를 평가하기 위한 명백한 방법은 없다. 요인 A와 B, 종속변수 y인 비균형 이원 분산분석을 살펴보자. 이 설계에는 세 가지 효과가 존재한다 : A, B의 주 효과와 A×B 상호작용 효과. 공식을 사용하여 `Y ~ A + B + A:B`과 같이 모델링한다고 가정할 때, 공식의 오른 편 변수들이 y에 미치는 효과, 즉 분산을 나누는 전형적 방법으로 세 가지가 있다.

유형I(연속적)

공식에서 보다 앞에 나오는 항목의 효과를 통제한다. A는 통제하지 않는다. B는 A의 효과를 통제한 것이다. AB 상호작용은 A와 B 효과 모두 통제한 것이다.

유형II(위계적)

변수들의 효과는 같거나 낮은 차원의 다른 효과를 통제한 것이다. A는 B의 효과를 통제하며 B는 A의 효과를 통제한다. AB 상호작용은 A와 B효과 모두 통제한 것이다.

유형III(한계적)

각 항목의 효과는 모델에 있는 가능한 다른 모든 효과를 통제한 것이다. A는 B와 AB 상호작용 모두를 통제한 것이며, B는 A와 AB 상호작용 모두를 통제한 것이며, AB 상호작용은 A와 B의 효과 모두를 통제한 것이다. R에서는 기본설정으로 유형 I의 접근을 적용한다. SAS나 SPSS 프로그램은 기본설정으로 유형 III을 적용한다.

표본 크기의 불균형이 심할수록 항목 순서가 결과에 미치는 영향이 크다. 일반적으로 기본 효과일수록 공식에서 보다 앞에 위치해야 한다. 특히 공변량이 처음에 위치해야 하며, 이어서 주 효과, 이원 상호작용 효과, 삼원 상호작용 효과 등의 순서로 배치해야 한다. 주 효과 분석에서, 보다 기본이 되는 변수들이 앞에 위치해야 한다. 따라서 성별은 치료 앞에 위치하게 될 것이다. 핵심은 다음과 같다. 연구설계가 직교 모델이 아니라면(즉 요인들이나 혹은 공변량이 상관성이 있을 때), 효과들의 순서를 정할 때 유의해야 한다.

특정 사례를 설명하기에 앞서, car 패키지의 Anova() 함수(표준 anova() 함수와 혼동하지 말 것)는 anova() 함수에서 사용하는 유형I 대신에 유형II나 유형III을 사용할 수 있는 옵션을 제공하는 것에 유의하자. Anova()를 적용하여 산출한 결과가 SAS나 SPSS와 같은 다른 통계패키지의 분석 결과와 일치하는지 알고 싶다면 help(Anova, package="car")를 참조하기 바란다.

9.3 일원 분산분석(One-way ANOVA)

일원 분산분석은 범주화된 집단 요인이 둘이나 셋 이상인 집단 간 평균을 비교하는데 관심이 있다. multcomp 패키지의 콜레스테롤 데이터셋 사례를 설명해 보자(Westfall, Tobia, Rom, and Hochberg, 1999). 50명의 환자가 콜레스테롤을 떨어뜨리기 위해서 5가지 약물 처방(trt) 가운데 하나를 받았다. 이중 세 가지 처치 조건은 첫째, 하루에 한 번 20mg 복용, 둘째, 하루에 두 번 10mg씩 복용, 셋째, 하루에 네 번 5mg씩 복용이다. 나머지 두 가지 조건은 다른 약을 복용하는 경우이다. 어떠한 처방이 콜레스테롤 감소를 가장 많이 가져오는가? 아래 프로그래밍은 이를 분석하기 위한 것이다.

프로그래밍 9.1 일원 분산분석

```
> library(multcomp)
> attach(cholesterol)
> table(trt)                                          ❶ Group sample sizes
trt
 1time 2times 4times  drugD  drugE
    10      10     10     10     10

> aggregate(response, by=list(trt), FUN=mean)         ❷ Group means
  Group.1     x
1   1time  5.78
2  2times  9.22
3  4times 12.37
4   drugD 15.36
5   drugE 20.95

> aggregate(response, by=list(trt), FUN=sd)           ❸ Group standard deviations
  Group.1    x
1   1time 2.88
2  2times 3.48
3  4times 2.92
```

```
4    drugD 3.45
5    drugE 3.35

> fit <- aov(response ~ trt)
> summary(fit)
            Df  Sum Sq   Mean Sq    F value           Pr(>F)
trt          4    1351       338       32.4     9.8e-13  ***
Residuals   45     469        10

Signif. codes:  0 '***' 0.001 '**' 0.01 '*' 0.05 '.' 0.1 ' ' 1

> library(gplots)
> plotmeans(response ~ trt, xlab="Treatment", ylab="Response",
     main="Mean Plot\nwith 95% CI")
> detach(cholesterol)
```

❹ Tests for group differences (ANOVA)

❺ Plots group means and confidence intervals

산출물을 보면 다음 사실을 알 수 있다. 각 약물 처방에 10명의 환자가 참여하였다❶. 약물E가 가장 큰 콜레스테롤 감소를 가져온 반면, 하루 한번 복용이 가장 효과가 적었다❷. 다섯 집단의 표준편차는 2.88에서 3.48 사이로 집단별로 비교적 일정하다❸. trt에 대한 ANOVA F 검정 결과는 유의미하게 나타나 다섯 개의 약물 효과가 동등하지 않다는 근거를 제공한다❹. gplots 패키지의 plotmeans() 함수로 각 집단의 평균 그래프와 신뢰구간을 산출할 수 있다❺. 그림 9.1는 처치 평균의 95% 신뢰구간 플롯 그림으로 처방 간 차이를 분명하게 확인할 수 있다.

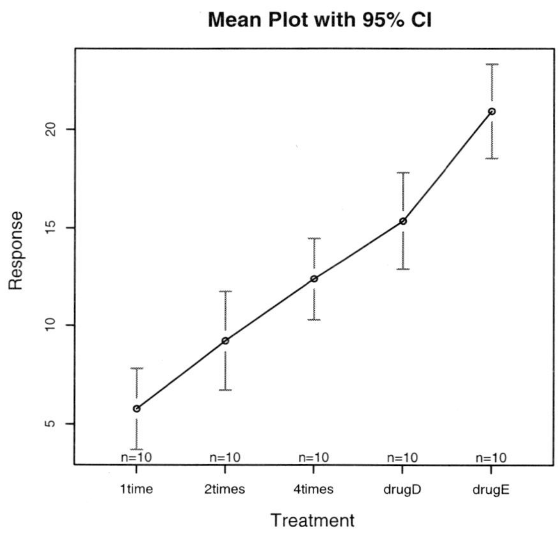

그림 9.1 콜레스테롤 감소의 5개 처방 집단의 95% 신뢰구간

9.3.1 다중비교(Multiple comparisions)

ANOVA F 검정은 다섯 가지 약물 투여 효과가 동일하지 않다는 사실을 보여주지만, 각 효과가 모두 다른가에 대해서는 말해주지 않는다. 각 약물 투여 효과마다 차이가 있는지를 알아보고자 할 때, 다중비교 방법을 사용한다. 예를 들어, TukeyHSD() 함수는 아래에서 보듯이 모든 두 집단 간 평균 차이를 검정한다.

프로그래밍 9.2 TukeyHSD 집단비교(쌍 비교)

```
> TukeyHSD(fit)
  Tukey multiple comparisons of means
    95% family-wise confidence level

Fit: aov(formula = response ~ trt)

$trt
                diff    lwr   upr p adj
2times-1time    3.44 -0.658  7.54 0.138
4times-1time    6.59  2.492 10.69 0.000
drugD-1time     9.58  5.478 13.68 0.000
drugE-1time    15.17 11.064 19.27 0.000
4times-2times   3.15 -0.951  7.25 0.205
drugD-2times    6.14  2.035 10.24 0.001
drugE-2times   11.72  7.621 15.82 0.000
drugD-4times    2.99 -1.115  7.09 0.251
drugE-4times    8.57  4.471 12.67 0.000
drugE-drugD     5.59  1.485  9.69 0.003

> par(las=2)
> par(mar=c(5,8,4,2))
> plot(TukeyHSD(fit))
```

예를 들어, 1회 복용과 2회 복용의 콜레스테롤 감소의 차이는 유의미하지 않지만($p = 0.138$), 1회 복용과 4회 복용의 효과의 차이는 유의미하다($p < .001$). 각 쌍의 비교는 그림 9.2에 나와 있다. 첫 번째

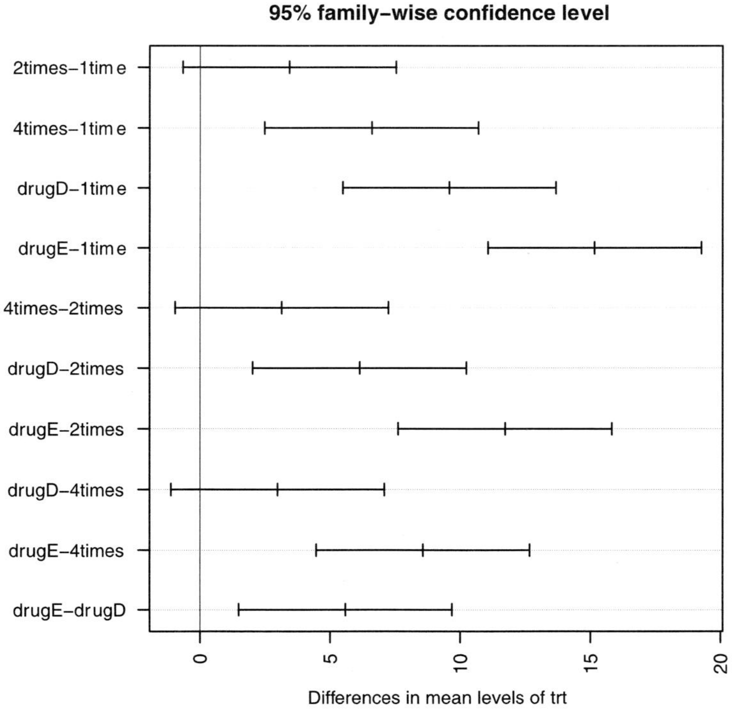

그림 9.2 TukeyHSD 집단비교(쌍 비교)의 플롯

par행은 축 라벨을 회전하고 두 번째 행은 라벨에 맞도록 왼쪽 마진을 확대하라는 의미이다(par 옵션은 3장에 설명되어 있음). 이 그래프에서 0을 포함하는 신뢰구간은 각 약물 투여 사이의 평균 차이가 의미있는 차이가 아님을 가리킨다(p >0.5).

`multcomp` 패키지의 `glht()` 함수는 선형모델(본 장에서 다루고 있음)과 일반화 선형모델(13장에서 다룸) 모두에 적용할 수 있는 다중평균 비교 방법들의 훨씬 포괄적인 묶음을 제공한다. 아래 코드는 결과를 그래픽으로 다르게 표현하는 Tukey HSD 검정 분석을 위한 것이다.

```
> library(multcomp)
> par(mar=c(5,4,6,2))
> tuk <- glht(fit, linfct=mcp(trt="Tukey"))
> plot(cld(tuk, level=.05),col="lightgrey")
```

이 코드에서, par 행은 문자 넓이에 맞도록 상단부 여백 넓이의 확대를 지시한다. 또한 cld()의 level 옵션은 적용할 유의 수준을 지정한다(이 경우에 0.05).

상자 그림으로 표현한 집단을 같은 문자로 표시한다면(그림 상단의 영어 알파벳 문자), 의미있는 통계적 차이가 없다는 의미이다. 1회 복용과 2회 복용은 같은 문자로(a) 표시되어 평균 차이가 의미가 없으며, 2회 복용과 4회 복용도 차이의 평균차이도 유의미하지 않다(모두 영어 문자 b로 표시). 그러나 1회 복용과 4회 복용은 다른 문자로 표시되어 두 집단 간 평균차이가 유의미하다는 것을 보여준다.

이 결과를 통해서 여러분은 하루에 5mg씩 4회 복용하면 한번에 20mg을 복용하는 것 보다 콜레스테

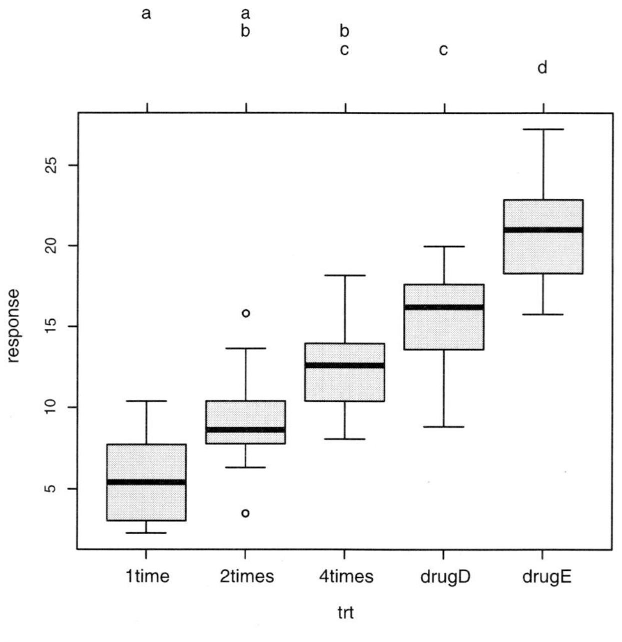

그림 9.3 multcomp 패키지가 제공하는 TukeyHSD 검정

를 경감 효과가 더 좋다는 사실을 알 수 있을 것이다. 그러나 경쟁 약물인 drugE는 또 다른 경쟁 약물 drugD 및 연구 대상 약물의 3가지 복용 방법 모두에 비해서 효과가 좋다.

다중비교 방법은 복잡하고 크게 변화하는 연구 영역이다. 이 주제에 더 관심이 있다면 Bretz, Hothorn, and Westfall (2010)를 참조하기 바란다.

9.3.2 가정 평가하기

앞 장에서 살펴본 바와 같이, 결과에 대한 신뢰는 자료가 통계적 분석이 전제하는 가정을 얼마나 만족하는가에 달려있다. 일원 분산분석에서 가정은 종속변수는 정규분포를 이루고 있으며, 각 집단의 분산이 동일하다는 것이다. 정규분포 가정을 평가하기 위해서 Q-Q 플롯을 사용할 수 있다.

```
> library(car)
> qqPlot(lm(response ~ trt, data=cholesterol),
simulate=TRUE, main="Q-Q Plot", labels=FALSE)
```

`qqPlot()`는 `lm()` 적합화가 필요하다. 그림 9.4가 결과 그래프이다. 자료는 95% 신뢰수준 내에 들어와 있어 정규분포 가정을 매우 잘 충족하고 있음을 알 수 있다. R은 등분산성을 검정하는 여러 방법들을 제공한다. 예를 들어 아래 코드로 Bartlett 검정을 시행할 수 있다.

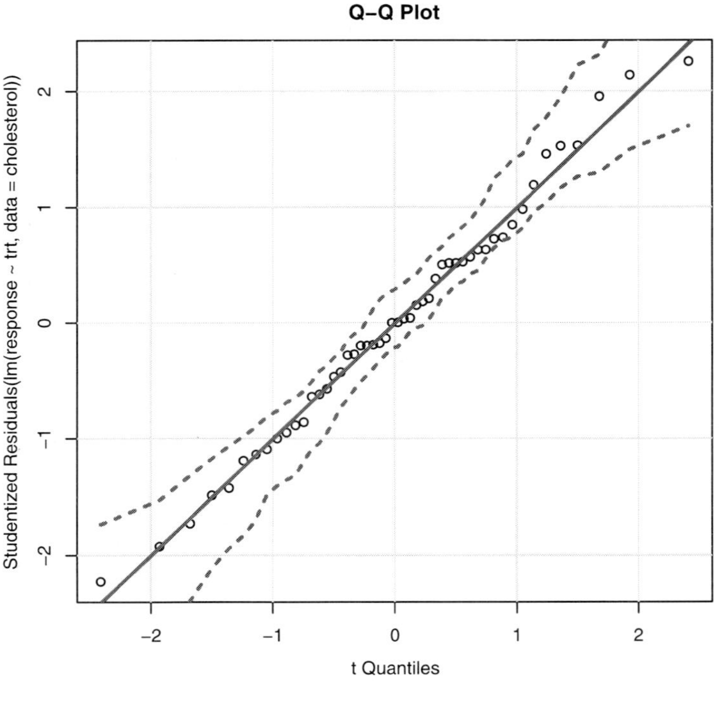

그림 9.4 정규분포 검정

```
> bartlett.test(response ~ trt, data=cholesterol)
Bartlett test of homogeneity of variances
data: response by trt
Bartlett's K-squared = 0.5797, df = 4, p-value = 0.9653
```

Bartlett 검정 결과는 다섯 집단의 분산 차이가 유의미하지 않음을 보여준다($p = 0.97$). 이외에도 fligner.test() 함수가 제공하는 Fligner Killeen 검정, HH 패키지의 hov() 함수의 Brown Forsythe 검정이 있다. 여기에 결과가 나와 있지 않지만 결론은 동일하다.

분산분석은 이상치의 존재로 민감한 영향을 받기도 한다. car 패키지의 outlierTest()를 사용하여 아래와 같이 이상치를 검정할 수 있다.

```
> library(car)
> outlierTest(fit)
No Studentized residuals with Bonferonni p < 0.05
Largest |rstudent|:
rstudent unadjusted p-value Bonferonni p
19 2.251149 0.029422 NA
```

결과를 보면, 여러분은 콜레스테롤 자료에 이상치가 존재한다는 증거를 발견할 수 없다. Q-Q plot, Bartlett 검정과 이상치 검정 결과를 종합적으로 고려할 때, 자료는 ANOVA 모델에 매우 적합한 것으로 나타나고 있다. 이는 곧 분석 결과를 신뢰할 수 있다는 뜻이다.

9.4 일원 공분산분석(One-way ANCOVA)

ANCOVA는 ANOVA에 하나 혹은 둘이상의 양적 공변량을 포함하는 분석 모델이다. 여기 예시는 multcomp 패키지의 litter 데이터셋이다(Westfall et al., 1999을 볼 것). 임신한 쥐는 네 가지 처치 집단으로 구분되며 각 집단에 대해서 각각 다른 양의 약물을 투여한다(0, 5, 50, 500). 출산 시 평균 체중이 종속변수이며 투여시간이 공변량이다. 아래는 이에 대한 프로그래밍이다.

프로그래밍 9.3 일원 공분산분석(One-way ANCOVA)

```
> data(litter, package="multcomp")
> attach(litter)
> table(dose)
dose
  0   5  50 500
 20  19  18  17
```

```
> aggregate(weight, by=list(dose), FUN=mean)
  Group.1    x
1       0 32.3
2       5 29.3
3      50 29.9
4     500 29.6
> fit <- aov(weight ~ gesttime + dose)
> summary(fit)
            Df  Sum Sq Mean Sq F value   Pr(>F)
gesttime     1  134.30  134.30  8.0493 0.005971 **
dose         3  137.12   45.71  2.7394 0.049883 *
Residuals   69 1151.27   16.69
---
Signif. codes:  0 '***' 0.001 '**' 0.01 '*' 0.05 '.' 0.1 ' ' 1
```

table() 함수에서 약물을 전혀 투여하지 않은 쥐는 20마리, 500 투여는 17마리 등으로 각 투약 수준별 쥐의 수가 동일하지 않다. aggregate() 함수에서 제공하는 집단 평균에 기초하면 약물을 투여하지 않은 집단에서 체중 평균이 가장 높았다. ANCOVA F test는 a) 투여시간과 출산 시 체중은 관계가 있으며 b) 투여시간을 통제했을 때 약물투여는 출산 시 체중과 관계가 있었다. 투여시간을 통제한 후에 각 약물투여 집단의 출산 시 평균 체중은 동일하지 않았다.

공변량을 사용하고 있기 때문에 수정된 집단 평균 - 즉 공변량 효과를 뺀 후의 - 을 구해야 한다. 이때 library의 effect() 함수를 사용하여 수정된 평균을 구할 수 있다.

```
> library(effects)
> effect("dose", fit)
dose effect
dose
0 5 50 500
32.4 28.9 30.6 29.3
```

이 사례에서 수정한 평균은 aggregate() 함수에서 산출하는 수정하지 않은 평균과 비슷하다. 그러나 모든 경우에 그렇지는 않다. effects 패키지는 복잡한 연구설계에서 수정된 평균을 산출하고 시각적으로 표현하는 강력한 방법을 제공한다. 자세한 내용은 CRAN에서 패키지에 대한 설명서를 보라.

앞서 ANOVA에서 설명한 바와 같이 F검정은 처치별 출산 시 체중이 같지 않다는 것을 보여주지만 평균들이 모두 다르다는 의미는 아니다. 모든 쌍의 평균을 비교하기 위해서 multcomp 패키지가 제공하는 다중비교 절차를 다시 사용해 보자.

multcomp 패키지를 사용하면 사용자가 정의한 가설에 따라서 검정할 수 있다. 예를 들어, 세 가지 약물투여한 조건과 약물투여를 하지 않은 조건에 따라서 차이가 있는지에 관심이 있다면 아래와 같은 코드로 가설을 검정한다.

프로그래밍 9.4 사용자 제공 대비(contrast)를 적용한 다중비교

```
> library(multcomp)
> contrast <- rbind("no drug vs. drug" = c(3, -1, -1, -1))
> summary(glht(fit, linfct=mcp(dose=contrast)))

Multiple Comparisons of Means: User-defined Contrasts

Fit: aov(formula = weight ~ gesttime + dose)

Linear Hypotheses:
                        Estimate Std. Error t value Pr(>|t|)
no drug vs. drug == 0     8.284      3.209   2.581   0.0120 *
---
Signif. codes:  0 '***' 0.001 '**' 0.01 '*' 0.05 '.' 0.1 ' ' 1
```

여기서 contrast `c(3, -1, -1, -1)`은 첫 번째 집단을 나머지 세 개 집단 평균과 비교를 의미한다. 가설은 t-검정으로 검정하는데 결과는 p<.05수준에서 유의미하다. 따라서 약물투여를 하지 않은 집단은 약물 투여 집단에 비해서 출산 시 체중이 더 많다고 결론을 내릴 수 있다. 다른 대비 방법들은 `rbind()` 함수를 사용한다(자세한 내용은 `help(glht)`를 참조하라).

9.4.1 가정 평가하기

ANCOVA 설계는 ANOVA와 마찬가지로 등분산성과 정규분포 가정을 충족해야 한다. 9.3.2에서 설명한 동일한 절차로 가정을 검정할 수 있는데, ANCOVA 설계는 이에 덧붙여 회귀방정식의 기울기가 동등하다는 것을 가정해야 한다. 사례에서 투여시간으로부터 출산 시 체중을 예측하는 회귀방정식의 절편이 네 개 처지에서 모두 같다는 가정을 말한다. 회귀 기울기의 동등성을 검정하기 위해서는 투여시간 X(곱하기) 투여한 양의 상호작용 항목을 ANCOVA 모델에 추가해야 한다. 상호작용이 유의미하다면, 투여시간과 출산 시 체중과의 관계는 투여한 양의 수준에 따라 다르게 나타난다.

프로그래밍 9.5 회귀방정식 기울기의 등분산성 검정

```
> library(multcomp)
> fit2 <- aov(weight ~ gesttime*dose, data=litter)
> summary(fit2)
              Df Sum Sq Mean Sq F value Pr(>F)
gesttime       1    134     134    8.29 0.0054 **
dose           3    137      46    2.82 0.0456 *
gesttime:dose  3     82      27    1.68 0.1789
Residuals     66   1069      16
---
Signif. codes:  0 '***' 0.001 '**' 0.01 '*' 0.05 '.' 0.1 ' ' 1
```

결과를 보면, 상호작용은 유의미하지 않아 기울기가 같다는 가정을 충족한다. 만일 가정을 충족하지 않는다면, 여러분은 공변량이나 종속변인을 변환하거나, 기울기를 분리하는 방법이나 회귀 절편의 동등성 가정이 필요 없는 비모수적 ANCOVA 방법을 적용할 수 있다. 후자의 분석에 대해서는 sm 패키지의 sm.ancova()을 참조할 것.

9.4.2 결과의 시각화

HH 패키지의 ancova() 함수는 종속변수, 공변량, 요인 간 관계의 플롯을 제공한다.

예를 들어

```
> library(HH)
> ancova(weight ~ gesttime + dose, data=litter)
```

는 그림 9.5의 플롯을 보여준다.

여기에서 투여시간으로부터 출산 시 체중을 예측하는 각 집단별 회귀선이 절편은 다르지만 투여시

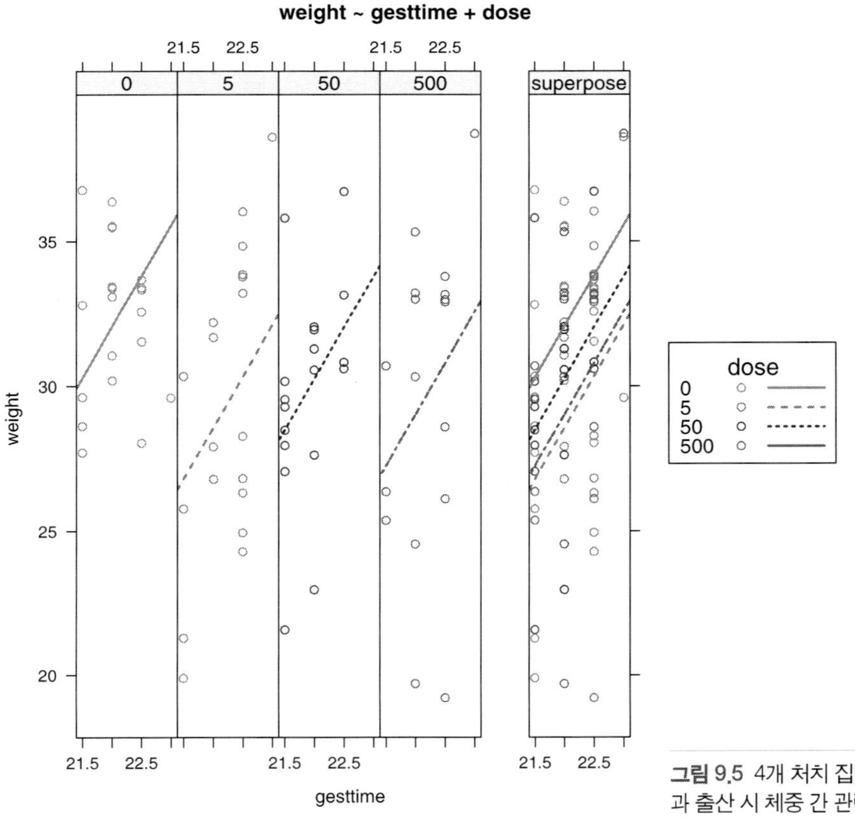

그림 9.5 4개 처치 집단 각각의 투여시간과 출산 시 체중 간 관련성의 플롯

간이 증가하면서 체중도 증가하는 동일한 형태이다. 또한 약물을 투여하지 않은 집단의 절편이 가장 크고 5회 투여 집단의 절편이 가장 작다. 회귀선이 동일한 형태를 유지하는 이유는 그렇게 표현하도록 지정했기 때문이다. 만일 대신, ancova(weight ~ gesttime*dose) 문장을 사용하면 집단별로 기울기와 절편이 모두 변하는 플롯을 산출한다. 이 접근은 회귀선 기울기의 동등성이 유지되지 않은 경우에 이를 시각적으로 표현하는데 유용하다.

9.5 이원요인 분산분석(Two-way factorial ANOVA)

이원요인 분산분석에서는 두 요인을 교차 분류한 집단으로 피험대상들을 배정한다. 집단 간 이원 분산분석에서 설명 사례는 기본 설치 시 제공하는 ToothGrowth의 데이터셋이다. 60마리의 기니피그(guinea pigs)들을 3가지 수준의 아스크로브산(ascorbic acid)(0.5, 1, 2mg) 가운데 한 가지, 그리고 두 가지 복용 방법(오렌지 쥬스와 비타민 C) 중 한 가지를 받도록 각각 무작위적으로 배정한다. 종속변수는 이빨 길이이다. 아래의 프로그래밍은 분석을 위한 코드이다.

프로그래밍 9.6 이원 분산분석(Two-way ANOVA)

```
> attach(ToothGrowth)
> table(supp, dose)
    dose
supp 0.5  1  2
  OJ  10 10 10
  VC  10 10 10

> aggregate(len, by=list(supp, dose), FUN=mean)
  Group.1 Group.2     x
1      OJ     0.5 13.23
2      VC     0.5  7.98
3      OJ     1.0 22.70
4      VC     1.0 16.77
5      OJ     2.0 26.06
6      VC     2.0 26.14

> aggregate(len, by=list(supp, dose), FUN=sd)
  Group.1 Group.2    x
1      OJ     0.5 4.46
2      VC     0.5 2.75
3      OJ     1.0 3.91
4      VC     1.0 2.52
5      OJ     2.0 2.66
6      VC     2.0 4.80
```

```
> dose <- factor(dose)
> fit <- aov(len ~ supp*dose)
> summary(fit)

            Df Sum Sq Mean Sq F value  Pr(>F)
supp         1    205     205   15.57 0.00023 ***
dose         2   2426    1213   92.00 < 2e-16 ***
supp:dose    2    108      54    4.11 0.02186 *
Residuals   54    712      13
---
Signif. codes:  0 '***' 0.001 '**' 0.01 '*' 0.05 '.' 0.1 ' ' 1

> detach(ToothGrowth)
```

table 프로그램 문은 균형설계(설계의 각 셀의 표본 크기가 같음)를 가리키며, aggregate 프로그램 문은 셀의 평균과 표준편차를 산출하기 위한 것이다. does 변수는 요인으로 변환되어 aov() 함수는 수치화된 공변량이 아니라 그룹화한 변수로 간주한다. summary() 함수로 산출한 ANOVA 표는 두 개의 주 효과(supp와 dose)와 이들 요인들 간 상호작용이 유의미함을 보여준다.

여러분은 여러 가지 방법으로 결과를 시각화할 수 있다. 아래 사례는 interaction.plot() 함수를 사용하여 이원 분산분석의 상호작용을 나타내는 방법이다. 코드는 다음과 같다.

```
interaction.plot(dose, supp, len, type="b",
col=c("red","blue"), pch=c(16, 18),
main = "Interaction between Dose and Supplement Type")
```

결과는 그림 9.6이다. 플롯은 각 복용 양(dosage)에서 각 복용 방법별(supplement)로 평균 이빨 길이를 제공한다.

여러분이 약간 더 나은 모양의 상호작용 플롯을 원한다면, gplots 패키지의 plotmeans() 함수를 사용할 수 있다. 아래 코드로 그림 9.7의 그래프를 산출한다.

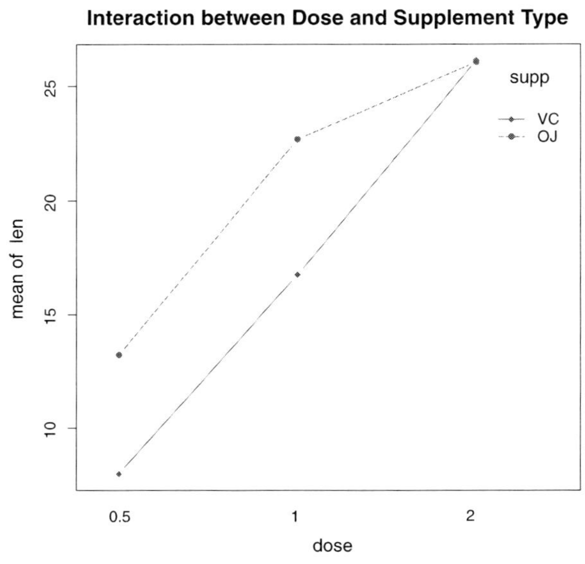

그림 9.6 이빨 길이에 대한 복용량과 복용 방법의 상호작용. 평균 플롯은 interacion.plot 함수를 이용하여 산출.

혼합모델 설계에 대한 많은 접근들

이 절에서 다룬 CO_2 사례는 전통적인 반복 ANOVA 설계를 사용하여 분석하였다. 이 방법은 어떤 집단내 요인에 대한 공분석 행렬이 구형성(sphericity)으로 알려진 특정 형태라는 것을 가정한다. 이는 두 가지 수준 모두에서 집단 내 요인의 차이의 분선이 동등하다는 가정을 말한다. 그런데 현실에서는 이 가정을 충족하기는 어렵기 때문에 아래와 같은 여러 대안적 방법을 사용해야 할 것이다.

- 선형 혼합모델에 적합한 `lme4` 패키지의 `lmer()` 함수 사용하기(Bates, 2005)
- 구형성 부족을 처리하기 위해서 전통적 통계치를 수정하는 `car`패키지의 `Anova()` 함수 사용하기 (예를 들면 Geisser Greenhouse 수정)
- 특정한 분석-공분산 구조를 지닌 일반화된 최소 제곱 모델에 적합한 `nlme` 패키지의 `gls()` 함수 사용하기(UCLA, 2009)
- 반복측정된 데이터에 대해서 다변량 분석방법 사용하기(Hand,1987)

위의 방법들에 대한 설명은 이 책의 범위를 벗어난다. 더 학습을 원한다면 Pinheiro and Bates (2000)와 Zuur et al. (2009)를 참조하기 바란다.

이 장에서 지금까지 다룬 모든 방법들은 하나의 종속변수를 가정하였다. 다음 절에서 하나 보다 더 많은 종속변수를 포함하는 설계를 간략하게 살펴보자.

9.7 다변량 분산분석(MANOVA, Multivariate analysis of variance)

종속변수가 두 개 이상일 때, MANOVA를 사용하여 동시에 분석할 수 있다. 분석 사례는 MASS 패키지의 UScereal 데이터셋이다. 데이터셋은 Venables & Ripley (1999)에서 온 것이다. 이 사례에서 여러분은 US시리얼의 칼로리, 지방, 설탕 성분이 가게 진열대 위치(1은 가장 아래 선반, 2는 중간 위치 3은 가장 위 선반)에 따라 차이가 있는가에 관심이 있다고 하자. 칼로리, 지방, 설탕은 종속변수이며 진열대는 세 가지 수준(1,2,3)의 독립변수이다. 아래는 분석을 위한 프로그래밍이다.

프로그래밍 9.8 일원 다변량 분산분석(One-way MANOVA)

```
> library(MASS)
> attach(UScereal)
> shelf <- factor(shelf)
> y <- cbind(calories, fat, sugars)
> aggregate(y, by=list(shelf), FUN=mean)

  Group.1 calories   fat sugars
1       1      119 0.662    6.3
```

```
2        2       130 1.341    12.5
3        3       180 1.945    10.9

> cov(y)

         calories   fat sugars
calories   3895.2 60.67 180.38
fat          60.7  2.71   4.00
sugars      180.4  4.00  34.05

> fit <- manova(y ~ shelf)
> summary(fit)

          Df Pillai approx F num Df den Df Pr(>F)
shelf      2  0.402     5.12      6    122  1e-04 ***
Residuals 62
---
Signif. codes:  0 '***' 0.001 '**' 0.01 '*' 0.05 '.' 0.1 ' ' 1

> summary.aov(fit)                                      ◁— ❶ Prints univariate results

Response calories :
            Df Sum Sq Mean Sq F value  Pr(>F)
shelf        2  50435   25218    7.86 0.00091 ***
Residuals   62 198860    3207
---
Signif. codes:  0 '***' 0.001 '**' 0.01 '*' 0.05 '.' 0.1 ' ' 1

 Response fat :
            Df Sum Sq Mean Sq F value Pr(>F)
shelf        2   18.4    9.22    3.68  0.031 *
Residuals   62  155.2    2.50
---
Signif. codes:  0 '***' 0.001 '**' 0.01 '*' 0.05 '.' 0.1 ' ' 1

 Response sugars :
            Df Sum Sq Mean Sq F value Pr(>F)
shelf        2    381     191    6.58 0.0026 **
Residuals   62   1798      29
---
Signif. codes:  0 '***' 0.001 '**' 0.01 '*' 0.05 '.' 0.1 ' ' 1
```

먼저, 진열대 변수는 분석에서 집단화된 변수를 의미하는 요인으로 변환한다. 다음으로 세 가지 독립변수(열량, 지방, 설탕)의 행렬을 만들기 위해서 `cbind()` 함수를 사용한다. `aggregate()` 함수는 진열대 평균을 제공하며, `cov()` 함수는 시리얼의 분산과 공분산을 제공한다.

`manova()` 함수는 집단 차이에 대한 다변량 분석을 제공한다. 유의미한 F값은 세 집단이 영양의 집합에서 차이가 있음을 가리킨다. 진열대 변수가 집단변수인 요인으로 변환되었음에 유의해라.

다변량 분석결과가 유의미하기 때문에, 이어서 각 영양에 대한 단일 변량분석을 위해서 `summary.aov()` 함수를 사용하여 일원 분산분석을 시행한다❶. 여기에서 여러분은 세 집단이 각 영양에서 모두 차이가 있음을 알 수 있다. 마지막으로 3개의 종속변수를 대상으로 평균 다중비교(TukeyHSD와 같은 방법으로)를 시행하여 구체적으로 어떤 가판대에서 차이가 발생했는지 분석한다(구체적 내용은 지면 관계 상 생략한다)

9.7.1 가정 평가하기

일원 다변량 분산분석(one-way MANOVA)의 가정은 모든 종속변수의 다변량 정규분포와 각 집단 분산과 공분산 행렬의 동질성 두 가지이다. 전자의 가정은 종속변수의 벡터(vector)의 결합 양상이 다변량 정규분포를 이룬다는 의미이다. 이 가정의 검정을 위해서는 Q-Q 플롯을 사용할 수 있다. 아래의 "막간의 이론(A theory interlude)" 은 이에 관한 통계학적 설명이다.

◆ 막간의 이론

평균이 μ이고 공분산 행렬이 Σ인 벡터 x가 다변량 무작위 정규분포 p×1일 때, x와 μ간의 Mahalanobis 거리 통계량의 제곱은 자유도 p를 가진 카이제곱 분포이다. Q-Q 플롯은 Mahalanobis D-제곱 수치에 대한 표본 카이제곱 분포의 사분위수 그래프이다. 각 점들이 기울이가 1이고 절편이 0인 선에 가깝게 접근할수록 자료는 다변량 정규분포에 가깝다.

아래 프로그래밍은 검정을 위한 코드이며 그림 9.11이 결과 그래프이다.

프로그래밍 9.9 다변량 정규분포 검정

```
> center <- colMeans(y)
> n <- nrow(y)
> p <- ncol(y)
> cov <- cov(y)
> d <- mahalanobis(y,center,cov)
> coord <- qqplot(qchisq(ppoints(n),df=p),
    d, main="Q-Q Plot Assessing Multivariate Normality",
    ylab="Mahalanobis D2")
> abline(a=0,b=1)
> identify(coord$x, coord$y, labels=row.names(UScereal))
```

자료가 다변량 정규분포를 따른다면, 점들은 선에 접근할 것이다. `identify()` 함수는 그래프의 점들을 사용자가 확인할 수 있는 대화형 기능을 제공한다(`identify()` 함수는 16.4에서 다룬다). 여기에서 데이터셋은 다변량 정규분포를 위배하고 있는데, 이는 Wheaties Honey Gold와 Wheaties 사례 때문이다. 문제가 안 된다면 이들을 삭제하고 다시 분석할 수 있다. 분산-공분산 행렬의 동등성은 각 집단별 동등한 공분산 행렬을 요구한다. 이 가정은 보통 Box' s M test로 검정하는데 R에는

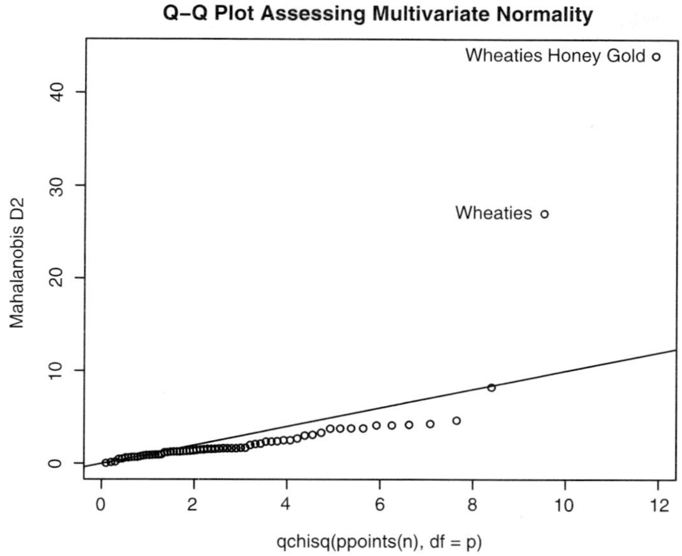

그림 9.11 다변량 정규분포 평가를 위한 Q-Q 플롯

Box' s M 함수가 없지만 인터넷을 검색하면 적절한 코드를 발견할 수 있을 것이다. 그런데 불행하게도 검정은 정규성의 위반에 매우 민감해서 아주 전형적인 사례조차도 기각한다. 이같은 상황은 아직은 이처럼 중요한 가정을 평가할 수 있는 좋은 방법이 없음을 뜻한다(아직 R에서는 사용할 수 없지만 대안적 방법에 대해서는 Anderson (2006)과 Silva et al. (2008)를 참조하라).

마지막으로 mvoutlier 패키지의 aq.plot() 함수를 사용하여 이상치를 검정할 수 있다. 아래는 분석을 위한 코드이다.

```
library(mvoutlier)
outliers <- aq.plot(y)
outliers
```

9.7.2 로버스트 MANOVA(Robust MANOVA)

다변량 정규성과 분산-공분산의 동등성 가정이 충족되기 어렵거나, 다변량 이상치가 신경이 쓰인다면, 여러분은 MANOVA의 로버스트나 비모수 버전을 사용할 수 있다. rrcov 패키지의 Wilks.test() 함수는 일원 MANOVA의 로버스트 버전을 제공한다. 또한 vegan 패키지의 adonis() 함수는 비모수 MANOVA에 상응하는 모델을 제공한다. 아래는 Wilks.test() 함수를 적용하는 프로그래밍이다.

프로그래밍 9.10 로버스트 일원 다변량 분산분석(Robust one-way MANOVA)

```
library(rrcov)
> Wilks.test(y,shelf,method="mcd")

        Robust One-way MANOVA (Bartlett Chi2)

data:  x
Wilks' Lambda = 0.511, Chi2-Value = 23.96, DF = 4.98, p-value =
0.0002167
sample estimates:
  calories    fat  sugars
1      120  0.701    5.66
2      128  1.185   12.54
3      161  1.652   10.35
```

결과를 보면, 로버스트 검정을 사용하여 이상치나 MANOVA 가정에 대해서 로버스트 분석을 했지만 이전 분석과 마찬가지로 가게 진열대의 상단 중간 하단에 진열된 시리얼들이 영양성분에 있어서 차이를 보여준다.

9.8 회귀분석으로서의 ANOVA

9.2절에서 ANOVA와 회귀분석은 모두 일반화된 선형모델의 특수한 사례임을 지적했다. 따라서 이 장에서 다루는 설계들은 lm() 함수를 사용하여 분석할 수 있다. 그러나 결과를 이해하기 위해서는 R이 모델 적합화 과정에서 범주화된 변수를 어떻게 다루는지를 알아야 한다.

9.3절에서 다루었던 콜레스테롤 감소를 위한 다섯 가지 약물처방효과(trt)를 비교하는 일원 분산분석 사례를 살펴보자.

```
> library(multcomp)
> levels(cholesterol$trt)
[1] "1time" "2times" "4times" "drugD" "drugE"
```

먼저 aov() 함수를 사용하여 모델을 적합화한다. 이 경우에 아래 프로그래밍으로 결과를 얻는다.

프로그래밍 9.11 9.2절에 있는 ANOVA 문제에 대한 회귀분석 접근

```
> fit.lm <- lm(response ~ trt, data=cholesterol)
> summary(fit.lm)

Coefficients:
            Estimate Std. Error t value   Pr(>|t|)
(Intercept)    5.782      1.021   5.665   9.78e-07 ***
```

```
trtdrugD        9.579       1.443    6.637    3.53e-08 ***
trtdrugE       15.166       1.443   10.507    1.08e-13 ***

Residual standard error: 3.227 on 45 degrees of freedom
Multiple R-squared: 0.7425,     Adjusted R-squared: 0.7196
F-statistic: 32.43 on 4 and 45 DF,  p-value: 9.819e-13
```

무엇이 보이는가? 선형모델은 독립변수가 수치형 변수를 요구하기 때문에 `lm()` 함수는 요인을 수준간 대비의 수치형 변수로 변환한다. 요인이 k 수준을 가지고 있다면 $k-1$의 대비변수를 생성한다. R은 이같은 대비변수를 생성하는 5개 방법을 제공한다(표 9.6참조). 물론 여러분이 분석 목적에 따라서 자신 만의 대비변수를 만들 수도 있다(여기서는 설명하지 않겠다). 기본설정인 처치 대비는 순서가 없는 요인에 사용하고, 순서가 있는 요인인 경우에는 직교다항식(orthogonal polynomials)을 사용한다.

처치 대비에서 요인의 첫 번째 수준이 기준 집단이 된다. 다음의 모든 집단을 기준 집단과 비교한다. `contrasts()` 함수를 보면 코딩 방법을 알 수 있다.

```
> contrasts(cholesterol$trt)
        2times   4times   drugD   drugE
1time        0        0       0       0
2times       1        0       0       0
4times       0        1       0       0
drugD        0        0       1       0
drugE        0        0       0       1
```

만일 환자가 drugD조건이라면 변수 drugD은 1이 되고 2times, 4times, drugE는 모두 0이다. 첫 번째

표 9.6 대비 관련 내장 함수

대비	설명
contr.helmert	첫 번째 수준은 두 번째 수준과, 세 번째 수준은 앞의 두 개 평균과 네 번째 수준은 앞의 세 개 평균과 대비. 이후 같은 방식으로 대비.
contr.poly	대비는 직교다항식(orthogonal polynomials)에 기반하여 추세 분석에 사용(직선, 제곱, 세제곱 등). 동등한 공간 수준의 순서있는 요인에 사용,
contr.sum	대비의 합을 0으로 강제. 편차 대비(deviation contrasts)라고도 함, 각 수준의 평균을 전체 평균과 비교.
contr.treatment	각 수준을 기준 수준과 대비(첫 번째 수준은 디폴트). 더미코딩(dummy coding)이라고도 함.
contr.SAS	contr.treatment와 비슷하지만, 기준 선이 가장 최종 수준. 대부분 SAS절차에서 사용하는 대비와 비슷한 계수를 산출.

집단에 대해서는 변수가 필요 없다. 환자가 1times조건에서 네 개의 지표변수가 각각 0이기 때문이다. 프로그래밍 9.11에서 변수 trt2times는 1time과 2time 수준 간 대비를 의미한다. 동일하게 trt4times은 1time과 4time의 대비를 의미한다. 결과표의 확률값으로 첫 번째 조건(1 time)과 각 조건들이 유의미한 차이가 있는가를 판단할 수 있다.

lm()에서 사용하는 기본설정 대비는 옵션을 특정화하여 바꿀 수 있다. 예를 들어 Helmert 대비는 아래와 같이 지정한다.

```
fit.lm <- lm(response ~ trt, data=cholesterol, contrasts="contr.helmert")
```

또한 R세션에 있는 options()을 사용하여 대비의 기본설정을 바꿀 수 있다. 예를 들어

```
options(contrasts= c("contr.SAS", "contr.helmert"))
```

은 순서가 없는 요인의 대비에는 contr.SAS를, 순서를 정한 요인의 대비에는 contr.helmert로 각각 기본설정으로 세팅되어 있다. 여기에서는 대비 사용을 선형모델에 한정하지만 R의 다른 모델링 함수에도 적용할 수 있다. 이 주제는 13장의 일반화된 선형모델에서 다룬다.

9.9 요약

이 장에서 우리는 분산분석(ANOVA)/공분산분석(ANCOVA)/다변량 분산분석MANOVA을 사용한 기본 실험 설계와 의사 실험설계 분석방법에 대해서 검토하였다. 기본 용어와 일원분산분석, 일원 공분산분석, 이원 요인 분산분석, 반복측정 분산분석, 일원 다변량 분산분석을 비롯하여 집단 내 그리고 집단 간 설계에 대해서 검토하였다.

기본 분석 이외에도 모델 가정을 검정하는 방법과 유의미한 옴니버스 테스트에 필요한 다중비교 방법에 대해서도 알아보았다. 마지막으로, 결과를 시각적으로 표현하는 다양한 방법들에 대해서도 탐색하였다. R을 사용한 실험설계(DOE)에 대해서 더 알고자 한다면 Groemping (2009)가 제공하는 CRAN View를 반드시 보기 바란다. 8장과 9장에서 다양한 영역의 연구자들이 자주 사용하는 통계적 방법에 대해서 다루고 있다.

다음 장은 검정력 분석(power analysis)을 다룬다. 검정력 분석은 특정 신뢰도에서 크기의 효과를 알아내는데 필요한 표본 크기를 결정하는데 도움을 준다. 이 과정은 연구설계에서 결정적으로 중요한 요소이다.

제 10장

검정력 분석

이 장에서 다룰 내용은 다음과 같다.

- 필요한 표본 크기 결정하기
- 효과 크기 계산하기
- 통계적 검정력 평가하기

통계 컨설턴트로서 나는 다음과 같은 질문을 종종 받곤 한다. "연구를 위해서 얼마나 많은 사례가 필요한가?" 가끔 다음과 같은 질문 형식도 있다. "내가 연구 대상으로 가능한 표본이 x명 정도인데, 이 정도 크기면 연구 가치가 있을까?" 이와 같은 질문에 대해서 실험 설계에서 중요한 테크닉인 **검정력 분석**을 통해서 답을 줄 수 있다.

검정력 분석은 특정 신뢰수준에서 표본 크기의 효과를 발견하는데 요구되는 표본 크기를 결정하는 방법이다. 역으로 말하면, 표본 크기가 제한된 상황에서 특정 신뢰수준에서 표본 크기의 효과를 발견할 수 있는 확률을 결정하는 방법이다. 만일 확률이 수용할 수 없을 정도로 낮다면, 실험을 포기하거나 바꾸는 것이 현명할 것이다.

이 장에서는 비율, t-검정, 카이제곱 검정, 일원균형 분산분석, 상관분석, 선형모델을 포함하여 다양한 통계 분석에서 검정력 분석을 시행하는 방법을 학습한다. 검정력 분석은 가설 검정 상황에 적용하기 때문에, 영가설 유의수준(유의도) 검정에 대한 간략한 설명으로부터 시작한다. 나아가 주로 pwr 패키지에 초점을 맞추어 R에서 검정력 분석을 시행하는 방법을 설명한다. 마지막으로 R에서 적용할 수 있는 그 밖의 접근 방법들을 살펴보기로 한다.

10.1 가설 검정에 대한 간략한 설명

검정력 분석의 단계를 이해하는데 도움이 되도록 일반적인 통계적 가설 검정을 간략히 살펴보자. 여러분이 통계적 배경 지식이 있다면 10.2절로 넘어가도 된다.

통계적 가설 검정에서 모집단 모수에 대해서 가설을 특정화한다(**영가설** H_0). 그 다음에 이 모집단으로부터 표본을 추출하고 모집단 모수를 추론하기 위한 통계치를 계산한다. 영가설이 참이라고 가정하고 이로부터 관찰한 표본 통계치를 얻을 확률을 계산한다. 만일 확률이 충분히 작다면 영가설을 거부하고 대립가설을 받아들인다(**대안가설** 혹은 **연구가설**이라고 함 H_1).

이 과정을 예를 들어 자세하게 설명하자. 핸드폰 사용이 운전자의 반응 시간에 미치는 효과를 평가하는데 관심이 있다고 하자. 이때 영가설은 H_0: $\mu_1-\mu_2=0$이다, 여기에서 μ_1는 운전자가 핸드폰을 사용하면서 반응하는 평균 시간이며 μ_2는 핸드폰을 사용하지 않을 때 반응하는 평균 반응 시간이다(여기에서 $\mu_1-\mu_2$가 관심있는 모집단의 모수이다). 만일 영가설을 거부하면 대안가설이나 연구가설이 남는다. 즉 H_1: $\mu_1-\mu_2\neq 0$. 이것은 $\mu_1\neq\mu_2$과 같다 : 즉 두 조건의 반응 시간은 같지 않다.

표본을 추출하여 두 조건 가운데 하나에 무작위적으로 배정한다. 첫 번째 조건에서 참여자는 핸드폰을 사용하면서 시뮬레이터에서 제시하는 일련의 상황에 반응한다. 두 번째 조건에서 참여자는 핸드폰을 사용하지 않은 상태에서 같은 상황에 반응한다. 전체 반응 시간을 각 개인별로 측정한다.

표본 자료에 근거하여 통계치 $\overline{X}_1-\overline{X}_2$을 계산한다. 여기서 $\overline{X}_1$과 $\overline{X}_2$는 두 가지 조건의 표본의 평균 반응 시간이며, s는 합동표본 표준편차(pooled sample standard deviation), n은 각 조건의 참여자 수이다. 만일 영가설이 참이라면 반응 시간은 정상분포를 이루고 있으며 표본 평균이 2n−2의 자유도를 가진 t 분포를 이루고 있다고 가정할 수 있다. 이 사실을 이용하여 표본 통계치를 얻을 확률을 계속(증가하여) 계산할 수 있다. 만일 확률 (p)가 미리 정해놓은 컷오프 값(예컨대 $p<.05$) 보다 작다면 대안 가설을 선택하고 영가설을 거부한다. 미리 정해진 컷오프 기준을 검정의 **유의수준**이라고 한다.

표본이 추출된 모집단에 대한 추론을 위해서 표본 자료를 사용한다는 사실을 기억하자. 영가설은 운전 중 핸드폰을 사용하는 모든 운전자의 평균 반응 시간이 핸드폰을 사용하지 않는 모든 운전자의 평균 반응 시간과 다르지 않다는 것이지 표본의 운전자들이 그렇다는 것이 아니다. 여러분의 결정으로부터 다음과 같은 네 가지 결과가 가능하다.

- 만일 영가설이 거짓인데 통계적 검정이 이를 거부했다면, 올바른 결정을 내린 것이다. 핸드폰 사용이 반응 속도에 영향을 미친다고 올바르게 결정하였다.
- 만일 영가설이 참인데 이를 거부하지 않았다면, 올바른 결정을 내린 것이다. 핸드폰 사용이 반응 속도에 영향을 미치지 않는다.

■ 만일 영가설이 참인데 이를 거부하였다면, Type I 오류를 범한 것이다. 핸드폰 사용이 반응 속도에 영향을 미치지 않는데 영향을 미친다고 결정하였다.

■ 만일 영가설이 거짓인데 이를 거부하지 못했다면, Type II 오류를 범한 것이다. 핸드폰 사용이 반응 속도에 영향을 미치는데 이를 발견하지 못하는 오류를 범하였다.

이 결과들은 아래의 표에 정리되어 있다.

		결정	
		H_0를 거부	H_0를 거부하는데 실패
사실	H_0가 참임	Type I 오류	옳은 결정
	H_0가 거짓임	옳은 결정	Type II 오류

◆ 영가설 유의수준 검정을 둘러싼 논란

영가설 유의수준 검정에 대해서 논란이 없지 않다 : 특히 심리학 영역에서 비판을 제기하고 있다. p 값을 통계적 유의수준을 넘어서서 실제 유의 수준으로 오해하거나, 영가설은 정확하게 참이 될 수 없다거나, 표본 크기가 충분하면 항상 거부할 수 있다고 비판한다.

이 주제에 대한 심층적 논의는 이 책의 범위를 벗어난 것이다. 관심있는 독자들은 Harlow, Mulaik, and Steiger(1997)를 참고하라.

조사를 계획할 때 연구자는 아래의 네 가지 양에 특별한 주의를 기울여야 한다.

■ 표본 크기(sample size) : 실험설계에서 집단/조건들의 사례 수

■ 유의수준(significant levels) : type I 오류를 범할 확률. 실제 존재하지 않은 효과를 발견하는 확률을 의미함.

■ 검정력(power) : 1에서 type II 오류를 범할 확률을 뺀 것. 검정력은 실제 존재하는 효과를 발견하는 확률을 의미함.

■ 효과 크기(effect size) : 대안가설과 연구가설 하에서(영가설이 틀리는) 효과의 강도. 효과 크기의 수식은 가설 검정에 작용하는 통계적 방법에 달려 있음.

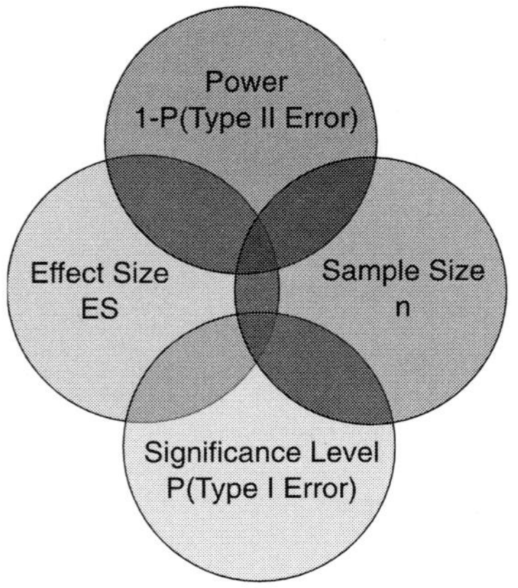

그림 10.1 검정력 분석 연구설계에서 고려해야 하는 네 가지 주요한 양. 여기서 3가지가 주어지면 나머지 하나를 계산할 수 있다.

표본 크기와 유의수준은 연구자가 직접 통제할 수 있는데,

검정력과 효과 크기는 이로부터 보다 간접적으로 영향을 받는다. 예를 들어서 유의수준을 다소 느슨하게 낮게 설정하면 검정력이 증가한다. 비슷하게 표본 크기를 크게 하면 검정력이 커진다.

연구의 목적은 인정할만한 유의수준을 유지하면서 가능한 적은 수의 표본으로 통계적 검정력을 극대화하는데 있다. 즉 합리적 연구비용 내에서, 실제 효과를 발견할 기회를 최대화하고 실제 존재하지 않는 효과를 발견할 기회를 최소화하는 것이다.

네 가지 양은 밀접한 관련성을 지닌다. 만일 세 가지가 주어져 있다면 네 번째 양은 결정할 수 있다. 이 장 나머지 부분에서 다양한 검정력 분석을 시행하면서 이 논리를 사용할 것이다. 다음 절에서 R 패키지의 pwr를 이용하여 검정력 분석을 수행하는 방법을 설명한다. 다음으로, 생물학과 유전학에서 사용하는 특수한 검정력 함수를 간략히 살펴보기로 한다.

10.2 pwr 패키지로 검정력 분석 시행하기

Champely가 개발한 pwr 패키지로 Cohen(1988)이 정리한 바와 같이 검정력 분석을 시행한다. 표 10.1의 목록은 가장 중요한 함수들이다. 각 함수에서 여러분은 네 가지 양(표본 크기, 유의수준, 검정력, 효과 크기)가운데 세 가지를 정할 수 있으며 나머지 하나는 계산된다.

네 가지 양 가운데 효과 크기가 정하기 가장 어렵다. 효과 크기의 계산에는 과거에 수행된 연구에 대한 지식과 적용한 측정에 대한 경험이 필요하다. 그런데 기존 연구에서 기대되는 효과 크기에 대한 근거가 없다면 어떻게 할까? 이 어려운 과제는 10.2.7절에서 살펴볼 것이다. 이 절에서는 pwr 함수

표 10.1 pwr 패키지 함수들

함수	검증력 계산 대상
pwr.2p.test	두 개의 비율(같은 표본 크기)
pwr.2p2n.test	두 개의 비율(다른 표본 크기)
pwr.anova.test	균형있는 일원 분산분석
pwr.chisq.test	카이제곱 검증
pwr.f2.test	일반 선형모델
pwr.p.test	비율(단일 표본)
pwr.r.test	상관성
pwr.t.test	t-검정들(일 표본, 이 표본, 쌍)
pwr.t2n.test	t-검정(표본 크기가 다른 두 개 표본)

를 일반적인 통계 분석에 적용하는 방법에 대해서 설명한다. 함수의 학습에 앞서 pwr 패키지를 설치하고 적재하기 바란다.

10.2.1 t-검정

t-검정 분석에서 pwr.t.test() 함수는 여러 가지 유용한 검정력 분석 포맷을 제공한다. 포맷은 다음과 같다.

```
pwr.t.test(n=, d=, sig.level=, power=, type=, alternative=)
```

여기에서

- n은 표본의 크기
- d는 표준화한 평균 차이로 정의된 효과 크기.

  $d = \frac{\mu_1 - \mu_2}{\sigma}$ 여기서 μ_1=집단1의 평균, μ_1=집단2의 평균 σ^2= 공통 오차 분산
- sig.level은 유의수준(디폴트는 0.05)
- power는 검정수준
- type은 t검정 형태, 이표본 t검정은 "two. sample", 일 표본 t검정은 "one.sample", 종속 표본 t검정은 "paired". 기본설정은 이-독립표본 t검정.
- alternative는 양측 검정과 단측 검정의 검정 방법을 지정. 양측 검정은 "two.sided", 단측 검정은 "less" 혹은 "greater". 기본설정은 양측 검정.

사례를 통해서 자세히 살펴보자. 10.1절에서 다룬 바 있는 운전 중 핸드폰 사용과 운전 반응 시간 사례에서 핸드폰을 사용하는 운전자의 평균 반응 시간과 사용하지 않는 운전자의 반응 시간을 비교하기 위해서 독립표본 t검정의 양측 검정을 해 보자.

이전 연구에서 반응시간의 표준편차가 1.25초로 나타났다고 가정하자. 또한 반응시간에서 1초가 중요한 차이라고 가정한다. 따라서 여러분은 이 연구에서 0.8 혹은 그 이상의 효과 크기(d = 1/1.25 = 0.8)를 발견하고자 할 것이다. 또한 이와 같은 차이가 존재할 경우에 이를 발견할 가능성을 90% 확신하고, 무작위 변이로 인한 차이일 경우에 차이가 유의미하다고 선언하지 않을 가능성을 95% 확신하려고 한다. 그렇다면 이 연구에 필요한 실험 참여자는 몇 명인가?

이 문제의 답을 찾기 위해서 pwr.t.test() 함수를 이용하여 다음과 같이 입력한다.

```
> library(pwr)
> pwr.t.test(d=.8, sig.level=.05, power=.9, type="two.sample",
alternative="two.sided")
```

```
Two-sample t test power calculation
n = 34
d = 0.8
sig.level = 0.05
power = 0.9
alternative = two.sided

NOTE: n is number in *each* group
```

결과는 90%의 검정수준과 실제로는 효과가 존재하지 않는데 효과가 있다고 결론을 내리는 오류가능성을 5%보다 적게 하고 0.8의 효과 크기를 발견하기 위해서는 각 집단마다 34명(전체 68명)의 실험 대상자가 필요하다는 사실을 시사한다.

이번에는 질문을 바꾸어 보자. 두 조건 비교를 위해서, 모집단 평균에서 0.5 표준편차의 차이를 발견하고자 한다고 가정하자. 모집단에 차이가 있다는 결론을 내릴 때 오류 확률을 100분의 1보다 작게 제한하고자 한다. 또한 연구에 투입할 수 있는 실험 대상자는 40명이고 각 조건에 같은 수의 대상자를 배정한다. 그렇다면 이상의 조건에서, 여러분이 모집단 간 차이를 발견할 수 있는 확률은 얼마인가?

각 조건의 참여자의 수가 같다고 가정할 때, 프로그래밍은 다음과 같다.

```
> pwr.t.test(n=20, d=.5, sig.level=.01, type="two.sample",
alternative="two.sided")
Two-sample t test power calculation
n = 20
d = 0.5
sig.level = 0.01
power = 0.14
alternative = two.sided

NOTE: n is number in *each* group
```

각 집단에 20명 실험 대상자가 있고, 유의수준을 0.01로 정했으며, 종속변수의 표준편차가 1.25초라면, 0.625초 혹은 그 보다 적은 차이를 선언할 수 있는 확률은 14%보다 적다(d = 0.5 = 0.625/1.25). 반대로 말하면 찾고자 하는 효과를 놓칠 확률은 86%이다. 여러분은 시간과 노력을 앞의 사례에서 두 집단이 동일한 표본 크기임을 가정했다. 만일 두 집단의 표본 크기가 동일하지 않다면 아래 함수를 사용한다.

```
pwr.t2n.test(n1=, n2=, d=, sig.level=, power=, alternative=)
```

여기에서 `n1`와 `n2`는 표본 크기이며, 다른 모수는 `pwr.t.test`와 동일하다. `pwr.t2n.test` 함수에 여러 수치를 입력하고 결과가 어떻게 달라지는지 살펴보라.

10.2.2 분산분석(ANOVA)

pwr.anova.test() 함수는 균형있는 일원 분산분석에 대한 검정력 분석의 옵션을 제공한다. 포맷은 다음과 같다.

```
pwr.anova.test(k=, n=, f=, sig.level=, power=)
```

여기서 k는 집단 수이고, n은 각 집단의 표본 크기이다.

일원 분산분석에서 효과 크기는 f로 측정한다

$$f = \sqrt{\frac{\sum_{i=1}^{k} p_i \times (\mu_i - \mu)^2}{\sigma^2}}$$

$P_i = n_i/N$

n_i = 집단 *i*의 사례 수

N = 전체 사례 수

μ_i = 집단 *i*의 평균

μ = 전체 평균

σ_2= 집단 내 오차 분산

사례를 들어보자. 다섯 집단 비교를 위한 일원 분산분석에서 각 집단이 0.80의 검정력을 얻기 위해서 필요한 표본 크기를 계산해 보자. 효과 크기는 0.25이며 유의수준은 0.05이다. 표본 크기 계산을 위한 코드는 다음과 같다.

```
> pwr.anova.test(k=5, f=.25, sig.level=.05, power=.8)
Balanced one-way analysis of variance power calculation
k = 5
n = 39
f = 0.25
sig.level = 0.05
power = 0.8

NOTE: n is number in each group
```

전체 표본 수는 따라서 5×39 = 195이다. 이 표본은 공통의 분산을 가진 5개 집단 평균에 대한 평가를 요구한다. 만일 여러분이 특별히 기대에 대한 생각이 없다면 10.2.7절에 기술한 접근 방법이 도움이 될 것이다.

10.2.3. 상관관계(correlation)

pwr.r.test() 함수는 상관계수에 대한 검정력 분석을 제공한다. 포맷은 다음과 같다.

```
pwr.r.test(n=, r=, sig.level=, power=, alternative=)
```

n은 사례 수, r은 효과 크기(직선 상관관계로 측정한), sig.level은 유의수준, power는 검정력, alternative에서 ("two.sided")는 양측 검정방법을, ("less") 혹은 ("greater")는 단측 검정 방법을 지정한다.

예를 들어, 여러분이 좌절과 외로움의 관계를 연구하고 있다고 하자. 이때 영가설과 연구가설은 다음과 같다.

$H_0: \rho \leq 0.25$ versus $H_1: \rho > 0.25$

여기에서 ρ는 두 심리학 변수의 모집단에서 상관계수이다. 유의수준을 0.05로 정하고 영가설이 거짓일 때 영가설을 거부할 수 있는 확률을 90%로 정한다면, 이때 필요한 사례 수는 얼마인가? 이 질문에 대한 코드는 아래와 같다.

```
> pwr.r.test(r=.25, sig.level=.05, power=.90, alternative="greater")

approximate correlation power calculation (arctangh transformation)
n = 134
r = 0.25
sig.level = 0.05
power = 0.9
alternative = greater
```

따라서 좌절과 고독의 관련성 평가에서, 영가설을 거부할 수 있는 확률을 90%로 하기 위해서는, 134명의 사례 수가 필요하다.

10.2.4 선형모델(Linear models)

다중 회귀분석과 같은 선형모델의 검정력 분석을 위해서, pwr.f2.test() 함수를 사용할 수 있다. 포맷은 다음과 같다.

```
pwr.f2.test(u=, v=, f2=, sig.level=, power=)
```

여기에서 u와 v는 분자와 분모의 자유도이고, f2는 효과 크기이다.

$$f^2 = \frac{R^2}{1-R^2}$$ 여기에서 R^2 = 모집단에서 다중 상관계수의 제곱

$$f^2 = \frac{R^2_{AB} - R^2_A}{1-R^2_{AB}}$$ 여기에서 R^2_A = 모집단에서 변수집합 A에 의한 분산

R^2_{AB} = 모집단에서 변수집합 A와 B 모두에 의한 분산

f2에 대한 첫 번째 수식은 예측변수 집합이 결과에 미치는 효과를 평가하는데 적합하다. 두 번째

수식은 예측변수 하나의 집합의 효과에 덧붙여 예측변수(혹은 공변인) 두 번 째 집합의 효과를 평가할 때 적합하다.

여러분이 만일 임금과 비경제적 특전이 근로자의 만족도에 미치는 효과에 덧붙여 상사 리더십의 효과에 관심이 있다고 하자. 리더십 스타일은 4개변수로 측정하였으며 급료와 특전은 3개 변수로 구성하였다. 과거의 경험에 따르면, 급료와 팁은 근로자 만족도의 분산을 약 30%정도 설명했다. 현실적 기준에 따라서 리더십 스타일이 이보다 분산을 최소 5% 더 설명하는가에 관심이 있다고 하자. 유의수준을 0.05로 한다면, 90%의 검정력을 확보하기 위해서 필요한 대상자 수는 얼마나 될까?

여기에서 `sig.level=0.05`, `power=0.90`, u=3(전체 예측변수의 수에서 변수집합 B의 예측변수 수빼기), 효과 크기 `f2= (.35-.30)/(1-.35) = 0.0769`이다. 이를 함수에 대입하면 다음과 같다.

```
> pwr.f2.test(u=3, f2=0.0769, sig.level=0.05, power=0.90)

Multiple regression power calculation

u = 3
v = 184.2426
f2 = 0.0769
sig.level = 0.05
power = 0.9
```

다중 회귀분석에서 분모의 자유도는 N−k−1이다. 여기에서 N은 사례 수이고, k는 예측변수의 수이다. 이 사례에서 N−7−1 = 185이다. 따라서 필요한 표본 크기는 185+7+1=193이다.

10.2.5 비율 검정(Tests of proportions)

`pwr.2p.test()` 함수는 두 개 비율 비교시 검정력 분석에 사용할 수 있다. 포맷은 다음과 같다.

```
pwr.2p.test(h=, n=, sig.level=, power=)
```

여기에서 h는 효과 크기, n은 각 집단의 공통 표본 크기이다. 효과 크기 h는 아래와 같이 정의하며 `ES.h(p1, p2)` 함수로 계산할 수 있다.

$$h = 2\arcsin(\sqrt{p_1}) - 2\arcsin(\sqrt{p_2})$$

만일 표본 크기가 다르다면 바람직한 함수는 아래와 같다.

```
pwr.2p2n.test(h=, n1=, n2=, sig.level=, power=)
```

`alternative=` 옵션은 양측 검정("`two.sided`")과 단측 검정("`less`" or "`greater`")을 지정한다. 기본설정은 양측 검정이다.

현재 쓰고 있는 약으로 이용자의 60%가 증상이 완화되었는지에 대해서 의심한다고 하자. 새로 개발한 신약이 65% 이용자의 증상을 개선한다면 시판이 가능할 것으로 판단한다. 두 약을 비교하기 위한 연구에서 양자 간 치료 차이를 발견하고자 한다면 얼마나 많은 실험 대상자가 필요할까? 신약이 더 낫다는 결론을 90% 신뢰하고 그릇된 결론에 이르지 않을 가능성을 95% 확신하기로 가정한다. 또한 단지 신약이 표준보다 더 낫다는 데에만 관심이 있기 때문에 단측 검정을 시행한다. 이를 위한 코드는 다음과 같다 :

```
> pwr.2p.test(h=ES.h(.65, .6), sig.level=.05, power=.9,
alternative="greater")

Difference of proportion power calculation for binomial distribution
(arcsine transformation)

h = 0.1033347
n = 1604.007
sig.level = 0.05
power = 0.9
alternative = greater

NOTE: same sample sizes
```

이 결과에 따르면 앞서 밝힌 기준을 충족하기 위해서는 여러분은 연구를 위해서 신약을 사용하는 1,605명과 기존 약을 사용하는 1605명이 필요하다.

10.2.6 카이제곱 검정

카이제곱 검정은 두 개의 범주형 변수 간 관련성을 알기 위해 사용한다. 영가설은 변수들이 독립적이라는 것이고, 연구가설은 그렇지 않다는 것이다. 카이제곱 검정 시 검정력, 효과 크기, 필요한 표본의 크기를 평가하기 위해 `pwr.chisq.test()` 함수를 사용할 수 있다. 포맷은 아래와 같다.

```
pwr.chisq.test(w=, N=, df=, sig.level=, power=)
```

여기에서 w는 효과 크기, N은 전체 표본 크기, df는 자유도이다.

여기에서 효과 크기는 다음과 같이 규정한다.

$$w = \sqrt{\sum_{i=1}^{m} \frac{(p0_i - \ 1_i)^2}{p0_i}}$$

$p0_i$ = 영가설 H_0 하의 i번째 칸의 비율

$p1_i$ = 연구가설 H_1 하의 i번째 칸의 비율

1에서부터 *m*까지 합해 가는데 *m*은 분할표 칸의 수이다. 이원 분할표(two-way contingency table)에서 대안가설을 뒷받침하는 효과 크기를 계산하는데 `ES.w2(P)` 함수를 사용한다. 여기에서 P는 가

표 2-1 연구가설에 기반한 승진할 사람의 기대 비율

인종	승진비율	비 승진 비율
백인	0.42	0.28
흑인	0.03	0.07
히스패닉	0.10	0.10

설화된 이원 분할표이다.

간단한 사례로, 여러분이 인종과 승진과의 관계를 알아보고자 한다. 여러분은 표본의 70%가 백인, 10%는 흑인, 20%는 히스패닉으로 기대한다. 나아가 이 표본에서 백인의 60%, 흑인의 30%, 히스패닉의 50%가 승진할 것으로 믿는다. 이때 연구가설은 표 10.2와 같은 승진율을 보여준다. 예를 들어 전체 인구 가운데 승진하는 백인이 차지하는 비율은 42%이며(.42 = .70× .60), 승진하는 흑인의 비율은 7%이다(.07 = .10×.70). 유의수준은 0.05이고 검정력은 0.90로 정하자. 이원 교차표의 자유도는 (r−1)×(c−1)이다. 여기서 r은 교차표의 행의 수이고 c는 열의 수이다. 가설화된 효과 크기는 다음 코드로 계산한다.

```
> prob <- matrix(c(.42, .28, .03, .07, .10, .10), byrow=TRUE, nrow=3)
> ES.w2(prob)
[1] 0.1853198
```

이 정도를 이용하여 필요한 표본 크기를 아래와 같이 계산할 수 있다.

```
> pwr.chisq.test(w=.1853, df=2, sig.level=.05, power=.9)
Chi squared power calculation
w = 0.1853
N = 368.5317
df = 2
sig.level = 0.05
power = 0.9

NOTE: N is the number of observations
```

결과는 규정한 효과 크기, 검정력, 그리고 유의수준을 충족하는 인종과 승진 간 관계의 발견에 적합한 연구 대상은 369명임을 보여준다.

표 10.3 Cohen의 효과 크기 벤치마크

통계적 방법	효과 크기 측정	효과 크기의 가이드라인		
		적은 효과	중간 효과	큰 효과
t-검정(t-test)	d	0.20	0.50	0.80
분산분석(ANOVA)	f	0.10	0.25	0.40
선형모델(Linear models)	f2	0.02	0.15	0.35
비율검정(Test of Proportion)	h	0.20	0.50	0.80
카이제곱(Chi-square)	w	0.10	0.30	0.50

10.2.7 새로운 상황에 적합한 효과 크기 선택하기

검정력 분석에서 기대하는 효과 크기는 결정하기 가장 어려운 모수이다. 분석 대상 주제의 특성에 대한 지식과 어떠한 측정방법을 적용했는가의 축적된 경험이 필요하다. 따라서 과거 연구에서 계산된 효과 크기를 향후 연구를 계획하는데 사용할 수 있다.

그러나 연구 상황이 과거 연구경험이 없는 완전히 새로운 연구일 경우에는 여러분은 어떻게 할 것인가? Cohen (1988)은 행동과학 영역에서 여러 통계적 검정에 적용할 수 있는 "작은 효과", "중간 효과", "큰 효과"의 효과 크기에 대한 기준을 제공하고 있다. 표 10.3이 효과 크기의 기준이다.

여러분이 효과 크기를 평가할 수 있는 마땅한 정보가 없다면, 위 표는 어느 정도 가이드가 될 수 있다. 예를 들어, 25명이 한 집단인 다섯 집단에 대해서 유의 수준 0.05의 일원 분산분석을 하고자 한다면 영가설을 거부하기 위한 확률이 얼마나 되는가?

`pwr.anova.test()` 함수와 표10.3의 f행에 제시된 제안한 수치를 사용하면, 검정력은 작은 효과 0.118, 중간 효과 0.574, 큰 효과 0.957로 각각 계산되어 큰 효과를 발견할수록 검정력이 커진다. 표본 크기의 제약이 있다면 큰 효과를 발견해야만 높은 검정력을 확보할 수 있다.

그러나, Cohen의 가이드는 사회과학 연구에서 도출된 일반적 권고로써, 특정 연구 영역에는 적용이 어려울 수 있다는 것에 유의해야 한다. 대안은 연구의 여러 파라미터를 대입하여 표본 크기와 검정력에 미치는 영향을 체크하는 것이다. 다시 0.05 유의수준의 일원 분산분석으로 다섯 집단을 비교하는 사례를 들어보자. 아래의 프로그래밍은 효과 크기의 범위를 발견하는데 필요한 표본 크기를 계산하고 그림 10.2의 결과를 플롯팅한다.

프로그래밍 10.1 일원 분산분석에서 유의미한 효과를 발견하기 위한 표본 크기

```
library(pwr)
es <- seq(.1, .5, .01)
nes <- length(es)

samsize <- NULL
for (i in 1:nes){
    result <- pwr.anova.test(k=5, f=es[i], sig.level=.05, power=.9)
    samsize[i] <- ceiling(result$n)
}

plot(samsize,es, type="l", lwd=2, col="red",
     ylab="Effect Size",
     xlab="Sample Size (per cell)",
     main="One Way ANOVA with Power=.90 and Alpha=.05")
```

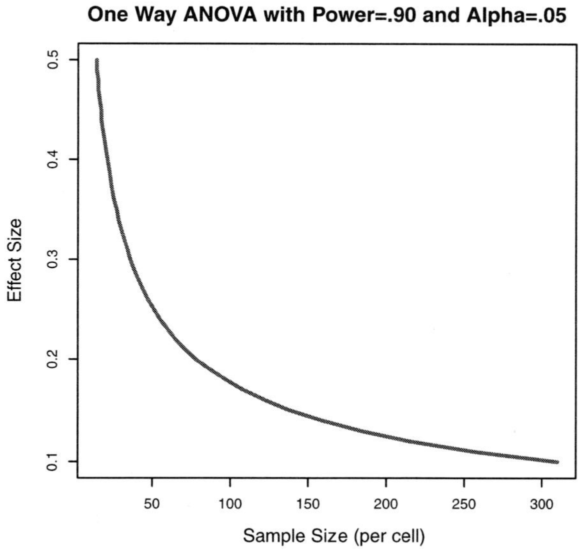

그림 10.2 5개 집단에 대한 일원 분산분석에서 여러 효과 크기를 발견하는데 필요한 표본 크기 (검정력 0.90, 유의수준 0.05로 가정함)

위와 같은 그래프는 실험 설계의 다양한 조건의 효과를 평가하는데 도움을 줄 수 있다. 예를 들어, 한 집단의 사례가 200이상인 경우에는 표본 크기를 증가해도 투자대비 효과가 거의 없는 것으로 나타나고 있다. 다음 절에서 다른 플롯 사례를 살펴보기로 한다.

10.3 검정력 분석 플롯 산출하기

pwr 패키지 설명을 끝내기 전에, 많은 그래프를 포함하고 있는 사례를 살펴보자. 효과 크기와 검정

력 수준의 범위에서 통계적으로 유의미한 상관계수를 얻는데 필요한 표본 크기를 구하고자 한다. 이 과제 수행을 위해서 pwr.r.test() 함수와 순환반복을 이용할 수 있다. 아래는 이를 위한 프로그래밍이다.

프로그래밍 10.2 다양한 크기의 상관관계를 발견할 수 있는 표본 크기 곡선

```
library(pwr)
r <- seq(.1,.5,.01)
nr <- length(r)

p <- seq(.4,.9,.1)
np <- length(p)

samsize <- array(numeric(nr*np), dim=c(nr,np))
for (i in 1:np){
  for (j in 1:nr){
    result <- pwr.r.test(n = NULL, r = r[j],
    sig.level = .05, power = p[i],
    alternative = "two.sided")
    samsize[j,i] <- ceiling(result$n)
  }
}

xrange <- range(r)
yrange <- round(range(samsize))
colors <- rainbow(length(p))
plot(xrange, yrange, type="n",
     xlab="Correlation Coefficient (r)",
     ylab="Sample Size (n)" )

for (i in 1:np){
  lines(r, samsize[,i], type="l", lwd=2, col=colors[i])
}

abline(v=0, h=seq(0,yrange[2],50), lty=2, col="grey89")
abline(h=0, v=seq(xrange[1],xrange[2],.02), lty=2, col="gray89")

title("Sample Size Estimation for Correlation Studies\n
      Sig=0.05 (Two-tailed)")
legend("topright", title="Power", as.character(p),
       fill=colors)
```

❶ Sets the range of correlations and power values
❷ Obtains sample size
❸ Sets up the graph
❹ Adds power curves
❺ Adds grid lines
❻ Adds annotations

프로그래밍 10.2의 seq 함수는 효과 크기 r(H_1에서의 상관계수)과 검정력 수준 p의 범위를 산출한다❶. 이 효과 크기와 검정력 수준을 순환시키기 위해서 두 개의 순환문을 사용한다. 이에 해당하는 필요한 표본 크기를 계산하고 smaesize라는 배열에 이를 저장한다❷. 그래프에 적합한 수평축과 수직축 그리고 라벨을 지정한다❸. 선을 이용한 검정력 커브를 첨가한다❹. 마지막으로 그래프를 읽는데 도움이 되도록 격자선(grid) ❺과 범례 ❻를 첨가한다. 결과 그래프가 그림 10.3에 제시되어

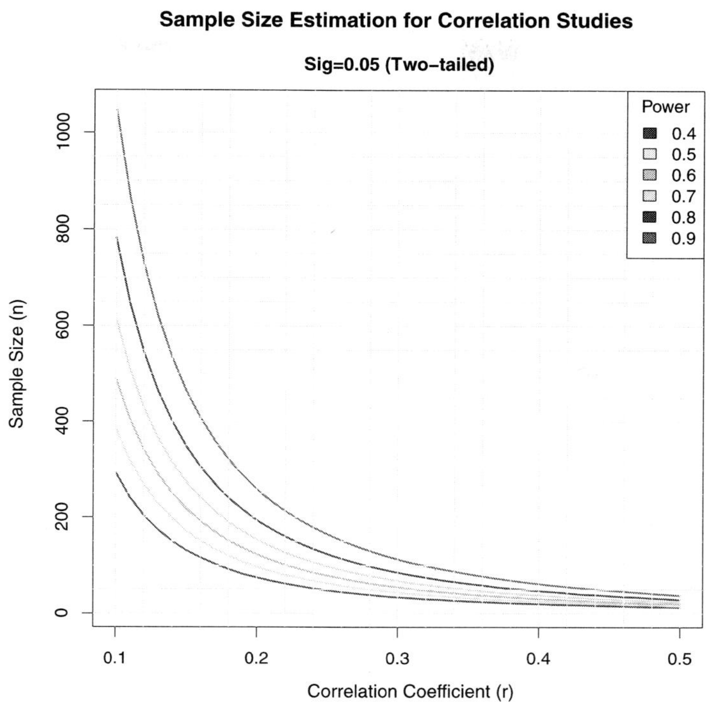

그림 10.3 여러 검정력 수준에서 유의미한 상관관계를 발견하기 위한 표본 크기 곡선

있다.

그래프에서 볼 수 있는 바와 같이, 40% 신뢰도로 0.20의 상관성을 발견하기 위해서는 표본 크기가 약 75정도 필요하다. 상관성을 90% 신뢰하기 위해서는 185의 사례가 추가적으로 더 필요하다(합이 260). 이와 같이, 동일한 접근을 약간씩 수정하여 통계적 검정의 넓은 범위에 걸쳐있는 표본 크기와 검정력 곡선을 산출할 수 있다.

10.4 다른 패키지들

R에는 연구 단계 설계에 도움을 줄 수 있는 여러 다른 패키지들이 있다(표 10.4참조). 어떤 것은 매우 전문적인 도구를, 반면에 어떤 것은 일반적 도구를 포함하고 있다. 표의 아래 부분에 나와 있는 다섯 개 패키지는 유전학 분야의 검정력 분석에 특히 초점을 맞추고 있다. 유전체 연관성연구(Genome-

표 10.4 특수한 검정력 분석 패키지들

패키지	목적
asypow	점근선 우도비 방법(asymptotic likelihood ratio methods)를 이용한 검정력 계산
longpower	시계열 자료의 표본 크기 계산
PwrGSD	집단 순차설계의 검정력 분석
pamm	혼합모델의 무작위 효과의 검정력 분석
powerSurvEpi	역학연구에서 생존분석의 검정력과 표본 크기 계산
powerMediation	선형, 로지스틱, 포아송(Poisson), 콕스(cox) 회귀분석 매개효과의 검정력과 표본 크기 계산
powerpkg	전달불균형분석법(transmission disequilibrium test, TDT)과 이병동포대법(affected sib pair)에 대한 검정력 분석
powerGWASinteraction	유전체 연관성연구(Genome-wide association studies, GWAS)의 상호작용 분석을 위한 검정력 분석
pedantics	자연 인구의 유전학 연구의 검정력을 강화하는 함수들
gap	코호트 사례연구 설계의 검정력과 표본 크기 계산 함수
ssize.fdr	마이크로어레이(실험에서 표본 크기의 계산)

wide association studies, GWAS)는 관찰할 수 있는 특질의 유전학적 연관을 밝히는 연구들을 수행한다. 예를 들어, 이 연구들은 왜 특정 사람들이 특정한 유형의 심장병을 가지고 있는가에 초점을 맞춘다.

마지막으로 MBESS 패키지에는 다양한 형태의 검정력 분석과 표본 크기 결정에 이용할 수 있는 광범위한 함수들을 포함하고 있다. 이 함수들은 특히 행동과학, 교육학 및 사회과학 연구에 적합하다.

10.5 요약

7, 8, 9장에서 우리는 통계적 가설 검정을 위한 광범위한 R 함수들을 탐색하였다. 이 장에서는 이와 같은 연구를 준비하는 과정에 초점을 맞추었다. 검정력 분석은 특정 신뢰도 수준에서 소정의 효과 크기를 확보하는데 필요한 표본 크기를 결정하는데 도움을 준다. 검정력 분석은 또한 일정한 표본 크기에서 효과를 발견할 수 있는 확률을 말해주기도 한다. 검정력 분석을 통해서 효과가 유의미하다는 결정을 할 때, 그릇된 결정을 할 오류(type I 오류)를 제한하는 가능성은 실제 효과(검정력)를 올바

르게 확인할 수 있는 가능성과 교환된다는 사실을 분명히 확인할 수 있다.

이 장의 대부분은 pwr 패키지가 제공하는 함수를 사용하는데 초점을 맞추었다. 이 함수들은 일반적인 통계적 방법(t-검정, 카이제곱 검정, 비율 차이 검정, 분산분석, 회귀분석)에서 검정력과 표본 크기를 결정하는데 사용될 수 있다. 보다 전문화된 방법들에 대해서는 마지막 절에서 설명하였다.

검정력 분석은 전형적인 상호작용 과정이다. 연구자는 표본 크기, 효과 크기, 유의수준이 상호 영향력을 관찰하기 위해서 이들 파라미터에 변화를 준다. 검정력 분석 결과는 의미있는 연구의 결과를 위한 연구를 계획하는데 도움을 준다. 과거 연구에 관한 정보는 보다 효과적이고, 효율적으로 앞으로의 연구를 설계하는데 유용하다.

검정력 분석이 지니는 잇점의 중요한 측면은 단순한 이분법적 가설 검정(즉 효과가 존재하거나, 하지 않거나) 방식에서 벗어나 효과 크기에 대한 고려를 인정하는 방식으로의 전환을 고취한다는 사실이다. 저널의 편집자들은 저자들에게 연구 결과를 보고할 때, p 수치 뿐만 아니라 효과 크기를 포함하도록 지속적으로 요구하고 있다. 이것은 연구의 실천적 함의를 결정하거나 향후 연구 계획에 유용한 정보를 제공함으로써 도움을 준다.

다음 장에서는 다변량 관계를 시각화하는 추가적이고 새로운 방법들을 살펴보도록 한다. 이같은 그래프 방법은 지금까지 설명한 분석 방법들을 보완하고 보다 풍부하게 한다.

제11장 중급 그래프

이 장에서 다룰 내용은 다음과 같다.

- 이변량과 다변량 관계를 시각화하기
- 산점도와 선차트 그리기
- 상관도 이해하기
- 모자이크와 연관성 플롯 사용하기

6장 (기초 그래프)에서, 우리는 하나의 범주형 또는 연속형 변수의 분포를 보여주는 광범위한 그래프의 유형을 검토했다. 8장 (회귀분석)은 예측변수의 조합으로부터 연속형 결과변수를 예측할 때 유용한 그래픽 방법을 검토했다. 9장 (분산 분석)에서, 우리는 연속형 결과변수에 대한 집단별 차이를 시각화하는데 특히 유용한 기법들을 고려했다. 많은 이유에서, 이 장은 지금껏 다루어 온 주제들의 연속이며 연장이다.

이 장에서, 우리는 두 변수(이변량 관계) 사이의, 그리고 많은 변수(다변량 관계) 사이의 관계를 보여주는 그래픽 방법에 초점을 맞출 것이다. 예를 들어보자.

- 연비(자동차 마일리지)와 차량의 무게 사이에 어떤 관계가 있는가? 차가 가진 실린더의 갯수에 따라서 변하는가?
- 자동차의 연비, 무게, 배기량, 그리고 후방 차축 비율 사이의 관계를 하나의 그래프에 어떻게 그릴 것인가?
- 대규모의 데이터셋(말하자면, 10,000 관측치)으로 부터 뽑아 낸 두변수 사이의 관계를 그릴 때, 보고 싶은 데이터 점들의 대규모 중첩을 어떻게 다룰 것인가? 다른 말로 하면, 여러분의 그래프가 하나의 큰 얼룩인 경우 어떻게 할 것인가?
- 세 개 변수 사이의 다변량 관계를 한 번에 어떻게 시각화할 것인가?
- 시간의 경과에 따른 여러 나무의 성장을 어떻게 보여줄 것인가?

- 십 여개의 변수들 간 상관성을 하나의 그래프로 어떻게 시각화할 것인가?
- *Titanic*에 관한 승객 생존자와 계급, 성, 그리고 나이의 관련성을 어떻게 시각화할 것인가? 여러분은 이와 같은 그래프로부터 무엇을 배울 것인가?

이들은 이 장에서 기술된 방법들로 대답할 수 있는 질문의 유형들이다. 우리가 이용할 데이터셋으로 가능한 사례들이다. 가장 중요한 것은 일반적인 테크닉이다. 만약 자동차의 특징 또는 나무의 성장에 여러분이 관심이 없다면, 자신의 데이터를 활용하라!

우리는 산점도와 산점도 행렬로 시작할 것이다. 다음으로, 다양한 유형의 선차트를 탐색할 것이다. 이같은 접근은 연구에서 잘 알려져 있고 폭넓게 사용한다. 나아가, 범주형 변수 사이의 다변량 관계를 시각화하기 위하여 상관성을 시각화하는 상관 그림들과 모자이크플롯의 사용을 검토할 것이다. 이러한 접근들 역시 유용하다. 하지만 많은 연구자와 분석가들에게 훨씬 덜 알려져 있다. 여러분은 자신의 데이터를 더 잘 이해하기 위하여 이러한 접근들을 어떻게 이용하는지, 그리고 이러한 발견들을 통해서 다른 사람들과 어떻게 소통하는가에 관한 예들을 보게 될 것이다.

11.1 산점도(Scatter plot)

앞 장에서 확인한 바와 같이, 산점도는 두 개의 연속형 변수 사이의 관계를 기술한다. 이 절에서, 우리는 하나의 이변량 관계(*x* vs. *y*)의 묘사로 시작할 것이다. 그리고 추가로 정보를 부가하여 플롯을 향상시키는 방법을 탐색할 것이다. 이어서 여러 개의 산점도를 하나의 산점도 행렬로 어떻게 결합하는지를 배운다. 이를 통하여 여러분은 많은 이변량 관계를 한 번에 볼 수 있다. 또한 많은 데이터 점들의 중첩으로 그래프 역량이 제약되는 특별한 사례를 검토하고, 곤경을 극복할 수 있는 방법들을 논의할 것이다. 끝으로, 이차원 그래프에 세번 째 연속형 변수를 추가하여 삼차원 그래프로 확장한다. 여기에는 3D 산점도와 물방울그림 등이 있다. 이들 그래프들은 세 개 변수 사이의 다변량 관계를 한 번에 이해하는데 도움을 줄 것이다.

R에서 산점도를 생성하는 기초 함수는 `plot(x, y)`이다. 여기에서 *x*와 *y*는 (*x*, *y*) 점들의 플롯을 가리키는 수치형 벡터이다. 다음의 프로그래밍은 사례를 보여준다.

프로그래밍 11.1 최적합선의 산점도

```
attach(mtcars)
plot(wt, mpg,
     main="Basic Scatter plot of MPG vs. Weight",
```

```
       xlab="Car Weight (lbs/1000)",
       ylab="Miles Per Gallon ", pch=19)
  abline(lm(mpg~wt), col="red", lwd=2, lty=1)
  lines(lowess(wt,mpg), col="blue", lwd=2, lty=2)
```

결과 그래프는 그림 11.1이다.

프로그래밍 11.1의 코드는 mtcars 데이터프레임을 불러와서 플롯팅 기호로 원을 사용하는 기본 산점도를 생성한다. 기대한 바와 같이, 자동차의 무게가 증가하면 연비(1갤런당 주행 마일)는 감소한다. 비록 관계가 완전하게 선형적이지는 않지만 말이다. abline() 함수는 최적의 직선을 추가하고자 할 때 사용한다. lowess() 함수는 완만한 곡선을 추가하고자 할 때 사용한다. 이 선은 국지적으로 가중된 다항 회귀에 기초한 비모수 적합선이다. 알고리즘에 대한 자세한 사항은 Cleveland(1981)를 보라.

> **NOTE** R은 lowess 적합성을 산출하는 lowess()와 loess()의 두 개의 함수를 가진다. loess()가 보다 새로운 공식에 기초한 lowess() 버전이고, 더 강력하다. 두 함수는 상이한 기본설정을 가지므로 혼동하지 않도록 주의하라.

car 패키지의 scatterplot() 함수는 많은 향상된 모양과 산점도를 산출하는 편리한 함수들을 제공한다. 적합선, 주변의 상자그림, 신뢰 타원(confidence ellipses), 하위 집단별 플롯팅, 그리고 대화형의 점 식별 등이 있다.

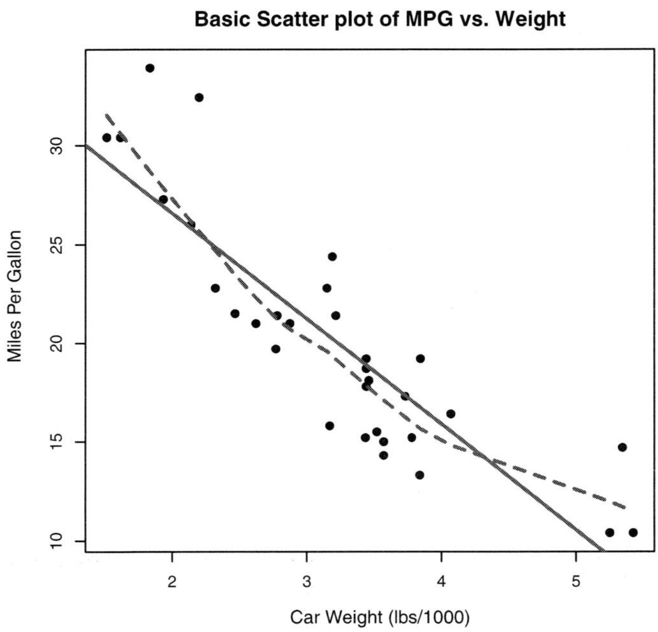

그림 11.1 선형 및 lowess 적합선을 덧붙인 자동차 연비 vs. 무게의 산점도

더 복잡한 버전의 플롯은 아래의 코드로 만들어진다.

```
library(car)
scatterplot(mpg ~ wt | cyl, data=mtcars, lwd=2, span=0.75,
            main="Scatter Plot of MPG vs. Weight by # Cylinders",
            xlab="Weight of Car (lbs/1000)",
            ylab="Miles Per Gallon", id.method="identify",
            legend.plot=TRUE, labels=row.names(mtcars),
            boxplots="xy"
)
```

여기에서, `scatterplot()` 함수는 실린더를 4, 6, 8개 가진 자동차의 무게 vs. 연비를 그리는 데 사용된다. 공식 `mpg ~ wt | cyl` 은 조건화(다시 말하면, 각 수준의 `cyl`별로 `mpg`와 `wt` 사이의 분리된 플롯들)를 지시한다. 그래프는 그림 11.2에서 나와 있다.

기본설정으로, 하위집단은 색깔과 플롯팅 기호로 구별되고, 각각의 직선과 loess 선들이 적합화된다. `span` 파라미터는 loess 선의 평활화(smoothing) 정도를 통제한다. `id.method` 옵션은 점들이 마우스 클릭에 의하여 대화형으로 식별되도록 지시한다. 이것은 Stop(Graphics 혹은 상황별 메뉴를 통하여)을 선택하거나, Esc 키를 누를 때까지 계속된다. `labels` 옵션은 점들이 행 이름으로 식별되도록 지시한다. 여기에서 여러분은 Toyota Corolla와 Fiat 128이 무게를 고려했을 때, 예사롭지 않은 좋은 연비를 가지고 있다는 것을 알게 된다. `legend.plot` 옵션은 범례를 오른쪽 상단의 바깥

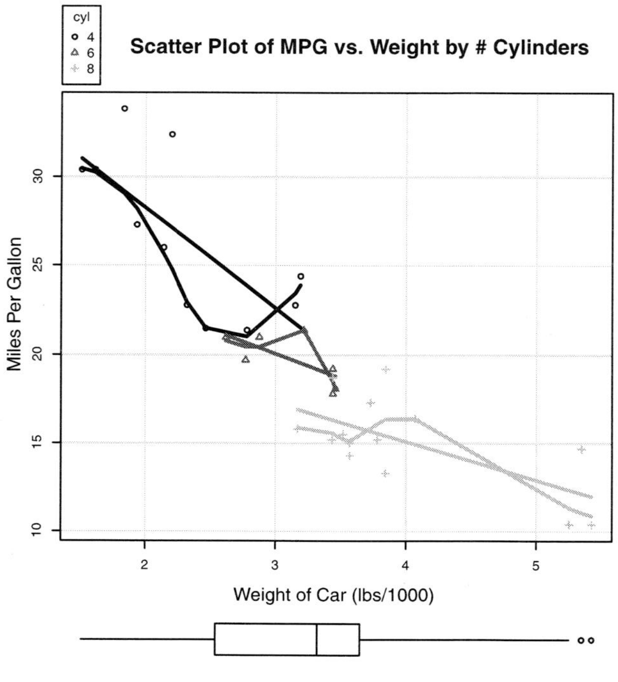

그림 11.2 하위집단과 개별적으로 추정된 적합선을 가진 산점도

에 추가한다. 그리고 boxplot 옵션으로 mpg와 weight에 대한 주변 상자 그림을 요청했다. scatterplot() 함수는 여기서 다루지 않는 robust 옵션과 데이터 집중 타원을 포함해서 탐구할 가치가 있는 많은 기능을 가지고 있다. 자세한 내용은 help(scatterplot)을 보라.

산점도는 여러분이 한 번에 두 개씩, 양적 변수 사이의 관계를 시각화하게 한다. 그러나 만약 자동차 연비, 무게, 배기량, 그리고 후방 차축 비율 사이의 이변량 관계를 살펴보고 싶었다면, 하나의 방법은 여섯 개의 산점도를 하나의 행렬 안에 배열하는 것이다. 여러 개의 양적 변수들이 있을 때, 여러분은 다음에 다룰 산점도 행렬 안에 이들 관계를 표현할 수 있다.

11.1.1 산점도 행렬

R에는 산점도 행렬을 생성하는 많은 유용한 함수들이 있다. 기본적인 산점도 행렬은 pairs() 함수로 생성한다. 다음 코드는 mpg, disp, drat, wt변수의 산점도 행렬을 생성한다.

```
pairs(~ mpg + disp + drat + wt, data=mtcars,
        main="Basic Scatterplot Matrix")
```

~의 오른쪽에 있는 모든 변수가 플롯에 포함된다. 그래프는 그림 11.3에 나와 있다.

여기에서 지정한 모든 변수 사이의 이변량 관계를 볼 수 있다. 예를 들어, mpg와 disp 사이의 산점도

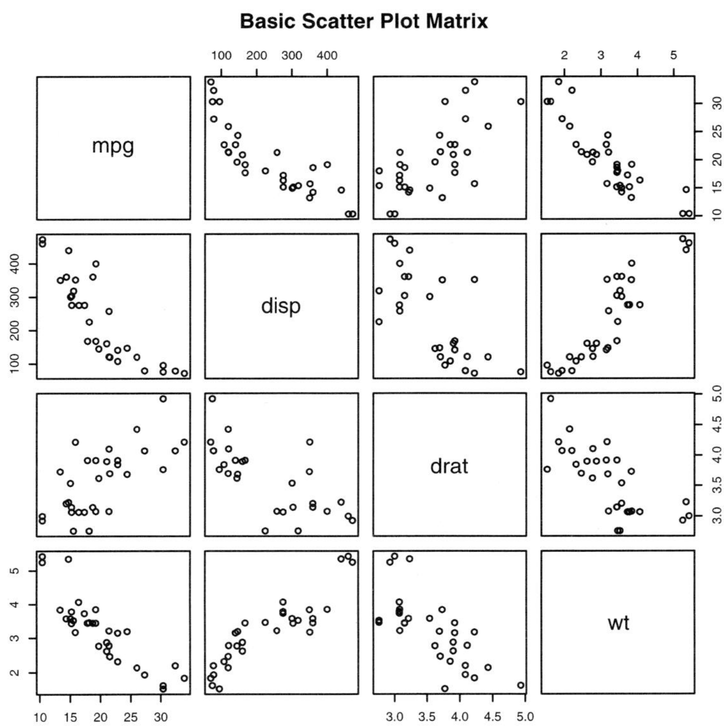

그림 11.3 pairs() 함수로 생성된 산점도 행렬

는 이 변수들의 행과 열의 교차점에서 발견된다. 대각선 아래의 여섯 개의 산점도는 주 대각선 위의 산점도와 같다. 이 배치는 편리성의 문제이다. 옵션을 조정하여 아래쪽 혹은 위쪽 삼각형만 나타낼 수도 있다. 예를 들어, `upper.panel=NULL`은 플롯의 낮은 삼각형만 있는 그래프를 생성할 것이다.

`car` 패키지의 `scatterplotMatrix()` 함수 또한 산점도 행렬을 생성할 수 있다. 그리고 옵션으로 다음 작업들을 할 수 있다.

- 요인에 대한 산점도 플롯 행렬을 조건화
- 선형과 평활(loess) 적합선 포함하기
- 주 대각선 안에 상자그림, 밀도, 혹은 히스토그램 배치하기
- 셀의 여백에 깔개그림 추가하기

여기에 예가 있다.

```
library(car)
scatterplotMatrix(~ mpg + disp + drat + wt, data=mtcars,
                  spread=FALSE, smoother.args=list(lty=2),
                  main="Scatterplot Matrix via car package")
```

그래프는 그림 11.4에서 제공된다. 여기서 여러분은 선형과 평활 적합선이 기본설정으로 추가되는

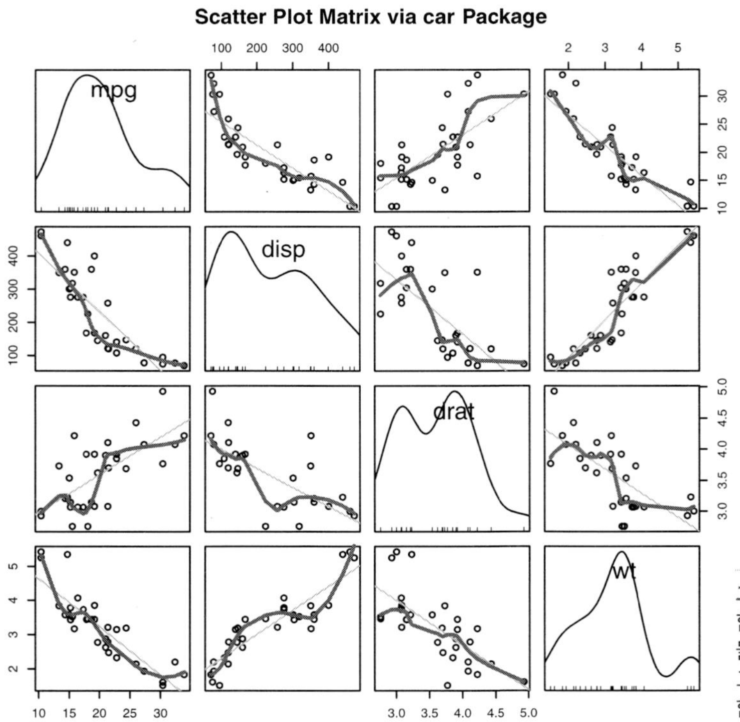

그림 11.4 `scatterplotMatrix( )` 함수로 생성된 산점도 행렬. 주대각선 셀들에 커널밀도 플롯과 깔개그림을 포함하고 있고, 선형적합선과 loess 적합선을 포함한다.

것과 커널밀도와 깔개그림이 주 대각선에 추가되는 것을 볼 수 있다. spread=FALSE 옵션은 퍼짐 비대칭을 보이는 선을 억제한다. 그리고, smoother.args=list(lty=2) 옵션은 실선이 아니라 대쉬선(dashed)을 사용하는 평활 적합선을 보여준다.

R은 산점도 행렬을 생성하는 많은 다른 방법을 제공한다. 여러분은 glus 패키지에 있는 cpars() 함수, TeachingDemos 패키지의 pairs2() 함수, HH 패키지의 xysplom() 함수, ResourceSelection 패키지의 kepairs() 함수, SMPracticals 패키지의 pairs.mod()를 탐색할 수 있다. 각 함수들은 자신 만의 독특한 특기를 덧붙인다. 분석가는 산점도 행렬을 사랑해야만 한다!

11.1.2 고밀도 산점도

데이터 점들 사이에 상당한 중첩이 있을 때, 산점도는 관계를 관찰하는데 유용성이 떨어진다. 두 개의 중첩적 군집 안에 10,000개의 관측치가 놓여 있는 다음의 가상적 예를 검토해 보자.

```
set.seed(1234)
n <- 10000
c1 <- matrix(rnorm(n, mean=0, sd=.5), ncol=2)
c2 <- matrix(rnorm(n, mean=3, sd=2), ncol=2)
mydata <- rbind(c1, c2)
mydata <- as.data.frame(mydata)
names(mydata) <- c("x", "y")
```

만약, 아래 코드를 사용하여 이들 변수들 사이의 표준 산점도를 생성하면

```
with(mydata,
     plot(x, y, pch=19, main="Scatter Plot with 10000 Observations"))
```

그림 11.5의 그래프를 획득할 것이다.

그림 11.5에서 데이터 점들의 중첩은 x와 y 사이의 관계를 알아내기 어렵게 만든다. R은 이런 상황에서 사용될 수 있는 여러 그래픽 접근법을 제공한다. 이것들은 구간화, 색깔, 그리고 투명성을 사용하여 그래프의 특정 지점에서 과잉인쇄되는 데이터 점들의 수를 지정한다.

smoothScatter() 함수는 산점도의 완화된 색깔 밀도 표현을 생성하기 위하여 커널-밀도 계수(kenel-density estimate)를 사용한다. 다음의 코드는 그림 11.6의 그래프를 생성한다.

```
with(mydata,
     smoothScatter(x, y, main="Scatterplot colored by Smoothed
     Densities"))
```

또 다른 방법을 보자. hexbin 패키지의 hexbin() 함수는 육각형의 셀로 이변량의 구간화를 제공한다(듣기보다는 모양이 좋다). 이 함수를 데이터셋에 적용하면 그림 11.7의 산점도를 얻는다.

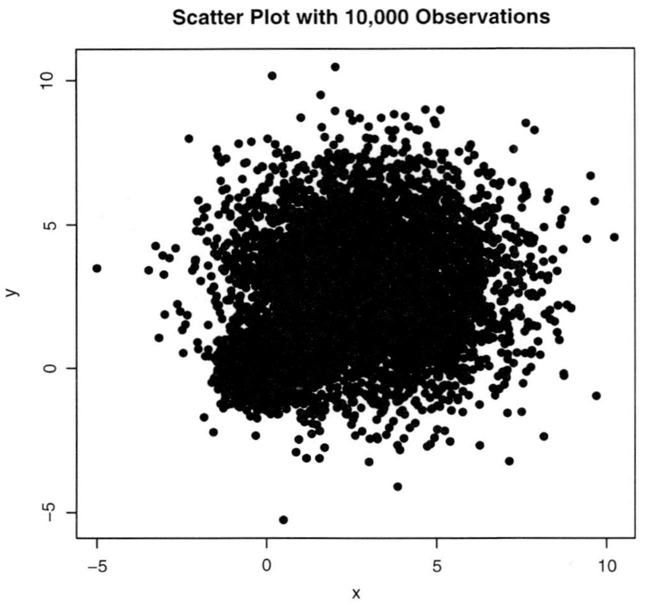

그림 11.5 10,000개의 관측치와 데이터 점들의 상당한 중첩을 가진 산점도. 데이터 점들의 중첩은 데이터 집중이 가장 큰 곳을 알아내기 어렵게 한다.

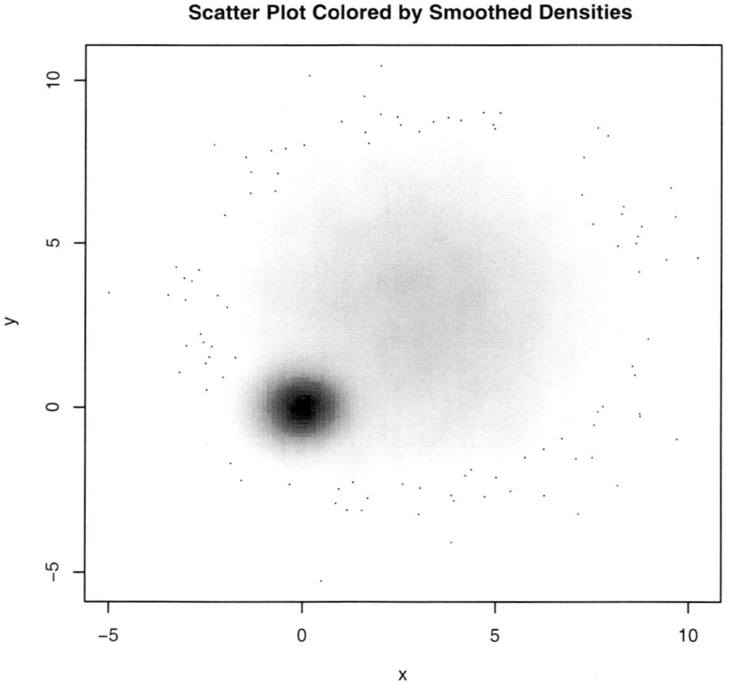

그림 11.6 완화된 밀도 계수를 그리기 위해 SmoothScatter( )를 사용한 산점도. 이 그래프에서 밀도는 파악하기 쉽다.

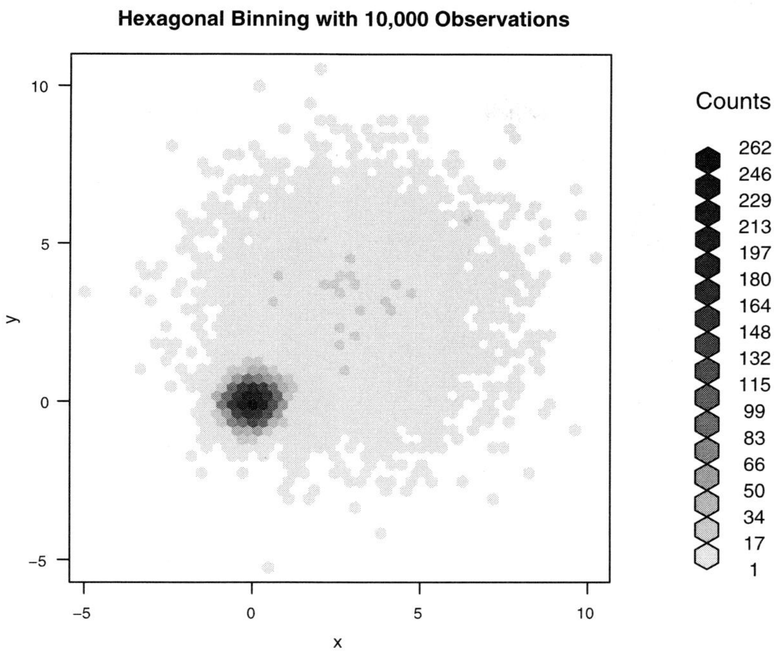

그림 11.7 각 점에 다수의 관측치를 나타내기 위해 육각형의 구간화를 사용하는 산점도. 데이터의 집중 양상을 확인하기 쉽고 범례로부터 빈도를 읽을 수 있다.

```
library(hexbin)
with(mydata, {
    bin <- hexbin(x, y, xbins=50)
    plot(bin, main="Hexagonal Binning with 10,000 Observations")
    })
```

기본 패키지에 있는 smoothScatter() 함수는 IDPmisc 패키지에 있는 ipairs() 함수와 더불어, 대규모 데이터셋을 읽을 수 있는 산점도 행렬을 생성한다. 사례는 ?smoothScatter와 ?ipairs를 보라.

11.1.3 3D 산점도

산점도와 산점도 행렬은 이변량 관계를 보여 준다. 여러분이 한 번에 세 개의 양적 변수의 상호작용을 시각화하기 원한다면, 이 경우에, 3D 산점도를 사용할 수 있다.

예를 들어, 자동차의 연비, 무게, 그리고 배기량 사이의 관계에 관심이 있다면 scatterplot3d 패키지에 있는 scatterplot3d() 함수를 사용하여 그들 간의 관계를 그릴 수 있다. 포맷은

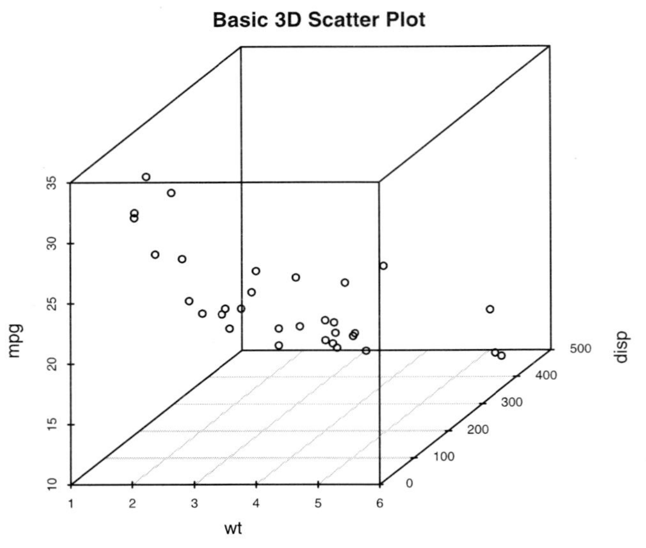

그림 11.8 연비, 무게, 그리고 배기량의 3D 산점도

```
scatterplot3d(x, y, z)
```

이다. 여기서 *x*는 수평 축에 플롯되고, *y*는 수직 축에 플롯되고, *z*는 원근으로 플롯된다. 예제를 계속하면, 아래는 그림 11.8의 3D 산점도를 생성한다.

```
library(scatterplot3d)
attach(mtcars)
scatterplot3d(wt, disp, mpg,
     main="Basic 3D Scatterplot")
```

scatterplot3d() 함수는 많은 옵션들을 제공한다. 옵션은 기호, 축, 색깔, 선, 그리드(격자), 하이라이팅, 그리고 각을 지정하는 기능을 포함한다.

```
library(scatterplot)
attach(mtcars)
scatterplot3d(wt, disp, mpg,
              pch=16,
              highlight.3d=TRUE,
              type="h",
              main="3D Scatterplot with Vertical Lines")
```

예를 들어, 위 코드는 깊이에 대한 느낌을 향상시키는 하이라이팅과 수평면에 점들을 연결하는 수직선을 가진 3D 산점도를 생성한다.

마지막 예로, 앞의 그래프에 회귀면을 추가하자. 필요한 코드는 아래와 같다.

```
library(scatterplot3d)
```

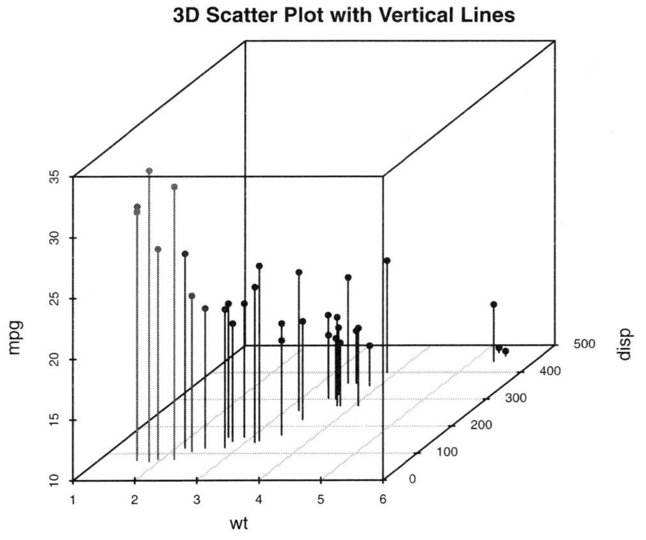

그림 11.9 수직선과 음영을 가진 3D 산점도

```
attach(mtcars)
s3d <- scatterplot3d(wt, disp, mpg,
    pch=16,
    highlight.3d=TRUE,
    type="h",
    main="3D Scatter Plot with Verical Lines and Regression Plane")
fit <- lm(mpg ~ wt+disp)
s3d$plane3d(fit)
```

결과 그래프는 그림 11.10이다.

그래프는 다중 회귀방정식을 사용하여 자동차의 무게와 배기량으로부터 연비 예측을 시각화한다. 평면은 예측된 값, 그리고 점들은 실제 값을 나타낸다. 면으로부터 점까지의 수직적 거리는 잔차들이다. 면 위에 놓인 점들은 과소 예측치들이고, 반면에 선 아래에 놓인 점들은 과대 예측치들이다. 다중 회귀는 8장에서 다루었다.

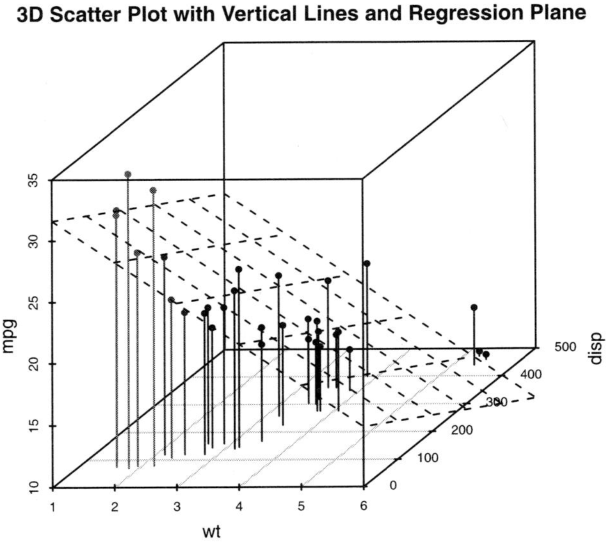

그림 11.10 수직선, 음영, 그리고 회귀면이 걸쳐진 3D 산점도

11.1.4 회전하는 3D 산점도

여러분이 삼차원 산점도와 대화할 수 있다면, 해석하기가 훨씬 쉬워진다. R은 그래프의 회전을 위한 여러 메카니즘을 제공하여 둘 이상의 각도에서 플롯된 점들을 볼 수 있다.

예를 들어, `rgl` 패키지의 `plot3d()` 함수를 사용하여 대화형 3D 산점도를 생성할 수 있다. 마우스로 회전할 수 있는 3D 산점도를 생성한다. 포맷은

```
plot3d(x, y, z)
```

으로 *x*, *y* 그리고 z는 점들을 나타내는 수치형 벡터들이다. 또한 `col`과 `size`와 같은 옵션을 추가하여 점들의 색깔과 크기를 각각 지정할 수 있다. 이 사례를 계속해서 다음 코드로 해보자.

```
library(rgl)
attach(mtcars)
plot3d(wt, disp, mpg,
col="red", size=5)
```

여러분은 그림 11.11에서 보여지는 그래프를 얻어야 한다. 마우스를 사용하여 축을 회전해 보자. 삼차원에서 산점도를 회전하면 그래프 이해가 훨씬 쉽다는 말을 이해했을 것으로 믿는다.

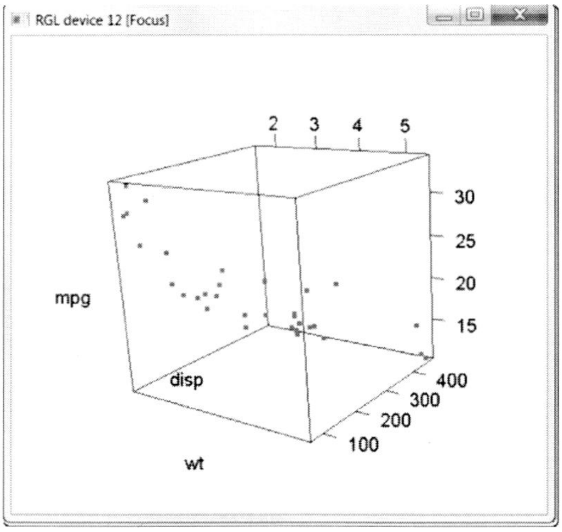

그림 11.11 rgl 패키지에 있는 plot3d() 함수에 의하여 산출된 3D 산점도 회전시키기

`car` 패키지에 있는 `scatter3d()`로도 유사한 함수를 수행할 수 있다.

```
library(car)
attach(mtcars)
scatter3d(wt, disp, mpg)
```

결과는 그림 11.12이다.

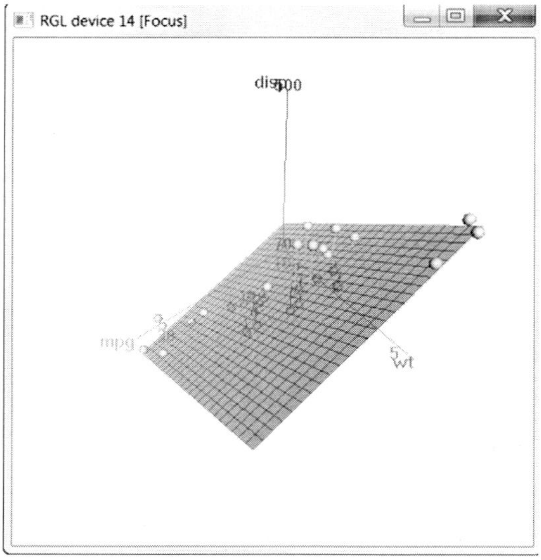

그림 11.12 car 패키지에 있는 scatter3d() 함수에 의하여 생산된 3D 산점도 돌리기

`scatter3d()` 함수는 `linear`, `quadratic`, `smooth`, `additive` 등의 다양한 회귀 표면을 지정할 수 있다. `linear` 표면이 기본 설정이다. 추가적으로, 점들을 상호작용적으로 확인하는 옵션들이 있다. 더 많은 자세한 내용은 `help(scatter3d)`를 보라.

11.1.5 물방울그림(Bubble plots)

앞 절에서, 3D 산점도를 사용하여 세 개의 양적 변수 사이의 관계를 표현하였다. 또 다른 접근은 2D 산점도를 생성하고 플롯된 점의 크기를 사용하여 세 번째 변수를 표현한다. 이러한 접근을 가리켜 물방울그림이라고 한다.

`symbols()` 함수를 사용하여 물방울그림을 생성할 수 있다. 이 함수는 원, 사각형, 별, 온도계, 그리고 상자 그림을 지정된 좌표들 집합에 그리는데 사용할 수 있다. 원을 플롯팅하기 위한 포맷은

```
symbols(x, y, circle=radius)
```

이고, 여기서 *x*, *y* 그리고 *radius*는 x와 y 좌표, 원의 반경을 각각 지정하는 벡터이다.

세 번째 변수 값의 크기를 반경보다 원의 면적에 비례하여 지정하려면, 원의 반경을 구하는 공식 ($r = \sqrt{\frac{A}{\pi}}$)을 고려하여,

```
symbols(x, y, circle=sqrt(z/pi))
```

로 호출한다. 여기서 z는 플롯될 세 번째 변수이다.

이것을 `mtcars` 데이터셋에 적용해보자. x축에 차의 무게를, y축에 연비를, 거품 크기로 엔진의 배기량을 플롯팅한다. 다음의 코드는 그림 11.13의 그래프를 산출한다.

```
attach(mtcars)
r <- sqrt(disp/pi)
symbols(wt, mpg, r, inches=0.30, fg="white", bg="lightblue",
```

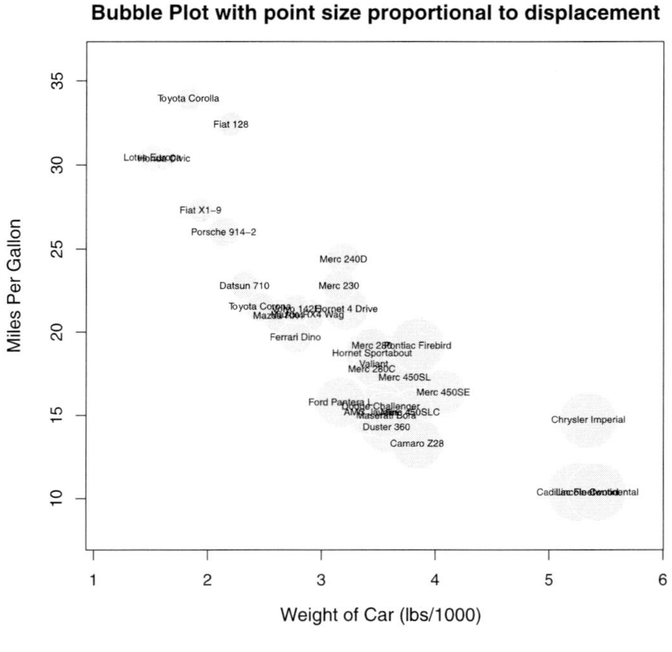

그림 11.13 자동차의 무게 vs. 연비에 관한 물방울그림. 여기서 점의 크기는 엔진 배기량에 비례한다.

```
main="Bubble Plot with point size proportional to displacement",
ylab="Miles Per Gallon",
xlab="Weight of Car (lbs/1000)")
text(wt, mpg, rownames(mtcars), cex=0.6)
detach(mtcars)
```

inches은 옵션인 원의 크기(기본설정은 가장 큰 원을 1인치로 만드는 것이다)를 통제하는데 사용할 수 있다. text() 함수는 옵션으로, 여기에서는 플롯에 자동차의 이름을 추가하는데 사용한다. 그림으로부터, 여러분은 연비의 증가는 자동차의 무게의 감소와 엔진 배기량과 관련되어 있다는 것을 알 수 있다.

일반적으로, R 프로젝트에 연루된 통계학자는 파이 차트를 회피하는 것과 같은 이유로 물방울그림을 피하는 경향이 있다. 인간은 전형적으로 거리보다 양을 판단하는데 시간이 더 걸린다. 그러나 물방울 그림은 비즈니스 세계에서 인기가 있다. 그래서 여기에 포함하였다.

나는 확실히 산점도에 대하여 많은 것을 설명했다. 자세한 내용에 이르기까지 이렇게 집중하는 이유는 부분적으로는 산점도가 데이터 분석에서 차지하는 중심적 위치에서 기인한다. 비록 간단하지만, 산점도는 여러분이 그리지 않았다면 지나칠 수 있는 관계를 드러내면서, 데이터를 즉각적이고 직접 시각화하는데 도움을 줄 것이다.

11.2 선(Line)차트

왼쪽에서 오른쪽으로 이동하는 산점도에서 점들을 연결하면, 선 그림을 얻는다. 기본설치시 따라오는 Orange 데이터셋은 다섯 오렌지 나무의 나이와 둘레 길이에 대한 정보를 담고 있다. 그림 11.14에서 묘사된 다섯 오렌지 나무의 성장을 검토해 보자. 왼쪽의 플롯은 산점도이고, 오른쪽의 플롯은 선차트이다. 여러분이 확인한 바와 같이, 선차트는 변화를 전달하는데 특히 적합한 운송 수단이다. 그림 11.14의 그래프는 아래 프로그래밍에 있는 코드로 생성되었다.

프로그래밍 11.2 산점도와 선차트를 나란히 생성하기

```
opar <- par(no.readonly=TRUE)
par(mfrow=c(1,2))
t1 <- subset(Orange, Tree==1)
plot(t1$age, t1$circumference,
     xlab="Age (days)",
     ylab="Circumference (mm)",
     main="Orange Tree 1 Growth")
```

```
plot(t1$age, t1$circumference,
     xlab="Age (days)",
     ylab="Circumference (mm)",
     main="Orange Tree 1 Growth",
     type="b")
par(opar)
```

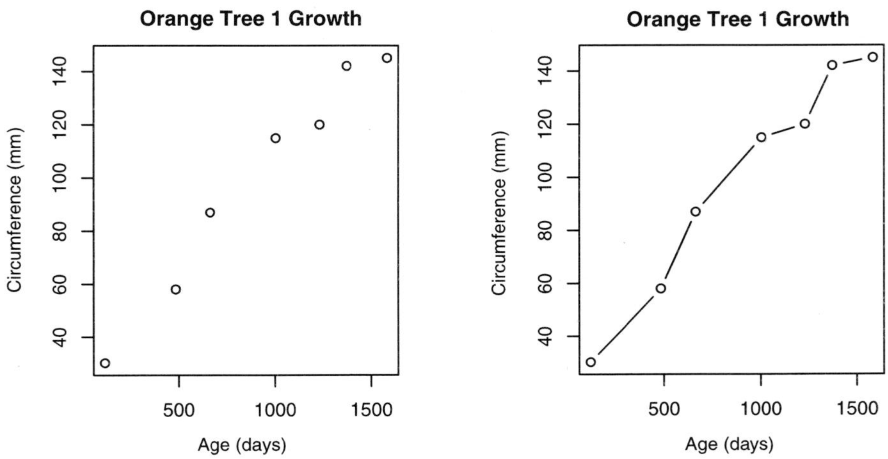

그림 11.14 산점도와 선차트의 비교

여러분은 3장에서 이 코드를 만든 데이터 요소를 본 적이 있다. 그래서 여기서 자세히 설명하지 않을 것이다. 그림 11.14에 있는 두 플롯 사이의 주요 차이는 옵션 type="b"에 의하여 발생한다. 일반적으로, 선차트는 다음 두 함수 중의 하나로 생성된다.

plot(*x*, *y*, type=)
lines(*x*, *y*, type=)

여기서 *x*와 *y*는 연결될 점들 (x, y)의 수치형 벡터이다. 옵션 type=는 표 11.1에서 설명하고 있는 값들을 취할 수 있다.

표 11.1 선차트 옵션들

유형	플롯되는 것
p	점들만 표시
l	선들만 표시
o	위에 그려진 점들(다시 말하면, 점들의 위에 가로놓인 선들)
b, c	선들에 의하여 결합된 점들(만약 c이면 공백임)
s, S	계단들
h	히스토그램-선 수직 선들
n	어떤 점이나 선을 생산하지 않는다 (이후 명령을 위한 축 설정에 사용됨)

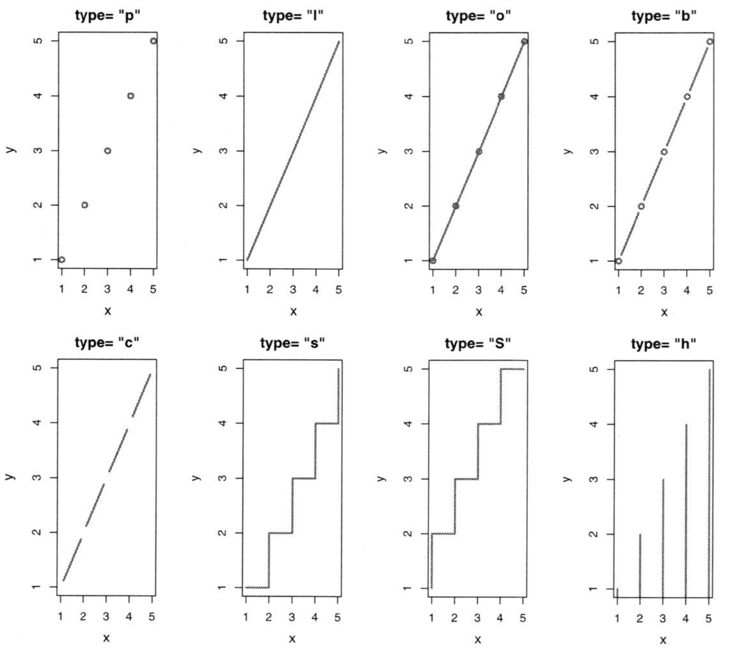

그림 11.15 plot()과 lines() 함수에 있는 type= 옵션들

그림 11.15에 각 유형이 나와 있다. type="p"은 전형적인 산점도를 생산한다. type="b" 옵션은 선차트에 가장 흔한 것이다. b와 c의 차이는 점이 나타나거나 대신 갭이 남겨지는 것이다. type="s"와 type="S"는 모두 계단들(step 함수)을 생산한다. 그런데 전자는 먼저 수평으로 표시한 후 계단을 올리는 반면에, 후자는 뒤의 수치 앞에 먼저 계단을 올린다.

plot()과 lines() 함수 사이에는 중요한 차이가 있다. plot() 함수는 호출할 때 새로운 그래프를 생성한다. lines() 함수는 존재하는 그래프에 정보를 추가한다. 하지만 그 자신의 그래프를 생성할 수 없다.

이것 때문에, 전형적으로 plot() 명령어가 그래프를 생성한 다음에 lines() 함수가 사용된다. 원한다면, 여러분은 축, 제목, 그리고 다른 그래프 모양을 설정하기 위하여 plot() 함수 안에 type="n" 옵션을 사용할 수 있다. 그리고 이후에 lines() 함수를 사용하여 플롯에 다양한 선을 추가한다.

보다 복잡한 선차트의 생성을 보여주기 위하여, 다섯 오렌지 나무의 시간 경과에 따른 성장을 그려보자. 각 나무는 자신의 구별적인 선을 가진다. 다음 프로그래밍 코드의 결과는 그림 11.16이다.

프로그래밍 11.3 시간 경과에 따른 다섯 오렌지 나무의 성장을 보여주는 선차트

```
Orange$Tree <- as.numeric(Orange$Tree)
ntrees <- max(Orange$Tree)

xrange <- range(Orange$age)
yrange <- range(Orange$circumference)

plot(xrange, yrange,
     type="n",
     xlab="Age (days)",
     ylab="Circumference (mm)"
 )

colors <- rainbow(ntrees)
linetype <- c(1:ntrees)
plotchar <- seq(18, 18+ntrees, 1)

for (i in 1:ntrees) {
    tree <- subset(Orange, Tree==i)
    lines(tree$age, tree$circumference,
          type="b",
          lwd=2,
          lty=linetype[i],
          col=colors[i],
          pch=plotchar[i]
    )
}

title("Tree Growth", "example of line plot")

legend(xrange[1], yrange[2],
       1:ntrees,
       cex=0.8,
       col=colors,
       pch=plotchar,
       lty=linetype,
       title="Tree"
)
```

Converts a factor to numeric for convenience

Sets up the plot

Adds lines

Adds a legend

프로그래밍 11.3에서 그래프를 설정하고 축 라벨과 범위를 지정하는데 `plot()` 함수를 사용한다. 하지만 실제적인 데이터는 플롯되지 않는다. 이후에 각 오렌지 나무의 분리된 선과 점들의 조합을 추가하는데 `lines()` 함수를 사용한다. 여러분은 측정한 날 동안 가장 큰 성장을 한 나무가 나무4와 나무5이며, 664일 이후에 나무5가 나무4를 추월했음을 알 수 있다.

내가 2, 3, 4장에서 논의한 R의 많은 프로그래밍 규약들이 프로그래밍 11.3에서 사용되고 있다. 여러분은 이 코드들을 구동시키고 시각화함으로써 이것에 대한 이해 정도를 테스트하고 싶을지도 모른다. 만약 할 수 있다면, 여러분은 진지한 R 프로그래머가 되는 길에 들어 선 것이다(그리고 명성과 행운이 여러분의 손 가까이 있다)! 다음 절에서는, 한 번에 많은 수의 상관 계수를 검토하는 방법들을 탐색할 것이다.

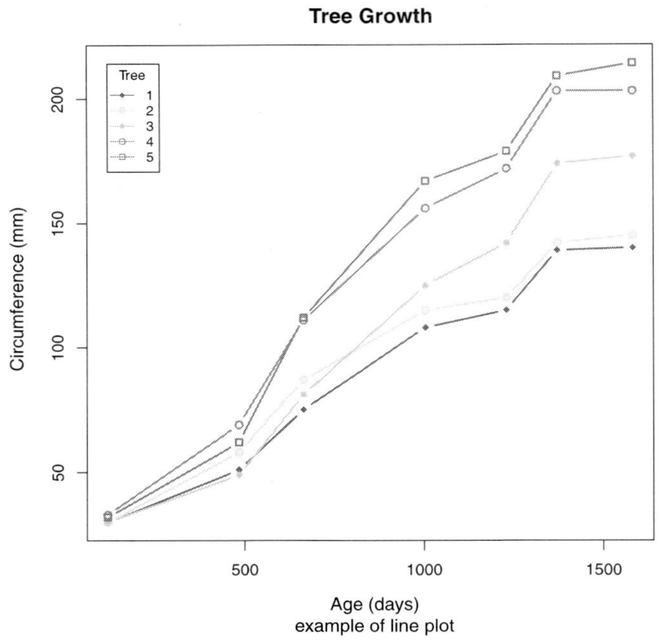

그림 11.16 다섯 오렌지 나무의 성장을 보여주는 선차트

11.3 상관도(Corrgrams)

상관 행렬은 다변량 통계의 기본이다. 고려하는 변수들 중 어떤 변수들이 서로 강하게 연관되고 또 연관이 없는가? 특정한 방식으로 연관된 변수들의 군집이 있는가? 변수의 수가 증가함에 따라서, 이러한 질문들은 대답하기에 더 어려워진다. 상관도(corrgrams)는 상관 행렬의 데이터를 시각화하는 상대적으로 최근의 도구이다.

여러분이 상관도를 본 적이 있다면 설명하기가 보다 쉽다. `mtcars` 데이터프레임의 변수들 사이의 상관을 살펴보자. 11개의 변수가 있고, 변수들은 32개 자동차에서 측정한 것이다. 다음의 코드를 사용하여 상관도를 얻을 수 있다.

```
> options(digits=2)
> cor(mtcars)
       mpg   cyl  disp    hp   drat    wt   qsec    vs     am  gear   carb
mpg   1.00 -0.85 -0.85 -0.78  0.681 -0.87  0.419  0.66  0.600  0.48 -0.551
cyl  -0.85  1.00  0.90  0.83 -0.700  0.78 -0.591 -0.81 -0.523 -0.49  0.527
disp -0.85  0.90  1.00  0.79 -0.710  0.89 -0.434 -0.71 -0.591 -0.56  0.395
hp   -0.78  0.83  0.79  1.00 -0.449  0.66 -0.708 -0.72 -0.243 -0.13  0.750
drat  0.68 -0.70 -0.71 -0.45  1.000 -0.71  0.091  0.44  0.713  0.70 -0.091
```

```
wt   -0.87  0.78  0.89  0.66 -0.712  1.00 -0.175 -0.55 -0.692 -0.58  0.428
qsec  0.42 -0.59 -0.43 -0.71  0.091 -0.17  1.000  0.74 -0.230 -0.21 -0.656
vs    0.66 -0.81 -0.71 -0.72  0.440 -0.55  0.745  1.00  0.168  0.21 -0.570
am    0.60 -0.52 -0.59 -0.24  0.713 -0.69 -0.230  0.17  1.000  0.79  0.058
gear  0.48 -0.49 -0.56 -0.13  0.700 -0.58 -0.213  0.21  0.794  1.00  0.274
carb -0.55  0.53  0.39  0.75 -0.091  0.43 -0.656 -0.57  0.058  0.27  1.000
```

어느 변수들이 가장 연관성이 높은가? 어느 변수들이 상대적으로 독립적인가? 여기에 어떤 패턴이 있는가? 상당한 시간과 노력(여러 색의 칼라 팬으로 주석 만들기와 같은)없이 상관 행렬로부터 이런 것들을 말하기는 쉽지 않다.

여러분은 corrgram 패키지의 corrgram() 함수를 사용하여 동일한 상관 행렬을 나타낼 수 있다 (그림 11.17을 보라). 코드는 다음과 같다.

```
library(corrgram)
corrgram(mtcars, order=TRUE, lower.panel=panel.shade,
        upper.panel=panel.pie, text.panel=panel.txt,
```

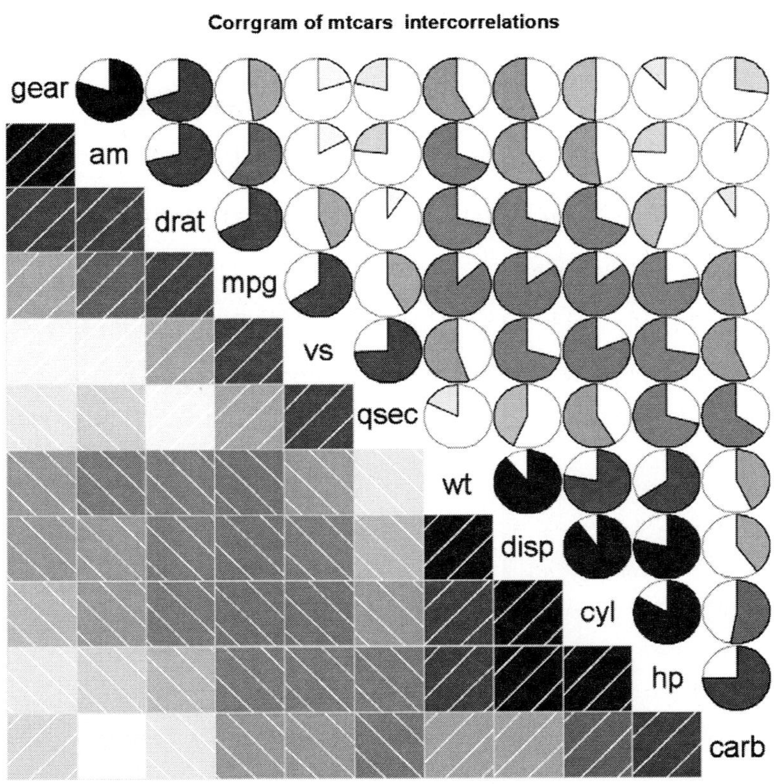

그림 11.17 mtcars 데이터프레임의 변수들 사이의 상관에 관한 상관도. 행과 열은 주성분 분석을 사용하여 재정렬되었다.

```
                main="Correlogram of mtcar intercorrelations")
```

이 그래프의 해석은 셀의 아래 쪽 삼각형(주 대각선 아래의 셀)에서 시작한다. 기본설정으로, 왼쪽 아래에서 오른쪽 위로 가는 파란색과 빗금은 셀에서 만나는 두변수 사이의 정적(+) 상관을 나타낸다. 역으로, 왼쪽 위에서 오른쪽 아래로 가는 붉은색과 빗금은 부적(−) 관계를 나타낸다. 색이 더 짙고, 채도가 높을수록, 상관의 크기는 더욱 커진다. 0에 가까운 약한 상관은 색이 옅어진다. 현재의 그래프는, 유사한 상관 패턴을 가진 변수들을 함께 군집화하기 위하여 행과 열을 재정렬한 것이다(주성분 분석을 사용하여).

여러분은 음영의 셀로부터 gear, am, drat, 그리고 mpg이 서로 정적으로 상관되어 있음을 볼 수 있다. 또한 wt, disp, cyl, hp, 그리고 carb가 서로 정적으로 상관되어 있음도 볼 수 있다. 그러나 첫째 변수 집단은 둘째 집단의변수들과는 부적으로 상관되어 있다. 당신은 또한 carb와 am 사이의 상관이, vs와 gear, vs와 am, 그리고 drat와 qsec과 같이 약하다는 것을 볼 수 있다.

셀의 위 쪽 삼각형은 파이(원)을 사용하여 동일한 정보를 보여준다. 여기서, 색은 같은 역할을 하지만, 상관의 강도는 채워진 파이 조각의 크기로 보여준다. 정적 상관은 12시에서 시작하여 시계 방향으로 움직이며 파이를 채운다. 부적 상관은 시계 반대방향으로 움직이며 파이를 채운다.

corrgram() 함수의 포맷은

```
corrgram(x, order=, panel=, text.panel=, diag.panel=)
```

이고, 여기서 *x*는 행마다 하나의 관측치를 가진 데이터프레임이다.

order=TRUE는, 상관 행렬의 주성분 분석을 사용하여 변수를 재정렬한다. 재정렬은 이변량 관계의 패턴을 보다 분명히 하는데 도움을 줄 수 있다.

panel 옵션은 대각선 밖에 사용하는 패널 유형을 지정한다. 대안으로, lower.panel과 upper.panel 옵션은 주 대각선 아래와 위에 다른 옵션을 선택하는데 사용할 수 있다. text.panel과 diag.panel 옵션은 주 대각선을 가리킨다. 표 11.2에는 panel에 대해 사용가능한 값들이 기술되어 있다.

두 번째 사례를 시도해보자. 아래 코드는 그림 11.18의 그래프를 산출한다.

```
library(corrgram)
corrgram(mtcars, order=TRUE, lower.panel=panel.ellipse,
         upper.panel=panel.pts, text.panel=panel.txt,
         diag.panel=panel.minmax,
         main="Correlogram of mtcar data using scatterplots and ellipses")
```

여기에서 여러분은 아래 쪽 삼각형에 평활한 적합선과 신뢰 타원을, 위쪽 삼각형에 산점도를 사용하고 있다.

표 11.2 `corrgram()` 함수에서의 패널 옵션

배치	패널 옵션	기술
대각선 밖	`panel.pie`	파이의 채워진 부분은 상관의 크기를 가리킨다.
	`panel.shade`	음영의 깊이는 상관의 크기를 가리킨다.
	`panel.ellipse`	신뢰 타원과 평활선을 플롯한다.
	`panel.pts`	산점도를 플롯한다.
	`panel.conf`	상관과 그것들의 신뢰 구간을 출력한다.
주 대각선	`panel.txt`	변수 이름을 출력한다.
	`panel.minmax`	최소값과 최대값과 변수 이름을 출력한다.
	`panel.density`	커널 밀도 함수와변수 이름을 출력한다.

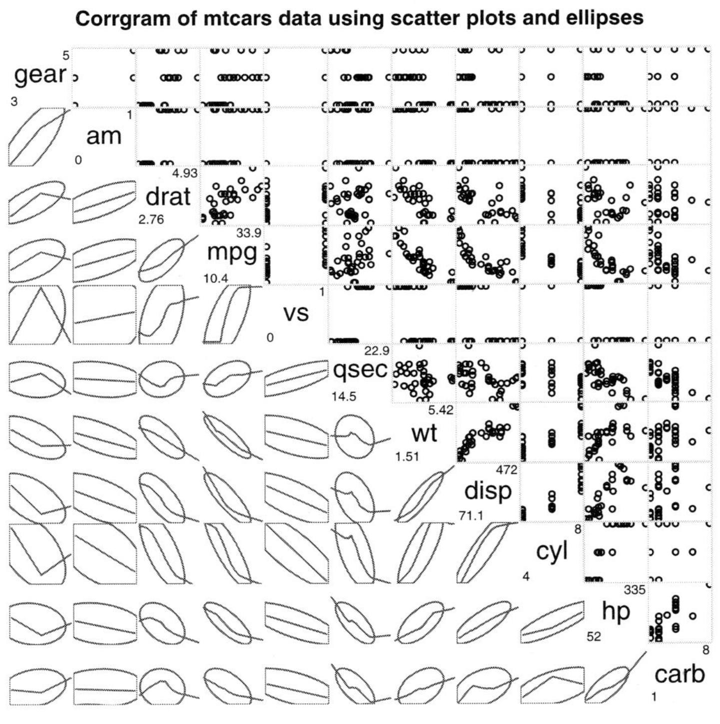

그림 11.18 mtcars 데이터프레임의 변수들 사이의 상관에 관한 상관도. 아래 쪽 삼각형은 평활한 적합선과 신뢰 타원, 그리고 위쪽 삼각형은 산점도를 담고 있다. 대각선은 최소 및 최대값을 포함한다. 행과 열은 주성분 분석을 이용하여 재정렬하였다.

예제 하나만 더 살펴보고 끝내기로 한다. 아래 코드는 그림 11.19를 생성한다.

```
library(corrgram)
```

◆ 왜 산점도가 이상해 보일까?

그림 11.18에서 플롯된 몇 개 변수들은 허용값이 제한되어 있다. 예를 들어, 기어의 갯수는 3, 4, 그리고 5이다. 실린더의 갯수는 4, 6, 그리고 8이다. am(변속기의 유형)과 vs(V/S)는 이분형이다. 이것은 대각선 위쪽의 이상해 보이는 산점도를 설명한다.

여러분이 선택하는 통계학적 방법이 데이터의 모양에 적절한 것인지 항상 주의해라. 이러한 변수들을 서열 혹은 비서열 요인으로 지정하는 것은 유용하다. R이 변수가 범주형인지 서열형인지를 안다면, 측정 수준에 적절한 통계 방법을 적용하려고 시도할 것이다.

```
corrgram(mtcars, lower.panel=panel.shade,
        upper.panel=NULL, text.panel=panel.txt,
        main="Car Mileage Data (unsorted)")
```

여기에서 아래 쪽 삼각형에서 음영을 사용하고 있으며. 원래 변수의 순서를 유지하고 있으며, 위쪽 삼각형을 비워두고 있다..

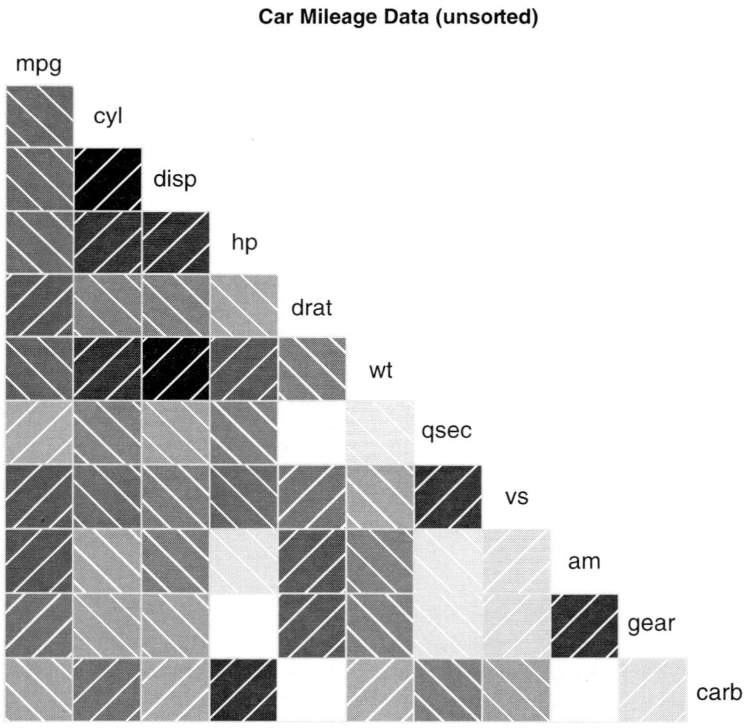

그림 11.19 mtcars 데이터프레임의 변수들 사이의 상관에 관한 상관도. 아래 삼각형은 상관의 강도와 방향을 표현하기 위하여 채색되어 있다. 변수들은 데이터셋의 초기 순서로 배열된다.

마치기 전에, 나는 corrgram() 함수에서 사용하는 색깔을 통제할 수 있다는 사실을 지적해야만 한다. 이렇게 하려면 colorRampPalette() 함수에서 네 개의 색을 지정하고 col.regions 옵션을 사용하여 결과를 포함한다. 여기에 예가 있다.

```
library(corrgram)
cols <- colorRampPalette(c("darkgoldenrod4", "burlywood1",
                           "darkkhaki", "darkgreen"))
corrgram(mtcars, order=TRUE, col.regions=cols,
         lower.panel=panel.shade,
         upper.panel=panel.pie, text.panel=panel.txt,
         main="A Corrgram (or Horse) of a Different Color")
```

이것을 시도하고 어떻게 나타나는지 보라.

상관도는 양적 변수들 사이의 많은 이변량 관계를 검토하는 유용한 방법이다. 상관도는 상대적으로 새로운 것이기 때문에, 수용자에게 이를 어떻게 해석하는가를 가르치는 것이 가장 큰 도전이다. 더 배우기 위하여, Michael Friendly의 논문 "Corrgrams: Exploratory Displays for Correlation Matrices"을 보라. www.math.yorku.ca/SCS/Papers/corrgram.pdf에서 이용가능하다.

11.4 모자이크플롯(Mosaic plots)

자금까지, 우리는 양적/연속형 변수들 사이의 관계 시각화에 관한 방법들을 탐색해왔다. 그러나 만약 변수들이 범주형이라면 어떻게 하겠는가? 하나의 범주형 변수라면, 막대 또는 원(Pie) 차트를 사용할 수 있다. 만약 두개의 범주형 변수가 있다면, 3D 막대 차트를 사용할 수 있다(그런데 이것은, R에서 하기가 쉽지 않다). 그러나 만약 두 개가 넘는 범주형 변수가 있다면 어떻게 하겠는가?

하나의 방법은 모자이크플롯을 이용하는 것이다. 모자이크플롯은, 다차원 조건표에 있는 셀 빈도를 표의 행과 열에 비례하는 직사각형 도형들로 나눈다. 색과 /혹은 음영은 적합 모형으로부터의 잔차를 나타내는데 사용할 수 있다. 자세한 내용은 Meyer, Zeileis, 그리고 Hornik (2006) 혹은 Michael Friendly의 훌륭한 교안(http://mng.bz/3p0d)을 보라.

모자이크플롯은 vcd 라이브러리의 mosaic() 함수로 생성할 수 있다(R의 기본 설치에 mosaicplot()이 있지만, 나는 여러분에게 보다 확장된 기능을 가진 vcd 패키지 사용을 추천한다). 사례로서, 기본 설치에서 이용가능한 Titanic 데이터셋을 검토한다. 이 데이터셋은 객실 등급(1등칸, 2등칸, 3등칸, 승무원), 성(남성, 여성), 그리고 나이(아이, 성인)에 의하여 교차-분류된 생존 또는 사망 탑승객 숫자를 기술한다. 이것은 많이 연구된 데이터셋이다. 다음의 코드를 사용하여

교차-분류를 볼 수 있다:

```
> ftable(Titanic)
                   Survived  No Yes
Class Sex    Age
1st   Male   Child            0   5
             Adult          118  57
      Female Child            0   1
             Adult            4 140
2nd   Male   Child            0  11
             Adult          154  14
      Female Child            0  13
             Adult           13  80
3rd   Male   Child           35  13
             Adult          387  75
      Female Child           17  14
             Adult           89  76
Crew  Male   Child            0   0
             Adult          670 192
      Female Child            0   0
             Adult            3  20
```

mosaic() 함수는

mosaic(*table*)

로 불러올 수 있다. 여기서 *table*은 배열 형태로 된 분할표이다. 혹은

mosaic(*formula*, data=)

로 불러올 수 있다. 여기서 *formula*는 표준 R 공식이고, data는 데이터프레임(data frame)이나 데이블(table) 가운데 하나를 지정한다. shade=TRUE 옵션을 추가하면 적합화된 모델로부터 Pearson 잔차에 기반하여 색깔을 칠한다(기본설정은 독립). 그리고 legend=TRUE 옵션은 이 잔차에 대한 범례를 나타낸다.

예를 들어,

```
library(vcd)
mosaic(Titanic, shade=TRUE, legend=TRUE)
```

그리고

```
library(vcd)
mosaic(~Class+Sex+Age+Survived, data=Titanic, shade=TRUE, legend=TRUE)
```

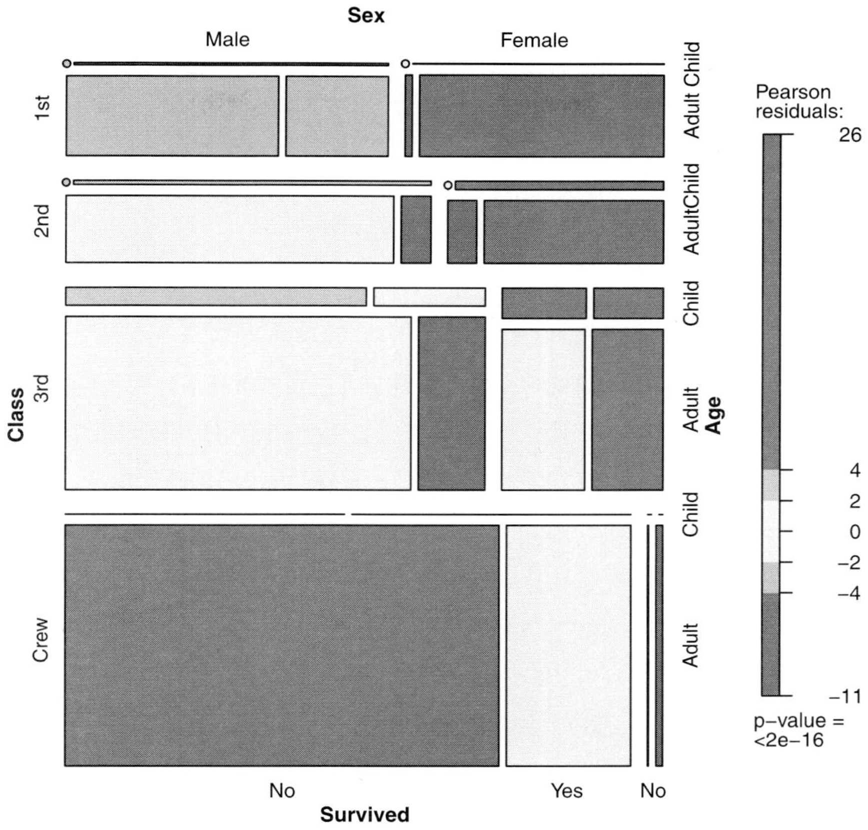

그림 11.20 객실 등급, 성, 나이에 의한 `Titanic` 생존자를 기술하는 모자이크플롯

둘 모두 그림 11.20의 그래프를 생산한다. 후자의 공식 버전은 그래프에서 변수의 선택과 배치에 보다 큰 통제력을 부여한다.

이 하나의 그림 안에 많은 양의 정보가 담겨있다. 예를 들어, 승무원으로부터 1등칸 승객으로 이동함에 따라서, 생존율이 급격하게 상승한다. 3등 칸과 2등 칸에 대부분의 아이들이 있다. 1등 칸의 여성 대부분이 생존했다. 하지만, 3등석의 여성은 오직 절반이 생존했다. 승무원에는 여성이 거의 없어서, 이 집단을 위한 생존자 라벨(차트의 바닥 쪽에 No, Yes)이 중첩되었다. 계속 보면, 여러분은 더 많은 흥미로운 사실을 알게될 것이다. 직사각형의 상대적인 넓이와 높이에 대한 관찰도 빠뜨리지 말자. 배가 침몰한 그 밤에 대하여 그 밖에 무엇을 배울 수 있을까?

확장된 모자이크플롯은 적합 모형으로부터 잔차를 나타내기 위하여 색깔과 음영을 추가한다. 이 예에서, 푸른 색의 음영은 생존이 객실 등급, 성, 그리고 나이에 관계가 없다는 가정하의 기대값보다 더 자주 발생하는 교차-분류를 나타낸다. 붉은 색의 음영은 독립성 모델하에서 기대되는 것보다 덜 발생하는 교차-분류를 보여 준다. 사례를 반드시 실행하여 결과를 색깔로 확인해 보라. 그래프는 독립성 모델에서 기대했던 것보다 1등칸 여성이 더 생존했고, 승무원 남성이 더 많이 사망했음을 보여 준다. 생존이 객실 등급, 성, 그리고 나이로부터 독립적이라면, 3등칸 남성은 기대했던 것보다 적게 생존했다. 만약 여러분이 모자이크플롯을 더 자세히 탐색하고 싶다면, example(mosaic)을 실행해 보라.

11.5 요약

이 장에서 우리는 두 개 혹은 그 이상의 변수들 사이의 관계를 나타내기 위한 광범위한 기법들을 검토했다. 여기에는 2D와 3D 산점도, 산점도 행렬, 물방울그림, 선차트, 상관도, 그리고 모자이크플롯 등이 있었다. 이것들 중 일부는 표준 기법이며, 또 일부는 상대적으로 새로운 것이다.

여러분이 사용자 지정 그래프(3장), 단변량 분포의 표현(6장), 회귀모형의 탐색(8장), 그리고 집단 차이의 시각화 (9장)에 관련한 방법들을 더불어 이해했다면, 이제 여러분은 데이터로부터 의미를 추출하고 시각화하는 포괄적인 도구 상자를 지니게 된 셈이다. 이후의 장에서, 잠재변수 모형의 그래픽 (14장), 시계열 (15장), 군집화된 데이터 (16장), 그리고 하나 또는 그 이상의 변수에 조건화된 그래프의 생성 (18장)을 통해서 전문적 기법들을 추가함으로써 여러분의 능력을 더욱 확장할 수 있을 것이다.

다음 장에서, 우리는 재표본 통계와 부트스트랩핑을 탐색할 것이다. 이것들은 새롭고 독특한 방식으로 데이터 분석을 가능하게 하는 컴퓨터-집약적 방법들이다.

제12장 재표본화 통계와 부트스트랩핑

이 장에서 다룰 내용은 다음과 같다.

- 순열 검정의 논리 이해하기
- 선형모델에 순열 검정 적용하기
- 신뢰구간 획득을 위한 부트스트랩핑 사용하기

우리는 7, 8, 9장에서, 수집한 데이터가 정규분포 혹은 잘 알려진 이론적 분포로부터 표집되었다고 가정하고 모집단의 모수를 얻기 위한 가설과 신뢰구간을 검정하는 통계 방법들을 검토하였다. 그러나 이 가정을 보장할 수 없는 많은 경우들이 있다. 무작위화와 재표본화에 기반한 통계적 접근은 데이터가 알려져 있지 않거나, 혼합되어 있는 분포로부터 표집된 경우들에 적용할 수 있다. 표본 크기가 작은 경우들, 이상치가 문제되는 경우, 혹은 이론적 분포에 기반하여 적합한 검정을 찾는 일이 너무 복잡하고 수학적으로 다루기 어려운 경우에 해당된다.

이 장에서, 우리는 무작위화(randomization)를 사용하는 두 개의 광범위한 통계적 접근을 탐색할 것이다. 순열 검정과 부트스트랩핑이 그것이다. 과거에 이 방법들은 경험많은 프로그래머와 전문 통계학자들만 이용가능했다. R에 있는 여러 기여 패키지들 덕분에 이제 데이터를 분석하는 보다 많은 사용자들이 이 방법들을 바로 이용가능할 수 있게 되었다.

우리는 전통적인 방법(예를 들어, t-검정, 카이제곱 검정, ANOVA, 그리고 회귀분석)을 사용하여 이미 분석했던 문제들은 다시 들여다 보고, 강건하고, 컴퓨터-중심적 방법들을 사용하여 접근할 수 있는 병법들을 살펴볼 것이다. 12.2절의 내용을 제대로 이해하기 위해서는, 7장을 먼저 읽어야 한다는 것을 명심하라. 12.3절의 내용은 8장과 9장이 전제된다. 나머지 절은 특별히 요구되는 전제없이 학습할 수 있다.

12.1 순열 검정

순열 검정(permutation tests)은 — 혹은 **무작위화**(randomization), 혹은 **재무작위화**(re-randomization) **검정**으로 불리는 — 수 십년 동안 회자되어 왔다. 하지만, 실제 이용가능하게 된 것은 고속 컴퓨터 덕분이다. 순열 검정의 논리를 이해하기 위하여, 다음의 가설적 문제를 검토해 보자. 10명이 두 개의 처치 조건 중(A 혹은 B) 하나에 무작위로 할당되었다. 그리고 결과변수(score, 점수)가 기록되었다. 표 12.1이 실험 결과이다.

데이터는 그림 12.1에 스트립 차트로도 제시되어 있다. 처치의 효과가 다르다고 결론을 맺을 충분한 증거가 있는가?

표 12.1 가설적 두-집단

처치 A	처치 B
40	57
57	64
45	62
58	65

모수적 접근에서, 여러분은 데이터가 등분산의 정규분포로부터 표집되고 양측 독립 집단 t-검정을 적용한다고 가정할 것이다. 영가설은 처치 A의 모집단 평균과 처치 B의 모집단 평균이 동일하다이다. 데이터로부터 t-통계를 계산하고, 이론적 분포와 비교할 수 있다. 관찰된 t-통계가 충분히 극단적이면, 즉 이론적 분포에서 95% 바깥의 중간값보다 크다면(절대값이), 영가설을 기각하고 두 집단의 모집단 평균이 0.05 유의수준에서 동일하지 않다고 선언할 것이다.

순열 검정은 다른 접근을 취한다. 만약 두 처치가 진실로 동등하다면, 관찰된 점수에 할당된 라벨(처치 A 또는 처치 B)은 임의적이다. 두 처치의 차이를 검정하기 위하여, 다음 단계를 따를 것이다.

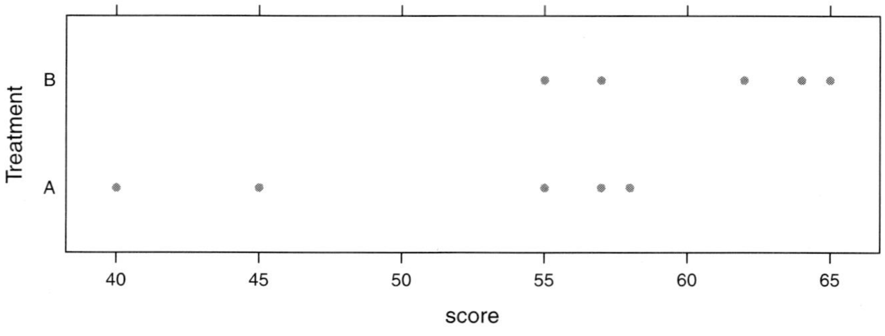

그림 12.1 표 12.1의 가설적 처치 데이터의 스트립 차트

1. 모수적 접근에서와 같이, 관찰된 t-통계를 계산한다. 이것을 t0라고 한다.
2. 모든 10개의 점수를 단일 집단으로 배치한다.
3. 처치 A에 다섯 개 점수를, 처치 B에 다섯 개 점수들을 무작위로 할당한다.
4. 새로 관찰된 t-통계를 기록하고 계산한다.
5. 처치 A와 처치 B에 각 다섯 점수들을 할당할 수 있는 모든 가능한 조합에 대해서 3-4단계를 반복한다. 252개의 가능한 조합이 있다.
6. 252개의 t-통계를 오름차순으로 배열한다. 이것은 표본 데이터에 기반한(혹은 조건에 따른) 경험적 분포이다.
7. 만약 t0이 경험 분포의 중간 95% 바깥에 있다면, 두 처치의 모집단 평균이 0.05 유의 수준에서 같다는 영가설을 기각한다.

동일한 t-통계가 순열 접근과 모수 접근 모두에서 계산된다는 것을 명심하자. 그러나 통계치가 영가설을 기각할만큼 충분한가를 결정하기 위하여 이론적 분포와 통계치를 비교하는 대신에, 관찰된 데이터의 순열로부터 생성된 경험적 분포를 비교한다. 이 논리는 대부분의 고전적인 통계 검정과 선형 모델로 확장될 수 있다.

앞의 예에서, 경험적 분포는 데이터의 모든 가능한 순열에 기초하였다. 이때, 순열 검정을 **정확성 검정**(exact test)이라고 한다. 표본 크기가 증가함에 따라서, 모든 가능한 순열을 형성하기 위하여 요구되는 시간은 터무니없이 클 것이다. 이런 경우에는 모든 가능한 순열로부터 표본을 만드는 몬테 카를로 시뮬레이션을 사용할 수 있다. 이를 위해서 근사치(approximate) 검정을 제공한다.

만약 여러분이 이상치의 영향에 마음이 쓰이고, 데이터의 정상분포를 가정하기 불편하거나, 혹은 데이터셋의 크기가 표준적인 모수 접근을 수행하기에 적다고 느낀다면, 순열 검정은 훌륭한 대안을 제공한다. R은 현재 이용가능한 순열 검정을 실행하기 위한 가장 포괄적이고 섬세한 패키지들을 가지고 있다. 이 절의 나머지는 두 개의 기여 패키지, `coin` 패키지와 `lmPerm` 패키지에 초점을 맞춘다. `coin` 패키지는 독립성 문제에 적용되는 순열 검정을 위한 포괄적인 프레임워크를 제공하며. `lmPerm` 패키지는 분산분석과 회귀분석 설계를 위한 순열 검정을 제공한다. 각각 차례로 검토하고, 끝으로 R에서 이용가능한 기타 순열 검정 패키지들에 관해서도 간단히 살펴보기로 한다.

`coin` 패키지를 설치하기 위하여,

```
install.packages("coin")
```

을 사용하라. 슬프게도 `lmPerm` 패키지의 저자, Bob Wheeler는 2012년 사망했다. 그리고 소스 코드는 CRAN의 비지원 패키지를 위한 저장소로 이동되었다. 따라서 패키지 설치는 다른 것보다 조금 복잡하다.

1. http://cran.r-project.org/src/contrib/Archive/lmPerm/ 으로부터 lmPerm_1.1-2.tar.gz 파일을 내려받고, 이것을 여러분 하드드라이브에 저장한다.

2. MS 윈도우 사용자는 http://cran.r-project.org/bin/windows/Rtools/ 로부터 `RTools`를 설치한다. 맥과 리눅스 사용자는 이 단계를 건너뛰어라.

3. R 안에서 다음의 함수를 실행하라.

```
install.packages(file.choose(), repos=NULL, type="source")
```

대화상자가 나타나면, lmPerm_1.1-2.tar.gz 파일을 찾고 선택하라. 이 파일은 여러분 컴퓨터에 패키지를 설치할 것이다.

◆ 난수 seed 설정

다 나아가기 전에, 순열 검정은 모든 가능한 순열로부터 표본을 만들기 위하여(근사치 검정을 실행할 때) 유사 난수를 사용한다는 것을 기억하는 것이 중요하다. 그러므로, 결과는 검정이 실행될 때마다 바뀔 것이다. R에서 난수 seed을 설정하면 생성한 난수를 고정할 수 있다. 이것은 특히 여러분의 경험을 다른 사람들과 공유하기 원할 때 유용하다. 같은 동일한 seed로 호출하면 결과는 항상 같기 때문이다. 난수 seed를 1234로 설정한다면(즉, `set.seed(1234)`) 여러분은 이 장에서 제시된 결과를 반복해서 만나게 될 것이다.

12.2 coin 패키지를 활용하는 순열 검정

`coin` 패키지는 독립성 문제에 대한 순열 검정을 적용하기 위한 일반적인 틀을 제공한다. 이 패키지를 사용하여, 여러분은 다음과 같은 질문에 답을 할 수 있다.

- 반응들은 집단 할당으로부터 독립적인가?
- 두 개의 수치형 변수는 독립적인가?
- 두 개의 범주형 변수는 독립적인가?

패키지에서 제공하는 편리한 함수들(표 12.2를 보라)을 사용하여, 7장에서 다룬 전통적인 통계 검정의 대부분을 대상으로, 이와 동등한 순열 검정을 실행할 수 있다.

표 12.2에 나열된 함수들은 다음 형식을 취한다.

```
function_name(formula, data, distribution=)
```

여기서,

표 12.2 전통적 검정의 대안으로 순열 검정을 제공하는 coin 함수들

검정	coin 함수
두개 및 K개 표본 순열 검정(Two- and K-sample permutation test)	`oneway_test( y ~ A )`
윌콕슨-만-휘트니 순위합계 검정(Wilcoxon-Mann-Whitney rank-sum test)	`wilcox_test( y ~ A )`
크루스컬 월리스 검정(Kruskal-Wallis test)	`kruskal_test( y ~ A )`
피어슨 카이제곱 검정(Person chi-square test)	`chisq_test( A ~ B )`
코크란-멘텔-핸젤 검정(Cochran-Mantel-Haenszel test)	`cmh_test( A ~ B | C )`
선형 대 선형 결합 검정(Linear-by-linear association test)	`lbl_test( D ~ E )`
스피어만 검정(Spearman' s test)	`spearman_test( y ~ x )`
프리드만 검정(Friedman test)	`friedman_test( y ~ A|C )`
윌콕슨 부호순위 검정(Wilcox signed-rank test)	`wilcoxsign_test (y1-y2)`

coin 함수에서, 열 y와 x는 수치형 변수이고, A와 B는 범주형 요인이고, C는 범주형 블록변수이고, D와 E는 서열화된 요인이고, y1과 y2는 상호연결된 수치형 변수이다.

- *formula*는 검정될 변수들 사이의 관계를 기술한다. 예는 표에 있다.
- *data*는 데이터프레임을 확인한다.
- distribution은 영가설 하에서 경험적 분포가 어떻게 도출되어야 하는지를 지정한다. 가능한 값은 exact(정확), asymptotic(점근), approximate(근사)이다.

만약 distribution="exact"이면, 영가설 아래 분포는 정확하게 계산된다(다시 말해, 모든 가능한 순열로부터). 또한 분포는 점근 분포(distribution="asymptotic") 혹은 몬테 카를로 재표본화 (distribution="approximate(B=#)")에 의하여 근사화될 수 있다. 여기서 #은 정확한 분포를 근사화하는데 사용된 반복 횟수를 지정한다. 현재, distribution="exact"는 오직 두-표본인 경우에만 이용가능하다.

NOTE coin 패키지에서 범주형 변수와 서열변수는 각각 요인과 서열화된 요인으로서 코딩되어야 한다. 또한, 데이터는 데이터프레임 안에 저장되어야 한다.

이 절의 남은 부분에서, 표 12.2에서 기술된 여러 순열 검정들을 이전 장의 분석 문제들에 적용할 것이다. 이를 통해서 여러분들은 보다 전통적인 모수와 비모수적 접근의 결과를 비교할 수 있다. 우리는 coin 패키지의 보다 진전된 확장들을 검토하고 논의를 마칠 것이다.

12.2.1 독립 두-표본과 k-표본 검정

먼저, 표 12.2의 가설적인 데이터를 적용하여 일원(one-way) 정확성 검정을 독립 표본 t-검정과 비교해보자. 결과는 다음의 프로그래밍에서 주어진다.

프로그래밍 12.1 가설적인 데이터의 t-검정 vs. 일원 순열 검정

```
> library(coin)
> score <- c(40, 57, 45, 55, 58, 57, 64, 55, 62, 65)
> treatment <- factor(c(rep("A",5), rep("B",5)))
> mydata <- data.frame(treatment, score)
> t.test(score~treatment, data=mydata, var.equal=TRUE)
        Two Sample t-test

data:  score by treatment
t = -2.3, df = 8, p-value = 0.04705
alternative hypothesis: true difference in means is not equal to 0
95 percent confidence interval:
 -19.04  -0.16
sample estimates:
mean in group A mean in group B
             51              61

> oneway_test(score~treatment, data=mydata, distribution="exact")

        Exact 2-Sample Permutation Test

data:  score by treatment (A, B)
Z = -1.9, p-value = 0.07143
alternative hypothesis: true mu is not equal to 0
```

전통적인 t-검정은 유의미한 집단 차이 (p 〈 .05)를 보여준다. 반면에 정확성 검정은 그렇지 않다 (p 〉 0.072). 단지 10개의 관측치이지만, 나는 순열 검정의 결과를 믿고 싶다. 최종 결론을 내리기 전에 데이터를 더 많이 수집하기로 한다.

다음으로, 만-휘트니U 검정(Wilcoxon-Mann-Whitney U test)을 검토하자. 7장에서, 우리는 `wilcox.test()` 함수를 사용하여 미국 남부와 비-남부의 투옥 확률 차이를 살펴보았다. 정확 윌콕슨 순위-합계 검정(exact Wilcoxon rank-sum test)을 사용하여, 아래 결과를 얻는다.

```
> library(MASS)
> UScrime <- transform(UScrime, So = factor(So))
> wilcox_test(Prob ~ So, data=UScrime, distribution="exact")
        Exact Wilcoxon-Mann-Whitney Rank Sum Test
data:  Prob by So (0, 1)
Z = -3.7493, p-value = 8.488e-05
alternative hypothesis: true mu is not equal to 0
```

결과는 남부에서 투옥이 보다 많을 것임을 시사한다. 이전 코드에서, 수치형 변수 So가 요인으로 변형되었음을 기억해라. coin 패키지는 모든 범주형 변수를 요인으로 코딩하도록 요구하기 때문이다. 나아가서, 이 결과들은 7장에서 wilcox.test()의 결과와 정확히 일치한다는 사실을 확인했을 것이다. wilcox.test() 역시 기본설정으로 정확성 분포(exact distribution)를 계산하기 때문이다.

끝으로, k-표본 검정을 검토하자. 9장에서, 우리는 일원 분산분석(ANOVA)를 사용하여 50명의 환자 표본에서 콜레스테롤 감소에 관한 다섯 의약군의 영향을 평가했었다. 아래 코드를 사용하여 근사 k-표본 순열 검정(approximate k-sample permutation test)을 실행할 수 있다.

```
> library(multcomp)
> set.seed(1234)
> oneway_test(response~trt, data=cholesterol, distribution=approximate
  (B=9999))

        Approximative K-Sample Fisher-Pitman Permutation Test


data:  response by
       trt (1time, 2times, 4times, drugD, drugE)
chi-squared = 36.381, p-value < 2.2e-16
```

여기서, 참고 분포는 데이터의 9,999 순열에 기초하고 있다. 난수 seed가 설정되어 있기 때문에 여러분의 결과는 내 것과 같을 것이다. 다양한 집단의 환자들 반응은 분명히 차이가 있다.

12.2.2 분할표에서의 독립성

여러분은 chisq_test() 혹은 cmh_test() 함수 가운데 하나를 사용하여 두 범주형 변수의 독립성을 평가하는 순열 검정을 사용할 수 있다. 후자는 데이터가 세 번째 범주형 변수로 계층화되어 있을 때 사용한다. 만약 두 변수가 서열적이면, 선형 경향성 검정을 위해서 lbl_test() 함수를 사용할 수 있다.

7장에서, 관절염 치료와 증상 호전 사이의 관계를 판단하기 위하여 카이-제곱 검정을 적용한 바 있다. 치료(Treatment)는 두 수준(placebo과 treated), 호전(Improved)은 세 수준 (None, Some, 그리고 Marked))의 변수였다. 또한 Improved변수는 서열화된 요인으로 코딩되었다.

만약 카이-제곱 검정의 순열 버전을 실행하기 원한다면, 다음 코드를 사용할 수 있다.

```
> library(coin)
> library(vcd)
> Arthritis <- transform(Arthritis,
             Improved=as.factor(as.numeric(Improved)))
```

```
> set.seed(1234)
> chisq_test(Treatment~Improved, data=Arthritis,
             distribution=approximate(B=9999))

        Approximative Pearson's Chi-Squared Test

data:  Treatment by Improved (1, 2, 3)
chi-squared = 13.055, p-value = 0.0018
```

이것은 9,999 반복에 기초한 근사 카이제곱 검정을 한다. 여러분은 아마도 왜 improved변수를 서열화된 요인에서 범주형 요인으로 변형했는지 질문할 것이다(좋은 질문이다!). 만약 이것을 서열화된 요인으로 남겨뒀다면, coin()은 카이제곱 검정보다 선형×선형 경향성 검정을 산출했을 것이다. 비록 경향성 검정이 이 상황에서 좋은 선택일 수 있으나, 카이-제곱 검정을 유지해야만 7장에서의 결과와 비교가 가능하다.

12.2.3 수치형 변수 사이의 독립성

spearman_test() 함수는 두 개의 수치형 변수의 독립성에 관한 순열 검정을 제공한다. 7장에서, 우리는 미국의 주별 문맹율과 범죄율 사이의 상관관계를 검토하였다. 여러분은 다음의 코드로 순열을 이용한 연관성을 검정할 수 있다.

```
> states <- as.data.frame(state.x77)
> set.seed(1234)
> spearman_test(Illiteracy~Murder, data=states,
                distribution=approximate(B=9999))

        Approximative Spearman Correlation Test

data: Illiteracy by Murder
z = 4.7065, p-value < 2.2e-16
alternative hypothesis: true mu is not equal to 0
```

9,999 반복의 근사치 순열 검정에 기반할 때 독립성 가설은 기각될 수 있다. state.x77은 행렬임을 명심하자. 따라서 coin 패키지에서 사용하기 위해서 데이터프레임으로 변환시켜야 했다.

12.2.4 종속적 두-표본과 k-표본 검정

상이한 집단들의 관측치들을 연결하거나 혹은 반복 측정했을 때, 종속적 표본 검정을 사용한다. 짝을 진 두 집단의 순열 검정을 위하여, wilcoxsign_test() 함수가 사용할 수 있다. 두 개가 넘는 집단인 경우에는 friedman_test() 함수를 사용한다.

7장에서, 우리는 14-24세의 남성 (U1)과 35-39세의 남성 (U2) 집단의 실업율을 비교했다. 두 변수는 미국 50개 주에서 보고되고 있기 때문에, 두개의 종속적 집단 설계 (state는 연결변수이다)를 가진다. 여러분은 정확 윌콕슨 부호-순위 검정(exact Wilcoxon signed-rank test)를 사용하여 두 연령 집단의 실업율이 같은 지를 알아볼 수 있다.

```
> library(coin)
> library(MASS)
> wilcoxsign_test(U1~U2, data=UScrime, distribution="exact")

          Exact Wilcoxon-Pratt Signed-Rank Test

data:  y by x (pos, neg)
          stratified by block
Z = 5.9691, p-value = 1.421e-14
alternative hypothesis: true mu is not equal to 0
```

결과에 근거할 때, 실업율이 다르다고 결론 내릴 수 있다.

12.2.5 더 공부하기

coin 패키지는 근사치 순열 검정을 통해, 자의적으로 선택한 대안에 대하여 한 변수들 집단이 변수 집단과 독립적 인지를 검정하는 일반적 틀(블록변수 상의 계층화는 선택사항으로 제공)을 제공한다. 특히, independence_test() 함수는 순열 관점에서 가장 전통적인 검정에 접근하도록 해주며, 뿐만 아니라 전통적인 방법으로 다룰 수 없는 상황에서는 새롭고 참신한 통계적 검정을 생성해준다. 이 유연성은 비용을 수반한다: 함수를 적절하게 사용하기 위하여 고급 통계 지식이 요구되기 때문이다. 보다 자세한 내용은 패키지에 첨부된 패키지 설명서 (vignette("coin")로 접근하는)를 보라.

다음 절에서, lmPerm 패키지에 대하여 배울 것이다. 이 패키지는 회귀분석과 분산분석을 포함한 선형모델에 순열 검정을 제공한다.

12.3 lmPerm 패키지를 활용한 순열 검정

lmPerm 패키지는 선형모델에 대한 순열 검정을 지원한다. 특히, lmp()와 aovp() 함수는 정규 이론 검정이 아닌 순열 검정을 위하여 수정된 lm()과 aov() 함수이다.

lmp()와 aovp() 함수에 있는 파라미터는 lm()과 aov() 함수에 있는 파라미터들과 유사하다. 그것들에 perm= 파라미터가 추가된다. perm=의 옵션은 Exact, Prob, 또는 SPR 값을 취할 수 있다. Exact은 모든 가능한 순열에 기반하여 정확성 검정을 산출한다. Prob는 모든 가능한 순열에서 표본을 추출한다. 표집은 추정 표준편차가 추정 p-값의 0.1 아래로 떨어질 때까지 계속된다. 중지 규칙은 Ca 파라미터로 통제된다. 마지막으로, SPR은 언제 표집이 중지될지를 결정하는 연속 확률 비율 검정을 사용한다. 만약 관측치의 수가 10보다 크면, perm="exact"는 자동적으로 perm="Prob"로 기본 설정됨을 명심하자. 정확 검정은 표본 수가 작은 경우에만 이용가능하다.

이것들이 구체적으로 어떻게 작동하는가를 단순 회귀, 다항 회귀, 다중 회귀, 일원 분산분석, 일원 공분산분석, 그리고 이원 요인설계에 순열 접근을 적용하여 살펴보자.

12.3.1 단순 그리고 다항 회귀분석

8장에서, 여러분은 15명의 여성이 속한 집단의 몸무게와 키 사이의 관계를 연구하기 위하여 선형회귀를 사용했다. 아래의 프로그래밍에서와 같이 lm() 대신에 lmp()를 사용하여 순열 검정 결과를 산출한다.

프로그래밍 12.2 단순 선형회귀를 위한 순열 검정

```
> library(lmPerm)
> set.seed(1234)
> fit <- lmp(weight~height, data=women, perm="Prob")
[1] "Settings:  unique SS : numeric variables centered"
> summary(fit)

Call:
lmp(formula = weight ~ height, data = women, perm = "Prob")

Residuals:
   Min     1Q Median     3Q    Max
-1.733 -1.133 -0.383  0.742  3.117

Coefficients:
       Estimate Iter Pr(Prob)
height     3.45 5000   <2e-16 ***
```

```
---
Signif. codes:  0 '***' 0.001 '**' 0.01 '*' 0.05 '.' 0.1 ' ' 1

Residual standard error: 1.5 on 13 degrees of freedom
Multiple R-Squared: 0.991,      Adjusted R-squared: 0.99
F-statistic: 1.43e+03 on 1 and 13 DF,  p-value: 1.09e-14
```

이차 방정식을 적합화하기 위하여, 다음 프로그래밍 코드를 사용할 수 있다.

프로그래밍 12.3 다항 회귀를 위한 순열 검정

```
> library(lmPerm)
> set.seed(1234)
> fit <- lmp(weight~height + I(height^2), data=women, perm="Prob")
[1] "Settings:  unique SS : numeric variables centered"
> summary(fit)

Call:
lmp(formula = weight ~ height + I(height^2), data = women, perm = "Prob")

Residuals:
    Min      1Q  Median      3Q     Max
-0.5094 -0.2961 -0.0094  0.2862  0.5971

Coefficients:
            Estimate Iter Pr(Prob)
height       -7.3483 5000   <2e-16 ***
I(height^2)   0.0831 5000   <2e-16 ***
---
Signif. codes:  0 '***' 0.001 '**' 0.01 '*' 0.05 '.' 0.1 ' ' 1

Residual standard error: 0.38 on 12 degrees of freedom
Multiple R-Squared: 0.999,      Adjusted R-squared: 0.999
F-statistic: 1.14e+04 on 2 and 12 DF,  p-value: <2e-16
```

이와 같이, 순열 검정을 이용하여 회귀를 검정하는 것은 단순하고, 기반 코드에 거의 변화를 요구하지 않는다. 결과는 `lm()` 함수로 생산한 것과 거의 유사하다. 추가된 Iter 열은 중지에 이르는데 필요한 반복의 양을 가리킨다.

12.3.2 다중 회귀분석

8장에서, 다중 회귀는 미국 50개 주의 인구, 문맹율, 소득, 그리고 기온(영하)에 기초한 살인(범죄)율을 예측하는데 사용되었다. 이 문제에 `lmp()` 함수를 적용하면 다음의 결과를 산출한다.

프로그래밍 12.4 다중회귀를 위한 순열 검정

```
> library(lmPerm)
> set.seed(1234)
> states <- as.data.frame(state.x77)
> fit <- lmp(Murder~Population + Illiteracy+Income+Frost,
             data=states, perm="Prob")
[1] "Settings:  unique SS : numeric variables centered"
> summary(fit)

Call:
lmp(formula = Murder ~ Population + Illiteracy + Income + Frost,
    data = states, perm = "Prob")

Residuals:
     Min       1Q   Median       3Q      Max
-4.79597 -1.64946 -0.08112  1.48150  7.62104
Coefficients:
           Estimate Iter Pr(Prob)
Population 2.237e-04   51   1.0000
Illiteracy 4.143e+00 5000   0.0004 ***
Income     6.442e-05   51   1.0000
Frost      5.813e-04   51   0.8627
---
Signif. codes:  0 '***' 0.001 '**' 0.01 '*' 0.05 '.' 0.1 ' ' 1

Residual standard error: 2.535 on 45 degrees of freedom
Multiple R-Squared: 0.567,      Adjusted R-squared: 0.5285
F-statistic: 14.73 on 4 and 45 DF,  p-value: 9.133e-08
```

8장으로 돌아가 살펴보면, 정규성 이론을 적용할 때. 인구(Population)과 문맹율(Illiteracy)이 유의미했다($p < 0.05$). 순열 검정에 기초하면, Population변수는 더 이상 유의미하지 않다. 두 접근이 일치하지 않다면, 여러분은 데이터를 보다 주의깊게 살펴보아야 한다. 정규성의 가정이 지지되지 못하거나 이상치가 존재할 수 있다.

12.3.3 일원 ANOVA와 ANCOVA

9장에서 논의된 여러 분산분석의 설계는 순열 검정으로 실행할 수 있다. 첫째, 9.1 절에서 검토된 콜레스테롤 감소에 대한 치료방식의 영향에 관한 일원 분산분석 문제를 살펴보자. 다음의 프로그래밍에서 코드와 결과가 있다.

프로그래밍 12.5 일원 분산분석을 위한 순열 검정

```
> library(lmPerm)
> library(multcomp)
```

```
> set.seed(1234)
> fit <- aovp(response~trt, data=cholesterol, perm="Prob")
[1] "Settings:  unique SS "
> anova(fit)
Component 1 :
            Df R Sum Sq R Mean Sq Iter  Pr(Prob)
trt          4  1351.37    337.84 5000 < 2.2e-16 ***
Residuals   45   468.75     10.42
---
Signif. codes:  0 '***' 0.001 '**' 0.01 '*' 0.05 '. ' 0.1 ' ' 1
```

결과는 처치 효과가 모두 같지 않다고 시사한다.

이 절의 둘째 예제는 순열 검정을 일원 공분산분석에 적용한다. 이 문제는 9장에서 나왔던 것으로, 쥐의 임신 기간을 통제했을 때, 네 가지 약물이 쥐들의 출산 몸무게에 미치는 영향을 분석하였다. 다음 프로그래밍은 순열 검정과 결과를 보여준다.

프로그래밍 12.6 순열 검정을 활용한 일원 ANOVA

```
> library(lmPerm)
> set.seed(1234)
> fit <- aovp(weight ~ gesttime + dose, data=litter, perm="Prob")
[1] "Settings:  unique SS : numeric variables centered"
> anova(fit)
Component 1 :
            Df R Sum Sq R Mean Sq Iter Pr(Prob)
gesttime     1   161.49   161.493 5000   0.0006 ***
dose         3   137.12    45.708 5000   0.0392 *
Residuals   69  1151.27    16.685
---
Signif. codes:  0 '***' 0.001 '**' 0.01 '*' 0.05 '.' 0.1 ' ' 1
```

p값에 근거할 때, 네 가지 약물은 임신 기간을 통제한 상태에서 쥐의 몸무게에 미치는 영향이 동일하지 않다.

12.3.4 이원 ANOVA

순열 검정을 요인설계에 적용하면서 이 절을 미치고자 한다. 9장에서, 기니피그의 이빨 성장에 미치는 비타민 C의 영향을 분석하였다. 두개의 조작화 요인은 약물(세 수준)과 복용방법(이 수준)이었다. 10마리의 기니피그가 각 처치의 결합에 배치되었고 균형화 3×2 요인설계로 진행되었다. 순열 검정은 다음의 프로그래밍에서 제공된다.

프로그래밍 12.7 순열 검정을 활용한 이원 ANOVA

```
> library(lmPerm)
> set.seed(1234)
> fit <- aovp(len~supp*dose, data=ToothGrowth, perm="Prob")
[1] "Settings:  unique SS : numeric variables centered"
> anova(fit)
Component 1 :
            Df R Sum Sq R Mean Sq Iter Pr(Prob)
supp         1   205.35    205.35 5000  < 2e-16 ***
dose         1  2224.30   2224.30 5000  < 2e-16 ***
supp:dose    1    88.92     88.92 2032  0.04724 *
Residuals   56   933.63     16.67
---
Signif. codes:  0 '***' 0.001 '**' 0.01 '*' 0.05 '.' 0.1 ' ' 1
```

.05 유의 수준에서, 세 개 효과들은 모두 0과 통계적으로 차이가 있다. .01 수준에서는 오직 주 효과들만 유의미하다.

aovp()를 ANOVA 설계에 적용할 때, **유일 제곱합**(unique sums of squares, 또한 SAS Type III 제곱합이라고 불림)이 기본설정됨을 기억하는 것이 중요하다. 각 효과는 모든 다른 효과를 통제한 것이다. R에서 모수 ANOVA 설계를 위한 기본설정은 **순차적인 제곱합** (SAS Type I 제곱합)이다. 균형적 설계에서, 두 접근은 일치할 것이다. 하지만 셀당 관측치 개수가 다른 비균형 설계에서는 그렇지 않을 것이다. 불균형이 커질수록, 불일치도 커진다. 원한다면, aovp() 함수 안에 seqs=TRUE을 지정하면 순차적 제곱합을 생산할 것이다. Type I과 Type III 제곱합에 대한 정보는 9.2절을 보라.

12.4 순열 검정에 대한 추가 설명

R은 coin과 lmPerm 이외에도 여러 순열 검정 패키지들을 제공한다. perm 패키지는 coin 패키지가 제공하는 기능들과 일부는 같지만, 독립적인 검정방법을 사용한다. corrperm 패키지는 반복 측정과 더불어 상관의 순열 검정을 제공한다. logregperm 패키지는 로지스틱 회귀를 위한 순열 검정을 제공한다. 아마도 가장 중요한, glmperm 패키지는 순열 검정을 일반화 선형모델로 확장시킨다. 일반화 선형 모델은 다음 장에서 기술한다.

순열 검정은 표집분포 이론에 의존하는 검정에 대한 강력한 대안을 제공한다. 설명한 각 순열 검정에서, 정규, t, F, 또는 카이제곱 분포에 의존하지 않고 통계 가설을 검정할 수 있었다.

여러분은 앞선 절에서 순열 접근 결과와 정규성 이론에 기초한 검정 결과가 얼마나 가깝게 일치하는지를 알아챘을 것이다. 이 문제들에서 데이터는 잘 작동했고, 방법들 간 일치도는 이들 사례들이 정규성 이론에 얼마나 잘 들어맞는가를 보여주는 증거이다.

순열 검정은 데이터가 분명히 비정규적이고(예를 들어, 매우 좌우가 왜곡된), 이상치가 존재하고, 표본 크기가 작거나, 혹은 모수 통계가 존재하지 않는 경우들에서 가치가 있다. 그러나 만약 원래 표본이 모집단을 빈약하게 반영하고 있다면, 순열 검정을 포함하여 어떠한 검정도 산출되는 추론을 개선할 수 없다.

순열 검정은 영가설 검정에 사용될 수 있는 p값을 산출하는데 주로 유용하다. "효과가 존재하는가?" 라는 질문에 대한 대답에 도움이 될 수 있다. 그러나 신뢰구간을 획득하고 정확한 추정을 획득하는데 순열 방법을 사용하기란 매우 어렵다. 다행히, 이 부분은 부트스트랩핑(bootstrapping)이 뛰어난 영역이다.

12.5 부트스트랩핑

부트스트랩핑(bootstrapping)은 원래 표본을 대체하기 위해서 원래의 표본으로부터 무작위표집을 반복하여 검정 통계치나 검정통계치 집합에 대한 경험적 분포를 생성한다. 이로부터 특정 이론적 분포에 기반한 가정을 갖지 않는 신뢰구간과 검정 통계 가설을 산출할 수 있다.

부트스트랩핑의 논리를 예증하는 것은 매우 쉽다. 여러분이 표본 평균의 95% 신뢰구간을 계산하기 원한다고 하자. 표본은 10개의 관측치, 40의 표본 평균, 그리고 5라는 표본 표준편차를 갖는다. 만약 평균의 표집 분포가 정규분포임을 가정한다면, $(1-\alpha/2)\%$ 신뢰구간은 다음을 이용하여 계산할 수 있다:

$$\bar{X} - t\frac{s}{\sqrt{n}} < \mu < \bar{X} + t\frac{s}{\sqrt{n}}$$

여기서 t는 n−1의 자유도를 가진 t분포의 상위 $1-\alpha/2$ 임계치이다. 여기서 95%의 신뢰구간은, $40-2.262(5/3.163) < \mu < 40 + 2.262(5/3.162)$ 혹은 $36.424 < \mu < 43.577$이다. 실제 모집단 평균 주위에 이 방법으로 생성된 95%의 신뢰구간을 기대할 수 있다.

그러나 만약 평균의 표집분포가 정규분포라는 가정을 할 수 없다면? 여러분은 대신 부트스트랩핑 접근을 적용할 수 있다.

1. 표본으로부터 무작위로 10개의 관측치를 선택한다. 각 선택 이후에 다시 원래대로 돌려놓는다.

2. 표본 평균을 계산하고 기록한다.

3. 앞의 두 단계를 1,000회 반복한다.

4. 표본 평균이 가장 작은 것에서부터 가장 큰 순서로 1,000개 표본을 배열한다.

5. 2.5번째와 97.5번째 백분율을 해당하는 표본 평균을 발견한다. 이 경우에, 밑에서 부터 세어서 25번째에 해당하는 숫자이다. 이것이 95% 신뢰 한계이다.

이 사례는 표본 평균이 정규분포에 가깝기 때문에, 부트스트랩 접근으로부터 얻을 것이 별로 없다. 하지만 부트스트랩 접근이 유용한 많은 경우들이 있다. 만약 표본 중앙값, 혹은 두 표본 중앙값 간 차이의 신뢰구간을 원한다면? 여기에 적용할 단순 정규성-이론 공식이 없다. 부트스트랩핑이 선택할 수 있는 접근이다. 만약 기반이 되는 분포가 알려져 있지 않다면, 이상치가 문제된다면, 표본 크기가 작다면, 혹은 모수 접근이 존재하지 않는다면, 종종 부트스트랩핑은 신뢰구간과 검정 가설을 산출하는 유용한 방법을 제공할 수 있다.

12.6 boot 패키지를 이용한 부트스트랩핑

boot 패키지는 부트스트랩핑과 관련한 재표집 방법을 위한 확장된 기능을 제공한다. 단일 통계(예를 들어, 중앙값)나 통계의 벡터(예를 들어, 회귀 계수)를 부트스트랩 할 수 있다. 첫 사용 전에 boot 패키지를 내려받고 설치하는 것을 확인하라.

```
install.packages("boot")
```

부트스트랩핑 과정은 복잡하게 보일 것이다. 하지만, 여러분이 일단 예제를 검토해보면 이해할 수 있다.

일반적으로, 부트스트랩핑은 세 가지 주요 단계를 포함한다.

1 관심있는 통계 혹은 통계들을 반환하는 함수를 작성하라. 만약 단일 통계 (예를 들어, 중앙값)라면, 그 함수는 숫자를 반환해야 한다. 만약 여러 통계들의 집합 (예를 들어, 회귀 계수들 집합)이라면, 함수는 벡터를 반환해야 한다.

2 통계(들)의 R 부트스트랩 복제들을 생성하기 위하여 boot() 함수로 이를 처리하라.

3 boot.ci() 함수를 사용하여 2단계에서 발생시킨 통계(들)의 신뢰구간을 얻는다.

이제 구체적 사항을 알아보자.

부트스트랩핑 주함수는 boot()이다. 이것의 포맷은

```
bootobject <- boot(data=, statistic=, R=, ...)
```

표 12.3 boot() 함수의 파라미터들

파라미터	설명
data	벡터, 행렬, 혹은 데이터프레임
statistic	부트스트랩될 k 통계를 생산하는 함수 (단일 통계를 스트랩핑하면 k=1). 함수는 boot() 함수가 각 반복를 위하여 사례를 선택하는데 사용할 수 있는 인덱스 파라미터를 포함해야 한다 (텍스트에서 예를 보라).
R	반복될 부트스트랩의 수
...	관심 통계를 생산하는 함수에 적용될 추가 파라미터들

표 12.4 boot() 함수에 의하여 반환된 객체의 요소들

요소	설명
t0	원래의 데이터에 적용되는 k 통계의 관측 값
t	R×k 행렬, 여기서 각 열은 k 통계의 부트스트랩 반복이다.

이다. 표 12.3에 파라미터들이 설명되어 있다.

boot() 함수는 통계 함수를 R회 호출한다. 매번 1:nrow(data) 정수들로부터 무작위 인덱스 집합을 생성한다. 이는 뽑혀진 것을 다시 되돌려 놓는 방식으로 한다. 이 인덱스는 표본을 선택하는 통계 함수에 사용된다. 통계는 표본에서 계산되고, 결과는 bootobject에 축적된다. 표 12.4는 bootobject 구조의 설명이다.

여러분은 bootobject$t0과 bootobject$t로 이 요소들에 접근할 수 있다.

부트스트랩 표본을 한번 발생시키면, print()와 plot()을 사용하여 결과를 검토할 수 있다. 만

표 12.5 boot.ci() 함수의 파라미터들

파라미터	설명
bootobject	boot() 함수에 의하여 반환되는 객체
conf	원하는 신뢰구간 (기본설정: conf=0.95)
type	반환된 신뢰구간의 유형. 가능한 값은 norm, basic, stud, perc, bca, 그리고 all (기본설정: type="all")

약 결과가 합리적으로 보인다면, boot.ci() 함수를 사용하여 통계를 위한 신뢰구간을 획득할 수 있다. 형식은

```
boot.ci(bootobject, conf=, type= )
```

이다. 파라미터는 표 12.5에서 나와 있다.

type 파라미터는 신뢰 한계를 획득하는 방법을 지정한다. perc 방법 (백분율)은 표본 평균 사례에서 제시한 바 있다. bca는 단순히 편의(bias)를 조정하는 구간을 제공한다. 나는 대부분의 환경에서 bca가 선호될 수 있음을 발견하였다. 이 방법의 소개로는 Mooney와 Duval (1993)을 보라.

남은 절에서, 우리는 단일 통계와 통계들의 벡터 부트스트랩핑을 살펴볼 것이다.

12.6.1 단일 통계 부트스트랩핑

mtcars는 1974년 Motor Trend 잡지에 보고된 32대의 자동차에 관한 정보를 담고 있다. 여러분이 자동차의 무게와 엔진 배기로부터 연비를 예측하는 다중 회귀를 사용한다고 가정하자. 표준 회귀 통계에 추가하여, R-제곱 값(예측변수에 의하여 설명되는 반응변수 분산의 백분율)을 위한 95% 신뢰구간을 획득하기 원한다. 신뢰구간은 비모수 부트스트랩핑을 사용하여 얻을 수 있다.

첫째 과업은 R-제곱 값을 획득하는 함수를 작성하는 것이다.

```
rsq <- function(formula, data, indices) {
        d <- data[indices,]
        fit <- lm(formula, data=d)
        return(summary(fit)$r.square)
}
```

이 함수는 회귀분석에서 R-제곱 값을 반환한다. d <- data[indices,] 진술문은 boot()가 표본들을 선택할 수 있기 위해 요청된다.

다음으로, 아래 코드를 사용하여 대량의 부트스트랩 반복(말하자면 1,000번)을 한다.

```
library(boot)
set.seed(1234)
results <- boot(data=mtcars, statistic=rsq,
                R=1000, formula=mpg~wt+disp)
```

boot 객체는 print(results)을 사용하여 인쇄할 수 있다.

```
> print(results)


ORDINARY NONPARAMETRIC BOOTSTRAP
```

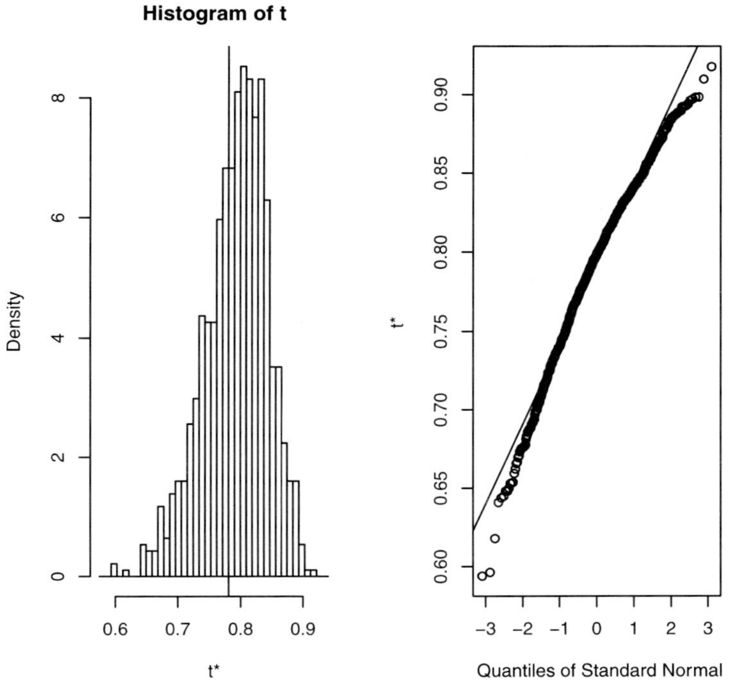

그림 12.2 부트스트랩된 R-제곱 값의 분포

```
Call:
boot(data = mtcars, statistic = rsq, R = 1000, formula = mpg ~
    wt + disp)

Bootstrap Statistics :
     original    bias    std. error
t1* 0.7809306 0.0133367  0.05068926
```

그리고 plot(results)를 사용하여 플롯을 그릴 수 있다. 결과 그래프가 그림 12.2이다.

그림 12.2에서, 부트스트랩된 R-제곱 값의 분포가 정규분포가 아니라는 것을 알 수 있다. R-제곱 값을 위한 95% 신뢰구간은 다음을 사용하여 얻을 수 있다.

```
> boot.ci(results, type=c("perc", "bca"))
BOOTSTRAP CONFIDENCE INTERVAL CALCULATIONS
Based on 1000 bootstrap replicates

CALL :
boot.ci(boot.out = results, type = c("perc", "bca"))
```

```
Intervals :
Level      Percentile            BCa
95%   ( 0.6838,  0.8833 )   ( 0.6344,  0.8549 )
Calculations and Intervals on Original Scale
Some BCa intervals may be unstable
```

이 예로부터 신뢰구간을 생성하는 접근 방법이 다르면 구간이 달라질 수 있음을 알 수 있다. 이 경우에, 편의 조정 구간(bias-adjusted interval)은 백분위 방법과 다소 다르다. 어느 경우라도, 영가설 H_0: R-square = 0은 기각될 것이다. 왜냐하면, 제로(0)은 신뢰한계 밖에 있기 때문이다.

이 절에서, 단일 통계의 신뢰한계를 추정했다. 다음 절에서, 여러 통계들의 신뢰구간을 추정해 보자.

12.6.2 다중 통계치들의 부트스트랩핑

앞의 예에서, 부트스트랩핑은 단일 통계 (R-제곱)을 위한 신뢰구간을 추정하기 위하여 사용되었다. 계속해서 이 사례로, 통계치들 벡터의 95% 신뢰구간을 얻어보자. 특히, 세 개의 모델 회귀계수(상수, 자동차 무게, 엔진 배기량)를 위한 신뢰구간을 구해 보자.

첫째, 회귀계수의 벡터를 반환하는 함수를 생성한다:

```
bs <- function(formula, data, indices) {
        d <- data[indices,]
        fit <- lm(formula, data=d)
        return(coef(fit))
}
```

그 다음으로, 1,000회 반복 부트스트랩을 하기 위해 아래 함수를 사용한다.

```
> library(boot)
> set.seed(1234)
> results <- boot(data=mtcars, statistic=bs, R=1000,
  formula=mpg~wt+disp)
> print(results)
ORDINARY NONPARAMETRIC BOOTSTRAP
Call:
boot(data = mtcars, statistic = bs, R = 1000, formula = mpg ~ wt +
    disp)
Bootstrap Statistics :
       original         bias     std. error
t1* 34.96055404  0.1378732942  2.485756673
t2* -3.35082533 -0.0539040965  1.170427539
```

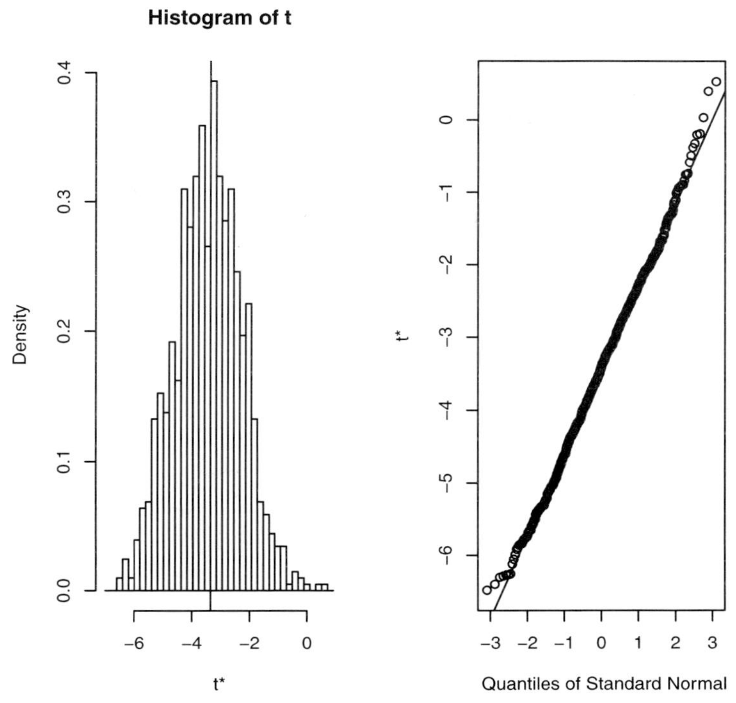

그림 12.3 자동차의 무게를 위한 부트스트랩핑 회귀계수의 분포

```
t3* -0.01772474 -0.0001208075  0.008786803
```

다중 통계치들을 부트스트랩핑할 때, 분석할 `bootobject$t`의 어떤 열을 지정하려면 `plot()`과 `boot.ci()` 함수에 인덱스 파라미터를 추가하면 된다. 이 예제에서, 인덱스1은 상수, 인덱스2는 자동차 무게, 그리고 인덱스3은 엔진 배기량을 가리킨다. 자동차의 무게를 플롯하기 위하여,

```
plot(results, index=2)
```

를 사용한다. 그래프는 그림 12.3에 나와 있다.

자동차의 무게와 엔진 배기량에 대한 95% 신뢰구간을 얻기 위하여 다음을 사용한다.

```
> boot.ci(results, type="bca", index=2)
BOOTSTRAP CONFIDENCE INTERVAL CALCULATIONS
Based on 1000 bootstrap replicates

CALL :
boot.ci(boot.out = results, type = "bca", index = 2)

Intervals :
```

```
Level        BCa
95%   (-5.655, -1.194 )
Calculations and Intervals on Original Scale
> boot.ci(results, type="bca", index=3)
BOOTSTRAP CONFIDENCE INTERVAL CALCULATIONS
Based on 1000 bootstrap replicates

CALL :
boot.ci(boot.out = results, type = "bca", index = 3)

Intervals :
Level        BCa
95%   (-0.0331,  0.0010 )
Calculations and Intervals on Original Scale
```

NOTE 앞의 예제는 매번 데이터의 전체 표본을 재표집한다. 만약 여러분이 예측변수가 고정 수준(사전 설계 실험에서 전형적인)을 가진다고 가정할 수 있다면, 단지 잔차항만 재표집하는 것이 바람직하다. 간단한 설명과 알고리즘을 위하여 Mooney와 Duval (1993, pp.16-17)을 보라.

부트스트랩핑을 마치기 전에, 자주 등장하는 두개의 질문을 강조할 필요가 있다.

- 원래 표본이 얼마나 커야하는가?
- 얼마나 많은 반복이 필요한가?

첫째 질문에 간단한 답은 없다. 누구는 표본이 모집단에 대한 대표성이 있다면 표본 크기가 20-30이면 충분하다고 말한다. 관심 모집단으로부터 무작위 표집은 원래 표본의 대표성을 확신하는 가장 신뢰할 수 있는 방법이다. 둘째 질문과 관련하여, 1,000번 정도의 반복이라면 대부분의 경우에 적절한 수준을 뛰어 넘는다. 컴퓨터 파워는 값이 싸다. 원한다면 반복의 수를 얼마든지 증가해도 된다.

순열 검정과 부트스트랩핑에 관한 도움이 될 만한 정보들이 많다. 훌륭한 시작은 Yu (2003)의 온라인 논문이다. Good (2006)은 일반적으로 재표본화의 포괄적인 개관을 제공하는데 R 코드도 함께 제공한다. 부트스트랩핑에 대한 이해가 쉬운 좋은 소개는 Mooney와 Duval (1993)이 제공한다. 부트스트랩핑에 관한 결정적 출처는 Efron과 Tibshirani (1998)이다. 끝으로, Simon (1997), Canty (2002), Shah (2005), Fox (2002)와 같은 좋은 온라인 자원들이 있다.

12.7 요약

이 장에서는 여러분이 알려진 이론적 분포를 고려하지 않고, 가설을 검정하고 신뢰구간을 구할 수 있는 무작위화와 재표본화에 기초한 컴퓨터-집중적인 방법들을 소개하였다. 데이터가 알려지지 않은 모집단 분포에서 나올 심각한 이상치가 있을 때, 표본 크기가 작을 때, 그리고 관심 가설에 답할 수 있는 모수 방법이 기존에 없을 때, 이것들은 특히 가치가 크다.

이 장의 방법은 특별히 흥미롭다. 왜냐하면, 이들은 표준적인 데이터 가정이 분명하게 충족되지 않았을 때, 혹은 어떻게 그 문제에 접근해야 할 지 대안이 없을 때, 대답할 길을 제공한다. 그럼에도 순열 검정과 부트스트랩핑이 만병통치약은 아니다. 이것들이 나쁜 데이터를 좋은 데이터로 변경시킬 수는 없다. 만약 여러분의 원래 표본이 관심 모집단을 대표하지 않거나, 정확하게 대표하기에 크기가 너무 작다면, 이 기법들은 도움이 되지 않는다.

다음 장에서, 우리는 알려져 있지만, 반드시 정규적이지는 않은 분포를 따르는 변수들의 데이터 모델을 검토할 것이다.

제 4 부

고급 분석 방법

4부는 여러분의 데이터 분석 도구를 완성하는 고급 통계분석에 관한 내용이다. 여기에서 다루는 방법들은 성장하고 있는 데이터마이닝과 예측분석의 영역에서 핵심적 역할을 수행하는 것들이다.

13장은 8장에서 다룬 바 있는 회귀모델을 정규분포가 아닌 상황에서 모수를 추정하기 위한 방법으로 확장한다. 이 장은 일반화된 선형모델에 대한 논의에서 시작한다. 이어서 결과변수가 범주화 변수이거나(로지스틱 회귀) 빈도 변수(포아송 회귀)인 경우에 이를 예측하는 사례들에 초점을 맞춘다.

다변량 자료의 복잡성 때문에 변수가 많은 데이터를 다루는 일은 일종의 도전이다. 14장은 다변량 자료를 탐색하고 단순화하는 두 가지 인기 있는 방법에 관한 내용이다. 주성분분석은 상관성있는 많은 변수들을 적은 수의 결합변수의 집합으로 변환하는 방법이다. 요인분석은 변수들의 집합들에 내재하고 있는 잠재구조를 발견하는 일련의 기법들을 말한다. 14장에서는 이 두 가지 방법에 대한 단계별 지침들을 각각 제공한다.

15장에서는 시간의존(time-dependent) 데이터를 탐색한다. 분석가는 트렌드를 이해하고 미래 사건을 예측해야할 상황에 자주 직면한다. 이 장에서는 시계열자료 분석과 예측방법을 소개한다. 시계열 데이터의 일반적 특성을 기술한 다음, 가장 인기있는 두 개의 예측모델인 지수예측모델과 ARIMA를 보여주기로 한다.

군집분석이 16장의 주제이다. 주성분 분석과 요인분석이 개별 변수들을 결합변수들로 묶음으로써 다변량 데이터를 단순화하는 반면, 군집분석은 개별 관측치들을 군집이라 불리는 하위집단으로 묶어냄으로써 다변량 데이터를 단순화하려는 시도이다. 군집은 서로 유사한 사례를 그리고 다른 군집과는 다른 사례를 담고 있다. 이 장은 데이터셋에 있는 군집의 개수를 결정하는 방법들과 관측치를 이러한 군집으로 묶어내는 방법들을 검토한다.

17장은 분류라는 중요한 주제를 다룬다. 분류 문제에서 분석가들은 예측변수 집합으로부터(규모가 클 수도 있는) 새로운 사례의 집단 소속(예를 들어 신용 좋음/신용 나쁨, 양성/악성, 합격/탈락)을 예측하는 모델을 개발하는 시도를 한다. 로지스틱 회귀분석, 의사결정나무, 랜덤 포레스트, 서포트-벡터 머신 등을 포함하여 매우 다양한 방법들을 검토한다. 도출된 분류 모형의 효과성 평가 방법들 또한 기술된다.

실무에서는 연구자들이 불완전한 데이터셋을 다루어야만 하는 경우가 종종 있다. 18장은 결측데이터 값이라는 보편적 문제에 대한 최신의 접근방법을 검토한다. R은 여러 가지 이유로 불완전한 데이터셋을 분석하는데 있어 많은 우아한 접근방법을 지원한다. 여기서는 어떤 것을 사용하고 어떤 것을 피해야 하는지에 대한 지침과 더불어 최선의 방법 몇 가지를 설명한다.

4부를 완료하고 나면, 여러분들은 넓은 범위의 복잡한 데이터분석 문제를 관리할 수 있는 도구를 가지게 될 것이다. 여기에는 비정상적 결과변수를 모델링하는 것, 상관관계의 변수들 다루기, 많은 사례들을 소수의 동질적 집단으로 줄이기, 미래 값이나 범주 결과를 예측하는 모델 만들기, 그리고 지저분하고 불완전한 데이터 다루기 등이 있다.

제 13장 일반화 선형모델

이 장에서 다룰 내용은 다음과 같다.

- 일반화 선형모델 구성하기
- 범주화된 결과를 예측하기
- 빈도 자료의 모델링

8장 회귀분석과 9장 분산분석에서 연속형이거나 범주형 예측변수에서 정규분포의 반응변수를 예측하는 선형모델에 대해서 설명하였다. 그러나 종속변수의 정규성 가정이 합리적이지 못한 많은 상황이 있다. 예를 들어 보자.

- 결과변수가 범주화된 경우, 이산형 변수(예/아니오. 성공/실패, 사망/생존 등)와 다항 변수(미흡/좋음/매우 좋음, 민주당/공화당/자유당 등)는 분명히 정규분포를 이루지 않는다.
- 결과변수가 빈도(개수) 변수(count variables)인 경우, 변수값에 제한이 있으며 음수가 없다. 나아가 평균과 분산이 관련성이 있다.

일반화 선형모델(Generalized linear models)은 선형 모델의 틀에 명백하게 비-정규적인 종속변수를 포함하는 확장모델이다.

이 장에서 먼저 일반화 선형모델의 간략한 개요와 이를 평가하는 함수인 `glm()` 함수에 대하여 설명한다. 다음으로 널리 쓰고 있는 두 개의 대표적 모델인 로지스틱 회귀분석(종속변수가 범주형 변수)과 포아송 회귀분석(종속변수가 빈도변수)에 초점을 맞춘다.

논의에 대한 관심을 보다 자극하기 위해서, 표준 선형모델로는 쉽게 접근하기 어려운 두 개의 연구 질문에 일반화 선형모델을 적용하도록 한다.

- 배우자 부정을 예측하는 변수는 어떠한 개인적, 인구학적, 관계적 변수인가? 이 사례에서 결과변수는 이분법적이다(경험 있음/경험 없음).

- 8주 동안 발작에 대한 약물처방이 발작빈도에 어떠한 효과를 미치는가? 이 경우에, 결과변수는 빈도(발작빈도)이다.

첫 번째 질문을 다루기 위해서 로지스틱 분석을, 두 번째 질문을 다루기 위해서 포아송 분석을 각각 적용한다. 또한 각 기법들의 확장을 검토할 것이다.

13.1 일반화 선형모델과 glm() 함수

일반화 회귀분석 모델의 틀 안에는 광범위한 자료 분석방법들이 포함되어 있다. 이 절에서는 방법 이면의 이론들을 간략히 탐구할 것이다. 여러분이 원하면 이 부분을 건너뛰고 나중에 학습해도 상관없다.

여러분이 반응변수 Y와 X_1 ... X_p 예측변수들과의 관계를 모델링한다고 하자. 표준 선형모델에서, Y는 정규성을 이루고 있으며

$$\mu_Y = \beta_0 + \sum_{j=1}^{p} \beta_j X_j$$

의 형식으로 표현되는 관계를 가정한다.

이 방정식은 반응변수의 조건적 평균이 예측변수의 선형 결합임을 말해준다. β_j는 X_j의 일 단위 변화에 대한 기대되는 Y의 변화를 의미하며, β_0는 모든 예측변수가 0일 때 Y의 기대되는 값이다. X변수들에 가중치를 부여하고 이를 더함으로써, X값들의 집합에 대한 Y분포의 평균을 예측한다.

예측변수 X_j분포에 대한 가정이 없음에 주의하자. Y와는 달리 정규성을 요구하지 않는다. 이들은 범주화된 변수인 경우도 있으며, 나아가 비선형적 예측치도 가능하다. X^2 혹은 $X_1 \times X_2$와 같은 형태의 예측변수를 포함하는 경우도 종종 있다. 중요한 것은 공식에서 계수(β_0, β_1, ... β_p,)의 선형성이다.

일반화 선형모델에서, 적합화된 모델형식은 다음과 같다.

$$g(\mu_Y) = \beta_0 + \sum_{j=1}^{p} \beta_j X_j$$

여기에서 $g(\mu_Y)$는 조건부 평균함수(연계함수 link function로 부르는)이다. 나아가, Y의 정규성 가정을 느슨하게 하고 대신 Y가 지수 분포를 따른다고 가정한다. 이때 여러분은 연계함수와 확률분포를 특정화하고, 반복적 최대우도추정법(maximum-likelihood-estimation) 절차를 통해서 계수를 도출한다.

13.1.1 glm() 함수

일반화 선형모델은 전형적으로 R의 `glm()` 함수에 적합하다(다른 전문화된 함수들을 사용할 수 있지만). 함수 형식은 `lm()` 함수와 비슷하지만 추가로 파라미터들을 포함한다. 함수의 기본 형식은 아래와 같다.

```
glm(formula, family=family(link=function), data=)
```

여기에서 (*family*)의 확률분포와 이에 상응하는 (*function*)의 기본설정 연계함수는 표 13.1에 제시되어 있다.

`glm()` 함수는 로지스틱 회귀분석, 포아송 회귀분석 그리고 생존분석 등 많은 인기있는 모델에 적합하다. 로지스틱 회귀분석과 포아송 회귀분석의 두 모델에 대한 `glm()`는 다음과 같다. 하나의 반응변수 (Y)와 세 개의 예측변수(X1, X2, X3) 그리고 데이터를 포함하고 있는 데이터프레임 (mydata)이 있다고 가정하자.

먼저 로지스틱 회귀분석은 반응변수가 이분법적인 상황(0 아니면 1)에 적용된다. Y가 이항분포를 따른다고 가정하고 아래 형식의 선형모델로 적합화한다.

$$\log_e\left(\frac{\pi}{1-\pi}\right) = \beta_0 + \sum_{j=1}^{p} \beta_j X_j$$

여기에서 $\pi = \mu_Y$는 Y의 조건적 평균이며(즉 주어진 X값들의 집합에서 Y=1인 확률), $(\pi/1-\pi)$는 Y=1의 승산이며, $\log(\pi/1-\pi)$는 로그 승산 혹은 **로짓(logit)**이다. 이 경우에 $\log(\pi/1-\pi)$는 연계함수이며 확률분포는 이항분포이며 로지스틱 회귀분석 모델은 아래를 이용하여 적합화한다.

표 13.1 glm() 파라미터

Family	기본설정 연계함수
binomial	(link = "logit")
gaussian	(link = "idenify")
gamma	(link = "inverse")
inverse.gaussian	(link = "1/m^2")
poisson	(link = "log")
quasi	(link = "identity", variance = "constant")
quasibinomial	(link = "logit")
quasipoisson	(link = "log")

```
glm(Y~X1+X2+X3, family=binomial(link="logit"), data=mydata)
```

로지스틱 분석에 대해서는 13.2절에서 자세히 기술한다.

포아송 회귀분석은 반응변수가 특정 시간 동안 발생한 사건의 발생 개수이다. 포아송 회귀분석 모델은 Y가 포아송 분포를 따른다고 가정하고 아래 형식의 선형모델로 적합화한다.

$$\log_e(\lambda) = \beta_0 + \sum_{j=1}^{p} \beta_j X_j$$

여기서 λ는 Y의 평균이다. 이 경우에 연계함수는 $\log(\lambda)$이고, 확률분포는 포아송 분포이다. 포아송 회귀분석은 아래를 이용하여 적합화한다.

```
glm(Y~X1+X2+X3, family=poisson(link="log"), data=mydata)
```

포아송 회귀분석은 13.3절에서 자세히 설명한다.

표준 선형모델은 또한 일반화 선형모델의 특별한 사례라는 사실에 주목할 필요가 있다. 연계함수를 $g(\mu_Y)=\mu_Y$로 하거나 혹은 "identity" 함수로 하고, 확률분포가 정규적임으로(Gaussian)을 지정하고자 한다면 아래와 같이 한다.

```
glm(Y~X1+X2+X3, family=gaussian(link="identity"), data=mydata)
```

위는 아래와 동일한 결과를 산출한다.

```
lm(Y~X1+X2+X3, data=mydata)
```

요약하면, 일반화 선형모델은 조건적 평균 반응함수(조건적 평균반응이 아닌)를 적합화하고 반응변수가 지수(exponential) 함수분포(정규분포에 한정하지 않는)를 따른다고 가정함으로써 표준 선형모델을 확장한다. 모수 추정은 최소자승보다 최대우도법(maximum likelihood)을 사용한다.

13.1.2 지원 함수들

표준 선형모델을 분석할 때 `lm()`과 함께 이용하는 많은 함수는 `glm()`의 상응하는 버전을 가지고 있다. 일반적으로 사용하는 함수들은 표 13.2에 제시되어 있다.

이 함수들은 이 장의 뒤쪽에서 사례와 함께 살펴볼 것이다. 다음 절에서는 모델 적합성 평가에 대해서 간단히 알아보자.

13.1.3 모델 적합성과 회귀진단

모델 적합성 평가는 표준(OLS) 회귀분석 모델과 마찬가지로 일반화 회귀분석에서도 중요하다. 애석하게도, 적절한 평가 절차에 대한 통계 공동체의 합의는 거의 없다. 일반적으로 8장에서 기술한 바 있는 아래 기법들을 사용할 수 있다.

표 13.2 glm()을 지원하는 함수들

함수	설명
summary()	적합화 모델의 세부 결과를 보여준다.
coefficients(), coef()	적합화 모델의 모델 파라미터의 리스트(절편과 기울기)를 제공한다.
confint()	모델 모수의 신뢰구간을 제공한다(디폴트는 95%).
residuals()	적합화 모델의 잔차 수치 리스트를 제공한다.
anova()	두 개 적합화 모델을 비교하는 ANOVA표를 생성한다.
plot()	모델 적합성을 평가하기 위한 진단 플롯을 생성한다.
predict()	새로운 데이터셋의 반응 값 예측을 위해 적합화 모델을 사용한다.
deviance()	적합화 모델의 편차
df.residual()	적합화 모델의 잔차 자유도

모델 적합성을 평가하고자 할 때, 전형적 방법은 원래 반응변수의 행렬에 표현된 예측변수를 이탈 유형의 잔차에 대응하여 플롯을 그리는 방식이다. 예를 들어 일반적인 진단 플롯은 다음과 같다.

```
plot(predict(model, type="response"),
residuals(model, type= "deviance"))
```

여기에서 model은 glm() 함수가 변환하는 객체이다.

R이 제공하는 모수 치(hat values), 스튜던트 잔차, 그리고 쿡(Cook)의 D통계치는 근사치를 계산한다. 덧붙여, 문제적 관찰치를 확인하기 위한 컷오프 변수를 정하는데 일반적으로 합의된 방법은 없다. 다른 변수와 비교해서 상대적으로 평가해야 한다. 하나의 접근법은 각 통계치에 대한 인덱스 플롯을 생성하고 예외적인 값을 살펴본다. 예를 들어 세 가지 진단 플롯 산출을 위해서 아래의 코드를 이용할 수 있다.

```
plot(hatvalues(model))
plot(rstudent(model))
plot(cooks.distance(model))
```

대안으로, 다음 코드를 이용하여 하나의 옴니버스 플롯을 산출할 수도 있다.

```
library(car)
influencePlot(model)
```

후자의 그래프에서 수평 축은 지렛대(leverage), 수직 축은 표준화 잔차이고 플롯화한 기호는 쿡의 거리에 비례한다.

진단플롯은 결과변수가 많은 수치를 가지고 있을 때 크게 도움이 된다. 결과변수의 수가 제한적일 때(예를 들어 로지스틱 회귀분석), 이 플롯의 유용성은 감소한다.

일반화 선형모델의 회귀분석 진단에 대한 보다 자세한 내용은 Fox(2008), Faraway(2006)을 보라. 이 장의 나머지 부분에서는 일반화 선형모델의 가장 대표적인 두 가지 형태인 로지스틱 회귀분석과 포아송 회귀분석에 대해서 자세히 알아보기로 한다.

13.2 로지스틱 회귀분석(logistic regression)

로지스틱 회귀분석은 일련의 연속적 및 혹은 범주화된 예측변수의 집합으로부터 이분법적 결과를 예측하고자 할 때 유용하다. AER 패키지에서 제공하는 Affairs 데이터프레임에 포함된 혼외정사에 대한 데이터를 탐색해 보자. 먼저 install.packages("AER")를 이용하여 패키지를 설치하기 바란다.

Fair's Affairs로 알려진 혼외정사 데이터는 1969년 *Psychology Today*가 시행한 서베이 자료이며 자료에 대한 구체적 내용은 Greene(2003)와 Fair(1978)을 참조하기 바란다. 여기에는 601명 응답자의 9개 변수 정보를 담고 있다. 하나의 변수는 지난 1년 동안 배우자 이외의 상대와 성경험 빈도에 대한 정보이며, 나머지 8개 변수는 성별, 연령, 결혼 년도, 자녀 여부, 종교성(5점 척도, 1=비종교적, 5=매우 종교적), 교육, 직업(Hollinghead의 7점 척도, 역코딩), 결혼만족도(1점 "매우 불행"에서 5점 "매우 행복")이다.

몇 가지 기술통계를 살펴보자.

```
> data(Affairs, package="AER")
> summary(Affairs)
affairs           gender        age            yearsmarried     children
Min.   : 0.000   female:315   Min.   :17.50   Min.   : 0.125   no :171
1st Qu.: 0.000   male  :286   1st Qu.:27.00   1st Qu.: 4.000   yes:430
Median : 0.000                Median :32.00   Median : 7.000
Mean   : 1.456                Mean   :32.49   Mean   : 8.178
3rd Qu.: 0.000                3rd Qu.:37.00   3rd Qu.:15.000
Max.   :12.000                Max.   :57.00   Max.   :15.000
religiousness    education       occupation      rating
Min.   :1.000   Min.   : 9.00   Min.   :1.000   Min.   :1.000
1st Qu.:2.000   1st Qu.:14.00   1st Qu.:3.000   1st Qu.:3.000
Median :3.000   Median :16.00   Median :5.000   Median :4.000
Mean   :3.116   Mean   :16.17   Mean   :4.195   Mean   :3.932
```

```
3rd Qu.:4.000     3rd Qu.:18.00     3rd Qu.:6.000     rd Qu.:5.000
Max.  :5.000      Max.  :20.00      Max.  :7.000      Max.  :5.000
```

```
> table(Affairs$affairs)
  0   1   2   3   7   12
451  34  17  19  42  38
```

이 통계에서 응답자의 52%가 여성이고 72%가 자녀가 있으며 표본의 연령 중앙값은 32세이다. 반응변수에 있어서는 응답자의 75%가 작년 1년 동안 배우자를 배신한 경험이 없다고 보고하고 있다(451/501). 가장 많은 만남 횟수는 12회이다(6%).

만남 횟수에 관한 정보가 있지만 여기서 관심은 불륜 경험 여부라는 이분법적 결과이다. 여러분은 아래의 코드로 ynaffair라는 이산형 요인으로 변환할 수 있다.

```
> Affairs$ynaffair[Affairs$affairs > 0] <- 1
> Affairs$ynaffair[Affairs$affairs == 0] <- 0
> Affairs$ynaffair <- factor(Affairs$ynaffair,
                             levels=c(0,1),
                             labels=c("No","Yes"))
> table(Affairs$ynaffair)
No Yes
451 150
```

이 이산형 요인은 로지스틱 모델에서 결과변수로 이용할 수 있다.

```
> fit.full <- glm(ynaffair ~ gender + age + yearsmarried + children +
                  religiousness + education + occupation +rating,
                  data=Affairs, family=binomial())
> summary(fit.full)
Call:
glm(formula = ynaffair ~ gender + age + yearsmarried + children +
    religiousness + education + occupation + rating, family =
    binomial(),
data = Affairs)
Deviance Residuals:
   Min      1Q  Median      3Q     Max
-1.571  -0.750  -0.569  -0.254  2.519
Coefficients:
             Estimate Std. Error  z value  Pr(>|z|)
(Intercept)    1.3773     0.8878     1.55   0.12081
gendermale     0.2803     0.2391     1.17   0.24108
age           -0.0443     0.0182    -2.43   0.01530 *
```

```
yearsmarried   0.0948     0.0322        2.94      0.00326 **
childrenyes    0.3977     0.2915        1.36      0.17251
religiousness -0.3247     0.0898       -3.62      0.00030 ***
education      0.0211     0.0505        0.42      0.67685
occupation     0.0309     0.0718        0.43      0.66663
rating        -0.4685     0.0909       -5.15      2.6e-07   ***
—
Signif. codes: 0 '***' 0.001 '**' 0.01 '*' 0.05 '.' 0.1 ' ' 1
(Dispersion parameter for binomial family taken to be 1)
    Null deviance: 675.38 on 600 degrees of freedom
Residual deviance: 609.51 on 592 degrees of freedom
AIC: 627.5
```

회귀계수에서 p값을 보면(마지막 열) 성별(gender), 자녀유무(presence of children), 교육수준(education), 직업(occupation)의 변수는 방정식에서 유의미한 기여를 하지 못하고 있음을 알 수 있다(모수가 0이라는 가설을 기각할 수 없다). 이 변수들을 제외하고 두 번째 방정식을 설정하여 이 모델이 적합한지 검증해 보자.

```
> fit.reduced <- glm(ynaffair ~ age + yearsmarried + religiousness +
                        rating, data=Affairs, family=binomial())
> summary(fit.reduced)

Call:
glm(formula = ynaffair ~ age + yearsmarried + religiousness + rating,
family = binomial(), data = Affairs)

Deviance Residuals:
Min      1Q      Median 3Q      Max
-1.628 -0.755 -0.570 -0.262 2.400

Coefficients:
               Estimate Std.  Error z    value     Pr(>|z|)
(Intercept)    1.9308         0.6103     3.16      0.00156 **
age            -0.0353        0.0174     -2.03     0.04213 *
yearsmarried   0.1006         0.0292     3.44      0.00057 ***
religiousness  -0.3290        0.0895     -3.68     0.00023 ***
rating         -0.4614        0.0888     -5.19     2.1e-07 ***
---
Signif. codes: 0 '***' 0.001 '**' 0.01 '*' 0.05 '.' 0.1 ' ' 1
```

```
(Dispersion parameter for binomial family taken to be 1)

    Null deviance:   675.38  on 600  degrees of freedom
Residual deviance:   615.36  on 596  degrees of freedom
AIC: 625.4

Number of Fisher Scoring iterations: 4
```

축소모델에서 각 회귀계수는 통계적으로 유의미하다(p<.05). 두 모델이 둥지모델(nested model)이기 때문에(fit.reduced는 fit.full의 하위 셋) 여러분은 이들을 비교하기 위해서 anova() 함수를 이용할 수도 있다. 일반적 선형모델에서는 이 검증의 카이제곱 버전을 이용한다.

```
> anova(fit.reduced, fit.full, test="Chisq")
Analysis of Deviance Table

Model 1: ynaffair ~ age + yearsmarried + religiousness + rating
Model 2: ynaffair ~ gender + age + yearsmarried + children +
religiousness + education + occupation + rating
Resid.   Df Resid.   Dev    Df    Deviance    P(>|Chi|)
1        596         615
2        592         610     4       5.85         0.21
```

유의미하지 않은 카이제곱 값(p=0.21)은 4개 예측변수로 구성된 축소모델과 9개 예측변수로 이루어진 완전모델의 두 모델 모두 적합함을 보여준다. 또한 교육(gender), 자녀유무 (children), 교육수준(education), 직업(occupation)을 추가하더라도 4개 변수로 이루어진 방정식의 예측력이 증가하지 않는다는 믿음을 강화해 준다. 따라서 여러분은 보다 단순한 모델에 기초하여 해석하는 편이 나을 것이다.

13.2.1 모델 모수의 해석

회귀계수를 살펴보자

```
> coef(fit.reduced)
 (Intercept)       age  yearsmarried  religiousness    rating
       1.931    -0.035         0.101          0.329    -0.461
```

로지스틱 회귀분석에서 모델화된 반응은 Y=1일 때의 로그(승산)이다. 회귀계수는 모든 다른 예측변수가 일정할 때, 예측변수의 단위 당 변화에 대한 반응 변수 로그(승산)의 변화를 의미한다. 로그(승산)은 해석하기 어렵기 때문에 결과를 승산 척도로 지수화할 수 있다.

```
> exp(coef(fit.reduced))
(Intercept)     age    years married   religiousness   rating
  6.895        0.965           1.106           0.720    0.630
```

이제 여러분은 결혼 기간이 1년 증가할 때(연령, 종교성, 결혼만족도가 일정할 때), 혼외정사 승산이 1.106 증가함을 알 수 있다. 역으로 연령이 1년 증가하면서 혼외정사의 승산은 0.965배 변화한다. 즉 혼외정사의 승산은 결혼 기간의 증가에 따라서 증가하는 반면, 연령, 종교성 및 결혼만족도의 증가에 따라 감소한다. 예측변수가 0과 같지 않기 때문에 이 사례에서 절편은 의미가 없다.

여러분이 원한다면 confint() 함수를 이용하여 계수에 대한 신뢰구간을 구할 수 있다. 예를 들어, exp(confint(fit.reduced))는 승산 척도인 각 계수의 95% 신뢰구간을 산출한다.

마지막으로 예측변수의 일-단위 변화에는 기본적으로 관심이 없을 것이다. 이항 로지스틱 회귀분석에서 반응변수에서 높은 변수 값의 승산 변화에 따른 예측변수 n단위 변화는 exp(β_j)^n이다. 결혼 기간의 1년 증가는 다른 예측변수가 일정할 때 불륜 승산이 1.1106배 커진다. 10년 증가는 1.106^10 혹은 2.7 승산 증가할 것이다.

13.2.2 결과 확률에 대한 예측변수의 효과 평가

대부분 사람들은 승산보다 확률을 이해하기가 쉽다. 결과 확률에 대한 예측변수 수준의 효과를 관찰하기 위해서 predict() 함수를 이용한다. 첫 번째 단계는 관심이 있는 예측변수 값이 포함된 인위적 데이터셋을 만드는 일이다. 그 다음으로 이 변수 값들에 따라서 결과가 발생하는 확률을 예측하기 위해서 predict() 함수로 인위적 데이터셋을 이용한다.

이같은 전략을 결혼만족이 혼외정사에 미치는 확률을 평가하는데 적용해 보자. 첫째, 각각 평균으로 설정한 연령, 결혼 년수, 종교성 그리고 1에서 5까지의 변수 값을 가진 결혼만족도를 포함하는 인위적인 데이터셋을 만든다.

```
> testdata <- data.frame(rating=c(1, 2, 3, 4, 5), age=mean(Affairs$age),
                         yearsmarried=mean(Affairs$yearsmarried),
                         religiousness=mean(Affairs$religiousness))
> testdata
  rating  age  yearsmarried  religiousness
1      1 32.5          8.18           3.12
2      2 32.5          8.18           3.12
3      3 32.5          8.18           3.12
4      4 32.5          8.18           3.12
5      5 32.5          8.18           3.12
```

다음으로, 확률을 얻기 위해서 검증 데이터셋과 예측방정식을 이용한다.

```
> testdata$prob <- predict(fit.reduced, newdata=testdata, type="response")
  testdata
    rating   age  yearsmarried  religiousness    prob
1        1  32.5          8.18           3.12   0.530
2        2  32.5          8.18           3.12   0.416
3        3  32.5          8.18           3.12   0.310
4        4  32.5          8.18           3.12   0.220
5        5  32.5          8.18           3.12   0.151
```

결과에서, 여러분은 혼외정사 확률이 결혼만족이 1(매우 불행)일 때 0.53에서, 5(매우 행복)일 때 0.15로 감소했음을 알 수 있다(연령, 결혼 년 수, 종교성을 통제했을 때). 이제 연령 효과를 살펴보자.

```
> testdata <- data.frame(rating=mean(Affairs$rating),
                         age=seq(17, 57, 10),
                         yearsmarried=mean(Affairs$yearsmarried),
                         religiousness=mean(Affairs$religiousness))
> testdata
    rating   age  yearsmarried  religiousness
1     3.93    17          8.18           3.12
2     3.93    27          8.18           3.12
3     3.93    37          8.18           3.12
4     3.93    47          8.18           3.12
5     3.93    57          8.18           3.12
> testdata$prob <- predict(fit.reduced, newdata=testdata, type="response")
> testdata
    rating   age  yearsmarried  religiousness    prob
1     3.93    17          8.18           3.12   0.335
2     3.93    27          8.18           3.12   0.262
3     3.93    37          8.18           3.12   0.199
4     3.93    47          8.18           3.12   0.149
5     3.93    57          8.18           3.12   0.109
```

여기에서 연령이 17에서 57로 증가하면서, 다른 변수가 일정할 때 혼외정사의 확률은 0.34에서 0.11로 감소한다. 이 접근법을 사용하여 각 예측변수가 결과에 미치는 효과를 탐색할 수 있다.

13.2.3 과대산포(Overdispersion)

이항분포로부터 추출한 데이터에서 예상되는 분산은 $\sigma^2 = n\pi(1-\pi)$이다. 여기에서 n은 관찰 사례 수이고 π는 Y=1집단에 속하는 확률이다. 과대산포는 결과변수의 관찰된 분산이 이항분포에서 기대되는 분산에 비해서 클 때 발생한다. 과대산포는 왜곡된 표준오차와 부정확한 유의도 검증에 이르게 한다. 과대산포가 존재할 때, glm() 함수를 이용하여 로지스틱 회귀를 적합화할 수 있는데, 이 경우에는 이항분포보다는 준이항(quasi binomiual) 분포를 이용해야 한다. 과대산포를 점검하는 하나의 방법은 이항 모델에 있는 잔차 자유도를 잔차 편차와 비교하는 것이다.

$$\phi = \frac{\text{잔차 편차}(Residual\ deviance)}{\text{잔차 자유도}(Residual\ df)}$$

만일 비율이 1보다 현저하게 크다면, 과대산포의 증거이다. 이를 혼외정사 사례에 적용해 보자.

```
> deviance(fit.reduced)/df.residual(fit.reduced)
[1] 1.032
```

수치가 1에 가깝기 때문에 과대산포는 존재하지 않는다.

여러분은 또한 과대산포의 유의도를 검증할 수 있다. 이를 위해서 모델을 두 번 적합화해야 한다. 첫 번째는 family="binomial"를 이용하고 두 번째는 family="quasibinomial"를 이용한다. 첫 번째 방법으로 반환된 glm() 객체는 fit으로, 두 번째 방법의 객체는 fit.od로 각각 부르기도 한다.

```
pchisq(summary(fit.od)$dispersion * fit$df.residual,
fit$df.residual, lower = F)
```

p값은 영가설 H_0 : $\phi=1$, 대안가설 H_1: $\phi=1$에 대한 검증결과이다. 만일 p값이 작다면(즉 0.05보다 작다면), 영가설을 거부할 수 있다. 이를 혼외정사 데이터셋에 적용하면 다음과 같다.

```
> fit <- glm(ynaffair ~ age + yearsmarried + religiousness +
             rating, family = binomial(), data = Affairs)
> fit.od <- glm(ynaffair ~ age + yearsmarried + religiousness +
                rating, family = quasibinomial(), data = Affairs)
> pchisq(summary(fit.od)$dispersion * fit$df.residual,
         fit$df.residual, lower = F)

[1] 0.34
```

p값(0.34)이 분명히 유의미하지 않기 때문에 과대산포 문제가 없다는 믿음을 강화해준다. 포아송 회귀분석을 설명할 때 다시 과대산포 문제를 다루기로 한다.

13.2.4 확장

R에서는 로지스틱 회귀의 확장과 변이의 여러 사례들을 이용할 수 있다.

- **로버스트 로지스틱 회귀분석(Robust logistic regression)** 로버스트 로지스틱 회귀분석을 포함하여

로버스트 일반화 선형모델의 적합화를 위해서 `robust` 패키지에 있는 `glmRob()` 함수를 이용할 수 있다. 로버스트 로지스틱 회귀분석은 이상치와 영향치를 포함하는 로지스틱 회귀모델을 적합화하는데 이용할 수 있다.

- **다항 로지스틱 회귀분석(Multinomial logistic regression)** 반응 변수가 세 개 이상의 비서열적 범주(예를 들면, 미혼/기혼/이혼)를 가지고 있다면 `mlogit()` 함수를 이용하여 다항 로지스틱 회귀분석을 적합할 수 있다.
- **서열적 로지스틱 회귀분석(Ordinal logistic regression)** 결과변수가 서열변수일 때(예를들어 나쁨/좋음/우수 같은 신용위험도), `rms` 패키지에 있는 `lrm()` 함수를 이용하여 서열적 로지스틱 분석을 적합화할 수 있다.

다중 범주(순서가 있는 범주와 순서가 없는 범주 모두)를 가지고 있는 반응변수를 모델화하는 능력은 중요한 확장이다. 그러나 여기에는 해석적 복잡성이 있다. 이 경우에 모델 적합성과 회귀진단에 대한 평가 역시 보다 복잡하다.

혼외정사 사례에서, 응답자가 과거에 혼외 정사를 저질렀는지 여부에 관심이 있었기 때문에 혼외정사의 경험은 있음과 없음으로 이분화되었다. 만일 관심이 과거의 혼외정사 경험 수에 있었다면 직접 빈도 자료를 분석했을 것이다. 빈도 자료를 분석하는 가장 일반적인 접근의 하나는 포아송 회귀분석이다. 이어서 살펴보자.

13.3 포아송 회귀분석(Poisson regression)

포아송 회귀분석은 결과변수가 연속적이거나 범주화된 예측변수의 집합으로부터 나온 빈도 변수일 때 이를 예측하고자 할 때 유용하다. 포아송 회귀분석에 대한 포괄적이고 이해하기 쉬운 소개는 Coxe, West, and Aiken (2009)에 나와 있다.

포아송 회귀분석모델의 적합화 사례를 다루면서, 아울러 분석에서 직면하는 몇 가지 문제들에 대해서도 살펴보기로 한다. 자료는 `robust` 패키지에서 제공하는 Breslow의 발작 자료(Breslow, 1993)이다. 특별히 항경련제의 8주 복용이 발작 빈도에 미치는 영향을 검토한다. 계속하기 전에 robust 패키지를 반드시 내려 받자.

자료는 연령과 발작 빈도이다. 발작 빈도는 8주 전과 8주 후의 단순 혹은 복합 부분 발작의 수이며, 실험대상은 위약(僞藥, placebo)과 항경련제(progabide) 투여 집단으로 무작위 할당하였다. SumY(무작위화 이후 8주 동안의 발작 빈도)가 반응변수이다. 치료 조건(Trt). 연령(Age). 8주간 보고된 발작 빈도(Base)가 예측변수이다. 기초(baseline) 발작 빈도와 연령은 이들이 반응 변수에 미치는 잠재적 효과 때문에 포함되었다. 관심은 공변수들을 고려한 후에, 약물 투여가 발작 빈도를 감소시키는 증거가 있는지를 알아보는 것이다.

먼저 데이터셋의 요약통계를 살펴보자.

```
> data(breslow.dat, package="robust")
> names(breslow.dat)
[1] "ID" "Y1" "Y2" "Y3" "Y4" "Base" "Age" "Trt" "Ysum"
[10] "sumY" "Age10" "Base4"

> summary(breslow.dat[c(6,7,8,10)])
      Base            Age              Trt              sumY
Min.     :  6.0   Min.    :18.0   placebo  :28   Min.    :  0.0
1st Qu. : 12.0   1st Qu. :23.0   progabide :31   1st Qu.: 11.5
Median  : 22.0   Median  :28.0                   Median : 16.0
Mean    : 31.2   Mean    :28.3                   Mean   : 33.1
3rd Qu. : 41.0   3rd Qu. :32.0                   3rd Qu.: 36.0
Max.    :151.0   Max.    :42.0                   Max.   :302.0
```

데이터셋에 12개 변수가 있지만 앞 서 설명한 바 있는 4개 변수에 관심을 제한하기로 한다. 기초 발작 빈도과 무작위화 이후 발작의 분포는 크게 치우쳐 있다. 반응변수를 보다 자세히 살펴보자. 아래의 코딩은 그림 13.1의 결과를 산출한다.

```
opar <- par(no.readonly=TRUE)
par(mfrow=c(1,2))
attach(breslow.dat)
hist(sumY, breaks=20, xlab="Seizure Count",
main="Distribution of Seizures")
boxplot(sumY ~ Trt, xlab="Treatment", main="Group Comparisons")
par(opar)
```

여러분은 그림에서 종속변수가 치우쳐 있으며 이상치의 존재를 분명히 알 수 있다. 한 눈에 약물 복용 중 발작 빈도는 더 적어지고 분산도 적다(포아송 분포 자료에서는 평균이 작을수록 분산이 더 작아지는 것을 기대할 수 있다). 표준 OLS 회귀분석과 달리, 포아송 회귀분석에서 이분산성은 문제가 되지 않는다. 다음 단계는 포아송 회귀분석의 적합화이다.

```
> fit <- glm(sumY ~ Base + Age + Trt, data=breslow.dat, family=poisson())
> summary(fit)
Call:
glm(formula = sumY ~ Base + Age + Trt, family = poisson(), data =
    breslow.dat)
```

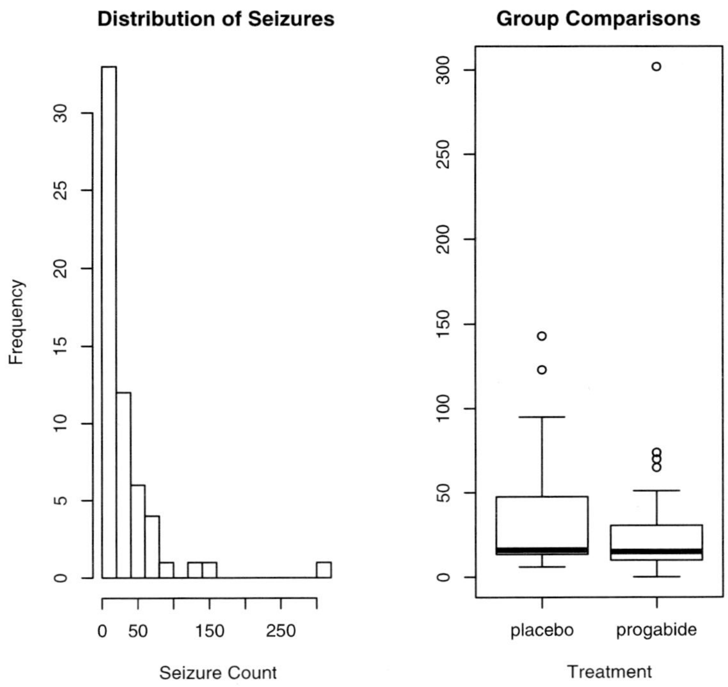

그림 13.1 투약 이후 발작 빈도의 분포(자료 : Breslow seizure data)

```
Deviance Residuals:
   Min        1Q   Median      3Q       Max
-6.057    -2.043    0.940   0.793    11.006

Coefficients:
             Estimate  Std. Error   z value   Pr(>|z|)
(Intercept)  1.948826    0.135619     14.37    < 2e-16 ***
Base         0.022652    0.000509     44.48    < 2e-16 ***
Age          0.022740    0.004024      5.65    1.6e-08 ***
Trtprogabide 0.152701    0.047805     -3.19     0.0014 **
---
Signif. codes:     0 '***'    0.001 '**' 0.01 '*' 0.05 '.' 0.1 ' ' 1
(Dispersion parameter for poisson family taken to be 1)

Null deviance: 2122.73 on 58 degrees of freedom
Residual deviance: 559.44 on 55 degrees of freedom
AIC: 850.7
```

```
Number of Fisher Scoring iterations: 5
```

결과물은 편차, 회귀분석 모수, 표준오차 그리고 모수가 0일 때의 검증결과를 제공한다. 모든 예측변수는 p<.05수준에서 유의미하다.

13.3.1 모델 모수의 해석

모델계수는 `coef()` 함수를 이용하거나 `summary()` 함수 결과물에 있는 `Coefficients` 테이블에서 얻는다.

```
> coef(fit)
(Intercept)        Base         Age      Trtprogabide
     1.9488      0.0227      0.0227          -0.1527
```

포아송 회귀분석에서 종속변수는 조건 평균의 로그 $\log_e(\lambda)$이다. 연령 회귀계수 0.0227은 연령이 한 살 증가하면 기초 발작 빈도와 치료 조건이 일정할 때, 발작의 로그 평균이 0.03증가함을 의미한다. 실험 참여자 중 기초 발작 빈도나 연령이 0인 사례가 없기 때문에 이 사례에서 절편은 의미가 없다. 보통 종속변수의 로그화된 변수보다 원 자료 변수(발작의 로그 수치 보다 단순 발작 빈도)에 대한 회귀계수를 해석하기가 더 쉽다. 이를 위해서. 계수를 지수화한다.

```
> exp(coef(fit))
(Intercept)        Base         Age    Trtprogabide
      7.020       1.023       1.023           0.858
```

이제 여러분은 연령이 한 살 증가하면 다른 변수가 일정할 때 발작빈도는 1.023 곱한 만큼 변하는 것을 알 수 있다. 이것은 연령 증가는 발작 빈도 증가와 관련되어 있음을 의미한다. 보다 중요한 것은 Trt 한 단위 변화(즉 위약(placebo)에서 항경련제(progabide)로 변화)에 따라서 발작 수는 0.86 곱한 만큼 변한다. 즉 기초 발작 빈도와 연령이 일정할 때, 위약 복용 집단에 비해서 항간질성약물 복용 집단의 발작 수는 20% 감소한다.

로지스틱 회귀분석의 지수화된 모수와 마찬가지로 포아송 모델에서 지수화된 모수는 반응변수에 더하기 효과가 아닌 곱하기 효과를 지닌다는 사실을 주목해라. 또한 로지스틱 회귀분석과 마찬가지로 모델의 과대산포 문제를 평가해야만 한다.

13.3.2 과대산포

포아송 분포에서 분산과 평균은 같다. 포아송 분포에서 과대산포는 반응변수의 관찰된 분산이 포아송 분포의 예측치 보다 클 때 발생한다. 과대산포는 빈도 자료를 다룰 때 종종 나타나며 결과 해석에 부정적 영향을 미치기 때문에 이에 대해서 자세히 검토할 필요가 있다. 과대산포가 일어나는 이유는 여러 가지이다(Coxe et al., 2009).

- 중요한 예측변수의 누락은 과대산포에 이를 수 있다
- 상태의존성(state dependency) 현상도 과대산포의 원인이다. 관찰 대상 내에서 빈도는 각 사상(event)의 독립성을 가정한다. 발작 자료의 사례에서, 각 환자에게 발작이 발생할 확률은 다른 발작으로부터 독립적이라고 가정한다. 그러나 이 가정은 종종 지지되기 어렵다. 특정 개인이 첫 번째 발작이 발생할 확률은 이미 39번째 발작이 일어난 상태에서 40번째 발작을 할 확률과 동일하지 않을 가능성이 크다.
- 시계열 연구에서 자료의 반복 측정에 내재한 집락화로 과대산포가 발생할 수 있다.

과대산포가 존재하지만 모델에서 이를 고려하지 않는다면 표준오차와 신뢰구간이 너무 적고, 유의도 검증이 너무 관대해 진다(즉 존재하지 않는 효과를 발견한다).

로지스틱 회귀분석과 마찬가지로 잔차의 자유도에 대한 잔차편차의 비율이 1보다 훨씬 크다면 과대분산을 시사한다. 발작 자료에서 비율은 다음과 같다.

```
> deviance(fit)/df.residual(fit)
[1] 10.17
```

여기에서 비율은 1보다 너무 크다.

qcc패키지는 포아송 사례에서 과대분산 검정을 제공한다. 아래의 코드를 이용하여 발작 자료의 과대산포를 검증할 수 있다.

```
> library(qcc)
> qcc.overdispersion.test(breslow.dat$sumY, type="poisson")
Overdispersion test  Obs.Var/Theor.Var  Statistic p-value
       poisson data               62.9       3646       0
```

유의도 검증 결과 p값이 0.05보다 작기 때문에 과대산포를 강력하게 시사한다. `glm()` 함수를 이용하여 `family="poisson"`를 `family="quasipoisson"`로 대체하여 모델을 적합화할 수 있다. 이는 로지스틱 회귀분석에서 과대산포가 존재할 때 적용했던 방법과 같다.

```
> fit.od <- glm(sumY ~ Base + Age + Trt, data=breslow.dat,
                family=quasipoisson())
> summary(fit.od)
Call:
glm(formula = sumY ~ Base + Age + Trt, family = quasipoisson(),
    data = breslow.dat)
Deviance Residuals:
    Min      1Q   Median      3Q      Max
```

```
-6.057    -2.043    -0.940    0.793    11.006

Coefficients:
              Estimate  Std. Error  t value   Pr(>|t|)
(Intercept)    1.94883     0.46509     4.19   0.00010 ***
Base           0.02265     0.00175    12.97   < 2e-16 ***
Age            0.02274     0.01380     1.65   0.10509
Trtprogabide  -0.15270     0.16394    -0.93   0.35570
—
Signif. codes: 0 '***' 0.001 '**' 0.01 '*' 0.05 '.' 0.1 ' ' 1

(Dispersion parameter for quasipoisson family taken to be 11.8)
    Null deviance: 2122.73 on 58 degrees of freedom
Residual deviance:  559.44 on 55 degrees of freedom
AIC: NA
Number of Fisher Scoring iterations: 5
```

의사포아송 접근에서 모수 검증은 포아송 접근과 동일하다. 그러나 표준오차가 매우 크다. 이 사례에서 표준오차가 커짐으로써 Trt(그리고 Age)의 p값이 0.05보다 크게 나타난 결과를 가져왔다. 과대산포를 고려할 때, 기초 발작빈도와 연령을 통제한 후, 항경련제를 복용한다고 해서 위약 복용보다 발작 빈도를 감소시킨다고 선언할 근거는 충분하기 않다. 단지 설명을 위한 목적으로 이 사례를 다루었다는 사실을 잊지 말기 바란다. 결과는 실제 현실에서 항경련제 효능에 대한 어떠한 함축도 포함하고 있지 않다. 포아송 회귀분석에 대한 설명을 끝내기 전에 확장과 변이 사례를 살펴보기로 한다.

13.3.3 확장

R은 기본 포아송 모델을 확장한 여러 유용한 모델을 제공한다. 여러 시간 기간을 가진 모델, 0이 너무 많을 때 이를 수정하는 모델, 이상치와 영향치가 있는 자료 분석에 유용한 로버스트 모델이 여기에 해당한다. 이들을 각각 설명해보자.

• 여러 시간기간을 가진 경우의 포아송 회귀분석

지금까지 설명한 포아송 회귀모델에서 반응변수는 고정된 시간 동안의 빈도(횟수)에 한정하였다(예를 들어 8주간 발작 빈도, 작년에 발생한 교통사고 횟수, 하루 동안의 친사회적 사회적 행동 빈도). 관찰의 시간 길이는 일정하다. 그러나 관찰의 시간 길이가 변하는 포아송 회귀모델을 적합화할 수 있다. 이 경우에 반응변수는 율(rate)이다.

율을 분석하기 위해서 각 관찰 동안 발생한 빈도에 대한 시간 길이를 기록하는 변수를 포함해야 한

다. 모델은

$$\log_e(\lambda) = \beta_0 + \sum_{j=1}^{p} \beta_j X_j$$

에서

$$\log_e\left(\frac{\lambda}{time}\right) = \beta_0 + \sum_{j=1}^{p} \beta_j X_j$$

으로 변화시킨다. 혹은

$$\log_e(\lambda) = \log_e(time) + \beta_0 + \sum_{j=1}^{p} \beta_j X_j$$

이 새로운 모델을 적합화하기 위해서는 `glm()` 함수의 `offset`옵션을 이용한다. 예를 들어 Breslow연구에서 참여 환자의 기간이 14일에서 60일까지 결쳐있다고 가정하자. 발작율을 종속변수로 사용할 수 있다(각 환자가 참여한 시간을 기록했다고 가정한다면).

```
fit <- glm(sumY ~ Base + Age + Trt, data=breslow.dat,
           offset= log(time), family=poisson)
```

여기에서 sumY는 환자를 관찰한 시간동안 발생한 발작 빈도이다. 이 사례에서 율은 시간에 따라서 변화하지 않는다고 가정한다(예를 들어 4일 동안 두 번 발작은 20일 동안의 10번 발작과 동일하다).

- **영과잉 포아송 회귀분석(ZERO-INFLATED POISSON REGRESSION)**

데이터셋에서 빈도가 0인 사례들이 포아송 모델에서 예측되는 사례보다 많은 경우가 있다. 이같은 상황은 측정 대상인 행동 경험이 없는 하위 인구집단이 존재할 때 발생한다. 예를 들어서 로지스틱 회귀 분석의 혼외정사 데이터셋에서 원래 결과변수는 지난 1년 동안의 혼외정사의 빈도를 조사했다. 그런데 조사대상 시간이 아무리 길더라도 혼외정사를 전혀 하지 않은 도덕적 부부들의 하위집단이 존재할 것이다. 이를 **구조적 영**(structual zeros)이라고 한다.

이같은 경우에 영과잉 포아송 회귀분석이라고 불리워지는 접근방법을 이용하여 자료를 분석할 수 있다. 이 방법은 두 모델을 동시에 적합화한다. 하나는 혼외정사 여부를 예측하는 모델이고 또 다른 하나는 도덕적인 집단을 배제하고 혼외정사 빈도를 예측하는 모델이다. 이것은 로지스틱 회귀분석(구조적 0을 예측하기 위한)과 포아송 회귀분석(구조적 0을 제외한 관찰대상의 혼외정사 빈도를 예측하기 위한)의 결합모델이다. 영과잉 포아송 회귀분석 모델은 `pscl` 패키지의 `zeroinfl()` 함수를 이용하여 적합화할 수 있다.

- **로버스트(robust) 포아송 회귀분석**

마지막으로 로버스트 포아송 회귀분석을 포함하여 로버스트 일반화 선형모델의 적합화를 위해서는 `robust` 패키지의 `glmRob()` 함수는 이용할 수 있다. 앞서 지적한 바와 같이 로버스트 회귀는 이상치나 영향치가 존재할 때 유용하다.

◆ 더 공부하기

일반화 선형모델은 복잡하고 수학적으로 정교한 주제이다. 그러나 학습에 도움이 되는 좋은 책들이 많다. 주제에 관한 간략하고 좋은 소개는 Dunteman and Ho (2006)에 나와 있다. McCullagh and Nelder (1989)는 일반화 선형 모델의 고전적 교과서이다. Dobson and Barnett (2008) 그리고 Fox(2008)는 종합적이고도 잘 이해할 수 있는 설명서이다. 또한 Fox(2008). Faraway (2006), 그리고 Fox (2002)에는 R의 환경에서 이용할 수 있도록 훌륭한 소개를 제공한다.

13.4 요약

이 장에서 여러분의 자료 이해에 도움을 줄 수 있는 접근들을 확장하기 위해서 일반화 선형모델을 사용하였다. 특히, 범주화 변수와 빈도 변수를 포함하여 비-명목적인 반응변수를 분석할 수 있는 프레임에 대해서 설명하였다. 먼저 일반적 접근에 대해서 간략하게 기술한 다음, 로지스틱 회귀와 포아송 회귀에 집중하였다.

또한 우리는 과대산포라는 중요한 주제를 논의하였는데, 이를 발견하고 수정하는 방법과 함께 논의하였다. 마지막으로 R에서 사용가능한 확장과 변형 사례를 살펴보았다.

지금까지 설명한 통계적 접근들은 직접 관찰한 변수나 재코딩한 변수들을 대상으로 하였다. 다음 장에서는 관찰변수들의 행위를 설명하고 내재한다고 여겨지는 잠재적, 비관찰적, 이론적 변수를 다루는 통계적 모델에 대해서 알아보기로 한다. 특히 비관찰적 변수들에 관한 가설을 검증하고 발견하기 위해서 요인분석 방법들을 어떻게 사용하는가를 보게 될 것이다.

제 14 장 주성분과 요인분석

이 장에서 다룰 내용은 다음과 같다.

- 주성분 분석(Principal components analysis)
- 탐색적 요인분석(Exploratory factor analysis)
- 다른 잠재변수 모델의 이해

다변량 자료에 있어 가장 큰 도전의 하나는 정보의 복잡성이다. 100개 변수로 이루어진 데이터셋을 가지고 있을 때 변수들 간 모든 상호관련성을 어떻게 확인할 수 있는가? 20개 변수만 있어도 변수들의 상호관련성을 이해하기 위해서 190개에 이르는 상관성의 짝을 검토해야 한다. 복잡한 다변량 자료를 탐색하고 단순화하는 관련이 있지만, 구분되는 두 개의 방법은 주성분 분석과 탐색적 요인분석이다.

주성분분석(Principal component analysis, PCA, 이하 PCA)은 상관성있는 많은 변수들을 **주성분**(principal component)으로 부르는 상관성이 없는 보다 적은 수의 변수 집합으로 자료를 축소하는 방법이다. 예를 들어서 PCA를 이용하여 30개의 상관성있는 환경변수를 원래 변수 셋의 정보를 가능한 한 그대로 유지하면서 5개의 상관성이 없는 합성변수로 변환한다.

반면 **탐색적 요인분석**(exploratory factor analysis, EFA, 이하 EFA)은 주어진 변수 집합의 잠재구조를 드러내기 위한 방법들의 모음이다. 관찰했거나, 드러난 변수들 사이의 관련성을 설명할 수 있는 보다 적은 수의 집합이나 잠재구조를 탐색한다. 예를 들어 `Harman74.cor` 데이터셋에는 145명의 7학년과 8학년 아동을 대상으로 실시한 24개 심리학 검사들 사이의 상관성에 대한 정보를 포함하고 있다. 이 자료에 EFA를 적용한 결과 276개의 테스트들 간 상호관련성을 4개의 기저(근본) 요인(언어능력, 진행과정, 연역, 기억)으로 설명할 수 있음을 시사한다.

PCA와 EFA의 차이점은 그림 14.1에 제시되어 있는데 주성분 PC1과 PC2는 다섯 개 관찰변수의 선형적 결합이다. 선형적 합성에 사용하는 가중치는 성분 간 비상관을 유지할 때, 각 주성분 분산을 최대

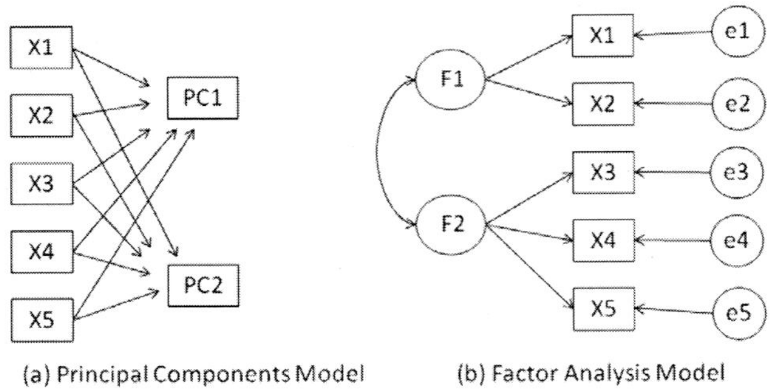

그림 14.1 주성분 분석과 요인분석 모델의 비교. 다이어그램은 관찰 변수(X1에서 X5), 주성분(PC1, PC2), 요인(F1. F2) 그리고 오차(e1에서 e5까지)를 보여준다.

화하기 위해서 선택한다.

반면 요인 F1과 F2는 관찰변수들의 선형적 결합이라기 보다는 "원인" 으로 가정한다. 오차(e1에서 e5까지)는 요인에 의해서 설명되지 않는 분산을 나타낸다. 원인 요인과 오차가 직접 관찰될 수 없으며 변수들 간 상관성으로부터 추론되고 있음을 가리킨다. 이 예에서 요인들 간 화살표는 이들 간 상관성이 존재하고 있음을 가리킨다. EFA모델에서 요인 간 상관성은 일반적이지만, 반드시 필요한 것은 아니다.

이 장에서 다루는 방법들이 안정된 결과를 산출하기 위해서는 표본 크기가 커야한다. 적합한 표본 크기를 설정하는 문제는 어느 정도 복합적이다. 지금까지 분석자들이 어림치로 사용하는 방법은 "관측 사례의 수가 최소 변수 수의 5~10배 정도 되어야 한다" 이다. 최근 연구들은 표본 크기는 요인의 수, 각 요인에 결합된 변수의 수, 그리고 요인의 집합이 변수들의 분석을 얼마나 잘 설명하는가에 달려있다고 본다(Bandalos and Boehm- Kaufman, 2009). 나의 경험에 따르면 표본의 수가 수백 사례에 이른다면 위험을 감수하고 아마도 안전하다고 말할 수 있다. 이 장에서 산출물을 관리가능할 수 있도록 의도적으로 세부적인 사항들을 살펴보기로 한다.

먼저 PCA와 EFA를 수행하기 위한 R함수를 검토하고, 절차를 간략하게 설명한다. 그리고 두 개의 PCA 사례와 이어서 확장한 EFA 사례를 통해서 자세히 살펴보기로 한다. 마지막으로 잠재변수를 적합화하는 모델에 이용하는 R에 있는 다른 패키지에 대하여 간략한 개관을 한다. 확인적 요인분석, 구조방정식 모델, 대응분석, 잠재계층 분석을 위한 패키지가 포함된다.

14.1 R의 주성분과 요인분석

R 기본설치 시, PCA와 EFA 함수는 각각 `princomp()`와 `factanal()`이다. 이 장에서는 `psych` 패키지가 제공하는 함수에 초점을 맞추기로 한다. 이들 함수는 기본설치판의 해당 함수보다 많은 유

표 14.1 psych 패키지의 유용한 요인분석 함수

함수	설명
`principal()`	회전 옵션의 주성분 분석
`fa()`	주축분해법, 최소잔차법, 가중최소제곱법, 최대우도법에 의한 요인 분석
`fa.parallel()`	평행성 분석의 스크리 플롯
`factor.plot()`	요인 혹은 주성분 분석 결과의 플롯
`fa.diagram()`	요인 혹은 주성분 분석 부하값 행렬 그래프
`scree()`	요인과 주성분 분석의 스크리 플롯

용한 옵션을 제공한다. 뿐만 아니라 결과를 행렬로 기록하여, 사회과학자들에게 보다 익숙하며, SAS과 SPSS와 같은 통계프로그램에서 산출하는 결과와도 잘 매칭된다.

EFA는 종종 새로운 사용자를 당황하게 한다. 이유는 접근 범위가 넓고, 각 접근은 최종 결과에 이르기까지 많은 과정을 거치기 때문이다. 가장 일반적인 과정은 다음과 같다.

1. **자료준비**. PCA와 EFA 둘 다 관찰 변수들의 상관관계에서 해법을 도출한다. 자료입력은 원자료나 상관관계 행렬중 하나로 하며 `principal()`과 `fa()` 함수를 이용한다. 원자료를 입력하면 상관관계 행렬을 자동으로 계산한다. 진행하기 전에 자료에 결측치가 있는지 반드시 점검해야 한다.
2. **요인분석 모델의 선택**. 연구목적에 적합한 모델이 PCA인지 EFA인지를 결정한다. 만일 EFA 접근을 선택했다면, 특정 요인화 방법(예를 들어 최대우도법)도 선택해야 한다.
3. **추출할 성분/요인의 수를 결정**
4. **성분/요인의 추출**
5. **성분/요인의 회전**
6. **결과 해석**
7. **성분 혹은 요인 점수의 계산**

이 장의 나머지 부분은 PCA를 필두로 각 단계를 자세히 살펴볼 곳이다. 이 장 마지막에 PCA와 EFA 단계의 자세한 흐름도(flow chart)가 있다. 내용을 학습하는 과정 중에 흐름도를 참고하면 이해에 도움이 될 것이다.

14.2 주성분

PCA의 목적은 원 변수의 정보를 가급적 유지한 상태에서 많은 변수 간 상관관계를 보다 적은 수의 비상관 변수로 대체하는 데 있다. **주성분(principal components)**으로 부르는 도출된 변수들은 관찰 변수들의 선형 결합이다. 특히 첫 주성분은 원 변수들 집합에서 가장 많은 분산을 설명하는 K개의 관찰변수 가중치의 결합이다.

$$PC_1 = a_1X_1 + a_2X_2 + ... + a_kX_k$$

두 번째 주성분은 첫 번째 주성분과 직각 관계(무상관)라는 조건 하에서 원 변수의 분산을 가장 많이 설명하는 선형 결합이다. 이 후 주성분들은 이전에 추출한 성분과 무상관이라는 조건을 유지하면서, 분산을 최대화한다. 이론적으로, 변수의 개수 만큼 주성분을 추출할 수 있다. 그러나 실제적 관점에서 분석가들은 전체 변수의 수보다 훨씬 적은 수의 성분으로 전체 분산을 설명하기를 원한다.

`USJudgeRatings` 데이터셋은 미국연방대법원 재판관에 대한 변호사의 평가에 관한 내용이다. 데이터프레임은 43개 관찰 대상에 대한 12개 숫자변수를 포함하고 있다. 변수 리스트는 〈표 14.2〉이다.

실제적 관점에서, 11개 평가 항목을(INTS에서 RTEN까지) 보다 적은 수의 합성변수로 요약할 수 있을까? 만일 그렇다면 얼마나 많은 변수가 필요하고, 어떻게 이를 정의할 것인가? 자료를 단순화하는 것이 목표이기 때문에 PCA를 이용하여 문제에 접근할 수 있다. 자료는 원 점수 포맷이며, 결측치는 없다. 다음 단계는 얼마나 많은 주성분이 필요한가를 결정하는 일이다.

14.2.1 추출할 주성분의 개수 정하기

PCA에서 얼마나 많은 성분을 포함할 것인가를 결정하는 데 여러 기준을 사용한다.

표 14.2 `USJudgeRatings` 데이터셋의 변수들

변수	설명	변수	설명
CONT	재판관과 변호사의 접촉 횟수	PREP	재판 준비
INTS	사법적 강직성	FAMI	법률친숙도
DMNR	품행	ORAL	적절한 구두 판결
DILG	성실성	WRIT	적절한 문서 판결
CFMG	진행 관리	PHYS	신체적 능력
DECI	속결	RTEN	유지할 만한 가치

- 이론이나 기존 연구에서의 성분의 수
- 전체 변수의 분산 중 성분으로 설명하는 비율(예를 들어 80%)
- 변수들 간 상관관계 행렬의 고유값(eigenvalues)

가장 일반적 접근은 고유값을 기준으로 하는 방식이다. 각 성분은 상관관계 행렬의 고유값과 연관되어 있다. 첫 번째 PC는 가장 큰 고유값과 연관되어 있으며 두 번째 PC는 두 번째로 큰 고유값과 연관되어 있다. Kaiser Harris 기준은 성분이 1보다 큰 고유값을 지니고 있음을 시사한다. 1보다 적은 고유값을 가진 성분으로 설명하는 분산은 하나의 변수에 포함된 분산보다 적다. Cattell Scree 검정(이하 스크리 검정)은 성분 번호에 해당하는 고유값을 플롯팅한다. 이같은 플롯은 전형적으로 구부림과 굴곡을 보여주는데 급격하게 떨어지는 지점에서 성분을 결정한다. 마지막으로 원 행렬과 같은 크기의 무작위 데이터 행렬로부터 고유값을 추출하는 시뮬레이션을 시행할 수 있다. 실제 자료에 기반한 고유값이 무작위 데이터 행렬의 셋으로부터 산출된 평균 고유값보다 크다면 성분은 유지된다. 이 접근방법을 **평행성 분석**(parallel analysis)이라고 한다(보다 자세한 내용은 Hayton, Allen, and Scarpello, 2004을 보라).

`fa.parallel()` 함수로 세 가지 고유값을 동시에 볼 수도 있다. 11개 변수(CONT변수 제외)를 분석하기 위한 코드는 아래와 같다.

```
library(psych)
fa.parallel(USJudgeRatings[,-1], fa="pc", n.iter=100,
        show.legend=FALSE, main="Scree plot with parallel analysis")
```

〈그림 14.2〉는 이 코드로 산출한 그래프이다. 플롯은 관찰한 고유값에 기반한 스크리 검사(x에 따라 변화하는 직선), 100개의 무작위 행렬로부터 도출한 평균 고유값(점선), 1의 기준보다 큰 고유값(y가 1일 때 수평선)을 보여주고 있다.

세 개의 기준은 이 데이터셋의 요약에 적합한 성분이 하나임을 시사한다. 다음 단계에서는 `principal()` 함수를 이용하여 주성분을 추출한다.

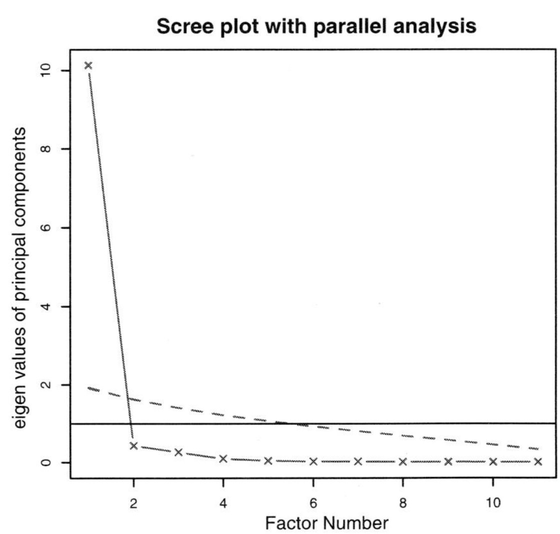

그림 14.2 USJudgeRatings 사례에서 주성분 수의 평가. 스크리 플롯(x축에 따라 변하는 직선), 1보다 큰 고유값(수평선). 그리고 100개 시뮬레이션의 평행성 분석결과는 하나의 주성분을 시사한다.

14.2.2 주성분 추출하기

위에서 지적한 바와 같이, `principal()` 함수는 원자료 혹은 상관관계 행렬을 필두로 주성분 분석을 시행한다. 포맷은 다음과 같다.

```
principal(r, nfactors=, rotate=, scores=)
```

여기에서 `r`은 상관관계 행렬 혹은 원자료 행렬이다. `nfactors`는 추출할 주성분의 수를 지정한다(기본설정은 1임). `rotate`는 적용할 회전방법을 가리킨다(기본설정은 varimax, 14.2.3절을 참조). `scores`는 주성분 점수를 산출할지 여부를 지정한다(기본설정은 FALSE).

첫 번째 주성분을 추출하기 위해서 아래 프로그래밍 코드를 이용한다.

프로그래밍 14.1 USJudgeRatings의 주성분분석

```
> library(psych)
> pc <- principal(USJudgeRatings[,-1], nfactors=1)
> pc

Principal Components Analysis
Call: principal(r = USJudgeRatings[, -1], nfactors=1)
Standardized loadings based upon correlation matrix
      PC1   h2    u2
INTG 0.92 0.84 0.157
DMNR 0.91 0.83 0.166
DILG 0.97 0.94 0.061
CFMG 0.96 0.93 0.072
DECI 0.96 0.92 0.076
PREP 0.98 0.97 0.030
FAMI 0.98 0.95 0.047
ORAL 1.00 0.99 0.009
WRIT 0.99 0.98 0.020
PHYS 0.89 0.80 0.201
RTEN 0.99 0.97 0.028

                 PC1
SS loadings    10.13
Proportion Var  0.92
[... additional output omitted ...]
```

여기에서 CONT을 제외한 원자료를 입력하고 회전하지 않은 하나의 성분을 추출하도록 지정하였다(회전에 대해서는 14.3.3절에서 설명한다). PCA는 상관관계 행렬로 작업을 하므로, 성분을 추출하기 전에 원자료는 자동적으로 상관관계 행렬로 변환된다.

PC1열에는 주성분과 관찰 변수와의 상관관계인 성분 **부하값**을 포함하고 있다. 만일 하나 이상의 주성분을 추출하였다면, 열에 PC2, PC3의 이름을 계속해서 붙여나간다. 성분 부하값은 성분 의미의 해

석에 이용할 수 있다. 각 변수는 첫 번째 성분과 매우 높은 상관성을 유지하고 있어 가장 공통적인 차원임을 확인할 수 있다.

h2열에는 성분 **공유치**(communalities)—성분으로 설명되는 각 변수의 분산량을 표시한다. u2열은 성분 **비공유치**(uniqueness)—성분에 의해 설명되지 않은 분산량, 혹은 1−h2이다. 예를 들어, PHYS(신체능력)의 순위 분산의 80%는 첫 번째 PC에 의해서 설명되고 20%는 설명되지 않는다. PHYS는 하나의 성분에 의한 설명력이 가장 낮은 변수이다.

SS로 표시한 행은 성분과 관련된 고유값(eigenvalues)을 보여준다. 고유값은 특정 성분에 결합된 표준화한 분산이다(이 사례에서 첫 번째 성분에 해당하는 값은 10이다). 마지막으로 Proportion Var로 표시된 행은 각 성분에 의해서 설명되는 분산의 양을 가리킨다. 여기에서 첫 번째 성분은 11개 변수의 변량의 92%를 설명하고 있다.

이번에는 분석 결과, 두 개 이상의 성분을 해법으로 산출한 사례를 살펴보자. 데이터셋 `Harman23.cor`은 305명의 소녀를 대상으로 측정한 8개 신체 치수에 대한 자료이다. 이 데이터셋은 원자료가 아닌 변수들 간 상관관계로 이루어져 있다.

이 자료에서 8개 변수를 보다 적은 수의 변수로 대체하기 원한다면, 다음의 코드를 이용하여 성분의 수를 결정할 수 있다. 이 경우에 상관계수 행렬을 확인하고(`Harman23.cor` 객체의 `cov` 성분), 표본 크기(`n.obs`)를 지정할 필요가 있다.

```
library(psych)
fa.parallel(Harman23.cor$cov, n.obs=302, fa="pc", n.iter=100,
        show.legend=FALSE, main="Scree plot with parallel analysis")
```

표 14.3 305명 소녀의 신체 치수들 간 상관관계(Harman23.cor)

	Height	Armspan	Forearm	Lower leg	Weight	Bitro diameter	Chest girth	Chest width
Height	1.00	0.85	0.80	0.86	0.47	0.40	0.30	0.38
Arm span	0.85	1.00	0.88	0.83	0.38	0.33	0.28	0.41
Forearm	0.80	0.88	1.00	0.80	0.38	0.32	0.24	0.34
Lower leg	0.86	0.83	0.8	1.00	0.44	0.33	0.33	0.36
Weight	0.47	0.38	0.38	0.44	1.00	0.76	0.73	0.63
Bitro diameter	0.40	0.33	0.32	0.33	0.76	1.00	0.58	0.58
Chest girth	0.30	0.28	0.24	0.33	0.73	0.58	1.00	0.54
Chest width	0.38	0.41	0.34	0.36	0.63	0.58	0.54	1.00

자료 : H. H. Harman, *Modern Factor Analysis, Third Edition Revised*, University of Chicago Press, 1976, Table 2.3.

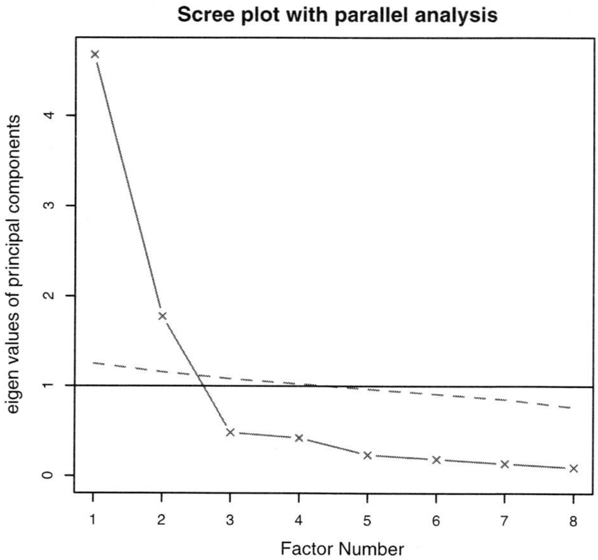

그림 14.3 신체 치수 사례에서 주성분의 수 평가하기. 스크리 플롯(x에 따라 변하는 선). 1보다 큰 고유치(수평 실선). 100개 시뮬레이션의 평행성 분석(점선)은 2개 성분을 시사한다.

결과그래프가 〈그림 14.3〉이다.

플롯은 두 개 성분 해법을 시사한다. 첫 번째 사례와 같이, Kaiser Harris기준, 스크리 검정, 그리고 평행성 분석 결과가 일치한다. 그러나 모든 경우에 결과가 항상 일치하는 것은 아니다. 서로 다른 성분 수가 추출되어 가장 유용한 해법을 선택해야 할 경우도 있다. 다음의 프로그래밍은 상관관계 행렬에서 두 개의 주성분을 추출한다.

프로그래밍 14.2 신체 치수의 주성분분석

```
> library(psych)
> pc <- principal(Harman23.cor$cov, nfactors=2, rotate="none")
> pc

Principal Components Analysis
Call: principal(r = Harman23.cor$cov, nfactors = 2, rotate = "none")
Standardized loadings based upon correlation matrix
                PC1   PC2   h2    u2
height          0.86 -0.37 0.88 0.123
arm.span        0.84 -0.44 0.90 0.097
forearm         0.81 -0.46 0.87 0.128
lower.leg       0.84 -0.40 0.86 0.139
weight          0.76  0.52 0.85 0.150
bitro.diameter  0.67  0.53 0.74 0.261
chest.girth     0.62  0.58 0.72 0.283
chest.width     0.67  0.42 0.62 0.375

                PC1  PC2
SS loadings    4.67 1.77
```

```
Proportion Var 0.58 0.22
Cumulative Var 0.58 0.81
[... additional output omitted ...]
```

프로그래밍 14.2에서 PC1과 PC2 열을 살펴보면 첫 번째 성분은 신체 측정변수 분산의 58%를, 두 번째 성분은 22%를 각각 설명하며 두 개 성분에 의해서 전체 분산의 81%를 설명한다. 또한 두 개 성분은 height변수 분산의 88%를 설명한다.

성분과 요인은 각 부하값(loadings)을 검토하여 해석한다. 첫 번째 성분은 모든 신체 척도와 정적 상관성을 보여주며 일반적인 크기 요인으로 나타난다. 두 번째 성분은 처음의 4개 변수(height, armspan, forearm, lower leg)와 다음의 4개 변수(weight, bitro diameter, chest girth, chest width)가 대조된다. 전자는 길이 요인, 후자는 무게 요인임을 알 수 있다. 이와 같은 개념구성이 쉬운 것은 아니다. 두 개 혹은 그 이상의 성분이 추출되었을 때는 보다 해석을 쉽게하기 위해서 회전이 필요하다. 다음 절에서 회전에 대해서 알아보기로 한다.

14.2.3 주성분의 회전

회전(Rotation)은 성분 부하값 행렬을 해석이 가능하도록 변환하는 수학적 기법들이다. 가급적 성분을 "정제함"(purifying)으로써 시행한다. 회전 방법은 결과적으로 성분 간 상관성을 무상관(**직교회전** orthogonal rotation)으로 할 것인지, 아니면 상관을 허용할 것인지(**사각회전**, oblique rotation)에 따라 다르다. 또한 정제에 대한 정의에 따라서도 구분한다. 가장 일반적인 직교회전은 **배리맥스**(varimax) 회전으로 여기서는 적재 행렬의 행을 정제하여 각 성분은 제한된 변수의 집합으로 정의한다(즉, 각 열은 큰 수치의 부하값 몇 개와 적은 수치의 많은 개수의 부하값를 지닌다). 여러분이 신체 치수 자료에 배리맥스회전을 적용하기 원한다면 아래 프로그래밍으로 결과를 얻을 수 있다. 사각회전의 사례는 14.4절에서 볼 수 있다.

프로그래밍 14.3 배리맥스 회전을 통한 주성분분석

```
> rc <- principal(Harman23.cor$cov, nfactors=2, rotate="varimax")
> rc

Principal Components Analysis
Call: principal(r = Harman23.cor$cov, nfactors = 2, rotate = "varimax")
Standardized loadings based upon correlation matrix
               RC1  RC2   h2    u2
height        0.90 0.25 0.88 0.123
arm.span      0.93 0.19 0.90 0.097
forearm       0.92 0.16 0.87 0.128
lower.leg     0.90 0.22 0.86 0.139
```

```
weight           0.26 0.88 0.85 0.150
bitro.diameter 0.19 0.84 0.74 0.261
chest.girth      0.11 0.84 0.72 0.283
chest.width      0.26 0.75 0.62 0.375

                  RC1  RC2
SS loadings      3.52 2.92
Proportion Var 0.44 0.37
Cumulative Var 0.44 0.81

[... additional output omitted ...]
```

PC에서 RC로 바뀐 열의 이름은 회전된 성분을 가리킨다. RC1 열의 부하값을 살펴보면 첫 번째 성분이 처음 4개 변수로 정의되고 있음을 알 수 있다. RC2 열의 부하값은 두 번째 성분이 변수5에서 8까지로 정의되고 있음을 가리킨다. 두 개 성분은 비상관이며 변수들을 동등하게 잘 설명한다. 또한 변수의 공유치가 변하지 않았기 때문에 회전된 해법은 변수를 동등하게 잘 설명한다. 더 나아가 두 개 성분의 회전해법으로 설명하는 누적 분산은(81%) 변하지 않았다. 그러나 각 성분에 의해서 설명되는 분산의 비율은 성분1에서는 58%에서 44%로, 성분2에서는 22%에서 37%로 변하였다. 이와 같이 여러 성분으로 분산이 확산하는 양상은 일반적이다. 그리고 기술적으로 볼 때 이제 주성분보다 성분으로 불러야 한다(개별 성분의 분산극대화 특성이 더 이상 유지되지 않기 때문이다).

궁극적 목적은 상관성있는 변수들로 이루어진 많은 수의 집합을 도출된 변수로 이루어진 보다 적은 수의 집합으로 대체하는 것이다. 이를 위해서 속성의 각 관찰에 대한 점수를 산출할 필요가 있다.

14.2.4 주성분 점수 산출하기

`USJudgeRatings` 사례에서 11개 변수에 대한 재판관 평가를 기술한 원자료에서 하나의 주성분을 추출하였다. `principal()` 함수는 이 파생된 변수에 대한 각 재판관의 점수를 쉽게 산출하도록 한다(다음 프로그래밍을 보라).

프로그래밍 14.4 원자료에서 성분점수 산출하기

```
> library(psych)
> pc <- principal(USJudgeRatings[,-1], nfactors=1, score=TRUE)
> head(pc$scores)
                      PC1
AARONSON,L.H.   -0.1857981
ALEXANDER,J.M.   0.7469865
ARMENTANO,A.J.   0.0704772
```

```
ARMENTANO,A.J.   0.0704772
BERDON,R.I.      1.1358765
BRACKEN,J.J.    -2.1586211
BURNS,E.B.       0.7669406
```

주성분 점수는 옵션 scores=TRUE일 때 principal() 함수로 반환된 객체의 scores 요소로 저장된다. 만일 여러분이 원한다면 이제 아래를 사용하여 변호사와 재판관의 접촉과 판결 평가 간 상관관계를 얻을 수 있다.

```
> cor(USJudgeRatings$CONT, pc$score)
              PC1
[1,] -0.008815895
```

겉으로 보기에 변호사의 친밀도와 재판관의 의견과는 관련성이 없다!

주성분 분석이 상관행렬을 근거로 하고 원자료를 이용할 수 없을 때, 각 관측치에 대한 주성분 점수를 얻는 것은 분명히 불가능하다. 그러나 주성분을 계산할 때 사용하는 계수를 얻을 수 있다.

신체 치수 자료에서 신체 측정치들 간 상관관계를 가지고 있지만, 305명 소녀에 대한 개별 측정치는 아래의 프로그래밍을 이용하여 점수 계수를 얻을 수 있다.

프로그래밍 14.5 주성분 점수계수 산출하기

```
> library(psych)
> rc <- principal(Harman23.cor$cov, nfactors=2, rotate="varimax")
> round(unclass(rc$weights), 2)
                 RC1   RC2
height          0.28 -0.05
arm.span        0.30 -0.08
forearm         0.30 -0.09
lower.leg       0.28 -0.06
weight         -0.06  0.33
bitro.diameter -0.08  0.32
chest.girth    -0.10  0.34
chest.width    -0.04  0.27
```

성분 점수는 아래 공식을 이용하여 산출한다.

```
PC1 = 0.28*height + 0.30*arm.span + 0.30*forearm + 0.29*lower.leg -
      0.06*weight - 0.08*bitro.diameter - 0.10*chest.girth -
      0.04*chest.width
```

and

```
PC2 = -0.05*height - 0.08*arm.span - 0.09*forearm - 0.06*lower.leg +
        0.33*weight + 0.32*bitro.diameter + 0.34*chest.girth +
        0.27*chest.width
```

이러한 방정식은 신체적 측정이 표준화되어 있음을 가정한다(평균이 0이고 표준편차가 1). PC1의 가중치는 0.3에서 0사이인 것은 PC2도 마찬가지이다. 실제에서는 처음 네 개 변수의 표준화된 점수의 평균으로 첫 번째 합성변수를 취함으로써 단순화할 수 있다. 동일하게 그 다음 네 개 변수의 표준화 점수의 평균으로 두 번째 합성변수를 정의할 수 있다. 나는 이 방법을 주로 사용한다.

◆ Little Jiffy의 영향력

PCA 및 EFA와 관련하여 데이터 분석가들 사이에 상당한 혼란이 있다. 하나의 이유는 역사적인 것인데 Little Jiffy라는 프로그램으로 거슬러 올라간다. Little Jiffy는 요인분석의 초기 프로그램 중 매우 인기가 높은 프로그램이었는데, 여기에서 1보다 큰 고유값을 가진 성분을 추출하고 배리맥스로 회전한 주성분 분석이 디폴트로 설정되어 있다. 이 프로그램을 많은 사회과학자들이 매우 널리 사용하게 되면서 이 디폴트를 EFA와 동의어로 여기게 되었다. 이후 나온 많은 통계적 패키지들 또한 EFA 프로그램에 이 디폴트를 채용했다.

다음 절에서 PCA와 EFA의 중요하고도 근본적인 차이점을 알게 되기를 바란다. PCA/EFA의 혼란에 대해서 더 알고 싶다면 Hayton, Allen, and Scarpello(2004)를 참조할 것.

14.3 탐색적 요인분석

EFA의 목적은 관찰 변수의 집합들 간의 상관관계를 자료의 근저에 존재하는 보다 소수의 근본적인 비관찰적 변수를 드러냄으로써 설명하고자 한다. 이와 같이 가설적이고, 비관찰적 변수들을 **요인**이라고 부른다(각 요인은 두 개 혹은 그 이상의 관찰변수를 설명한다고 가정한다. 따라서 기술적으로는, 이를 **공통 요인**(common factor)이라고 부른다).

모델은 다음과 같이 표현한다.

$$X_i = a_1F_1 + a_2F_2 + ... + a_pF_p + U_i$$

여기서 X_i는 i번째 관찰 변수(i=1...k), F_j는 공통 요인이고(j=1...p), $p < k$이다. U_i는 X_i 고유의 부분이다(공통 요인에 의해서 설명되지 않은). a_i는 각 요인이 관찰변수들의 결합에 기여하는 정도를 말한다. 이 장 처음에 소개한 `Harman74.cor` 사례로 돌아가 보면, 24개 심리학적 검사에 대한 각 개인의 점수는 4개의 심리학적 구성 요인에 대한 능력별 가중치의 결합이다.

PCA와 EFA모델은 다르지만, 많은 분석단계들은 비슷하다. 과정을 예시하기 위해서 EFA를 6개의 심리학적 검사들의 상관관계에 적용해 보자. 120명에게 6개 검사를 실시하였으며, 6개 검사내용은 비언어적 일반적 지적 능력(general), 그림완성(picture), 블록설계(blocks), 미로찾기(maze), 독해력(reading), 어휘력(vocab)이다. 실험대상자의 6개 검사점수를 보다 적은 수의 잠재적인 심리학적 구성 변수로 설명할 수 있을까? 변수들 간 공분산 행렬은 `ability.cov` 데이터셋에 제공되어 있다. 이를 `cov2cor()` 함수를 이용하여 상관행렬로 바꿀 수 있다.

```
> options(digits=2)
> covariances <- ability.cov$cov
> correlations <- cov2cor(covariances)
> correlations
         general picture blocks maze reading vocab
general     1.00    0.47   0.55 0.34    0.58  0.51
picture     0.47    1.00   0.57 0.19    0.26  0.24
blocks      0.55    0.57   1.00 0.45    0.35  0.36
maze        0.34    0.19   0.45 1.00    0.18  0.22
reading     0.58    0.26   0.35 0.18    1.00  0.79
vocab       0.51    0.24   0.36 0.22    0.79  1.00
```

여러분의 분석목적이 가설적 구성변수를 찾는데 있기 때문에 EFA 접근을 적용하고자 할 것이다. PCA와 마찬가지로 다음 단계는 얼마나 많은 요인을 추출할 것인가를 결정하는 일이다.

14.3.1 추출할 공통 요인의 개수 결정하기

추출할 요인의 수를 결정하기 위해서 `fa.parallel()`로 가보자.

```
> library(psych)
> covariances <- ability.cov$cov
> correlations <- cov2cor(covariances)
> fa.parallel(correlations, n.obs=112, fa="both", n.iter=100,
             main="Scree plots with parallel analysis")
```

플롯 결과가 그림 14.4이다. 주성분과 요인분석을 비교하기 위해서(`fa = "both"`) 두 개 분석결과를 보여주기 위한 함수를 요청하였다.

이 그래프에는 주목해야 할 사항이 여러 가지 있다. 만일 PCA접근을 취했다면, 하나(스크리검사, 평행성 분석) 혹은 두 개의 성분(고유값이 1보다 큰 성분)을 선택했을 것이다. 의심된다면 적은 요인 수보다 많은 요인 수를 선택하는 것이 더 좋다. 많은 요인 수는 "진정한" 해법을 덜 왜곡한다.

EFA 결과를 살펴보면 두 개 요인 해법을 분명히 제시한다. 처음 두 개 요인은 스크리 검사에서 고유

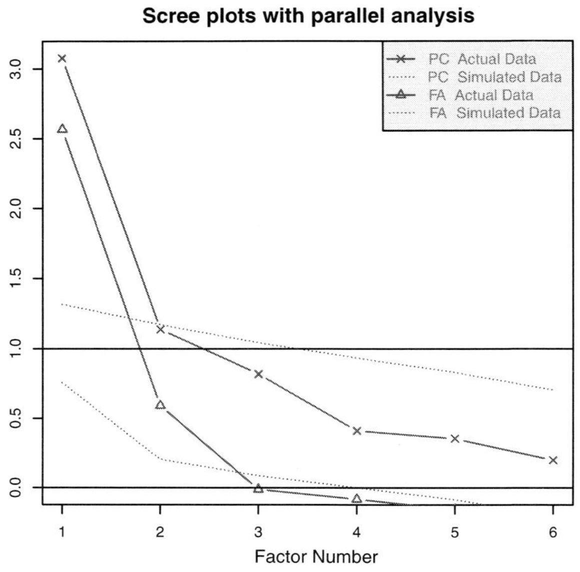

그림 14.4 심리학적 검사 사례에서 요인의 수 평가하기. PCA와 EFA 두 가지 결과가 제시되어 있다. PCA 결과는 하나 혹은 두 개 성분을 시사하며, EFA 결과는 두 개 요인을 시사한다.

값이 값이 크게 떨어지기 직전에 위치하고 있으며 100개 시뮬레이션 데이터의 고유값 평균보다 높다. EFA에서 Kaiser Harris 기준은 1이 아닌 0보다 큰 고유값의 수이다(많은 사람들이 이를 잘 모르고 있다). 이 사례에서 Kaiser Harris 기준 역시 두 개 요인을 시사한다.

14.3.2 공통 요인 추출하기

이제 두 개의 요인을 추출하기로 결정하였다. 이를 위해서 fa() 함수를 사용할 수 있다. `fa()` 함수의 포맷과 의미는 다음과 같다.

```
fa(r, nfactors=, n.obs=, rotate=, scores=, fm=)
```

- *r*은 원자료 행렬의 상관관계 행렬
- `nfactor`는 추출할 요인의 수(디폴트는 1이다)
- `n.obs`는 사례수(상관계수 행렬이면 input)
- `rotate`는 적용할 회전방법(디폴트는 oblimin)
- `scores`는 요인점수를 계산할지의 여부(디폴트는 'false')
- `fm`은 요인화 방법(디폴트는 minres)

PCA와 다르게, 공통 요인을 추출하는 많은 방법이 있다. **최대우도법**(maximum likelihood, `ml`), 반복주축분해법(iterated principal axis, `pa`), 가중최소제곱법(weighted least square, `wls`), 일반가중최소

제곱법(generalized weighted least squares, `gls`), 최소잔차법(minimum residual, `minres`)이 있다. 통계학자는 통계적으로 잘 정의된 모델이라는 이유로 최대우도법을 선호한다. 그런데 이 방법은 반복주축분해법의 옵션이 잘 작동하는 사례에서 요인을 모으는 데 실패하기도 한다. 다른 접근들에 대해서 심화 학습을 원하다면 Mulaik (2009)과 Gorsuch (1983)을 참조하라.

분석 사례에서 여러분은 반복추출분해법을 (`fm = "pa"`) 이용하여 비회전 요인을 추출할 것이다. 결과는 아래 프로그래밍에 있다.

프로그래밍 14.6 회전없는 주축요인 추출법

```
> fa <- fa(correlations, nfactors=2, rotate="none", fm="pa")
> fa
Factor Analysis using method =  pa
Call: fa(r = correlations, nfactors = 2, rotate = "none", fm = "pa")
Standardized loadings based upon correlation matrix
         PA1   PA2   h2   u2
general 0.75  0.07 0.57 0.43
picture 0.52  0.32 0.38 0.62
blocks  0.75  0.52 0.83 0.17
maze    0.39  0.22 0.20 0.80
reading 0.81 -0.51 0.91 0.09
vocab   0.73 -0.39 0.69 0.31
                PA1  PA2
SS loadings    2.75 0.83
Proportion Var 0.46 0.14
Cumulative Var 0.46 0.60
[... additional output deleted ...]
```

두 요인이 6개 심리학적 검사의 분산을 60%설명하고 있음을 알 수 있다. 그런데 요인부하값을 살펴보면 해석이 쉽지 않다. 이때 회전은 도움을 준다.

14.3.3 요인회전

14.3.4절에서 직각회전이나 사각회전을 이용하여 두 요인 해법을 회전할 수 있다. 두 개 방법이 어떻게 다른지 비교해보자. 먼저 직각회전을 해 보자(아래 프로그래밍).

프로그래밍 14.7 직각회전을 이용한 요인추출

```
> fa.varimax <- fa(correlations, nfactors=2, rotate="varimax", fm="pa")
> fa.varimax
```

```
Factor Analysis using method =  pa
Call: fa(r = correlations, nfactors = 2, rotate = "varimax", fm = "pa")
Standardized loadings based upon correlation matrix
         PA1  PA2   h2   u2
general 0.49 0.57 0.57 0.43
picture 0.16 0.59 0.38 0.62
blocks  0.18 0.89 0.83 0.17
maze    0.13 0.43 0.20 0.80
reading 0.93 0.20 0.91 0.09
vocab   0.80 0.23 0.69 0.31

                 PA1  PA2
SS loadings     1.83 1.75
Proportion Var 0.30 0.29
Cumulative Var 0.30 0.60

[... additional output omitted ...]
```

요인부하값을 살펴 보면, 요인 해석이 분명히 훨씬 쉬워졌다. 독해와 어휘는 처음 요인에, 그림완성, 블록설계, 미로찾기는 두 번째 요인에 각각 부하값이 높다. 일반 비언어 지능은 두 요인 모두에서 높다. 이는 언어 지능 요인과 비언어지능 요인을 가리킨다.

직각회전을 이용하여 두 개 요인을 인위적으로 비상관적으로 강제하였다. 만일 두 개 요인의 상관성을 허용하면 무엇을 발견할 수 있을까? **프로맥스(promax)**와 같은 사각회전 방법을 적용할 수 있다 (아래 프로그래밍을 보라)

프로그래밍 14.8 사각회전을 이용한 요인추출

```
> fa.promax <- fa(correlations, nfactors=2, rotate="promax", fm="pa")
> fa.promax
Factor Analysis using method =  pa
Call: fa(r = correlations, nfactors = 2, rotate = "promax", fm = "pa")
Standardized loadings based upon correlation matrix
          PA1   PA2   h2   u2
general  0.36  0.49 0.57 0.43
picture -0.04  0.64 0.38 0.62
blocks  -0.12  0.98 0.83 0.17
maze    -0.01  0.45 0.20 0.80
reading  1.01 -0.11 0.91 0.09
vocab    0.84 -0.02 0.69 0.31

                 PA1  PA2
SS loadings     1.82 1.76
Proportion Var 0.30 0.29
Cumulative Var 0.30 0.60
```

```
 With factor correlations of
     PA1  PA2
PA1 1.00 0.57
PA2 0.57 1.00
[... additional output omitted ...]
```

직각회전과 사각회전 해법에는 여러 차이가 존재한다. 직각회전 해법은 **요인구조 행렬**(factor structure matrix, 변수와 요인 간 상관관계)들에 초점이 있다. 사각회전 해법은 요인구조 행렬, 요인패턴 행렬, 요인 상호상관 행렬의 세 가지 행렬을 고려한다.

요인패턴 행렬(factor pattern matrix)은 표준화된 회귀계수의 행렬로 요인으로부터 변수를 예측하는데 가중치를 부여한다. **요인 상호상관 행렬**(factor intercorrelation matrix)은 요인들 간 상관관계의 행렬이다.

프로그래밍 14.8의 PA1과 PA2 열의 수치는 요인패턴 행렬을 구성한다. 이 수치는 표준화된 회귀계수이다. 이 행렬의 열은 요인에 이름을 부여하는데 이용한다(이점에 대해서 약간의 논란이 있기는 하지만), 여기에서 언어적 요인과 비언어적 요인을 다시 확인할 수 있다. 요인 상호상관 행렬은 두 요인 간 상관관계가 0.57임을 가리킨다.

만일 요인 상호상관관계가 낮다면. 단순화를 위해서 직각 해법으로 돌아가는 편이 낫다. 요인구조 행렬은 제공되지 않지만 F = P*Phi 공식을 이용하여 쉽게 계산할 수 있다. 여기서 P는 요인패턴 행렬이고 Phi는 요인 상호상관 행렬이다. 곱셈을 위한 단순 함수는 아래와 같다.

```
fsm <- function(oblique) {
if (class(oblique)[2]=="fa" & is.null(oblique$Phi)) {
    warning("Object doesn't look like oblique EFA")
} else {
    P <- unclass(oblique$loading)
    F <- P %*% oblique$Phi
    colnames(F) <- c("PA1", "PA2")
    return(F)
}
}
```

이를 사례에 적용하면 다음과 같이 산출한다.

```
> fsm(fa.promax)
           PA1  PA2
general   0.64 0.69
picture   0.33 0.61
```

```
blocks    0.44 0.91
maze      0.25 0.45
reading   0.95 0.47
vocab     0.83 0.46
```

이제 변수와 요인 간의 상관관계를 검토할 수 있다. 결과를 직각회전으로 구한 요인부하값 행렬과 비교하면 열의 수치가 순수하지 않다는 것을 알 수 있다. 이유는 내재한 요인들 간 상관을 허용했기 때문이다. 사각회전 방법이 보다 복잡하기는 하지만 보다 현실적인 모델을 제공하는 경우가 종종 있다.

factor.plot() 혹은 fa.diagram()을 이용하여 직각해법 혹은 사각해법의 그래프를 얻을 수 있다. 아래의 코드는 그림 14.5의 그래프 결과를 산출한다.

```
factor.plot(fa.promax, labels=rownames(fa.promax$loadings))
```

아래의 코드는 〈그림14.6〉의 다이어그램을 산출한다.

```
fa.diagram(fa.promax, simple=FALSE)
```

만일 simple = TRUE로 입력하면 항목 당 가장 큰 부하값 만을 보여준다. 요인들 간 상관관계와 함께 각 요인에서 가장 큰 부하값을 보여준다. 다이어그램은 여러 요인이 존재할 때 도움을 준다.

여러분이 실제 현실의 자료를 다룰 때에는 매우 적은 수의 변수만 있는 자료에 요인분석을 적용하는 경우는 드물 것이다. 보다 많은 수의 변수를 다루는 요인분석을 통해서 분석 기법을 테스트하기 원한다면 Harman74.cor에 있는 24개의 심리학적 검사 자료로 요인 분석을 해보기 바란다. 아래의 코드로 시작하자.

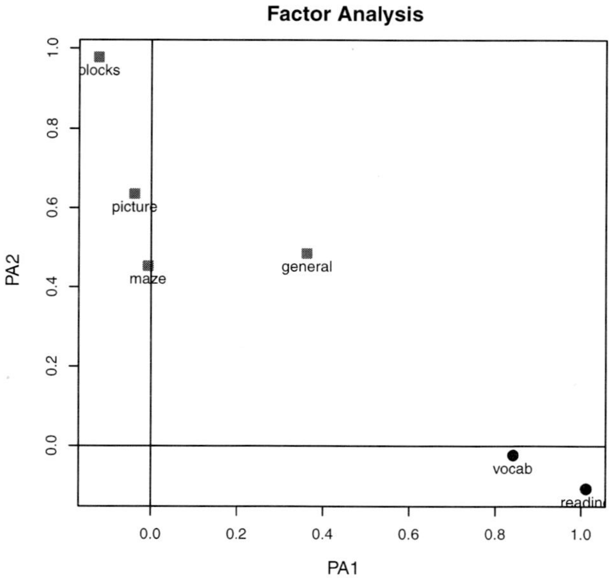

그림 14.5 ability.cov의 심리학적 조사의 두 개 요인 플롯. vocab과 reading은 첫 번째 요인(PA1)에 block, picture, maze는 두 번째 요인(PA2)에 부하값이 높으며 general 지능검사는 두 개 요인 모두에서 높다.

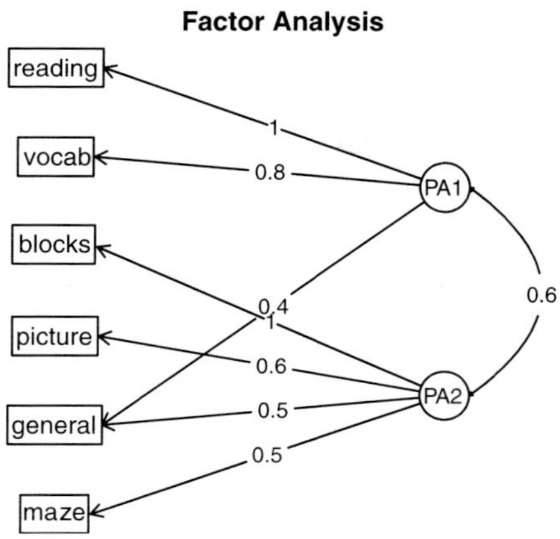

그림 14.6 `ability.cov` 심리학적 검사의 사각 두 요인 해법의 다이어그램

```
library(psych)
fa.24tests <- fa(Harman74.cor$cov, nfactors=4, rotate="promax")
```

14.3.4 요인점수

PAC와 비교할 때 EFA의 목적이 요인점수 계산에 있을 가능성이 훨씬 낮다. 그러나 요인점수는 `score = TRUE` 옵션을 포함하는 `fa()` 함수로부터 쉽게 얻을 수 있다(원자료가 이용가능할 때이다). 덧붙여 함수의 결과값에 가중치를 부여한 점수 계수(표준화된 회귀가중치)를 얻을 수 있다. `ability.cov` 데이터셋에서 두 요인 사각회전 해법을 이용하여 얻은 요인점수로 계산한 베타 가중치를 산출한 수 있다.

```
> fa.promax$weights
          [,1]  [,2]
general 0.080 0.210
picture 0.021 0.090
blocks  0.044 0.695
maze    0.027 0.035
reading 0.739 0.044
vocab   0.176 0.039
```

정확하게 계산되는 성분점수와 다르게, 요인점수는 단지 추정할 수 있다. 여러 방법들이 있는데 `fa()`는 회귀분석 접근을 이용한다. 요인점수에 대하여 더 자세하게 알고 싶다면 DiStefano, Zhu, and Mindrila(2009)을 보라. 마치기 전에 탐색적 요인분석에 유용한 다른 R패키지를 간략하게 검토해 보자.

14.3.5 다른 EFA 관련 패키지

R에는 요인분석 수행에 유용한 많은 패키지가 있다. FactoMineR 패키지는 PCA 및 EFA 방법과 함께 다른 잠재 변수 모델들을 제공한다. 수치형 변수와 범주형 변수 모두에 이용할 수 있는 방법들을 비롯하여 지금까지 고려하지 않은 많은 옵션들을 제공한다. FAiR 패키지는 모델 파라미터에 불평등한 조건을 부과하는 유전알고리즘(genetic algorithm)을 이용하여 요인분석모델을 추정한다. GPArotation 패키지는 많은 부가적 회전 방법을 제공한다. 마지막으로 nFactors 패키지는 요인 수를 결정하는 정교한 기법들을 제공한다.

14.4 다른 잠재변수 모델들

EFA는 통계학에서 사용하는 광범위한 잠재변수 모델의 하나이다. R 내부에서 적합한 다른 모델을 간략히 소개하면서 이 장을 마치고자 한다. 이론을 검증하거나, 혼합 데이터 유형(숫자와 범주)을 다루거나, 혹은 범주형 자료만으로 이루어진 다원 분할표 모델들을 포함한다.

EFA는 데이터가 추출할 요인의 수와 의미를 결정하도록 허용한다. 그러나 집합적 자료에 대하여 변수 집합의 기저에 요인 수가 얼마나 있는지, 요인들에 변수들이 어떻게 부하되어 있는지, 그리고 요인들이 어떻게 상호관련되어 있는가에 관한 이론으로 출발할 수 있다. 이와 같은 접근방법을 **확인적 요인분석**(CFA confirmatory factor analysis, 이하 CFA)이라고 부른다.

CFA는 **구조방정식모델**(SEM structural equation modeling, 이하 SEM)이라고 부르는 방법의 하위집합이다. SEM은 요인의 수와 구성뿐만 아니라 이 요인들이 상호 어떻게 영향을 미치는가를 분석할 수 있다. SEM은 변수에 대한 확인적 요인분석과 요인에 대한 회귀분석의 결합으로 볼 수 있다. 산출결과는 통계적 검정과 적합도 지수를 포함한다. R에는 sem, OpenMx, lavaan과 같이 CFA와 SEM를 위한 여러 가지 훌륭한 패키지들이 많이 있다.

ltm 패키지는 검사나 설문지에 포함된 항목의 잠재모델 적합화에 이용할 수 있다. 이 방법론은 대규모 표준화 테스트 산출에 종종 이용한다. SAT(Scholastic Aptitude Test)와 GRE(Graduate Record Exam)가 대표적 사례이다.

잠재계층분석모델(Latent class models)은(여기서는 요인이 범주적임을 가정한다) FlexMix, lcmm, randomLCA, poLCA 패키지로 적합화할 수 있다. lcda 패키지는 잠재계층 판별분석을, lsa 패키지는 자연어 분석과 같은 잠재 어의분석을 각각 수행한다.

ca 패키지는 다중 대응분석에 적용하는 함수를 제공한다. 이 방법들은 이원 및 다원분할표의 범주화된 변수의 구조탐색을 가능하게 한다.

마지막으로 R패키지에는 **다차원척도(MDS, multidimensional scaling)**를 위한 많은 방법들을 포함하고 있다. MDS는 측정한 대상 집합들 사이의 동질성과 거리를 설명하는 기저의 차원을 발견하기 위한 방법이다. MASS 패키지의 `isoMDS()` 함수가 비연속적(nonmetric) MDS를 수행하는데 비해서 기본 설치시 포함되어 있는 `cmdscale()` 함수는 고전적인 MDS를 수행한다. `vegan` 패키지는 고전적 MDS와 비연속적 MDS 모두를 포함하고 있다.

14.5 요약

이 장에서 주성분 분석(PCA)과 탐색적 요인분석(EFA)을 위한 방법들을 검토하였다. PCA는 상관성이 있는 많은 수의 변수들을 소수의 비상관 변수로 대체할 수 있는 유용한 자료축소 방법이다. EFA는 관찰하거나 혹은 드러난 변수들 집합의 기저에 존재하는 잠재적 혹은 비관찰적 구성물(요인)을

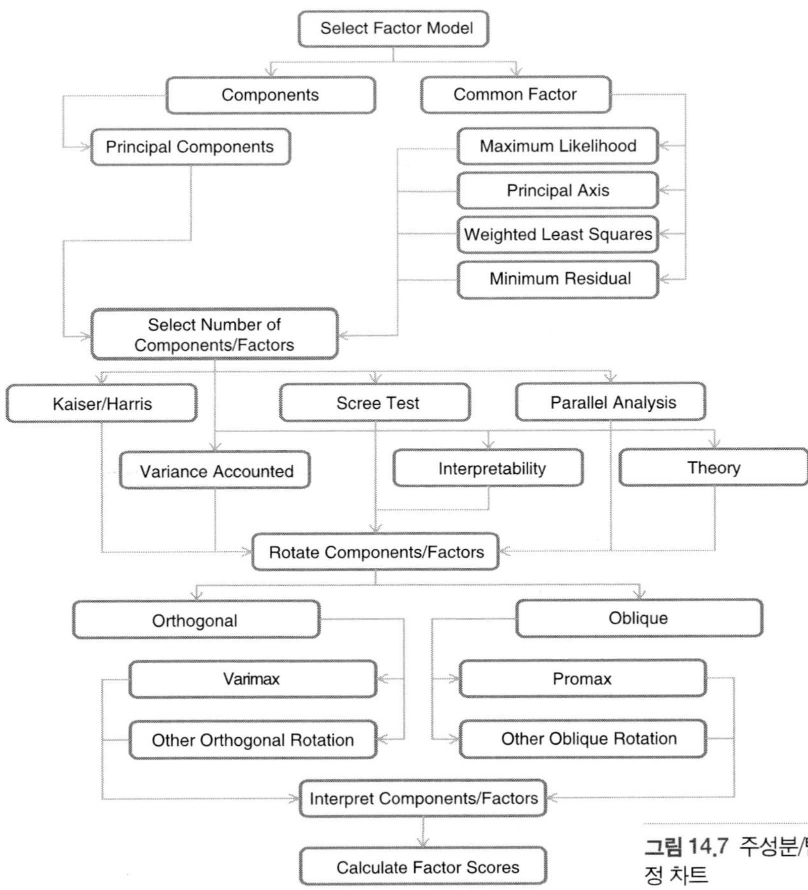

그림 14.7 주성분/탐색적 요인분석의 의사결정 차트

확인할 수 있는 다양한 범위의 방법을 포함한다.

자료와 차원축소가 PCA의 전형적인 목적이라면, EFA는 많은 변수들 간 관련성 이해에 유용한 가설-산출 도구로 이용할 수 있다. 사회과학에서 이론 개발을 위해 종종 이용한다. 두 개의 접근 사에에 많은 피상적 공통점이 있지만 중요한 차이점도 아울러 존재한다. 이 장에서 추출할 성분/요인의 수를 선택하는 방법, 성분/요인을 추출하는 방법 그리고 해석력을 높이기 위한 회전(전환) 방법 그리고 성분과 요인점수를 얻기 위한 기법들을 다루었다. PCA와 EFA의 단계들은 그림 14.7에 정리되어 있다. 마지막으로 R에서 이용가능한 다른 잠재변수 분석방법들에 대해서 간략히 논의하면서 이 장을 끝냈다. 다음 장에서는 시계열 자료를 다루는 방법들을 고려하기로 한다.

제15장 시계열 자료분석

이 장에서 다룰 내용은 다음과 같다.

- 시계열 생성하기
- 시계열을 성분으로 분해하기
- 예측모델 개발하기
- 미래 수치 예측하기

지구온난화가 얼마나 빨리 진행되고 있는가? 10년 후에 어떠한 영향을 미칠까? 9.6절의 반복측정 ANOVA을 제외하고 지금까지 장들은 **횡단적**(cross-sectional) 자료를 대상으로 설명하였다. 횡단적 데이터셋은 특정 단일 시점에서 변수를 측정하였다. 반면 **종단적**(longitudianal) 자료는 시간적으로 반복하는 변수를 포함한다. 현상을 시간에 따라서 추적함으로써, 현상에 대한 훨씬 풍부한 사실을 파악하는 것이 가능하다.

이 장에서는 일정 기간 규칙적으로 시간 간격을 두고 기록한 관측치들을 살펴보기로 한다. 관측치들은 $Y_1, Y_2, Y_3, \ldots, Y_t \ldots, Y_T$와 같은 **시계열**(time series) 형태로 배열할 수 있다, 여기에서 Y_t는 t시점에서 Y수치를 가리키며 T는 계열의 전체 관측치 수이다.

그림 15.1에 제시된 두 개의 매우 다른 시계열 자료를 보자. 왼편은 1960년에서 1980년까지 Johnson & Johnson사의 분기별 주식에 대한 정보를 보여준다. 여기에 84개의 관측치가 있는데 21년 동안의 분기별 자료이다. 오른편에는 스위스 연방관측소와 도쿄 우주관측소가 1749년에서 1983년까지 기록한 월별 태양흑점 수에 대한 기술이다. 이 시계열 자료는 235년 동안 매달 기록한 총 2,820개의 관측치로 이루어져 있다.

시계열 자료의 연구는 두 개의 근본적 질문을 포함한다. 지금까지 무엇이 발생했는가(기술)와 앞으로 무엇이 발생할 것인가(예측)이다. Johnson & Johnson 자료에 대하여 여러분은 다음과 같은 질문을 던질 것이다.

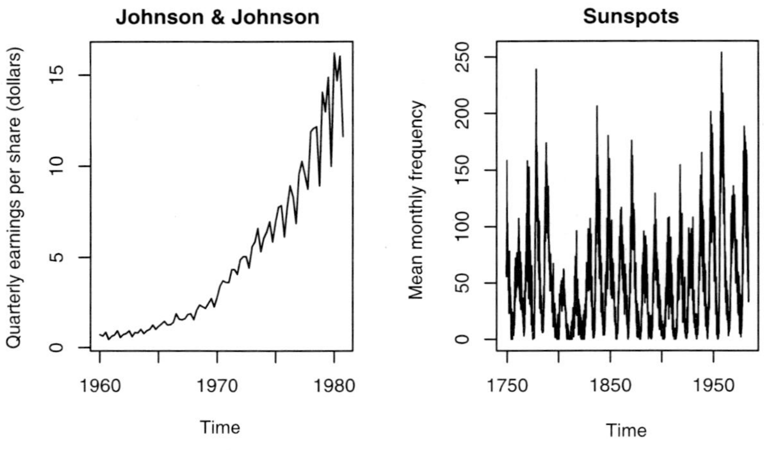

그림 15.1 (a) 1960년에서 1980년까지 Johnson & Johnson사의 분기별 주식가격
(b) 1749년에서 1983년까지 기록한 월간 평균 흑점의 수

- Johnson & Johnson 사의 주식 가격은 시기별로 변화하는가?
- 주식 가격이 한 해 동안 일정한 패턴으로 등락하는 분기별 효과가 존재하는가?
- 향후 주식 가격을 예측할 수 있는가? 가능하다면 예측의 정확도는 어느 정도인가?

태양흑점에 관한 자료에 대해서, 여러분은 아래와 같이 질문할 것이다.

- 태양흑점 활동을 가장 잘 기술하는 통계적 모델은 무엇인가?
- 자료에 보다 적합한 모델이 있는가?
- 특정 시점에 예측할 수 있는 태양흑점의 수는 몇 개인가? 예측이 가능하다면 정확도는 얼마나 되는가?

시계열적으로 미래 수치를 예측하거나 예언하는 일은 인간의 근본적 활동이며 시계열 자료분석은 현실 세계에 중요한 함의를 준다. 시계열 자료를 이용하여 경제학자는 금융시장에 어떤 일이 생길 것인지 예측하고자 할 것이며 도시계획자는 미래 교통 수요를 예측하고자 한다. 또한 기상학자는 시계열 자료를 지구 기후변화 연구에 사용하며, 기업에서는 미래 시장 수요를 예측하는데 사용하고자 한다. 건강 관련 관료는 질병 확산 예측에, 지질학자는 지진 예측에 각각 시계열 자료를 사용한다. 나름대로 예측을 위해서 역사적 시계열 자료 연구는 필수적이다. 시계열 자료의 여러 유형마다 가장 잘 들어맞는 접근법들이 있다고 보기 때문에 이 장에서 다양한 예시들을 검토하고자 한다.

시계열을 기술하고 미래를 예측하는데 적용하는 방법들은 그 범위가 매우 넓다. 여러분이 시계열을 다룰 때, R은 활용할 수 있는 가장 포괄적인 분석력을 가지고 있음을 발견하게 될 것이다. 이 장에서는 시계열을 일반적으로 기술하고 미래를 예측하는 방법을 탐색하며 이를 수행하는데 필요한 R 함

표 15.1 시계열 분석 함수

함수	패키지	용도
ts()	stats	시계열 객체생성
plot()	graphics	시계열 플롯
start()	stats	시계열 시작시점으로 반환
end()	stats	시계열 끝시점으로 반환
frequency()	stats	시계열 기간을 반환
window()	stats	시계열 객체의 하위 셋
ma()	forecast	단순 이동평균 모델로 적합화
stl()	stats	loess를 사용하여 계절, 추세, 불균형 성분으로 시계열 분해
monthplot()	stats	시계열, 계절성분들을 그린다.
seasonplot()	forecast	계절플롯 생성
HoltWinter()	stats	지수평활모델 적합화
forecast()	forecast	시계열 미래수치 예측
accuracy()	forecast	시계열 적합성 측정 리포트
ets()	forecast	지수평활모델 적합화. 모델선택 자동화 능력 포함.
lag()	stats	시계열 지연 버전 반환
Acf()	forecast	자기상관함수 평가
Pacf()	forecast	부분 자기상관함수 평가
diff()	base	지연과 반복 차분의 반환
ndiff()	forecast	시계열에서 삭제필요한 차분시간 수준(레벨)의 결정
adf.test()	tseries	정상 시계열을 검증하는 Argumented Dickey-Fuller 계산
arima()	stats	자기상관 통합 이동평균 모델적합화
Box.test()	stats	Ljung-Box test(시계열 잔차 독립성) 계산
hds.test()	tseries	BDS test(계열 독립성, 무작위변수의 개별 분포) 계산
auto.arima()	forecast	ARIMA 모델의 자동선택

수에 대해서 알아볼 것이다. 표 15.1에 열거한 함수들을 순서대로 다루어보자.

표 15.2는 시계열 자료 리스트이다. 이들은 R의 기본 설치로 사용할 수 있다. 데이터셋들은 그 특징과 이를 가장 잘 적합화할 수 있는 모델에 있어서 매우 다양하다.

표 15.2 이 장에서 사용한 데이터셋

시계열 데이터	내용
`AirPassengers`	1949-1970년의 월간 항공 승객 수
`JohnsonJohnson`	Johnson & Johnson사의 분기별 주당 이익
`nhtemp`	1912-1971년의 Conneticut주 New Haven의 연간 기온
`Nile`	나일강 흐름
`sunspots`	1749-1983년의 월별 태양흑점 수

우리는 시계열 자료를 생성하고 조작하기, 시계열을 기술하고 플롯팅하기, 그리고 시간 수준, 추세, 계절, 불규칙(오차) 성분으로 분해하는 방법들로 부터 논의를 시작할 것이다. 이어서 미래수치의 예측을 다룬다. 미래수치의 예측은 시계열의 가중평균을 사용하는 인기있는 지수모델링 방법부터 검토한다. 다음으로 현재 데이터 시점과 현재 예측오차 간 상관관계를 사용하는 ARIMA모델(autoregressive integrated moving averages models)이라고 부르는 예측 기법을 다룰 것이다. 이 과정에서 예측의 정확성과 적합한 모델을 평가하는 방법들도 고려한다. 시계열 분석에 대한 심화 학습에 도움이 되는 자료들을 소개하면서 이 장을 마무리 한다.

15.1 R에서 시계열 객체 생성하기

R에서 시계열 분석을 하려면, 자료를 시계열 객체로 위치시켜야 한다. R구조는 관측치, 계열 시작 시점과 끝 시점, 주기성에 대한 정보(월간, 분기간, 년간 자료)를 포함한다. 일단 자료가 시계열 객체로 들어오면, 자료를 조작하고, 모델화하고, 플롯팅하는데 많은 함수들을 사용할 수 있다.

수치 벡터 혹은 데이터프레임의 열은 R함수 `ts()`를 사용하여 시계열 객체로 저장할 수 있다. 이를 위한 포맷은 다음과 같다.

```
myseries <- ts(data, start=, end=, frequency=)
```

여기에서 *myseries*는 시계열 객체, *data*에는 관찰치를 포함하는 수치형 벡터, `start`에는 계열 시작 시점, `end`에는 계열 종료 시점(선택사항), `frequency`에는 관찰 주기(예를 들어, `frequency=1`은 연도별 자료, `frequency=12`는 월별 자료, `frequency=4`는 분기별 자료)를 각각 지정한다.

아래는 예시 프로그래밍이다. 이 자료에는 2003년부터 시작하여 2년 동안의 월별 판매 양상이 들어있다.

프로그래밍 15.1 시계열 객체의 생성

```
> sales <- c(18, 33, 41,  7, 34, 35, 24, 25, 24, 21, 25, 20,
             22, 31, 40, 29, 25, 21, 22, 54, 31, 25, 26, 35)

> tsales <- ts(sales, start=c(2003, 1), frequency=12)        ❶ Creates a time-series object
> tsales

     Jan Feb Mar Apr May Jun Jul Aug Sep Oct Nov Dec
2003  18  33  41   7  34  35  24  25  24  21  25  20
2004  22  31  40  29  25  21  22  54  31  25  26  35

> plot(tsales)
> start(tsales)                                              ❷ Gets information about the object

[1] 2003    1

> end(tsales)

[1] 2004   12

> frequency(tsales)

[1] 12
                                                             ❸ Subsets the object
> tsales.subset <- window(tsales, start=c(2003, 5), end=c(2004, 6))
> tsales.subset

     Jan Feb Mar Apr May Jun Jul Aug Sep Oct Nov Dec
2003                  34  35  24  25  24  21  25  20
2004  22  31  40  29  25  21
```

이 프로그래밍에서 시계열 객체 생성에 ts()함수를 사용한다❶. 일단 생성하면, 결과를 출력하고 플롯할 수 있다. 플롯 결과는 그림 15.2이다. 플롯은 3장에서 기술한 기법을 사용하여 수정할 수 있다.

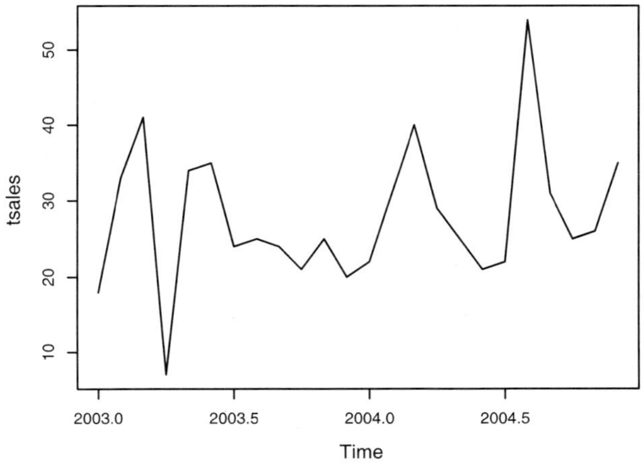

그림 15.2 프로그래밍 15.1의 판매 데이터의 시계열. 시간 차원의 소수점은 년간 비중을 의미함. 예를 들어 2003.5는 2003년 7월 1일을 나타냄(2003년의 절반에 해당하는 날짜)

일단 시계열 객체를 생성했다면, 특성을 알아보기 위해 `start()`, `end()`, `frequency()`와 같은 함수를 사용할 수 있다❷. 또한 원자료 하위 셋과 같이 새로운 시계열 자료 생성을 위해서 `window()` 함수를 사용할 수 있다❸.

15.2 평활(smoothing)과 계절분해

분석가들이 데이터를 모델화하기 전에 기술통계와 그래프로 데이터셋을 탐색하는 과정이 있듯이, 시계열에서도 복잡한 모델 구성에 앞서 수치나 그림으로 시계열를 기술하는 일이 분석 작업의 출발점이다. 이 절에서는 일반적 추세를 명확하게 파악하기 위해서 평활하는 방법과 특정 계절효과를 관찰하기 위해서 분해하는 방법에 대해서 살펴본다.

15.2.1 단순 이동평균으로 평활하기

시계열 자료 분석작업의 첫 번째 단계는 프로그래밍 15.1과 같이 시계열 자료를 플롯팅하는 것이다. `Nile` 시계열 자료를 사례로 살펴 보자. 이 자료는 1871년에서 1970년까지 나일강의 연간 흐름을 기록한 자료이다. 이 자료의 플롯이 그림 16.3의 왼쪽 위 그림이다. 시계열적으로 감소하고 있지만 연도별 변이가 매우 크다는 것을 알 수 있다.

시계열은 전형적으로 명백한 불규칙 혹은 오차성분을 포함한다. 자료의 특정 패턴을 파악하기 위해서 이같은 급격한 파동을 줄이는 평활화(平滑化, smoothing) 곡선플롯이 필요한 경우가 많다. 시계열을 평활화하는 가장 단순한 방법은 이동평균을 사용하는 방법이다. 예컨대 자료의 각 점은 관측치와 관측치 이전, 이후 관측치의 평균으로 대체할 수 있다. 이 방법을 **중심화 이동평균**(centered moving average)이라고 한다. 중심화 이동평균은 아래와 같이 정의한다.

$$S_t = (Y_{t-q} + \ldots + Y_t + \ldots + Y_{t+q}) \;/\; (2q + 1)$$

여기에서 S_t는 시간 t의 평활화 값이며. k = 2q + 1는 평균화한 관측치 수이다. k는 보통 홀수를 선택한다(이 예시에서 3이다). 중심화 이동평균을 사용하면 계열의 각 끝에 있는 (k − 1) /2 관찰치는 상실된다.

R은 단순 이동평균 산출을 위해서 여러 함수들을 제공한다. `TTR` 패키지의 `SMA()`, `zoo` 패키지의 `rollmean()`, `forecast` 패키지의 `ma()`가 있다. R 기본 설치로 얻은 `Nile` 데이터의 평활화에는 `ma()` 함수를 사용할 수 있다.

다음의 프로그래밍 코드는 원자료 시계열을 플롯하며 k를 3, 7, 15로 하여 평활한다. 플롯은 그림

15.3에 나와 있다.

프로그래밍 15.3　단순 이동평균

```
library(forecast)
opar <- par(no.readonly=TRUE)
par(mfrow=c(2,2))
ylim <- c(min(Nile), max(Nile))
plot(Nile, main="Raw time series")
plot(ma(Nile, 3), main="Simple Moving Averages (k=3)", ylim=ylim)
plot(ma(Nile, 7), main="Simple Moving Averages (k=7)", ylim=ylim)
plot(ma(Nile, 15), main="Simple Moving Averages (k=15)", ylim=ylim)
par(opar)
```

k가 증가하면서, 플롯은 지속적으로 평활화한다. 따라서 과소나 과대평활하지 않고 자료의 주요 패턴을 분명히 확인할 수 있는 k수치를 찾는 것이 중요하다. 이 작업은 과학이라기 보다 예술이다. 수치를 찾기 위해서 여러 개의 k수치를 대입하는 노력이 필요하다. 그림15.3의 플롯을 보면 1892년에서 1900년 사이에 강의 흐름이 분명히 크게 떨어진다. 다른 변화는 해석의 여지가 있다. 예를 들어 1941년과 1961년 사이에 추세가 약간 증가하지만 이것은 무작위 변이일 가능성이 높다.

주기성이 한번보다 큰 시계열 자료(즉 계절성분을 지닌)에서, 전반적 추세를 기술하는 것 이상의 분석을 원할 것이다. 계절과 일반적 추세 모두를 분석하기 위해서 계절분해를 사용한다.

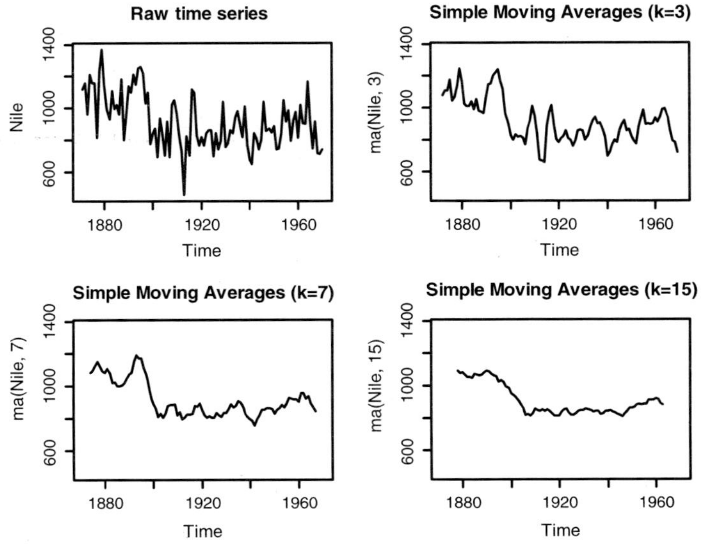

그림 15.3 Nile 시계열의 1871년-1970년 Ashwan에서 측정한 강의 흐름(왼편 위). 다른 플롯은 단순이동평균을 사용한 세 가지 평활 수준(k=3, 7, 15)을 적용한 평활 플롯들.

15.2.2 계절분해(Seasonal decomposition)

계절성이 있는 시계열(월 혹은 분기데이터 같은)은 추세 성분, 계절성분, 그리고 불규칙 성분으로 분해할 수 있다. **추세성분**(trend component)은 시간 수준에 따른 변화를 포착하며 **계절성분**(seasonal component)은 년간 순환효과를 포착한다. **불규칙 혹은 오차성분**(irregular or error component)는 추세나 계절효과로 기술할 수 없는 효과를 포착한다.

분해는 가법(加法, additive) 혹은 승법(乘法, multiplicative) 방법을 적용한다. 가법모델에서 시계열 수치는 성분들의 합으로 아래의 식으로 표현한다.

$$Y_t = 추세_t + 계절_t + 불규칙_t$$

여기에서 시간 t에서의 관측치(Y_t)는 시간 t의 추세($Trend_t$)와 시간 t에서의 계절효과($Seaonal_t$) 그리고 시간 t에서의 불규칙 효과($Irregular_t$)의 합이다.

한편 승법모델은 아래의 식으로 표현한다.

$$Y_t = 추세_t * 계절_t * 불규칙_t$$

추세, 계절, 불규칙 성분은 승법적이다. 예시는 그림 15.4에 나와 있다.

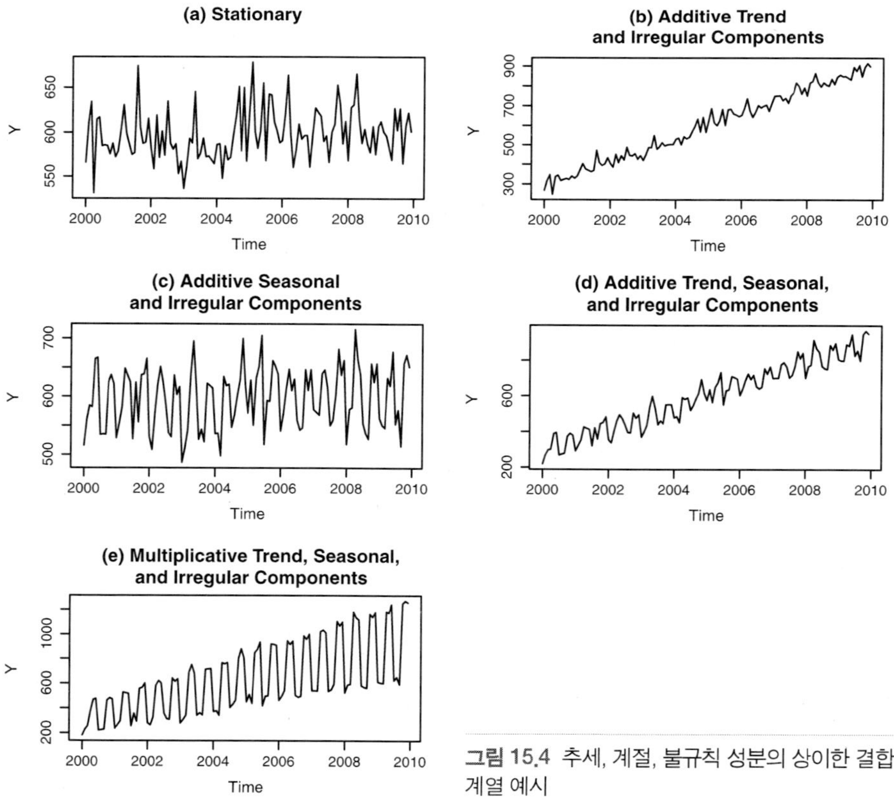

그림 15.4 추세, 계절, 불규칙 성분의 상이한 결합으로 이루어진 시계열 예시

처음 플롯 (a)에는 추세와 계절 성분이 모두 없고 무작위 파동만이 존재한다. 두 번째 플롯(b)에는 시간에 따라 상향하는 추세와 무작위 파동이 함께 존재한다. 세 번째 플롯(c)에는 계절 효과와 무작위 파동이 존재하지만 수평선에 따라 변화하는 추세효과는 없다. 네 번째 플롯(d)에는 세 가지 성분, 상향 추세, 계절 효과, 무작위 파동이 모두 존재한다. 마지막 플롯(e)에서도 세 가지 성분을 모두 볼 수 있다. 그러나 이들 결합은 승법적이다. 시간 수준에 따라 변이가 비례적인지의 여부로 승법성을 판단한다. 이 사례에서 변이는 시간 수준에 따라서 크게 증가하고 있어 승법적임을 시사한다.

승법모델과 가법모델의 차이를 보다 분명하게 보여 줄 사례를 살펴 보자. 10년 동안의 모터사이클 월간 판매액에 대한 시계열 자료가 있다고 하자. 가법모델에서 계절효과는 판매한 모터사이클의 수가 11월에서 12월 사이에 500대 증가하였고(크리스마스 세일로) 다음 해 1월에는 200대 감소하였다. 계절적 증가와 감소는 현재 판매의 량에 근거한다.

승법효과모델에서는 11월에서 12월 사이에 모터사이클의 판매는 20%증가하였고, 다음 해 1월 10% 감소하였다. 승법효과의 크기는 현재 판매 크기의 비례에 근거하고 있어 가법모델과 다르다. 많은 경우 승법모델이 더 현실적이다.

시계열을 추세, 계절, 불규칙 성분으로 분해하는 인기있는 방법은 loess평활방법이다. R에서는 `stl()` 함수를 사용하여 수행한다. 포맷은 다음과 같다.

```
stl(ts, s.window=, t.window=)
```

여기에서 ts는 분해하는 시계열 자료이고, `s.window`는 시간에 따라 변화하는 계절효과의 속도를 어떻게 설정할 것인지를, `t.window`는 시간에 따른 추세효과를 어떠한 속도로 할 것인지를 각각 통제한다. 수가 작을수록 보다 빠른 변화를 허용한다. `s.window="periodic"`는 계절효과를 연도별로 동일한 것으로 만든다. *ts*와 `s.window` 파라미터 설정만이 반드시 요구된다. 더 자세한 내용이 필요하면 `help(stl)`을 참조하라.

`stl()` 함수는 가법모델만 다룰 수 있지만 이것이 심각한 제약은 아니다. 승법모델은 로그변환을 통해 가법모델로 바꿀 수 있다.

```
log(Yt) = log(Trend_t * Seasonal_t * Irregular_t)
        = log(Trend_t) + log(Seasonal_t) + log(Irregular_t)
```

`AirPassengers` 시계열은 R 기본설치로 얻을 수 있는데 1949년에서 1960년까지의 국제항공 승객의 월간 총 수이다. 플롯은 그림 15.5의 윗 쪽에 제시되어 있다. 그래프에서 시간 수준에 따라서 변동폭이 증가하는 것으로 나타나고 있어 승법모델임을 시사한다.

그림 15.5 아래 플롯은 각 관찰치를 로그값으로 변환한 자료이다. 분산이 안정적이며 또한 로그화 자료는 가법 분해가 보다 적합한 방법임을 보여준다. 아래 프로그래밍에서 `stl()` 함수를 사용하여 수행한다.

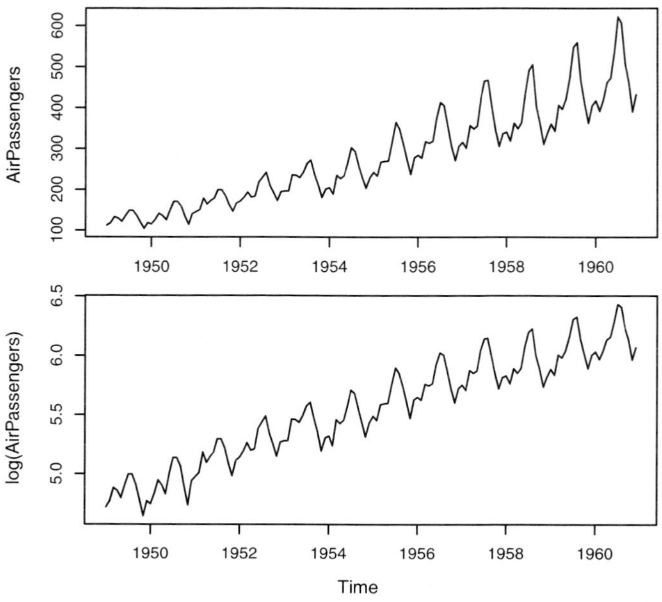

그림 15.5 `AirPassengers` 시계열 플롯(위). 시계열은 1949년에서 1960년까지 국제선 항공의 월간 총 승객 수(1000명 단위). 가법 계절분해 모델에 적합화하기 위해 로그로 변환(b)

프로그래밍 15.3 stl을 사용한 계절분해

```
> plot(AirPassengers)                                        ❶ Plots the time series
> lAirPassengers <- log(AirPassengers)
> plot(lAirPassengers, ylab="log(AirPassengers)")

> fit <- stl(lAirPassengers, s.window="period")              ❷ Decomposes the time series
> plot(fit)

> fit$time.series                                            ❸ Components for each observation

         seasonal trend  remainder
Jan 1949 -0.09164 4.829 -0.0192494
Feb 1949 -0.11403 4.830  0.0543448
Mar 1949  0.01587 4.831  0.0355884
Apr 1949 -0.01403 4.833  0.0404633
May 1949 -0.01502 4.835 -0.0245905
Jun 1949  0.10979 4.838 -0.0426814
Jul 1949  0.21640 4.841 -0.0601152
Aug 1949  0.20961 4.843 -0.0558625
Sep 1949  0.06747 4.846 -0.0008274
Oct 1949 -0.07025 4.851 -0.0015113
Nov 1949 -0.21353 4.856  0.0021631
Dec 1949 -0.10064 4.865  0.0067347
... output omitted ...

> exp(fit$time.series)

         seasonal trend remainder
Jan 1949   0.9124 125.1    0.9809
```

```
Feb 1949    0.8922 125.3     1.0558
Mar 1949    1.0160 125.4     1.0362
Apr 1949    0.9861 125.6     1.0413
May 1949    0.9851 125.9     0.9757
Jun 1949    1.1160 126.2     0.9582
Jul 1949    1.2416 126.6     0.9417
Aug 1949    1.2332 126.9     0.9457
Sep 1949    1.0698 127.2     0.9992
Oct 1949    0.9322 127.9     0.9985
Nov 1949    0.8077 128.5     1.0022
Dec 1949    0.9043 129.6     1.0068
... output omitted ...
```

첫째, 시계열 자료를 플롯팅하고 변환한다❶. 계절분해를 수행하고 fit라는 객체로 저장한다❷. 결과의 플롯팅은 그림 15.6이다. 그래프는 1949년에서 1960년까지 시계열 자료, 계절, 추세, 불규칙 성분을 보여 준다. 계절성분은 각 년도에 동일하게 강제적으로 부여하였다(`s.window="period"`를 사용하여). 추세는 감소없이 증가하고 있으며 계절효과는 여름에 승객이 보다 많음을 시사한다. 오른편의 회색 막대는 크기의 정보이다- 각 막대는 같은 크기를 나타낸다. 이것은 각 그래프마다 y축이 다를 때 유용하다.

`stl()` 함수로 반환된 `time.series`라는 성분을 갖고 있는데, 이것은 관찰치 별로 추세, 계절, 불규칙 부분을 담고 있다❸. 이 사례에서, `fit$time.series`는 로그화된 시계열 자료에 기반하고

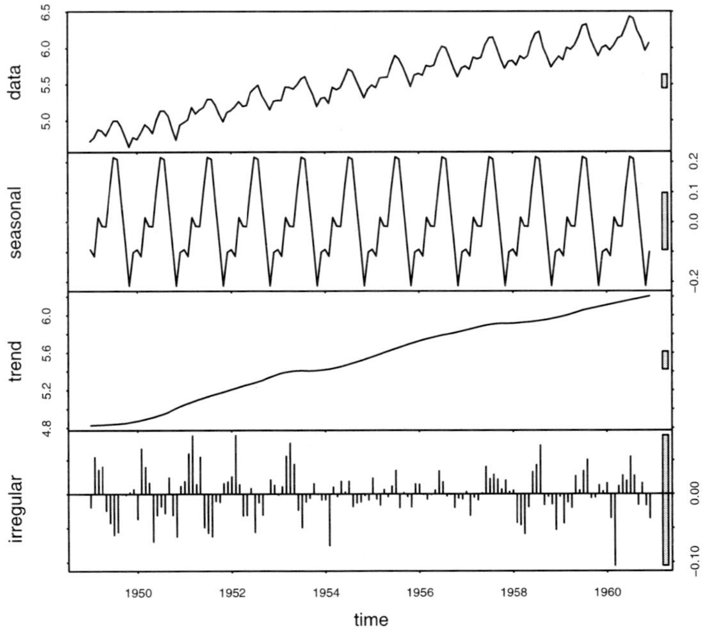

그림 15.6 `stl()` 함수를 사용하여 로그화된 `AirPassengers` 시계열의 계절분해. 시계열 자료는 계절, 추세 그리고 불규칙 성분으로 분해

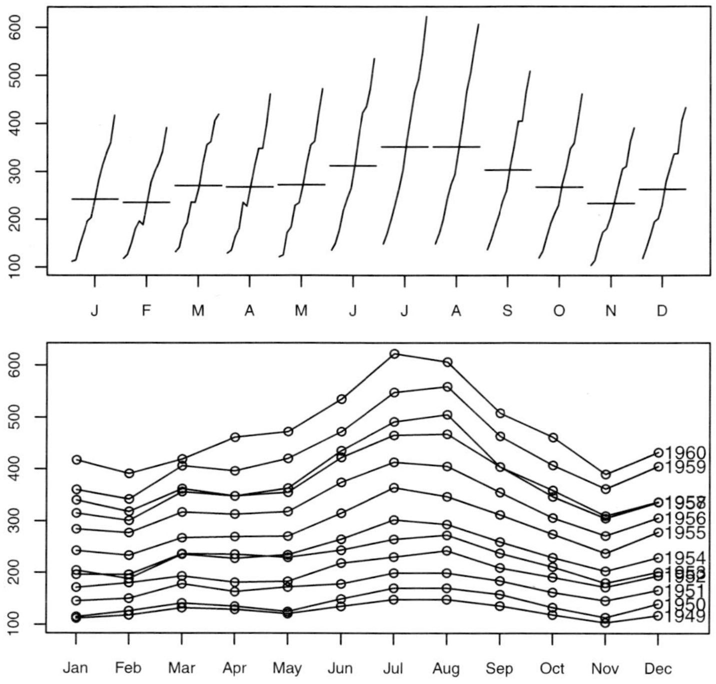

그림 15.7 AirPassengers 시계열의 월별 플롯(위 부분)과 계절별 플롯(아래 부분). 두 그래프 모두 증가 추세와 연도별 비슷한 계절 패턴을 보여준다.

있다. exp(fit$time.series)는 분해를 원래 행렬로 다시 바꾼다. 계절효과를 살펴보면 승객 수는 7월에 24% 증가하고(1.24배) 11월에 20% 감소하였다(0.80배).

두 개의 추가 그래프는 계절분해의 시각화에 도움을 준다. R 기본설치에 있는 monthplot() 함수로 생성하며, seasonplot() 함수는 forecast 패키지에서 제공한다. 아래 코드로 그림 15.7을 산출한다.

```
par(mfrow=c(2,1))
library(forecast)
monthplot(AirPassengers, xlab="", ylab="")
seasonplot(AirPassengers, year.labels="TRUE", main="")
```

그림 윗 부분은 월 평균과 함께 월별 하위 계열을 보여준다(1월의 모든 값을 연결하고, 2월의 모든 값을 연결하고, 계속). 이 그래프에서 추세는 매월 대체로 유사한 방식으로 증가하고 있음을 알 수 있다. 덧붙여 7월과 8월에 승객 수가 가장 많다. 아래 그림은 연도의 하위 계열을 보여준다. 역시 여기에서도 해마다 승객이 증가하며 년도별로 동일한 계절 패턴을 띠고 있음을 확인할 수 있다.

지금까지 시계열 자료를 기술하였지만, 미래 수치를 예측하지 않았다. 다음 절에서는 이용가능한 자료를 벗어나 미래를 예측하는 지수 예측모델에 대해서 알아보기로 한다.

15.3 지수 예측모델(Exponential forecasting models)

지수 예측모델은 시계열에서 미래수치를 예측하는 가장 널리 쓰이는 접근이다. 이 모델은 다른 모델에 비해 단순하지만, 단기 미래 예측에 있어 넓은 영역에서 많이 적용된다. 시계열 성분들을 분해하는 방법에 따라서 모델을 다음과 같이 구분한다. **단순 지수모델**(simple exponential model, 단일 지수모델이라고도 함)는 추세성분과 계절성분 모두 없지만 시간i에서의 상당 수준과 불규칙 성분을 가지고 있다. **이중 지수모델**(double exponential model, Holt 지수 평활법이라고도 함)은 시간 수준과 추세 성분이 있는 시계열에 적합하다. 마지막으로 **삼중 지수모델**(triple exponential model, Holt-Winters 지수평활법이라고도 함)은 시간수준, 추세 및 계절성분이 있는 시계열 자료에 적합하다.

지수 모델은 R 기본 설치에 있는 `HoltWinters()` 함수나 `forecast` 패키지의 `ets()` 함수로 적합화한다. ets() 함수가 옵션이 더 많으며 일반적으로 보다 강력하다. 이 절에서는 `ets()` 함수에 초점을 맞춘다.

`ets()` 함수의 포맷은 다음과 같다.

```
ets(ts, model="ZZZ")
```

여기에서 *ts*는 시계열이며 모델은 세 문자로 지정한다. 첫 번째 문자는 오차 타입, 두 번째 문자는 추세 타입, 세 번째 문자는 계절 타입을 각각 가리킨다. 허용하는 문자로는 가법(additive)은 *A*, 승법(multiplicative)은 *M*, 없음(none)은 *N*, 자동적 선택은 Z이다. 자주 쓰는 모델 사례가 표 15.3에 제시되어 있다.

`ses()`, `holt()`, `hw()` 함수들은 `ets()` 함수를 기본설정으로 사전에 지정한 편리한 함수이다.

먼저, 우리는 가장 기본적인 지수모델인 단순 지수평활을 살펴볼 것이다. 진행하기 전에 반드시 `forecast` 패키지를 설치하기 바란다(`install.packages("forecast")`).

표 15.3 단순, 이중 및 삼중 지수예측모델의 함수

타입	적용 파라미터	함수
단순	`level`	`etsets(ts, model="ANN")` `ses(ts)`
이중	`level, slope`	`ets(ts, model="AAN")` `holt(ts)`
삼중	`level, slope, seasonal`	`ets(ts, model="AAA")` `hw(ts)`

15.3.1 단순 지수평활법(Simple exponential smoothing)

단순 지수평활법은 단기적 미래 예측을 위해서 기존 시계열 자료의 가중평균을 사용한다. 가중치는 현재에서 과거로 멀리 거슬러 갈수록 가중치가 지수적으로 감소하도록 선택한다. 단순 지수평활법에서 시계열 자료의 관측치는 다음과 같이 기술한다.

$$Y_t = \text{시간 수준(level)} + \text{불규칙(irregular)}_t$$

Y_{t+1}에서의 예측(1단계 선행 예측, 1-step ahead forecasting)은 다음과 같이 정리한다. .

$$Y_{t+1} = c_0 Y_t + c_1 Y_{t-1} + c_2 Y_{t-2} + c_2 Y_{t-2} + \ldots$$

여기에서 $c_i = \alpha(1-\alpha)_i$, $i = 0, 1, 2, \cdots$이고 $0 \le \alpha \le 1$이다. c_j 가중치의 합은 1이며, 1단계 선행 예측치는 현재 수치와 시계열의 과거 모든 수치의 가중평균이다. 알파(α) 파라미터는 가중치의 감소율을 통제한다. 알파가 1에 가까울수록 최근 시점의 관측치에 높은 가중치를 부여하고 0에 가까울수록 과거 관측치에 보다 높은 가중치를 부여한다. 실제로 알파값은 적합 기준을 최적화하기 위해서 컴퓨터가 선택한다. 통상 적합 기준은 실제 값과 예측 값 간 오차 제곱의 합이다. 예시를 통해서 이 점을 분명히 살펴보기로 한다.

`nhtemp` 시계열 자료는 1912년에서 1971년까지 Connecticut주 New Haven지역의 연평균 기온(화씨) 데이터이다. 이 데이터의 플롯이 그림 15.8이다.

분명한 추세는 없다. 또한 연도별 자료는 계절을 결여하고 있어 단순 지수모델로 출발하는 것이 합리적이다. `ses()` 함수를 이용한 1단계 선행 예측을 위한 코드는 다음과 같다.

프로그래밍 15.4 단순 지수평활법

```
> library(forecast)
> fit <- ets(nhtemp, model="ANN")        ❶
> fit

ETS(A,N,N)

Call:
 ets(y = nhtemp, model = "ANN")

  Smoothing parameters:
    alpha = 0.182

  Initial states:
    l = 50.2759
  sigma:  1.126

  AIC  AICc   BIC
263.9 264.1 268.1
```

❶ Fits the model

```
> forecast(fit, 1)                          ❷ 1-step ahead forecast

     Point Forecast Lo 80 Hi 80 Lo 95 Hi 95
1972          51.87 50.43 53.31 49.66 54.08

> plot(forecast(fit, 1), xlab="Year",
    ylab=expression(paste("Temperature (", degree*F,")",)),
    main="New Haven Annual Mean Temperature")

> accuracy(fit)                             ❸ Prints accuracy measures

                ME  RMSE    MAE    MPE  MAPE   MASE
Training set 0.146 1.126 0.8951 0.2419 1.749 0.9228
```

ets(mode="ANN") 프로그램 문은 nhtemp 시계열 자료를 단순 지수모델로 적합화한다❶. A는 오차가 가법적이며, NN은 추세와 계절성분이 없음을 각각 가리킨다. 상대적으로 낮은 알파값(0.18)은 현재 관측치와 함께 과거의 먼 관측치를 예측에 고려함을 의미한다. 이 수치는 주어진 데이터셋을 모델에 최적합화하도록 자동적으로 선택한다.

forecast() 함수는 미래의 *k*단계 이후를 예측한다. 포맷은 forecast(*fit*, *k*)이다. 계열에서 1단계 선행 예측은 화씨 51.9도이고 95% 신뢰구간은 49.7도에서 54.1도이다❷. 시계열, 예측 수치 그리고 80%와 05% 신뢰구간은 그림 15.8에 플롯되어 있다❸. forecast 패키지는 시계열의 예측 정확성에 관한 가장 일반적인 측정법들을 제시하는 accuracy() 함수를 제공한다. 각 측정방법에 대한 설명은 표 5.4에 있다. e_i는 각 관찰치의 불규칙 혹은 오차성분을 나타낸다($(Y_t - \hat{Y}_i)$).

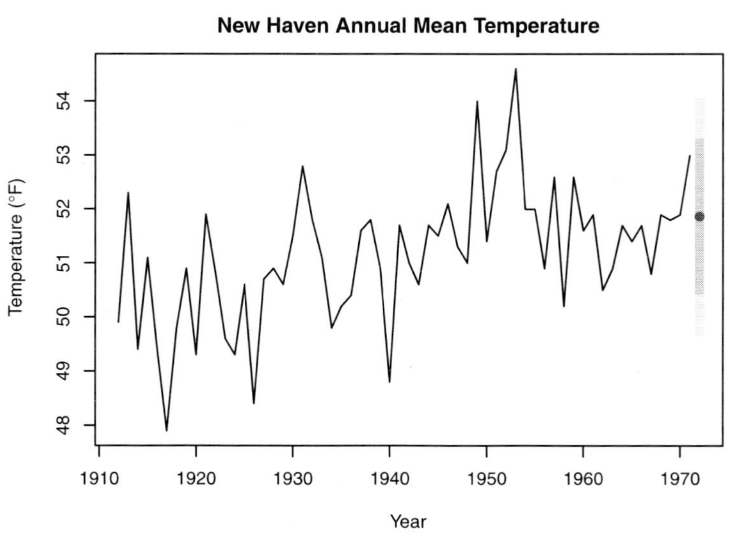

그림 15.8 Connecticut주 New Haven지역의 년간 평균 기온과 etc() 함수를 사용한 단순 지수 예측으로부터 얻은 1단계 선행 예측

표 15.4 예측 정확성 측정법

측정법	약어	정의
평균 오차(Mean error)	ME	mean(e_t)
평균제곱근 오차(Root mean squared error)	RMSE	sqr(mean(e_t^2))
평균절대 오차(Mean absolute error)	MAE	mean|e_t|
평균백분율 오차(Mean percentage error)	MPE	mean(100*e_t/Y_t)
평균절대백분율 오차(Mean absolute percentage error)	MAPE	mean(|100*e_t/Y_t|)
평균절대척도 오차(Mean absolute scaled error)	MASE	mean(|q_t|)에서 q_t = e_t/(1/(T-1)*sum(|y_t-y_{t-1}|))이고, 여기서 T는 관측치의 수, sum은 t=2에서 t=T까지

평균 오차와 평균백분율 오차는 부호가 생략될 수 있어 유용하지 않는 경우가 있다. 평균제곱근 오차(RMSE)는 평균 오차 제곱의 제곱근을 제공하는데 사례에서 1.13°F로 계산되었다. 평균절대백분율 오차는 오차를 시계열 수치의 백분율로 표시하는데 단위가 없기 때문에 여러 시계열 자료의 예측 정확성을 비교할 수 있다. 그러나 측정 시간수준이 절대 0점을 가지고 있어야 한다. 화씨 온도는 절대 0점이 없기 때문에 여기서는 사용할 수 없다. 평균절대척도 오차는 가장 최근의 정확도 측정법인데 척도가 다른 시계열 자료에 대한 예측 정확도 비교에 사용한다. 예측 정확도에 있어 단일한 최선의 측정법은 없다. RMSE이 가장 많이 알려져 있고 자주 인용되는 측정법이다.

단순 지수평활법은 추세나 계절성분이 없음을 가정한다. 다음 절에서는 두가지 모두 있는 지수모델에 대해 알아보자.

15.3.2 Holt와 Holt-Winters의 지수평활법

Holt 지수평활법은 전체 시간 수준과 추세(기울기)가 있는 시계열에 적합하다. 시간 *t*에서 모델은 다음과 같다.

$$Y_t = \text{시간수준} + \text{기울기} * t + \text{불규칙}$$

Holt-Winters 지수평활법은 전체 시간 수준, 추세, 계절성분이 있는 시계열의 적합화에 사용할 수 있다. 모델은 다음과 같다.

$$Y_t = \text{시간수준} + \text{기울기} * t + s_t + \text{불규칙}_t$$

여기에서 s_t는 시간 t에서 계절효과를 나타낸다. 알파와 베타 파라미터 이외에도 감마 파라미터가 계절성분의 지수효과를 통제한다. 감마 역시 다른 파라미터와 같이 0에서 1까지의 범위를 가지며 값이 클수록 계절효과 계산 시 최근 시점의 관찰치에 큰 가중치를 부여한다.

15.2절에서 국제 항공승객의 월 총 수를 추세, 계절 그리고 불규칙 성분으로 분해하였다. 미래 승객을 예측하기 위해서 지수모델을 사용해 보자. 다시 가법모델에 적합하도록 로그값을 취한다. 아래 프로그래밍 코드는 `AirPassengers` 시계열의 향후 5개 수치의 예측을 위해서 Holt-Winters 지수평활법을 적용한 것이다.

프로그래밍 15.5 시간 수준, 기울기 및 계절성분의 지수평활

```
> library(forecast)
> fit <- ets(log(AirPassengers), model="AAA")
> fit

ETS(A,A,A)

Call:
 ets(y = log(AirPassengers), model = "AAA")

  Smoothing parameters:                       ❶ Smoothing parameters
    alpha = 0.8528
    beta  = 4e-04
    gamma = 0.0121

  Initial states:
    l = 4.8362
    b = 0.0097
    s=-0.1137 -0.2251 -0.0756 0.0623 0.2079 0.2222
           0.1235 -0.009 0 0.0203 -0.1203 -0.0925

  sigma:  0.0367

   AIC   AICc    BIC
-204.1 -199.8 -156.5

>accuracy(fit)

                     ME     RMSE      MAE       MPE   MAPE    MASE
Training set -0.0003695 0.03672 0.02835 -0.007882 0.5206 0.07532

> pred <- forecast(fit, 5)                             ❷ Future forecasts
> pred
         Point Forecast Lo 80 Hi 80 Lo 95 Hi 95
Jan 1961          6.101 6.054 6.148 6.029 6.173
Feb 1961          6.084 6.022 6.146 5.989 6.179
Mar 1961          6.233 6.159 6.307 6.120 6.346
Apr 1961          6.222 6.138 6.306 6.093 6.350
May 1961          6.225 6.131 6.318 6.082 6.367

> plot(pred, main="Forecast for Air Travel",
    ylab="Log(AirPassengers)", xlab="Time")
```

```
> pred$mean <- exp(pred$mean)
> pred$lower <- exp(pred$lower)          ❸ Makes forecasts in
> pred$upper <- exp(pred$upper)            the original scale
> p <- cbind(pred$mean, pred$lower, pred$upper)
> dimnames(p)[[2]] <- c("mean", "Lo 80", "Lo 95", "Hi 80", "Hi 95")
> p

           mean Lo 80 Lo 95 Hi 80 Hi 95
Jan 1961 446.3 425.8 415.3 467.8 479.6
Feb 1961 438.8 412.5 399.2 466.8 482.3
Mar 1961 509.2 473.0 454.9 548.2 570.0
Apr 1961 503.6 463.0 442.9 547.7 572.6
May 1961 505.0 460.1 437.9 554.3 582.3
```

시간수준(.82), 추세(.004), 계절성분(.012)의 평활화 파라미터가 주어진다❶. 추세의 낮은 값은 기울기 없음을 의미하지 않는다 ; 이전 관측치로부터 추정한 기울기를 수정할 필요가 없다는 뜻이다.

`forecast()` 함수는 향후 5개월의 예측치를 산출한다❷. 그림 15.9가 플롯이다. 예측이 로그척도이기 때문에 원자료 수치로 예측하기 위해서 지수승을 사용한다❸. 행렬 `pred$mean`에는 시점별 예측값을, 행렬 `pred$lower`와 `pred$upper`은 80%와 95%의 하위와 상위 신뢰한계를 각각 포함한다. `exp()` 함수는 원자료 척도로 예측치를 반환하는데 사용하며 `cbind()`는 단일 테이블을 생성한다. 즉 이 모델은 3월에 509,200명의 승객을 예측하며 95% 신뢰구간은 454,900명에서 560,000명까지이다.

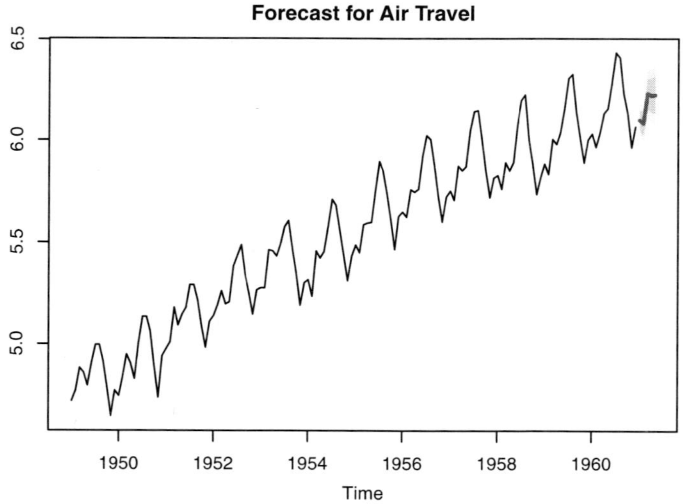

그림 15.9 Holt-Winter 지수 평활 모델에 기반한 로그(천명 단위의 국제선 항공 승객)의 5년 예측. 자료는 `AirPsaaengers` 시계열자료.

15.3.3 ets() 함수와 자동 예측(automated forecasting)

ets() 함수에는 부가적 기능들이 있다. 여러분은 지수모델을 승법으로 적합화하고, 완화 성분을 첨가하고, 자동 예측을 수행할 수 있다. 차례로 살펴 보자.

앞 절에서 가법 지수모델로 AirPassengers 시계열 자료의 로그를 적합화하였다. 대안적으로, 원자료를 승법모델로 적합화할 수 있다. 함수는 ets(AirPassengers, model="MAM") 혹은 hw(AirPassengers, seasonal="multiplicative")을 사용할 수 있다. 추세는 가법적이지만 계절과 불규칙 성분은 승법적임을 가정한다. 이 예시에서 승법모델을 사용함으로써, 정확도 통계와 예측치들은 원 수치(천 단위의 승객 수)로 표시된다.

ets() 함수는 완화 성분을 적합화할 수 있다. 시계열 예측은 추세가 영원히 지속될 것으로 자주 가정한다. 완화 성분은 추세를 일정기간 수평점근선에 부과한다. 많은 경우에 완화 모델은 보다 현실적인 예측을 낳는다.

마지막으로 ets() 함수가 자료에 가장 적합한 모델을 자동으로 선택하도록 할 수 있다. 이 장 서두에서 기술했던 Johnson & Johnson 자료에 자동 지수모델을 적합화해보자. 아래 코드는 소프트웨어가 가장 적합한 모델을 선택하도록 허용한다.

프로그래밍 15.6 ets()의 자동지수 예측

```
> library(forecast)
> fit <- ets(JohnsonJohnson)
> fit

ETS(M,M,M)

Call:
 ets(y = JohnsonJohnson)

  Smoothing parameters:
    alpha = 0.2328
    beta  = 0.0367
    gamma = 0.5261

  Initial states:
    l = 0.625
    b = 1.0286
    s=0.6916 1.2639 0.9724 1.0721

  sigma:  0.0863

     AIC     AICc      BIC
162.4737 164.3937 181.9203

> plot(forecast(fit), main="Johnson & Johnson Forecasts",
    ylab="Quarterly Earnings (Dollars)", xlab="Time", flty=2)
```

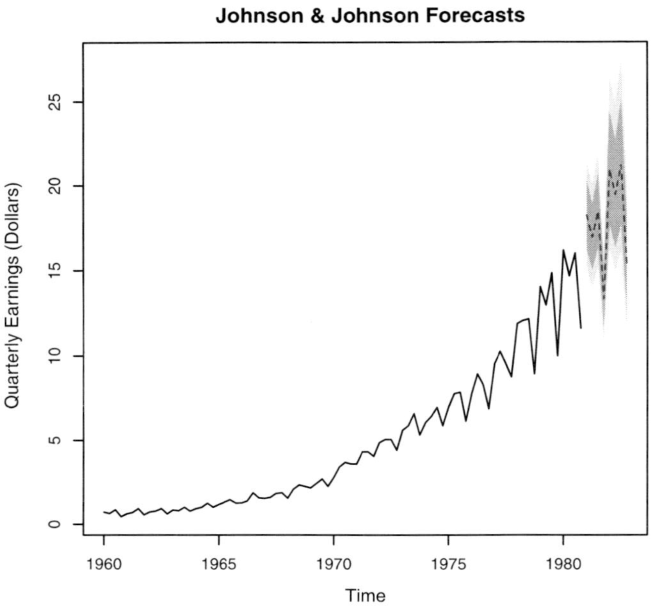

그림 15.10 추세와 계절성분에 대한 승법지수 평활 예측. 예측은 파선. 80%와 95% 신뢰구간이 밝은 회색과 어두운 회색으로 각각 표시

어떤 모델도 지정하지 않았기 때문에, 소프트웨어는 적합한 기준을 찾기 위해서 광범위한 모델배열을 검색하는 작업을 수행한다. 선택된 모델은 추세, 계절 그리고 오차 성분의 승법모델이다. 향후 8개 분기에 대한 예측 플롯이 그림 15.10에 제시되었다. `flty` 파라미터는 예측 선의 선 타입을 지정한다(여기서는 파선).

앞서 지적한 바와 같이 지수 모델링은 많은 상황에서 좋은 단기 예측을 제공하기 때문에 인기가 좋다. 두 번째 접근법 역시 일반적으로 ARIMA모델로 부르는 Box-Jenkins 방법이다. 다음 절에서 살펴보자.

15.4 ARIMA예측모델

예측을 위한 ARIMA(autoregressive integrated moving average) 접근법에서, 예측값들은 최근의 실제값과 최근의 예측 오차(잔차)의 선형 함수이다. ARIMA는 복잡한 예측방법이다. 이 절에서 논의는 비-계절 시계열을 위한 ARIMA모델로 한정한다. ARIMA모델을 기술하기 전에 시차(lag), 자기상관(autocorrelation), 부분자기상관(partial autocorrelation), 차분(差分, differencing), 정상성(stationarity)을 포함하여 다수 개념을 정의할 필요가 있다. 다음 절에서 각각 살펴 보자

표 15.5 `Nile` 시계열 자료의 여러 시차들(lags)

Lag	1869	1870	1871	1872	1873	1874	1875	...
0			1120	1160	963	1210	1160	...
1		1120	1160	963	1210	1160	1160	...
2	1120	1160	963	1210	1160	160	813	...

15.4.1 전제 개념들

시차는 시계열에서 과거 특정 시점의 관측치로 돌아가는 것이다. 표 15.5에 제시된 `Nile` 시계열자료에서 몇 개의 관측치로 해보자. 시차 0은 이동하지 않는 시계열이다. 시차 1은 왼쪽으로 한 위치 이동한 시계열이다. 시차 2는 왼쪽으로 두 위치 이동한다. 시계열에서 `lag(ts, k)` 함수를 사용하여 돌아갈 수 있다. 여기서 *ts*는 시계열 자료이고 *k*는 시차 수치이다.

자기상관은 시계열의 관측치들이 서로 관계하는 방식을 측정한다. AC_k는 (Y_t) 관찰치와 k 시기 이전의 관측치 (Y_{t-k})간 상관관계이다. AC_k는 관측치 집합과 k이전 시기의 관측치들 간의 상관성이다. 따라서 AC_1은 시차 1과 시차 0의 시계열 간 상관관계이며, AC_2는 시차 2와 시차 0의 시계열 간 상관관계이다. (AC_1, AC_2, ..., AC_k) 상관관계들을 플롯팅하면 **자기상관함수 플롯(ACF plot, autocorrelation function plot)**를 산출한다. ACF 플롯은 ARIMA모델에 적합한 파라미터를 선택하고 최종 모델의 적합성을 평가하는데 사용한다.

ACF 플롯은 `stats` 패키지의 `acf()` 함수나 `forecast` 패키지의 `Acf()` 함수로 산출할 수 있다. 여기서는 `Acf()` 함수는 해석하기 쉬운 플롯을 산출한다는 이유에서 사용한다. 포맷은 `Act(ts)`인데, `ts`는 시계열 원자료이다. `Nile` 시계열에서 *k*=1에서 *k*=18까지 ACF 플롯한 결과가 그림 15.12의 윗 부분이다.

부분 자기상관은 시계열에서 Y_t와 Y_{t-k}간 상관계수를 구하는데 있어서, 둘 사이의 모든 Y값들(Y_{t-1}, Y_{t-2}, ⋯, Y_{t-k+1})의 효과를 제거한 이후 두 변수 사이의 순수한 상관계수이다. 부분자기상관은 K개의 여러 수치에 대해서 플롯팅할 수 있다. PACF 플롯은 stats 패키지의 `Pacf()` 함수로도 생성할 수 있고, forecast 패키지의 `Pacf()` 함수로도 만들 수 있다. `Pacf()` 함수가 포맷의 잇점때문에 선호된다. 함수 `Pacf(ts)`에서 *ts*가 평가대상인 시계열이다. PACF 플롯은 또한 ARIMA 모델에 적합한 파라미터를 결정하는데 사용한다. 이에 대한 `Nile`시계열 결과는 그림 15.12의 아래 쪽에 있다.

ARIMA 모델은 **정상(stationary) 시계열**을 적합화하도록 설계된다. 정상 시계열에서 계열의 통계적 특성은 시간에 따라서 변화하지 않는다는 점이다. 예를 들면, Y_t의 분산과 평균은 일정하다. 덧붙이면 어떤 *k*시차에 대한 자기상관도 시간에 따라서 변하지 않는다.

그런데 15.1.3절에서 살펴본 바와 같이 ARIMA 모델의 적합화를 진행하기에 앞서 시계열 수치들이 일정한 변량에 도달하도록 변환이 필요할 수도 있다. 로그 변환이 유용한 경우가 때 많은데 8.5.2절에서 기술한 Box-Cox과 같은 변환이 도움이 될 것이다.

정상 시계열은 변함없는 평균을 가정하기 때문에 추세 성분을 가질 수 없다. 많은 비정상 시계열은 차분하여 정상 시계열로 만들 수 있다. 차분에서 시계열 Y_i의 각 값들은 $Y_{t-1}-Y_t$로 대체한다. 시계열을 차분한다는 것은 선형 추세를 일단 제거하는 것이다. 두 번째 차분은 이차 추세를 제거하며 세 번째 차분은 삼차 추세를 제거한다. 두 번 보다 많이 차분하는 일은 드물다.

시계열 차분은 `diff()` 함수로 할 수 있다. 포맷은 `diff(`*ts*`, differences=d)`이며, 여기서 d는 시계열 *ts*가 차분되는 횟수를 가리킨다. 디폴트는 d=1이다. `forecast` 패키지의 `ndiffs()` 함수는 가장 좋은 d값을 결정한다. 포맷은 `ndiffs(ts)`이다.

정상성은 시계열 플롯으로 시각적으로 검토하기도 한다. 만일 분산이 일정하지 않다면 자료를 변환해야 하며, 만일 추세가 있다면 자료를 차분해야 한다. 여러분은 Argumented Dickey-Fuller(ADF) 검정법을 사용하여 정상성 가정을 평가할 수 있다. R에서 `tseries` 패키지의 `adf.test()` 함수가 이 테스트를 수행한다. 포맷은 `adf.test(`*ts*`)`이며, *ts*가 평가대상 시계열이다. 결과가 유의미하다면 정상성을 시사한다.

요약하면, ACF와 PCF 플롯은 ARIMA 파라미터 결정에 사용한다. 정상성은 중요한 가정이며, 정상성에 도달하기 위해서 변환과 차분을 사용한다. 이상에서 설명한 개념을 숙지하고, 이제 우리는 자기회귀(AR) 성분, 이동평균(MA) 성분, 혹은 두 개의 성분(ARMA)을 가지고 모델적합화를 수행하는 주제로 접근할 수 있다. 최종적으로 ARMA 성분과 정상성에 도달하기 위한 차분을 포함하는 ARIMA 모델을 검토할 것이다.

15.4.2 ARMA와 ARIMA모델

p개의 시점을 지닌 **자기회귀모델(autoregression)**에서 시계열의 각 값은 이전의 p값들의 선형결합으로부터 예측된다.

$$AR(p):Y_t = \mu + \beta_1 Y_{t-1} + \beta_2 Y_{t-2} + \ldots + \beta_p Y_{t-p} + \varepsilon_t$$

여기에서 Y_t는 계열의 특정 시점의 수치이고 μ는 계열 평균이며 β들은 가중치들이고, ϵ_t는 불규칙 성분이다. q개 시점의 이동평균 모델에서 시계열의 각 수치는 q이전 오차의 선형결합으로부터 예측된다. 이 경우 방정식은 다음과 같다.

$$MA(q):Y_t = \mu - \theta_1\varepsilon_{t-1} - \theta_2\varepsilon_{t-2} \ldots - \theta_q\varepsilon_{t-q} + \varepsilon_t$$

여기에서 ϵ들은 예측 오차들이고, θ들은 가중치들이다(여기서 말하는 이동평균은 15.1.2절에서 다룬 단순 이동평균이 아니라는 사실에 유의하자.

두 개 접근을 결합한 ARMA(p, q)모델은 다음의 형태를 지닌다.

$$Y_t = \mu + \beta_1 Y_{t-1} + \beta_2 Y_{t-2} + \ldots + \beta_p Y_{t-p} - \theta_1 \varepsilon_{t-1} - \theta_2 \varepsilon_{t-2} \ldots - \theta_q \varepsilon_{t-q} + \varepsilon_t$$

이것은 과거의 p 수치와 q 잔차로 부터 시계열의 각 수치를 예측한다.

ARIMA(p, d, q) 모델은 d번 차분되었으며, 결과 값은 이전의 p 이전 오차로부터 예측된다. 최종 예측을 획득하기 위해 예측들은 "비차분되거나(un-differenced)" 혹은 통합된다(integrated).

ARIMA 모델화 단계는 다음과 같다 :

1. 시계열이 정상적인지 확증한다.
2. 합당한 모델 내지 모델들(p와 q의 가능한 값들)을 식별한다.
3. 모델을 적합화한다.
4. 통계적 가정과 예측 정확도를 포함하여 모델적합성을 평가한다.
5. 예측한다.

ARIMA모델을 적합화하는 각 단계들을 `Nile` 시계열에 적용해 보자.

• 정상 시계열 확증하기

먼저 시계열을 플롯팅해서 정상성을 평가한다(프로그래밍 15.7과 그림 15.11의 상단을 볼 것). 관찰 연도별로 안정적 분산이 나타난다면 변환은 필요하지 않다. `ndiffs()` 함수의 결과에 의해 지지받으면 추세가 있을지도 모른다.

프로그래밍 15.7 시계열 변환과 정상성 평가하기

```
> library(forecast)
> library(tseries)
> plot(Nile)
> ndiffs(Nile)

[1] 1

> dNile <- diff(Nile)
> plot(dNile)
> adf.test(dNile)

    Augmented Dickey-Fuller Test

data:  dNile
Dickey-Fuller = -6.5924, Lag order = 4, p-value = 0.01
alternative hypothesis: stationary
```

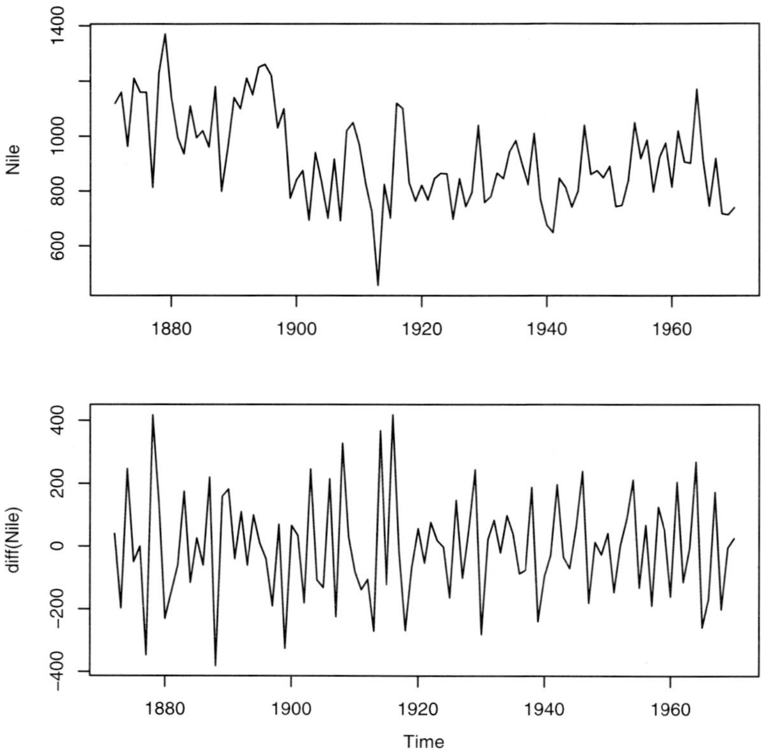

그림 15.11 1871년에서 1970년까지 Ashwan에서 Nile강의 연간 흐름에 대한 시계열(위), 한번 차분한 시계열(아래). 차분은 원그림에 존재하던 감소 추세를 제거한다.

계열은 한번 차분한 후(lag=1이 디폴트임) `dNile`로 저장된다. 차분된 시계열은 그림 15.11의 아래에 있다. 분명히 보다 정상적이다. 차분된 계열에 ADF 검증을 적용해 보면, 이제 정상적임을 알 수 있다. 다음 단계로 나갈 수 있다.

- **하나 혹은 그 이상의 합당한 모델을 식별하기**

ACF과 PACF 플롯에 기반하여 가능한 모델을 선택한다 :

```
Acf(dNile)
Pacf(dNile)
```

결과는 그림 15.12의 플롯이다.

목적은 p, d, q의 파라미터를 식별하는 것이다. 앞 절에서 여러분들은 d=1임을 이미 알고 있다.

표 15.6에서 제시한 가이드라인을 따라서 ACF와 PACF 플롯을 비교하여 p와 q를 얻는다.

표 15.6의 결과는 이론적이라서 실제 ACF와 PACF는 이것과 정확하게 일치하지 않을 것이다. 그러나 합당한 모델을 찾는 과정에서 개략적인 지침으로 사용할 수 있다. 그림 15.12의 `Nile` 시계열에서, 시차가 1인 하나의 큰 자기상관이 존재한다. 이는 ARIMA(0, 1, 1) 모델임을 시사한다.

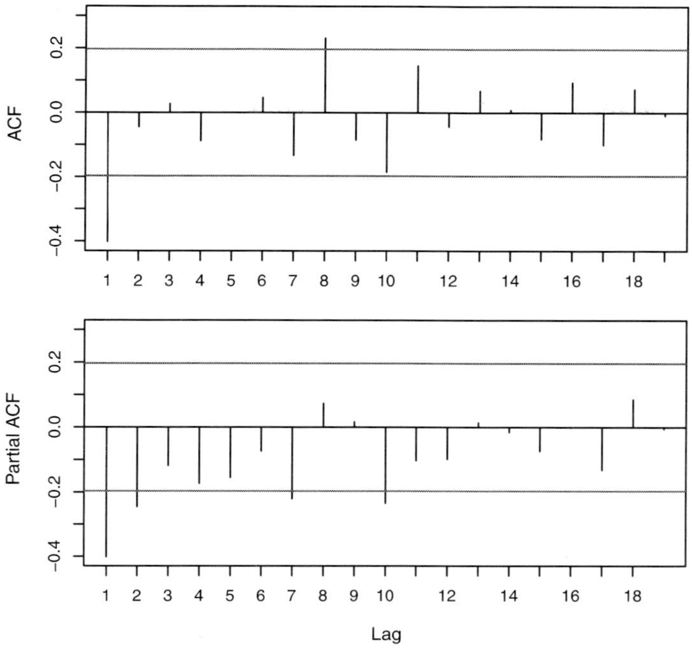

그림 15.12 차분한 `Nile`시계열의 자기상관과 부분 자기상관 플롯

표 15.6 ARIMA 모델의 가이드라인

모델	ACF	PACF
ARIMA(p,d,0)	0으로 수렴	시차(lag) p 다음에 0
ARIMA(0,d q)	시차(lag) q 다음에 0	0으로 수렴
ARIMA(p,d,q)	0으로 수렴	0으로 수렴

- **모델(들) 적합화하기**

ARIMA모델은 `arima()` 함수로 적합화한다. 포맷은 `arima(ts, order=c(p, d, q))`이다. ARIMA(0, 1, 1)로 적합화한 `Nile` 시계열 결과가 아래 프로그래밍이다.

프로그래밍 15.8 ARIMA 모델적합화하기

```
> library(forecast)
> fit <- arima(Nile, order=c(0,1,1))
> fit

Series: Nile
```

```
ARIMA(0,1,1)

Coefficients:
          ma1
      -0.7329
s.e.   0.1143

sigma^2 estimated as 20600:  log likelihood=-632.55
AIC=1269.09   AICc=1269.22   BIC=1274.28

> accuracy(fit)

                 ME  RMSE   MAE    MPE  MAPE   MASE
Training set -11.94 142.8 112.2 -3.575 12.94 0.8089
```

원 시계열 자료에 모델을 적용하였음에 주목하라. d=1로 지정함으로써 첫 번째 차분을 계산한다. 이동평균(-0.73) 계수를 AIC와 함께 제공한다. 만일 다른 모델들을 적합화한다면, AIC는 가장 합당한 모델을 선택하도록 도와준다. AIC수치가 적을수록 더 좋은 모델임을 시사한다. 정확도 측정법은 모델이 충분한 정확도로 적합화되었는지 여부를 결정하는데 도움을 준다. 여기에서 평균 절대백분비 오차(MAPE)는 강 수준의 13%이다.

- **모델적합성 평가하기**

만일 모델이 적합하다면, 잔차는 평균이 0이고 정규분포를 이루어야 하며 모든 가능한 시차에 자동상관성은 0이어야 한다. 다시 말하면 잔차는 정규적으로 독립적으로 분포되어야 한다(이들간 관련성이 없어야 한다). 가정은 다음 코드로 평가할 수 있다.

프로그래밍 15.9 모델적합성 평가하기

```
> qqnorm(fit$residuals)
> qqline(fit$residuals)
> Box.test(fit$residuals, type="Ljung-Box")

    Box-Ljung test

data:  fit$residuals
X-squared = 1.3711, df = 1, p-value = 0.2416
```

`qqnorm()`와 `qqline()` 함수는 그림 15.13을 생성한다. 자료들이 정규분포 선을 함께 따라가고 있어 이 사례는 매우 좋아 보인다.

`Box.test()` 함수는 자기상관성이 모두 0인 결과를 제공한다. 결과가 유의미하지 않다는 것은 자

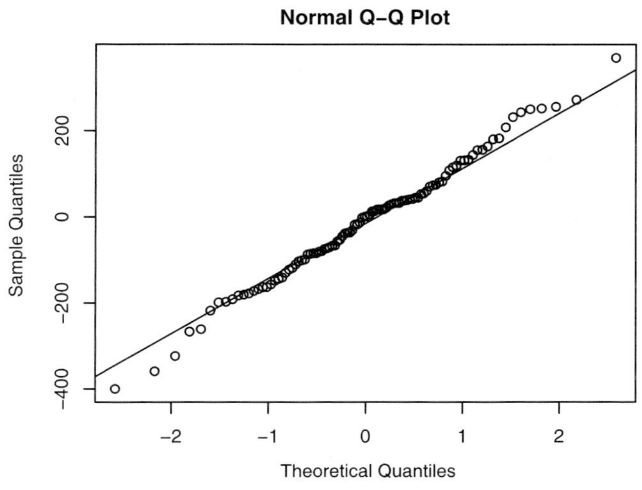

그림 15.13 시계열 잔차의 정규성을 결정하기 위한 Normal Q-Q 플롯

기상관성이 0과 다르지 않다는 것이다. ARIMA모델은 이 자료에 매우 적합한 것으로 나타난다.

• **예측하기**

만일 모델 잔차가 정규분포이며 자기상관성이 0이라는 가정을 충족하지 않는다면, 모델을 바꾸거나, 파라미터를 첨가하거나, 아니면 다른 접근법을 선택할 필요가 있다. 일단 최종 모델이 선택되면 미래수치를 예측한다. 아래 프로그래밍은 3년 이후 예측을 위해서 `forecast` 패키지의 `forecast()` 함수를 사용하였다.

`plot()` 함수를 사용한 플롯이 그림 15.14이다. 시점 추정은 청색 점으로, 그리고 80%와 95% 신뢰구역은 밝은 회색과 어두운 회색으로 각각 표현하고 있다.

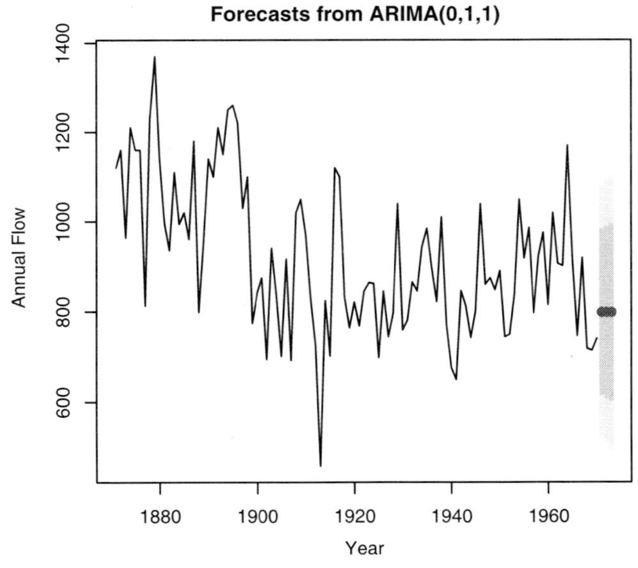

그림 15.14 ARIMA(0,1,1) 모델로 작합화한 `Nile` 시계열에 대한 3년간 예측. 청색 점은 시점 추정, 밴드의 밝은 회색과 어두운 회색은 80%와 95% 신뢰구역을 각각 나타낸다.

프로그래밍 15.10 ARIMA모델로 예측하기

```
> forecast(fit, 3)

     Point Forecast    Lo 80     Hi 80    Lo 95    Hi 95
1971       798.3673 614.4307  982.3040 517.0605 1079.674
1972       798.3673 607.9845  988.7502 507.2019 1089.533
1973       798.3673 601.7495  994.9851 497.6663 1099.068

> plot(forecast(fit, 3), xlab="Year", ylab="Annual Flow")
```

15.4.3 자동 ARIMA 예측

15.2.3절에서 가장 좋은 지수 모델을 자동적으로 선택하기 위해서 `forecast` 패키지의 `ets()` 함수를 사용하였다. 패키지는 또한 최선의 ARIMA 모델을 선택하는 `auto.arima()` 함수를 제공한다. 다음 프로그래밍은 이 장 처음에 소개한 sunspots 시계열에 적용한 것이다.

프로그래밍 5.11 자동 ARIMA 예측하기

```
> library(forecast)
> fit <- auto.arima(sunspots)
> fit
Series: sunspots
ARIMA(2,1,2)

Coefficients:
       ar1     ar2    ma1    ma2
      1.35  -0.396  -1.77  0.810
s.e.  0.03   0.029   0.02  0.019

sigma^2 estimated as 243:  log likelihood=-11746
AIC=23501   AICc=23501   BIC=23531

> forecast(fit, 3)

         Point Forecast      Lo 80    Hi 80      Lo 95    Hi 95
Jan 1984      40.437722 20.4412613 60.43418   9.855774 71.01967
Feb 1984      41.352897 18.2795867 64.42621   6.065314 76.64048
Mar 1984      39.796425 15.2537785 64.33907   2.261686 77.33116

> accuracy(fit)
                   ME RMSE   MAE MPE MAPE MASE
Training set -0.02673 15.6 11.03 NaN  Inf 0.32
```

함수는 p=2, d=1, q=2인 ARIMA 모델을 선택한다. 이것은 가능한 모델들 중에서 ACI 기준을 최소호하는 값들이다. 계열에 0값이 있기 때문에 MPE와 MAPE의 정확도는 사라졌다.

15.5 더 공부하기

시계열 분석과 예측에 관한 좋은 책들이 매우 많다. 이 주제의 초보자라면, Time Series (Open University, 2006)로부터 시작하기를 권고한다. 여기에는 R코드가 들어있지 않지만 매우 이해하기 쉽고 직관적인 입문서이다. Avril Coghlan의 A Little Book of R for Time Series((http://mng.bz/8fz0, 2010)을 앞의 책과 같이 본다면 매우 좋다. 이 책은 R코드와 사례를 포함하고 있다.

Rob Hyndman과 George Athanasopoulos이 같이 쓴 Forecasting: Principles and Practice (http://otexts.com/fpp, 2013)은 명확하고 간결한 온라인 교재이다. 전체에 걸쳐 R 코드를 다루고 있으며 적극 추천한다. 덧붙여 Cowpertwait & Metcalfe (2009)도 R로 시계열을 분석하는데 훌륭한 교재이다. R코드를 포함한 중급 수준의 책으로는 Shumway & Stoffer (2010)이 있다.

마지막으로 CRAN Task View on Time Series Analysis (http://cran.r-project.org/web/views/TimeSeries.html)에서 도움을 받을 수 있다. 여기에는 모든 R의 시계열 분석 능력에 대한 요약이 있다.

15.6 요약

일찍이 날씨를 예측했던 주술가로부터 선거를 예측하는 현대의 데이터과학자에 이르기까지 예측은 역사가 길고 또 변해왔다. 예측은 과학과 인간 본성의 측면에서 모두 근본적이다. 이 장에서 우리는 R로 시계열 자료를 생성하고, 추세를 평가하며, 계절효과를 검토하는 방법들을 살펴보았다. 그리고 예측에서 가장 인기가 있는 접근 방법인 지수모델과 ARIMA 모델에 대해서 논의하였다.

이 방법론들이 현상의 다양성을 이해하고 예측하는데 결정적이지만, 데이터를 벗어나는 외삽이 있음을 잊지 말자. 현재의 조건은 미래의 거울임을 가정한다. 2007년의 금융 예측은 2008년에도 경제성장이 지속될 것을 가정했다. 이제는 우리 모두가 아는 바와 같이 현실은 그렇지 못했다. 중요한 사건이 시계열의 추세와 패턴을 바꿀 수 있으며, 여러분이 더욱 먼 미래를 예측하고자 시도할수록 그만큼 불확실성도 커진다.

다음 장에서는 주제를 바꿔서 개인이나 관찰치들을 집단으로 분류하고자 하는 사람들에게 중요한 방법론들을 살펴보자.

제 16장 군집분석

이 장에서 다룰 내용은 다음과 같다.

- 관측치들 중 응집력이 강한 하위그룹(군집) 식별하기
- 군집 수 정하기
- 군집의 내부 위계(nested hierarchy) 알아내기
- 이산 군집(discrete cluster) 획득하기

군집분석은 데이터셋 내에 존재하는 관측치들의 하위집단을 드러내도록 설계된 데이터-축소 테크닉이다. 이것은 많은 수의 관측치를 훨씬 적은 수의 군집이나 유형으로 축소시켜준다. 군집은 다른 집단의 관측치들에 비해 매우 상호유사한 관측치들의 집단으로 정의된다. 이것은 정교한 정의는 아니다. 이 사실로 인해 엄청나게 다양한 군집화 방법이 생겨난다.

군집분석은 생물학 및 행동과학, 마케팅 그리고 의학연구 등에서 광범위하게 사용되고 있다. 예를 들어 심리학 연구자들은 우울증의 하위유형을 찾아내려고 우울증 환자들의 증상과 인구특성 상의 데이터를 군집화할 수도 있다. 이러한 하위유형의 발견은 보다 정확하고 효과적인 치료와 정신이상에 대한 보다 나은 이해를 가져올 수 있다는 희망을 품게 한다. 마케팅 연구자는 고객세분화 전략으로 군집분석을 사용한다. 고객들은 인구학적 특성과 구매행동의 유사성에 기반하여 군집들로 배정될 수 있다. 그래서 마케팅 캠페인은 이런 하위집단에 어필하기 위해 맞춤 설계되어진다. 의학분야 연구자들은 DNA 미세배열 데이터로부터 획득된 유전자 표현 패턴을 나열하는데 군집분석을 사용한다. 이는 의학연구자들이 정상적인 성장과 발전 그리고 인간 질병의 저변 원인을 이해하는데 도움을 줄 수 있다.

두 개의 가장 대중적인 군집화 접근법은 **위계적 응집 군집화**(hierarchical agglomerative clustering)와 **분할 군집화**(partitioning clustering)이다. 위계적 응집 군집화에서 각 관측치는 자신을 하나의 최초 군집으로 시작한다. 그 다음으로 군집들을 결합한다. 한 번에 두개씩, 모든 군집들이 하나의 군집이 될 때까지. 분할 접근에서는 군집의 수인 *K*를 지정한다. 관측치들은 무작위로 *K*개 집단으로 분할되고

응집적 군집으로 다시 섞인다.

이들 각 접근법들 내에서도 선택해야 할 여러 군집화 알고리즘들이 있다. 위계적 군집화에는 가장 대중적인 것으로 단일연계, 완전연계, 평균연계, 중심축(centroid), 그리고 와드(Ward)방법이 있다. 분할 군집화에는 k-평균(k-means)와 PAM(partitioning around medoids) 두 개가 가장 대중적이다. 각 군집화 방법은 장점과 단점을 갖고 있다.

이 장의 사례는 음식과 와인에 관한 것이다. 위계적 군집화는 아래 질문에 답하기 위해 `flexclust` 패키지에 담겨 있는 `nutrient` 데이터셋을 활용하였다.

- 5개 영양척도에 기반하여 27종의 생선, 가금류, 육류들간의 유사성과 차이는 무엇인가?
- 이런 음식들이 유의미하게 묶여질 소수의 집단들이 존재하는가?

분할 방법은 178개의 이탈리아 와인샘플에 대한 13개 화학적 분석을 평가하는데 적용될 것이다. 이 데이터는 `rattle` 패키지에서 사용가능한 `wine` 데이터셋에 담겨있다. 질문은 다음과 같다:

- 이 데이터에 와인의 하위유형들이 존재하는가?
- 그렇다면, 몇 개의 하위유형이 있고 그 유형들의 특성은 무엇인가?

사실 와인 샘플들은 세 개의 품종(Type으로 기록)으로 이루어져 있다. 이는 군집분석이 내재된 구조를 잘 드러내는지를 평가하게 해준다.

군집분석에는 많은 접근법들이 있지만, 유사한 단계들을 따른다. 이러한 공통적인 단계들이 16.1절에 기술된다. 위계적 응집 군집화는 16.2절에서 기술되고, 분할 방법은 16.3절에서 기술된다. 마지막 조언과 주의하여야 할 프로그램문들이 16.4절에서 제공된다. 이 장의 사례를 수행하기 위해서는 `cluster`, `NbClust`, `flexclust`, `fMultivar`, `ggplot2`, 그리고 `rattle` 패키지를 설치하여야 한다. `rattle` 패키지는 17장에서도 사용될 것이다.

16.1 군집분석의 공통 단계들

요인분석(14장)과 같이 효과적인 군집분석은 많은 의사결정 포인트를 가지는 다단계 프로세스이다. 각 의사결정은 결과의 품질과 유용성에 영향을 미친다. 이 절은 포괄적인 군집분석에서 11개의 전형적인 단계를 기술한다.

1. **적절한 속성들을 선택한다.** 첫 번째(아마도 가장 중요한) 단계는 관측치들의 집단들간에 차이를 식별하고 이해하는데 가장 중요한 것 같다고 느끼는 변수들을 선정하는 것이다. 예를 들어 우울증 연구에서는 다음 중 한 개 이상을 평가한다. 심리적 증상, 물리적 증상, 발생시

연령, 에피소드(증상발생) 횟수, 지속기간, 시기, 입원횟수, 자체치료(self-care)와 관련한 기능적 상태(functional status), 사회적 · 직업적 이력, 현재 연령, 성별, 인종, 사회경제적 지위, 결혼상태, 가족병력, 그리고 이전 치료에서의 반응이다. 아무리 정교한 군집분석도 빈약한 변수 선정을 보상하지는 못한다.

2. **데이터를 척도화 한다.** 분석에 사용되는 변수들이 값의 범위가 다양하다면, 가장 큰 범위의 변수들이 결과에 가장 큰 영향을 미칠 것이다. 이는 원치 않는 것이기에 분석가들은 분석을 진전하기 전에 데이터를 척도화한다. 가장 대중적인 접근은 각 변수들을 평균이 0, 표준편차가 1인 것으로 표준화하는 것이다. 다른 대안으로는 각 변수를 최대값으로 나누는 방법, 혹은 변수값에서 변수 평균을 빼고 이를 중앙 절대 편차값으로 나누는 방법 등이 있다. 이 세 가지 접근법은 아래 코드로 제시 되어 있다:

   ```
   df1 <- apply(mydata, 2, function(x){(x-mean(x))/sd(x)})
   df2 <- apply(mydata, 2, function(x){x/max(x)})
   df3 <- apply(mydata, 2, function(x){(x - mean(x))/mad(x)})
   ```

   이 장에서, 평균 0 표준편차 1로 변수들을 표준화하기 위해 `scale()` 함수을 사용할 것이다. 이것은 첫 번째 코드(`df1`)과 같은 것이다.

3. **이상치를 걸러 낸다.** 많은 군집화 기법들은 이상치에 민감하다. 이상치들은 군집 결과를 왜곡시킨다. `outliers` 패키지의 함수들을 사용하여 단변량 이상치를 걸러낼(그리고 제거할) 수 있다. `mvoutlier` 패키지는 다변량 이상치를 식별하는데 사용될 수 있는 함수들을 가지고 있다. 대안으로 이상치에 매우 강한 군집화 방법을 사용할 수 있다. 분할 방법(Partitioning around medoids: 16.4.2절)이 이 접근법의 예이다.

4. **거리를 계산한다.** 군집화 알고리즘이 다양하지만, 이들은 전형적으로 군집화된 개체들 간의 거리 측정을 요구한다. 두 관측치 간 거리 측정의 가장 대중적인 것은 유클리드 거리이다. 하지만 맨하탄(Manhattan), 캔버라(Canberra), 비대칭적 이항(asymmetric binary), 최대값(maximum), 그리고 민코브스키(Minkowski) 거리 측정 또한 사용가능하다(더 자세한 것을 원하면 `?dist`를 보라). 이 장에서는 계속해서 유클리드 거리가 사용된다. 유클리드 거리 계산은 16.2절에서 다룬다.

5. **군집화 알고리즘을 선택한다.** 다음으로 데이터를 군집화 하는 방법을 선택한다. 위계적 군집화는 작은 규모(예를 들어 150개 이하의 관측치)에 유용하고 집단들이 내부위계가 있다고 여겨질 때 유용한다. 분할 방법은 더 큰 대상을 취급할 수 있지만 군집의 수가 미리 지정되어야 한다.

   일단 위계적 혹은 분할 접근을 선택하고 나면 특정한 군집화 알고리즘을 정해야 한다. 각각은 장점과 단점이 있다. 가장 대중적인 방법은 16.3와 16.4에 기술되어 있다. 결과가 얼마나 탄탄한지를 보기 위해 선택된 방법에 한 개 이상의 알고리즘을 시도하고자 할 수 있다.

6. **한개 이상의 군집화 방안(solutions)을 얻는다.** 이 단계는 단계5에서 선택된 방법(들)을 사용한다.

7. **제시할 군집의 수를 정한다.** 최종 군집 방안을 내기 위해서는 몇 개의 군집들이 제시될 지를 정해야 한다. 이것은 골치 아픈 문제이다. 그래서 많은 접근법들이 제시되어 왔다. 접근법은 대개 다양한 군집의 수(말하자면 2에서 *K*까지)를 끌어내어 방안의 품질을 비교하는 것이다. `NBClust` 패키지의 `NBClust()` 함수는 의사결정에 도움을 주기 위해 30개의 서로 다른 인덱스를 제공한다. `NbClust`는 이 장에서 계속 사용된다.

8. **최종 군집화 방안을 얻는다.** 일단 군집의 수가 정해졌다면 최종 군집화가 수행되어 그 숫자의 하위집단을 도출한다.

9. **결과를 시각화한다.** 시각화는 군집 방안의 의미와 유용성을 결정하는데 도움을 준다. 위계 군집화의 결과는 대개 덴드로그램(dendrogram)으로 제시된다. 분할 결과는 전형적으로 이변량 군집 플롯을 사용하여 시각화된다.

10. **군집들을 해석한다.** 군집 방안이 일단 획득되면, 군집을 해석(그리고 가능한 명명화 작업)해야만 한다. 군집내의 관측치들의 공통점은 무엇인가? 다른 군집의 관측치와 어떻게 다른가? 이 단계는 군집별 각 변수들의 요약통계치를 획득함으로써 수행된다. 연속데이터라면 각 클러스터내의 변수들의 평균과 중앙값이 계산된다. 혼합데이터(범주형 변수를 갖고 있는 데이터)의 경우 요약데이터는 최빈치 내지 범주 분포 또한 포함될 것이다.

11. **결과의 타당성을 검토한다.** 군집 방안에 대한 타당성 검토는 다음 질문을 하는 것이다, "이런 집단화가 어느 정도 현실적인가? 그리고 이 데이터셋 혹은 통계기법의 독특한 측면만 부각시킨 것은 아닌가?" 다른 군집 방법 내지 다른 표본이 사용되었더라도 같은 군집이 획득 되었겠는가? `fpc`, `clv`, 그리고 `clValid` 패키지들은 군집화 방안의 안정성을 평가하는데 사용되는 함수들을 가지고 있다.

관측치들 간 거리 계산은 군집분석의 필수적인 부분이기 때문에 다음 장에서 좀 더 상세하게 기술한다.

16.2 거리 계산

모든 군집분석은 군집화된 개체 간의 거리, 비유사성 혹은 근접성을 계산하는 것으로 시작한다. 두 관측치 간의 유클리드 거리는 아래 공식으로 주어진다.

$$d_{ij} = \sqrt{\sum_{p=1}^{p} (x_{ip} - x_{jp})^2}$$

여기서 i와 j는 관측치이고 P는 변수들의 수이다.

flexclust 패키지에서 제공된 nutrient 데이터셋을 보자. 이 데이터셋은 육류, 생선, 가금류에 대해 27종의 영양소에 대한 측정치를 가지고 있다. 처음 몇 개 관측치는 다음과 같다.

```
> data(nutrient, package="flexclust")
> head(nutrient, 4)

              energy  protein  fat  calcium  iron
BEEF BRAISED     340       20   28        9   2.6
HAMBURGER        245       21   17        9   2.7
BEEF ROAST       420       15   39        7   2.0
BEEF STEAK       375       19   32        9   2.6
```

그리고 이 둘(BEEF BRAISED와 HAMBURGER)간의 유클리드 거리는 다음 공식과 같다

$$d = \sqrt{(340-245)^2 + (20-21)^2 + (28-17)^2 + (9-9)^2 + (26-27)^2} = 95.64$$

R 기본설치판에 있는 dist() 함수는 행렬이나 데이터프레임의 모든 행(관측치)들 간의 거리를 계산하는데 사용될 수 있다. 포맷은 dist(*x*, method=) 인데 여기서 *x*는 입력데이터이고 기본설정으로 method="euclidean" 이다. 하지만 as.matrix() 함수는 대괄호를 사용하여 거리정보에 접근하는데 사용될 수 있다. 아래는 nutrient 데이터프레임을 대상의 결과이다.

```
> d <- dist(nutrient)
> as.matrix(d)[1:4,1:4]
              BEEF BRAISED  HAMBURGER  BEEF ROAST  BEEF STEAK
BEEF BRAISED           0.0       95.6        80.9        35.2
HAMBURGER             95.6        0.0       176.5       130.9
BEEF ROAST            80.9      176.5         0.0        45.8
BEEF STEAK            35.2      130.9        45.8         0.0
```

큰 거리는 관측치들 간의 큰 비유사성을 나타낸다. 관측치 자체 간의 거리는 0이다. 기대했던 대로 dist() 함수는 손으로 계산한 것과 동일하게 삶은 소고기과 햄버거간의 거리를 보여주고 있다.

nutrient 데이터프레임에 있는 거리들은 데이터 값의 범위가 큰 에너지 변수의 영향에 의해 강력하게 지배되고 있다는 것을 주목하라. 데이터 척도화는 각 변수들의 영향력을 동등화하는데 도움을 줄 것이다. 다음 절에서는 이 데이터셋에 위계적 군집분석을 적용할 것이다.

◆ 혼합 유형 데이터의 군집분석(Cluster analysis with mixed data types)

유클리드 거리는 대개 연속데이터에 대한 선택의 거리 측정(distance measure of choice)이다. 그러나 다른 유형의 변수가 있다면 대안으로 비유사성(dissimilarity)에 대한 측정이 필요하다. 이항, 명목, 서열, 연속 속성들이 섞여 있는 관측치들간의 비유사성 행렬을 획득하기 위해서는 `cluster` 패키지내의 `daisy()` 함수를 쓸 수 있다. `cluster` 패키지의 다른 함수들도 군집분석을 수행하기 위해 이러한 비유사성을 사용할 수 있다. 예를 들어 `agnes()` 함수는 결합적 위계 군집화를 제안하고, `pam()` 함수는 medoids 분할(partitioning around medoids)을 제공한다.

16.3 위계적 군집분석

앞에서 말했듯이, 위계적 응집 군집화에서 각 사례 혹은 관측치들은 자기 자신의 군집에서 시작한다. 그리고 나서 군집은 모든 군집들이 하나의 군집으로 뭉쳐질 때까지 한 번에 두 개씩 결합한다. 알고리즘은 다음과 같다.

1. 각 관측치(행, 사례)를 군집으로 정의한다.
2. 모든 군집과 다른 모든 군집간 거리들을 계산한다.
3. 가장 작은 거리를 갖는 두 군집을 결합한다. 이는 군집 수를 하나로 줄인다.
4. 모든 관측치를 포함하는 하나의 군집이 될 때까지 단계2와 3을 반복한다.

위계적 군집화 알고리즘들간의 첫 번째 차이는 클러스터 거리의 정의(단계 2)에 있다. 5개의 가장 보편적인 위계적 군집화 방법과 두 군집 간 거리의 정의는 표 16.1에 제시되고 있다.

최단연결(single-linkage) 군집화는 길게 늘어진 시가담배 모양의 군집을 나타내는 경향이 있다. 이것

표 16.1 위계적 군집화 방법

군집 방법	두 군집들 간 거리에 대한 정의
최단연결(Single linkage)	한 군집의 점과 다른 군집의 점 간의 가장 짧은 거리
최장연결(Complete linkage)	한 군집의 점과 다른 군집의 점 간의 가장 긴 거리
평균연결(Average linkage)	한 군집의 각 점과 다른 군집의 각 점 간의 평균 거리(또한 소위 UPGMA[비가중 짝 집단 평균의 평균화(unweighted pair group mean averaging)])
중심연결(Centroid)	두 군집들의 centroids(변수 평균들의 벡터)간의 거리. 단일 관측치의 centroid는 그 변수의 값이다.
와드(Ward)	모든 변수들를 고려한 두 군집들간의 ANOVA 자승합

은 또한 **사슬짓기**(chaining: 유사하지 않은 관찰치들이 그들 중간의 관찰치들과 유사하기 때문에 같은 클러스터로 합쳐지는 것)라고 불리는 현상이 보편적으로 나타난다. 최장연결(complete-linkage) 군집화는 거의 원형의 촘촘한 군집을 보이는 경향이 있다. 이것은 또한 이상치에 민감할 수 있다. 평균연결(average-linkage) 군집화는 위 둘의 보완형태를 제시한다. 이것은 사슬짓기를 하는 것 같지도 않고 이상치에도 덜 민감하다. 작은 변량을 가진 군집들을 결합하는 경향을 가진다.

와드(ward) 방법은 소수의 관측치를 가진 군집을 결합하는 경향, 그리고 거의 동수의 관측치를 가진 군집을 만드는 경향이 있다. 이것 또한 이상치에 민감할 수 있다. 중심연결(centroid) 방법은 군집 거리에 대한 간단하면서도 쉽게 이해되는 정의때문에 매력적이다. 이것은 다른 위계적 방법보다 이상치에 덜 민감하다. 그러나 이것은 평균연결이나 와드방법만큼 성능이 좋지 않을 수 있다.

위계적 군집화는 `hclust()` 함수로 수행될 수 있다. 포맷은 `hclust(d, method=)`이다. 여기서 *d*는 `dist()` 함수에 의해 생산되는 거리 행렬이다. 그리고 method에는 "`single`", "`complete`", "`average`", "`centroid`", 그리고 "`ward`" 등이 있다.

이 절에서는 16.1.1절에서 소개된 `nutrient` 데이터에 평균연결 군집화를 적용할 것이다. 목표는 영양 정보에 기반하여 27개 음식유형들 간의 유사성, 차이, 그리고 집단들을 식별하는 것이다. 이 군집화를 수행하는 코드는 아래 프로그래밍에 제공되어 있다.

프로그래밍 16.1 영양소 데이터의 평균연결 군집화

```
data(nutrient, package="flexclust")
row.names(nutrient) <- tolower(row.names(nutrient))
nutrient.scaled <- scale(nutrient)

d <- dist(nutrient.scaled)

fit.average <- hclust(d, method="average")
plot(fit.average, hang=-1, cex=.8, main="Average Linkage Clustering")
```

먼저 데이터를 불러오고, 행 이름이 소문자로 세팅된다(왜냐하면 나는 대문자 라벨을 싫어한다). 변수들의 데이터 범위가 매우 다르기 때문에 이들은 평균 0, 표준편차 1로 표준화된다. 27개 음식유형들간의 유클리드 거리가 계산되고, 평균연결 군집화가 수행된다. 마침내 결과가 덴드로그램(그림 16.1을 보라)으로 그려진다. `plot()` 함수에 있는 hang 옵션은 관측치 라벨을 가지런히 정렬해준다(0보다 아래로 걸리게 해준다).

덴드로그램은 아이템들이 어떻게 군집들로 결합되는지를 보여준다. 덴드로그램은 밑에서부터 읽는다. 각 관측치들은 자기 자신의 군집으로 시작한다. 그리고 가장 가까운 두 개의 관측치들(삶은 소고

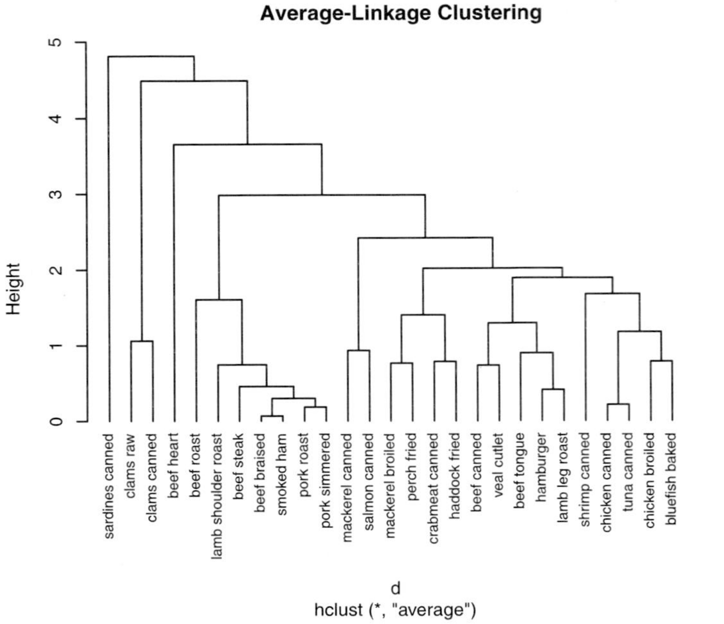

그림 16.1 `nutrient` 데이터의 Average-linkage 군집화

기와 훈제 햄)이 결합된다. 다음으로 구운 돼지고기와 돼지고기 탕이 결합되고 다음으로 닭고기 통조림과 참치통조림이 결합된다. 4번째 단계에서 삶은 소고기/훈제햄 군집과 구운 돼지고기/돼지고기 탕 군집이 결합된다(그래서 이 클러스터는 이제 4개의 음식아이템을 가지게 된다). 이 작업은 하나의 군집을 이룰때까지 계속된다. 높이는 군집들이 결합되는 기준값을 나타낸다. 평균연결 군집화에서 기준은 한 군집 내의 각 점과 다른 군집의 각 점들 간의 평균거리이다.

만약 목표가 영양소 측면에서 음식유형들이 어떻게 유사하거나 다른지를 이해하는 것이라면 그림 16.1이 충분할 수 있다. 그림은 27개 아이템들간의 유사성/이질성의 위계적 모습을 만들어 준다. 참치통조림과 닭통조림은 유사하다. 그리고 이 둘은 모두 조개통조림과는 매우 다르다. 하지만 최종 목적이 이 음식들을 몇 개의 (의미 있는)집단에 배정하는 것이라면, 적절한 클러스터 수를 정하기 위해 추가적인 분석들이 요구된다.

NbClust 패키지는 군집분석에서 최선의 군집 수를 정하기 위한 많은 인덱스를 제공한다. 그렇다고 이것들이 서로 의견을 같이 한다고 보장은 못한다. 사실 그렇지 않을지도 모른다. 그러나 그 결과는 가능한 후보값 *K*(군집 수)를 선정하는 가이드로 사용될 수 있다. `Nbclust()` 함수의 입력사항들은 군집화될 행렬이나 데이터프레임, 사용될 거리척도와 군집화 방법, 생각하는 군집 수의 최대값과 최소값 등이다. 이 함수는 최선의 군집 수와 함께 각 군집화 인덱스들을 반환한다. 다음 프로그래밍은 `nutrient` 데이터의 평균연결 군집화에 이 접근법을 적용하고 있다.

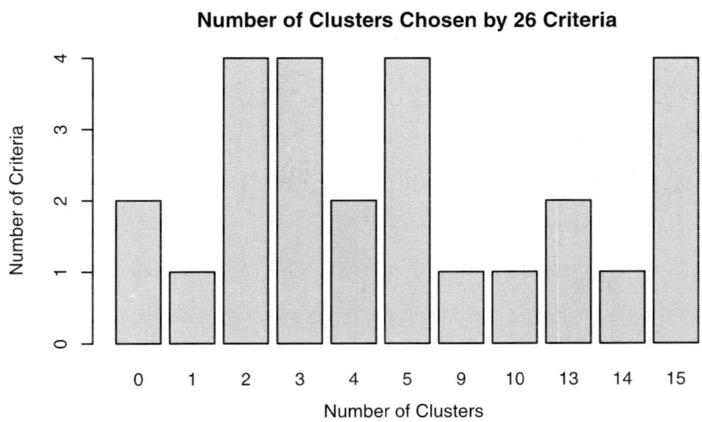

그림 16.2 NbClust 패키지에서 제공되는 26개 기준을 이용한 군집 수 추천

프로그래밍 16.2 군집 수 선정하기

```
> library(NbClust)
> devAskNewPage(ask=TRUE)
> nc <- NbClust(nutrient.scaled, distance="euclidean",
                min.nc=2, max.nc=15, method="average")
> table(nc$Best.n[1,])

 0  2  3  4  5  9 10 13 14 15
 2  4  4  3  4  1  1  2  1  4

> barplot(table(nc$Best.n[1,]),
          xlab="Numer of Clusters", ylab="Number of Criteria",
          main="Number of Clusters Chosen by 26 Criteria")
```

여기서 4개의 기준이 각각 2개의 군집을 선호하고, 4개의 기준이 3개의 군집을 선호하고, 등등. 그 결과들은 그림 16.2에 그려져 있다.

여러분은 가장 많은 표를 받은 군집 수(2 ,3, 5, 15)들 중에서 가장 그럴듯한 느낌을 주는 한 가지를 정한다. 아래 프로그래밍은 5개 군집을 방안으로 제시하는 과정이다.

프로그래밍 16.3 최종 군집 방안 구하기

```
> clusters <- cutree(fit.average, k=5)        ❶ Assigns cases
> table(clusters)

clusters
 1  2  3  4  5
 7 16  1  2  1

> aggregate(nutrient, by=list(cluster=clusters), median)        ❷ Describes clusters

  cluster energy protein fat calcium iron
1       1  340.0      19  29       9 2.50
```

```
2       2  170.0       20   8       13 1.45
3       3  160.0       26   5       14 5.90
4       4   57.5        9   1       78 5.70
5       5  180.0       22   9      367 2.50

> aggregate(as.data.frame(nutrient.scaled), by=list(cluster=clusters),
    median)

  cluster energy protein    fat calcium    iron
1       1  1.310   0.000  1.379  -0.448  0.0811
2       2 -0.370   0.235 -0.487  -0.397 -0.6374
3       3 -0.468   1.646 -0.753  -0.384  2.4078
4       4 -1.481  -2.352 -1.109   0.436  2.2709
5       5 -0.271   0.706 -0.398   4.140  0.0811

> plot(fit.average, hang=-1, cex=.8,
     main="Average Linkage Clustering\n5 Cluster Solution")
> rect.hclust(fit.average, k=5)
```

❸ **Plots results**

cutree() 함수는 나무를 5개의 군집으로 자르는데 사용된다❶. 첫 번째 군집은 7개 관측치를 가지고, 두 번째 군집은 16개 관측치를 가지는 등. aggregate() 함수는 각 군집의 중앙값(median) 프로파일을 획득하는데 사용된다❷. 그 결과값은 원래 수치와 표준화된 수치 모두 보고된다. 마지막으로 덴드로그램이 다시 그려진다. rect.hclust() 함수는 5개 군집 방안을 덧붙여 놓는데 사용된다❸. 결과는 그림 16.3에 나타나 있다.

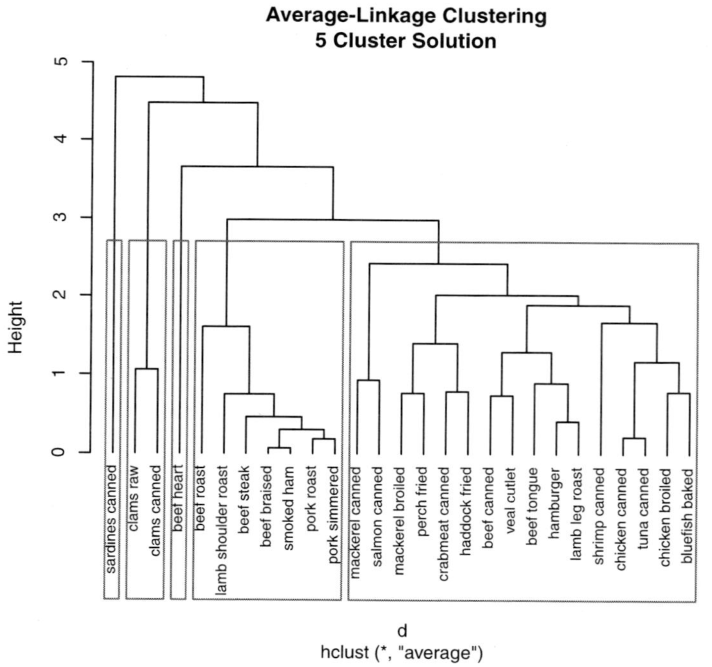

그림 16.3 5개 군집화한 nutrient 데이터의 평균연결(Average-linkage) 군집화

정어리(sardine)는 그들만의 군집을 이루고 다른 음식집단보다 칼슘이 훨씬 높다. 소 심장 또한 단독 개체이며 단백질과 철분이 높다. 조개 군집은 단백질이 낮고 철분은 높다. 구운 소고기부터 돼지고기 탕을 포함하는 군집의 음식들은 열량과 지방이 높다. 마지막으로 가장 큰 집단(고등어에서 푸른 생선까지)은 상대적으로 철분이 낮다.

위계적 군집화는 내부 군집화와 유의미한 위계를 기대할 때 특히 유용할 수 있다. 이것은 생물과학에서 자주 발생한다. 그러나 위계적 알고리즘은 일단 한 관측치가 어떤 군집에 배정되면 후에 재배정될 수 없다. 게다가 위계적 군집화는 수백 혹은 심지어 수천의 관측치가 있는 대규모 표본에 적용하기 힘들다. 분할 방법은 이런 상황에 잘 작동할 수 있다.

16.4 분할 군집화 분석

분할 접근에서 관측치들은 *K*집단들로 나눠지고 주어진 기준에 따라 가능한 가장 응집적인 군집을 형성하기 위해 다시 섞여진다. 이 절은 두 가지 방법을 고려한다. k-평균(k-means)과 partitioning around medoids(PAM)이다.

16.4.1 K-평균 군집화

가장 보편적인 분할 방법이 k-평균 군집분석이다. 개념적으로 k-평균 알고리즘은 다음과 같다:

1. *K* centroids를 선택한다(무작위로 선정된 *K*행들) .
2. 각 데이터 포인트를 가장 가까운 중심(centroid)에 배정한다.
3. 군집 안에 있는 모든 데이터 포인트의 평균으로 중심을 재계산한다(즉, 중심은 *p*길이의 평균의 벡터들이고 여기서 *p*는 변수의 수이다).
4. 그들의 가장 가까운 중심에 데이터 포인트를 부여한다.
5. 관측치들이 더 이상 배정되지 않거나 최대 반복수(R은 기본설정으로 10을 사용함)에 도달할 때까지 단계3과 4를 계속한다.

이 접근법의 상세 구현사항은 달라질 수 있다.

R은 Hartigan과 Wong(1979)이 만든 효율적인 알고리즘을 사용한다. 이 알고리즘은 군집 중앙에 대한 관측치들의 자승합이 최소가 되도록 관측치들을 *k*집단으로 분할하는 것이다. 이것은 단계2와 4에서 각 관측치는 아래 수학공식의 가장 작은 값을 가진 군집에 배정된다는 것을 의미한다.

$$ss(k) = \sum_{i=1}^{n} \sum_{j=0}^{p} (x_{ij} - \bar{x}_{kj})^2$$

여기서 k는 군집이고, x_{ij}는 i번째 관측치에 대한 j번째 변수의 값이고, $\bar{x}_{kj}$는 k번째 군집에 j번째 변수의 평균이고, p는 변수의 수이다.

k-평균 군집화는 위계적 군집 접근보다 대규모 데이터셋을 처리할 수 있다. 게다가, 관측치들이 한 군집에 영원히 고정되지도 않는다. 이들은 전체 군집이 개선된다고 할 때 이동한다. 그러나, 평균을 사용한다는 것은 모든 변수들이 연속변수이어야 하며, 이상치에 심하게 영향받는다는 것을 내포한다. 또 볼록하지 않은(예를 들어 U자형의) 군집의 존재에는 매우 약하다.

R에서 k-평균 함수의 포맷은 `kmeans(x, centers)`이다. 여기서 x는 숫자 데이터셋(행렬이나 데이터프레임)이고 *centers*는 추출할 군집의 수이다. 이 함수는 군집 소속, 중심(centroid), 자승합(집단 내, 집단 간, 전체), 그리고 군집 크기들을 반환한다.

k-평균 군집분석은 k개의 무작위로 선정된 중심으로 시작하기 때문에, 함수를 불러낼 때마다 다른 방안이 나올 수 있다. 결과를 재생하기 위해서는 `set.seed()` 함수를 사용하라. 게다가 이 군집화 접근법은 처음 선정된 중심에 민감할 수 있다. `kmeans()` 함수는 복수의 초기 구성을 시도하고 최선책을 보고하는 `nstart` 옵션을 가지고 있다. 예를 들어 `nstart=25`를 달면 25개의 초기 구성을 생성한다. 이 접근법이 자주 추천된다.

위계적 군집화와 달리, k-평균 군집화는 추출할 군집의 수를 미리 정할 것을 요구한다. 다시, `NbClust` 패키지가 지침으로 사용될 수 있다. 또 k-평균 방안 내의 군집들의 전체 집단 간 자승합 그림이 유용할 수 있다. 그래프의 꺽임(14.2.1절에서 기술된 `Scree` 테스트의 꺽임과 유사한)은 적절한 군집 수를 제안할 수 있다.

그래프는 다음 함수로 만들 수 있다:

```
wssplot <- function(data, nc=15, seed=1234){
               wss <- (nrow(data)-1)*sum(apply(data,2,var))
               for (i in 2:nc){
                    set.seed(seed)
                    wss[i] <- sum(kmeans(data, centers=i)$withinss)}
               plot(1:nc, wss, type="b", xlab="Number of Clusters",
                    ylab="Within groups sum of squares")}
```

`data` 파라미터는 분석될 수치형 데이터셋이고, `nc`는 최대 군집 수이고, `seed`는 무작위 숫자 seed이다.

k-평균 군집화를 178개의 이탈리안 와인 샘플에 대해 13개의 화학적 측정값을 담고 있는 데이터셋에

적용해 보자. 원래 이 데이터는 UCI 기계학습 저장소(www.ics.uci.edu/~mlearn/MLRepository.html)에서 나온 것이지만, 여기서는 `rattle` 패키지를 통해 접근한다. 이 데이터셋에서 관측치들은 첫 번째 변수(Type)로 세 개의 와인 품종을 제시하고 있다. 이 변수를 빼고 군집분석을 수행하여 기존의 구조를 재현할 수 있는지를 볼 것이다.

프로그래밍 16.4 와인데이터에 대한 K-평균 군집화

```
> data(wine, package="rattle")
> head(wine)

  Type Alcohol Malic  Ash Alcalinity Magnesium Phenols Flavanoids
1    1   14.23  1.71 2.43       15.6       127    2.80       3.06
2    1   13.20  1.78 2.14       11.2       100    2.65       2.76
3    1   13.16  2.36 2.67       18.6       101    2.80       3.24
4    1   14.37  1.95 2.50       16.8       113    3.85       3.49
5    1   13.24  2.59 2.87       21.0       118    2.80       2.69
6    1   14.20  1.76 2.45       15.2       112    3.27       3.39

> df <- scale(wine[-1])                          ❶ Standardizes the data

 Nonflavanoids Proanthocyanins Color  Hue Dilution Proline
1          0.28            2.29  5.64 1.04     3.92    1065
2          0.26            1.28  4.38 1.05     3.40    1050
3          0.30            2.81  5.68 1.03     3.17    1185
4          0.24            2.18  7.80 0.86     3.45    1480
5          0.39            1.82  4.32 1.04     2.93     735
6          0.34            1.97  6.75 1.05     2.85    1450

> wssplot(df)
> library(NbClust)
> set.seed(1234)
> devAskNewPage(ask=TRUE)
> nc <- NbClust(df, min.nc=2, max.nc=15, method="kmeans")
> table(nc$Best.n[1,])
                                                 ❷ Determines the number of clusters
 0  2  3  8 13 14 15
 2  3 14  1  2  1  1

> barplot(table(nc$Best.n[1,]),
          xlab="Number of Clusters", ylab="Number of Criteria",
          main="Number of Clusters Chosen by 26 Criteria")

> set.seed(1234)
> fit.km <- kmeans(df, 3, nstart=25)             ❸ Performs the k-means cluster analysis
> fit.km$size

[1] 62 65 51

> fit.km$centers

  Alcohol Malic   Ash Alcalinity Magnesium Phenols Flavanoids Nonflavanoids
1    0.83 -0.30  0.36      -0.61     0.576   0.883      0.975        -0.561
2   -0.92 -0.39 -0.49       0.17    -0.490  -0.076      0.021        -0.033
```

```
3    0.16  0.87  0.19        0.52     -0.075  -0.977       -1.212          0.724
  Proanthocyanins Color   Hue Dilution Proline
1           0.579  0.17  0.47     0.78    1.12
2           0.058 -0.90  0.46     0.27   -0.75
3          -0.778  0.94 -1.16    -1.29   -0.41

> aggregate(wine[-1], by=list(cluster=fit.km$cluster), mean)

  cluster Alcohol Malic Ash Alcalinity Magnesium Phenols Flavanoids
1       1      14   1.8 2.4         17       106     2.8        3.0
2       2      12   1.6 2.2         20        88     2.2        2.0
3       3      13   3.3 2.4         21        97     1.6        0.7
  Nonflavanoids Proanthocyanins Color  Hue Dilution Proline
1          0.29             1.9   5.4 1.07      3.2    1072
2          0.35             1.6   2.9 1.04      2.8     495
3          0.47             1.1   7.3 0.67      1.7     620
```

변수들은 범위가 다르기 때문에, 군집화 전에 표준화된다❶. 다음으로 wssplot()과 NbClust() 함수들을 사용해서 군집 수가 정해진다❷. 그림 16.4는 1개 군집에서 3개 군집으로 이동할 때 집단 내 자승합이 뚜렷이 떨어지는 것을 보여준다. 3개 군집 후, 이러한 하락은 감소한다. 이것은 3개 군집 방안이 이 데이터에 적합한 것으로 제안한다. 그림 16.5에서 NbClust 패키지가 제공하는 24개 기준 중 14개가 3개 군집 방안을 제안하고 있다. 30개 기준 모두가 모든 데이터셋에 계산될 수 없다는 것을 알아 두라.

최종 군집 방안을 kmeans() 함수로 얻는다. 그리고 군집 중심이 출력된다❸. 이 함수가 제공하는 중심이 표준화된 데이터를 기반으로 하기 때문에, 원래 값으로 각 군집에 대한 변수 평균들을 결정하기 위해 aggregate() 함수가 군집 소속과 함께 사용된다.

k-평균 군집화가 Type변수에 담겨있는 데이터의 실제 구조를 얼마나 잘 드러내고 있는가? 이는 아래 프로그램문으로 Type(와인 품종)과 군집 소속의 교차표를 생성하여 알아본다.

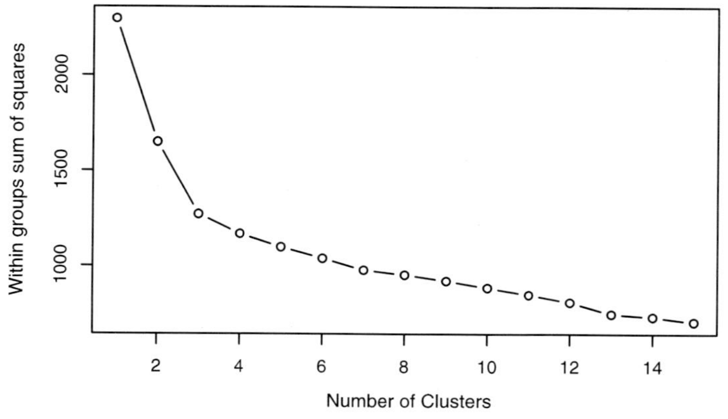

그림 16.4 집단 내 자승합 vs. 추출된 군집 수 플롯팅. 1개 군집에서 3개 군집으로 변화 시 급격한 감소는 3개 군집 방안을 제시한다.

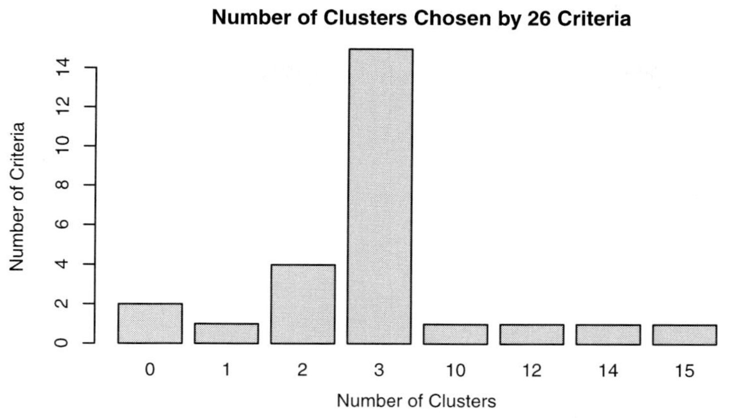

그림 16.5 NbClust 패키지가 제공한 26개 기준을 사용하여 추천된 군집수

```
> ct.km <- table(wine$Type, fit.km$cluster)
> ct.km
     1  2  3
  1 59  0  0
  2  3 65  3
  3  0  0 48
```

flexclust 패키지가 제공하는 조정된 Rand 지수를 사용하여 Type과 군집 간의 일치성을 계량화할 수 있다:

```
> library(flexclust)
> randIndex(ct.km)
[1] 0.897
```

수정된 Rand 지수는 우연성을 조정한 두 파티션들 간의 일치성 척도를 제공한다. 이 척도의 범위는 -1(일치성 없음)에서 1(완벽한 일치성)이다. 와인 품종과 군집 방안간의 일치성은 0.9이다. 나쁘지 않다.

16.4.2 Partitioning around medoids(PAM)

k-means 군집화는 평균에 기반하기 때문에, 이상치에 민감할 수 있다. partitioning around medoids (PAM)는 더욱 탄탄한 방안을 제공한다. centroid(변수 평균들의 백터)를 사용하여 각 군집을 나타내기 보다 각 군집은 가장 대표적인 관측치(medoid라 불리는)에 의해 식별된다. k-평균이 유클리드 거리를 사용하는 반면, PAM은 어떤 거리 척도에도 기반할 수 있다. 따라서 연속변수에 한정되지 않고, 여러 데이터유형에 적용할 수 있다.

PAM 알고리즘은 다음과 같다.

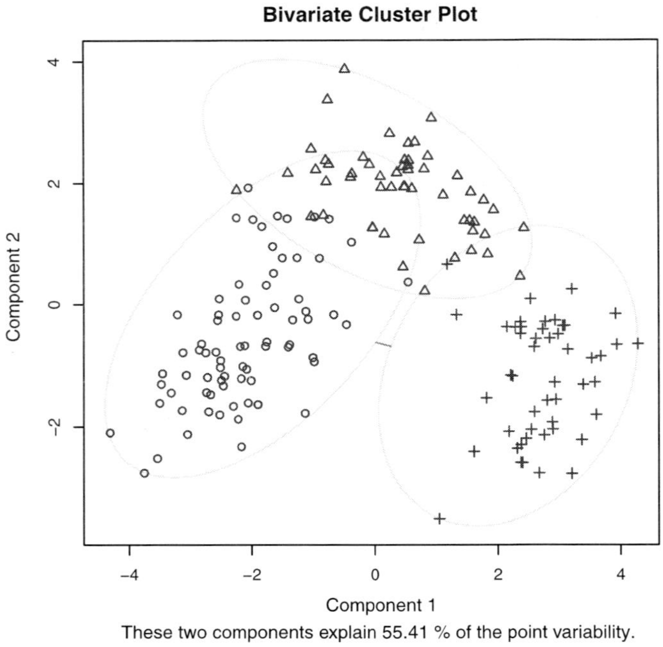

그림 16.6 이탈리안 와인데이터의 세집단 PAM 클러스터링을 위한 군집 플롯

1. *K*개 관측치(각각을 medoid라 부른다)를 무작위로 선택한다.
2. 각 medoid에 대한 모든 관측치들의 거리/비유사성을 계산한다.
3. 각 관측치를 가장 가까운 medoid에 배정한다.
4. 소속된 medoid와 각 관찰치들간의 거리합(총비용)을 계산한다.
5. medoid가 아닌 포인트를 선택하여 medoid와 바꾼다.
6. 모든 포인트를 이와 가장 가까운 medoid에 다시 배정한다.
7. 총비용을 계산한다.
8. 이 총비용이 더 작다면, 새로운 포인트를 medoid로 유지한다.
9. medoid가 변하지 않을 때까지 단계5-8을 반복한다.

PAM 접근법에 깔려 있는 수학의 예시는 http://en.wikipedia.org/wiki/k-medoids 에서 찾을 수 있다(나는 보통 위키피디아를 인용하지 않지만 이것은 좋은 예시이다).

Partition around medoids를 위해서는 `cluster` 패키지에 있는 `pam()` 함수를 사용할 수 있다. 포맷은 `pam(x, k, metric="euclidean", stand=FALSE)`, 여기서 *x*는 데이터행렬이거나 데이터 프레임이고, *k*는 군집 수이고, metric은 사용할 거리/비유사성 척도 타입이고, `stand`는 이 metric을 계산하기 전에 변수들을 표준화할 것인지를 가리키는 논리값이다. PAM은 아래 프로그래밍에서 와인데이터에 적용된다. 그림 16.6을 보라.

프로그래밍 16.5 와인데이터에 대한 유지

```
> library(cluster)
> set.seed(1234)
> fit.pam <- pam(wine[-1], k=3, stand=TRUE)        ◁ Clusters standardized data
> fit.pam$medoids                                    ◁ Prints the medoids
     Alcohol Malic  Ash Alcalinity Magnesium Phenols Flavanoids
[1,]    13.5  1.81 2.41       20.5       100    2.70       2.98
[2,]    12.2  1.73 2.12       19.0        80    1.65       2.03
[3,]    13.4  3.91 2.48       23.0       102    1.80       0.75
     Nonflavanoids Proanthocyanins Color  Hue Dilution Proline
[1,]          0.26            1.86   5.1 1.04     3.47     920
[2,]          0.37            1.63   3.4 1.00     3.17     510
[3,]          0.43            1.41   7.3 0.70     1.56     750

> clusplot(fit.pam, main="Bivariate Cluster Plot")   ◁ Plots the cluster solution
```

medoid는 와인 데이터셋에 포함되어 있는 실제 관측치라는 것을 알아 두라. 이 경우 medoid는 관측치 36, 107, 175이다. 이들은 세 군집을 대표하는 것으로 선택되었다. 이변량(bivariate) 플롯은 13개 시음 변수들로부터 도출된 2개 주요 성분(14장을 보라) 위에 각 관측치들의 좌표를 뿌림으로써 만들어졌다. 각 군집들은 자신의 모든 포인트들을 담고 있는 타원형으로 나타난다.

이 사례에서 PAM은 k-평균 만큼 잘 수행되지 않았다.

```
> ct.pam <- table(wine$Type, fit.pam$clustering)
     1  2  3
  1 59  0  0
  2 16 53  2
  3  0  1 47
> randIndex(ct.pam)
[1] 0.699
```

조정된 Rand지수는 0.9(k-평균의 경우)에서 0.7로 내려갔다.

16.5 존재하지 않는 군집 피하기

논의를 마치기 전에 주의사항이 있다. 군집분석은 데이터셋에서 응집적 하위집단을 식별하도록 고안된 방법론이다. 군집분석은 이런 일을 매우 잘한다. 사실 이걸 너무 잘해서 있지도 않는 군집들도 찾을 수 있다.

다음 코드를 고려해 보자:

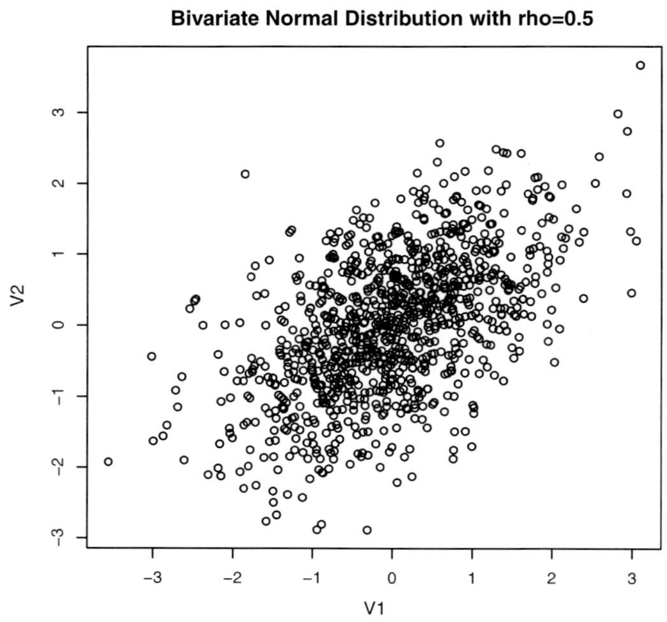

그림 16.7 이원 정규 데이터(n = 1000). 이 데이터에는 군집이 없다.

```
library(fMultivar)
set.seed(1234)
df <- rnorm2d(1000, rho=.5)
df <- as.data.frame(df)
plot(df, main="Bivariate Normal Distribution with rho=0.5")
```

`fMultivar` 패키지에 있는 `rnorm2d()` 함수는 상관관계 0.5인 이원 정규분포에서 천 개의 관측치를 표본추출하는데 사용된다. 결과 그래프는 그림 16.7에 제시되어 있다. 명확히 이 데이터에는 군집이 없다.

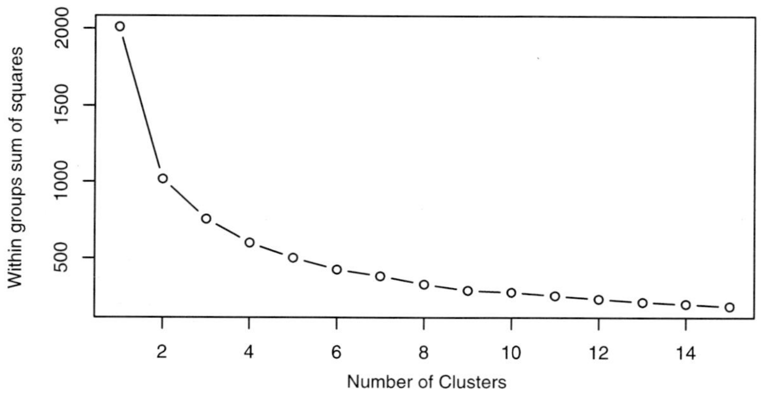

그림 16.8 이원 정규 데이터에 대한 집단 내 자승합 vs. k-평균 군집 수

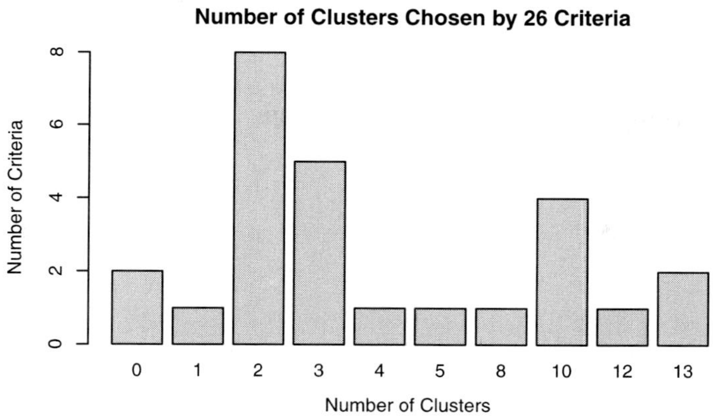

그림 16.9 이원 정규 데이터에 대해 NdClust패키지의 기준이 추천한 군집수. 2개 내지 3개의 군집이 제안되었다.

그리고 wssplot() 와 NbClust() 함수가 나타날 군집 수를 결정하는데 사용된다:

```
wssplot(df)
library(NbClust)
nc <- NbClust(df, min.nc=2, max.nc=15, method="kmeans")
dev.new()
barplot(table(nc$Best.n[1,]),
        xlab="Number of Clusters", ylab="Number of Criteria",
        main="Number of Clusters Chosen by 26 Criteria")
```

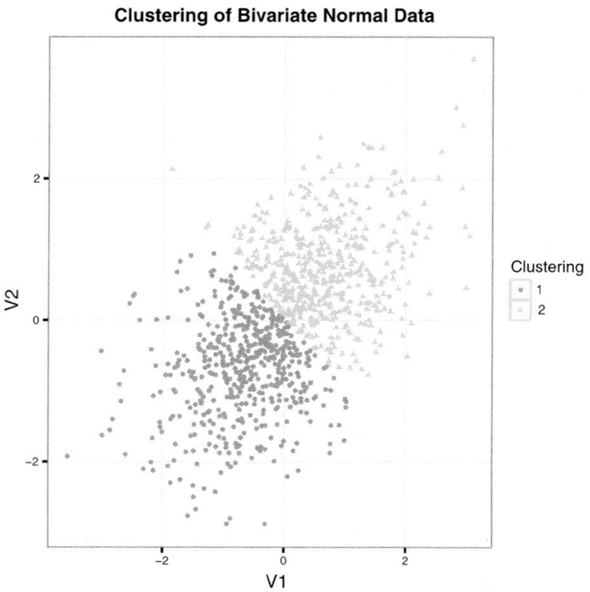

그림 16.10 두 군집을 추출하는 이변량 정규 데이터에 대한 PAM 클러스터 분석. 이 군집들은 데이터의 임의적 구분임을 주지하라.

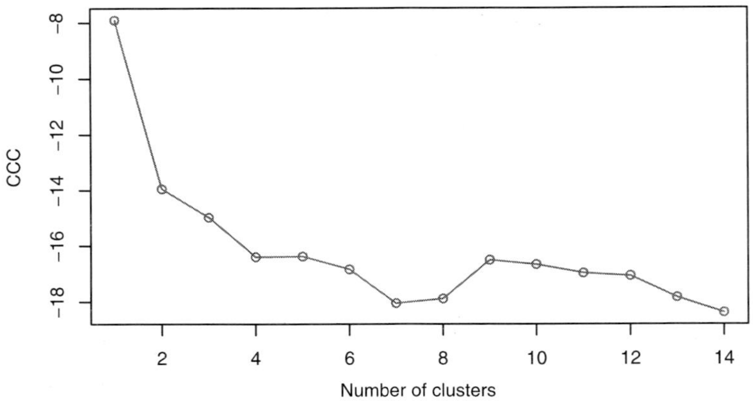

그림 16.11 이변량 정규 데이터에 대한 CCC 플롯. 이것은 군집이 없다고 정확히 제시하고 있다.

결과는 그림 16.8과 16.9에 그려져 있다.

wssplot() 함수는 3개 군집을 제안하는 반면, NbClust() 함수는 2개에서 3개 군집을 제안한다. PAM으로 두 개 군집분석을 수행한다면, 그림 16.10에 나타난 두 군집 플롯을 얻게 될 것이다.

```
library(ggplot2)
library(cluster)
fit <- pam(df, k=2)
df$clustering <- factor(fit$clustering)
ggplot(data=df, aes(x=V1, y=V2, color=clustering, shape=clustering)) +
   geom_point() + ggtitle("Clustering of Bivariate Normal Data")
```

(ggplot() 문은 포괄적 그래픽 패키지인 ggplot2의 부분이다. 19장은 이를 상세히 다루고 있다)

분명히 분할은 인공적이다. 여기에는 진짜 군집은 없다. 어떻게 하면 이런 실수를 피할 수 있는가? 비록 매우 간단한 것은 아니지만, NbClust가 보고하는 큐빅군집기준(CCC: Cubic Cluster Criteria)이 구조가 존재하지 않는 상황을 밝히는데 도움을 줄 수 있다. 코드는 다음과 같다.

```
plot(nc$All.index[,4], type="o", ylab="CCC",
     xlab="Number of clusters", col="blue")
```

결과 그래프는 그림 16.11에 나타나 있다. CCC값이 모두 음수이고 2개 내지 그 이상의 군집에서 감소할 때, 이 분포는 전형적으로 단봉분포(unimodal)이다.

군집분석이 잘못된 군집을 잘 찾아내려면(혹은 잘 해석해 내려면) 군집분석의 타당성 분석 단계가 중요하다. "진짜 있는" 군집(편의적 분할이 아니라)을 식별해 내려고 한다면, 결과가 탄탄하고 반복

될 수 있어야 한다. 다른 군집화 방법들을 시도하고, 새로운 표본으로 결과물을 복제해 보라. 동일한 군집이 지속적으로 드러난다면 결과에 확신을 가질 것이다.

16.6 요약

이 장에서, 우리는 관측치들을 응집적 집단으로 군집화하는데 가장 보편적인 접근법들을 살펴 보았다. 먼저 우리는 전체 군집분석의 일반적 단계를 검토하였다. 다음으로 위계적 군집과 분할 군집의 보편적 방법을 기술했다. 마지막으로 군집결과의 타당성을 파악할 필요가 있다는 것을 강조하였다.

군집분석은 광범위한 주제이다. 그리고 R은 이 방법론을 현재 사용 가능하게 하는 가장 포괄적인 도구들을 가지고 있다. 이러한 능력들을 더 배우려면 군집분석과 유한복합모델(Finite Mixture Models)에 대한 CRAN을 참조하라(CRAN Task View for Cluster Analysis & Finite Mixture Models (http://cran.r-project.org/web/views/Cluster.html). 또 Tan, Steinbach와 Kumar (2006)는 데이터마이닝 기술에 관한 훌륭한 책을 썼다. 여기에는 무료로 다운로드 받을 수 있는 군집분석에 관한 장이 있다(www-users.cs.umn.edu/ ~kumar/dmbook/ch8.pdf). 마지막으로 Everitt, Landau, Leese와 Stahl (2011)는 이 주제에 관한 실용적이고 높이 평가받고 있는 교과서를 썼다.

군집분석은 특정한 데이터셋에서 관측치들의 응집적 하위집단을 발견하는 방법론이다. 다음 장에서 우리는 집단은 이미 정의되어 있고, 관측치들을 이 집단에 정확하게 분류하는 방법을 찾는 것이 목표인 상황을 검토할 것이다.

제 17장 분류(Classification)

이 장에서 다룰 내용은 다음과 같다.

- 의사결정나무로 분류하기
- 랜덤 포레스트로 앙상블 분류하기
- 서포트 벡터머신(support vector machine) 만들기
- 분류 정확성 평가하기

데이터분석가는 예측변수들로부터 범주형 출력값을 예측할 필요에 자주 마주친다. 다음과 같은 예들이 있다.

- 어떤 사람의 인구학적 특성과 금융 거래 이력으로 대출 상환 여부를 예측하기
- 환자의 증상과 바이탈 기호에 기반하여 응급실 환자가 심장마비를 일으킬 지 결정하기
- 키워드, 이미지, 하이퍼텍스트, 제목정보, 그리고 발송처 정보로 이메일의 스팸 여부 결정

각 사례들은 일군의 **예측인자**(소위 **특성**: feature)로부터 이항 범주형 결과값(좋은 신용리스크/나쁜 신용리스크, 심장마비/심장마비 아님, 스팸/스팸 아님)을 예측하는 것이다. 목표는 두 집단 중 한 곳에 새로운 관측치(사례)를 정확하게 분류하는 방법을 찾는 것이다.

지도 기계학습(supervised machine learning) 분야에서는 로지스틱 회귀분석, 의사결정나무, 랜덤 포레스트, 서포트 벡터머신, 그리고 신경망 등을 비롯한 범주형 결과를 예측하는 데 사용될 수 있는 많은 분류방법들을 제안하고 있다. 앞의 4개를 이 장에서 논의할 것이다. 신경망은 이 책의 범위를 넘는 것이다.

지도학습은 예측변수들과 결과값 모두를 가지고 있는 관측치들로 시작한다. 데이터셋은 훈련표본(training sample)과 검증표본(validation sample)으로 나눈다. 예측모델은 훈련표본의 데이터를 사용하여 개발된다. 그리고 검증표본에 있는 데이터로 정확성을 검사한다. 분류 기법은 주어진 데이터셋에 대해 예측력을 극대화하기 때문에 두 개의 표본이 필요하다. 모델을 생성한 동일한 데이터를

사용하여 효과성을 평가한다면, 효과성 계수가 훨씬 더 낙관적일 것이다. 훈련표본으로 개발된 분류 규칙을 별개의 검증표본에 적용해 봄으로써 보다 현실적인 정확도 계수를 얻을 수 있다. 일단 효과적인 예측모델을 만들었다면, 예측변수만 알려진 상황에서 산출값을 예측하는데 이 모델을 사용할 수 있다.

이 장에서, 의사결정나무를 생성하고 시각화하기 위해 `rpart`, `rpart.plot`, 그리고 `party` 패키지를 사용할 것이고, 랜덤 포레스트를 위해서는 `randomForest` 패키지를, 서포트 벡터머신을 만들기 위해서는 `e1071` 패키지를 사용할 것이다. 로지스틱 회귀분석은 R 기본 설치에 있는 `glm()` 함수도 사용할 것이다. 시작하기 전에 필요한 패키지를 설치하라.

```
pkgs <- c("rpart", "rpart.plot", "party",
          "randomForest", "e1071")
install.packages(pkgs, depend=TRUE)
```

이 장에서 사용된 첫 번째 사례는 UCI 기계학습 저장소에 처음 게재된 위스콘신 유방암 데이터에 있는 것이다. 목표는 미세바늘로 흡입된 조직의 특성으로 부터 유방암이 있는지 없는지를 예측하는 모델을 개발하는 것이다.

17.1 데이터 준비

위스콘신 유방암 데이터셋은 UCI 기계학습서버(http://archive.ics.uci.edu/ml)에 있는 CSV 파일로 이용할 수 있다. 이 데이터셋은 699개의 미세바늘 흡입 표본을 보유하고 있는데 458개(65.5%)는 양성이고 241개(34.5%)는 음성이다. 총 11개의 변수를 갖고 있지만 파일 내에 변수명 정보는 없다. 16개의 표본은 결측데이터를 포함하고 있으며, 물음표로 코딩되어 있다.

변수들은 다음과 같다:

- ID
- Clump thickness(덩어리 두께)
- Uniformity of cell size(셀 크기의 균일성)
- Uniformity of cell shape(셀 모양의 균일성)
- Marginal adhesion (한계 부착력)
- Single epithelial cell size (단일 상피세포 크기)
- Bare nuclei (기저 핵)

- Bland chromatin (브랜드 염색질)
- Normal nucleoli (정상 핵소체)
- Mitoses (미토스)
- Class (클래스)

첫번째 변수는 ID 변수이다(탈락시킬 것이다). 마지막 변수(class)는 결과를 담고 있다(2=양성,4=악성).

각 표본마다, 악성과 상관관계가 있는 것으로 사전에 밝혀진 9개의 세포학적 특성들 또한 기록되어 있다. 이 변수들은 1(양성과 가장 가까운)부터 10(가장 악성인)까지 각각 기록된다. 그러나 어떤 예측인자도 스스로 양성과 악성 표본을 구별해 낼 수는 없다. 도전과제는 이 9개의 세포특성의 조합으로부터 악성을 정확하게 예측해낼 수 있는 분류규칙을 발견해 내는 것이다. 상세한 사항은 Mangasarian와 Wolberg (1990)를 보라.

아래 프로그래밍은 데이터가 있는 CSV 파일을 UCI 저장소에서 내려받아 훈련표본(70%)과 검증표본(30%)으로 무작위로 나눈다.

프로그래밍 17.1 유방암 데이터 준비

```
loc <- "http://archive.ics.uci.edu/ml/machine-learning-databases/"
ds  <- "breast-cancer-wisconsin/breast-cancer-wisconsin.data"
url <- paste(loc, ds, sep="")

breast <- read.table(url, sep=",", header=FALSE, na.strings="?")
names(breast) <- c("ID", "clumpThickness", "sizeUniformity",
                   "shapeUniformity", "maginalAdhesion",
                   "singleEpithelialCellSize", "bareNuclei",
                   "blandChromatin", "normalNucleoli", "mitosis", "class")

df <- breast[-1]
df$class <- factor(df$class, levels=c(2,4),
                   labels=c("benign", "malignant"))

set.seed(1234)
train <- sample(nrow(df), 0.7*nrow(df))
df.train <- df[train,]
df.validate <- df[-train,]
table(df.train$class)
table(df.validate$class)
```

훈련표본은 499개 사례(양성 329, 악성 160)를 가지고 있고, 검증표본은 210개 사례(양성 129, 악성 81)를 가지고 있다.

훈련표본은 로지스틱 회귀분석, 의사결정나무, 조건 의사결정나무, 랜덤 포레스트, 서포트 벡터머신 등을 사용하여 분류 방책(scheme)을 만드는데 사용될 것이다. 검증표본은 이러한 방책의 효과성을 평가하는데 사용될 것이다. 이 장에서는 동일한 표본을 사용하여 각 접근법들의 결과를 비교할 수 있게 할 것이다.

17.2 로지스틱 회귀분석

로지스틱 회귀분석은 수치형 변수들로부터 이항 결과값을 예측하는데 자주 사용되는 일반화 선형 모델의 한 유형이다(상세한 것은 13.2절을 보라). R 기본설치판에 있는 `glm()` 함수는 모델을 적합화(fitting)하는데 사용된다. 범주형 예측변수들은 자동으로 더미 변수들로 대체된다. 위스콘신 유방암 데이터의 모든 예측변수들은 숫자이다. 따라서 더미 코딩은 불필요하다. 다음 프로그래밍은 이 데이터의 로지스틱 회귀분석을 보여준다.

프로그래밍 17.2 glm()으로 수행한 로지스틱 회귀분석

```
> fit.logit <- glm(class~., data=df.train, family=binomial())   ❶ Fits the logistic regression
> summary(fit.logit)   ❷ Examines the model

Call:
glm(formula = class ~ ., family = binomial(), data = df.train)

Deviance Residuals:
    Min       1Q   Median       3Q      Max
-2.7581  -0.1060  -0.0568   0.0124   2.6432

Coefficients:
                         Estimate Std. Error z value Pr(>|z|)
(Intercept)              -10.4276     1.4760   -7.06  1.6e-12 ***
clumpThickness             0.5243     0.1595    3.29   0.0010 **
sizeUniformity            -0.0481     0.2571   -0.19   0.8517
shapeUniformity            0.4231     0.2677    1.58   0.1141
maginalAdhesion            0.2924     0.1469    1.99   0.0465 *
singleEpithelialCellSize   0.1105     0.1798    0.61   0.5387
bareNuclei                 0.3357     0.1072    3.13   0.0017 **
blandChromatin             0.4235     0.2067    2.05   0.0405 *
normalNucleoli             0.2889     0.1399    2.06   0.0390 *
mitosis                    0.6906     0.3983    1.73   0.0829 .
---
Signif. codes:  0 '***' 0.001 '**' 0.01 '*' 0.05 '.' 0.1 ' ' 1

> prob <- predict(fit.logit, df.validate, type="response")
> logit.pred <- factor(prob > .5, levels=c(FALSE, TRUE),
                   labels=c("benign", "malignant"))   ❸ Classifies new cases
```

```
> logit.perf <- table(df.validate$class, logit.pred,
                      dnn=c("Actual", "Predicted"))      ❹ Evaluates the predictive accuracy
> logit.perf

           Predicted
Actual      benign malignant
  benign       118         2
  malignant      4        76
```

먼저, 로지스틱 회귀분석은 종속변수로 class를, 예측변수로 나머지 변수들을 사용한다❶. 모델은 df.train 데이터프레임의 사례들에 기반하고 있다. 모델의 계수값들이 다음에 나타나 있다❷. 13.2절은 로지스틱 모델의 계수 값을 해석하는 가이드라인을 제공한다.

다음으로, df.train 데이터셋으로 개발된 예측방정식은 df.validate 데이터셋에 있는 사례들을 분류하는데 사용된다. 기본설정으로 predict() 함수는 음성 결과값을 가지는 로그 확률(log odds)을 예측한다. type="response" 옵션을 사용하여 음성 분류를 가질 확률이 반환된다❸. 다음 줄에서 0.5보다 높은 확률을 가진 사례들이 음성 집단으로 분류되고 0.5보다 같거나 작은 확률을 가진 사례들은 양성으로 분류된다.

마지막으로, 실제 상태와 예측 상태(**혼합 매트릭스**라고 하는)의 교차분석표가 출력된다❹. 이 표를 보면, 양성이었던 118개 사례가 양성으로 분류되었고, 음성인 76개 사례가 음성으로 분류되었다. df.validate 데이터프레임의 10개 사례는 예측변수의 결측값을 가지고 있어서 평가에 포함될 수 없었다.

정확하게 분류된 총 사례수(**정확성**이라 할 수 있는)는 검증표본의 (76 + 118) / 200 또는 97%이다. 분류 방책의 정확성 평가를 위한 통계는 17.4절에서 더 충분히 논의된다.

진도를 더 나가기 전에, 세 개의 예측변수들(sizeUniformity, shapeUniformity 그리고 singleEpithelialCellSize)은 p 〈 .10 수준에서 거의 0에 가까운 계수값을 가진다는 것을 주목하라. 무의미한 계수값을 지닌 예측변수로 무엇을 할 수 있는가?

예측 상황에서는 이러한 변수를 최종 모델에서 제거하는 것이 유용하다. 많은 비정보적 예측변수들이 오히려 시스템을 교란시키는 요소로 작용하는 상황에서 제거는 특히 중요하다.

이 경우 소수의 변수들로 더욱 작은 모델을 생성하고자 하는 경우 단계별(step-wise) 로지스틱 회귀분석이 사용될 수 있다. 더 작은 AIC 값을 가진 모델을 획득하기 위해 예측변수들이 첨가되거나 제거된다. 현재 문맥에서 더욱 깐깐한 모델을 획득하기 위해 다음을 사용할 수 있다.

```
logit.fit.reduced <- step(fit.logit)
```

축소된 모델은 앞서 언급한 세 변수들을 제외한다. 검증 데이터셋에서 결과를 예측하는데 사용해보면 이 축소모델의 오류가 훨씬 적다. 시도해 보라.

다음 접근법은 의사결정 혹은 분류나무를 만들어 볼 것이다.

17.3 의사결정나무

의사결정나무는 데이터마이닝에서 대중적인 기법이다. 의사결정나무는 새 관측치를 두 집단 중 하나에 분류할 수 있게 하기 위해 예측변수에 이항 분기를 만든다. 이 절에서 우리는 두 종류의 의사결정나무(고전적 나무와 조건적 추론)를 살펴볼 것이다.

17.3.1 고전적 의사결정나무

고전적 의사결정나무를 만드는 과정은 이항 결과변수(여기서는 양성/음성)와 예측변수 셋(9개의 세포학적 측정값)으로 시작한다. 알고리즘은 다음과 같다:

1. 결과변수에 있는 두 집단의 집단 순수성(동질성)이 극대화될 수 있도록(즉 가능한 한 양성 사례가 한 집단으로 음성 사례가 다른 한 집단으로) 데이터를 두 집단으로 가장 잘 분리하는 예측변수를 선택한다. 예측변수가 연속이라면 두 집단의 순수성을 극대화하는 분기점을 선택한다. 예측변수가 범주형(이 사례에는 없다)이라면 두 집단으로 만들도록 범주들을 조합한다.
2. 데이터를 이 두 집단으로 분리하고 각 하위그룹에 대해서도 이 프로세스를 계속한다.
3. 하위집단이 관측치 최소수보다 적거나 분기를 해서 비순수성을 줄이지 않을 때까지 단계 1과 2를 반복한다. 마지막 세트의 하위집단들을 **종착노드**라 부른다. 각 종착노드는 종착노드에 있는 표본들을 결과의 최빈값에 기반하여 결과의 한 범주 혹은 다른 범주로 분류된다.
4. 사례를 분류하기 위해, 사례를 종착노드까지 나무를 타고 내려가서 이것에 결과 최빈값을 부여한다.

불행히도 이 과정은 너무 큰 나무를 양산하는 경향이 있고 과적합(overfitting)의 문제가 있다. 그로 인해 새로운 사례가 잘 분류되지 않는다. 이를 보완하기 위해, 최저 10층 교차검증된 예측오류를 가진 나무를 선택하는 것으로 의사결정나무를 다듬을 수 있다. 이렇게 다듬어진 나무는 미래 예측에 사용된다.

R에서 의사결정나무는 `rpart` 패키지에 있는 `rpart()`와 `prune()` 함수를 사용하여 길러지고 다

들어질 수 있다. 아래 프로그래밍은 세포데이터를 양성과 악성으로 분류하는 의사결정나무를 생성한다.

프로그래밍 17.3 rpart()을 사용한 고전적 의사결정나무 만들기

```
> library(rpart)
> set.seed(1234)
> dtree <- rpart(class ~ ., data=df.train, method="class",          ❶ Grows the tree
                 parms=list(split="information"))
> dtree$cptable

        CP nsplit rel error  xerror       xstd
1 0.800000      0   1.00000 1.00000 0.06484605
2 0.046875      1   0.20000 0.30625 0.04150018
3 0.012500      3   0.10625 0.20625 0.03467089
4 0.010000      4   0.09375 0.18125 0.03264401

> plotcp(dtree)

> dtree.pruned <- prune(dtree, cp=.0125)                             ❷ Prunes the tree

> library(rpart.plot)
> prp(dtree.pruned, type = 2, extra = 104,
    fallen.leaves = TRUE, main="Decision Tree")

> dtree.pred <- predict(dtree.pruned, df.validate, type="class")    ❸ Classifies new cases
> dtree.perf <- table(df.validate$class, dtree.pred,
                      dnn=c("Actual", "Predicted"))
> dtree.perf
```

먼저 이 나무는 `rpart()` 함수를 사용하여 길러진다❶. 적합화된 모델(여기서는 보여주지 않음)을 검사하기 위해 `print(dtree)`와 `summary(dtree)`를 사용할 수 있다. 나무가 너무 클 수 있고 가지를 칠 필요가 있을 수 있다.

최종 나무 크기를 결정하기 위하여, `rpart()`가 반환하는 프로그래밍 중 `cptable` 성분을 검사한다. 이것은 여러 나무크기별로 예측오류에 관한 데이터를 가지고 있다. 이 복잡성 파라미터(cp: complexity parameter)는 큰 나무에 벌칙을 주는데(제한을 주는데) 사용한다. 나무크기는 가지 분기 수(`nsplit`)로 정의된다. n 분기를 가진 나무는 $n+1$ 종착노드를 갖는다. `rel error` 컬럼은 훈련 표본으로 만드는 주어진 크기의 나무에 대한 오류율을 갖고 있다. 교차검증 오류(`xerror`)는 10겹 교차검증(또한 훈련 표본을 사용한다)에 기반하고 있다. `xstd` 열은 교차검증 오류의 표준오차를 담고 있다.

`plotcp()` 함수는 복잡성 파라미터에 대한 교차검증 오류를 그린다(그림 17.1을 보라). 나무크기에 대한 좋은 선택은 나무의 교차검증 오류가 최소 교차검증 오류값의 1 표준오차 내에 있는 가장 작

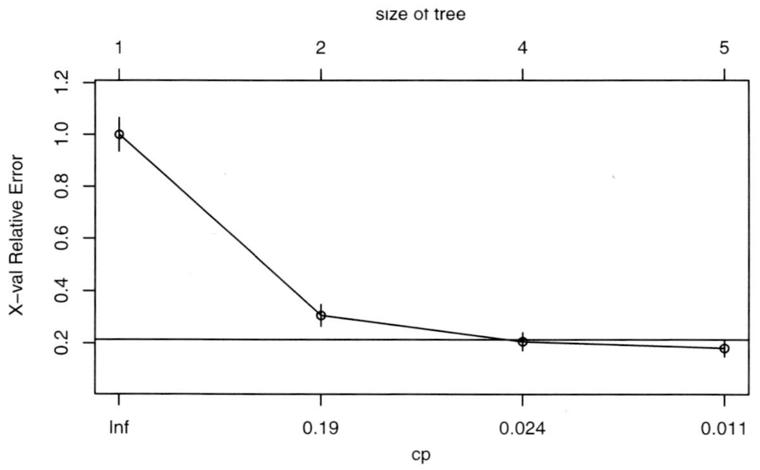

그림 17.1 복잡성 파라미터(cp) vs. 교차검증 오류. 점선은 1 표준편차 규칙(0.18 + 1 * 0.0326 = .21)의 상한선이다. 이 그림은 선 아래의 맨 왼쪽 cp 값을 가진 나무를 선택할 것을 제안한다.

은 나무이다.

최소 교차검증오류는 0.18이고 표준오차는 0.0326이다. 이 경우 0.18± 0.0326 (즉 , 0.15와 0.21 사이) 내의 교차검증 오류를 가진 가장 작은 나무가 선택된다. 프로그래밍 17.3에 있는 `cptable` 표를 살펴보면, 3개 분기를 가진 나무(교차검증 오류=0.20625)가 이 요건을 충족한다. 마찬가지로 그림 17.1안의 선 아래의 가장 큰 복잡성 파라미터와 연계된 나무크기를 선택할 수 있다. 결과는 다시 3개 분기를 가진 나무(4 종착노드)를 제안한다.

`prune()` 함수는 나무를 원하는 크기로 다듬기 위해 복잡성 파라미터를 사용한다. 이것은 최대 크기의 나무를 취한 후 원하는 복잡성 파라미터에 기반하여 중요하지 않은 분기들을 쳐 낸다. 프로그래밍 17.3에 있는 `cptable`로부터 3개의 분기를 가진 나무가 0.0125의 복잡성 파라미터를 가진다. 이와 같이 `prune(dtree, cp=0.0125)` 문은 원하는 크기의 나무를 반환한다❷.

`rpart.plot` 패키지에 있는 `prp()` 함수는 최종 의사결정나무의 매력적인 그림(그림 17.2를 보라)을 그리는데 사용된다. `prp()` 함수는 많은 옵션을 가지고 있다(상세사항은 `?prp`를 보라). `type=2` 옵션은 각 노드 밑에 분기 라벨을 그린다. `extra=104` 파라미터는 각 노드에서의 관측치 비율과 함께 각 클래스별 확률을 넣는다. `fallen.leaves=TRUE` 옵션은 그래프의 바닥에 종착노드를 보여지게 한다. 관측치들을 분류하기 위해서는 나무의 꼭대기에서 출발해 조건이 참이면 왼쪽 가지를 그렇지 않으면 오른쪽 가지를 타고 이동한다. 종착 노드에 이를 때까지 나무를 계속 타고 내려온다. 그러면 노드의 라벨을 이용하여 관측치를 분류한다.

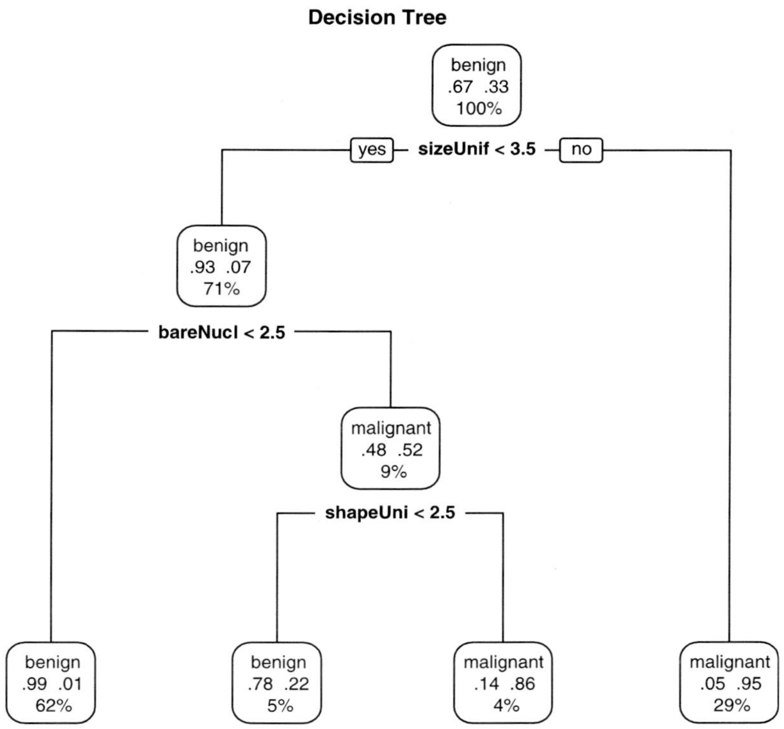

그림 17.2 암 상태 예측을 위한 전통적(가지친) 의사결정나무. 나무의 꼭대기에서 출발해서 조건이 참이면 왼쪽으로 이동하고 그렇지 않으면 오른쪽으로 이동한다. 관측치가 종착 노드에 이르면 분류가 된다. 각 노드는 표본의 백분율과 함께 클래스의 확률을 담고 있다.

마지막으로 `predict()` 함수는 검증 표본에 있는 각 관측치를 분류하는데 사용된다❸. 예측상태 대비 실제 상태의 교차표가 제공된다. 검증표본에서 전반적인 정확성은 96%이다. 로지스틱 회귀분석 사례와는 달리 검증표본의 210개 모든 사례는 최종 나무로 분류될 수 있다. 의사결정나무는 많은 레벨(level)과 많은 결측값을 가지는 예측변수를 선택하는 것으로 기울어 질 수 있다는 것을 알아두라.

17.3.2 조건적 추론나무

랜덤 포레스트로 넘어가기 전에 조건적 추론나무라고 불리는 전통적 의사결정나무의 중요한 변종 하나를 살펴보기로 하자. 조건적 추론나무는 전통적 나무와 유사하다. 그러나 변수와 분기가 순수성/동질성 척도보다는 유의성 검정에 기반하여 선택된다. 유의도 검정은 순열 검정(12장에서 논의된)이다.

이 사례에서 알고리즘은 아래와 같다:

1. 각 예측변수과 결과변수 간의 관계에 대한 p값을 계산한다.

2. 가장 낮은 p값을 가진 예측변수를 선택한다.

3. 선택된 예측변수와 종속변수에서 모든 가능한 이항 분기를 탐색하고(순열검정을 사용하여) 가장 유의미한 분기를 고른다.

4. 데이터를 이 두 집단으로 나눈다. 그리고 각 하위집단에 대해 위 프로세스를 계속한다.

5. 분기가 더 이상 유의미하지 않거나 최소 노드 크기에 도달했을 때까지 계속한다.

조건적 추론나무는 party 패키지의 ctree() 함수에 의해 제공된다. 다음 프로그래밍에서 유방암 데이터에 대한 조건적 추론나무가 생성되었다

프로그래밍 17.4 ctree()를 이용한 조건적 추론나무 만들기

```
library(party)
fit.ctree <- ctree(class~., data=df.train)
plot(fit.ctree, main="Conditional Inference Tree")

> ctree.pred <- predict(fit.ctree, df.validate, type="response")
> ctree.perf <- table(df.validate$class, ctree.pred,
                      dnn=c("Actual", "Predicted"))
> ctree.perf

           Predicted
Actual      benign malignant
  benign       122         7
  malignant      3        78
```

조건적 추론나무에서는 가지정리가 필요 없고, 이런 과정이 다소 더 자동적이다. 게다가 party 패키지는 매력적인 플롯팅 옵션을 가지고 있다. 조건적 추론나무는 그림 17.3에 그려져 있다. 각 노드의 그림자 영역은 해당 노드의 음성 사례 비율을 나타낸다.

◆ ctree() 그래프로 rpart() 나무 표현하기

rpart()를 사용하여 고전적 의사결정나무를 만들지만 그림 17.3에 있는 것과 같은 그림을 사용하여 나무 결과를 보여주고자 한다면, partykit 패키지가 도움이 될 수 있다. 이 패키지를 설치하고 적재한 후 원하는 그래프를 만들기 위해 plot(as.party(*an.rpart.tree*)) 프로그램문을 사용할 수 있다. 예를 들어, 프로그래밍 17.3에서 생성된 dtree.pruned 객체를 사용하여 그림 17.3과 같은 그래프를 만들어 보라. 그리고 그 결과를 그림 17.2에 나타난 플롯과 비교해 보라

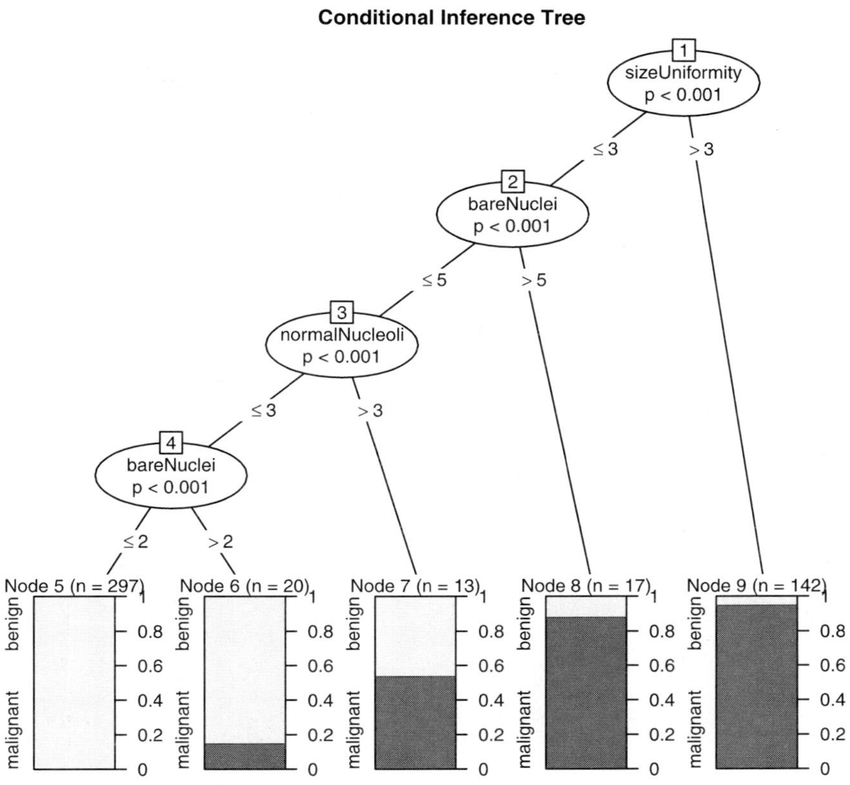

그림 17.3 유방암 데이터에 대한 조건적 추론나무

전통적 방법과 조건적 방법의 의사결정나무는 실질적으로 다를 수 있다. 현재 예에서 각각의 정확도는 비슷하다. 다음 절에서는 사례들을 집단으로 분류하기 위해 많은 수의 의사결정나무들이 만들어지고 결합된다.

17.4 랜덤 포레스트(Random Forests)

랜덤 포레스트(Random Forests)는 지도학습에 대한 앙상블 학습 접근법이다. 여러 개의 예측모델들이 개발되고 그 결과들이 분류율 개선을 위해 모아진다. Leo Breiman과 Adele Cutler가 쓴 랜덤 포레스트 총론을 http://mng.bz/7Nul에서 찾을 수 있다.

랜덤 포레스트 알고리즘은 많은 수의 의사결정나무를 생성하는 표본 사례들과 변수들을 포함하고 있다. 각 사례는 각 의사결정나무에 의해 분류된다. 해당 사례에 가장 공통적인 분류가 산출물로 사용된다.

훈련 표본의 사례 수를 N으로 하고 변수 수를 M으로 하자. 알고리즘은 다음과 같다:

1. 훈련 셋에서 N개 사례를 계속 표본추출하여 많은 의사결정나무를 만든다.
2. 각 노드마다 변수 개수 M보다 적은 수(m)의 표본을 추출한다($M > m$). 이 변수들은 해당 노드에서 분기하는데 고려되는 후보 변수들이다. 각 노드별 m값은 동일하다.
3. 가지치기하지 않고 각 나무를 충분히 키운다(최소노드 크기는 1로 세팅되어 있다).
4. 종착노드들은 사례의 최빈치에 기반한 class에 배정된다.
5. 모든 의사결정나무에 새로운 사례를 적용하고 다수결 원칙에 따라 투표로 새로운 사례를 분류한다.

out-of-bag (OOB)오류 추정은 나무를 만들 때 선택되지 않은 사례들을 이 나무를 사용하여 분류함으로써 획득된다. 검증 표본을 사용할 수 없을 때 이것은 장점이 있다. 랜덤 포레스트도 변수 중요성에 대한 자연적 척도를 제공한다.

랜덤 포레스트는 `randomForest` 패키지에 있는 `randomForest()` 함수를 사용하여 개발된다. 기본설정 나무 수는 500이다. 각 노드마다 표본추출되는 기본설정 변수 수는 `sqrt(M)`이고 최소 노드 크기는 1이다.

아래 프로그래밍은 유방암 데이터의 악성상태를 예측하는 코드와 결과를 제공한다.

프로그래밍 17.6 랜덤 포레스트

```
> library(randomForest)
> set.seed(1234)
> fit.forest <- randomForest(class~., data=df.train,
                             na.action=na.roughfix,
                             importance=TRUE)
> fit.forest

Call:
 randomForest(formula = class ~ ., data = df.train,
             importance = TRUE,      na.action = na.roughfix)
              Type of random forest: classification
                    Number of trees: 500
No. of variables tried at each split: 3

        OOB estimate of  error rate: 3.68%
Confusion matrix:
          benign malignant class.error
benign       319        10      0.0304
malignant      8       152      0.0500
```

❶ Grows the forest

```
> importance(fit.forest, type=2)                    ← ❷ Determines variable importance
                         MeanDecreaseGini
clumpThickness                      12.50
sizeUniformity                      54.77
shapeUniformity                     48.66
maginalAdhesion                      5.97
singleEpithelialCellSize            14.30
bareNuclei                          34.02
blandChromatin                      16.24
normalNucleoli                      26.34
mitosis                              1.81

> forest.pred <- predict(fit.forest, df.validate)
> forest.perf <- table(df.validate$class, forest.pred,      ❸ Classifies new cases
                       dnn=c("Actual", "Predicted"))
> forest.perf

           Predicted
Actual      benign malignant
  benign       117         3
  malignant      1        79
```

먼저, randomForest() 함수를 사용하여 훈련표본에서 489개의 관측치를 그리고 각 나무의 각 노드마다 3개의 변수를 표본추출하여 500개의 전통적 의사결정나무를 만든다❶. na.action=na.roughfix 옵션을 사용하여 수치변수의 결측값을 열 중앙값으로 대체하고 범주변수의 결측값을 변수의 최빈 범주로 대체한다.

랜덤 포레스트는 information=TRUE 옵션으로 변수 중요성의 자연적 척도를 제공하고 importance() 함수로 이를 출력한다❷. type=2옵션으로 지정된 상대적 중요성 척도는 변수상의 분기의 노드 불순성(이질성)에서 총감소이다. 노드 불순성은 Gini계수로 측정된다. sizeUniformity가 가장 중요한 변수이고 mitosis가 가장 약한 변수이다.

마지막으로, 랜덤 포레스트를 사용하여 검증표본이 분류되고 예측정확성이 계산된다❸. 검증표본에서 결측치를 가진 사례는 없다. 예측정확도(전체 98%)는 좋다.

randomForest 패키지는 전통적 의사결정나무에 기반한 포레스트를 제공하는 반면, party 패키지에 있는 cforest() 함수는 조건적 추론나무에 기반한 랜덤 포레스트를 생성하는데 사용될 수 있다. 만약 예측변인들이 매우 상호연관되어 있다면 조건적 추론나무를 이용한 랜덤 포레스트가 더 좋은 예측을 가져다 줄 수 있다.

랜덤 포레스트는 다른 분류방법과 비교해 보면 매우 정확한 경향이 있다. 게다가 이것은 대용량문제(많은 관측치와 변수들)를 처리할 수 있고 개발셋에서 다량의 결측치를 처리할 수 있고, 변수 수가 관측치 수보다 많은 경우도 처리할 수 있다. OOB 오류율과 변수중요성 척도의 제공도 중요한 잇점이다.

분류규칙을 이해하기 힘들다는 것(500개의 의사결정나무가 있다!), 그리고 의사결정나무들이 다른 나무들과 의사소통하고 있다는 것이 중요한 불이익이다. 게다가 새로운 사례를 분류하려면 전체 포레스트를 저장해야만 한다.

여기서 우리가 고려하는 마지막 분류모델은 서포트 벡터 머신이다.

17.5 서포트 벡터머신

서포트 벡터머신(SVMs)은 분류와 회귀분석에 사용될 수 있는 일군의 지도 기계-학습(supervised machine-learning) 모델이다. 이는 요즘 인기가 있는데 부분적으로는 정확한 예측모델 개발에 성공한 때문이고 또 부분적으로는 이 접근법의 근간에 있는 우아한 수학때문이다. 우리는 이항 분류용 SVM의 사용에 집중할 것이다.

SVM은 다차원 공간에서 두 클래스를 분리하기 위한 최적 초평면(hyperplane)을 찾는다. 초평면은 두 클래스들의 최근접 점들 간의 **여백(margin)**을 최대화하기 위해 선택된다. 여백(margin)의 경계 위에 있는 점들을 **서포트 벡터**(이것들은 가장자리를 정의하는데 도움을 준다)라 하고, 여백의 중간이 분할하는 초평면이다.

*N*차원의 공간(즉, *N* 예측변인을 가진)에 대해, 최적 초평면(또한 **선형 의사 결정 공간(linear decision surfaces)**이라 불리는)은 *N*−1 차원을 가진다. 만약 두개의 변수가 있다면, 표면은 선이다. 3개 변수에 대해서 표면은 평면이다. 10개 변수에 대해서 표면은 9차원의 초평면이다. 이것을 그림으로 그리고자 한다면 머리가 아플 것이다.

그림 17.4의 2차원 사례를 검토해 보자. 원과 삼각형은 두 집단을 나타낸다. 여백은 두 점선들 간의

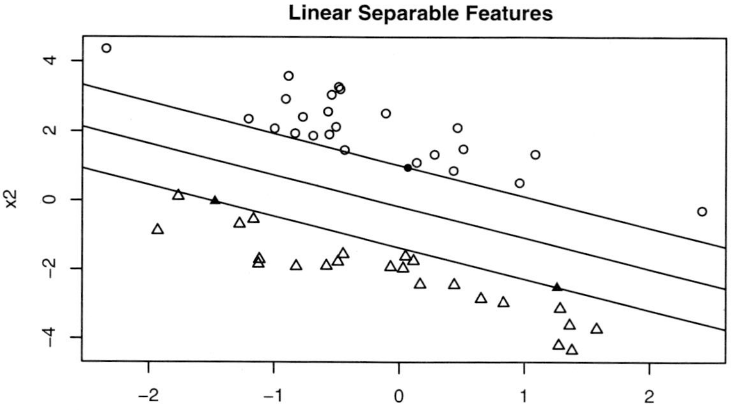

그림 17.4 두 집단이 선형적으로 분리된 두집단 분류. 분할 초평면은 검정 실선으로 제시된다. 여백은 이 실선과 각 편의 점선간의 거리이다. 원과 삼각형이 서포트 벡터이다.

거리로 나타나는 차이(gap)이다. 점선 위의 점들이 서포트 벡터들이다. 이차원 경우에, 최적 초평면은 차이의 중간에 있는 검정 선이다. 이 이상적인 사례에서 두 집단은 선형적으로 분리될 수 있다 - 이 선은 두 집단을 오류없이 완벽하게 분리할 수 있다.

최적 초평면은 제약조건에서 여백을 최적화하는 이차 계획법(quadratic programming)을 사용하여 식별된다. 제약조건은 한편의 데이터 점들은 +1의 결과값을 가지고 다른 한편의 데이터는 −1의 결과값을 가진다는 것이다. 만약 데이터 점들이 "거의" 분리가능하다면(모든 점들이 한편 혹은 다른 편에 있지 않다면), 오류를 감당하기 위해 벌칙항목(penalizing term)이 최적화에 첨가되고 "부드러운(soft)" 여백이 만들어 진다.

그러나 데이터가 근본적으로 비선형적일 수 있다. 그림 17.5에 사례를 보자. 여기에는 원과 삼각형을 정확하게 분리하는 선이 없다. SVM은 선형적 분리를 만들어 줄 것이라는 희망으로 커널 함수(kernel functions)를 사용하여 이 데이터를 더 고차원으로 변환한다. 원들을 지면에서 띄워 올리는 방식으로 그림 17.5의 데이터를 전환하는 것을 상상해 보라. 이렇게 하는 한가지 방법은 2차원 데이터를 3차원 데이터로 전환하는 것이다. 이는 다음과 같은 방식이다.

$$(X,Y) \rightarrow (X^2, \sqrt{2}XY, Y^2) \rightarrow (Z_1, Z_2, Z_2)$$

그러면 당신은 딱딱한 평면종이(즉 이제는 삼차원 공간에서의 이차원 평면)를 사용하여 삼각형을 원에서 분리할 수 있다.

SVM의 수학은 복잡할 뿐 아니라 이 책의 범위를 넘어선다. Statnikov, Aliferis, Hardin, & Guyon (2011)는 SVM을 고급 수학이 아니라 개념에 대해 상세히 설명하면서 명쾌하고 직관적으로 설명하고 있다.

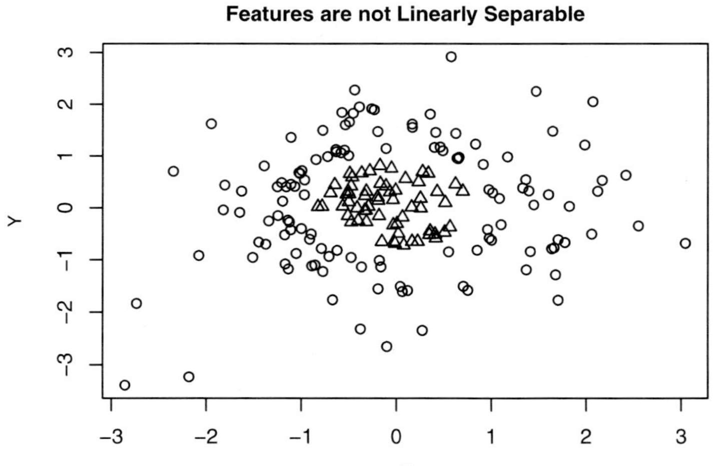

그림 17.5 선형으로 분리될 수 없는 두 집단 분류 문제. 이 집단들은 초평면(선)으로 분리될 수 없다.

R에서 SVM은 `kernlab` 패키지에 있는 `ksvm()` 함수와 `e1071` 패키지에 있는 `svm()` 함수로 가능하다. 전자가 보다 강력하지만 후자가 사용하기 쉽다. 다음 프로그래밍의 사례는 위스콘신 유방암 데이터에 SVM을 적용하는데 후자를 사용하고 있다.

프로그래밍 17.6 서포트 벡터머신

```
> library(e1071)
> set.seed(1234)
> fit.svm <- svm(class~., data=df.train)
> fit.svm

Call:
svm(formula = class ~ ., data = df.train)


Parameters:
   SVM-Type:  C-classification
 SVM-Kernel:  radial
       cost:  1
      gamma:  0.1111

Number of Support Vectors:  76

> svm.pred <- predict(fit.svm, na.omit(df.validate))
> svm.perf <- table(na.omit(df.validate)$class,
                    svm.pred, dnn=c("Actual", "Predicted"))
> svm.perf

           Predicted
Actual      benign malignant
  benign       116         4
  malignant      3        77
```

큰 변량을 가진 예측변수들은 전형적으로 SVMs의 개발에 더 큰 영향력을 가지기 때문에, `svm()` 함수는 기본설정으로 모델을 적합화하기 전에 각 변수들을 평균 0, 표준편차 1로 조정한다. 보다시피 예측정확도는 좋지만, 17.2절의 랜덤 포레스트 접근만큼 좋지는 않다. 또한 랜덤 포레스트 접근과는 달리, SVM은 새로운 사례를 분류할 때 결측이 있는 예측변수 값을 수용할 수 없다.

17.5.1 SVM 튜닝하기

기본설정으로 `svm()` 함수는 표본들을 고차원 공간에 연결하기(커널기법:kernel trick) 위해 radial basis function(RBF)를 사용한다. RBF 커널은 종종 좋은 선택이다. 왜냐하면 이것이 결과변수와 예측변수 간의 비선형적 관계를 다룰 수 있는 비선형적 매핑이기 때문이다.

SVM을 RBF 커널로 적합화할 때, 두 파라미터(gamma와 cost)가 결과에 영향을 줄 수 있다. Gamma는 분할 초평면의 모양을 통제하는 커널 파라미터이다. Gamma의 값이 클수록 전형적으로 서포트 벡터의 수가 많아진다. Gamma는 또한 개발표본을 얼마나 넓게 "도달하게(reaches)" 할 것인지를 통제하는 파라미터로 생각될 수 있다. 값이 클수록 멀리 도달하고 값이 작을 수록 가깝게 도달하는 것으로. Gamma는 반드시 0보다는 커야 한다.

cost 파라미터는 오류발생의 비용을 보여준다. 큰 값은 오류에 대해 심하게 벌칙을 주고 더욱 복잡한 분류 경계를 제시한다. 훈련표본에서는 오분류가 적을 것이지만, 과대적합은 새로운 표본에서 예측능력의 저하를 초래할 수 있다. 작은 값은 밋밋한 분류 경계를 제시하지만 과소적합을 초래할 수 있다. Gamma처럼 cost는 항상 양수이다.

기본설정으로 svm() 함수는 gamma를 1/(예측변인 개수)로 cost를 1로 세팅한다. 그러나 gamma와 cost를 다르게 조합하면 더 효과적인 모델을 만들 수도 있다. 파라미터 값을 한번에 하나씩 바꾸어가면서 SVMs을 적합화할 수도 있지만, 격자탐색(grid search)이 더욱 효율적이다. `tune.svm()` 함수를 사용하여 각 파라미터에 대해 값의 범위를 지정할 수 있다. `tune.svm()`은 모든 값의 조합을 적합화 해보고 각각의 성능에 대해 보고한다. 사례는 다음과 같다.

프로그래밍 17.7 RBF 서포트 벡터 머신 튜닝하기

```
> set.seed(1234)
> tuned <- tune.svm(class~., data=df.train,
                    gamma=10^(-6:1),
                    cost=10^(-10:10))          ❶ Varies the parameters
> tuned                                        ❷ Prints the best model

- sampling method: 10-fold cross validation

- best parameters:
 gamma cost
  0.01    1

- best performance: 0.02904
                                               ❸ Fits the model with these parameters
> fit.svm <- svm(class~., data=df.train, gamma=.01, cost=1)
> svm.pred <- predict(fit.svm, na.omit(df.validate))
> svm.perf <- table(na.omit(df.validate)$class,
                    svm.pred, dnn=c("Actual", "Predicted"))
> svm.perf                                     ❹ Evaluates the cross-validation performance

           Predicted
Actual      benign malignant
  benign       117         3
  malignant      3        77
```

먼저, SVM모델이 RBF 커널로 적합화되고 gamma와 cost값을 변화시키면서 적합화한다❶. 8개의

gamma값(0.000001부터 10까지 걸쳐 있는)과 21개의 cost값(.01부터 10000000000까지 걸쳐 있는)이 지정된다. 모두 168개(8×21) 모델이 적합화되고 비교된다. 훈련 표본에서 가장 작게 10중 교차 검증된 오류를 가진 모델은 gamma = 0.01 and cost = 1을 가진다.

이러한 파라미터 값을 사용하여, 새로운 SVM이 개발표본에 적합화된다❸. 이제 이 모델은 검증표본에서 결과를 예측하는데 사용된다❹. 그리고 오류수가 제시된다. 모델의 튜닝❷은 오류수를 약간(7에서 6으로) 경감시킨다. 많은 경우에 SVM 파라미터를 튜닝하면 더 큰 이득을 보게 된다.

앞에서 말했듯이, SVMs은 많은 상황에서 잘 작동하기 때문에 인기가 있다. 또 SVMs은 변수의 수가 관측치의 수보다 훨씬 많은 상황도 처리할 수 있다. 이로 인해 SVMs은 생약분야에서 인기가 있게 되었다. 이 영역은 유전자발현에 대한 전형적인 DNA 미세배열 연구에서 수집된 변수의 수가 사용 가능한 사례 수보다 10배 내지 100배 많을 수 있다.

SVMs의 결점은 랜덤 포레스트와 같이 분류규칙이 이해하기도 의사소통하기도 어렵다는 것이다. 이들은 본질적으로 블랙박스이다. 게다가 SVMs은 대규모 개발표본에서 모델을 만들때 랜덤 포레스트만큼 잘 측정하지 못한다. 그러나 일단 성공적인 모델이 만들어지면 새로운 관측치를 분류하는 것은 잘 측정한다.

17.6 최선의 예측 방안(solution) 선택하기

17.1절에서 17.3절에 걸쳐 미세바늘 흡입 표본들이 여러 개의 지도 기계학습 기법을 사용하여 양성 혹은 악성으로 분류되었다. 어떤 접근법이 가장 정확한가? 이 질문에 답하기 위해 우리는 이항 분류 상황에서 정확하다는 용어를 정의할 필요가 있다.

가장 많이 보고되는 통계치는 **정확도**(accuracy) 또는 분류자가 얼마나 자주 정확한가이다. 많은 정보를 주더라도 정확성 그 자체로는 불충분하다. 분류방안의 효용을 평가하기 위해 추가 정보가 더 필요하다.

개인들을 정신분열병 환자 혹은 정상인으로 분류하는 규칙들을 고려해 보자. 정신분열병은 전체인구의 1% 정도 발병하는 흔하지 않은 병이다. 만약 모든 사람을 비정신분열로 분류한다면 99% 정확하다. 그러나 이것은 좋은 분류자가 아니다. 왜냐하면 모든 정신분열병자를 비정신분열자로 오분류하기 때문이다. 정확성에 덧붙여 여러분은 이런 질문을 하여야 한다.

- 정신분열병자의 몇 퍼센트가 정확하게 식별되었는가?
- 비정신분열자의 몇 퍼센트가 정확하게 식별되었는가?
- 어떤 사람이 정신분열병자로 분류된다면, 이 분류가 얼마나 정확할 것 같은가?

표 17.1 예측 정확도 척도들

통계치	설명
민감성(Sensitivity)	실제 산출값이 정적(positive)일 때 정적 분류를 얻을 확률(참된 긍정율(true positive rate, 혹은 재현이라고도 함)
특이성(Specificity)	실제 산출값이 부적(negative)일 때 부적 분류를 얻을 확률(참된 부정율(true negative rate이라고도 함)
정적 예측값(Positive predictive value)	정적으로 분류된 관측치가 정확하게 정적으로 식별된 비율(소위 정교성)
부적 예측값(Negative predictive value)	부적으로 분류된 관측치가 정확하게 부적으로 식별된 비율
정확성(Accuracy)	정확하게 식별된 관측치의 비율(ACC라고도 함)

- 어떤 사람이 비정신분열자로 분류된다면, 이 분류가 얼마나 정확할 것 같은가?

이것들은 분류자의 민감성(sensitivity), 특이성(specificity), 정적 예측력, 그리고 부적 예측력 등과 관계된 질문들이다. 각각은 표 17.1에 정의되어 있다.

이런 통계치를 계산하는 함수가 다음에 제시되고 있다.

프로그래밍 17.8 이항 분류 정확도를 평가하는 함수

```
performance <- function(table, n=2){
  if(!all(dim(table) == c(2,2)))
      stop("Must be a 2 x 2 table")
  tn = table[1,1]
  fp = table[1,2]                          ❶ Extracts frequencies
  fn = table[2,1]
  tp = table[2,2]
  sensitivity = tp/(tp+fn)
  specificity = tn/(tn+fp)
  ppp = tp/(tp+fp)                                    ❷ Calculates statistics
  npp = tn/(tn+fn)
  hitrate = (tp+tn)/(tp+tn+fp+fn)
  result <- paste("Sensitivity = ", round(sensitivity, n) ,
      "\nSpecificity = ", round(specificity, n),
      "\nPositive Predictive Value = ", round(ppp, n),      ❸ Prints results
      "\nNegative Predictive Value = ", round(npp, n),
      "\nAccuracy = ", round(hitrate, n), "\n", sep="")
  cat(result)
}
```

performance() 함수는 실제 결과값(행)과 예측된 결과값(열)을 담고 있는 표로 5개의 정확성 척

도를 반환한다. 먼저, **참된 부정**(negative)의 수(양성 benign으로 식별된 양성 조직), **거짓 긍정**(positive)들(악성 malignant으로 식별된 양성 조직), **거짓 부정**(양성으로 식별된 악성 조직), 그리고 **참된 긍정**(악성으로 식별된 악성 조직)들이 추출된다❶. 다음으로 이들 갯수가 민감성, 특효성, 정적 부적 예측값과 정확성을 계산하는데 사용된다❷. 마지막으로 결과가 형식을 갖추어 출력된다❸.

다음 프로그래밍에서 `performance()` 함수가 이 장에서 개발된 5개 분류자에 각각 적용되고 있다.

프로그래밍 17.9 유방암 데이터 분류자의 성능

```
> performance(logit.perf)
Sensitivity = 0.95
Specificity = 0.98
Positive Predictive Value = 0.97
Negative Predictive Value = 0.97
Accuracy = 0.97

> performance(dtree.perf)
Sensitivity = 0.98
Specificity = 0.95
Positive Predictive Power = 0.92
Negative Predictive Power = 0.98
Accuracy = 0.96

> performance(ctree.perf)
Sensitivity = 0.96
Specificity = 0.95
Positive Predictive Value = 0.92
Negative Predictive Value = 0.98
Accuracy = 0.95

> performance(forest.perf)
Sensitivity = 0.99
Specificity = 0.98
Positive Predictive Value = 0.96
Negative Predictive Value = 0.99
Accuracy = 0.98

> performance(svm.perf)
Sensitivity = 0.96
Specificity = 0.98
Positive Predictive Value = 0.96
Negative Predictive Value = 0.98
Accuracy = 0.97
```

이들 분류자들(로지스틱 회귀분석, 전통적 의사결정나무, 조건적 추론나무, 랜덤 포레스트, 서포트 벡터머신)은 정확성 척도에서 월등한 성과를 보였다. 이것이 늘 있는 일은 아니다!

이런 특별한 경우에서도 랜덤 포레스트가 가장 우수한 것 같다(비록 그 차이가 매우 작아 우연일 수 있다). 랜덤 포레스트 모델의 경우, 악성의 99%가 정확하게 식별되었고 양성 표본의 98%가 정확하게 식별되어서 총 분류정확도는 99%이다. 악성에 대한 진단은 96%가 정확했고(4%의 거짓 긍정율), 양성에 대한 진단은 99%가 정확했다(1%의 거짓 부정율). 암의 진단에 있어서 특효성(악성으로 정확하게 식별된 악성 표본의 비율)이 특히 중요하다.

이 장의 범위는 벗어나지만, 여러분들은 특효성과 민감성을 서로 맞바꿈으로써 분류시스템을 개선할 수 있다. 로지스틱 회귀분석 모델에서 `predict()`는 어떤 사례가 악성집단에 속할 확률을 추정하는데 사용되었다. 확률이 0.5보다 크다면, 해당 사례는 그 집단에 배정된다. 0.5라는 값은 **한계**(threshold) 혹은 **컷오프 값**으로 불린다. 만약 이 문턱을 변경하면 특효성의 댓가를 치르고 이 분류모델의 민감성을 증대시킬 수 있다. `predict()`는 마찬가지로 의사결정나무, 랜덤 포레스트, 그리고 SVM에 대해서도 확률을 생성할 수 있다(비록 생성구문은 방법에 따라 다르지만).

한계값 변경 효과는 전형적으로 수신자 조작 특성(receiver operating characteristic (ROC)) 곡선을 사용하여 평가된다. ROC 곡선은 한계값 범위에 대해 민감성 대 특효성의 그림을 그린다. 그런 후, 해당 문제에 대한 민감성과 특효성의 균형이 가장 잘 잡힌 한계점을 선택할 수 있다. 많은 R패키지들이 ROCR과 pROC를 포함하여 ROC곡선을 만들어 낸다. 이 패키지에 있는 분석함수들은 가장 유용한 접근법을 선택하기 위해 최선의 한계값을 선택하거나 다른 분류 알고리즘에 의해 만들어진 ROC 곡선을 비교하도록 도와줄 수 있다. 더 많은 것을 배울려면 Kuhn & Johnson (2013)을 참고하라. Fawcett (2005)는 더 심화된 논의를 제공하고 있다.

지금까지 코드의 작성과 실행을 통해 개별 분류기법들을 데이터에 적용해 보았다. 다음 절에서 우리는 시각적 인터페이스를 사용하여 예측모델을 개발하고 제시하는 GUI(그래픽 기반의 사용자 인터페이스: Graphical user Interface) 환경을 살펴볼 것이다.

17.7 데이터마이닝을 위한 rattle 패키지 사용하기

Rattle (R Analytic Tool to Learn Easily: 배우기 쉬운 R분석 툴)는 R에서 데이터마이닝을 하기 위한 GUI를 제공한다. 이것은 이 장에서 사용한 많은 R함수들 뿐 아니라 여기서 다루지 않았던 다른 비지도(unsupervised) 및 지도(supervised) 데이터 모델을 사용자의 마우스 클릭으로 접근할 수 있게 해준다. 또한 rattle는 데이터를 변환하고 점수화하는 능력을 지원하며, 모델을 평가하는데 사용할 많은 데이터-시각화 툴을 제공한다.

```
install.packages("rattle")
```

을 사용하여 CRAN으로부터 `rattle` 패키지를 설치할 수 있다.

이 명령문은 여러 개의 추가적인 패키지와 함께 `rattle` 패키지를 설치한다. `Rattle`와 이것이 접근할 수 있는 모든 패키지의 전체 설치는 수백 개의 패키지를 내려받아 설치해야 한다. 시간과 공간을 절약하기 위해, 패키지 기본판이 기본설정으로 설치된다. 다른 패키지들은 이것들이 필요한 분석을 먼저 요청할 때 설치된다. 이 경우 없는 패키지를 설치할 것인지 묻는 프롬프트가 뜰 것이다. Yes를 답하면 요청된 패키지가 CRAN으로 다운로드되고 설치될 것이다.

여러분의 OS와 현재 소프트웨어에 따라 소프트웨어를 추가적으로 설치해야 할 수도 있다. 특히, `Rattle`는 GTK+ Toolkit에 접근을 필요로 한다. 어려움이 있다면 http://rattle.togaware.com에서 제공되는 OS별 설치 지침과 장애조치(troubleshooting) 권고사항을 따르길 바란다.

일단 rattle가 설치되었다면 아래를 사용하여 인터페이스를 띄우기 바란다.

```
library(rattle)
rattle()
```

R 콘솔 상단에 GUI(그림 17.6을 보라)가 열린다.

이 절에서 당뇨병 예측을 위한 조건적 추론 나무를 개발하기 위해 `Rattle`를 사용할 것이다. 이 데이터 또한 UCI 기계학습 저장소에서 나왔다. Pima 인디안 당뇨병 데이터셋은 국립 당뇨병 소화기 신장질환연구소에서 수집된 768개의 사례를 담고 있다. 변수들은 다음과 같다:

- Number of times pregnant(임신 횟수)
- Plasma glucose concentration at 2 hours in an oral glucose tolerance test(경구 포도당 부하검사 2시간 후 혈당 농도)
- Diastolic blood pressure (mm Hg) (확장기 혈압)
- Triceps skin fold thickness (mm) (삼두근 피부 주름 두께)
- 2-hour serum insulin (mu U/ml) (2시간 혈청 인슐린)
- Body mass index (weight in kg/(height in m)·2) (신체용적지수: 신장을 체중의 제곱으로 나눈 지수. 22가 표준)
- Diabetes pedigree function(당뇨 혈통 기능)
- Age (years) (연령)
- Class variable (0 = non-diabetic or 1 = diabetic) (클래스 변수: 0=당뇨 아님, 1=당뇨)

표본의 34%가 당뇨로 진단되었다.

`Rattle`에서 이 데이터에 접근하기 위해 다음의 코드를 사용한다:

```
loc <- "http://archive.ics.uci.edu/ml/machine-learning-databases/"
ds <- "pima-indians-diabetes/pima-indians-diabetes.data"
url <- paste(loc, ds, sep="")
diabetes <- read.table(url, sep=",", header=FALSE)
names(diabetes) <- c("npregant", "plasma", "bp", "triceps",
                     "insulin", "bmi", "pedigree", "age", "class")
diabetes$class <- factor(diabetes$class, levels=c(0,1),
                         labels=c("normal", "diabetic"))
library(rattle)
rattle()
```

이 코드는 UCI 저장소에서 데이터를 내려 받고, 변수에 이름을 붙이고 결과 변수에 라벨을 첨가하고 그리고 Rattle를 오픈한다. 그림 17.6에 있는 대화상자가 나타나야 한다.

당뇨병 데이터셋에 접근하기 위해 R 데이터셋 라디오 버튼을 클릭하라. 그러면 나타나는 드롭다운 상자에서 당뇨병을 선택하라. 그리고, 좌상단에 있는 실행 단추를 클릭하라. 그러면 그림 17.7에 보이는 창이 열린다.

이 창은 각 변수의 설명을 제공하며, 분석에서 수행할 각각의 역할을 지정할 수 있게 한다. 여기서 1-9는 입력(예측인자)변수이고 class는 타겟(혹은 피예측) 결과이다. 따라서 변경은 필요 없다.

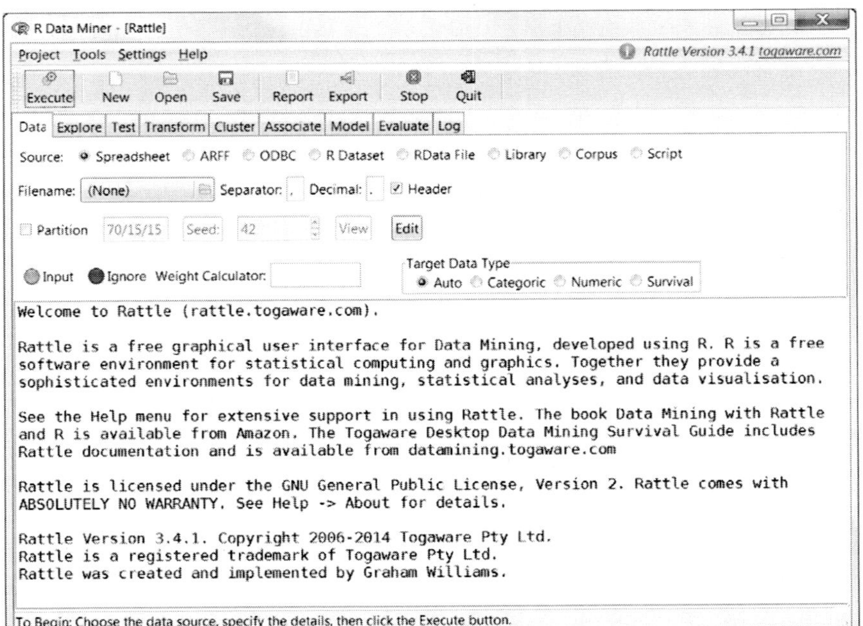

그림 17.6 Rattle 화면 열기

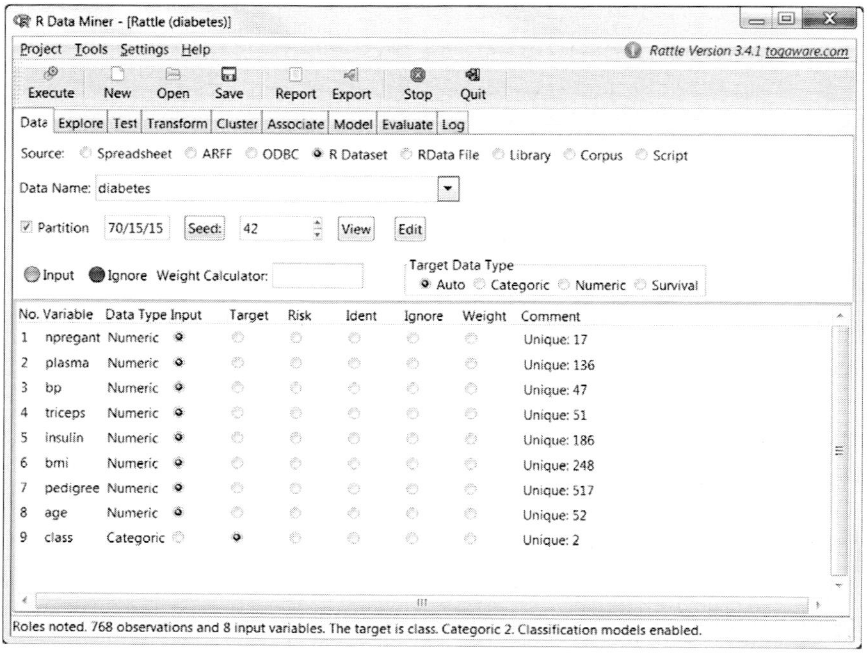

그림 17.7 각 변수의 역할을 지정하기 위한 옵션들이 있는 데이터 탭

여러분은 또한 훈련표본, 검증(validation)표본, 그리고 검정(testing)표본으로 사용할 사례의 비율을 지정할 수 있다. 분석가들은 훈련표본으로 모델을 만들고 검증표본으로 파라미터를 미세조정하고 검정표본으로 결과를 평가한다. 기본설정으로 `Rattle`는 70/15/15 분할과 시드값(seed value) 42를 사용한다.

만약 여러분이 검정표본은 건너 뛰고 데이터를 개발표본과 검증표본으로 나누고자 한다면, Partition 글상자에 `70/30/0`을, Seed 글상자에 `1234`를 입력하고 다시 실행을 클릭하라.

이제 예측모델을 적합화 해보자. 조건적 추론 나무를 생성하려면 Model 탭을 선택하라. (기본설정으로) Tree 라디오 버튼이 선택된다는 것을 명심하라; 그리고 알고리즘으로는 Conditional 버튼을 선택하라.

실행을 클릭하면 `party` 패키지에 있는 `ctree()` 함수를 사용하여 모델이 만들어지고 그 결과가 창 아래에 제시된다(그림 17.8을 보라). Draw 버튼을 클릭하면 매력적인 그래프를 만든다(그림 17.9를 보라). (힌트: Draw를 클릭하기 전에 설정 메뉴에서 Use Cairo Graphics를 지정하면 더욱 매력적인 그림을 생산한다).

적합화된 모델을 검증하기 위해 Evaluate 탭을 선택한다. 여기서 검증 기준의 수와 사용할 표본(훈련, 검증)을 지정할 수 있다. 기본설정으로 오류 매트릭스(이 장에서는 오분류행렬(confusion matrix)

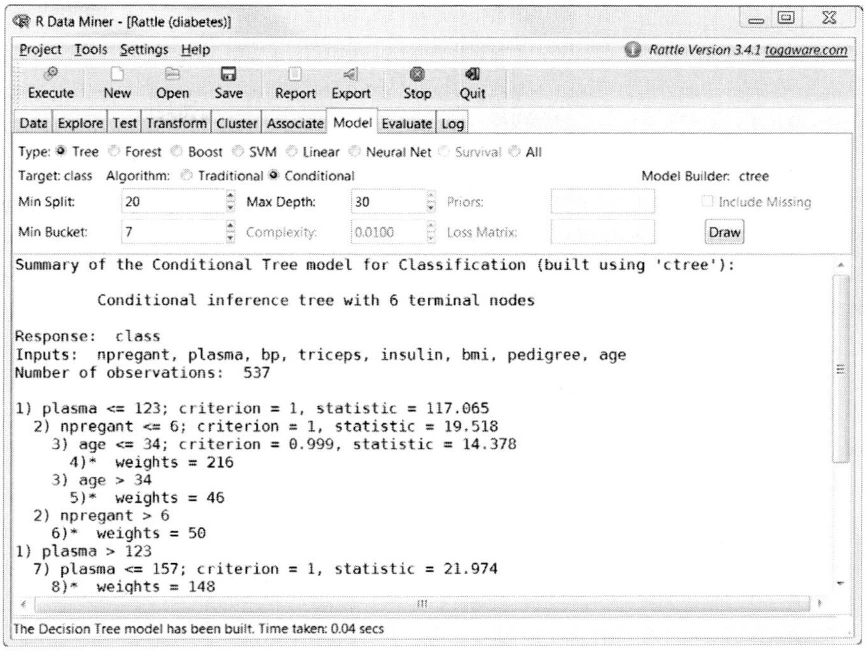

그림 17.8 의사결정나무, 랜덤 포레스트, 서포트 벡터머신 등등을 만들 옵션을 가진 Model 탭. 여기서는 조건적 추론 나무가 개발데이터에 적합화되어 있다.

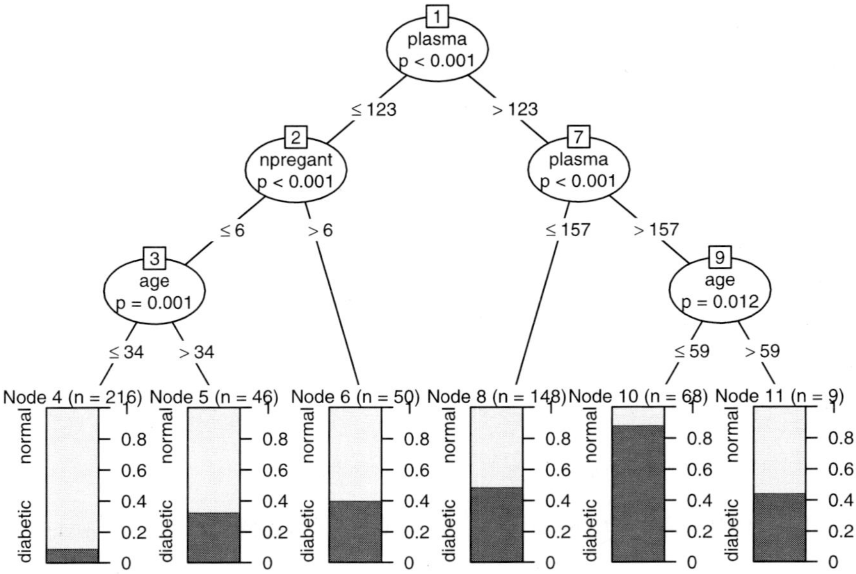

그림 17.9 당뇨병 개발표본을 사용한 조건적 추론 나무의 나무 다이어그램

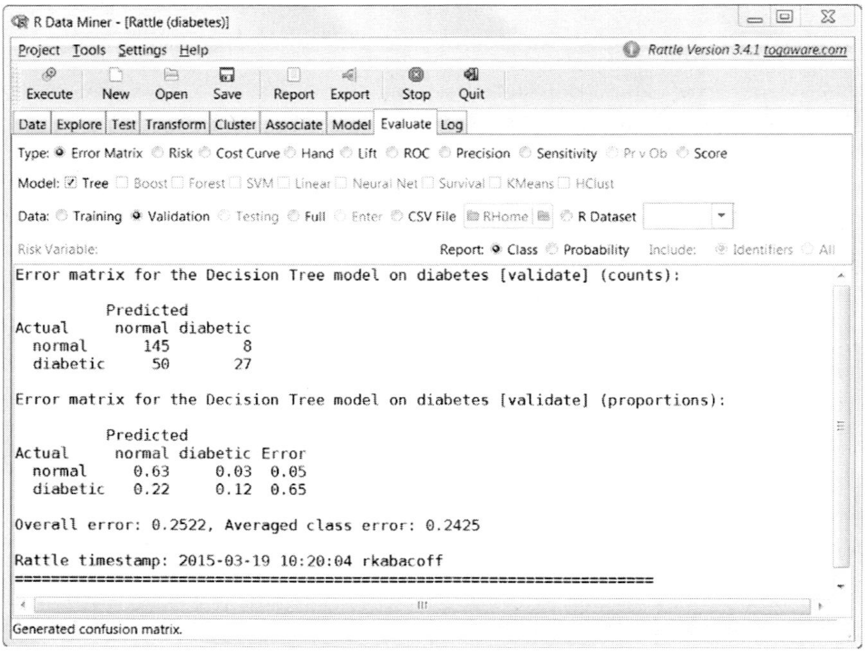

그림 17.10 검증표본에서 계산된 조건적 추론 나무의 오류 매트릭스가 있는 Evaluation 탭

로 불리는)가 선택된다. Execute(실행)을 클릭하면 그림 17.10에 나타나는 결과를 만들어 낸다.

정확성 통계치를 얻기 위해 오류 매트릭스를 `performance()` 함수로 불러들일 수 있다:

```
> cv <- matrix(c(145, 50, 8, 27), nrow=2)
> performance(as.table(cv))
Sensitivity = 0.35
Specificity = 0.95
Positive Predictive Value = 0.77
Negative Predictive Value = 0.74
Accuracy = 0.75
```

전체 정확성(75%)은 끔찍하지는 않지만, 당뇨병의 35%만이 정확하게 식별되었다. 랜덤 포레스트나 서포트 벡터 머신을 사용하여 더 좋은 분류 방책을 개발해 보라.

`Rattle`사용의 좋은 점은 동일한 데이터셋에 여러 종류의 모델을 적합화하고 Evaluate 탭상에서 바로 각 모델을 비교하는 능력이다. 당신이 비교하고 싶은 방법을 이 탭에서 체크하고 Execute를 클릭하라. 게다가 데이터마이닝 세션 동안 실행되는 모든 R 코드는 Log탭에서 볼 수 있으며 재사용할 수 있도록 텍스트 파일로 내보낼 수 있다.

더 많은 것을 배우려면 Rattle 홈페이지(http://rattle.togaware.com/)를 방문하라. 그리고 R 저널(http://mng.bz/D16Q)에 있는 Graham J. Williams의 개요 글을 보라. 또 Williams (2011)가 쓴 Data Mining with Rattle and R은 Rattle에 관한 최고의 책이다.

17.8 요약

이 장은 관측치를 두 집단 중 하나로 분류하기 위한 기계-학습 기법들을 제시하였다. 먼저, 분류도구로 로지스틱 회귀분석을 기술하였다. 다음으로 전통적 의사결정나무를 기술하였고 조건적 추론 나무가 뒤따랐다. 다음으로 앙상블 랜덤 포레스트가 고려되었다. 마지막으로 점점 인기를 얻고 있는 서포트 벡터머신 접근법이 기술되었다. 마지막 절에서 데이터 마이닝을 위한 GUI인 Rattle를 소개했다. 이것은 사용자의 마우스 클릭으로 이러한 함수들에 접근하게 한다. Rattle는 특히 다양한 분류기법의 결과를 비교하는데 유용할 수 있다. 이것은 로그파일로 재사용가능한 R코드를 생성하기 때문에 많은 R의 예측통계 함수의 구문(syntax)의 학습에 유용한 도구가 될 수도 있다.

이 장에서 기술된 기법들은 복잡성 측면에서 다양하다. 데이터마이너들은 다소 단순한 접근법(로지스틱 회귀분석, 의사결정나무)과 보다 복잡한, 블랙박스 접근법(랜덤 포레스트, 서포트 벡터 머신)을 시도한다. 블랙박스 접근법이 단순 방법보다 훨씬 좋지 않다면, 단순 방법이 대체로 선택된다.

이 장의 사례(암과 당뇨병 진단)들은 의학분야에서 나왔지만, 이 분류기법들은 전산, 마케팅, 금융, 경제학, 그리고 행동과학 등의 다른 학문분과에서 널리 사용된다. 비록 사례들이 이항 분류(악성/양성, 당뇨/비당뇨)이지만 이들 기법은 수정을 통해 다집단 분류에도 사용가능하다.

분류를 지원하는 R의 함수들에 대해 더 배우려면 CRAN Task View for Machine Learning and Statistical Learning (http://mng.bz/ I1Lm)을 살펴보라. Kuhn & Johnson (2013), 그리고 Torgo (2010)의 책도 좋은 자료이다.

제 18장 결측값 처리 고급 방법

이 장에서 다룰 내용은 다음과 같다.

- 결측데이터 식별하기
- 결측데이터 유형 시각화
- 완전-사례(complete-case) 분석
- 결측데이터의 다중 대체(Multiple imputation)

앞 장들에서 우리는 완전 데이터셋(즉 결측데이터가 없는 데이터셋)을 분석하는데 집중했다. 그렇게 하는 것이 통계적 방법과 그래픽 방법을 보여주는데 도움을 주지만, 현실에서는 결측데이터가 만연해 있다.

어떤 점에서 결측데이터의 영향은 우리 대부분이 피하고 싶은 주제이다. 통계책들은 이를 언급하지 않거나 몇 줄 정도로 제한적으로 검토할 지 모른다. 통계패키지들은 최적이 아닐 수도 있는 방법을 사용하여 결측데이터의 자동처리법을 제공한다. 대부분의 데이터분석(적어도 사회과학에서는)이 결측데이터를 갖고 있지만 이 주제는 연구논문의 방법과 결과를 논의하는 절에서 드물게 언급되고 있다. 결측데이터의 발생빈도와 이것의 연구결과의 타당도에 미치는 영향을 고려할 때, 이 주제가 충분한 주목을 받지 못했다고 말하는 것은 정당하다.

데이터는 여러 가지 이유로 결측이 될 수 있다. 조사 참가자들이 한 두 문항에 답하는 것을 잊어버릴 수도 있고, 민감한 질문에 답하는 것을 거부할 수도 있고, 피곤해 지거나 긴 질문지를 다 못 끝낼 수도 있다. 연구 참가자들이 약속을 놓칠 수도 있고, 중도하차할 수도 있다. 녹음설비가 고장날 수도 있고, 인터넷 연결이 끊어질 수도 있고 데이터가 잘못 코딩될 수도 있다. 분석가는 어떤 데이터는 결측이 있을 거라고 계획했을 지도 모른다. 예를 들어, 연구효율성을 높이거나 비용절감을 위해 당신은 모든 참가자로부터 모든 데이터를 수집하지 않는 것을 택할 수 있다. 종국에는 여러분이 결코 알 수 없는 이유로 데이터가 상실될 수도 있다.

불행하게도 대부분의 통계방법들은 완벽한 행렬, 벡터, 데이터프레임으로 작업하고 있다는 것을 가정한다. 대부분의 경우, 여러분이 데이터를 수집하게 이끈 실질적 질문에 대처하기 전에, 결측데이터를 제거해야만 한다. 이는 (1)결측데이터를 가진 사례를 제거함으로써 (2)결측데이터를 합당한 대체값으로 대치함으로써 결측데이터를 제거할 수 있다. 각각의 경우 최종결과는 결측데이터가 없는 데이터셋이다.

이 장에서, 우리는 결측데이터를 다루는 전통적 방법과 현대적 접근법을 살펴볼 것이다. 우리는 주로 `VIM`과 `mice` 패키지를 사용할 것이다. `install.packages(c("VIM", "mice"))` 명령어로 이 둘을 내려받아 설치하라.

논의의 활성화를 위해 우리는 `VIM` 패키지내에 제공되는 포유동물 수면 데이터셋(`sleep`)을 살펴볼 것이다(기본 설치판에서 제공되는 수면에 대한 약물의 영향을 보여주는 `sleep` 데이터셋과 혼동하지 말 것). 이 데이터는 62종의 포유동물의 수면과 생태학적 그리고 체질적 변수들간의 관계를 검토한 Allison과 Chichetti (1976)의 연구에서 나왔다. 저자들은 왜 동물들의 필요수면이 종마다 다른지에 관심이 있었다. 수면변수는 종속변수로 취급되었고 생태학적 체질적 변수들은 독립변수 혹은 예측변수로 취급되었다.

수면변수들은 꿈꾸는 수면시간(Dream), 꿈 안꾸는 수면시간(NonD), 이 둘의 합(Sleep)이다. 체질변수들는 몸무게(BodyWgt), 뇌무게(BrainWgt), 수명(Span), 임신일수(Gest)이다. 생태학적 변수들은 먹이감이 되는 정도(Pred), 수면시 노출 정도(Exp), 그리고 직면하는 전반적 위험(Danger)이다. 생태학적 변수들은 1(낮다)에서 5(높다)에 이르는 5점 척도로 측정되었다.

Allison과 Chichetti의 원래 논문에서는 완전한 데이터를 가진 종에 한정하여 분석을 하였다. 우리는 더 나아가서 다중대체 접근법을 사용하여 62종 전체를 분석할 것이다.

18.1 결측데이터를 처리하는 단계들

당신이 결측데이터를 처음 공부한다면 이와 관련한 굉장히 많은 접근법, 비판, 방법론 등에 어리둥절할 것이다. 이 분야의 고전은 Little과 Rubin(2002)이다. Allison (2001), Schafer과 Graham(2002) 그리고 Schlomer, Bauman과 Card(2010)의 책들도 탁월하다. 전반적으로 대개의 접근법들은 아래 단계들을 포함하고 있다.

1. 결측데이터의 식별
2. 결측데이터 원인 조사
3. 결측데이터를 갖고 있는 사례의 삭제, 혹은 합당한 대안 데이터 값으로 대체

불행하게도 결측데이터의 식별이 유일하게 애매모호하지 않은 단계이다. 데이터가 결측되는 것은

데이터를 생성하는 과정을 이해하면 알게 된다. 결측데이터 처리방법은 어떤 절차가 가장 신뢰할만하고 정확한 결과를 만들는지에 대한 당신의 평가에 달려 있다.

◆ 결측데이터 분류체계

통계학자들은 전형적으로 결측데이터를 세 타입 중 하나로 분류한다. 이 타입들은 보통 확률적 용어로 기술되지만 깔려 있는 생각은 단순하다. 우리는 각 타입을 차례로 설명하기 위해 수면연구에서 꿈의 측정(12종의 동물들은 결측데이터를 가진다)을 사용할 것이다:

- 완전 무작위 결측 – 어떤 변수 상에 결측데이터가 관측된 혹은 관측되지 않은 다른 변수와 아무 연관이 없다면 이 데이터는 완전 무작위 결측(MCAR: missing completely at random)이다. 12 동물의 꿈을 꾸는 수면이 결측인 것에 어떠한 체계적인 이유가 없다면, 이 데이터는 MCAR이라고 말할 수 있다. 결측데이터를 가진 모든 변수가 MCAR이라면 당신은 대규모 데이터셋에서 단순 무작위 표본추출을 통해 완벽한 사례를 만들 수도 있다.
- 무작위 결측 – 어떤 변수 상에 결측데이터가 관측된 다른 변수와 연관되어 있지만 그 자체의 비관측된 값들과는 연관되어 있지 않다면 이 데이터는 무작위 결측(MAR: missing at random)이다. 예를 들어, 체중이 작은 동물들은 꿈을 꾸는 수면에 대해 결측값을 가지기 쉽다면(아마도 작은 동물을 관측하기 어렵기 때문에) 그리고 "결측성"이 동물의 꿈을 꾸는 시간과 관련되어 있지 않다면, 이 데이터는 MAR로 간주된다. 이 경우 일단 당신이 체중을 통제한다면 꿈을 꾸는 수면 데이터가 있고 없고는 무작위이다.
- 비 무작위 결측 – 어떤 변수의 결측데이터가 MCAR도 MAR도 아니라면, 이 데이터는 비 무작위 결측(NMAR: not missing at random)이다. 예를 들어, 꿈꾸는 시간이 적은 동물들이 꿈꾸는 시간에 대한 결측값을 가지기 쉽다면(아마도 짧은 행위를 측정하기 힘들기 때문에), 이 데이터는 NMAR로 간주된다.

결측데이터에 대한 대부분의 접근들은 데이터가 MCAR이거나 MAR이라고 가정한다. 이 경우, 당신은 결측데이터를 생산하는 메카니즘을 무시할 수 있고 (결측데이터를 대체하거나 삭제한 후에) 바로 관심사의 관계들을 모델링할 수 있다. NMAR인 데이터는 적절하게 분석하기 어려울 수 있다. 데이터가 NMAR일 때, 당신은 관심사의 모델뿐 아니라 결측값을 생산하는 메카니즘도 모델링 하여야 한다. (NMAR 데이터 분석에 대한 현재의 접근들은 모델 선택과 패턴혼합의 사용을 포함한다. NMAR데이터에 대한 분석은 복잡하며 이 책의 범위를 뛰어 넘는다.)

결측데이터를 취급하는 접근들은 많이 있다 - 이들이 동일한 결과를 만든다는 보장은 없다. 그림 18.1은 불완전한 데이터를 처리하는데 사용되는 일련의 방법들과 이를 지원하는 R패키지를 기술하고 있다.

결측데이터 방법론에 대한 완벽한 검토를 위해서는 그 자체로 책 한권이 필요하다. 이 장에서 우리는 결측값 유형을 탐색하는 방법들을 검토하고 불완전한 데이터를 다루는 가장 대중적인 3가지 방법들에 집중할 것이다(합리적 접근(rational approach), 일괄 삭제(listwise deletion), 그리고 다중대체(multiple imputation)). 우리는 특수 환경에서 유용한 방법들을 비롯하여 다른 방법들에 대한 간략한 토의로 이 장을 마칠 것이다.

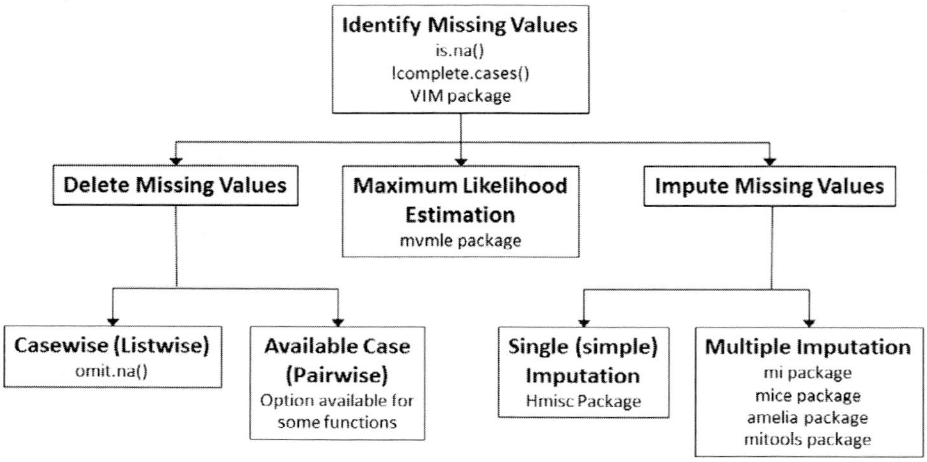

그림 18.1 불완전한 데이터 처리 방법들과 이를 지원하는 R 패키지들

18.2 결측데이터 식별하기

시작을 위해 4.5절에서 소개한 자료를 검토하고 이것을 확장해 보자. R은 기호 NA(not available)로 결측값을, 기호 NaN(Not a Number)으로 불가능한 값을 표시한다. 그리고 기호 `Inf`와 `-Inf`는 각각 양의 무한대와 음의 무한대를 나타낸다. `is.na()`, `is.nan()` 그리고 `is.infinite()` 함수들은 각각 결측값, 불가능한 값, 무한값을 식별하는데 사용할 수 있다. 이것들은 TRUE 혹은 FALSE를 반환한다. 표 18.1에 사례가 있다.

이들 함수들은 인자와 같은 크기의 객체를 반환한다. 요소가 검사한 타입에 속하면 TRUE를 아니면 FALSE로 대체된 요소를 반환한다. 예를 들어, `y <- c(1, 2, 3, NA)`로 하고, `is.na(y)`를 하면 백터 `c(FALSE, FALSE, FALSE, TRUE)`를 반환한다.

`complete.cases()` 함수는 결측데이터가 없는 행렬이나 데이터프레임의 행을 식별하는데 사용

표 18.1 `is.na()`, `is.nan()`, 그리고 `is.infinite()` 함수들의 반환값 예시

x	is.na(x)	is.nan(x)	is.infinite(x)
x <- NA	TRUE	FALSE	FALSE
x <- 0 / 0	TRUE	TRUE	FALSE
x <- 1 / 0	FALSE	FALSE	TRUE

될 수 있다. 이것은 완벽한 사례를 갖고 있는 모든 행에는 TRUE를, 결측값을 한 개 이상 가지면 FALSE를 가지는 논리 백터를 반환한다.

이를 수면 데이터셋에 적용해 보자.

```
# 데이터셋을 적재한다.
data(sleep, package="VIM")
# 결측치가 없는 행을 나열한다.
sleep[complete.cases(sleep),]
# 결측치가 한 개 이상 있는 행을 나열한다.
sleep[!complete.cases(sleep),]
```

결과를 조사해 보니 42개 사례는 완벽한 데이터를 가지고 있고 20개 사례는 한 개 이상의 결측값을 가지는 것으로 나타났다. 논리값 TRUE와 FALSE는 숫자값 1과 0의 등가이기 때문에, sum()과 mean() 함수가 결측데이터에 대한 유용한 정보를 얻는데 사용될 수 있다. 다음을 생각해 보라.

```
> sum(is.na(sleep$Dream))
[1] 12
> mean(is.na(sleep$Dream))
[1] 0.19
> mean(!complete.cases(sleep))
[1] 0.32
```

Dream 변수에서 12개의 값이 결측이라는 것을 보여준다. 사례의 19%가 이 변수에서 결측값을 가지고 있다. 게다가 이 데이터셋의 32%의 사례들이 한 개 이상의 결측값을 가지고 있다.

결측값이 식별되었을 때 명심해야 할 두가지가 있다. 첫째, complete.cases() 함수는 NA와 NaN만을 결측으로 인식한다. 무한값(Inf와 -inf)은 유효한 값으로 취급된다. 둘째, R 데이터 객체에서 결측값을 식별하기 위해서는 반드시 이 절에서 언급된 것처럼 결측값 함수를 사용하여야 한다. myvar == NA와 같은 논리적 비교는 절대 안 통한다.

이제 결측값을 프로그램적으로 식별하는 법을 알게 되었으니, 결측데이터 발생시 있을 법한 유형을 탐색하는데 도움을 주는 툴을 살펴보자.

18.3 결측값 유형 탐색하기

결측데이터를 어떻게 다룰 것인가를 결정하기 전에, 어떤 변수가 얼마나 어떤 조합으로 결측값을 가지고 있는지를 아는 것이 유용하다. 이 절에서 우리는 결측값 유형을 탐색하는데 표, 그래프, 상관관계 등의 방법을 검토할 것이다. 궁극적으로 당신은 왜 데이터가 결측이 되는지를 알고 싶을 것이다.

18.3.1 결측값 표 만들기

당신은 결측값 식별의 기본적인 접근을 이미 보았다. 당신은 완벽한 사례를 나열하기 위해 혹은 반대로 하나 이상의 결측값을 가진 사례를 나열하기 위해 complete.cases() 함수를 사용할 수 있다. 그러나 데이터셋의 크기가 증가함에 따라 이것은 점점 매력적인 방법이 아니게 된다. 이 경우 다른 R 함수를 주목할 수 있다.

mice 패키지에 있는 md.pattern() 함수는 행렬이나 데이터프레임으로 결측데이터 유형들의 표를 만들어 낸다. sleep데이터셋에 이 함수를 적용하면 아래와 같다.

```
> library(mice)
> data(sleep, package="VIM")
> md.pattern(sleep)
     BodyWgt BrainWgt Pred Exp Danger Sleep Span Gest Dream NonD
42         1        1    1   1      1     1    1    1     1    1  0
 2         1        1    1   1      1     1    0    1     1    1  1
 3         1        1    1   1      1     1    1    0     1    1  1
 9         1        1    1   1      1     1    1    1     0    0  2
 2         1        1    1   1      1     0    1    1     1    0  2
 1         1        1    1   1      1     1    0    0     1    1  2
 2         1        1    1   1      1     0    1    1     0    0  3
 1         1        1    1   1      1     1    0    1     0    0  3
           0        0    0   0      0     4    4    4    12   14 38
```

표에 있는 1과 0들은 결측값 유형들을 가리킨다. 0은 주어진 열 변수에 결측값이 있음을 가리키고 1은 결측값이 없다는 것을 가리킨다. 첫 번째 행은 "결측값 없음"(모든 요소가 1이다) 유형을 나타내고 있다. 두 번째 행은 "Span외에 결측값 없음"이라는 유형을 나타내고 있다. 첫 번째 열은 각 결측데이터 유형에 속하는 사례수를 가리키고 마지막 열은 각 유형별로 결측값을 가진 변수의 수를 나타낸다. 여기서 결측데이터가 없는 42개의 사례와 Span에서만 결측이 있는 2개의 사례가 있다는 것을 볼 수 있다. 9개의 사례는 NonD와 Dream에서 결측값을 가지고 있다. 이 데이터셋은 총 (42×0) + (2×1) + ··· + (1×3) = 38의 결측값을 가지고 있다. 마지막 행은 각 변수상의 결측값의 총 수를 나타낸다.

18.3.2 결측값의 시각적 탐색

비록 md.pattern() 함수를 통한 표가 압축적이지만, 유형을 시각적으로 판별하는 것이 더 쉬울 때가 종종 있다. 다행스럽게도 VIM 패키지는 데이터셋에 있는 결측값 유형을 시각화하는 많은 함수들을 제공한다. 이 절에서 우리는 aggr(), matrixplot(), 그리고 scattMiss()를 포함하여

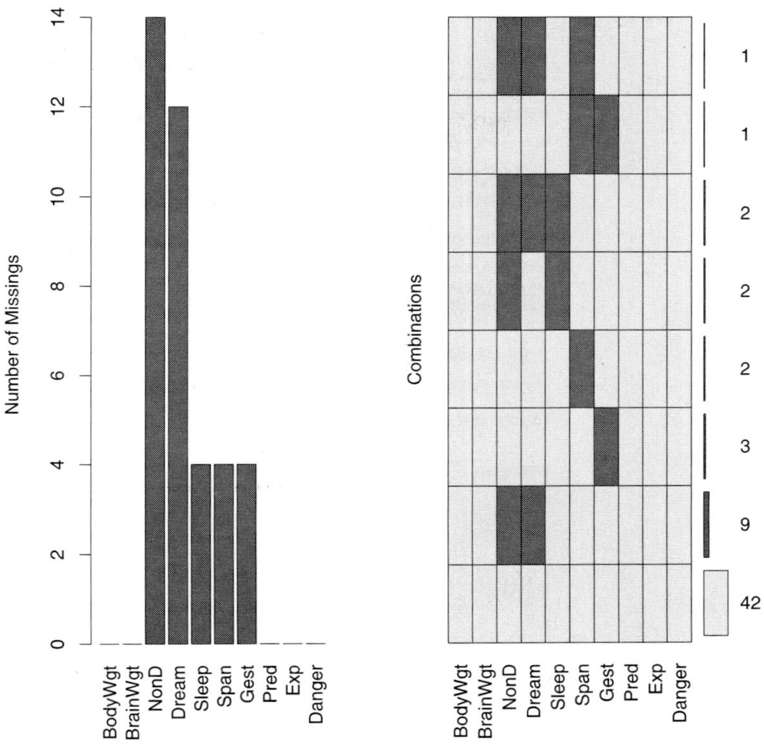

그림 18.2 aggr() 가 만들어 낸 sleep 데이터셋의 결측값 유형에 대한 그림

몇 개의 이러한 함수들을 검토할 것이다.

aggr() 함수는 단독 변수별로 그리고 변수들의 조합별로 결측값의 수를 그려 준다. 예를 들어 아래 코드는

```
library("VIM")
aggr(sleep, prop=FALSE, numbers=TRUE)
```

그림 18.2에 있는 그래프를 만들어 낸다.

NonD 변수가 가장 많은 결측값(14)을 가지고 있다는 것과 두 동물이 NonD, Dream 그리고 Sleep에서 결측값을 가지고 있다는 것을 알 수 있다. 42개 동물들은 결측데이터가 없다.

프로그램문 aggr(sleep, prop=TRUE, numbers=TRUE)은 동일한 그림을 생성하지만 개수 대신 비율이 제시된다. 옵션 numbers=FALSE(기본설정)는 수치 라벨을 나타내지 않는다.

matrixplot() 함수는 각 사례에 대한 데이터를 보여주는 그림을 만들어 낸다. matrixplot()을 사용하여 생성한 그래프는 그림 18.3에 게시되어 있다. 여기서 수치 데이터는 등간[0, 1]로 재측정되었고 회색으로 나타내었다. 밝은 색깔은 낮은 값을 어두운 색깔은 큰 값을 나타낸다. 기본설정으

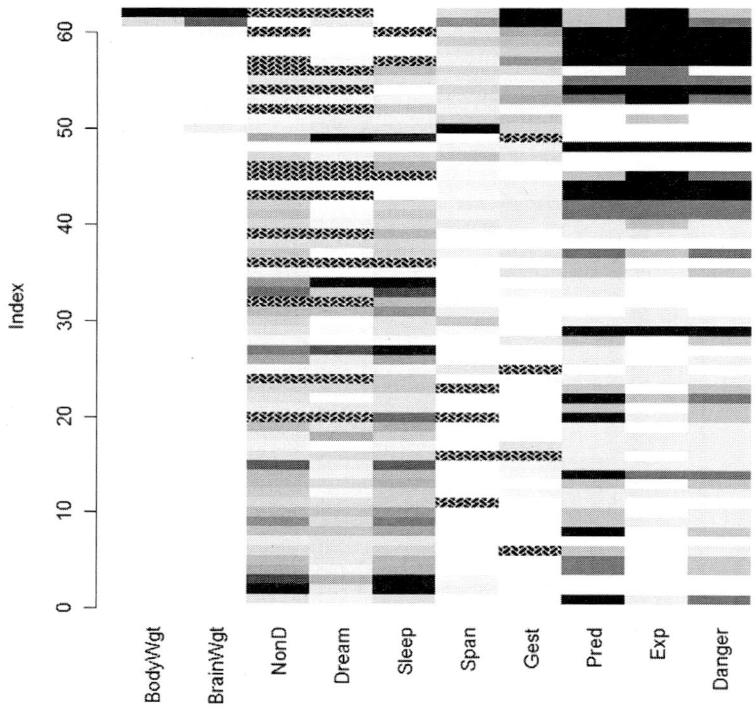

그림 18.3 sleep 데이터셋의 사례별 실제값과 결측값을 나타내는 매트릭스 플롯. 매트릭스는 BodyWgt로 정렬되어 있다.

로 결측값은 붉은 색으로 나타내었다. 그림 18.3에서 붉은 색을 사선무늬로 변경했다. 그래서 결측값은 회색으로 보여진다. 당신이 직접 그래프를 생성하면 달라질 것이다.

그래프는 상호작용적이다: 어떤 열을 클릭하면 그 변수 기준으로 행렬을 다시 정렬한다. 그림 18.3에 있는 행들이 BodyWgt 기준의 내림차순으로 정렬된다. 행렬플롯은 하나 혹은 그 이상의 변수에서 결측값이 있다는 사실이 다른 변수들의 실제값과 연관되어 있는지를 볼 수 있게 해준다. 여기서 몸이나 뇌 무게(BodyWgt, BrainWgt)의 값이 낮은 동물들의 수면관련 변수들(Dream, NonD, Sleep)에서는 결측데이터가 없다는 것을 볼 수 있다.

`marginplot()` 함수는 플롯의 여백에 결측값에 대한 정보를 제시하면서 두 변수간의 산점도를 만들어 낸다. 꿈꾸는 수면량과 임신기간간의 관계를 보자. 프로그래문은

```
marginplot(sleep[c("Gest","Dream")], pch=c(20),
           col=c("darkgray", "red", "blue"))
```

그림 18.4의 그래프를 만든다. 파라미터 `pch`와 `col`은 옵션이고 그림의 기호와 사용되는 색깔을 조정한다.

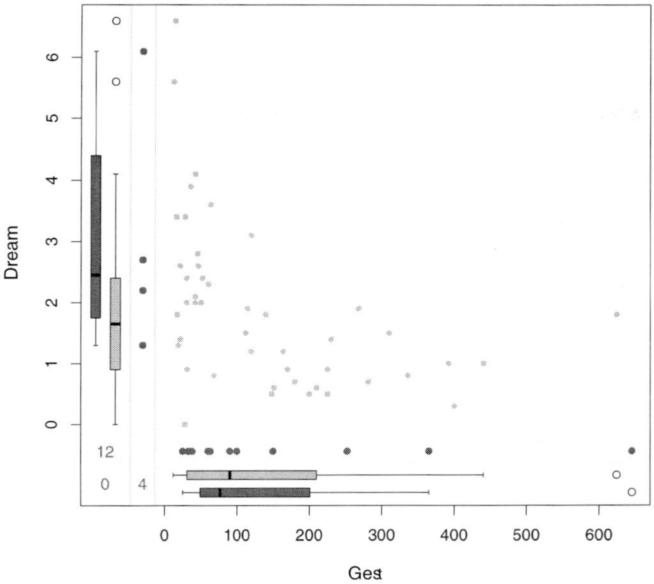

그림 18.4 여백에 결측데이터에 관한 정보를 가지는 꿈꾸는 수면량과 임신 기간 간의 산점도

그래프는 임신과 꿈간의 산점도(두 변수의 완벽한 사례에 기반하여)를 제시한다. 왼쪽 여백의 상자그림은 임신값이 있는(진회색) 동물의 꿈의 분포와 임신값이 없는(붉은 색) 동물의 꿈의 분포를 제시하고 있다. (흑백톤에서 붉은 색은 짙은 색조이다.) 4개의 붉은 점은 임신 결측치를 가진 동물들의 꿈 변수의 값을 나타낸다. 아래 여백에는 꿈과 임신의 역할을 왼쪽 여백과 반대로 하여 나온 결과를 보여주고 있다. 임신기간과 꿈꾸는 수면량간에는 부적 상관관계가 있다는 것과 임신에 결측치가 있는 동물의 경우 꿈꾸는 수면이 더 높은 것을 알 수 있다. 동시에 두 변수 모두 결측값이 있는 관측치 수는 두 여백 교차지점(좌하단)에 파란색으로 출력된다.

VIM 패키지는 데이터셋에 있는 결측데이터의 역할을 이해하는데 도움을 주고 탐색할 만한 가치가 있는 좋은 그래프를 많이 가지고 있다. 결측데이터에 대한 정보를 제공하는 산점도, 상자그림, 히스토그램, 산점도행렬, 병렬플롯(parallel plots), 깔개그림(rug plots), 그리고 물방울그림(bubble plot) 등이 있다.

18.3.3 결측값 탐색을 위해 상관관계 이용하기

진도를 나가기 전에, 언급할만한 가치가 있는 접근이 하나 더 있다. 데이터셋에 있는 데이터를 결측은 1로 아닌 것은 0으로 코딩되는 표시변수(Indicator variable)로 대체할 수 있다. 결과 행렬은 가끔 그림자 행렬이라고 불린다. 이 표시변수들 간 그리고 표시변수와 원래(관측된) 변수들 간의 상호관계는 어떤 변수의 '결측성(missingness)"과 다른 변수들의 값들 간의 관계뿐 아니라 어떤 변수들이 서로 결측이 되는 경향이 있는지를 파악하는데 도움을 줄 수 있다. 다음의 코드를 생각해 보자.

```
x <- as.data.frame(abs(is.na(sleep)))
```

sleep의 어떤 데이터 요소가 결측이면 데이터 프레임 X의 해당 요소는 1이고 그렇지 않으면 0이다. 아래 첫 몇 개 행을 검토하면 이것을 볼 수 있다.

```
> head(sleep, n=5)
   BodyWgt BrainWgt NonD Dream Sleep Span Gest Pred Exp Danger
1 6654.000   5712.0   NA    NA   3.3 38.6  645    3   5      3
2    1.000      6.6  6.3   2.0   8.3  4.5   42    3   1      3
3    3.385     44.5   NA    NA  12.5 14.0   60    1   1      1
4    0.920      5.7   NA    NA  16.5   NA   25    5   2      3
5 2547.000   4603.0  2.1   1.8   3.9 69.0  624    3   5      4
> head(x, n=5)
  BodyWgt BrainWgt NonD Dream Sleep Span Gest Pred Exp Danger
1       0        0    1     1     0    0    0    0   0      0
2       0        0    0     0     0    0    0    0   0      0
3       0        0    1     1     0    0    0    0   0      0
4       0        0    1     1     0    1    0    0   0      0
5       0        0    0     0     0    0    0    0   0      0
```

다음 프로그램문은

```
y <- x[which(apply(x,2,sum)>0)]
```

결측값이 있는 변수들을 추출하고

```
cor(y)
```

프로그램문은 이들 표시변수들간의 상관관계를 준다

```
         NonD  Dream  Sleep   Span   Gest
NonD    1.000  0.907  0.486  0.015 -0.142
Dream   0.907  1.000  0.204  0.038 -0.129
Sleep   0.486  0.204  1.000 -0.069 -0.069
Span    0.015  0.038 -0.069  1.000  0.198
Gest   -0.142 -0.129 -0.069  0.198  1.000
```

여기서, 당신은 Dream과 NonD는 서로 결측이 되는 경향(r=0.91)이 있다는 것을 볼 수 있다. 정도는 덜하지만 Sleep과 NonD도 서로 결측이 되는 경향(r=0.49)이 있고 Sleep 과 Dream도 서로 결측이 되는 경향(r=0.20)이 있다.

마지막으로 어떤 변수의 결측값과 다른 변수의 관측값 간의 관계를 볼 수 있다.

```
> cor(sleep, y, use="pairwise.complete.obs")
          NonD  Dream   Sleep   Span   Gest
BodyWgt   0.227  0.223  0.0017 -0.058 -0.054
BrainWgt  0.179  0.163  0.0079 -0.079 -0.073
NonD         NA     NA      NA -0.043 -0.046
Dream    -0.189     NA -0.1890  0.117  0.228
Sleep    -0.080 -0.080      NA  0.096  0.040
Span      0.083  0.060  0.0052     NA -0.065
Gest      0.202  0.051  0.1597 -0.175     NA
Pred      0.048 -0.068  0.2025  0.023 -0.201
Exp       0.245  0.127  0.2608 -0.193 -0.193
Danger    0.065 -0.067  0.2089 -0.067 -0.204
Warning message:
In cor(sleep, y, use = "pairwise.complete.obs") :
   the standard deviation is zero
```

이 상관관계 행렬에서 행은 관측된 변수들이고 열은 결측성을 나타내는 제시변수들이다. 경고메시지와 상관관계 행렬에 있는 NA값은 무시해도 된다.

상관관계 행렬의 첫 번째 열을 보면, 꿈꾸지 않는 수면 점수가 체중이 높은(r=0.227), 임신기간이 긴(r=0.202), 그리고 노출이 긴(r=0.245) 동물에서 더욱 결측이 되는 것 같다. 이 표의 상관관계들이 특별히 크다거나 놀라운 것이 없다는 것은 이 데이터가 MCAR과 MAR로부터 아주 작게 벗어나 있다는 것을 보여주고 있다.

결측인 데이터에 있어 그 값이 무엇이었는지를 모르기 때문에 이 데이터가 NMAR일 가능성을 완전히 배제할 수 없다. 예를 들어 수면량과 이 변수 상의 어떤 값이 결측이 될 확률간의 관계가 있는지를 당신은 모른다. 반대에 대한 강한 외적 증거가 없기 때문에 우리는 전형적으로 데이터가 MCAR이거나 MAR이라고 가정한다

18.4 결측데이터의 원천과 영향 이해하기

당신은 결측데이터를 초래하는 잠재적 메카니즘과 실질적 질문에 답을 내는 당신의 역량에 결측데이터가 미치는 영향을 평가하기 위해 결측데이터의 양, 분포, 유형 등을 파악할 수 있다. 특히 당신은 다음의 질문에 답하기를 원할 것이다.

- 몇 퍼센트의 데이터가 결측인가?

- 결측데이터가 특정한 몇 개 변수에 집중되어 있는가 혹은 널리 퍼져 있는가?
- 결측데이터는 무작위적인 것으로 보이는가?
- 결측데이터들 간 또는 결측데이터와 관측된 데이터간의 공분산은 결측데이터를 초래하는 어떤 메카니즘을 암시하고 있는가?

이 질문의 대답은 당신의 데이터 분석에 가장 적절한 통계방법이 어떤 것인지를 결정하는데 도움을 준다. 예를 들어, 결측데이터가 상대적으로 덜 중요한 몇 개의 변수에 집중되어 있다면, 이 변수들을 삭제하고 정상적으로 분석을 계속할 수도 있을 것이다. 소량의 데이터(예를 들어 10% 미만)가 전 데이터셋에 걸쳐 무작위로 분포되어 있다면(MCAR) 다중대체법을 적용할 수도 있다. 데이터가 NMAR이라면, 당신은 특별한 방법을 취할 수도 있고, 데이터를 새로 수집할 수도 있다.

여기 몇가지 사례가 있다.

- 종이 설문지를 채택한 최근의 서베이에서 나는 몇 개의 문항이 함께 결측이 되는 경향이 있다는 걸 발견했다. 이 문항들이 함께 묶여 있다는 것이 분명해졌다. 왜냐하면 피조사자들은 설문지 3페이지에 뒷면(여기에 이 문항들이 있었다)이 있다는 것을 몰랐다. 이 경우, 데이터는 MCAR로 간주된다.
- 리더십 스타일의 글로벌 서베이에서 교육 변수가 종종 결측되었다. 조사해 보니 유럽 참가자들이 이 항목을 빈칸으로 두는 경향이 있었다. 특정 나라의 참가자들에게 제시된 범주가 합당하지 않은 것으로 판명되었다. 이 경우 이 데이터는 MAR일 가능성이 제일 크다.
- 마지막으로, 나는 우울증연구에 참여했는데, 노인 환자들은 젊은 환자에 비해 우울한 분위기를 서술하는 항목을 누락하는 경향이 있었다. 인터뷰를 통해 노인환자들은 그러한 증상을 시인하길 꺼린다는 것을 알게 되었다. 왜냐하면 시인하는 것이 "의연하다"는 그들의 가치를 위반하는 것이기 때문이다. 불행하게도 중증 우울증 환자들은 희망상실과 집중력 부족으로 이 항목을 더 잘 누락한다. 이 경우 데이터는 NMAR로 간주되어야 한다.

볼 수 있듯이 유형의 식별은 단지 첫 번째 단계일 뿐이다. 결측데이터의 원천을 결정하기 위해 당신의 연구 주제영역과 데이터 수집과정에 대한 이해가 필요하다.

이제 결측데이터의 원천과 영향을 고려했다면 어떻게 표준 통계적 접근법들이 결측데이터를 수용하도록 변형될 수 있는지 살펴보자. 우리는 가장 대중적인 3가지 접근법에 집중할 것이다: 합리적 데이터 재생 접근법, 결측데이터 삭제를 포함하는 전통적 접근법, 그리고 시뮬레이션을 사용하는 현대적 접근. 이 과정 중에 우리는 특수상황용 방법과 시대에 뒤떨어져 퇴출시켜야 하는 방법들도 간략히 살펴볼 것이다. 목표는 계속 유지될 것이다: 당신이 데이터를 수집하도록 이끈 실질적인 질문에 대해 완전한 정보가 아닌 상황에서도 가능한 한 정확하게 답을 하는 것이다.

18.5 불완전한 데이터 취급에 대한 합리적 접근법

합리적 접근에서는 결측값을 채우거나 재생하고자 하는 변수들 간의 수학적 혹은 논리적 관계를 사용한다. 이 접근법을 명확히 하기 위해 몇 개의 사례가 제시된다.

`sleep` 데이터셋에서, `Sleep` 변수는 Dream과 NonD 변수의 합이다. 이 두 변수의 점수를 알고 있다면 `Sleep`변수를 파생할 수 있다. 따라서 세 변수 중 하나만 결측이라면 더하기 빼기로 결측 정보를 재생할 수 있다.

두 번째 사례로 세대집단들 간(예를 들어 침묵자(Silents), 초기 베이비 부머, 후기 베이비 부머, X세대, 밀레니얼(1980~2000년 출생자)) 일과 생활의 균형의 차이에 대한 연구를 보자. 여기서 집단은 출생연도로 정의했다. 참가자들에게 출생연일을 물었다. 만약 출생일이 결측이라면 그들의 나이와 조사완료일을 알아서 출생연도(따라서 그들의 세대집단)를 재생할 수 있다.

결측데이터를 재생하기 위해 논리적 관계를 사용하는 사례는 참여자들에게 그들이 매니저인지(예/아니오) 그리고 직접보고 횟수(정수) 등을 질문하는 리더십연구에서 찾을 수 있다. 만약 매니저여부 질문을 빈칸으로 했지만 하나 이상의 직접보고 횟수를 가진다면 그들이 매니저라고 추론하는 것은 합리적이다.

마지막 사례로, 나는 남자와 여자의 리더십 스타일과 효과성을 비교하는 젠더 연구에 종종 참여한다. 참가자들은 그들의 성명(성/이름), 성별, 그리고 리더십 접근과 영향에 대한 상세한 파악과 관련된 서베이를 완료한다. 만약 참가자가 성별 질문을 빈칸으로 뒀다면 이 연구에 이 데이터를 포함하기 위해 값을 대체해야만 한다. 최근 66,000명의 매니저 연구에서 11,000명(17%)이 성별에 결측값을 가지고 있었다.

이 상태을 고치기 위해, 다음의 합리적 과정을 취했다. 첫째, 이름과 성별의 교차표를 만들었다. 어떤 이름은 남자와 어떤 이름은 여자와 연관되었다. 예를 들어 "William"은 417번 나왔고 항상 남자였다. 반대로 "Chris"는 237번 나왔고 어떤 때는 남자(86%) 어떤 때는 여자(14%)였다. 어떤 이름이 데이터셋에서 20번 이상 나왔고 항상 남자 혹은 여자와 연관되었다면(절대 둘다 연관되지 않은) 이 이름은 단일 성별을 대표한다고 가정하였다. 나는 이 가정을 성특화적 이름을 위한 성별-색인 테이블(gender-lookup table)을 생성하기 위해 사용하였다. 성별값 결측이 있는 참가자들에게 이 색인표를 사용하여 7,000 사례(응답 결측의 63%)를 재생할 수 있었다.

합리적 접근법은 전형적으로 데이터관리 스킬과 더불어 창의성과 사고력을 요구한다. 데이터 재생은 정확할 수도(`sleep`사례에서 처럼) 거의 정확할 수도(성별 사례에서 처럼) 있다. 다음 절에서는 관측치를 제거함으로써 완벽한 데이터셋을 생성하는 접근법을 탐색할 것이다.

18.6 완전제거법(일괄 삭제: listwise deletion)

완전제거법에서는 모든 변수에서 유효한 데이터 값을 가지고 있는 관측치들만이 분석에 포함된다. 사실상 이것은 한 개 이상의 결측값을 가진 행을 제거한다는 것이다. 이는 또한 일괄(listwise 혹은 case-wise) 삭제로 알려져 있다. 가장 인기 있는 통계패키지들은 결측데이터 처리의 기본설정 접근법으로 일률적 삭제를 채택한다. 사실 회귀분석이나 ANOVA 같은 분석을 수행하는 많은 분석가들이 "결측값 문제"를 인식조차 못할 수 있다는 것은 매우 일반적이다!

`complete.cases()` 함수는 결측데이터가 없는 행렬이나 데이터프레임의 사례들을 저장하는데 사용될 수 있다.

```
newdata <- mydata[complete.cases(mydata),]
```

`na.omit` 함수를 사용해서도 동일한 결과를 얻을 수 있다.

```
newdata <- na.omit(mydata)
```

두 프로그램문에서 결측데이터가 있는 모든 행은 결과가 `newdata`에 저장되기 전에 `mydata`에서 삭제된다.

여러분이 `sleep`연구에 있는 변수들 간의 상관관계에 관심이 있다고 하자. 상관관계를 계산하기에 앞서 일괄 삭제를 적용하여 결측데이터가 있는 모든 동물을 삭제한다.

```
> options(digits=1)
> cor(na.omit(sleep))
          BodyWgt BrainWgt NonD Dream Sleep  Span  Gest  Pred  Exp Danger
BodyWgt     1.00     0.96 -0.4 -0.07  -0.3  0.47  0.71  0.10  0.4   0.26
BrainWgt    0.96     1.00 -0.4 -0.07  -0.3  0.63  0.73 -0.02  0.3   0.15
NonD       -0.39    -0.39  1.0  0.52   1.0 -0.37 -0.61 -0.35 -0.6  -0.53
Dream      -0.07    -0.07  0.5  1.00   0.7 -0.27 -0.41 -0.40 -0.5  -0.57
Sleep      -0.34    -0.34  1.0  0.72   1.0 -0.38 -0.61 -0.40 -0.6  -0.60
Span        0.47     0.63 -0.4 -0.27  -0.4  1.00  0.65 -0.17  0.3   0.01
Gest        0.71     0.73 -0.6 -0.41  -0.6  0.65  1.00  0.09  0.6   0.31
Pred        0.10    -0.02 -0.4 -0.40  -0.4 -0.17  0.09  1.00  0.6   0.93
Exp         0.41     0.32 -0.6 -0.50  -0.6  0.32  0.57  0.63  1.0   0.79
Danger      0.26     0.15 -0.5 -0.57  -0.6  0.01  0.31  0.93  0.8   1.00
```

이 표의 상관관계는 모든 변수에 완벽한 데이터가 있는 42개 동물만 근거로 하였다(프로그램문 `cor(sleep, use="complete.obs")`도 동일한 결과를 만들어낸다는 것을 알아두자).

꿈꾸는 수면량에 대한 수명과 임신기간의 영향을 연구하고 싶다면 일괄 삭제를 한 선형 회귀분석을 채택할 수 있다.

```
> fit <- lm(Dream ~ Span + Gest, data=na.omit(sleep))
> summary(fit)

Call:
lm(formula = Dream ~ Span + Gest, data = na.omit(sleep))

Residuals:
   Min     1Q Median    3Q   Max
-2.333 -0.915 -0.221 0.382 4.183

Coefficients:
            Estimate  Std. Error  t value Pr(>|t|)
(Intercept) 2.480122    0.298476   8.31   3.7e-10 ***
Span       -0.000472    0.013130  -0.04     0.971
Gest       -0.004394    0.002081  -2.11     0.041 *
—
Signif. codes: 0 '***' 0.001 '**' 0.01 '*' 0.05 '.' 0.1 '°'
Residual standard error: 1 on 39 degrees of freedom
Multiple R-squared: 0.167,      Adjusted R-squared: 0.125
F-statistic: 3.92 on 2 and 39 DF,  p-value: 0.0282
```

여기서 임신기간이 짧은 동물들은 꿈꾸는 수면이 더 길고(수명은 통제된 상태) 임신기간을 통제했을 때 수명은 꿈꾸는 수면과는 관계가 없다는 것을 볼 수 있다. 이 분석은 완벽한 데이터를 가진 42개 사례에 기반하고 있다.

이전 사례에서 `data=na.omit(sleep)`이 `data=sleep`로 대체된다면 어떤 일이 발생할까? 많은 R 함수처럼, `lm()`은 일률삭제의 제한된 정의를 사용한다. 이 함수에 의해 적합화된 변수(이 경우는 Dream, Span, 그리고 Gest) 상에 결측데이터가 있는 사례들은 삭제되었을 것이다. 분석은 44개 사례를 기반으로 하였다.

일괄 삭제는 데이터가 MCAR(즉, 완벽한 관측치들은 전체 데이터셋의 무작위적인 부분표본이다)이라고 가정한다. 현재 사례에서 우리는 사용된 42개 동물들이 수집된 62개 동물들의 무작위 부분 표본이라고 가정했다. MCAR가정이 침해될 정도가 되면 회귀분석의 결과 모수치는 편향될 것이다. 결측데이터가 있는 모든 관측치의 삭제는 또한 사용가능한 표본 크기의 축소로 통계적 파워를 감소시킬 수 있다. 현재 사례에서 일괄 삭제는 표본 크기를 32% 축소시켰다. 다음으로 우리는 전체 데이터셋(결측데이터를 가진 사례도 포함하여)을 채택하는 접근을 고려할 것이다.

18.7 다중대체

다중대체(MI: Multiple Imputation)는 결측값에 대한 반복 시뮬레이션에 기반한 접근법이다. MI는 복잡한 결측값 문제에 자주 선택되는 방법이다. MI에서, 완벽한 데이터셋들의 집합(전형적으로 3개에서 10)이 결측값이 있는 기존 데이터셋으로부터 생성된다. 각 시뮬레이션된 데이터셋에 결측데이터를 채우기 위해 몬테카를로 방법이 사용된다. 표준적 통계방법들이 각 시뮬레이션된 데이터셋에 적용된다. 그리고 추정 결과값과 결측값이 야기한 불확실성을 고려한 신뢰구간 등의 정보가 함께 산출물로 제공된다. `Amelia`, `mice`, 그리고 `mi` 패키지 등을 통해 잘 개발된 것들을 R에서 사용할 수 있다.

이 절에서 우리는 `mice`(연쇄방정식에 의한 다변량 대체:multivariate imputation by chained equations) 패키지가 제공하는 접근법에 집중할 것이다. `mice` 패키지가 어떻게 작동하는지를 이해하려면 그림 18.5에 있는 다이아그램을 살펴보라.

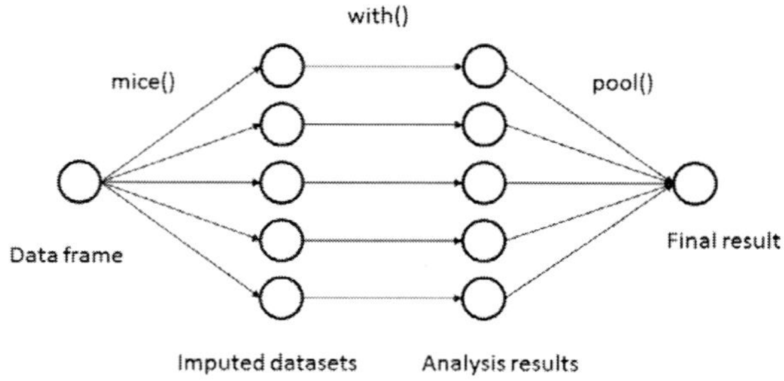

그림 18.5 `mice` 접근법으로 결측데이터를 다중대체로 적용하는 단계들

`mice()` 함수는 결측데이터가 있는 데이터프레임으로 시작해서 여러 개(기본설정은 다섯 개)의 완벽한 데이터셋을 담고 있는 객체를 반환한다. 각 완벽한 데이터셋은 원래 데이터프레임에 있는 결측데이터에 값을 대체함으로써 생성된다. 대체에 무작위 요소가 있어서 개별 완벽한 데이터셋은 약간씩 다르다. 다음으로 차례로 각 완벽한 데이터셋에 통계모델(예를 들어 일반선형 혹은 선형 모델)을 적용하기 위해 `with()` 함수가 사용된다. 마지막으로 `pool()` 함수를 사용하여 각각 떨어져 있는 이들 분석결과들을 하나의 결과세트로 결합한다. 이 마지막 모델에 있는 표준오차와 p값은 결측값과 다중대체에 의해 생산된 불확실성을 정확하게 반영한다.

◆ mice() 함수는 어떻게 결측값을 대체하는가?

결측값은 Gibbs 표본추출에 의해 대체된다. 기본설정으로 결측데이터를 가진 각 변수가 데이테셋에 있는 모든 다른 변수들로 부터 예측된다. 이 예측방정식은 결측데이터를 납득할만한 값으로 대체하는데 사용된다. 이 프로세스는 결측값의 대체값이 수렴될 때까지 반복한다. 각 변수별로 예측모형의 형태 (기초 대체 방법이라 불림)와 거기에 투입되는 변수를 선택할 수 있다.

기본설정으로 연속변수 상의 결측데이터를 대체하는 데는 예측평균매칭(predictive mean matching)이 사용되는 반면 이항(두개의 요인) 혹은 다항(polytomous, 세 개 이상 요인)의 목표변수에 대해서는 각각 로지스틱 혹은 다항 로지스틱 회귀분석이 사용된다. 다른 기초 대체 방법으로는 베이지안 선형 회귀분석, 판별 함수 분석, 2단계 정상 대체, 그리고 관측값에서 무작위추출 등이 있다. 자기 자신의 방법으로도 할 수 있다.

mice 패키지에 기반한 분석은 전형적으로 다음의 구조를 따른다.

```
library(mice)
imp <- mice(data, m)
fit <- with(imp, analysis)
pooled <- pool(fit)
summary(pooled)
```

여기서

- *data*는 결측값을 담고 있는 행렬 혹은 데이터프레임이다.
- imp는 대체가 어떻게 수행되는지에 관한 정보와 함께, *m*개의 대체된 데이터셋을 담고 있는 리스트 객체이다. 기본설정으로 *m*=5.
- *analysis*는 대체된 *m*개의 데이터셋 각각에 적용될 통계적 분석을 지정하는 공식(formula) 객체이다. 선형 회귀분석 모델에는 lm(), 일반화 선형모델에는 glm(), 일반화 기법 모델에는 gam(), 그리고 부적 이항모델에는 nbrm()을 지정한다. 공식 괄호 안에는 ~ 왼쪽에는 반응 변수를 그리고 오른 쪽에는 예측변수들(+기호로 분리되는)을 제시한다.
- fit은 *m*개의 분리된 통계 분석의 결과들을 담고 있는 리스트 객체이다.
- pooled는 이러한 *m*개의 통계분석의 평균화된 결과들을 담고 있는 리스트 객체이다.

이제 sleep 데이터셋에 다중대체를 적용해 보자. 당신은 18.6절의 분석을 반복할 것이지만, 이번에는 62개 동물 모두를 사용한다. 난수 생성기의 seed 값으로 1234를 설정하면 결과는 아래와 같을 것이다.

```
> library(mice)
> data(sleep, package="VIM")
> imp <- mice(sleep, seed=1234)

[...output deleted to save space...]

> fit <- with(imp, lm(Dream ~ Span + Gest))
```

```
> pooled <- pool(fit)
> summary(pooled)
                 est      se      t   df  Pr(>|t|)   lo 95
(Intercept)  2.58858 0.27552  9.395 52.1  8.34e-13  2.03576
Span        -0.00276 0.01295 -0.213 52.9  8.32e-01 -0.02874
Gest        -0.00421 0.00157 -2.671 55.6  9.91e-03 -0.00736
               hi 95 nmis    fmi
(Intercept)  3.14141   NA 0.0870
Span         0.02322    4 0.0806
Gest        -0.00105    4 0.0537
```

여기서, Span의 회귀계수가 유의미하지 않고(p=0.08), Gest의 계수는 p 〈 0.01 수준에서 유의미하다. 만약 이 결과를 완전제거법에 의해 생산된 결과(18.6절)와 비교하면, 이 경우에는 같은 결론이 나온다. 수명을 통제하면 임신기간은 꿈꾸는 수면량과 (통계적으로) 유의미한 부적 관계를 가진다. 완벽사례 분석은 완벽한 데이터를 가진 42개의 동물을 기반으로 하지만, 현재의 분석은 62개 전체 동물로부터 수집된 정보에 기반하고 있다. fmi 열은 결측에 관한 일단의 정보를 알려 준다(즉, 결측 데이터로 말미암은 불확실성에 원인이 되는 가변성의 비율).

분석에서 생성된 객체들을 검토함으로써 대체에 대한 더 많은 정보에 접근할 수 있다.

예를 들어 imp 객체의 요약을 검토해 보자.

```
> imp

Multiply imputed data set
Call:
mice(data = sleep, seed = 1234)
Number of multiple imputations: 5
Missing cells per column:
 BodyWgt BrainWgt    NonD   Dream   Sleep    Span    Gest    Pred
       0        0      14      12       4       4       4       0
     Exp   Danger
       0        0
Imputation methods:
  BodyWgt   BrainWgt   NonD  Dream  Sleep  Span  Gest Pred
       ""         "" "pmm"  "pmm"  "pmm" "pmm" "pmm"   ""
      Exp   Danger
       ""       ""
VisitSequence:
```

```
 NonD Dream Sleep Span Gest
    3     4     5    6    7
PredictorMatrix:
         BodyWgt BrainWgt NonD Dream Sleep Span Gest Pred Exp Danger
BodyWgt        0        0    0     0     0    0    0    0   0      0
BrainWgt       0        0    0     0     0    0    0    0   0      0
NonD           1        1    0     1     1    1    1    1   1      1
Dream          1        1    1     0     1    1    1    1   1      1
Sleep          1        1    1     1     0    1    1    1   1      1
Span           1        1    1     1     1    0    1    1   1      1
Gest           1        1    1     1     1    1    0    1   1      1
Pred           0        0    0     0     0    0    0    0   0      0
Exp            0        0    0     0     0    0    0    0   0      0
Danger         0        0    0     0     0    0    0    0   0      0
Random generator seed value: 1234
```

결과를 보면 5개의 인공 데이터셋이 생성되었고 예측평균매칭(pmm) 방법이 결측데이터를 가진 각 변수에 사용되었다. BodyWgt, BrainWgt, Pred, Exp, 또는 Danger에 대해서는 결측값이 없기 때문에 대체가 필요 없다(" "). visit sequence는 NonD로 시작해서 Gest로 끝나는 변수들이 왼쪽에서 오른쪽으로 대체된다는 것을 말해 준다. 마지막으로 예측 행렬은 결측데이터를 가진 각 변수는 이 데이터셋에 있는 모든 다른 변수들을 사용하여 대체되었다는 것을 보여준다. (이 행렬에서 행은 대체되고 있는 변수를 나타내고 열은 대체를 위해 사용된 변수를 나타낸다. 그리고 1/0은 사용된 것/사용안된 것을 가리킨다.)

imp 객체의 하위요소를 살펴보면 대체들을 볼 수 있다. 예를 들어보자.

```
> imp$imp$Dream
     1   2   3   4   5
 1 0.5 0.5 0.5 0.5 0.0
 3 2.3 2.4 1.9 1.5 2.4
 4 1.2 1.3 5.6 2.3 1.3
14 0.6 1.0 0.0 0.3 0.5
24 1.2 1.0 5.6 1.0 6.6
26 1.9 6.6 0.9 2.2 2.0
30 1.0 1.2 2.6 2.3 1.4
31 5.6 0.5 1.2 0.5 1.4
47 0.7 0.6 1.4 1.8 3.6
53 0.7 0.5 0.7 0.5 0.5
```

```
55 0.5 2.4 0.7 2.6 2.6
62 1.9 1.4 3.6 5.6 6.6
```

이것은 Dream 변수에 결측데이터를 가진 12개 동물들에 대해 5개의 대체된 값을 보여주고 있다. 이 행렬을 살펴보면 대체된 값들이 합리적인지 판단하는데 도움을 준다. 수면시간의 음수값은 우려를 자아낸다.

complete() 함수를 통해 대체된 데이터셋들인 *m*개의 각각을 살펴볼 수 있다. 포맷은 다음과 같다.

```
complete(imp, action=#)
```

여기서 #은 인공적으로 완벽한 데이터셋들인 m개 중 하나를 지정한다. 예를 들어보자.

```
> dataset3 <- complete(imp, action=3)
> dataset3
  BodyWgt BrainWgt  NonD  Dream  Sleep  Span  Gest  Pred  Exp  Danger
1 6654.00   5712.0   2.1    0.5    3.3  38.6   645     3    5       3
2    1.00      6.6   6.3    2.0    8.3   4.5    42     3    1       3
3    3.38     44.5  10.6    1.9   12.5  14.0    60     1    1       1
4    0.92      5.7  11.0    5.6   16.5   4.7    25     5    2       3
5 2547.00   4603.0   2.1    1.8    3.9  69.0   624     3    5       4
6   10.55    179.5   9.1    0.7    9.8  27.0   180     4    4       4
[...output deleted to save space...]
```

이것은 다중대체과정을 통해 생성된 (다섯 개 중) 세 번째 완벽한 데이터셋을 보여준다.

지면의 한계로 mice 패키지에서 제공되는 MI 구현을 간략하게만 고려하였다. mi와 Amelia 패키지는 다른 가치 있는 접근법을 담고 있다. 만약 당신이 결측데이터에 대해서 다중대체 접근법에 관심이 있다면 다음의 자료를 권한다:

- 다중대체 FAQ 페이지 (www.stat.psu.edu/~jls/mifaq.html)
- Van Buuren 과 Groothuis-Oudshoorn (2010), 그리고 Yu-Sung, Gelman, Hill, and Yajima (2010)의 논문들
- Amelia II: A Program for Missing Data (http://gking.harvard.edu/amelia)

각 자료들은 중요하나 활용되지 않는 이런 방법론들을 이해하고 확장하는데 유용할 것이다.

18.8 결측데이터에 대한 다른 접근들

R은 결측데이터에 대한 다른 접근법도 지원한다. 지금까지 기술한 방법들만큼 널리 활용되지는 않

표 18.2 결측데이터를 다루는 특수 방법들

패키지	설명
mvnmle	결측값이 있는 다변량 정규 데이터를 위한 최대우도 추정
cat	결측값이 있는 범주형 변수 데이터셋의 분석
arrayImpute, arrayMissPattern, SeqKnn	결측이 있는 마이크로 배열 데이터를 다루는데 유용한 함수들
longitudinalData	시계열 결측값을 위한 보간 규칙(interpolation routines)을 포함한 지원 함수들
kmi	결측데이터가 있는 생존분석을 위한 Kaplan-Meier 다중대체
mix	범주형과 연속형이 혼합된 데이터를 위한 다중대체
pan	다변량 패널 혹은 군집화된 데이터를 위한 다중대체

지만 표 18.2의 패키지들은 특수한 상황에서는 유용할 수 있는 함수들을 제공한다. 마지막으로 여전히 사용되지만 시대에 뒤떨어졌다고 여겨지는 결측데이터 취급 방법이 두 개 있다. 쌍별 삭제(pairwise deletion)와 단순 대체가 그것이다.

18.8.1 쌍별 삭제

쌍별 삭제는 종종 일괄 삭제의 대안으로 간주되었다. 쌍별 삭제에서 관측치는 특정한 분석에 포함된 변수에서 결측데이터가 있을 때만 삭제된다. 다음 코드를 고려해 보자.

```
> cor(sleep, use="pairwise.complete.obs")
         BodyWgt BrainWgt NonD Dream Sleep  Span Gest  Pred  Exp Danger
BodyWgt   1.00      0.93 -0.4  -0.1  -0.3  0.30  0.7  0.06  0.3   0.13
BrainWgt  0.93      1.00 -0.4  -0.1  -0.4  0.51  0.7  0.03  0.4   0.15
NonD     -0.38     -0.37  1.0   0.5   1.0 -0.38 -0.6 -0.32 -0.5  -0.48
Dream    -0.11     -0.11  0.5   1.0   0.7 -0.30 -0.5 -0.45 -0.5  -0.58
Sleep    -0.31     -0.36  1.0   0.7   1.0 -0.41 -0.6 -0.40 -0.6  -0.59
Span      0.30      0.51 -0.4  -0.3  -0.4  1.00  0.6 -0.10  0.4   0.06
Gest      0.65      0.75 -0.6  -0.5  -0.6  0.61  1.0  0.20  0.6   0.38
Pred      0.06      0.03 -0.3  -0.4  -0.4 -0.10  0.2  1.00  0.6   0.92
Exp       0.34      0.37 -0.5  -0.5  -0.6  0.36  0.6  0.62  1.0   0.79
Danger    0.13      0.15 -0.5  -0.6  -0.6  0.06  0.4  0.92  0.8   1.00
```

이 사례에서, 두 변수간의 상관관계는 그 두 변수(다른 변수들은 무시하고)가 사용할 수 있는 모든 관측치를 사용한다.

비록 쌍별 삭제는 모든 사용가능한 데이터를 사용하는 것으로 나타나지만, 실제로 각 계산들은 이 데이터의 서로 다른 부분집합에 기반하고 있다. 이것은 왜곡되어 계산하기 힘든 결과를 초래하게 한다. 나는 이 접근을 멀리하길 권한다.

18.8.2 단순 (비확률적)대체

단순대체에서, 어떤 변수의 결측값은 하나의 값으로 대체된다(예를 들어 평균, 중앙값, 최빈값). 평균 대체를 사용하여 Dream의 결측값을 값 1.97로 그리고 NonD 결측값을 값 8.67로(각각 Dream과 NonD의 평균) 대체할 수 있었다. 대체는 비확률적이다. 이는 (다중대체와는 달리) **무작위 오차** (random error)가 초래되지 않는다는 것을 의미한다

단순대체의 잇점은 분석에 사용할 수 있는 표본수를 줄이지 않고 결측값 문제를 해결한다는 것이다. 단순 대체는 간단하고 좋지만 MCAR이 아닌 데이터에 대해서는 편향된 결과를 만든다. 많은 데이터가 결측이라면 단순대체는 표준오차를 과소평가하고 변수들간의 상관관계를 왜곡하고 통계검증에서 부정확한 p값을 만들어 내기 쉽다. 쌍별 삭제와 같이 결측데이터 문제 해결책으로 이 접근법을 피하기를 권한다.

18.9 요약

대부분의 통계적 방법들은 입력데이터가 완벽하고 결측값(`NA`, `NaN`, 또는 `Inf` 같은)이 없는 것을 가정한다. 그러나 현실세계에서 대부분의 데이터셋은 결측값을 포함하고 있다. 따라서 여러분은 원하는 분석을 계속하기 전에 결측값을 삭제하거나 합당한 대체 값으로 대체하여야 한다. 종종 통계패키지들은 결측데이터를 처리하는 기본설정된 방법들을 제공한다. 그러나 이 접근법들은 최적이 아닐 수 있다. 따라서 사용가능한 다양한 접근법과 사용했을 때의 영향을 이해하는 것이 중요하다.

이 장에서, 결측데이터를 식별하고 결측데이터의 유형을 탐색하는 방법들을 검토했다. 목적은 결측데이터를 초래하는 메커니즘과 후속 분석에 미치는 예상 가능한 영향들을 이해하는 것이다. 이어서, 우리는 결측데이터를 다루는 가장 인기 있는 합리적 접근, 일괄 삭제, 다중대체의 사용의 세가지 방법을 검토했다.

합리적 접근은 데이터에 중복이 있을 때, 혹은 그 문제와 관련된 외부정보를 끌어올 수 있을 때 결측

데이터를 재생하기 위해 사용될 수 있다. 일괄 삭제는 데이터가 MCAR이고 표본 크기의 감소가 통계 검증력에 심각한 영향을 미치지 않을 때 유용하다. 다중대체는 데이터가 MCAR 혹은 MAR이라고 가정할 수 있을 때 복잡한 결측데이터 문제해결 방법으로 빨리 성장했다. 비록 많은 분석가들은 다중대체 전략에 친숙하지 않을 수도 있지만, 사용자-기여 패키지(`mice`, `mi`, `Amelia`) 덕분에 손쉽게 접근할 수 있다. 나는 향후 몇 년 내에 사용이 급성장할 것이라고 믿는다.

결측데이터를 취급하는 특수 접근방법을 제공하는 R패키지를 간략히 언급하고 그리고 피해야만 하는 결측데이터 처리의 일반적인 접근법(쌍별 삭제, 단순 대체)을 지목하고 이 장을 마쳤다.

다음 장에서, 우리는 혁신적인 다변량 그림을 만들기 위해 ggplot2 패키지를 사용하여 고급 그래픽 방법들을 탐색할 것이다.

제 5 부

스킬 확장하기

이 마지막 부분에서 우리는 R 프로그래머로서 여러분의 기술을 향상시킬 고급 주제를 검토한다. 19장은 데이터 시각화에 대한 R의 가장 강력한 접근 중 하나를 보여 주면서 그래픽에 대한 논의를 완료한다. 그래픽의 포괄적 문법에 기반하는 ggplot2 패키지는 새롭고 독창적인 방법으로 복잡한 데이터를 시각화하는 도구세트를 제공한다. R의 기초 그래픽 시스템으로는 생성하기 어렵거나 불가능했을 매력적이고 정보가 풍부한 그래프를 쉽게 생성할 수 있을 것이다.

20장은 R언어를 더 깊은 수준에서 검토한다. 이것에는 R의 객체지향 프로그래밍 특성, 환경과 함께 작업하기, 그리고 고급 함수 작성 등을 포함한다. 효율적인 코드 작성을 위한 팁과 디버깅 프로그램 또한 기술된다. 비록 20장이 이 책의 다른 장들보다 더 기술적이라 하더라도 보다 유용한 프로그램을 개발하는데 넓고 실용적인 조언을 제공한다.

이 책 전체에서 여러분은 이미 만들어진 패키지를 사용했다. 21장에서 여러분 자신의 패키지를 작성하는 것을 배울 것이다. 이것은 당신의 작업을 조직하고 문서화하는 데 도움을 줄 수 있고, 더 복잡하고 포괄적인 소프트웨어 솔루션을 생성하는데, 그리고 여러분의 창조물을 다른 사람과 공유하는데 도움을 줄 수 있다. 유용한 함수들의 패키지를 다른 사람과 공유하는 것은 R 공동체에 보답하는 멋진 방법이다(한편 여러분의 명성을 널리 멀리 퍼뜨린다).

22장은 전부 보고서 작성에 관한 것이다. R은 데이터로부터 매력적인 보고서를 역동적으로 생성하는 압축적인 장치들을 제공한다. 이 마지막 장에서 여러분은 보고서를 웹페이지로, PDF 문서로, 그리고 워드프로세서 문서(MS워드 문서를 포함하여)로 생성하는 법을 배울 것이다.

5부를 마치면, 여러분은 R이 작동하는 것에 더욱 깊게 감사하게 되고 더욱 정교한 그래픽, 소프트웨어 그리고 리포트를 생성하는데 필요한 R이 제공하는 도구들을 가질 것이다.

제 19장 ggplot2와 고급 그래픽

이 장에서 다룰 내용은 다음과 같다.

- ggplot2 패키지의 소개
- 다변량 데이터를 시각화하기 위하여 형태, 색깔, 크기 사용하기
- 측면화된(faceted) 그래프로 집단비교하기
- ggplot2 플롯 맞춤화하기

앞선 장들에서, 여러분은 일반적이고 특수한 매우 다양한 그래프들을 창조하였다(그리고 이 과정은 대단히 흥미있었다). 이들 대부분은 R의 기초 그래픽 시스템을 사용하면서 생산되었다. R에서 이용 가능한 다양한 방법들에 비추어 볼 때. 여러분이 서로 구별되고 게다가 완벽한 네 가지 이용가능한 그래픽 시스템을 배우는 일은 그리 놀랄만한 일도 아니다.

기초 그래픽에 추가하여, `grid`, `lattice`와 `ggplot2` 패키지들에 의해서 그래픽 시스템들이 제공된다. 각 패키지들은 R의 기초 그래픽 시스템의 기능을 확대하고 결점을 수정하고자 설계된 것들이다.

`grid` 그래픽 시스템은 초기 단계의 그래픽에 저-수준의 접근을 제공하여 프로그래머들에게 그래픽 생성에 커다란 유연성을 가져다 준다. `lattice` 패키지는 trellis graphs라 부르는 일차원, 이차원 혹은 삼차원 그래프를 통하여 다변량 관계의 검토에 필요한 직관적인 접근법을 제공한다. `ggplot2` 패키지는 종합적인 그래픽 "문법" 에 기초한 혁신적인 그래프를 생성하는 방법을 제공한다.

우리는 네 개의 그래픽 시스템에 관한 간단한 개관과 함께 이 장을 시작한다. 그다음에는 `ggplot2` 패키지로 발생할 수 있는 그래프에 초점을 맞출 것이다. `ggplot2`는 여러분이 R에서 생산할 수 있는 그래프의 질과 범위를 크게 확대한다. 종합적이며 일관성있는 구문을 사용하여 많은 변수를 가진 데이터셋을 시각화하며, 또한 R 기초 그래픽으로 생성하기 힘든 그래프들을 쉽게 만들 수 있다.

19.1
R에 있는 네 개의 그래픽 시스템

앞서 언급했듯이, R에는 현재 네 개의 그래픽 시스템들이 있다. Ross Ihaka가 작성한 기초 그래픽 시스템은 R을 설치할 때마다 매번 포함된다. 앞의 장들에서 산출한 대부분의 그래프는 기초 그래픽 함수에 의존한 것들이다.

Paul Murrell (2011)가 작성한 `grid` 그래픽 시스템은 `grid` 패키지로 시행된다. `grid` 그래픽은 표준그래픽 시스템에 저-수준의 대안을 제안한다. 사용자는 그래픽 장치에 임의의 직사각형 영역을 생성할 수 있고, 각 영역에 조정 시스템을 정의할 수 있으며, 그래픽 요소의 외양과 배열을 통제하는 원시 요소들을 그리는데 풍부한 설정을 사용할 수도 있다.

이와 같은 유연성 때문에 `grid` 그래픽은 소프트웨어 개발자에게 가치있는 도구이다. 그러나 `grid` 패키지는 통계적인 그래픽이나 완전한 그림을 생산하는 함수를 제공하지 않는다. 따라서 `grid` 패키지는 데이터 분석에는 거의 직접 사용되지 않고 있으며 우리도 추가적으로 논의되지 않을 것이다. 여러분이 grid를 배우는데 관심이 있다면, Murrell박사의 Grid 웹사이트(http://mng.bz/C86p)를 방문하여 세부 내용을 살펴보기 바란다. .

Deepayan Sarkar(2008)가 작성한 `lattice` 패키지는 Cleveland(1985, 1993)에 의해 윤곽이 제시된 trellis 그래픽을 시행한다. 기본적으로, trellis 그래프는 하나의 변수나 변수들 사이의 관계의 분포를 보여주는데 하나 혹은 둘 이상의 변수를 각 수준별로 분리하여 나타낸다. `grid` 패키지를 사용해 만들어진 `lattice` 패키지는 다변량 데이터의 시각화에 관한 Cleveland의 초기 접근을 뛰어넘어 성장하였으며, 이제는 R에서 창조적인 통계적 그래픽을 위한 포괄적인 대안시스템을 제공하고 있다. 이 책에서 기술되는 많은 패키지들(`effects`, `flexclust`, `Hmisc`, `mice`와 `odfWeave`)은 그래픽 생산에 `lattice` 패키지의 함수들을 사용한다.

마지막으로, Hadley Wickham(2009a)가 작성한 ggplot2 패키지는 Wilkinson(2005)가 제시하고, Wickham(2009b)가 확장한 그래픽 문법에 기초하여 그래프 생성의 시스템을 제공한다. `ggplot2` 패키지의 의도는 통일되고 일관된 방식으로 포괄적인 문법에 기초한 그레프를 제공함으로써, 사용자들로 하여금 새롭고 혁신적인 데이터 시각화를 가능하게 하는 것이다. 이같은 장점 때문에 `ggplot2`은 R을 사용한 자료 시각화의 가장 중요한 도구가 되었다.

19.1에서 정리한 바와 같이, 네 개의 시스템에 대한 접근에는 차이점이 있다. 기초(base) 그래픽 함수들은 자동적으로 이용가능하다. `grid`와 `lattice` 함수들에 접근하여 위해서 여러분은 적절한 패키지를 명확하게(예를 들어서, `library(lattice)`) 탑재해야 한다. `ggplot2` 함수들에 접근하기 위하여 처음 사용하기에 앞서서 패키지를 내려받고 설치한(`install.packages("ggplot2")`) 다

표 19.1 그래픽 시스템 접근

시스템	기본 설치에 포함?	별도로 적재해야 하는가?
base	예	아니오
grid	예	예
lattice	예	예
ggplot2	아니오	예

음에, 이를 탑재해야 한다(`library(ggplot2)`).

`lattice`와 `ggplot2` 패키지는 기능적으로 중첩되지만 그래프 생성의 방법은 다르다. 분석가들이 다변량 데이터의 그림을 그릴 때 두 패키지 중 어느 하나에 의존하는 경향이 있다. 장점과 대중성을 고려하여, 이 장의 나머지는 `ggplot2`에 초점을 맞출 것이다. 여러분이 `lattice` 패키지에 대하여 배우고 싶다면, 내가 추가로 생성한 장을 (www.statmethods.net/RiA/lattice.pdf) 출판사의 www.manning.com/RinActionSecondEdition 웹사이트에서 내려받을 수 있다.

이 장은 `ggplot2`를 사용하는 사례를 보여주기 위하여 세 개의 데이터셋을 사용한다. 첫 번째는 `lattice` 패키지의 `singer`라 이름붙인 데이터프레임이다; 이것은 New York Choral Society 소속 가수들의 음성 영역과 키(신장)에 대한 정보를 담고 있다. 두 번째는 이 책을 통하여 사용해 온 `mtcars`라는 데이터프레임이다; 여기에는 32대의 자동차에 관한 자동차 세부정보를 담고 있다. 마지막 데이터프레임은 `Salaries`라 불리며 8장에서 기술한 `car` 패키지에 수록되어 있다. `Salaries`는 대학교수들의 급여 정보를 담고 있으며, 급여의 성별 격차를 탐색하기 위하여 수집되었다. 이 데이터셋들은 모두 시각화에 대한 다양한 도전을 제공한다.

계속하기 전에, `ggplot2`와 `car` 패키지가 설치되었는지를 확인하라. 여러분은 또한 `gridExtra` 패키지 설치를 원할 것이다. 이 패키지는 여러 개의 `ggplot2` 그래프를 하나의 그림 안에 위치시킬 수 있게 해준다(19.7.4절을 참조하라).

19.2 ggplot2 패키지의 소개

`ggplot2` 패키지는 종합적이고도 통합된 문법으로 R에 기반한 그래프 생성 시스템을 시행한다. 이 패키지는 R에서 가끔 부족했던 그래프 생성의 일관성을 제공함으로써, 여러분으로 하여금 혁신적이고 새로운 그래프를 창조하도록 한다. 이 절에서, 우리는 먼저 `ggplot2` 문법을 개관하고, 이후의

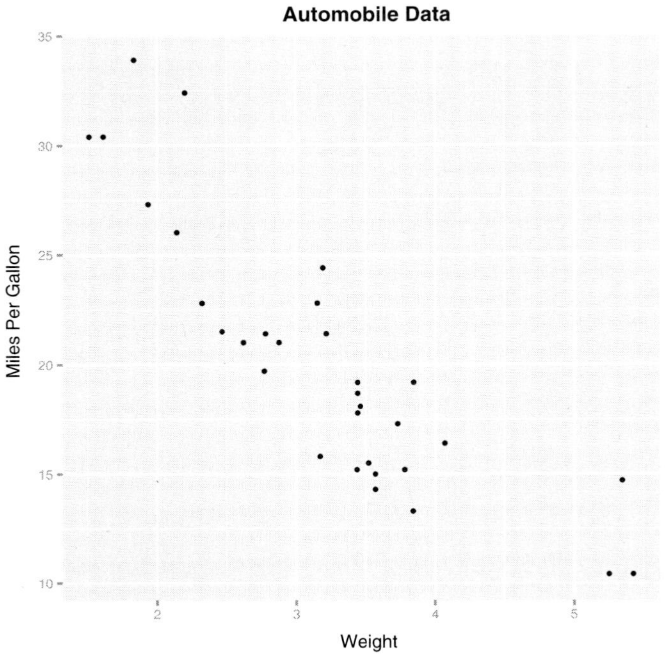

그림 19.1 자동차 무게와 연비의 산점도

절에서는 세부 사항을 다루도록 한다.

ggplot2에서 함수들은 (+) 기호를 사용하여 연쇄적으로 결합되어 플롯들을 생성한다. 각 함수는 해당 시점까지 생성한 플롯을 수정한다. 사례와 함께 보는 것이 이해하기에 가장 쉬운 방법이다(그래프는 그림 19.1에서 나와 있다):

```
library(ggplot2)
ggplot(data=mtcars, aes(x=wt, y=mpg)) +
   geom_point() +
   labs(title="Automobile Data", x="Weight", y="Miles Per Gallon")
```

플롯이 어떻게 생성되는지 단계별로 분리하여 살펴보자. `ggplot()` 함수는 플롯을 초기화하며, 데이터 출처(mtcars)와 사용될 변수(wt, mpg)을 지정한다. `aes()` 함수의 옵션은 각 변수가 해야 할 역할을 지정한다(`aes`는 **미학**(aesthetics)를 의미하는데 어떻게 정보를 시각적으로 표현되는가를 말한다) 여기서, `wt` 값은 x-축를 따라서, `mpg` 값은 y-축을 따라서 각각 거리를 매핑한다.

`ggplot()` 함수는 그래프를 설정하지만 자신의 시각적 결과를 산출하지는 않는다. 점, 선, 막대, 상자그림, 음영 지역 등의 기하학적 객체(줄여서 `geoms`라 부르는)를 하나 혹은 그 이상의 geom functions을 사용하여 그래프에 추가한다. 이 사례에서, `geom_point()` 함수는 산점도를 생성하면서 그래프에 점들을 그린다. `labs()` 함수는 옵션으로 **주석**(축 이름표와 제목)을 추가한다.

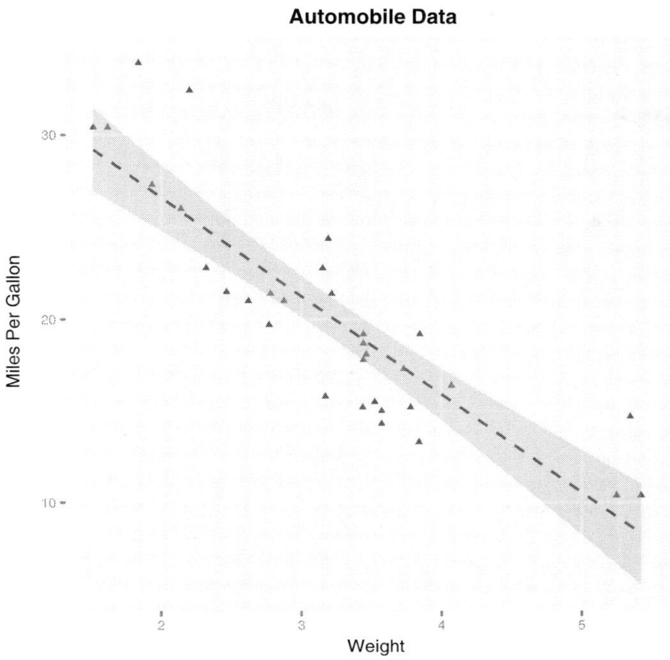

그림 19.2 최적의 선과 95% 신뢰 지역이 덧붙여진, 자동차의 무게와 연비에 관한 산점도.

ggplot2에는 많은 함수들이 있는데 대부분 함수들은 옵션 인자들을 포함할 수 있다. 이전의 사례를 그대로 이어받아서 확장한다. 아래의 코드는 그림 19.2의 그래프를 생산한다.

```
library(ggplot2)
ggplot(data=mtcars, aes(x=wt, y=mpg)) +
  geom_point(pch=17, color="blue", size=2) +
  geom_smooth(method="lm", color="red", linetype=2) +
  labs(title="Automobile Data", x="Weight", y="Miles Per Gallon")
```

geom_point() 옵션은 점의 형태를 삼각형(pch=17)으로, 크기를 두 배(size=2)로, 색은 파란색(color="blue")으로 각각 지정한다. geom_smooth() 함수는 "평활" 선을 추가하는데 이 선은 선형 적합을 요구하며(method="lm"), 빨간색(color="red"), 크기 1(size=1), 점선(linetype=2)을 산출한다. 디폴트로 95%의 신뢰 구간(보다 짙은 영역)을 포함한다. 우리는 19.6절에서 선형 적합과 비선형 적합의 관계 모델화에 대하여 보다 자세히 살펴볼 것이다.

ggplot2 패키지는 집단화와 세부화 방법들을 제공한다. **집단화(Grouping)**는 그림 하나에 두 개 또는 그 이상의 집단의 관측치를 보여 준다. 집단들은 일반적으로 색깔, 형태, 음영화에 의하여 차별화된다. **측면화(Faceting)**는 관측치를 집단별로 분리하여, 면면들의 플롯을 보여준다. ggplot2 패키지는 집단이나 측면화를 정의할 때 요인들을 사용한다.

mtcars 데이터프레임으로 집단화와 측면화 양자를 살펴보자. 먼저, am, vs와 cyl 변수들을 요인으

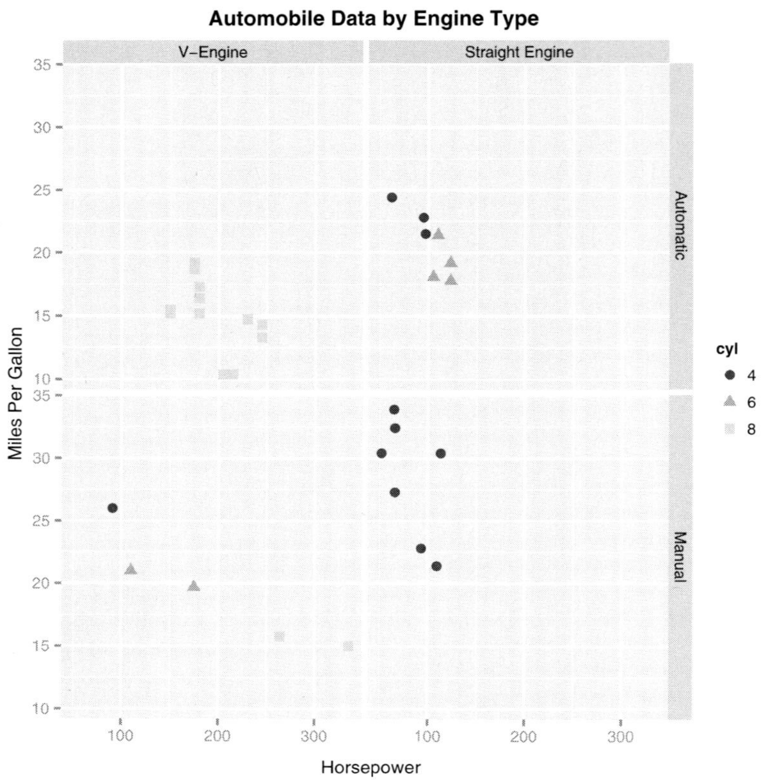

그림 19.3 변속기와 엔진 유형으로 분리한 마력과 연비 사이의 관계를 보이는 산점도. 각 자동차 엔진의 실린더 수는 형태와 색깔로 나타난다.

로 변환시킨다.

```
mtcars$am <- factor(mtcars$am, levels=c(0,1),
                              labels=c("Automatic", "Manual"))
mtcars$vs <- factor(mtcars$vs, levels=c(0,1),
                        labels=c("V-Engine", "Straight Engine"))
mtcars$cyl <- factor(mtcars$cyl)
```

다음으로, 아래의 코드를 사용하여 플롯을 생성한다.

```
library(ggplot2)
ggplot(data=mtcars, aes(x=hp, y=mpg,
       shape=cyl, color=cyl)) +
       geom_point(size=3) +
       facet_grid(am~vs) +
       labs(title="Automobile Data by Engine Type",
            x="Horsepower", y="Miles Per Gallon")
```

결과 그래프는(그림19.3을 보라) 변속 형태(자동 대 수동)와 엔진 배열(V-엔진 대 직렬엔진)의 각 조합별로 분리된 산점도를 담고 있다. 각 점의 색깔과 형태는 해당 차의 엔진실린더 개수를 나타낸다. 이 경우에, am과 vs는 측면화 변수이며, cyl은 집단화 변수이다.

`ggplot2` 패키지는 강력하기 때문에, 매우 다양한 정보집약적 그래프의 생성을 위해서 사용할 수 있다. 이 패키지는 노련한 R 분석가와 프로그래머들 사이에 인기가 높다. R blog와 토론 집단들의 글들을 살펴보면, 대중적 인기는 더욱 높아가고 있다.

그런데 애석하게도, 강력함과 더불어 복잡성도 커진다. 다른 R 패키지들과 달리, `ggplot2`는 그 자체로 종합적인 그래픽 프로그래밍 언어로 간주할 수 있다. 이 패키지는 자신의 학습 곡선이 있으며, 종종 이 곡선은 매우 가파르기 때문에 참고 견뎌야 한다. 그 노력은 충분한 가치가 있다. 다행히, 여러분에게 이 패키지를 보다 쉽게 소개하기 위하여 설계된 디폴트 함수와 단순한 언어가 있다. 연습을 한다면, 몇 줄의 코드로 흥미롭고 유용한 그림을 폭넓게 창조해 낼 수 있다.

`geom` 함수와 이들이 생성한 그래프의 유형에 대한 설명으로부터 시작하자. 그다음에, 보다 구체적으로 `aes()` 함수를 어떻게 집단 데이터에 사용할 지에 대해서 살펴볼 것이다. 마지막으로 축과 범례, 색깔 조합의 변화, 주석 추가 등을 비롯하여 `ggplot2` 그래프의 외양을 수정하는 방법들을 검토할 것이다. `ggplot2`을 보다 완전하게 습득하는 방법에 도움이 되는 자원들을 소개하면서 이 장을 마무리할 것이다.

19.3 geoms로 플롯 유형 지정하기

`ggplot()` 함수가 데이터 원천과 그려질 대상 변수를 지정한다면, geom 함수들은 이 변수들을 (점, 막대, 선과 음영 지역들을 사용하여) 어떻게 시각적으로 표현할 것인지를 지정한다. 현재, 37개의 geom들이 이용가능하다. 표 19.2는 보다 일반적으로 사용하는 함수들을 옵션과 함께 소개한 목록이다. 옵션은 표 19.3에서 보다 자세히 설명한다.

이 책에서 표현한 많은 그래프들은 표 19.2의 geom들을 사용하여 생성할 수 있다. 예를 들어, 아래의 코드는 그림 19.4의 히스토그램을 생산한다.

```
data(singer, package="lattice")
ggplot(singer, aes(x=height)) + geom_histogram()
```

또한 아래의 코드는 그림 19.5 상자 그림을 생산한다.

```
ggplot(singer, aes(x=voice.part, y=height)) + geom_boxplot()
```

그림 19.5를 살펴보면, 베이스(bass)는 키가 보다 크고, 소프라노(soprano)는 상대적으로 키가 작은

표 19.2 geom 함수

함수	추가물	선택사항
geom_bar()	막대차트	색깔, 채우기, 투명도
geom_boxplot()	상자그림	색깔, 채우기, 투명도, 급수, 넓이
geom_density()	밀도그림	색깔, 채우기, 투명도, 선유형
geom_histogram()	히스토그램	색깔, 채우기, 투명도, 선유형, 구간넓이
geom_hline()	수평선	색깔, 투명도, 선형태, 크기
geom_jitter()	흐트러진 점	색깔, 크기, 투명도, 형태
geom_line()	선그래프	색깔, 투명도, 선유형, 크기
geom_point()	산점도	색깔, 투명도, 형태, 크기
geom_rug()	깔개그림	색깔, 위치
geom_smooth()	적합선	방법, 공식, 색깔, 채우기, 선유형, 크기
geom_text()	텍스트 주석	많은 것; 이 함수의 도움말을 보시오
geom_violin()	바이올린그림	색깔, 채우기, 투명도, 선유형
geom_vline()	수직선	색깔, 투명도, 선유형, 크기

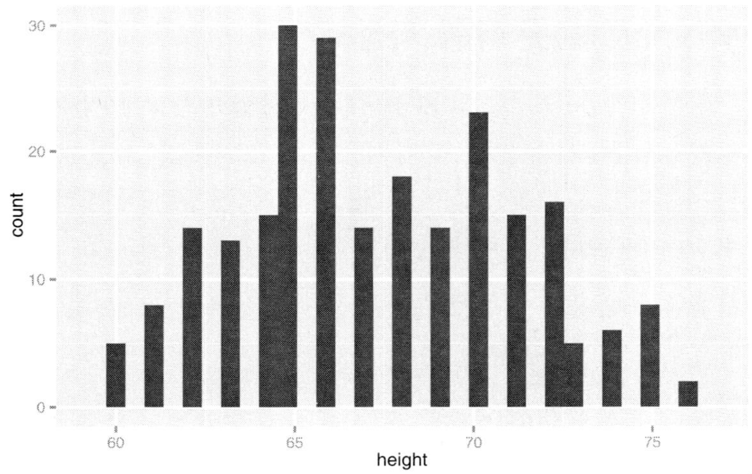

그림 19.4 성악가 키의 히스토그램

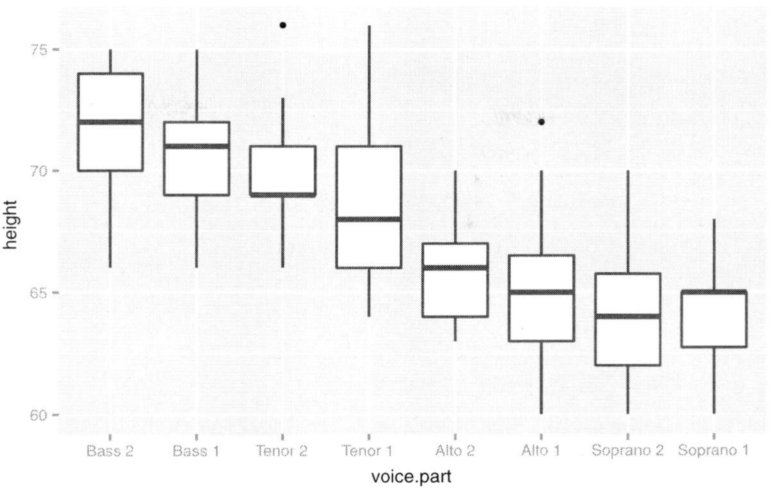

그림 19.5 음역대로 구분된 성악가의 키에 관한 상자그림

경향이 있다. 성별을 측정하지 않았지만, 성별이 여러분이 보는 변이를 많이 설명할 것이다.

히스토그램을 생성할 때, x변수만 지정했지만, 상자그림의 경우에는 x와 y 변수 모두 지정했음에 주의해라. `geom_histogram()` 함수는 y 변수를 지정하지 않았을 때 디폴트로 y축을 지정한다. 세부적인 사항과 추가 사례들은 각 함수의 도움말을 보라.

각 geom 함수에는 그래프 표현을 수정하는데 사용할 수 있는 옵션들이 있다. 다음의 표 19.3은 일반적인 옵션들의 목록이다.

여러분은 `Salaries` 데이터셋을 사용하여 이 많은 선택사항들을 어떻게 사용하는가를 검토할 수 있다. 아래의 코드는 그림 19.6의 플롯을 산출한다.

```
data(Salaries, package="car")
library(ggplot2)
ggplot(Salaries, aes(x=rank, y=salary)) +
    geom_boxplot(fill="cornflowerblue",
    color="black", notch=TRUE)+
    geom_point(position="jitter", color="blue", alpha=.5)+
    geom_rug(side="l", color="black")
```

그림은 대학에서의 직급별 급여의 톱니 상자그림(notched box plots)을 보여 준다. 실제 관측치들은 중첩되어 있기 때문에. 그림에서 모호하지 않게 약간 투명하게 표시되어 있으며, 값들을 비껴서 표시하여 중첩을 피했다. 마지막으로, 깔개그림이 왼쪽에 제공되어 봉급분포의 일반적 퍼짐 양상을 알려준다.

표 19.3 geom 함수를 위한 일반적 옵션들

옵션	지정 내용
color	점, 선, 채워질 지역경계들의 색깔
fill	막대, 밀집지역 등의 채워질 영역의 색깔
alpha	0(완전 투명도)에서 1(불투명) 범위의 색 투명도
linetype	선의 무늬(1 = 실선, 2 = 중간실선, 3 = 점선, 4 = 점중간실선, 5 = 긴중간실선, 6 = 이중중간실선)
size	점의 크기와 선의 넓이
shape	점의 외형(pch와 같음, 0 = 빈사각형, 1 = 빈원, 3 = 빈삼각형 등) 그림 3.4의 사례를 보라.
position	막대와 점 등의 그려질 객체의 위치. 예를 들어 막대에서 "dodge"는 집단화된 막대차트를 차례차례 옆으로 놓고, "stacked"는 집단화된 막대차트를 수직적으로 쌓고, "fill"은 집단화된 막대차트를 수직적으로 쌓으며, 높이를 표준화한다. 점의 예에서 "jitter"는 점의 중첩을 축소한다.
binwidth	히스토그램의 점의 넓이
notch	상자그림에 톱니모양을 새겨야하는지를(TRUE/FALSE) 지시한다.
sides	그래프 위의 rug 그림의 위치 (b = "바닥", "1" = 왼쪽, "t" = 위, "r" = 오른쪽, "bl" = 바닥과 왼쪽 양자, 기타 등등)
width	상자그림의 넓이

그림 19.6을 보면, 여러분은 조교수, 부교수, 정교수들의 급여가 각각 상당히 차이가 난다는 것을 알 수 있다(상자그림의 톱니들의 중첩이 없다). 또한, 정교수들은 급여 범위가 넓고, 직급이 높을수록 급여의 분산이 증가한다. 적어도 한 명의 정교수는 조교수들보다 적은 봉급을 받고 있으며. 급여가 아주 많아서 이상치인 정교수가 세 명이 있다 (Prof 상자그림에서 검은 점으로 지시되고 있다).

ggplot2 패키지의 진정한 장점은 geom가 새로운 유형의 그림을 만들기 위해서 결합될 때 발휘된다. singer 데이터셋으로 다시 돌아가자. 아래의 코드는 새로운 유형의 그래프를 생성하기 위하여 상자그림과 바이올린그림을 결합한다.

```
library(ggplot2)
data(singer, package="lattice")
ggplot(singer, aes(x=voice.part, y=height)) +
        geom_violin(fill="lightblue") +
        geom_boxplot(fill="lightgreen", width=.2)
```

결과가 그림 19.7이다. 상자 그림은 singer 데이터프레임에서 각 음역대별로 25번째, 50번째, 75번

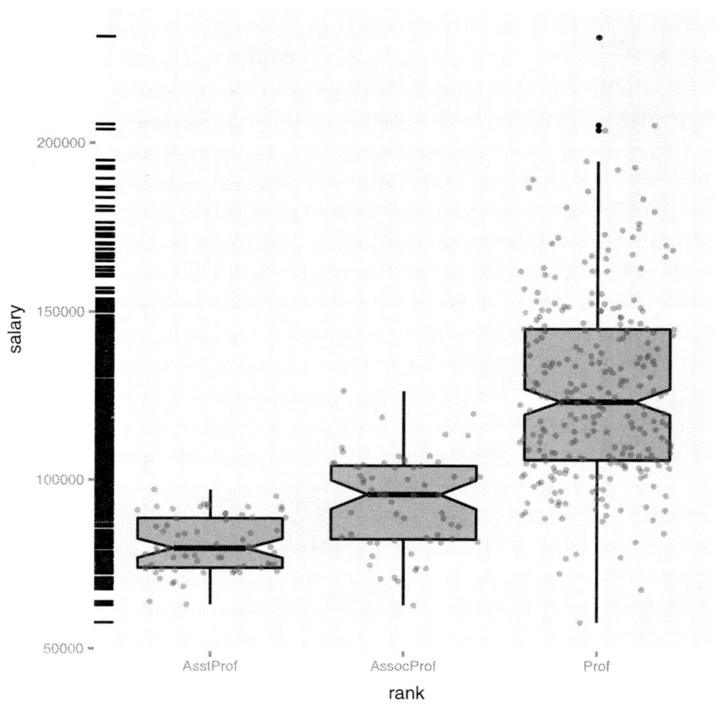

그림 19.6 직급에 따른 대학 교수들의 급여를 기술하는 톱니 상자 그림과 중첩된 점들. 깔개 플롯이 수직 축 위에 제공된다.

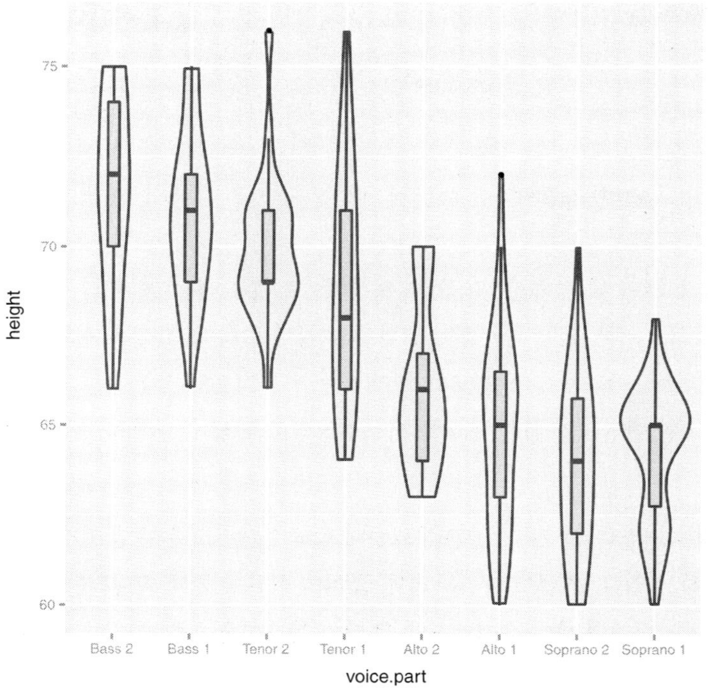

그림 19.7 음역대별 성악가의 키의 바이올린과 상자그림의 결합 그래프

째 백분율 점수를 이상치와 같이 보여준다. 바이올린상자그림은 각 음역대별 키의 범위를 점수들의 분포별로 보다 시각화한 선을 제공한다.

이 장의 나머지 부분에서, 보다 넓은 범위의 그래프 유형을 생성하기 위하여 geom들을 사용할 것이다. 집단화 - 하나의 그림에 하나가 넘는 집단들의 관측치들을 표현 - 로 부터 시작하자.

19.4 집단화

데이터 이해를 위하여, 하나의 그래프에 두 개 혹은 그 이상 집단의 관측치를 같이 그리는 것이 도움이 되는 경우가 자주 있다. R에서 집단은 일반적으로 범주화 변수(요인)의 수준으로 정의된다. 집단화는 `ggplot2` 그래프에서 형태, 색깔, 색채움, 크기 및 선 유형 등의 시각적 특징을 하나 혹은 그 이상의 집단화된 변수와 결합한다. `ggplot()` 진술문의 `aes()` 함수는 변수에 역할(그림의 시각적 특징)을 할당하고, 집단화 변수를 배정하는 자연스러운 장소이다.

`Salaries` 데이터셋의 탐색에 집단화를 사용해 보자. 이 데이터프레임은 2008-2009년 동안 대학교수들의 급여에 관한 정보를 담고 있다. 변수들은 rank(직급: 조교수AsstProf, 부교수AssocProf, 정교수Prof), sex(성별: 여성Female, 남성Male), yrs.since.phd (박사학위 취득이후 년수), yrs.servcie (교육경력 년수), 및 salary (달러 기준의 9개월 봉급) 등이다.

먼저, 여러분은 대학의 직급에 따라서 봉급이 얼마나 차이가 있는지를 질문할 수 있다. 이를 위한 코드는 아래와 같다.

```
data(Salaries, package="car")
library(ggplot2)
ggplot(data=Salaries, aes(x=salary, fill=rank)) +
        geom_density(alpha=.3)
```

위의 코드에서 하나의 그래프에 세 개의 밀도 곡선을(직급별 하나씩) 그리고, 색을 채워서 구별한다. 색칠은 다소 투명하게(alpha) 하고, 중첩되는 곡선들이 모호하지 않도록 하며, 색깔은 결합되어 겹쳐진 영역이 잘 보이도록 설정한다. 결과는 그림 19.8이다. 범례는 자동적으로 생산됨을 기억하자. 여러분은 19.7.2절에서 집단화된 데이터를 위한 범례를 사용자정의로 어떻게 생성하는지를 배우게 될 것이다.

그림을 보면, 급여는 직급과 함께 증가한다. 하지만, 일부 부교수나 정교수는 조교수와 급여가 비슷하기 때문에 상당한 중첩이 발생하고 있다. 직급이 상승하면서, 급여의 범위도 함께 확대되는데, 특히 정교수의 급여 범위가 매우 넓다. 이처럼 하나의 그래프에 세 개의 분포를 동시에 배치하면 집단들 사이의 비교가 용이하다.

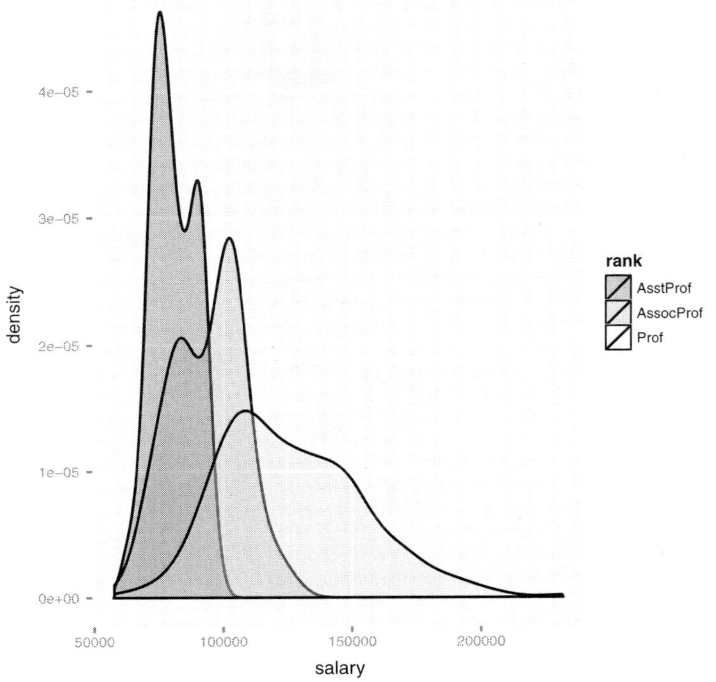

그림 19.8 직급별로 집단화된 대학 교수 급여의 밀도 플롯

다음으로, 박사학위 취득 이후의 기간과 급여의 관계를, 성별(sex)과 직급(rank)으로 집단화하여 그려보자.

```
ggplot(Salaries, aes(x=yrs.since.phd, y=salary, color=rank,
shape=sex)) + geom_point()
```

결과 그래프인 그림 19.9을 보면, 직급은 점의 색깔(조교수는 붉은색, 부교수는 녹색, 정교수는 파란색)로 표현된다. 또한, 성별은 점의 형태(원은 여성, 삼각형은 남성)로 지정한다. 여러분이 흑백의 이미지를 찾는다면, 색깔 차이를 구별하기 어려울 것이다; 여러분 스스로 마음에 드는 색깔을 찾아보라. 합리적인 범례가 다시 자동적으로 생성되었음에 주목하라. 그림에서 학위취득 이후 년 수가 증가하면서 급여가 증가함을 알 수 있다. 하지만, 관계는 결코 선형적이지 않다.

마지막으로, 집단화 막대차트를 사용하여 직급과 성별로 교수들의 수를 시각화할 수 있다. 아래의 코드는 세 개의 막대-차트의 변형을 제공하며, 그림 19.10이 결과 그래프이다.

```
ggplot(Salaries, aes(x=rank, fill=sex)) +
    geom_bar(position="stack") + labs(title='position="stack"')

ggplot(Salaries, aes(x=rank, fill=sex)) +
    geom_bar(position="dodge") + labs(title='position="dodge"')
```

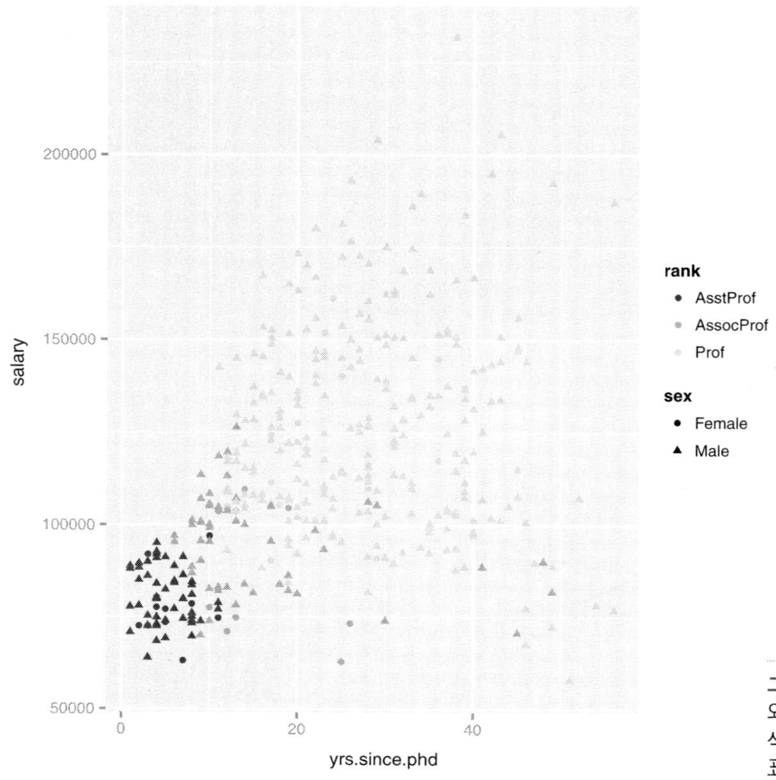

그림 19.9 학위 취득 이후 년 수와 봉급에 관한 산점도. 직급은 색깔, 그리고 성별은 모양으로 표현한다.

```
ggplot(Salaries, aes(x=rank, fill=sex)) +
    geom_bar(position="fill") + labs(title='position="fill"')
```

그림 19.10의 각 그림은 데이터의 차이가 있는 양상들을 강조하고 있다. 다른 직급보다 정교수가 훨씬 많다는 사실은 처음의 두 개 그래프로부터 분명해진다. 또한, 여성 조교수나 부교수보다 여성 정교수가 더 많다. 셋째 그래프는 정교수의 여성의 숫자가 다른 집단들보다 많지만, 상대 백분율이 다른 집단들보다 작다는 것을 보여준다.

그래프의 y축 라벨이 정확하지 않다는 사실에 주목하라. count(빈도) 보다는 Proportion(비율)이라고 해야 한다. 여러분은 `y="Proportion"`을 `labs()` 함수에 추가함으로서 고치면 된다. 다음의 사례를 검토하고서 무엇을 실행하려고 하는지를 추측해 보라.

```
ggplot(Salaries, aes(x=rank, fill=sex))+ geom_bar()
ggplot(Salaries, aes(x=rank)) + geom_bar(fill="red")
ggplot(Salaries, aes(x=rank, fill="red")) + geom_bar()
```

첫째 사례에서, sex는 막대그래프에서 색을 채워서 표현하는 변수이다. 둘째 사례에서, 각 막대는 붉은 색으로 채워진다. 셋째 사례에서, ggplot2는 "red"는 변수 이름으로 추측되며, 따라서 여러분

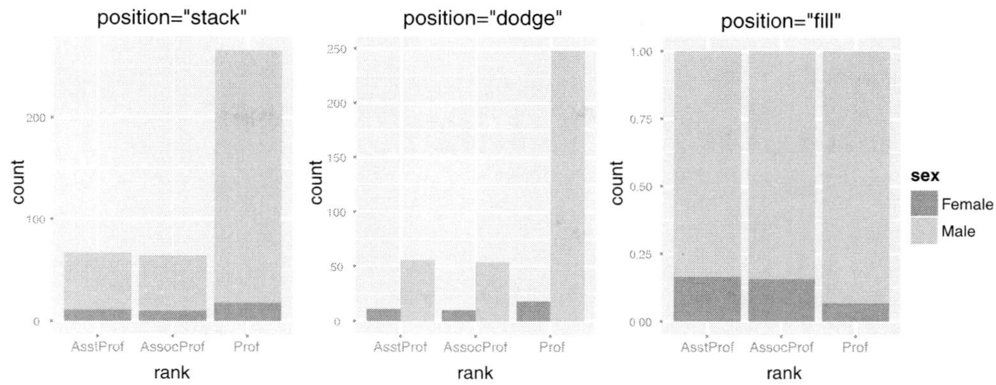

그림 19.10 집단화된 막대차트의 세 가지 버전. 각각은 직급과 성별 교수의 수를 나타낸다.

이 기대하지 않았던(그리고 바람직하지 않은) 결과를 가져 온다. 일반적으로, 변수들은 `aes()` 안으로 들어가야 하며, 배정된 상수들은 `aes()` 밖으로 나와야 한다.

19.5 측면화(Faceting)

때로는, 여러 집단들이 하나의 그래프 안에서 중첩되어 있기보다 차례로 나타날 때 관련성이 보다 분명해 진다. 여러분은 `trellis` 그래프(`ggplot2`에서 `faceted` 그래프라 부르는)를 `facet_wrap()`과 `facet_grid()` 함수들을 사용하여 생성할 수 있다. 표 19.4에 구문이 나와 있다. 여기서 `var`, `rowvar` 및 `colvar`는 요인이다.

합창(singer) 사례로 돌아가서 다음의 코드를 사용하여 측면화 그래프를 그리자.

표 19.4 ggplot2 facet(세부) 함수들

Syntax	결과
facet_wrap(~ *var*, ncol=n)	n열(columns)로 배열한 var의 각 수준으로 플롯을 분리
facet_wrap(~ *var*, nrow=n)	n행(rows)로 배열한 var 의 각 수준으로 플롯을 분리
facet_grid(*rowvar* ~ *colvar*)	행을 나타내는 rowvars, 열을 나타내는 colvar에서, rowvar와 colvar을 결합하여 각각 플롯을 분리
facet_grid(*rowvar* ~ .)	단일 열(column)로 배열한 rowvar의 각 수준으로 플롯을 분리
facet_grid(. ~ *colvar*)	단일 행(row)으로 배열한 colvar의 각 수준으로 플롯을 분리

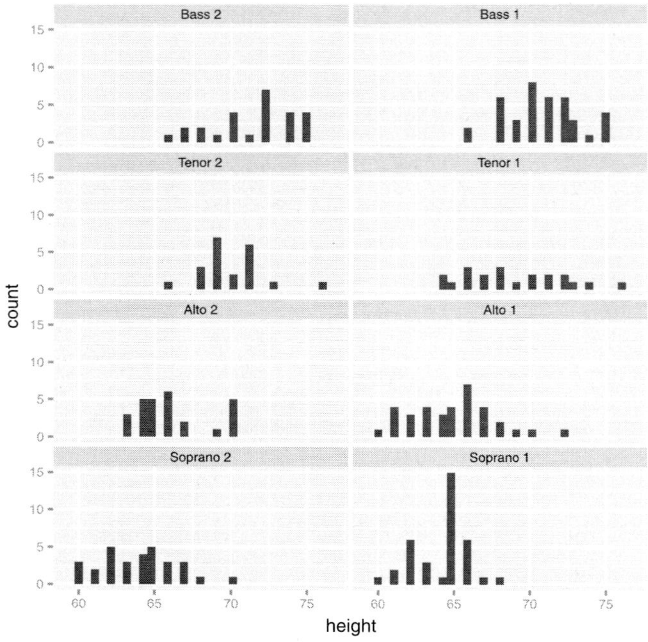

그림 19.11 성악 부문 음역대에 따른 가수(성악가)의 키의 분포를 보여주는 측면화 그래프

```
data(singer, package="lattice")
library(ggplot2)
ggplot(data=singer, aes(x=height)) +
       geom_histogram() +
       facet_wrap(~voice.part, nrow=4)
```

결과는 그림 19.11이다. 여기에 성악 부문별 가수의 키 분포가 나타난다. 여덟 개로 분리된 분포들이 차례로 제시되면서 분포들을 보다 쉽게 비교할 수 있다.

이제, 두 번째 사례를 가지고, 집단화와 측면화 그래프를 생성해보자:

```
library(ggplot2)
ggplot(Salaries, aes(x=yrs.since.phd, y=salary, color=rank,
       shape=rank)) + geom_point() + facet_grid(.~sex)
```

결과 그래프는 그림 19.12이다. 같은 정보를 담고 있지만, 그래프를 세부적으로 분리하면 읽기가 다소 용이하다.

마지막으로, 수평적으로 배열된 커널-밀도 그림을 사용하여, `singer` 데이터셋의 합창 구성원의 키 높이 분포를 각 성악 영역별로 나누어 표시해 보자. 각각에 다른 색을 부여하려면 아래가 하나의 해결책이다.

```
data(singer, package="lattice")
```

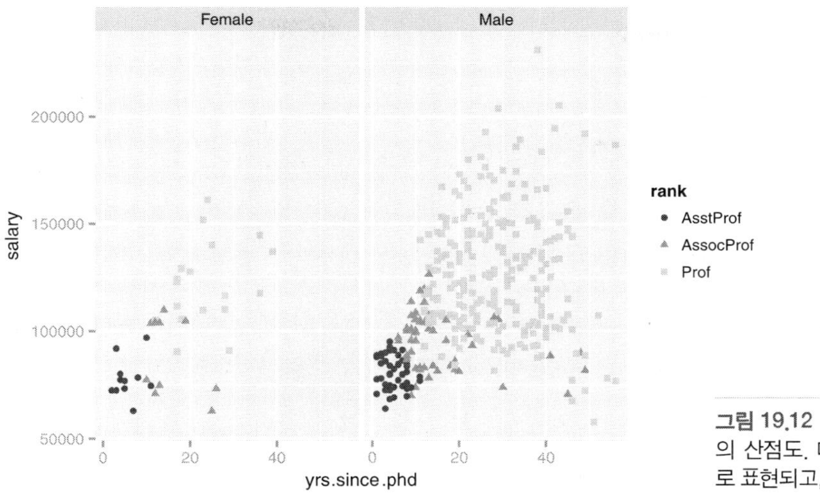

그림 19.12 학위 취득후 년수와 급여의 산점도. 대학 직급이 색깔과 형태로 표현되고, 성별이 측면화된다.

```
library(ggplot2)
ggplot(data=singer, aes(x=height, fill=voice.part)) +
      geom_density() +
      facet_grid(voice.part~.)
```

결과가 그림 19.13이다.

수평적 배열이 집단들 사이의 비교를 촉진한다는 사실에 유의하자. 색깔들이 꼭 필요하지는 않지만, 플롯들을 구별하는데 도움이 될 수 있다.

NOTE 여러분은 밀도그림의 범례의 각 상자 안에 검은 대각선이 왜 나타났는지 궁금해 할 것이다. 밀도 그림들을 채울 색깔과 그것들의 경계선 색깔(디폴트는 검은색) 모두를 통제하기 때문에, 범례에도 두 가지 모두 표시되었다.

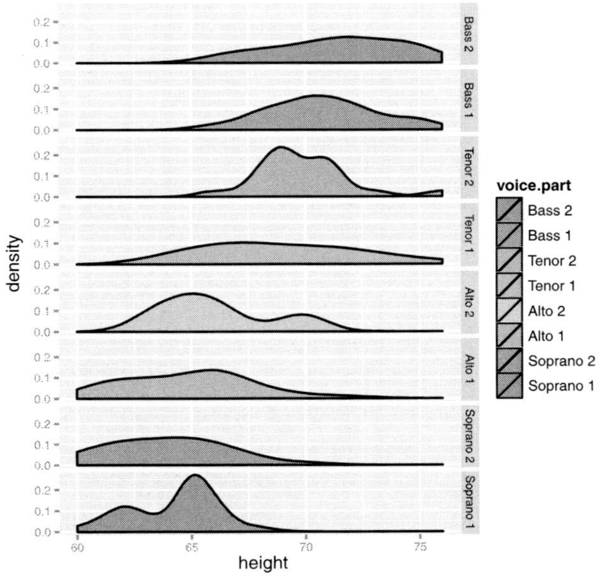

그림 19.13 음역대에 따른 성악가들의 키에 관한 측면화된 밀도 플롯

19.6 평활선 추가하기

ggplot2 패키지는 그래프에 추가될 수 있는 통계적 요약들을 계산하는 광범위한 함수들을 담고 있다. 여기에는 데이터를 구간화하고 밀도, 윤곽선, 분위값을 계산하는 함수들이 포함되어 있다. 이 절에서는 평활선들을(선형, 비선형과 비모수) 산점도에 추가하는 방법들을 살펴본다.

다양한 평활선과 신뢰구간을 추가하려면 geom_smooth() 함수를 사용할 수 있다. 그림 19.14는 신뢰한계를 가진 선형 회귀의 사례 하나를 보여준다. 표 19.5는 함수의 파라미터들이다.

Salaries 데이터셋을 사용하여, 박사학위 취득 이후의 기간과 교수 급여의 관계를 우선 검토해보자. 이 사례에서, 95% 신뢰 한계의 비모수 평활선(loess)을 사용할 것이다. 지금은 성별과 직급은 무시한다. 다음 코드를 사용하며, 결과는 그림 19.14이다.

```
data(Salaries, package="car")
library(ggplot2)
ggplot(data=Salaries, aes(x=yrs.since.phd, y=salary)) +
        geom_smooth() + geom_point()
```

그림은 적어도 오래 전에 학위를 취득한 교수들을 고려한다면, 경력과 급여의 관계는 선형적이지 않음을 시사한다.

다음으로, 성별로 나누어 이차 다항 회귀 적합선을 그리자.

```
ggplot(data=Salaries, aes(x=yrs.since.phd, y=salary,
                          linetype=sex, shape=sex, color=sex)) +
       geom_smooth(method=lm, formula=y~poly(x,2),
                   se=FALSE, size=1) +
```

표 19.3 geom_smooth() 옵션들

옵션	기술
method	사용할 평활선 함수. lm, glm, smooth, rlm 및 gam는 선형, 일반화 선형, loess, 로버스트 선형 및 일반화 가법 모델링을 말함. 디폴트는 smooth
formula	평활 함수에서 사용할 공식. 사례는 y~x (디폴트), y~log(x), n 다항적합을 위한 y~poly(x, n), n자유도의 스플라인(spline) 적합을 위한 y~ns(x, n)
se	신뢰구간을 그림(TRUE/FALSE). 디폴트는 TRUE
level	사용할 신뢰도(디폴트는 95%)의 수준
fullrange	적합(선)이 플롯의 전 범위에 해당하는가(TRUE) 혹은 데이터에만 해당하는가 (FALSE)를 지정한다. 디폴트는 FALSE

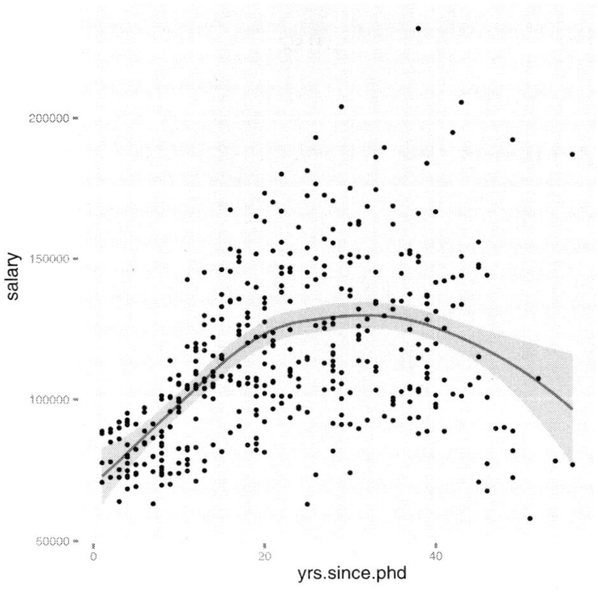

그림 19.14 박사학위 취득이후 년 수와 현재 급여의 산점도. 95% 신뢰 한계의 적합 loess 평활선이 추가되었다.

```
geom_point(size=2)
```

신뢰한계는 그래프를 (se=FALSE) 단순화하기 위해서 제외하였다. 성별은 색깔, 기호, 형태 및 선 유형으로 구분된다. 결과는 그림 19.15이다.

그림에서 남성의 곡선은 0에서 30년까지 증가한 이후에 감소하는 것으로 나타난다. 여성의 곡선은 0에서 40년까지 증가한다. 데이터셋에 있는 여성 중 학위취득 이후 40년 이상 경과한 사람이 없다. 남성 및 여성 모두 데이터가 있는 범위의 대부분에서 남성은 보다 높은 급여를 받아왔다.

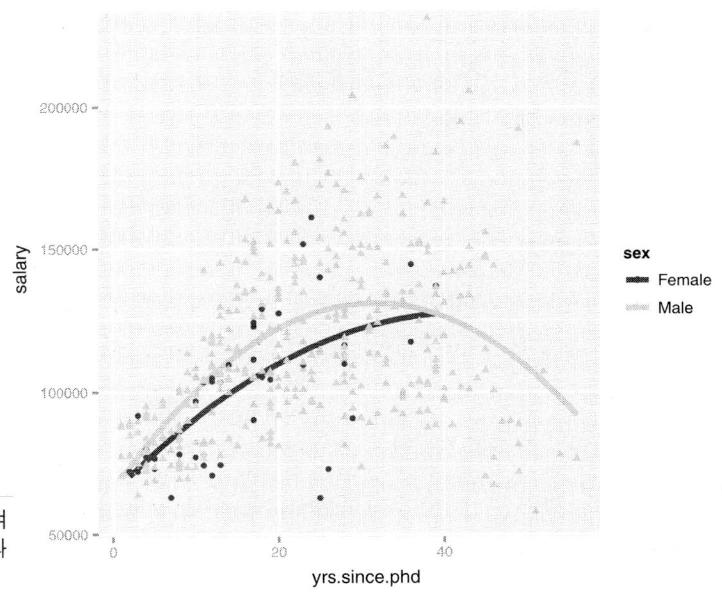

그림 19.15 졸업 이후 연수 vs. 급여 (적합 이차방정식 회귀선으로 남성과 여성 분리)

◆ Stat 함수들

이 절에서, 산점도에 평활선을 추가해 왔다. ggplot2 패키지는 다양한 데이터 시각화의 생산에 필요한 계량화를 위하여 폭넓은 통계 함수를(stat 함수라 부르는) 담고 있다. 전형적으로, geom 함수들은 stat 함수들을 내적으로 불러오기 때문에, 여러분은 이 함수들을 직접 다룰 필요가 없다. 그러나 이들 존재를 아는 것은 유용하다. 각 통계 함수는 geoms가 어떻게 작동하는지 이해하는데 필요한 도움말을 가지고 있다.

예를 들어, geom_smooth() 함수는 적합선과 신뢰 한계를 그리는데 필요한 통계량을 계산할 때 stat_smooth() 함수에 의존한다. geom_smooth()의 도움말은 얼마 안 되지만, stat_smooth()의 도움말은 유용한 정보를 풍부하게 담고 있다. geom이 어떻게 작동하고, 어떤 옵션이 이용가능한지를 탐색할 때, geom 함수와 관련 stat 함수(들) 모두를 점검할 필요가 있다.

19.7 ggplot2 그래프의 외양 수정하기

3장에서, 여러분은 `par()` 함수에 있는 그래픽 파라미터나 특정한 플롯팅 함수를 사용하는 기초 그래픽을 어떻게 맞춤화하는지를 보았다. 불행하게, 기초 그래픽 파라미터를 바꾸어도 `ggplot2` 그래프에 대해서는 효과가 없다. 대신에 `ggplot2` 패키지는 자신의 그래프의 외양을 변화시키는 특정한 함수들을 제공한다.

이 절에서, 우리는 여러분에게 `ggplot2` 그래프의 외양을 맞춤화하는 여러 함수들을 살펴볼 것이다. 축의 외양(범위, 표시 눈금 및 표시 눈금 라벨), 범례의 위치와 내용, 그리고 변수 값 표현에 사용하는 색깔들을 어떻게 맞춤화하는지를 배울 것이다. 또한 어떻게 맞춤화 주제들을 생성하고(여러분의 그래프에 일관된 모양과 느낌을 추가하는 것을 허용하는), 여러 플롯들을 하나의 그래프에 어떻게 배열하는지도 배울 것이다.

19.7.1 축(axes)

`ggplot2` 패키지는 자동적으로 눈금표시, 눈금표시 라벨 및 축 라벨과 함께 플롯 축을 생성한다. 이것들은 보통은 좋게 보이지만. 경우에 따라서 모양을 보다 잘 조정할 필요가 있다. 여러분은 이미 축의 제목을 추가하고 라벨을 바꾸기 위해서 `labs()`을 사용하는 방법에 대해서 배운 적이 있다. 이 절에서는 축 자체를 맞춤화할 것이다. 표 19.6은 축을 맞춤화하는데 유용한 함수들을 담고 있다.

여러분이 아는 바와 같이, `ggplot2` 함수들은 `x`축과 `y`축을 구별하며, 축이 연속형 변수인지 아니면 이산형 변수를 표현하는지도 구별한다.

표 19.6 축과 눈금 표시의 모양을 통제하는 함수들

함수	선택사항들
scale_x_continuous (), scale_y_continuous ()	breaks=눈금 표시를 지정한다. labels=라벨을 지정한다. limits=표시되는 값들의 범위를 통제한다.
scale_x_discrete (), scale_y_discrete ()	breaks= 요인의 수준을 배치하고 순서를 정한다. labels=이 수준들의 라벨을 지정한다. limits=나타내는 수준을 지시한다.
coord_flip ()	x축과 y축을 바꾼다.

이 함수들을 직급과 성별로 분류한 교수 급료의 집단화 상자그림의 그래프에 적용해 보자. 코드는 아래와 같다.

```
data(Salaries, package="car")
library(ggplot2)
ggplot(data=Salaries, aes(x=rank, y=salary, fill=sex)) +
        geom_boxplot() +
        scale_x_discrete(breaks=c("AsstProf", "AssocProf", "Prof"),
                         labels=c("Assistant\nProfessor","
                         Associate\nProfessor","Full\nProfessor")) +
        scale_y_continuous(breaks=c(50000, 100000, 150000, 200000),
                           labels=c("$50K", "$100K", "$150K", "$200K")) +
        labs(title="Faculty Salary by Rank and Sex", x="", y="")
```

결과 그래프가 그림 19.16이다.

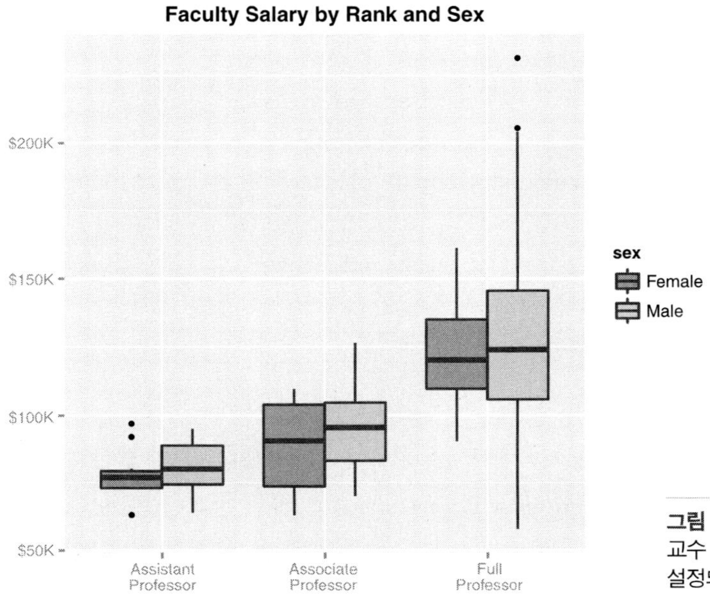

그림 19.16 대학 직급과 성별로 집단화된 교수 급여의 상자그림. 축 텍스트는 사용자 설정되었다.

그림에서 분명히, 평균 급여는 직급과 함께 상승하며, 남성은 각 직급에서 여성보다 급여를 더 받는다(보다 완전한 그림을 원한다면, 박사학위 취득 이후의 년 수를 통제해 보라).

19.7.2 범례

범례(Legends)는 색깔, 형태, 크기와 같은 시각적 특징들이 어떻게 데이터를 표현하는가를 가리키는 안내이다. ggplot2 패키지는 자동적으로 범례를 생성하는데, 많은 경우 충분하다. 그런데 어떤 경우에는, 여러분은 범례를 맞춤화하기를 원할 수 있다. 제목과 위치는 가장 흔하게 지정되는 특징들이다.

범례의 제목을 수정할 때, 범례가 색깔, 채우기, 크기, 모양 혹은 조합에 기초하는가를 고려해야만 한다. 그림 19.16에서, 범례는 (aes() 함수에서 볼 수 있듯이) fill이라는 미적 요소로 표현하며, labs() 함수에 fill="*mytitle*"을 추가하여 제목을 변경할 수 있다.

범례의 위치는 theme() 함수의 legend.position 옵션으로 조정한다. "left", "top", "right"(기본지정), "bottom"이 가능한 값들이다. 대안으로, 그래프 내부에 자리잡기 위해서는 두-요소 벡터를 지정할 수 있다. 그림 19.16의 그래프를 수정하여 범례가 왼쪽 상단 구석에 나타나고 제목이 sex에서 Gender로 바뀌도록 하자. 이를 위해서는 다음 코드가 필요하다.

```
data(Salaries,package="car")
library(ggplot2)
ggplot(data=Salaries, aes(x=rank, y=salary, fill=sex)) +
        geom_boxplot() +
        scale_x_discrete(breaks=c("AsstProf", "AssocProf", "Prof"),
                         labels=c("Assistant\nProfessor",
                                  "Associate\nProfessor",
                                  "Full\nProfessor")) +
        scale_y_continuous(breaks=c(50000, 100000, 150000, 200000),
                         labels=c("$50K", "$100K", "$150K", "$200K")) +
        labs(title="Faculty Salary by Rank and Gender",
             x="", y="", fill="Gender") +
        theme(legend.position=c(.1,.8))
```

결과는 그림 19.17에 제시되어 있다.

이 예제에서, 왼쪽 상단 구석의 범례는 왼쪽 모서리에서 10%와 바닥 모서리에서 80%에 위치한다. 만약 여러분이 범례를 생략하고 싶다면, legend.position="none"을 하면 된다. theme() 함수는 ggplot2 그래프의 외양의 많은 모양들을 변화시킬 수 있다; 다른 예제들은 19.7.4절에서 다룬다.

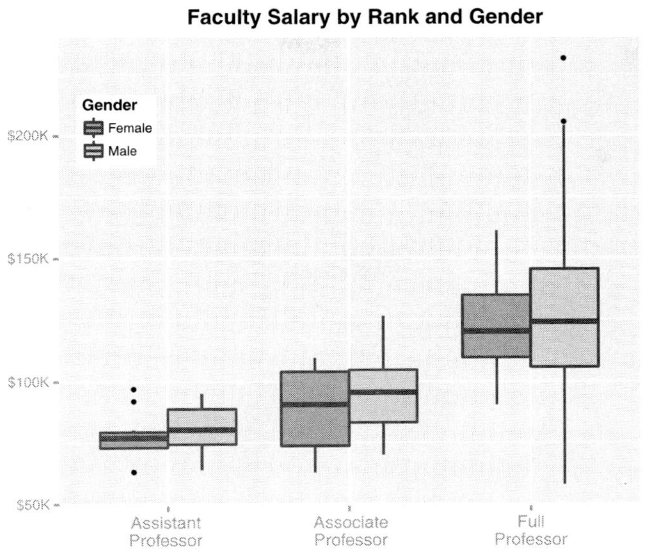

그림 19.17 직급으로 집단화된 교수 급여의 상자그림. 범례 제목 및 위치와 더불어 축 텍스트도 맞춤화되었다.

19.7.3 스케일(Scales)

ggplot2 패키지에서는 데이터 공간의 관측치를 시각적 공간에 매핑하기 위해서 scales를 사용한다. 스케일은 연속형과 이산형 변수에 모두 적용한다. 그림 19.15에서, yrs.since.phd 변수의 수치형 값을 x축상의 거리로 매핑하고, salary 변수의 수치형 값을 y축상의 거리로 매핑하는데 연속형 스케일을 사용하였다.

연속형 스케일은 수치형 변수들을 그림의 다른 특징들에 매핑할 수 있다. 다음의 코드를 검토하자.

```
ggplot(mtcars, aes(x=wt, y=mpg, size=disp)) +
        geom_point(shape=21, color="black", fill="cornsilk") +
         labs(x="Weight", y="Miles Per Gallon",
              title="Bubble Chart", size="Engine\nDisplacement")
```

aes()의 size=disp는 연속형 변수 disp(엔진 배기량)의 스케일을 생성하며 점의 크기를 통제하는데 사용한다. 결과는 그림 19.18의 버블챠트이다. 그래프는 자동차의 연비가 무게와 배기량 양자에 따라서 감소함을 보여준다.

이산형 사례에서, 요인의 수준에 시각적 단서(예를 들어, 색깔, 형태, 선 유형, 크기와 투명도)를 결합하기 위해서 스케일을 사용할 수 있다. 다음의 코드는 scale_color_manual() 함수를 사용하여 세 개의 교수 직급에 점의 색깔을 지정하기 위한 것이다.

```
data(Salaries, package="car")
ggplot(data=Salaries, aes(x=yrs.since.phd, y=salary,color=rank)) +
        scale_color_manual(values=c("orange", "olivedrab", "navy")) +
```

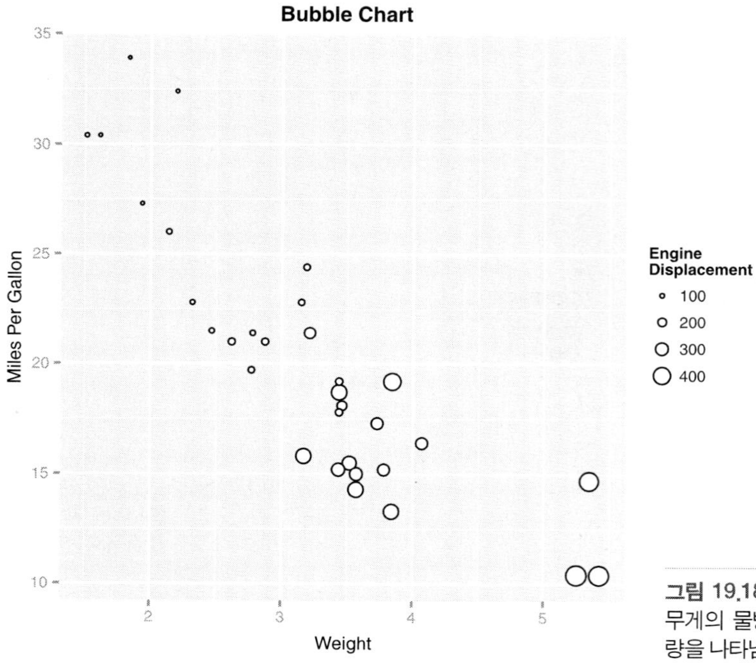

그림 19.18 연비(마일리지)에 따른 자동차 무게의 물방울 그림(점의 크기는 엔진배기량을 나타냄)

```
geom_point(size=2)
```

결과는 그림 19.19이다..

만약 여러분이 색깔에 도전한다면(보라색이 오렌지색과 어울리는가?), 매력적인 색깔 조합을 지정하기 위해서, scale_color_brewer()와 scale_fill_brewer() 함수들을 통하여 색깔의 사전 조합을 사용할 수 있다. 예를 들어, 다음의 코드를 시도하여 결과가 어떠한가를 보라.

```
ggplot(data=Salaries, aes(x=yrs.since.phd, y=salary, color=rank)) +
    scale_color_brewer(palette="Set1") + geom_point(size=2)
```

palette="Set1" 의 값(예를 들어, "Set2", "Set3", "Pastel1", "Pastel2", "Paired", "Dark2", 또는 "Accent"로)을 바꾸면 색깔 구성에서 다른 결과를 보일 것이다. 사용가능한 색의 조합을 보려면

```
library(RColorBrewer)
display.brewer.all()
```

을 사용하여 생성해 보자. 더 많은 정보를 위하여, help(scale_color_brewer)와 ColorBrewer 홈페이지(http://colorbrewer2.org)를 참조하라.

ggplot2에서 스케일 개념은 일반적이다. 비록 우리가 추가적으로 이를 더 다루지 않겠지만, 여러분은 스케일의 특징들을 통제할 수 있다. 더 자세한 것은 이름에 scale_을 가진 함수를 보라.

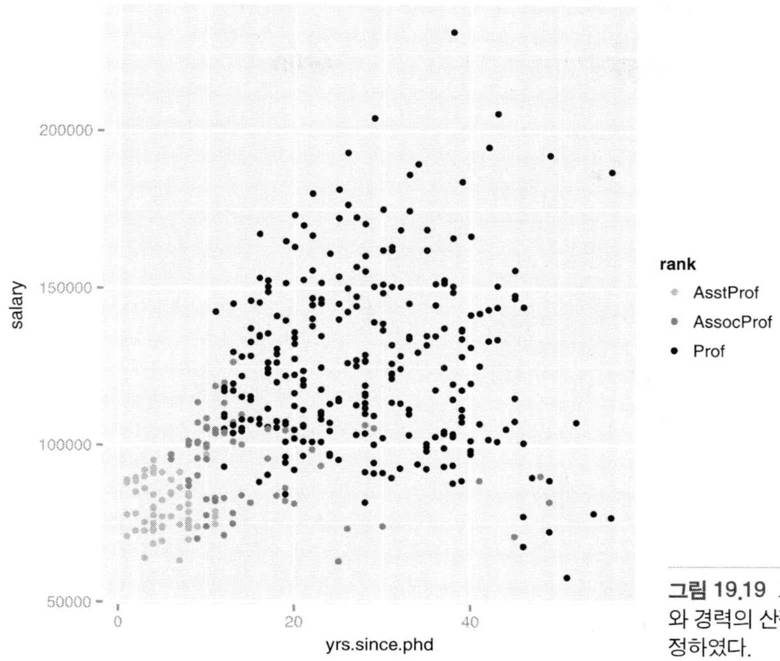

그림 19.19 조교수, 부교수, 정교수의 급여와 경력의 산점도. 점의 색깔은 수동으로 지정하였다.

19.7.4 테마(Themes)

여러분은 ggplot2 그래프에서 특정 시각적 요소들을 수정하는 여러 가지 방법을 보아 왔다. 테마는 이 그래프들의 전반적 외양을 제어한다. theme() 함수의 옵션들은 폰트, 배경, 색깔, 격자선 등을 바꿀 수 있도록 한다. 테마는 한번 사용하거나 혹은 저장하여 많은 그래프에 적용할 수 있다. 다음을 고려하자.

```
data(Salaries, package="car")
library(ggplot2)
mytheme <- theme(plot.title=element_text(face="bold.italic",
                 size="14", color="brown"),
                 axis.title=element_text(face="bold.italic",
                   size=10, color="brown"),
                 axis.text=element_text(face="bold", size=9,
                   color="darkblue"),
                 panel.background=element_rect(fill="white",
                   color="darkblue"),
                 panel.grid.major.y=element_line(color="grey",
                   linetype=1),
                 panel.grid.minor.y=element_line(color="grey",
```

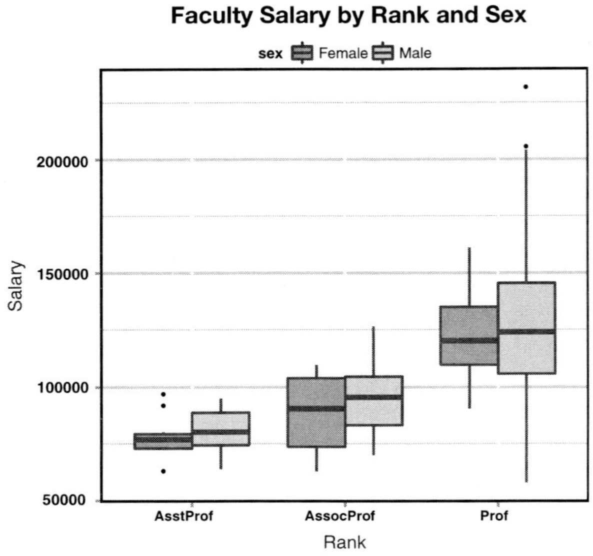

그림 19.20 맞춤화된 테마의 상자그림

```
                 linetype=2),
               panel.grid.minor.x=element_blank(),
               legend.position="top")

ggplot(Salaries, aes(x=rank, y=salary, fill=sex)) +
       geom_boxplot() +
       labs(title="Salary by Rank and Sex", x="Rank", y="Salary") +
       mytheme
```

플롯팅 지시문에 + mytheme을 추가하여 그림 19.20의 그래프를 생성한다.

mytheme이라는 테마는 플롯 제목은 갈색, 14 포인트, 굵은 이탤릭체로 출력하고, 축의 제목은 갈색, 10 포인트, 굵은 이탤릭체로 출력하며, 축의 라벨은 어두운 파란색, 굵은 9포인트로 출력한다, 그림 영역은 흰색 채우기와 경계는 어두운 파란색으로 하며, 주 수평 격자는 회색의 굵은 선이어야 하고; 부 수평 격자는 회색의 대쉬(중간) 선이어야 하고, 수직 격자는 생략하고, 범례는 그래프의 상단에 표시할 것을 지정한다. theme() 함수는 최종 생산물의 외양에 관한 많은 통제권을 여러분에게 부여해 준다. 이 옵션에 대하여 더 배우려면 help(theme)를 참조하라.

19.7.5 한 지면에 여러 그래프 그리기

3.5절에서, 하나의 그래프에 두 개 이상의 기초 그래프를 결합하기 위해서 그래픽 파라미터 mfrow와 기초 함수 layout()를 사용한 바 있다. 그런데 이러한 접근은 ggplot2로 생성된 플롯에는 작

동하지 않는다. 하나의 그림에 여러 개의 ggplot2 그래프를 배치하는 가장 쉬운 방법은 gridExtra 패키지에 있는 grid.arrange() 함수를 사용하는 것이다. 물론 처음 사용하기 전에 설치해야 한다(install.packages("gridExtra")).

세 개의 ggplot2 그래프를 생성하고 그것들을 하나의 그래프에 배치해 보자. 다음 프로그래밍이 이에 대한 코드이다.

```
data(Salaries, package="car")
library(ggplot2)
p1 <- ggplot(data=Salaries, aes(x=rank)) + geom_bar()
p2 <- ggplot(data=Salaries, aes(x=sex)) + geom_bar()
p3 <- ggplot(data=Salaries, aes(x=yrs.since.phd, y=salary)) +
geom_point()
library(gridExtra)
grid.arrange(p1, p2, p3, ncol=3)
```

결과 그래프는 그림 19.21이다. 각 그래프는 객체로 저장되며, grid.arrange() 함수로 하나의 그림으로 배열된다.

측면화와 다중 그래프의 차이에 유의하자. 측면화는 하나 또는 그 이상의 범주형 변수에 기초한 그림들의 배열을 생성한다면, 여기에서는 하나의 그래프 안에 완전히 독립적인 그림들을 배열하고 있다.

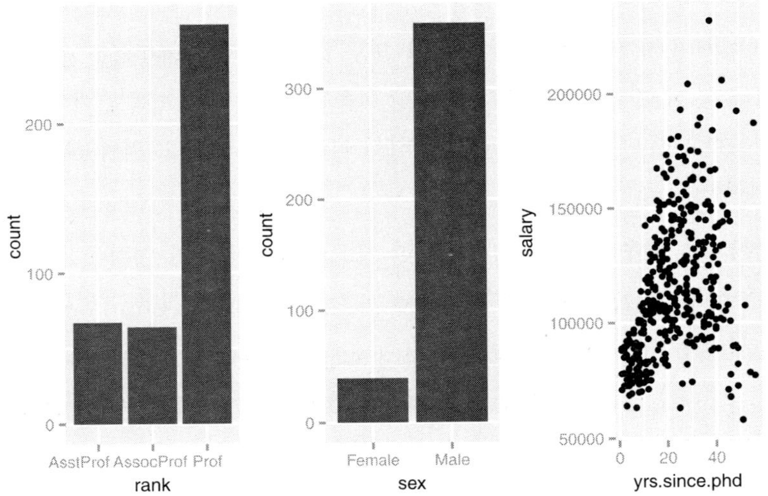

그림 19.21 하나의 그래프에 세 개의 ggplot2 플롯 배치하기

19.8 그래프 저장하기

여러분은 1.3.4절에서 논의한 표준적 방법들을 사용하여 ggplot2에서 생성한 그래프들을 저장할 수 있다. 그런데 ggsave()로 이름붙여진 편의함수(convenience function)가 특별히 유용할 수 있다. 옵션으로 어떤 플롯을 저장하는가, 어디에 저장하는가, 그리고 어떤 형식인가 등의 내용이 있다. 예를 들어,

```
myplot <- ggplot(data=mtcars, aes(x=mpg)) + geom_histogram()
ggsave(file="mygraph.png", plot=myplot, width=5, height=4)
```

는 현재의 작업 디렉토리에 mygraph.png라는 이름의 5인치*4인치 PNG 파일로 myplot을 저장한다. 여러분은 파일 형식을 설정해서 ps, tex, jpeg, pdf, tiff, png, bmp, svg, 또는 wmf 등 여러 형식으로 저장할 수 있다. wmf 형식은 윈도우에서만 이용가능하다.

만일 plot= 옵션을 생략하면, 가장 최근에 생성된 그래프가 저장된다. 아래 코드는 유효하며, 그래프를 디스크에 저장한다.

```
ggplot(data=mtcars, aes(x=mpg)) + geom_histogram() ggsave(file="
mygraph.pdf")
```

추가적인 내용에 대해서는 help(ggsave)를 참조하라.

19.9 요약

이 장에서는 종합적인 그래픽 문법에 기초해서 고급 그래픽 방법을 제공하는 ggplot2 패키지에 대해서 검토하였다. 이 패키지는 여러분에게 R이 제공하는 단순한 그래픽에 대한 완전하고 폭넓은 대안으로 설계되었으며, 다른 방법으로는 생산하기 어려운 매력적이고 의미있는 시각화를 생성하는 방법들을 제공한다.

ggplot2 패키지는 배우기 어렵지만, 풍부한 자료들이 여러분의 여정을 도울 것이다. 모든 ggplot2 함수들의 목록은 예제와 함께 http://docs.ggplot2.org에서 찾을 수 있다.

ggplot2가 기반하고 있는 이론을 배우기 위하여, Wickham(2009)의 원서를 보라. 마지막으로, 유용한 예제로 가득 찬 Chang(2013)의 대단히 실용적인 책이 있다. 나라면 분명히 Chang의 책에서부터 시작할 것이다.

이제 여러분은 데이터의 시각적 표현을 생성하는 R의 많은 방법들을 확실하게 이해해야 한다. 만약

하나의 그림이 천 개 단어의 가치가 있다면, 그리고 R이 하나의 그림을 생성하는 천 개의 방법을 제공한다면, R은 백만 개 단어의 가치가 있음에 틀림없다. 이어지는 두 개의 장에서, 여러분은 프로그래밍 언어로서 R안으로 보다 깊이 빠져들 것이다.

제20장 고급 프로그래밍

이 장에서 다룰 내용은 다음과 같다.

- R 언어 심층 이해
- R의 OOP 특성들을 사용하여 총칭함수(generic functions) 생성하기
- 효율적 실행을 위한 코드 변경하기
- 프로그래밍 오류찾기 및 수정

앞 장들에서는 데이터 유형(2.2 절), 실행흐름 제어(5.4절), 그리고 함수 생성(5.5 절) 등을 포함하여 어플리케이션 개발에 중요한 다양한 주제들을 소개하였다. 이 장은 프로그래밍 언어로서 R의 이러한 측면들을 보다 향상되고 상세한 관점으로 검토할 것이다. 이 장을 다 읽고 나면 R 언어의 작동법에 대해 보다 나은 이해를 가지게 될 것이다.

우리는 먼저 객체, 데이터 유형, 실행흐름 제어에 대한 검토를 하고 난 후, 범위(scope)와 환경(environment)의 역할을 포함하여 함수의 생성에 관한 세부 내용으로 이동할 것이다. 이 장은 객체-지향(object-oriented) 프로그래밍에 대한 R의 접근방법을 소개하고 총칭함수(generic function)의 생성을 논의할 것이다. 마지막으로, 우리는 효율적인 코드-생성을 위한 작성 팁(tip)과 디버깅 응용프로그램으로 넘어갈 것이다. 이 주제들을 통달하면 다른 사람들의 응용프로그램 내의 코드를 이해하거나, 여러분이 새로운 응용프로그램을 만들 때 도움을 줄 것이다. 21장에서는, 유용한 패키지를 처음부터 끝까지 만들어 봄으로써 이러한 기술들을 실습할 기회를 가지게 될 것이다.

20.1 프로그래밍 언어에 대한 검토(A review of the language)

R은 객체-지향적, 함수적, 배열(array) 프로그래밍 언어로 객체들은 특정화된 데이터 구조이고, RAM에 저장되며, 이름 또는 기호를 통하여 접근된다. 객체들의 이름은 대문자, 소문자, 0-9의 숫자 자리,

그리고 밑줄로 구성된다. 이름들은 대-소문자를 구별하고, 숫자로 시작할 수 없으며, 마침표는 특별한 의미를 가지지 않는 단순 문자로 취급된다.

C와 C++ 같은 언어와 달리, R에서는 메모리 위치에 직접 접근할 수 없다. 데이터와 함수를 비롯하여 저장될 수 있고 이름 붙여질 수 있는 모든 것들이 객체이다. 더구나, 이름과 기호 자체도 조작될 수 있는 객체이다. 모든 객체들은 프로그램이 실행되는 동안 RAM에 저장되는데, 이는 대규모 데이터셋의 분석에 중요한 함의를 가진다.

모든 객체는 **속성**(attributes), 즉 객체의 특징들을 기술하는 메타-정보를 가진다. 속성은 `attributes()` 함수로 나열될 수 있고, `attr()` 함수로 설정할 수 있다. 핵심 속성은 객체의 **클래스**(class)이다. R 함수들은 객체를 어떻게 다루어야 할지를 결정하기 위하여 객체의 클래스에 관한 정보를 사용한다. `class()` 함수를 사용하여 객체의 클래스를 읽고 설정할 수 있다. 다양한 예제들이 이 장과 다음 장에 걸쳐 제공된다.

20.1.1 데이터 유형

두 개의 근본적인 데이터 유형이 있다. **원자 벡터**(atomic vector)와 **총괄 벡터**(generic vector)이 그것이다. 원자 벡터는 하나의 데이터 유형을 담고 있는 **배열**(array)이다. **리스트**(list)라 불리우는 총괄 벡터는 원자 벡터들의 집합이다. 리스트는 다른 리스트를 담을 수 있다는 점에서 재귀적(recursive)이다. 이 절은 이 두 개 데이터 유형을 상세하게 검토할 것이다.

많은 언어에서와 달리, 객체의 데이터 유형을 선언하거나 해당 객체에 필요한 공간을 할당할 필요가 없다. 유형은 객체의 콘텐츠로 암묵적으로 결정되고, 객체 크기는 객체가 담고 있는 유형과 요소 수에 따라 자동으로 증가하거나 축소된다.

- **원자 벡터 (ATOMIC VECTORS)**

원자 벡터는 단일 데이터 유형 (논리, 실수, 복잡, 문자 또는 원시)을 담고 있는 배열이다. 예를 들어, 다음 각각은 일차원 원자 벡터이다.

```
passed <- c(TRUE, TRUE, FALSE, TRUE)
ages <- c(15, 18, 25, 14, 19)
cmplxNums <- c(1+2i, 0+1i, 39+3i, 12+2i)
names <- c("Bob", "Ted", "Carol", "Alice")
```

"원시(`raw`)" 유형의 벡터는 원시 바이트를 보유하는데, 여기서 논의하지 않는다.

많은 R 데이터 유형은 특별한 속성을 가진 원자 벡터들이다. 예를 들어, R은 스칼라 유형을 가지지 않는다. **스칼라**(scalar)는 하나의 요소를 가진 원자 벡터이다. 그래서 `k <- 2`는 `k <- c(2)`의 축약이다.

행렬(matrix)은 두 요소(열의 수와 행의 수)를 담고 있는 `dim`이라는 차원 속성을 가진 원자 벡터이다.

일차원의 숫자 벡터 x의 예로 부터 시작하자.

```
> x <- c(1,2,3,4,5,6,7,8)
> class(x)
> [1] "numeric"
> print(x)
[1] 1 2 3 4 5 6 7 8
```

다음으로 dim 속성을 추가하자.

```
> attr(x, "dim") <- c(2, 4)
```

이제 객체 x는 클래스가 matrix인 2 4 행렬이다.

```
> print(x)
        [,1] [,2] [,3] [,4]
[1, ]     1    3    5    7
[2, ]     2    4    6    8

> class(x)
[1] "matrix"
> attributes(x)
$dim
[1] 2 4
```

dimnames 속성 추가로 행과 열 이름을 달 수 있다.

```
> attr(x, "dimnames") <- list(c("A1", "A2"),
                                          c("B1", "B2", "B3", "B4"))
> print(x)
   B1 B2 B3 B4
A1  1  3  5  7
A2  2  4  6  8
```

마지막으로, dim 속성의 제거로 이 행렬은 일차원 벡터로 되돌아갈 수 있다.

```
> attr(x, "dim") <- NULL
> class(x)
[1] "numeric"
> print(x)
[1] 1 2 3 4 5 6 7 8
```

배열(array)은 요소가 세 개 이상인 dim 속성을 가진 원자 벡터이다. 다시, dim 속성으로 차원들을 설정하고, dimnames 속성으로 라벨을 달 수 있다. 일차원 벡터처럼, 행렬과 배열은 logical, numeric, character, complex 혹은 raw 유형일 수 있다. 그러나, 단일의 행렬과 배열 안에 데이터 유형을 혼합할 수 없다.

attr() 함수는 임의적인 속성을 생성하고 그것들을 객체에 연관짓게 해 준다. 속성은 객체에 관한 추가적인 정보를 저장하고 있고, 이것들은 객체의 처리방법을 결정할 함수에 의해 사용될 수 있다.

R에는 dim(), dimnames(), names(), row.names(), class()와 tsp() 등의 속성을 설정하는 많은 특별 함수들이 있다. tsp()는 시계열 객체를 생성하는데 사용된다. 이러한 특별 함수들은 설정될 값에 제약을 둔다. 독자적인 속성(custom attributes)을 만들지 않는다면, 이러한 특별 함수들을 사용하는 것이 항상 좋은 아이디어이다. 이 함수들이 만드는 제약사항과 오류메시지는 코딩오류를 적게 발생시키며 보다 분명하게 할 것이다.

- **총칭 벡터 또는 리스트(Generic Vectors or Lisits)**

리스트는 원자 벡터들의 집합 그리고/혹은 다른 리스트들의 집합이다. 데이터프레임은 특별한 유형의 리스트로, 데이터셋의 각 원자 벡터는 동일한 길이를 가진다. R 기본설치판에 있는 iris 데이터프레임을 검토해보자. 이 데이터프레임은 각 150개의 식물에 대해, 이 식물들의 종(setosa, versicolor 또는 virginica) 정보와 함께 네 개의 물리적 척도를 제공한다.

```
> head(iris)
  Sepal.Length Sepal.Width Petal.Length Petal.Width Species
1          5.1         3.5          1.4         0.2  setosa
2          4.9         3.0          1.4         0.2  setosa
3          4.7         3.2          1.3         0.2  setosa
4          4.6         3.1          1.5         0.2  setosa
5          5.0         3.6          1.4         0.2  setosa
6          5.4         3.9          1.7         0.4  setosa
```

이 데이터프레임은 실제로 다섯 개의 원자 벡터를 담고 있는 목록이다. 이것은 name 속성(변수이름의 문자 벡터), row.names 속성(개별 식물을 식별하는 숫자 벡터), 그리고 "data.frame"이라는 값을 가진 class 속성을 가진다. 각 벡터는 데이터프레임의 열(변수)을 나타낸다. unclass() 함수로 데이터프레임을 출력하고, attributes() 함수로 속성들을 획득하면서 이것들을 쉽게 볼 수 있다.

```
unclass(iris)
attributes(iris)
```

지면의 절약을 위해 출력물은 생략한다.

R함수들이 리스트를 값으로 반환하는 것이 빈번하기 때문에, 리스트를 이해하는 것은 중요하다. 16장의 군집분석 기법을 사용하는 예제를 살펴보자. 군집분석은 관측치들의 자연스러운 집단화를 식별하기 위하여 일군의 방법들을 사용한다.

iris 데이터에 k-평균 군집분석 (16.3.1 절)을 적용할 것이다. 세 개의 군집이 나타난다고 가정하고, 관측치들(행들)이 어떻게 집단화되는지 관찰하라. 군집을 형성하기 위해 종 변수는 무시되고, 오직 식물의 물리적 측정치만을 사용한다. 코드는 다음과 같다.

```
set.seed(1234)
fit <- kmeans(iris[1:4], 3)
```

객체 fit에 어떤 정보가 담겨있는가? kmeans()의 도움말은 일곱 개의 성분들을 가진 목록을 반환한다. str() 함수는 객체의 구조를 보여주고, unclass() 함수는 객체의 콘텐츠를 직접적으로 조사하는데 사용될 수 있다. length() 함수는 얼마나 많은 성분들을 객체가 담고 있는지를 가리키며, names() 함수는 이 성분들의 이름을 제공한다. 객체의 속성을 조사하기 위해 attributes() 함수를 사용할 수 있다. kmeans()에 의해 반환된 객체의 콘텐츠는 다음과 같다.

```
> names(fit)
[1] "cluster"      "centers"      "totss"        "withinss"
[5] "tot.withinss" "betweenss"    "size"         "iter"
[9] "ifault"

> unclass(fit)
$cluster
  [1] 1 1 1 1 1 1 1 1 1 1 1 1 1 1 1 1 1 1 1 1 1 1 1 1 1 1 1 1 1 1 1 1 1 1 1 1
 [37] 1 1 1 1 1 1 1 1 1 1 1 1 1 1 2 2 3 2 2 2 2 2 2 2 2 2 2 2 2 2 2 2 2 2 2 2
 [73] 2 2 2 2 3 2 2 2 2 2 2 2 2 2 2 2 2 2 2 2 2 2 2 2 2 2 2 2 3 2 3 3 3 3 2 3
[109] 3 3 3 3 3 2 2 3 3 3 3 2 3 2 3 2 3 3 2 2 3 3 3 3 3 2 3 3 3 3 2 3 3 3 2 3
[145] 3 3 2 3 3 2

$centers
  Sepal.Length Sepal.Width Petal.Length Petal.Width
1     5.006000    3.428000     1.462000    0.246000
2     5.901613    2.748387     4.393548    1.433871
3     6.850000    3.073684     5.742105    2.071053

$totss
[1] 681.3706

$withinss
[1] 15.15100 39.82097 23.87947

$tot.withinss
[1] 78.85144
```

```
$betweenss
[1] 602.5192

$size
[1] 50 62 38

$iter
[1] 2

$ifault
[1] 0
```

sapply(fit, class)를 실행하면 객체 안의 각 성분의 클래스를 반환한다.

```
> sapply(fit, class)
  cluster      centers       totss     withinss  tot.withinss
 "integer"    "matrix"    "numeric"   "numeric"     "numeric"
betweenss       size        iter      ifault
 "numeric"   "integer"   "integer"   "integer"
```

이 예제에서, cluster는 소속 군집을 담고 있는 정수 벡터이고, centers는 군집 centroids(각 군집의 각 변수에 관한 평균)을 담고 있는 행렬이다. size 성분은 세 개 군집별 식물 수를 담고 있는 원자 벡터이다. 다른 성분들에 대하여 배우려면, help(kmeans)의 Value 섹션을 보라.

• **인덱싱(INDEXING)**

리스트에 있는 정보를 풀어내는 것을 배우는 것은 중요한 R 프로그래밍 기술이다. 인덱싱을 통해 데이터 객체의 요소들은 추출될 수 있다. 리스트에 뛰어들기 전에, 원자 벡터에서 요소들을 추출하는 것을 살펴보자.

object[*index*]를 사용하여 요소들을 추출한다. 여기서 *object*는 벡터이며 *index*는 정수 벡터이다. 원자 벡터의 요소들이 이름 붙여졌다면, *index*는 이 이름들로 된 문자 벡터일 수 있다. 다른 언어들처럼, R에서 인덱스는 0에서 시작하지 않고, 1에서 시작함을 알아두라.

여기 이름 요소가 없는 원자 벡터에 대한 접근법을 사용한 예제가 있다.

```
> x <- c(20, 30, 40)
> x[3]
[1] 40
> x[c(2, 3)]
[1] 30 40
```

이름 요소가 있는 원자 벡터에 대해서는, 다음과 같이 한다.

```
> x <- c(A=20, B=30, C=40)
> x[c(2, 3)]
 B  C
30 40
> x[c("B", "C")]
 B  C
30 40
```

리스트의 경우, 성분들(원자 벡터 또는 다른 목록들)은 *object*[*index*]를 통해 추출할 수 있다. 여기서 *index*는 정수 벡터이다. 다음은 조금 뒤에 나오는 프로그래밍 20.1에 있는 k-평균 사례에서 나오는 `fit` 객체를 사용한다.

```
> fit[c(2, 7)]
$centers
  Sepal.Length Sepal.Width Petal.Length Petal.Width
1     5.006000    3.428000     1.462000    0.246000
2     5.901613    2.748387     4.393548    1.433871
3     6.850000    3.073684     5.742105    2.071053

$size
[1] 50 62 38
```

성분들이 리스트로 반환된다.

성분들의 요소를 얻으려면 *object*[[*integer*]]를 사용하라.

```
> fit[2]
$centers
  Sepal.Length Sepal.Width Petal.Length Petal.Width
1     5.006000    3.428000     1.462000    0.246000
2     5.901613    2.748387     4.393548    1.433871
3     6.850000    3.073684     5.742105    2.071053

> fit[[2]]
  Sepal.Length Sepal.Width Petal.Length Petal.Width
1     5.006000    3.428000     1.462000    0.246000
2     5.901613    2.748387     4.393548    1.433871
3     6.850000    3.073684     5.742105    2.071053
```

첫째 사례에서, 어떤 리스트가 반환된다. 둘째 사례에서, 어떤 행렬이 반환된다. 결과물로 무엇을 할 것인지에 따라 이 차이가 중요할 수 있다. 행렬을 입력 형태로 요구하는 함수에 위 결과물을 넣고자 한다면 이중 대괄호([[ ]]) 표시를 사용하고자 할 것이다.

단일 명명 성분을 추출하기 위해서는, $표시를 사용할 수 있다. 이 경우, *object*[[*integer*]]와 *object$name*은 동등하다.

```
> fit$centers
  Sepal.Length Sepal.Width Petal.Length Petal.Width
1     5.006000    3.428000     1.462000    0.246000
2     5.901613    2.748387     4.393548    1.433871
3     6.850000    3.073684     5.742105    2.071053
```

이것은 또한 왜 $ 표시가 데이터프레임으로 작업하는지 설명한다. `iris` 데이터프레임을 고려해 보자. 데이터프레임은 각 변수가 성분으로 나타나는 목록의 특수 사례이다. 이 때문에 `iris$Sepal.Length`는 150개 요소를 가진 `sepal.length` 벡터를 반환한다.

성분 내의 요소들을 획득하기 위해 표시들이 결합될 수 있다. 예를 들어,

```
fit[[2]][1, ]
Sepal.Length  Sepal.Width Petal.Length  Petal.Width
       5.006        3.428        1.462        0.246
```

`fit`의 두 번째 성분(평균 행렬)을 추출하고, 첫째 행(첫 번째 군집의 네 변수 각 평균들)을 반환한다.

함수들에 의해 반환되는 성분과 요소를 추출함으로써, 결과치를 취할 수도 있고 한 걸음 더 나아갈 수 있다. 예를 들어, 선그래프로 군집 centroids를 그리기 위하여, 다음의 코드를 사용할 수 있다:

프로그래밍 20.1 k-means 군집분석으로부터 centroids 그리기

```
> set.seed(1234)
> fit <- kmeans(iris[1:4], 3)                   ❶ Obtains the cluster means
> means <- fit$centers
> library(reshape2)
> dfm <- melt(means)
> names(dfm) <- c("Cluster", "Measurement", "Centimeters")   ❷ Reshapes the data to long form
> dfm$Cluster <- factor(dfm$Cluster)
> head(dfm)

  Cluster  Measurement Centimeters
1       1 Sepal.Length       5.006
2       2 Sepal.Length       5.902
3       3 Sepal.Length       6.850
4       1  Sepal.Width       3.428
5       2  Sepal.Width       2.748
6       3  Sepal.Width       3.074
```

```
library(ggplot2)
ggplot(data=dfm,
       aes(x=Measurement, y=Centimeters, group=Cluster)) +
       geom_point(size=3, aes(shape=Cluster, color=Cluster)) +
       geom_line(size=1, aes(color=Cluster)) +
       ggtitle("Profiles for Iris Clusters")
```

❸ **Plots a line graph**

우선, 군집 centroids 행렬이 추출된다 (행이 군집이고, 열이 변수 평균이다). 다음으로 reshape 패키지(섹션 5.6.2를 보라)를 사용하여 행렬이 긴 형식(long format)으로 모양이 바뀐다. 마지막으로 데이터는 ggplot2 패키지 (섹션 18.3)를 사용하여 그림으로 그려진다. 결과 그래프는 그림 20.1에 나와 있다.

그려진 모든 변수들의 측정단위(센티미터)가 같기 때문에, 이런 유형의 그래프가 가능하다. 만약 이 군집분석에 다른 척도의 변수들이 있었다면, 그림 그리기 전에 데이터를 표준화하고 y-축에 표준화 점수와 비슷하게 라벨을 달아야 할 것이다. 상세한 내용은 16.1절을 보라.

이제 구조 안에 데이터를 나타낼 수 있고 결과치를 꺼낼 수도 있으니, 흐름통제(flow control)를 살펴보자.

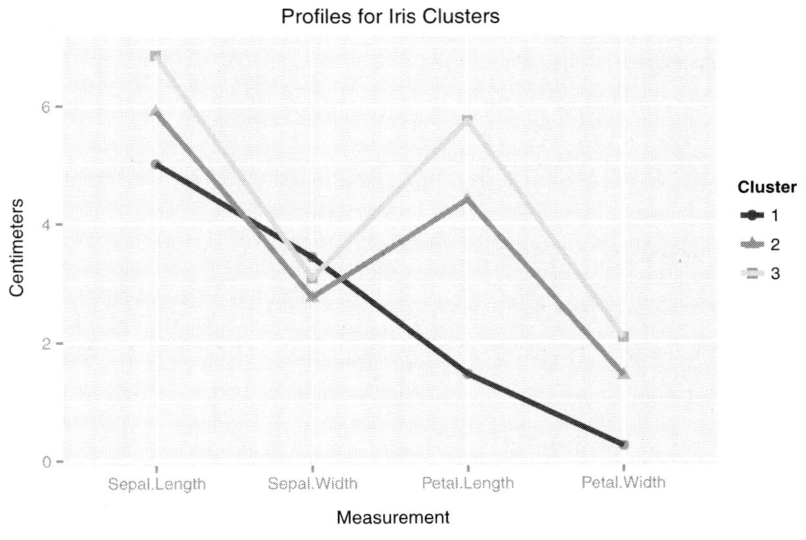

그림 20.1 iris 데이터셋으로부터 k-평균 군집화를 통하여 추출한 세 개 군집의 centroids(평균) 플롯

20.1.2 제어구조(Control structures)

R 해석기가 코드를 처리할 때, 이것은 한 줄씩 순차적으로 읽는다. 하나의 줄이 완성된 문장이 아니라면, 완전히 형성된 문장이 만들어질 때까지 또 다른 줄들을 읽는다. 예를 들어, 3 + 2 + 5를 더하기를 원했다면, 다음과 같다.

```
> 3 + 2 + 5
[1] 10
```

이는 작동한다.

```
> 3 + 2 +
5
[1] 10
```

그리고 이것도 작동한다. 첫 줄 끝에 있는 + 부호는 이 문장이 지시문이 완전하지 않다는 것을 가리킨다.

```
> 3 + 2
[1] 5
> + 5
[1] 5
```

그러나, 위 문장은 작동하지 않는다. 3 + 2 가 완전한 문장으로 해석되었기 때문이다.

가끔 코드를 비순차적으로 처리할 필요가 있다. 조건적으로 코드를 실행하거나, 하나 혹은 그 이상의 문장을 여러 번 반복하고자 할 수 있다. 이 절은 특별히 유용한 세 개의 실행흐름 제어 함수를 소개한다: `for()`, `if()` 그리고 `ifelse()`.

• FOR LOOPS

`for()` 함수는 프로그램문을 반복적으로 실행하게 해준다. 구문은 다음과 같다.

```
for (var in seq) {
      statements
}
```

이 때 `var`은 변수명이고 `seq`는 벡터로 볼 수 있는 표현식이다. 한 개의 프로그램문만 있다면, 중괄호({ })는 선택사항이다:

```
> for(i in 1:5) print(1:i)
[1] 1
[1] 1 2
[1] 1 2 3
[1] 1 2 3 4
[1] 1 2 3 4 5
```

```
> for(i in 5:1)print(1:i)
[1] 1 2 3 4 5
[1] 1 2 3 4
[1] 1 2 3
[1] 1 2
[1] 1
```

var는 함수가 종료된 이후에도 계속 존재한다는 것을 알아두라. 여기서, i는 1이다.

• IF() AND ELSE

if() 함수는 프로그램문을 조건적으로 실행하게 해준다. if() 구성의 구문은 다음과 같다.

```
if(condition) {
    statements
} else {
    statements
}
```

조건은 단일-요소 논리 벡터 (TRUE 또는 FALSE)이어야 하며 결측(NA)일 수 없다. else 부분은 선택사항이다. 하나의 프로그램문만 있다면, 중괄호({ }) 또한 선택사항이다.

예를 들어, 다음 코드를 검토해 보자.

```
if(interactive()) {
    plot(x, y)
} else {
    png("myplot.png")
    plot(x, y)
    dev.off()
}
```

이 코드가 대화형으로(interactively) 작동되고 있다면, interactive() 함수는 TRUE를 반환하고 그림을 화면에 보낸다. 그렇지 않으면, 그림은 디스크에 저장된다. 21장에서 if() 함수를 확장해서 사용할 것이다.

• IFELSE()

ifelse() 함수는 if()의 벡터화된 버전이다. 벡터화는 함수가 명백한 순환반복(explicit looping) 없이 객체들을 처리하게 해준다. ifelse()의 포맷은 다음과 같다.

```
ifelse(test, yes, no)
```

여기서 *test*는 논리형 모드로 강제된 객체이고, *yes*는 *test*의 참된 요소에게 값을 반환하고, *no*는 *test*의 거짓 요소에게 값을 반환한다.

여섯 개의 통계검정을 한 통계분석에서 추출된 유의수준들(p-value)의 벡터가 있고, p 〈 .05에서 유의미한 검정들에 플래그를 달고 싶다고 하자. 이것은 아래 코드로 달성될 수 있다.

```
> pvalues <- c(.0867, .0018, .0054, .1572, .0183, .5386)
> results <- ifelse(pvalues <.05, "Significant", "Not Significant")
> results
[1] "Not Significant" "Significant"      "Significant"
[4] "Not Significant" "Significant"      "Not Significant"
```

ifelse() 함수는 pvalues 벡터를 순환반복하면서 pvalues의 상응 요소가 .05보다 큰지 여부에 따라서 "Significant" 또는 "Not Significant"를 반환한다.

같은 결과가 다음과 같은 명백한 순환 반복을 사용해도 나올 수 있다.

```
pvalues <- c(.0867, .0018, .0054, .1572, .0183, .5386)
results <- vector(mode="character", length=length(pvalues))
for (i in 1:length(pvalues)){
  if (pvalues[i] < .05) results[i] <- "Significant"
  else results[i] <- "Not Significant"
}
```

벡터화된 버전이 더욱 빠르고 효율적이다.

while(), repeat() 그리고 switch() 등의 다른 제어구조들도 있지만, 여기 제시된 것들이 가장 보편적으로 사용되고 있다. 이제 데이터 구조와 제어구조를 가졌으니 함수 생성에 대해 이야기할 수 있다.

20.1.3 함수 생성하기(Creating functions)

R의 거의 모든 것은 함수이다. 심지어 +, -, /, 그리고 * 등의 산술 연산자도 실제로는 함수들이다. 예를 들어, 2 + 2 는 "+" (2, 2)와 같다. 이 절은 함수 구문에 대해 설명한다. 범위(scope)는 20.2 절에서 검토한다.

• 함수구문(FUNCTION SYNTAX)

함수의 구문은 다음과 같다.

```
functionname <- function(parameters){
                          statements
                          return(value)
}
```

파라미터가 두 개 이상이라면, 파라미터들은 쉼표(콤마)로 분리된다.

파라미터들은 키워드, 위치 혹은 둘 다에 의해서 나타낼 수 있다. 아울러, 파라미터는 기본설정값을 가질 수 있다. 다음의 함수를 생각해보자.

```
f <- function(x, y, z=1){
    result <- x + (2*y) + (3*z)
    return(result)
}
> f(2, 3, 4)
[1] 20
>
> f(2, 3)
[1] 11
> f(x=2, y=3)
[1] 11
> f(z=4, y=2, 3)
[1] 19
```

첫째 사례에서, 파라미터들은 위치(x=2, y=3, z=4)에 의해 적용된다. 둘째 사례에서 파라미터들은 위치에 의해 적용되고, 또 z는 1로 기본설정한다. 셋째 사례에서, 파라미터는 키워드에 의해 적용되고, 다시 z는 1로 기본설정한다. 마지막 사례에서 y와 z는 키워드에 의해 적용되고, x는 명백히 지정되지 않은 첫째 파라미터로 가정된다(x = 3). 이것은 또한 키워드로 적용된 파라미터는 어떤 순서로도 나타날 수 있다는 것을 보여준다.

파라미터는 선택사항이지만, 적용할 값이 없다하더라도 괄호는 있어야만 한다. return() 함수는 함수가 만든 객체를 반환한다. 이것 또한 선택사항이며, 만약에 이것이 없더라도 함수의 마지막 프로그램문의 결과가 반환된다.

파라미터 이름과 기본설정값을 보기 위해 args() 함수를 사용할 수 있다.

```
> args(f)
  function (x, y, z = 1)
  NULL
```

args() 함수는 대화형으로 보도록 설계되었다. 파라미터 이름과 기본설정 값을 프로그램적으로 획득할 필요가 있다면, formals() 함수를 사용하라. 이 함수는 필요한 정보가 있는 목록을 반환한다.

파라미터는 값(value)에 의해 적용되지만 참조문(reference)에 의해서는 적용되지 않는다. 이 함수문을 고려해 보자.

```
result <- lm(height ~ weight, data=women)
```

데이터셋 women은 직접 접근되지 않는다. 복사본이 만들어지고 함수로 보내진다. 만약 women 데이터셋이 매우 컸다면, RAM을 빨리 다 써버렸을 것이다. 이것은 빅데이터 문제를 다룰 때 이슈가 될 수 있다(부록 G를 보라).

• 객체범위(OBJECT SCOPE)

R에서 객체의 범위(이름들이 콘텐츠를 생산하도록 어떻게 결의되는지)는 복잡한 주제이다. 다음은 전형적인 경우이다.

- 어떤 함수의 외부에서 생성된 객체는 보편적(global)이다(어떤 함수 내에서도 결의될 수 있다). 함수 내에서 생성된 객체는 지역적(local)이다(그 함수 내에서만 이용가능하다).
- 지역적(로컬) 객체는 함수실행이 끝날 때 버려진다. return() 함수로 돌려 받은(혹은 <<- 같은 연산자를 사용하여 할당된) 객체들만을 함수실행이 끝난 후에도 접근할 수 있다.
- 보편적 객체는 어떤 함수 안에서부터 접근될(읽혀질) 수 있다. 하지만 변경되지는 않는다 (<<- 연산자가 사용되지 않는다면).
- 파라미터를 통해 함수에 적용된 객체는 그 함수에 의해 변경되지 않는다. 객체의 복사본은 적용되지만 객체 자체는 아니다.

여기에 간단한 예제가 있다.

```
> x <- 2
> y <- 3
> z <- 4
> f <- function(w){
          z <- 2
          x <- w*y*z
          return(x)
 }
> f(x)
[1] 12
> x
[1] 2
> y
[1] 3
> z
[1] 4
```

이 예제에서, x의 복사본이 함수 f()에 적용된다. 하지만 원본은 변경되지 않는다. y의 값은 환경에서 획득된다. 비록 z가 환경 안에 존재함에도 불구하고, 함수 안에서는 설정된 값이 사용되었고 환경에 있는 그 값을 바꾸지는 않는다.

범위 규칙을 보다 잘 이해하려면, 환경을 논의할 필요가 있다.

20.2 환경과 더불어 작업하기(Working with environments)

R에서 **환경**(environments)은 **프레임**(frame)과 **엔크로우저**(enclosure)로 구성된다. 프레임은 기호-값 쌍(객체 이름과 그 콘텐츠)의 집합이고, 엔크로우저는 둘러싸고 있는 환경 지시자이다. 둘러싸고 있는 환경은 **부모 환경**(parent environment)이라고도 부른다. R은 이 언어 안으로부터 환경들의 조작을 허용함으로써, 범위에 대해 정교한 통제를 가능하게 하고 함수와 데이터를 분리하도록 만들었다.

대화형 세션에서, R 프롬프트를 처음 본다면, 글로벌 환경 안에 있는 것이다. new.env() 함수로 새로운 환경을 만들 수 있고, assign() 함수로 이 환경 안에 할당들을 생성할 수 있다. get() 함수를 사용하여 객체 값들을 환경으로부터 회수할 수 있다. 여기에 예제가 있다.

```
> x <- 5
> myenv <- new.env()
> assign("x", "Homer", env=myenv)
> ls()
[1] "myenv" "x"
> ls(myenv)
[1] "x"
>x
[1] 5
> get("x", env=myenv)
[1] "Homer"
```

x라 불리는 객체가 글로벌 환경에 존재하고 5라는 값을 가진다. 또한 x라고 불리우는 객체가 myenv에 존재하며 "Homer"라는 값을 가진다.

assign()과 get() 함수 사용에 더하여, $ 표시를 사용할 수 있다. 예를 들어,

```
> myenv <- new.env()
> myenv$x <- "Homer"
> myenv$x
[1] "Homer"
```

위 프로그램문은 같은 결과를 생산한다.

parent.env() 함수는 부모 환경을 보여준다. 계속해서 이 예제, myenv의 부모 환경은 글로벌

환경이다.

```
> parent.env(myenv)
<environment: R_GlobalEnv>
```

글로벌 환경의 부모 환경은 빈 환경이다. 자세한 내용은 help(environment)를 보라.

함수는 객체이기 때문에, 이들 또한 환경을 가진다. 이것은 **함수폐쇄**(function closures, 함수가 만들어졌을 때 존재했던 상태와 함께 패키지화된 함수)를 고려할 때 중요하다. 다른 함수에 의해 생성되는 함수를 고려해 보자.

```
trim <- function(p){
   trimit <- function(x){
     n <- length(x)
     lo <- floor(n*p) + 1
     hi <- n + 1 - lo
     x <- sort.int(x, partial = unique(c(lo, hi)))[lo:hi]
   }
   trimit
}
```

trim(*p*) 함수는 벡터에서 높은 값과 낮은 값의 *p*퍼센트를 쳐내는 함수를 반환한다.

```
> x <- 1:10
> trim10pct <- trim(.1)
> y <- trim10pct(x)
> y
[1] 2 3 4 5 6 7 8 9
> trim20pct <- trim(.2)
> y <- trim20pct(x)
> y
 [1] 3 4 5 6 7 8
```

*P*의 값이 trimit() 함수의 환경 안에 있기 때문에 이것이 작동하고, 또 이 함수와 더불어 저장된다.

```
> ls(environment(trim10pct))
[1] "p"        "trimit"
> get("p", env=environment(trim10pct))
[1] 0.1
```

여기서의 교훈은, R에서 함수는 이것이 만들어졌을 때의 환경 안에 존재했던 객체들을 포함한다는 것이다. 이 사실은 다음의 행위를 설명하는데 도움이 된다.

```
> makeFunction <- function(k){
    f <- function(x){
      print(x + k)
    }
  }
> g <- makeFunction(10)
> g (4)
[1] 14
> k <- 2
> g (5)
[1] 15
```

g() 함수는 값 k가 글로벌 환경에서 어떤 값을 가질지라도 k=10을 사용한다. 왜냐하면, 함수가 만들어졌을 때 k는 10이였기 때문이다. 다시, 아래 프로그램으로 이것을 볼 수 있다.

```
> ls(environment(g))
[1] "f" "k"
> environment(g)$k
[1] 10
```

일반적으로, 객체의 값은 지역 환경으로부터 획득된다. 만약 지역 환경에서 객체를 찾지 못하면, R은 부모 환경에서 찾고, 다음에는 부모의 부모 환경에서, 계속 그렇게 객체가 발견될 때까지 찾는다. 만약 R이 빈 환경까지 도달했는데도 객체를 찾지 못한다면, 오류를 던진다. 이것을 어휘 범위화(lexical scoping)라고 부른다.

환경과 어휘 범위화에 대해 더 배우려면, Christopher Bare가 쓴 "Environments in R"(http://mng.bz/uPYM)과 Darren Wilkinson이 쓴 "Lexcial Scope and Function Closures in R"을 보라.

20.3 객체-지향 프로그래밍

R은 총칭함수(generic function)의 사용에 기반하고 있는 객체-지향 프로그래밍(OOP: Object-Oriented Programming) 언어이다. 각 객체는 클래스 속성을 가지는데 이는 객체의 복사본이 print(), plot() 또는 summary() 같은 총칭함수에 적용될 때 어떤 코드가 실행될지를 결정하는데 사용된다.

R은 두 개의 분리된 OOP 모델을 가진다. S3 모델이 더 오래되었고, 더 간단하고, 덜 구조화되었다. S4 모델은 더 새롭고 더 구조화되었다. S3 접근은 사용하기 더 쉽고, R의 대부분의 어플리케이션은

이 모형을 사용한다. 여기서는 주로 S3 모델에 초점을 맞출 것이다. 이 절 말미에서 S3 모델의 한계와 S4가 이를 어떻게 대응했는지에 대한 간단한 논의를 할 것이다.

20.3.1 총칭함수

R은 총칭함수가 호출되었을 때 어떤 행동을 취할지를 결정하기 위해 객체의 클래스를 사용한다. 다음의 코드를 고려해 보자.

```
summary(women)
fit <- lm(weight ~ height, data=women)
summary(fit)
```

첫째 예에서, summary() 함수는 데이터프레임 women에 있는 각 변수들에 대한 기술통계를 생산한다. 둘째 예에서, summary()는 선형 회귀모형을 만들어낸다. 이것이 어떻게 일어나는가?

summary() 코드를 살펴보자.

```
> summary
function (object, ...) UseMethod("summary")
```

이제 women 데이터프레임과 fit 객체의 클래스를 살펴보자.

```
> class(women)
[1] "data.frame"
> class(fit)
[1] "lm"
```

summary(women) 함수 호출은 이것이 있다면 summary.data.frame(women) 함수를 실행하고, 그렇지 않으면 summary.default(women)을 실행한다. 비슷하게, summary(fit)은 이것이 있다면 summary.lm(fit) 함수를 실행하고, 그렇지 않다면 summary.default(fit)을 실행한다. UseMethod() 함수는 객체의 클래스에 부합하는 확장을 가진 총칭함수로 객체를 발송한다.

사용가능한 모든 S3 총칭함수를 나열해 보려면, methods() 함수를 사용하라.

```
> methods(summary)
[1] summary.aov            summary.aovlist
[3] summary.aspell*        summary.connection
[5] summary.data.frame     summary.Date
[7] summary.default        summary.ecdf*
                ...중간 생략...
```

```
[31] summary.table      summary.tukeysmooth*
[33] summary.wmc*

        Non-visible functions are asterisked
```

반환된 함수 개수는 컴퓨터에 설치한 패키지들에 따라 다르다. 내 컴퓨터에는 33개 클래스에 대해 summary() 함수가 정의되어 있다!

앞 사례의 함수들을 괄호없이 이름만(summary.data.frame, summary.lm 그리고 summary.default)을 치면 함수의 코드를 볼 수 있다. 숨겨진 함수 (메소드 목록에서 *이 뒤에 붙은 함수들)는 이 방법으로 볼 수 없다. 이 경우, 코드를 보려면 getAnywhere() 함수를 사용할 수 있다. summary.ecdf()의 코드를 보려면, getAnywhere(summary.ecdf)를 입력하라. 기존 코드를 살펴보는 것은 자신의 함수에 대한 아이디어를 얻는 좋은 방법이다.

여러분은 numeric, matrix, data.frame, array, lm, glm 그리고 table 등과 같은 클래스를 보아왔다. 하지만, 객체의 클래스는 어떤 임의적인 문자열도 될 수 있다. 게다가, 총칭함수가 print(), plot() 또는 summary()일 필요가 없다. 어떤 함수도 총칭이 될 수 있다. 아래의 프로그래밍은 mymethod()라는 총칭함수를 정의한다.

프로그래밍 20.2 임의적인 총칭함수 예제(An example of an arbitrary generic function)

```
> mymethod <- function(x, ...) UseMethod("mymethod")
> mymethod.a <- function(x) print("Using A")
> mymethod.b <- function(x) print("Using B")
> mymethod.default <- function(x) print("Using Default")
```
❶ Defines a generic function

```
> x <- 1:5
> y <- 6:10
> z <- 10:15
> class(x) <- "a"
> class(y) <- "b"
```
❷ Assigns classes to objects

```
> mymethod(x)
[1] "Using A"
> mymethod(y)
[1] "Using B"
> mymethod(z)
[1] "Using Default"
```
❸ Applies the generic function to the objects

```
> class(z) <- c("a", "b")
> mymethod(z)
[1] "Using A"
```
❹ Applies the generic function to an object with two classes

```
> class(z) <- c("c", "a", "b")
> mymethod(z)
[1] "Using A"
```
❺ Generic function has no default for class "c"

이 예제에서, 총칭함수 mymethod()는 클래스 a와 b라는 객체에 대해 정의된다. default() 함수 또한 정의된다❶. 다음으로 객체 x, y, z가 정의되고 x, y에 클래스가 할당된다❷. 다음에, mymethod()가 각 객체에 적용되고, 적절한 함수가 호출된다❸. 객체 z에 대해서는 기본설정 방법이 사용된다. 왜냐하면, 이 객체는 정수(integer) 클래스를 가지는데, mymethod.integer() 함수는 정의되지 않았기 때문이다.

객체는 두 개 이상의 클래스에 할당될 수 있다(예를 들어, 빌딩(building), 주거용(residential)과 상업용(commercial)). 그런 경우에 어느 총칭함수를 호출할지를 R이 어떻게 결정하는가? z가 두 클래스에 할당되었을 때❹, 첫 번째 클래스가 어느 총칭함수를 호출할지 결정하는데 사용된다. 마지막 사례에서❺, mymethod.c() 함수는 없다. 그래서 다음 클래스 (a)가 사용된다. R은 클래스 목록을 왼쪽에서 오른쪽으로 이동하며 첫 번째 이용가능한 총칭함수를 찾는다.

20.3.2 S3 모델의 한계점(Limitations of the S3 model)

S3 객체 모델의 주된 한계는 어떤 클래스도 어떤 객체에 할당될 수 있다는 사실이다. 무결성 검사(integrity checks)가 없다. 다음 예제를 보자.

```
> class(women) <- "lm"
> summary(women)
Error in if (p == 0) { : argument is of length zero
```

데이터프레임 women이 lm 클래스에 할당되었는데, 이는 비상식적이며 오류가 생긴다.

S4 OOP 모델은 더 형식적이고, 엄밀하며, S3 방법의 덜 구조화된 접근에 의하여 야기된 어려움들을 피하도록 설계되었다. S4 접근에서, 클래스는 정보의 특정한 유형(예를 들어, 유형화된 변수들)을 담고 있는 슬롯을 가진 추상적인 객체로 정의된다. 객체와 메소드 구성은 강제되는 규칙과 더불어 형식적으로 정의된다. 그러나 S4 모델을 사용하여 프로그래밍하는 것은 더 복잡하고 덜 대화형이다. S4 OOP 모형에 대하여 더 배우려면, Christophe Genolini의 "A (Not So) Short Introduction to S4" (http://mng.bz/1VkD) 을 보라.

20.4 효율적인 코드작성(Writing efficient code)

프로그래머들 사이에 격언 하나가 있다: "파워 유저는 일초 더 빨리 실행하기 위하여 한시간을 들여 코드를 수정하는 사람이다." R은 도깨비 방망이 같은 언어이다. 그래서 대부분의 R 사용자는 효율적인 코드 작성에 대해 걱정할 필요가 없다. 코드를 보다 빠르게 실행하는 가장 쉬운 길은 하드웨어

(RAM, 프로세서 속도 등)를 보강하는 것이다. 일반적으로는 코드를 이해가능하고 유지관리하기 쉽게 작성하는 것이 속도를 최적화하는 것보다 더 중요하다. 그러나 대규모 데이터셋 혹은 고도로 반복적인 업무를 수행할 때, 속도는 이슈가 될 수 있다.

몇 가지 코딩 기법들은 프로그램을 보다 효율적으로 만드는데 유익할 것이다.

- 필요한 데이터만 읽어 들여라.
- 가능한 한 순환반복(loop)보다 벡터화(vectorization)를 사용하라.
- 반복적으로 용량산정을 하지 말고, 정확한 크기의 객체를 생성하라.
- 반복적이고 독립된 업무에 대해서는 병렬화(parallelization)를 사용하라.

각각을 차례로 살펴보자.

• 효율적인 데이터 입력(EFFICIENT DATA INPUT)

`read.table()` 함수를 통해 구분된 텍스트 파일에서 데이터를 읽고 있을 때, 필요한 변수와 이들의 유형을 지정하면 상당한 속도 이득을 얻을 수 있다. 이것은 `colClasses` 파라미터를 포함함으로써 가능하다. 예를 들어, 한 줄에 열 개의 변수가 콤마로 구분되어 있는 파일에서 세 개의 숫자변수와 두 개의 문자변수에 접근하기 원한다고 가정해 보자. 숫자변수는 1, 2, 5의 위치에 문자변수는 3, 7에 있다. 이 경우에

```
my.data.frame <- read.table(mytextfile, header=TRUE, sep=',')
```

위의 코드보다 다음 코드가 더 빠르다.

```
my.data.frame <- read.table(mytextfile, header=TRUE, sep=',',
                  colClasses=c("numeric", "numeric", "character",
                  NULL, "numeric", NULL, "character", NULL,
                  NULL, NULL))
```

`colClasses` 값이 NULL인 변수들은 건너뛴다. 텍스트 파일의 행과 열 개수가 커질수록, 속도 이득은 더욱 커진다.

• 벡터화(VECTORIZATION)

가능한 한 순환반복(loop)보다 **벡터화(vectorization)**를 사용하라. 여기서, 벡터화는 고도로 최적화된 방식으로 벡터를 처리하도록 설계된 R함수들을 사용한다는 것을 의미한다. 기본설치판에 있는 사례들로는 `ifelse()`, `colSums()`, `colMeans()`, `rowSums()`와 `rowMeans()` 등이 있다. `matrixStats` 패키지는 개수 세기, 합, 곱, 집중경향과 분산 척도, 사분위, 순위 및 구간화 등을 포함하는 많은 추가적 계산을 위한 최적화된 함수들을 제공한다. `plyr`, `dplyr`, `reshape2`, `data.table`같은 패키지들 또한 고도로 최적화된 함수들을 제공한다.

백만개의 행과 열개의 열을 가진 행렬을 생각해 보자. 순환반복을 사용하여 열의 합을 계산하고, 다

시 colSums() 함수를 사용해보자. 먼저, 행렬을 만든다.

```
set.seed(1234)
mymatrix <- matrix(rnorm(10000000), ncol=10)
```

다음으로, 열의 합을 구하기 위해 for 순환반복을 사용하는 accum()라는 함수를 만든다.

```
accum <- function(x){
   sums <- numeric(ncol(x))
   for (i in 1:ncol(x)){
        for(j in 1:nrow(x)){
            sums[i] <- sums[i] + x[j,i]
} }
}
```

system.time() 함수는 함수를 실행하는 데 필요한 CPU의 양과 실제 시간을 정하는 데 사용될 수 있다.

```
> system.time(accum(mymatrix))
  user  system elapsed
 25.67    0.01   25.75
```

colSums() 함수를 사용하여 같은 합을 계산하는데 아래와 같이 소요되었다.

```
> system.time(colSums(mymatrix))
    user  system elapsed
  0.02    0.00    0.02
```

내 기계에서 벡터화된 함수는 1,200배 이상 빠르게 실행된다. 여러분들의 경우는 다를 수도 있다.

• 정확한 객체 용량 산정(CORRECTLY SIZING OBJECTS)

필요한 최종 용량크기로 객체를 초기화하여 값을 채워나가는 것이 작은 객체로 시작하여 값을 붙여나가면서 크기를 키워나가는 것보다 훨씬 효율적이다. 100,000개의 숫자 값을 가진 벡터 x가 있다고 하자. 이 값들의 제곱인 벡터 y를 구하고자 한다.

```
> set.seed(1234)
> k <- 100000
  > x <- rnorm(k)
```

다음과 같이 접근할 수 있다.

```
>  y <- 0
> system.time(for (i in 1:length(x)) y[i] <- x[i]^2)
  user  system elapsed
 10.03    0.00   10.03
```

y는 단일-요소 벡터로 시작하여 x의 제곱 값을 가지면서 100,000 요소 벡터로 커진다. 내 기계에서

대략 10초가 걸린다.

```
> y <- numeric(length=k)
> system.time(for (i in 1:k) y[i] <- x[i]^2)
  user  system elapsed
  0.23    0.00    0.24
```

같은 계산이 1초 이하로 걸린다. R이 계속해서 객체의 크기를 재산정하는데 걸리는 상당한 시간을 피했다.

벡터화를 사용하면, 처리속도는 더욱 더 빠르다.

```
> y <- numeric(length=k)
> system.time(y <- x^2)
   user system elapsed
      0      0       0
```

지수화(exponentiation), 덧셈, 곱셈 등의 연산들 또한 벡터화된 함수임을 주지하라.

• 병렬화(PARALLELIZATION)

병렬화(parallelization)는 한 업무를 여러 개로 나누고, 이들을 두 개 이상의 연산 코어(core)에서 동시에 실행시키고, 결과를 결합하는 것 등을 포함한다. 코어는 같은 컴퓨터에 있거나 클러스터의 다른 기계에 있을 수 있다. 수치집중적 함수의 반복적 독립적 실행을 필요로 하는 업무들은 병렬화로부터 이익을 얻을 수 있다. 부트스트래핑(bootstrapping)을 포함하여 많은 Monte Carlo 방법들이 여기에 포함된다.

R의 많은 패키지는 병렬화를 지원한다(Dirk Eddelbuettel의 "CRAN Task View: High-Performance and Parallel Computing with R"를 보라, http://mng.bz/65sT). 이 절에서는, 단일 컴퓨터 상에서의 병렬화를 보기 위해 `foreach`와 `doParallel` 패키지를 사용할 것이다. `foreach` 패키지는 `foreach` 순환반복 구성(하나의 집합에 있는 요소들에 대해 반복하는 것)을 지원하고 순환반복이 병렬로 실행하도록 촉진한다. `doParallel` 패키지는 `foreach` 패키지를 위하여 병렬 백앤드(back-end)를 제공한다.

주성분과 요인분석에서, 중요한 단계는 데이터로부터 추출할 성분 또는 요소의 적절한 개수를 확인하는 것이다(14.2.1절을 보라). 한 가지 접근법은 원 데이터와 같은 수의 행과 열을 가진 무작위 데이터로부터 도출된 상관관계 행렬들의 **고유치 분석(eigenanalysis)**을 반복적으로 수행하는 것이다. 이 분석이 프로그래밍 20.3에 나타나 있다. 이 분석의 병렬형과 비병렬형이 이 프로그래밍에서 비교된다. 이 코드를 실행하기 위해서는, 위의 두 패키지의 설치와 컴퓨터의 코어 수를 알 필요가 있다.

프로그래밍 20.3 foreach와 doParallel 로 병렬화(Parallelization with foreach and doParallel)

```
> library(foreach)
> library(doParallel)
> registerDoParallel(cores=4)            ❶ Loads packages and registers
                                            the number of cores

> eig <- function(n, p){
            x <- matrix(rnorm(100000), ncol=100)
            r <- cor(x)                  ❷ Defines the function
            eigen(r)$values
        }
> n <- 1000000
> p <- 100
> k <- 500

> system.time(
    x <- foreach(i=1:k, .combine=rbind) %do% eig(n, p)     ❸ Executes normally
    )
   user  system elapsed
  10.97    0.14   11.11

> system.time(
     x <- foreach(i=1:k, .combine=rbind) %dopar% eig(n, p)     ❹ Executes
     )                                                            in parallel
  user  system elapsed
  0.22    0.05    4.24
```

첫째 패키지들이 적재되고, 연산 코어 (내 기계는 4개)의 개수를 등록한다❶. 다음, 고유치 분석을 위한 함수가 정의된다❷. 여기서 100,000 × 100의 무작위 데이터 행렬이 분석된다❷. `eig()` 함수는 `foreach`와 `%do%`를 사용하여 500번 실행된다❸. `%do%` 연산자는 함수를 순차적으로 실행한다. 그리고 `.combine=rbind` 옵션은 결과를 행으로 객체 x 에 붙인다. 마지막으로, `%dopar%` 연산자를 사용하여 함수들이 병렬적으로 실행된다❹. 이 사례에서, 병렬 실행은 대략 순차 실행보다 2.5배 빨랐다.

이 사례에서, `eig()` 함수의 각 반복들은 수치 집중적이었고, 다른 반복들에 접근하기를 요구하지 않았으며, 디스크 I/O를 포함하지 않았다. 이것은 병렬화로부터 가장 많은 이득을 보는 상황의 유형이다. 병렬화의 불리한 면은 코드의 휴대성을 약화시킨다는 것이다 여러분이 수행하는 컴퓨터 하드웨어의 조합과 같은 것을 다른 사람들이 가진다고 보증할 수 없다.

이 절에서 기술한 네 개의 효율성 조치들은 매일매일의 코딩 문제에 도움을 줄 수 있다. 그러나 실제로는 대규모의 데이터셋(예를 들어, 테라바이트 규모의 데이터셋) 처리에 한하여 그러할 것이다. 당신이 빅 데이터셋과 작업하고 있다면, 부록 G에서 기술한 것과 같은 방법들이 요구된다.

◆ 병목 배치하기(Locating bottlenecks)

"왜 내 코드는 많은 시간이 걸릴까?" R은 가장 시간소비가 큰 함수를 식별하기 위하여 프로그램을 프로파일링(profiling)하는 도구를 제공한다. 프로파일을 만들 코드를 Rprof()와 Rprof(NULL) 사이에 놓아라. 다음으로 각 함수를 실행하는데 걸리는 시간에 대한 요약정보를 얻기 위해 summaryRprof()를 실행하라. 자세한 사항은 ?Rprof와 ?summaryRprof를 보라.

프로그램이 작동하지 않거나 비상식적인 결과를 제공할 때는 효율성은 위안이 아니다. 다음에는 프로그래밍 오류를 발견하는 방법들을 검토한다.

20.5 디버깅(Debugging)

디버깅(debugging)은 프로그램에 있는 오류나 결점을 찾아 줄여나가는 과정이다. 프로그램들이 한 번에 작동한다면 멋질 것이다. 모든 프로그램에서 오류는 발생한다. 이 오류들의 원인을 정하고, 이를 고치는 것은 시간이 많이 드는 과정이다. 이 절에서, 우리는 오류의 공통 원천과 오류를 발견하는데 유익한 도구를 살펴볼 것이다.

20.5.1 오류의 공통 원천(Common sources of errors)

다음은 R에서 함수가 실패하는 공통 이유들의 일부이다.

- 객체의 이름을 잘못 썼거나 객체가 존재하지 않는다.
- 함수 호출에서 파라미터가 잘못 지정되었다.
- 객체의 콘텐츠가 사용자가 바라던 것이 아니다. 특히, 오류는 NULL이거나 NaN, NA 값을 담고 있는 객체를 이것들을 처리할 수 없는 함수에 적용함으로써 종종 야기된다.

세 번째 이유는 생각하는 것보다 훨씬 흔하다. 이것은 R이 오류와 경고를 너무 간단하게 제시한 결과이기도 하다.

다음 예제를 보자. 기본설치판에 있는 mtcars 데이터셋을 대상으로, am(변속기 유형) 변수에 정보가 더욱 풍부한 제목과 라벨을 제공해 보자. 다음으로, 자동변속기 자동차의 연비와 수동변속기 자동차의 연비를 비교해 보자.

```
> mtcars$Transmission <- factor(mtcars$am,
                                levels=c(1,2),
```

```
                                    labels=c("Automatic", "Manual"))
> aov(mpg ~ Transmission, data=mtcars)
Error in `contrasts<-`(`*tmp*`, value = contr.funs[1 + isOF[nn]]) :
  contrasts can be applied only to factors with 2 or more levels
```

아이쿠! 무슨 일이야?

"xxx객체가 없습니다" 라는 오류문은 받지 않았다. 그래서 아마도 함수, 데이터프레임, 변수 등의 이름을 잘못 쓰지는 않았을 것이다. aov() 함수에 통과시킨 데이터를 살펴보자.

```
> head(mtcars[c("mpg", "Transmission")])
                   mpg      Transmission
Mazda RX4          21.0        Automatic
Mazda RX4 Wag      21.0        Automatic
Datsun 710         22.8        Automatic
Hornet 4 Drive     21.4             <NA>
Hornet Sportabout  18.7             <NA>
Valiant            18.1             <NA>

> table(mtcars$Transmission)

Automatic    Manual
       13         0
```

수동변속기를 가진 자동차는 없다. 원 데이터셋을 돌이켜 살펴보면, 변수 am은 0=automatic, 1=manual (1=automatic, 2=manual이 아닌)로 코딩되었다.

factor() 함수는 경고나 오류없이 요구한 것을 행복하게 수행했다. 수동변속기의 자동차에게 automatic을 자동변속기의 자동차에게 결측을 설정했다. 한 집단만 활용할 수 있어서, 분산분석에 실패했다. 함수에 적용되는 각 입력이 기대한 데이터를 담고 있다는 것을 확인해 준다면 짜증나는 탐색작업에 쓰는 시간을 줄여줄 것이다.

20.5.2 디버깅 도구들(Debugging tools)

비록 객체명, 함수 파라미터, 함수 입력값 등을 조사하여 많은 오류 원천을 밝혀냈다 하더라도, 가끔은 함수와 함수가 호출하는 함수의 내부 작동 안으로 몰두해야만 할 때가 있다. 이런 경우, R이 제공하는 내부 디버거가 유용할 수 있다. 표 20.1에 유익한 디버깅 함수들의 일부가 나열되어 있다.

debug() 함수는 디버깅할 함수를 표시한다. 함수가 실행될 때, browser() 함수가 호출되고 한 번에 한 줄씩 함수의 실행을 단계적으로 해 나가도록 한다. undebug() 함수는 이것을 끄고 함수가

표 20.1 내장 디버깅 함수

함수	행동
debug()	디버깅을 위한 함수를 표시한다.
undebug()	디버깅을 위한 함수의 표시를 제거한다.
browser()	함수 실행을 통하여 '한 단계씩 처리(single-stepping)'를 허용한다. 디버깅하는 동안, n을 치거나 엔터키를 누르면 현재의 프로그램문을 실행하고 다음으로 이동한다. c를 치면 '한 단계씩 처리' 없이 함수 끝까지 계속 실행한다. where를 치면 호출 스택을 보여주고, Q는 실행을 중지하고 즉시 최상 수준으로 이동한다. ls(), print()과 같은 다른 R 명령과 지시문 할당 또한 디버거 프롬프트에 제출될 수 있다.
trace()	함수를 수정하여 디버그 코드가 임시적으로 삽입되는것을 허용한다.
untrace()	trace를 취소하고 임시 코드를 제거한다.
trackback()	끝까지 잡히지 않는 마지막 오류를 일으키는 일련의 함수 호출을 출력한다.

정상적으로 실행하도록 해준다. `trace()` 함수를 사용하여 임시적으로 디버깅 코드를 함수 안에 삽입할 수 있다. 이것은 직접 편집할 수 없는 기초 함수들과 CRAN에 기여된 함수들을 디버깅할 때 특히 유용하다.

만약 어떤 함수가 다른 함수들을 호출한다면, 오류가 어디서 발생했는지를 결정하는 것은 어려울 수 있다. 이 경우에, 오류 뒤에 즉시 `traceback()` 함수를 실행하면 오류를 낳은 일련의 함수들을 나열해 준다. 마지막 호출이 오류를 생산한 것이다.

예제 하나를 살펴보자. `mad()` 함수는 숫자 벡터에 대해 **중앙 절대편차**(median absolute deviation)를 계산한다. 이 함수가 어떻게 작동하는지를 탐색하기 위해 `debug()`를 사용한다. 디버깅 세션은 다음 프로그래밍에 나와 있다.

프로그래밍 20.4 디버깅 세션 예제

```
> args(mad)
function (x, center = median(x), constant = 1.4826,
    na.rm = FALSE, low = FALSE, high = FALSE)
NULL
> debug(mad)
> mad(1:10)
debugging in: mad(x)
debug: {
    if (na.rm)
        x <- x[!is.na(x)]
```

❶ Views the formal arguments

❷ Sets the function to debug

```
        x <- x[!is.na(x)]
    n <- length(x)
    constant * if ((low || high) && n%%2 == 0) {
        if (low && high)
            stop("'low' and 'high' cannot be both TRUE")
        n2 <- n%/%2 + as.integer(high)
        sort(abs(x - center), partial = n2)[n2]
    }
    else median(abs(x - center))
}                                                        ❸ Lists objects
Browse[2]> ls()                                         ◁
[1] "center"   "constant" "high"     "low"      "na.rm"    "x"
Browse[2]> center
[1] 5.5
Browse[2]> constant
[1] 1.4826
Browse[2]> na.rm
[1] FALSE
Browse[2]> x
 [1]  1  2  3  4  5  6  7  8  9 10
Browse[2]> n                                          ◁ Single-steps
debug: if (na.rm) x <- x[!is.na(x)]                ❹ through the code
Browse[2]> n
debug: n <- length(x)
Browse[2]> n
debug: constant * if ((low || high) && n%%2 == 0) {
    if (low && high)
        stop("'low' and 'high' cannot be both TRUE")
    n2 <- n%/%2 + as.integer(high)
    sort(abs(x - center), partial = n2)[n2]
} else median(abs(x - center))
Browse[2]> print(n)
[1] 10
Browse[2]> where
where 1: mad(x)
Browse[2]> c                               ◁ Resumes continuous
exiting from: mad(x)                      ❺ execution
[1] 3.7065
> undebug(mad)
```

첫째, args() 함수는 mad() 함수를 위하여 인자 이름과 기본설정 값을 보여주는데 사용된다❶. 다음으로 debug(mad)를 사용하여 debug 플래그가 설정된다❷. 이제, mad()가 호출될 때마다, browser() 함수가 실행되어 한 번에 한 줄씩 함수를 파악해 나가게 해준다.

mad()가 호출될 때, 세션은 browser() 모드로 들어간다. 함수의 코드는 나열되지만 실행되지는 않는다. 게다가, 프롬프트는 Browse[n]>으로 바뀌는데, 여기서 n은 browser 수준을 가리킨다. 숫자는 각 반복 호출과 함께 증가한다.

browser() 모드에서는, 다른 R 명령어가 실행될 수 있다. 예를 들어, ls()는 함수가 실행하는 동안 주어진 지점에서 존재하는 객체를 나열한다❸. 객체 이름을 타이핑하면 그것의 콘텐츠를 보여준다. 어떤 객체가 n, c 또는 Q로 이름 붙여졌다면, 이것의 콘텐츠를 보려면 print(n), print(c) 또는 print(Q)를 사용해야 한다. 할당 프로그램문을 타이핑하여 객체의 값을 바꿀 수 있다.

함수 속으로 한걸음씩 나아가며, 문자 n을 입력하거나 리턴 혹은 엔터키를 키를 눌러 한번에 하나의 프로그램문을 실행한다❹. where 프로그램문은 실행되고 있는 함수 호출 더미 속에서 현재 있는 곳을 가리킨다. 단일 함수로는 이것이 크게 흥미롭지 않다; 하지만, 만약 다른 함수들을 호출하는 함수들이 있다면, 유용할 것이다.

c를 타이핑하면 '한 단계씩 처리' 모드에서 빠져나와 현재 함수의 남은 것을 실행한다❺. Q를 타이핑하면 함수를 종료하며 R 프롬프트로 돌아간다.

debug() 함수는 순환반복문이 있고 값들이 어떻게 변하는지를 보고자 할 때 유용하다. 또 문제의 위치 찾기를 돕기 위하여 browser() 함수를 코드 안에 내장할 수 있다. 결코 음수가 될 수 없는 변수 X를 가지고 있다고 해보자. 아래의 코드를 추가하면

```
if (X < 0) browser()
```

문제가 생겼을 때 함수의 현재 상태를 탐색할 수 있게 해준다. 함수가 충분히 디버깅되었을 때, 별도 코드(extra code)는 밖으로 꺼낼 수 있다.

20.5.3 디버깅을 지원하는 세션 옵션들

함수들을 호출하는 함수들이 있을 때, 두 개의 세션 옵션이 디버깅 과정에서 유용할 수 있다. 통상적으로 R이 오류를 만나면, 오류메시지를 출력하고 함수를 종료한다. options(error=traceback)를 설정하면 오류가 발생하자마자 호출 더미(오류를 낳는 일련의 함수 호출들)를 출력한다. 이것은 어느 함수가 오류를 발생시키는지를 결정하는데 도움을 준다.

options(error=recover)의 설정 또한 오류가 발생할 때 호출 더미를 출력한다. 게다가, 이 옵션은 목록 상의 함수들 중 하나를 선택하게 하고, 그런 다음 상응하는 환경에서 browser()를 불러낸다. c를 타이핑하면 목록을 반환하고, 0을 타이핑하면 중지하고 R 프롬프트로 되돌아간다.

이러한 recover() 모드를 사용하면 호출된 일련의 함수들에서 선택된 함수 안에 객체의 콘텐츠를 탐색하게 해준다. 객체의 콘텐츠를 선택적으로 살펴보면서, 문제의 근원을 결정할 수 있다. R의 기본설정 상태로 되돌아가려면, options(error=NULL)을 설정하라. 다음에 예제가 있다.

프로그래밍 20.5 recover()와 디버깅 세션 예제

```
f <- function(x, y){          # Creates functions
    z <- x + y
```

```
}
g <- function(x){
        z <- round(x)
        h(z)
}
h <- function(x){
        set.seed(1234)
        z <- rnorm(x)
        print(z)
}
> options(error=recover)
> f(2,3)
[1] -1.207  0.277  1.084 -2.346  0.429
> f(2, -3)                                          <- Enters values
Error in rnorm(x) : invalid arguments                  that cause an error

Enter a frame number, or 0 to exit

1: f(2, -3)
2: #3: g(z)
3: #3: h(z)
4: #3: rnorm(x)

Selection: 4
Called from: rnorm(x)                      <- Examines rnorm()
Browse[1]> ls()
[1] "mean" "n"    "sd"
Browse[1]> mean
[1] 0
Browse[1]> print(n)
[1] -1
Browse[1]> c

Enter a frame number, or 0 to exit

1: f(2, -3)
2: #3: g(z)
3: #3: h(z)
4: #3: rnorm(x)

Selection: 3
Called from: h(z)                          <- Examines h(z)
Browse[1]> ls()
[1] "x"
Browse[1]> x
[1] -1
Browse[1]> c

Enter a frame number, or 0 to exit

1: f(2, -3)
2: #3: g(z)
3: #3: h(z)
4: #3: rnorm(x)
```

```
Selection: 2                                    Examines g(z)
Called from: g(z)
Browse[1]> ls()
[1] "x" "z"
Browse[1]> x
[1] -1
Browse[1]> z
[1] -1
Browse[1]> c

Enter a frame number, or 0 to exit

1: f(2, -3)
2: #3: g(z)
3: #3: h(z)
4: #3: rnorm(x)

Selection: 1                                    Examines f(2, -3)
Called from: f(2, -3)
Browse[1]> ls()
[1] "x" "y" "z"
Browse[1]> x
[1] 2
Browse[1]> y
[1] -3
Browse[1]> z
[1] -1
Browse[1]> print(f)
function(x, y){
     z <- x + y
     g(z)
}
Browse[1]> c

Enter a frame number, or 0 to exit

1: f(2, -3)
2: #3: g(z)
3: #3: h(z)
4: #3: rnorm(x)

Selection: 0

> options(error=NULL)
```

이 코드는 먼저 일련의 함수들을 생성한다. 함수 f()는 함수 g()를 호출한다. 함수 g()는 함수 h()를 호출한다. f(2, 3)을 실행하면 잘 작동한다. 하지만 f(2, -3)은 오류가 나온다. options(error=recover) 때문에, 대화형 세션은 즉시 recover 모드로 이동한다. 함수 호출 더미가 목록화되고, browse() 모드에서 어떤 함수를 조사할 것인지를 선택할 수 있다.

4를 타이핑하면 rnorm() 함수로 이동하는데, 여기서 ls()는 객체를 목록화한다. n=-1을 볼 수 있는데 이것은 rnorm()에서 허용하지 않는다. 분명히 이것이 문제다. 하지만, 어떻게 n이 1이 되었는지를 알기 위해, 더미 위로 이동한다.

c를 타이핑하면 메뉴로 돌아가고, 3을 타이핑하면 h(z) 함수로 이동하는데, 여기서 x=-1이다. c와 2를 타이핑하면 g(z) 함수로 이동한다. 여기서는 x와 z 둘 다 1이다. 마지막으로, f(2, -3) 함수로 올라가면 x=2이고 y=-3이기 때문에 z가 1임을 알 수 있다.

함수 코드를 보려면 print()를 사용한다를 것을 알아두라. 여러분이 작성하지 않은 코드를 디버깅할 때 이것은 유용하다. 통상적으로 코드를 살펴보기 위해 함수의 이름을 타이핑할 수 있다. 이 예제에서, f는 "현재의 순환반복 또는 함수의 실행을 끝내라"는 의미의 browser 모드에서의 예약어이다; print() 함수는 이 특별한 의미를 분명히 벗어나기 위해 사용된다.

마지막으로, c는 메뉴로 되돌려 놓고 0은 정상적인 R 프롬프트를 반환한다. 대안으로, Q를 타이핑하면 언제든지 R 프롬프트로 되돌아 간다.

일반적으로 디버깅을 더 배우고 싶고 특히 recover 모드를 더 배우려면, Roger Peng의 탁월한 책 "An Introduction to the Interactive Debugging Tools in R" (http://mng.bz/CPR6) 을 보라.

20.6 추가사항

R 고급 프로그래밍에 관한 훌륭한 정보 원천들이 많다. R Language Definition (http://mng.bz/U4Cm) 은 시작하기 좋다. John Fox(http://mng.bz/Kkbi)의 "Frames, Environments, and Scope in R and S-PLUS"는 범위에 관해 더 잘 이해 할 수 있는데 도움이 되는 훌륭한 글이다. Suraj Gupta (http://mng.bz/2o5B)의 "How R Searches and Finds Stuff"은 이 제목이 함의하는 것을 이해하는데 도움을 줄 수 있는 블로그 글이다. 효율적인 코딩에 대하여 더 배우려면, Noam Ross (http://mng.bz/Iq3i)의 "FasteR!, HigheR! StrongeR! - A Guide to Speeding Up R Code for Busy People"을 보라. 마지막으로, Robert Gentleman의 R Programming for Bioinformatics (2009)은 R 내부를 살펴보기 원하는 프로그래머를 위하여 포괄적이지만 매우 접근가능한 책이다. 보다 효과적인 R 프로그래머가 되기 원하는 모든 사람에게 이 책을 적극 추천한다.

20.7 요약

이 장에서, 우리는 프로그래머의 관점으로 R 언어 안으로 깊이 들어갔다. 객체, 데이터 유형, 함수, 환경, 그리고 범위가 각각 보다 상세하게 기술되었다. 여러분은 S3 객체-지향 접근방식에 대해 이것의 주요 제약사항과 함께 배웠다. 마지막으로, 효율적인 코드 작성과 문제있는 프로그램의 디버깅 방법들을 예제와 더불어 설명하였다.

이제 여러분은 보다 복잡한 어플리케이션을 만드는데 필요한 모든 도구들을 가지고 있다. 다음 장에서, 여러분은 처음부터 끝까지 패키지를 만들 기회를 가질 것이다. 패키지는 여러분의 프로그램을 조직하고 또 이것을 다른 사람들과 공유하게 해 준다.

제21장 패키지 만들기

이 장에서 다룰 내용은 다음과 같다.

– 패키지용 함수 만들기

– 패키지 도움말 추가하기

– 패키지 구축하기와 다른 사람들과 공유하기

지금까지, 여러분은 대부분 다른 사람들이 제공한 함수를 사용하여 과제를 수행했다. 이전 장들에서 사용한 함수들은 R 기본패키지이거나 아니면 CRAN에서 내려 받은 기여패키지로부터 온 것들이다.

사실, R의 능력 확장은 새로운 패키지들 덕분이다. 예를 들어, mice 패키지는 결측데이터를 다루는 새로운 방식을 제공했고, ggplot2 패키지는 자료시각화의 새로운 길을 열어주었다. 이처럼 R이 지닌 강력한 능력의 대부분은 기여패키지들 덕분이다.

기술적으로 표현하자면 패키지는 저장된 함수, 도움말, 그리고 데이터들이 표준화된 형식으로 결합되어 있다. 이와 같이 패키지는 잘 정의되어 있고, 문서화된 양식을 지니고 있어서 함수들을 조직하고, 여러분이 프로그램을 다른 사람들과 공유하고자 할 때 유용하다.

왜 패키지를 만들어야 하는가? 여기에는 몇 가지 대표적인 이유가 있다.

- 자주 사용하는 함수들의 집합을 사용법 문서와 함께 묶어놓으면 향후 쉽게 접근할 수 있다.
- 강의실에서 학생들에게 예제들과 데이터셋의 조합을 묶어서 배포용으로 제공할 수 있다.
- 의미있는 분석 과제(결측 값의 보정와 같은)를 해결하는데 필요한 프로그램(상호연관된 함수들의 조합)을 제공할 수 있다.

보다 유용한 패키지를 만드는 일은 자신을 여러 사람들에게 소개하고 R공동체에 보답하는 가치 있는 일이다. 패키지는 직접 혹은 CRAN과 GitHub와 같은 온라인 저장소를 통하여 공유할 수 있다.

이 장에서, 여러분은 처음부터 끝까지 패키지를 개발하는 기회를 만나게 될 것이다. 이 장의 마지막에 이르면, 자신 만의 R 패키지를 구축할 수 있을 것으로 기대한다.

이제 여러분이 개발하려는 패키지를 npar라고 부르자. 이것은 비모수적 집단비교를 위한 함수를 제공한다. 변수들이 정규분포가 아니거나, 집단 간 분산이 현저하게 다른 상황에서 두 개 혹은 그 이상의 집단 간 결과변수의 차이를 비교하는데 사용할 수 있는 분석 기법의 집합을 말한다.

계속하기 전에, 다음 코드를 사용하여 패키지를 설치하자.

```
pkg <- "npar_1.0.tar.gz"
loc <- "http://www.statmethods.net/RiA"
url <- paste(loc, pkg, sep="/")
download.file(url, pkg)
install.packages(pkg, repos=NULL, type="source")
```

statmethods.net 웹사이트로부터 패키지를 내려받고, 현재 작업하고 있는 디렉토리에 저장한다. 그 다음, 여러분의 디폴트 R 라이브러리에 패키지를 설치한다.

21.1절에서는, 테스트용으로 npar 패키지를 취해서 사용해 볼 것이다. 패키지의 특징과 기능들이 기술되어 있고 예시도 나와 있다. 다음 절인 21.2에서는, 처음부터 패키지를 구축할 것이다.

21.1 비모수 분석과 npar 패키지

비모수 방법은 전통적인 모수 방법의 가정(정규성과 등분산성과 같은)을 충족할 수 없을 때 특히 유용한 분석이다. 여기서, 우리는 두 개 이상 독립집단의 수치형 결과변수를 비교하는 방법에 초점을 맞출 것이다.

npar 패키지와 함께 오는 life 데이터셋를 살펴보자. 이 데이터는 2007년부터 2009년까지 미국 각 주의 65세를 기준으로 기대 건강수명(HLE) 혹은 잔여 건강 수명(연수)의 추정치를 담고 있다. 남성(hlem)와 여성(hlef)으로 구분하여 추정치가 기록되어 있다. HLE 데이터는 질병통제 및 예방센타(Centers for Disease Control and Prevention publication)에서 수집한 것이다 (http://mng.bz/HTGD).

이 데이터셋에는 또한 Northeast, North Central, South와 West로 주들을 묶은 region이라는 변수를 포함하고 있다. 나는 R 기본설치 시 포함된 state.region 데이터프레임에 이 변수를 추가했다.

여러분이 여성의 HLE 추정치가 지역별로 의미있는 차이가 있는지 알고자 한다고 가정하자. 이를 탐구하는 방법의 하나는 9장에서 설명한 바 있는 일원 분산분석(ANOVA)이다. 그런데 ANOVA는 결과변수가 정규분포를 이루고 있으며, 네 개 지역 각각의 분산이 동등하다고 가정한다. 이 가정들을 검

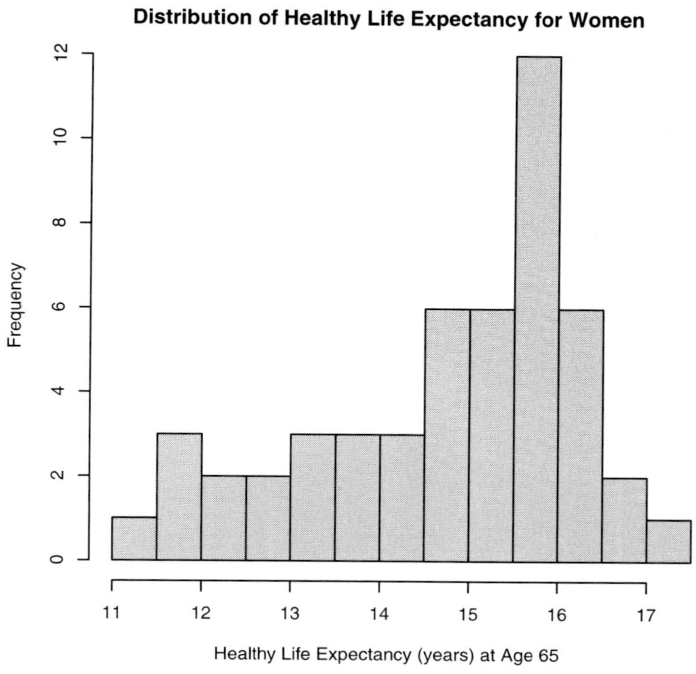

그림 21.1 미국(2007 ~ 2009) 65세 여성의 기대수명 분포. 점수가 부적으로 치우쳐 있다(낮은 점수 끝에 사례들이 적다)

토해 보자.

여성의 HLE 수치 분포는 히스토그램을 사용하여 시각화할 수 있다. 아래가 코드이다.

```
library(npar)
hist(life$hlef, xlab="Healthy Life Expectancy (years) at Age 65",
     main="Distribution of Healthy Life Expectancy for Women",
     col="grey", breaks=10)
```

결과가 그림 21.1이다. 분명히 결과변수는, 낮은 점수 끝에 사례들이 적어 부적으로 치우쳐 있음을 알 수 있다.

지역별 HLE 수치의 분산은 병행 점 차트(자세한 내용은 19장을 보라)를 사용하여 시각화할 수 있다. 아래가 이를 위한 코드이다.

```
library(ggplot2)
ggplot(data=life, aes(x=region, y=hlef)) +
       geom_point(size=3, color="darkgrey") +
       labs(title="Distribution of HLE Estimates by Region",
            x="US Region", y="Healthy Life Expectancy at Age 65") +
       theme_bw()
```

그림 21.2가 결과이다. 여기에서 각 점은 주를 나타낸다. 지역에 따라서 분산도의 차이가 있다는 것

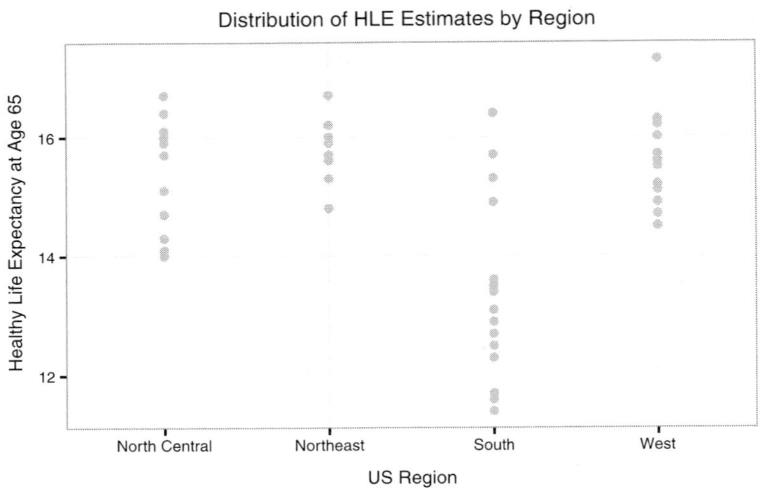

그림 21.2 지역별 건강 기대 수명(HLE)의 점 그림. HLE 추정치의 분산은 네 개 지역별로 차이가 있다(Northeast와 South를 비교하라)

을 알 수 있는데, 가장 큰 차이는 Northeast와 South 사이에서 나타나고 있다.

그러나 데이터가 두 개의 중요한 ANOVA 가정을 위반하고 있어서(정규성과 등분산성), 다른 접근이 필요하다. ANOVA와는 다르게, 비모수 방법은 정규성이나 등분산성을 가정하지 않는다. 현재 사례에서, 데이터가 서열적일 뿐이다. 높은 점수는 보다 높은 건강 기대수명을 의미한다는 가정만 있으면 된다. 결국 비모수 접근은 현재 문제에 대한 합리적 대안이다.

21.1.1 npar 패키지에서 집단비교

적어도 서열 수준의 수치형 결과변수에 대한 독립집단별 비교를 할 때 `npar` 패키지를 사용한다. 수치형 종속변수와 범주형 집단화 변수가 있다면, 아래의 통계치를 제공한다.

- 집단 차이가 없다는 옴니버스 Kruskal-Wallis 검정
- 각 집단에 대한 기술통계
- 한 번에 두 집단을 비교하는 사후비교(Wilcoxon 순위-합 검정).
- 검정의 유의수준은 다중검정을 고려하여 수정할 수 있다.
- 집단 차이의 시각화를 위한 주석이 붙은 병행 상자그림

아래의 프로그래밍은 `npar` 패키지로 여성의 지역별 HLE 추정치를 분석하기 위한 것이다.

프로그래밍 21.1 npar 패키지를 활용한 HLE 추정의 비교

```
> library(npar)
> results <- oneway(hlef ~ region, life)
> summary(results)
data: hlef on region

Omnibus Test
Kruskal-Wallis chi-squared = 17.8749, df = 3, p-value = 0.0004668

Descriptive Statistics
        South North Central    West Northeast
n      16.000         12.00 13.0000     9.000
median 13.000         15.40 15.6000    15.700
mad     1.483          1.26  0.7413     0.593

Multiple Comparisons (Wilcoxon Rank Sum Tests)
Probability Adjustment = holm
        Group.1       Group.2    W        p
1         South North Central 28.0 0.008583 **
2         South          West 27.0 0.004738 **
3         South     Northeast 17.0 0.008583 **
4 North Central          West 63.5 1.000000
5 North Central     Northeast 42.0 1.000000
6          West     Northeast 54.5 1.000000
---
Signif. codes:  0 '***' 0.001 '**' 0.01 '*' 0.05 '.' 0.1 ' ' 1

> plot(results, col="lightblue", main="Multiple Comparisons",
       xlab="US Region",
       ylab="Healthy Life Expectancy (years) at Age 65")
```

❶ Overall test of group differences

❷ Summary statistic

❸ Pairwise group comparisons

❹ Annotated box plots

단계별로 살펴보자. 첫째, Krusal-Wallis 검정을 수행한다❶. 이것은 지역들 사이에 HLE 차이가 있는지 여부에 관한 전반적인 검정이다. p값이 작아서(.00005) 차이가 있음을 시사한다.

다음으로, 기술통계(표본 크기, 중앙값, 중앙값 절대 편차)가 각 지역별로 제공된다❷. 추정한 HLE은 Northeast가 가장 크며(중앙값 = 15.7년), South가 가장 낮다(중앙값 = 13.0년). 분산도가 가장 작은 주는 Northeast(mad = 0.59)이며, 분산도가 가장 큰 주는 South (mad=.1.48)이다(mad : 중앙값 절대 편차).

Kruskal-Wallis 검정 결과는 지역들 사이에 HLE의 차이가 있음을 보여 준다. 그러나 차이가 어디에서 발생한 것인지에 관한 정보는 제공하지 않는다. 이를 알아보기 위하여, 한 번에 두 개 집단을 Wilcoxon 순위-합 검정으로 비교한다❸. 네 집단 간에 $4\times(4-1)/2$ 즉 6쌍을 비교한다.

다중비교 계산에는 **알파 팽창**(alpha inflation)에 신경을 써야한다. 알파 팽창이란 실제는 집단 간 차이가 없음에도 불구하고 의미있는 차이가 있다고 선언하는 확률이 증가하는 것을 말한다. 여섯 번의 독립적 비교에서, 적어도 우연히 하나의 오류적 차이가 있다고 발견할 확률은 $1-(1-.05)^6$ 즉 0.26이

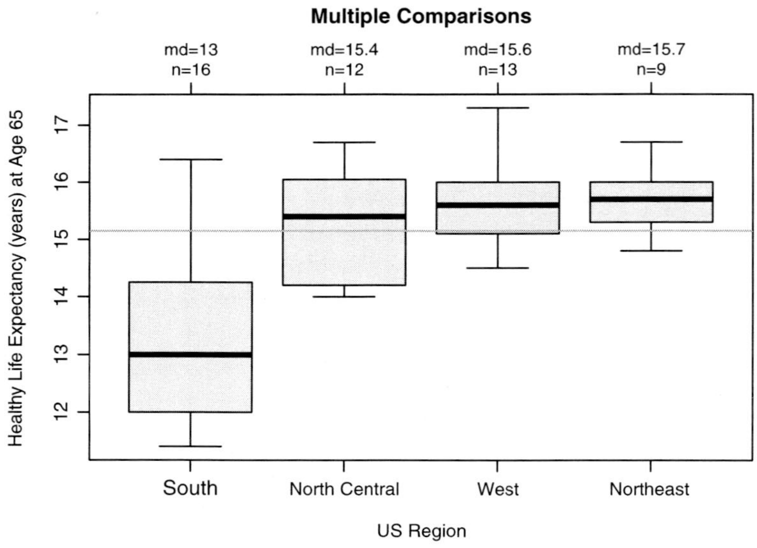

그림 21.3 집단 차이를 보여주는 주석이 붙은 상자그림. 각 집단마다 중앙값, 표본 크기의 주석이 붙어있다. 수평 점선은 전체의 중앙값을 보여준다.

다.

네 집단 중 하나에서 최소한 하나의 잘못된 쌍 차이를 발견할 기회가 있기 때문에, 각 비교에서 p값을 수정해야 한다(각 검정을 더욱 엄격하게 하고 차이가 있다고 선언하는 기회를 더 적게 만드는). 이를 위해서 비교집단 **전체 목록**(family-wise)의 오류 비율(비교의 조합에서 하나 또는 그 이상의 오류적 차이를 발견할 수 있는 확률)을 합당한 수준 (.05와 같은)으로 설정한다.

`oneway()` 함수는 이를 위해서 R 기본설치 시 포함된 `p.adjust()` 함수를 호출한다. `p.adjust()` 함수는 여러 방법들 중에서 하나를 사용하여 다중비교를 설명하는 p값을 수정한다. Bonferonni 수정이 아마도 가장 많이 알려졌지만, Holm 수정이 더 강력하기 때문에 이것이 디폴트로 설정되어 있다.

집단 간 차이는 그래프로 확인하기가 가장 쉽다. `plot()` 진술문 ❹은 그림 21.3에서 상자그림들을 나란히 생산한다. 그림에 각 집단의 중앙값과 표본 크기를 알려주는 주석을 단다. 수평 점선은 전체 관측치의 중앙값을 알려준다.

분석결과를 보면, South의 65세를 넘은 여성의 기대수명이 상대적으로 가장 적다는 사실을 분명히 확인할 수 있다. 이 결과는 건강서비스 정책의 선택과 집중에 시사점을 준다. 여러분은 나아가 남성의 HLE추정치를 분석하여 결론이 유사한지 검토해 볼 수도 있다.

다음 절에서는 `npar` 패키지의 코드 파일에 대해서 기술한다. www.statmethod.net/RiA/

nparFiles.zip로부터 이들을 내려받을 수 있다.

21.2 패키지 개발하기

npar 패키지는 네 개의 함수로 구성되어 있다: oneway(), print.oneway(), summary.oneway() 그리고 plot.oneway()이다. 첫 번째 함수는 통계를 계산하는 주요한 함수이며, 나머지는 결과를 출력하고 그림 그리는데 사용되는 S3 객체-지향 총칭함수(20.3.1을 보라)이다. 여기에서, oneway는 하나의 집단화 요인이 있음을 가리킨다.

각 함수를 .R 확장자를 쓰는 별도의 텍스트 파일에 두는 것이 좋다. 반드시 이렇게 할 필요는 없지만, 작업을 보다 쉽게 조직화할 수 있다. 그리고 함수 이름과 파일 이름을 연계하는 것 또한 필수사항은 아니지만, 좋은 코딩 습관이다. 파일들은 프로그래밍 21.2에서 21.5까지에 제시되어 있다.

각 파일은 '#' 문자로 시작되는 주석들로 이루어진 머리말(header)이 있다. R 해석기는 이 주석 라인을 무시하지만, 여러분은 roxygen2를 사용하여 주석을 여러분 패키지의 도움말로 사용할 수 있다. 이러한 머리말 주석에 대해서는 21.3절에서 논의하기로 한다.

oneway() 함수는 통계를 계산하고, print(), summary()와 plot()는 결과를 보여준다. 다음 절에서, 여러분은 oneway() 함수를 개발할 것이다.

21.2.1 통계량 계산하기

oneway.R 텍스트 파일에 있는 oneway() 함수는 요구되는 모든 통계적 계산을 수행한다.

프로그래밍 21.2 oneway.R 파일의 콘텐츠

```
#' @title Nonparametric group comparisons
#'
#' @description
#' \code{oneway} computes nonparametric group comparisons, including an
#' omnibus test and post-hoc pairwise group comparisons.
#'
#' @details
#' This function computes an omnibus Kruskal-Wallis test that the
#' groups are equal, followed by all pairwise comparisons using
#' Wilcoxon Rank Sum tests. Exact Wilcoxon tests can be requested if
#' there are no ties on the dependent variable. The p-values are
#' adjusted for multiple comparisons using the \code{\link{p.adjust}}
#' function.
```

```
#'
#' @param formula an object of class formula, relating the dependent
#' variable to the grouping variable.
#' @param data a data frame containing the variables in the model.
#' @param exact logical. If \code{TRUE}, calculate exact Wilcoxon tests.
#' @param sort logical. If \code{TRUE}, sort groups by median dependent
#' variable values.
#' @param method method for correcting p-values for multiple comparisons.
#' @export
#' @return a list with 7 elements:
#' \item{CALL}{function call}
#' \item{data}{data frame containing the depending and grouping variable}
#' \item{sumstats}{data frame with descriptive statistics by group}
#' \item{kw}{results of the Kruskal-Wallis test}
#' \item{method}{method used to adjust p-values}
#' \item{wmc}{data frame containing the multiple comparisons}
#' \item{vnames}{variable names}
#' @author Rob Kabacoff <rkabacoff@@statmethods.net>
#' @examples
#' results <- oneway(hlef ~ region, life)
#' summary(results)
#' plot(results, col="lightblue", main="Multiple Comparisons",
#'      xlab="US Region", ylab="Healthy Life Expectancy at Age 65")
oneway <- function(formula, data, exact=FALSE, sort=TRUE,
                   method=c("holm", "hochberg", "hommel", "bonferroni",
                            "BH", "BY", "fdr", "none")){          ❶ Func call

  if (missing(formula) || class(formula) != "formula" ||
      length(all.vars(formula)) != 2)
     stop("'formula' is missing or incorrect")                  ❷ Checks argument:

  method <- match.arg(method)

  df <- model.frame(formula, data)
  y <- df[[1]]
  g <- as.factor(df[[2]])                                        ❸ Sets up data
  vnames <- names(df)

  if(sort) g <- reorder(g, y, FUN=median)                        ❹ Reorders factor levels
  groups <- levels(g)
  k <- nlevels(g)

  getstats <- function(x)(c(N = length(x), Median = median(x),
                            MAD = mad(x)))
  sumstats <- t(aggregate(y, by=list(g), FUN=getstats)[2])        ❺ Summary statistics
  rownames(sumstats) <- c("n", "median", "mad")
  colnames(sumstats) <- groups

  kw <- kruskal.test(formula, data)
  wmc <- NULL
  for (i in 1:(k-1)){
    for (j in (i+1):k){
      y1 <- y[g==groups[i]]
      y2 <- y[g==groups[j]]
      test <- wilcox.test(y1, y2, exact=exact)                   ❻ Statistical tests
      r <- data.frame(Group.1=groups[i], Group.2=groups[j],
                      W=test$statistic[[1]], p=test$p.value)
      # note the [[]] to return a single number
```

```
      wmc <- rbind(wmc, r)
    }
  }
  wmc$p <- p.adjust(wmc$p, method=method)

  data <- data.frame(y, g)
  names(data) <- vnames
  results <- list(CALL = match.call(),
                  data=data,
                  sumstats=sumstats, kw=kw,
                  method=method, wmc=wmc, vnames=vnames)
  class(results) <- c("oneway", "list")
  return(results)
}
```

❼ Returns results

머리말은 #으로 시작하는 주석을 담고 있는데, 이는 roxygen2 패키지에서 패키지 도움말을 생성하는데 사용될 것이다(21.3절을 보라). 다음으로 함수인자 목록을 보게 된다❶. 사용자는 **종속변수~집단화 변수**(dependent variable~grouping variable) 형식의 공식과 데이터를 담고 있는 데이터프레임을 제공한다. 기본설정으로, 대략적인 p값이 계산되고, 집단들은 종속변수 중앙값 순위로 배열된다. 사용자는 여덟 개의 수정 방법 중에서 선택할 수 있는데 holm 방법(목록의 첫째 옵션)이 디폴트로 선택되어 있다.

일단 사용자가 인자들을 입력한 이후에, 오류를 찾기 위하여 인자들을 스캔한다❷. if() 함수는 공식이 누락되어 있지 않은지 검사한다. 공식은 (variables ~ variables)이며, 물결표(~)의 양 쪽에 오직 하나의 변수가 있다. 만약 이러한 세 개의 조건 중 하나가 참(true)이 아니면, stop() 함수는 실행을 중단하고, 오류 메시지를 출력하고, 사용자를 R 프롬프트로 되돌려 보낸다. 디버깅의 목적으로, options(error=) 함수로 오류 행위를 변경할 수 있다. 자세한 내용은 20.5.3절을 보라.

match.arg(*arg*, *choices*) 함수는 사용자가 *choices* 문자 벡터에 있는 문자열 중 하나와 연계되는 인자를 입력했다는 것을 보증한다. 만약에 연계가 발견되지 않으면, 오류 메시지가 나오고, oneway()는 종료된다.

다음으로, model.frame() 함수는 첫째 열에 종속 변수를, 둘째 열에 집단화 변수를 가지는 데이터프레임을 생성한다❸. 일반적으로, model.frame()은 공식에 모든 변수들을 담고 있는 데이터프레임을 반환한다. 이 데이터프레임으로부터, 여러분은 종속변수를 담고 있는 수치 벡터 (y)와 집단화 변수를 담고 있는 요인 벡터 (g)를 생성한다. 문자 벡터 vnames는 변수이름을 담고 있다.

만약에 sort=TRUE이면, 여러분은 집단화 변수 g의 레벨을 종속변수의 중앙값 y에 의하여 다시 서열화하는 reorder() 함수를 사용한다❹. 이것이 기본설정이다. 문자 벡터 groups은 집단의 이름을 담고 있고, k값은 집단의 수를 담고 있다.

다음으로, 숫자행렬(sumstats)이 생성되는데, 이것은 표본 크기, 중앙값, 각 집단의 중앙값 절대편차 등을 담고 있다❺. aggregate() 함수는 getstats()를 사용하여 요약 통계를 계산하고, 남은 코드는 집단들을 열로 통계량을 행으로 하는 표를 포맷팅한다.

다음으로 통계검정이 계산된다❻. Kruskal-Wallis 검정의 결과치가 kw로 불리는 목록에 저장된다. for() 함수는 모든 쌍별 Wilcoxon 검정을 계산한다. 이러한 쌍별(pairwise) 검정의 결과는 wmc 데이터프레임에 저장된다:

```
          Group.1        Group.2    W        P
1           South  North Central 28.0 0.008583
2           South           West 27.0 0.004738
3           South      Northeast 17.0 0.008583
4   North Central           West 63.5 1.000000
5   North Central      Northeast 42.0 1.000000
6            West      Northeast 54.5 1.000000
```

여기서, Group.1과 Group.2는 각각 비교될 집단들을 가리키며, W는 Wilcoxon 통계량, p는 각 비교에 대한 (조정된) p값이다.

마지막으로, 결과는 묶여져서 리스트로 반환된다❼. 리스트는 표 21.1에 제시된 일곱 요소들을 담고 있다. 추가적으로, 리스트의 클래스를 c("wmc", "list")로 설정한다. 이것은 객체를 다루기 위한 총칭함수의 생성에 있어 중요한 단계이다.

비록 리스트가 요구한 모든 정보를 목록이 제공하고 있지만, 성분에 직접 접근하는 일은 드물 것이다. 대신에, 이 정보들을 보다 간결하고 의미있는 방식으로 나타내기 위해 print(), summary() 그리고 plot() 등의 총칭함수를 생성할 수 있다. 이러한 총칭함수는 다음에 검토한다.

표 21.1 wmc() 함수에 의해 반환한 객체 목록

성분	설명
CALL	함수 호출
data	종속변수와 집단화 변수를 담고 있는 데이터프레임
sumstats	집단을 열로 그리고 n, median, mad 등을 행으로 하는 데이터프레임
kw	Kruskal-Wallis 검정의 결과를 담고 있는 다섯 성분 리스트
method	다중비교를 위한 조정 p값을 조정하는데 사용된 방법을 담고 있는 단일-요소 문자 벡터
wmc	다중비교를 담고 있는 네-열(four-column)의 데이터프레임
vnames	변수이름

21.2.2 결과 출력하기

대부분의 분석함수는 총칭함수 `print()` 및 `summary()`와 함께 온다. `print()`는 객체에 대한 기본적 내지 가공되지 않은 정보를 제공하는데, `summary()`는 보다 세부적이거나 처리된 (요약된) 정보를 제공한다. `plot()` 함수는 특정 맥락에서 의미있는 그림을 만들 때 자주 포함한다.

20.3.1절에서 기술된 S3 OOP 지침을 따라, 만약 어떤 객체가 클래스 속성 "`foo`"를 가지면, `print(x)`는 `print.foo(x)`를 실행하고, 이것이 존재하지 않으면 `print.default(x)`를 실행한다. `summary()`와 `plot()`도 마찬가지로 진행한다. `oneway()` 함수는 "`oneway`" 클래스의 객체를 반환하기 때문에, `print.oneway()`, `summary.oneway()`와 `plot.oneway()` 함수들을 정의할 필요가 있다. `print.oneway()` 함수는 프로그래밍 21.3에서 제공된다.

`life` 데이터에 대하여, `print(results)`는 다중비교에 관한 기초 정보를 생산한다:

```
data: hlef by region

Multiple Comparisons (Wilcoxon Rank Sum Tests)
Probability Adjustment = holm
       Group.1       Group.2    W        P
1        South North Central 28.0 0.008583
2        South          West 27.0 0.004738
3        South     Northeast 17.0 0.008583
4 North Central          West 63.5 1.000000
5 North Central     Northeast 42.0 1.000000
6         West     Northeast 54.5 1.000000
```

정보를 담은 머리말이 출력되고, 쌍별 집단(`Group.1`과 `Group.2`)에 대한 Wilcoxon 통계량과 조정된 p값이 따라온다.

프로그래밍 21.3 print.R 파일의 콘텐츠

```
#' @title Print multiple comparisons
#'
#' @description
#' \code{print.oneway} prints pairwise group comparisons.
#'
#' @details
#' This function prints Wilcoxon pairwise multiple comparisons created
#' by the \code{\link{oneway}} function.
#'
#' @param x an object of class \code{oneway}.
#' @param ... additional arguments passed to the function.
#' @method print oneway
#' @export
```

```
#' @return the input object is returned silently.
#' @author Rob Kabacoff <rkabacoff@@statmethods.net>
#' @examples
#' results <- oneway(hlef ~ region, life)
#' print(results)
print.oneway <- function(x, ...){
  if (!inherits(x, "oneway"))                              ❶ Checks input
    stop("Object must be of class 'oneway'")

  cat("data:", x$vnames[1], "by", x$vnames[2], "\n\n")
  cat("Multiple Comparisons (Wilcoxon Rank Sum Tests)\n")                ❷ Prints th
  cat(paste("Probability Adjustment = ", x$method, "\n", sep=""))          header

  print(x$wmc, ...)                                    ❸ Prints the table
}
```

머리말은 #' 으로 시작하는 주석을 담고 있는데, 이는 roxygen2 패키지에서 패키지 문서를 생성하는데 사용될 것이다(21.3절을 보라). inherits() 함수는 제출된 객체가 "oneway" 클래스를 가지는지 확실히 하기 위하여 사용한다❶. cat() 함수들은 분석이 기술한 것을 출력한다❷(이것들을 하나의 cat() 함수로 작성할 수 있었지만, 현재의 코드가 보다 쉽게 읽혀진다고 생각한다). 마지막으로, 다중비교를 출력하기 위해 print.default() 함수를 호출한다❸. summary.oneway()에 대해서는 다음에 검토한다.

21.2.3 결과 요약하기

summary() 함수는 print() 함수보다 더욱 포괄적이고 가공처리된 산출물을 생산한다. 기대수명 데이터에 대한 summary(results) 프로그램문은 아래와 같다.

```
data: hlef on region

Omnibus Test
Kruskal-Wallis chi-squared = 17.8749, df = 3, p-value = 0.0004668
          South North Central    West Northeast
n        16.000         12.00 13.0000     9.000
median   13.000         15.40 15.6000    15.700
mad       1.483          1.26  0.7413     0.593

Multiple Comparison (Wilcoxon Rank Sum Tests)
Probability Adjustment = holm
```

```
           Group.1         Group.2     W         P
1            South   North Central  28.0  0.008583 **
2            South            West  27.0  0.004738 **
3            South       Northeast  17.0  0.008583 **
4    North Central            West  63.5  1.000000
5    North Central       Northeast  42.0  1.000000
6             West       Northeast  54.5  1.000000    -- -
Signif. codes:  0 '***'  0.001 '**'  0.01 '*'  0.05 '.'  0.1 ' ' 1
```

산출물에는 각 집단의 Kruskal-Wallis 검정, 기술통계 (표본 크기, 중앙값과 중앙값 절대편차), 다중 비교의 결과 등을 포함한다. 추가적으로, 다중비교표에 유의도 결과를 부각하기 위하여 별표(*)를 단다. 다음 프로그래밍은 summary.oneway() 함수를 위한 코드이다.

프로그래밍 21.4 summary.R 파일의 컨텐츠

```
#' @title Summarize oneway nonparametric analyses
#'
#' @description
#' \code{summary.oneway} summarizes the results of a oneway
#' nonparametric analysis.
#'
#' @details
#' This function prints a summary of analyses produced by
#' the \code{\link{oneway}} function. This includes descriptive
#' statistics by group, an omnibus Kruskal-Wallis test, and
#' Wilcoxon pairwise multiple comparisons.
#'
#' @param object an object of class \code{oneway}.
#' @param ... additional parameters.
#' @method summary oneway
#' @export
#' @return the input object is returned silently.
#' @author Rob Kabacoff <rkabacoff@@statmethods.net>
#' @examples
#' results <- oneway(hlef ~ region, life)
#' summary(results)
summary.oneway <- function(object, ...){
  if (!inherits(object, "oneway"))
    stop("Object must be of class 'oneway'")

  if(!exists("digits")) digits <- 4L

  kw <- object$kw
  wmc <- object$wmc
cat("data:", object$vnames[1], "on", object$vnames[2], "\n\n")

cat("Omnibus Test\n")
cat(paste("Kruskal-Wallis chi-squared = ",
          round(kw$statistic,4),
```

```
            ", df = ", round(kw$parameter, 3),
            ", p-value = ",
               format.pval(kw$p.value, digits = digits),
            "\n\n", sep=""))

    cat("Descriptive Statistics\n")
    print(object$sumstats, ...)


    wmc$stars <- " "
    wmc$stars[wmc$p <    .1] <- "."
    wmc$stars[wmc$p <   .05] <- "*"
    wmc$stars[wmc$p <   .01] <- "**"
    wmc$stars[wmc$p <  .001] <- "***"
    names(wmc)[which(names(wmc)=="stars")] <- " "

    cat("\nMultiple Comparisons (Wilcoxon Rank Sum Tests)\n")
    cat(paste("Probability Adjustment = ", object$method, "\n", sep=""))
    print(wmc, ...)
    cat("---\nSignif. codes:  0 '***' 0.001 '**' 0.01 '*' 0.05 '.' 0.1 ' '
       1\n")
}
```

❶ Kruskal–Wallis test

❷ Descriptive statistics

❸ Table annotation

❹ Pairwise multiple comparisons

함수에 들어가는 객체의 클래스는 "oneway"이어야만 한다. 그렇지 않으면 오류가 발생한다. print.oneway() 함수에 있는 입력 파라미터는 x로 불렀지만, summary() 함수에 있는 것은 object로 부른다는 사실에 주목하라. 나는 R 기본설치판에 제공되는 print.default(), summary.default() 함수 안에 있는 인자 이름들과 일치하는 이름들을 선택했다. 세부 정보사항 다음에, Kruskal-Wallis 검정의 결과가 출력된다❶. format.pval() 함수는 산출물에 있는 p값을 포맷한다.

다음으로, 각 집단의 기술통계(n, median, mad)를 출력한다❷. 쌍별 다중비교의 데이터프레임을 출력하기 전에, 별표(*) 열이 추가된다❸. 이 열은 표의 주석으로 제공되며, 각 검정이 달성할 수 있는 (.1, .05, .01 또는 .001) 신뢰수준을 가리킨다. 유의미하지 않은 결과들은 공백(빈 기호문자)으로 표시된다. 아래는 주석 열에 대해 열 이름을 제거하는 프로그램문이다.

```
names(wmc)[which(names(wmc) =="stars")] <- " "
```

아래의 진술문을 사용할 수도 있었다.

```
names(wmc)[5] <- " "
```

그러나, 향후에 열 순서가 바뀌면 이는 작동하지 않는다. 주석이 붙은 결과가 출력되고❹, 주석들의 의미를 기술하는 키(key)가 표 아래에 출력된다.

21.2.4 결과그리기

마지막 함수, plot()은 oneway() 함수에 의하여 반환되는 결과를 시각화한다.

```
plot(results, col="lightblue", main="Multiple Comparisons",
        xlab="US Region",
        ylab="Healthy Life Expectancy (years) at Age 65")
```

결과는 그림 21.3이다.

표준 상자그림과 달리, 이 그림은 각 집단의 중앙값과 표본 크기를 가리키는 주석과 전반적인 집단 평균을 표시하는 점선을 제공한다. plot.oneway() 함수의 코드는 다음과 같다.

프로그래밍 21.5 plot.R 파일의 컨텐츠

```
#' @title Plot nonparametric group comparisons
#'
#' @description
#' \code{plot.oneway} plots nonparametric group comparisons.
#'
#' @details
#' This function plots nonparametric group comparisons
#' created by the \code{\link{oneway}} function using
#' annotated side by side boxplots. Medians and
#' sample sizes are placed at the top of the chart.
#' The overall median is represented by a horizontal
#' dashed line.
#'
#' @param x an object of class \code{oneway}.
#' @param ... additional arguments passed to the
#' \code{\link{boxplot}} function.
#' @method plot oneway
#' @export
#' @return NULL
#' @author Rob Kabacoff <rkabacoff@@statmethods.net>
#' @examples
#' results <- oneway(hlef ~ region, life)
#' plot(results, col="lightblue", main="Multiple Comparisons",
#'      xlab="US Region", ylab="Healthy Life Expectancy at Age 65")
plot.oneway <- function(x, ...){

  if (!inherits(x, "oneway"))
    stop("Object must be of class 'oneway'")                    ❶ Checks input
  data <- x$data
  y <- data[,1]
  g <- data[,2]
  stats <- x$sumstats
  lbl <- paste("md=", stats[2,], "\nn=", stats[1,], sep="")    ❷ Generates the box plots
  opar <- par(no.readonly=TRUE)
  par(mar=c(5,4,8,2))
  boxplot(y~g, ...)
  abline(h=median(y), lty=2, col="darkgrey")
  axis(3, at=1:length(lbl), labels=lbl, cex.axis=.9)           ❸ Annotates the plot
```

```
  par(opar)
}
```

먼저, 함수에 적용되는 객체의 클래스를 점검한다❶. 다음으로, 초기 데이터가 추출되고 상자그림이 산출된다❷. 주석(중앙값, 표본 크기, 전체 중앙값 선)이 그 다음에 추가된다❸. `abline()` 함수를 사용하여 전체 중앙값 선을 추가하고, `axis()` 함수를 사용하여 그래프의 맨 위에 중앙값과 표본 크기를 추가한다.

이제 함수가 생성되었으니, 데이터를 추가하여 함수를 테스트할 시간이다.

21.2.5 패키지에 표본데이터 추가하기

패키지를 만들 때, 사용 함수를 시험해 보기 위해서, 하나 혹은 그 이상의 데이터셋을 포함하는 것은 좋은 아이디어이다. `npar` 패키지의 경우, 아래의 프로그래밍에서 보듯이 `life` 데이터프레임을 `.rda` 파일로 패키지에 추가한다.

프로그래밍 21.6 life 데이터프레임 만들기

```
region <- c(rep("North Central", 12), rep("Northeast", 9),
            rep("South", 16), rep("West", 13))
state <- c("IL","IN","IA","KS","MI","MN","MO","NE","ND","OH","SD","WI",
           "CT","ME","MA","NH","NJ","NY","PA","RI","VT","AL","AR","DE",
           "FL","GA","KY","LA","MD","MS","NC","OK","SC","TN","TX","VA",
           "WV","AK","AZ","CA","CO","HI","ID","MT","NV","NM","OR","UT",
           "WA","WY")
hlem <- c(12.6,12.2,13.4,13.1,12.8,14.3,11.7,13.1,12.9,12.2,13.3,13.4,
          14.3,13.5,13.8,14,12.9,13.6,12.8,13.1,13.9,10.3,11.6,13.5,
          14.3,11.6,10.2,11.6,13.3,10.1,11.7,10.8,12,11.2,12.2,13.3,
          10.3,13.3,13.7,13.8,14.3,15,13.1,13.4,12.8,13.1,13.9,14.3,14,
          13.7)
hlef <- c(14.3,14.1,15.9,15.1,14.7,16.7,14,15.7,16,14,16.4,16.1,16.7,
          15.7,15.9,16,14.8,15.3,14.8,15.6,16.2,11.7,12.7,15.7,16.4,
          13.1,11.6,12.3,15.3,11.4,13.5,12.9,13.6,12.5,13.4,14.9,11.6,
          14.9,16.3,15.5,16.2,17.3,15.1,15.6,14.5,14.7,16,15.7,16,15.2)

life <- data.frame(region=factor(region), state=factor(state), hlem, hlef)

save(life, file='life.rda')
```

`save()` 함수는 현재의 작업 디렉토리에 `life.rda` 데이터프레임을 저장한다. 최종 패키지를 만들 때(21.4 절), 이 파일을 이 패키지 파일 계통 내의 데이터 하위-디렉토리로 옮길 것이다.

또 데이터프레임의 컨텐츠를 기록한 .R 파일을 만들 필요가 있다. 코드는 다음과 같다.

프로그래밍 21.7 life.R 파일의 컨텐츠

```
#' @title Healthy Life Expectancy at Age 65
#'
#' @description A dataset containing the healthy life expectancy (expected
#' years of life in good health) at age 65, by US state in 2007-2009.
#' Estimates are reported separately for men and women.
#'
#' @docType data
#' @keywords datasets
#' @name life
#' @usage life
#' @format A data frame with 50 rows and 4 variables. The variables
#' are as follows:
#' \describe{
#'   \item{region}{A factor with 4 levels (North Central, Northeast,
#'                 South, West)}
#'   \item{state}{A factor with the 2-letter ISO codes for the 50 US
#'                states}
#'   \item{hlem}{Healthy life expectancy for men in years}
#'   \item{hlef}{Healthy life expectancy for women in years}
#' }
#' @source The \code{hlem} and \code{hlef} data were obtained from
#' the Center for Disease Control and Prevention
#' \emph{Morbidity and Mortality Weekly Report} at \url{
#' http://www.cdc.gov/mmwr/preview/mmwrhtml/mm6228a1.htm?s_cid=mm6228a1_w}.
#' The \code{region} variable was added from the
#' \code{\link[datasets]{state.region}} dataset.
NULL
```

프로그래밍 21.7의 코드는 모두 주석만으로 구성되어 있음에 주목하라. 다음 절에서, 패키지 문서를 만들기 위하여 이 절에 있는 .R 파일들의 모든 주석내용을 사용할 것이다. R은 어떤 패키지에도 엄격하고 구조화된 문서를 요구한다.

21.3 패키지 문서만들기(documantation)

모든 R 패키지의 문서화에 준수해야 하는 동일한 지침들이 있다. 패키지의 각 함수는 문서 마크업 언어이자 조판시스템인 LaTeX를 사용하여 동일한 형태로 문서화되어야 한다. 각 함수는 별도의 .R 파일에 놓으며, 이 함수에 대한 문서(LaTeX로 쓰여진)는 .Rd 파일에 놓는다. .R과 .Rd 파일들은 모두 텍스트 파일이다.

표 21.2 Roxygen2 사용에 필요한 태그들

꼬리표	설명
@title	함수 제목
@description	한 줄 함수 설명
@details	여러 줄 함수 설명 (첫째 줄 이후 들여쓰기)
@parm	함수 파라미터
@export	NAMESPACE에 함수 추가하기
@method generic class	총칭적 S3 방법들을 문서화
@return	함수에 의해 반환된 값
@author	저자(들)와 연락처(들)
@examples	함수 사용 예제
@note	함수의 연산에 대해 알아둘 사항들
@aliases	사용자가 도움말을 찾는데 사용되는 추가 별칭
@references	함수가 고용한 방법론과 관련된 참고문헌

이 접근에는 두 개의 한계가 있다. 첫째, 문서는 함수와 분리되어 저장된다. 만일 함수 코드를 바꾼다면, 문서를 찾아서 그것까지 바꾸어야 한다. 둘째, 사용자는 LaTeX를 배워야 한다. 여러분이 R은 학습곡선이 가파른 곡선이라고 생각했다면, LaTeX로 작업할 수 있을 때까지 기다려라!

`roxygen2` 패키지는 문서만들기를 극적으로 단순화할 수 있다. 여러분은 R 파일의 머리 부분에 이 함수의 문서화에 쓸 코멘트를 적어 놓는다. 그 다음, 단순 마크업 언어를 사용하여 문서화가 만들어진다. Roxygen2로 파일을 처리하면, #' 로 시작하는 줄들은 LaTeX 문서(.Rd 파일)를 자동으로 생성하는데 사용된다.

프로그래밍 21.4~21.7에 있는 파일 컨텐츠를 살펴보라. 각 파일의 머리에 있는 주석 문구는 표 21.2에서 기술되어 있는 태그들을 사용한다. Roxygen2가 LaTeX 문서를 어떻게 생성하는지에 이 태그들(*roclets*라 불리는)이 핵심이다.

문서화 결과가 어떻게 보이는지 알고 싶으면, `npar` 패키지가 적재되어 있는지 확인하고, 각 함수에 대한 도움말(`help(oneway)`, `help(print.oneway)`, `help(summary.oneway)`과 `help(plot.oneway)`)을 요청하라. `help(life)`는 데이터셋에 관한 정보를 제공해야만 한다. 이 꼬리표에 관해 보다 자세히 알려면 `help(rd_roclet)`을 보라.

문서를 생성할 때 몇 가지 추가적인 마크업 요소들이 유용하다. 태그 \code{텍스트}는 code font 안에 텍스트를 인쇄하고, \link{함수}는 현 패키지 내 혹은 다른 곳의 함수에 하이퍼-텍스트 링크를 생성한다. 마지막으로, \item{텍스트}는 항목화된 리스트를 생성한다. 이것은 함수가 반환된 결과를 서술하는데 특히 유용하다.

선택사항이지만 유용한 문서화 작업이 있다. 지금까지 기술했지만, 사용자가 npar 패키지를 설치할 때, ?npar에 사용가능한 도움말이 없다. 사용자는 어떤 함수가 사용가능한지 어떻게 알까? 한 가지 방법은 help(package="npar")를 입력하는 것이지만, 문서화에 파일 하나를 추가함으로서 도움말을 보다 쉽게 만들 수 있다; 다음 프로그래밍을 보라.

프로그래밍 21.8 npar.R 파일의 컨텐츠

```
#' Functions for nonparametric group comparisons.
#'
#' npar provides tools for calculating and visualizing
#' nonparametric differences among groups.
#'
#' @docType package
#' @name npar-package
#' @aliases npar
NULL
... this file must end with a blank line after the NULL...
```

이 파일의 마지막 줄은 공백이 되어야 한다는 것을 주지하라. 패키지가 만들어졌을 때, `?npar`를 호출하면 패키지에 대한 설명을 생산하고, 클릭으로 함수 인덱스에 링크된다.

마지막으로는, 패키지를 기술하는 DESCRIPTION이라는 이름의 텍스트 파일을 만든다. 다음에 예제가 있다.

프로그래밍 21.9 DESCRIPTION 파일의 콘텐츠

```
Package: npar
Type: Package
Title: Nonparametric group comparisons
Version: 1.0
Date: 2015-01-26
Author: Rob Kabacoff
Maintainer: Robert Kabacoff <robk@statmethods.net>
Description: This package assesses group differences using nonparametric
    statistics. Currently a one-way layout is supported. Kruskal-Wallis
    test followed by pairwise Wilcoxon tests are provided. p-values are
    adjusted for multiple comparisons using the p.adjust() function.
    Results are plotted via annotated boxplots.
LazyData: yes
License: GPL-3
```

Description: 절은 내용이 여러 줄로 늘어날 수 있지만 반드시 첫 줄 다음 줄은 들여쓰기가 되어야 한다. LazyData: yes 문은 패키지의 데이터셋(이 경우에, life)이 패키지가 적재되자마자 사용할 수 있어야 한다는 것을 가리킨다. 만약 이것이 no로 설정되었다면, 사용자는 데이터에 접근하기 위하여 data(life)를 사용해야만 할 것이다.

마지막 줄은 패키지 출시에 적용되는 라이선스를 가리킨다. 일반적인 라이선스 유형에는 MIT, GPL-2, GPL-3 등이 있다. 라이선스에 추가 설명은 www.r-project.org/Licenses을 보라. 최종 npar 패키지를 만드는 다음 절에서도 roxygen2 패키지가 사용될 것이지만, roxygen2에 대하여 더 배우려면, http://mng.bz/K26J에서 Hadley Wickham의 설명을 보라.

21.4 패키지 구축하기

마침내 패키지를 구축할 시간이다. 개발자들을 위한 패키지 만들기의 바이블은 R Core Team의 Writing R Extensions(http://www.r-project.org/doc/manuals/R-exts.pdf)이다. Friedrich Leisch 또한 패키지 만들기에 관한 좋은 지침서를 내 놓았다(http://mng.bz/Ks84).

이 절에서는, 특히 패키지 구축의 간결한 프로세스를 따를 것이며, 이를 위해 Hadley Wickham의 roxygen2 패키지를 사용할 것이다. 나는 MS-윈도우 환경에서 패키지를 구축할 것이다. 하지만, 이 과정들은 애플-맥이나 리눅스 플랫폼 위에서도 작동할 것이다.

1. **필요한 도구를 설치한다.** install.packages("roxygen2", depend=TRUE)를 사용하여 roxygen2를 내려받아 설치하라. MS-윈도우 플랫폼을 사용 중이라면, Rtools.exe (http://cran.r-project.org/bin/windows/Rtools)와 MiKTeX(http://miktex.org)의 설치가 필요하다. 여러분이 애플의 맥을 사용 중이면, MacTex (www.tug.org/mactex) 을 설치하라. Rtools, MiKTeX와 MacTeX은 패키지라기보다 어플리케이션들이다. 그러므로, 이것들을 R 외부에 설치해야 한다.

2. **디렉토리를 설정한다.** 홈(home) 디렉토리(R을 시작할 때의 현재 작업 디렉토리)에 npar라는 이름의 하위 디렉토리를 생성하라. 다시 이 디렉토리에, R과 data라는 두 개의 하위 디렉토리를 생성하라(그림 21.4를 보라). npar 디렉토리에

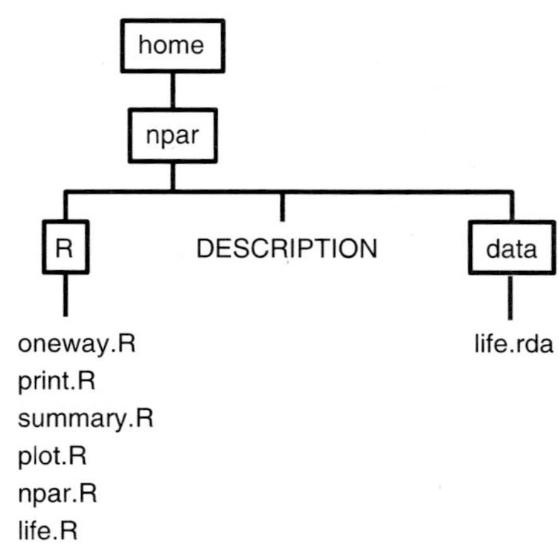

그림 21.4 npar 패키지의 초기 디렉토리 구조

DESCRIPTION 파일을, R 하위디렉토리에 소스 파일들(oneway.R, print.R, summary.R, plot.R, life.R 그리고 npar.R)을 갖다 놓아라. data 하위디렉토리 안에 life.rda를 갖다 놓아라. 설정 결과는 그림 21.4처럼 보여야 한다.

이제부터, 나는 여러분이 R home 디렉토리에 있다고 가정한다. 만약 아니라면, 디렉토리 이름(npar)만 쓰는 대신, 패키지의 전체 경로를 입력하라(예를 들어, c:/applications/npar).

3. **문서화를 생성한다.** roxygen2 패키지를 탑재하라. 그리고 `roxygenize()` 함수를 사용하여 각 코드 파일에 있는 문서화 머리말을 처리하라.

```
> library(roxygen2)
> roxygenize("npar")

Updating namespace directives
Writing oneway.Rd
Writing plot.oneway.Rd
Writing print.oneway.Rd
Writing summary.oneway.Rd
Writing life.Rd
Writing npar-package.Rd
```

`roxygenize()` 함수는 man이라는 새로운 하위 디렉토리를 생성하는데, 이는 각 함수별로 .Rd 문서화 파일을 담고 있다. 각 코드 파일의 상단에 있는 주석 문구에 붙여진 마크업이 이러한 문서화 파일들을 구축하는데 사용된다. 또 `roxygenize()`는 DESCRIPTION 파일에 정보를 더하고 NAMESPACE 파일을 생성한다. `npar`에 대해 생성된 NAMESPACE 파일은 다음과 같다.

프로그래밍 21.10 NAMESPACE 파일의 콘텐츠

```
S3method(plot,oneway)
S3method(print,oneway)
S3method(summary,oneway)
export(oneway)
```

NAMESPACE 파일은 함수들에 대한 가시성을 통제한다(모든 함수들이 패키지 사용자에 직접적으로 사용가능한가, 아니면 일부 함수는 다른 함수들에 의하여 내부적으로 사용되는가?). 현재 사례는, 모든 함수들은 사용자에게 이용가능하다. NAMESPACE에 대하여 더 배우려면, http://adv-r.had.co.nz/Namespaces.html) 을 보라.

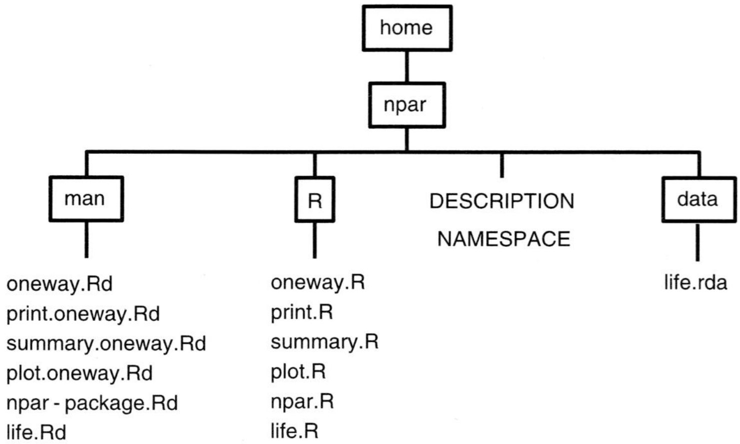

그림 21.5 roxygenize() 함수 실행 이후의 npar 패키지의 디렉토리 구조

그림 21.5는 새로운 디렉토리 구조이다.

4. 패키지를 구축한다. 다음 시스템 명령문를 사용하여 패키지를 구축하라.

```
> system("R CMD build npar")
... informational messages omitted ...
```

이 명령문은 현재의 작업 디렉토리 안에 npar_1.0.tar.gz 파일을 만든다. 이름에 있는 버전 숫자는 DESCRIPTION 파일로부터 얻었다. 패키지는 이제 다른 사람들에게 배포할 수 있는 형식이 된다.

MS-윈도우 플랫폼에서 사용할 수 있는 바이너리 .zip 파일을 생성하기 위하여, 아래 코드를 실행하라:

```
> system("Rcmd INSTALL  build npar")
... informational messages omitted ...
package installation of 'npar' as npar_1.0.zip
* DONE (npar)
```

이것은 현재 작업 디렉토리 안에 npar_1.0.zip 파일을 만든다. MS-윈도우 플랫폼에서 작업하고 있을 때만 이런 방법으로 MS-윈도우 바이너리 파일을 생성할 수 있다. 윈도우에서 작동하는 R에 접속할 수 없음에도 윈도우용 바이너리 파일을 만들기를 원한다면, http://win-builder.r-project.org/에서 제공하는 온라인 서비스를 이용할 수 있다.

5. 패키지를 점검하라(선택사항). 이 페키지에 대해 광범위의 일관성 검사를 하려면, 다음 프로그램문을 실행하라.

```
system("R CMD check npar")
```

이것은 현재의 작업 디렉토리 안에 npar.Rcheck라는 폴더를 생성한다. 이 폴더는 점검 결과를 기술하는 00.check.log 파일을 담고 있다. 패키지를 CRAN에 공여하기 원한다면 오류나 경고가 없어야만 한다.

디렉토리에는 문서화에 목록화되어 있는 예제 코드가 담긴 npar-EX.R 이라는 파일도 있다. 예제 코드를 실행하여 생산되는 텍스트 산출물은 npar-EX.out 안에 담겨진다. 만약 예제가 그래프(이 사례에서는 그렇다)를 만들었다면, npar-Ex.pdf 파일에 놓여진다.

6. **PDF 매뉴얼을 만들어라(선택사항).** 다음 프로그램문을 실행하면 여러분이 CRAN에서 보는 것들과 같은 PDF 참고 매뉴얼을 생산한다.

```
system("R CMD Rd2pdf npar")
```

여러분이 만약 5단계까지 실행했다면, 이미 이 문서는 npar.Rcheck 폴더에 있다.

7. **패키지를 장치에 설치하라(선택사항).** 아래 프로그램문을 실행하면 패키지를 여러분의 컴퓨터에 설치하고 사용할 수 있다.

```
system("R CMD INSTALL npar")
```

패키지를 설치하는 또 다른 방법은 아래와 같이 하는 것이다.

```
install.packages(paste(getwd(), "/npar_1.0.tar.gz", sep=""),
         repos=NULL, type="source")
```

`library()`를 입력하여, 패키지가 설치되었는지 볼 수 있다. `library(npar)`를 입력한 후에, 패키지는 사용가능하다.

개발과정 동안, 새로운 버전을 설치하기 위하여 여러분의 컴퓨터에서 이전 패키지를 삭제해야할 경우가 있다. 이 경우에

```
detach(package:npar, unload=TRUE)
remove.packages("npar")
```

를 사용하여 다시 새롭게 시작하자.

8. **CRAN에 패키지 올리기(옵션).** 여러분의 패키지를 CRAN 저장소에 추가하여 다른 사람들과 공유하기 원한다면, 다음의 세 단계를 따르라.

- 먼저 CRAN 저장소 정책을 숙독하라(http://cran.r-project.org/web/packages/policies.html).
- 패키지가 오류나 경고없이 5단계의 모든 점검을 통과하였는지 확인하라. 그렇지 않으면 패키지는 거절될 것이다.
- 패키지를 제출하라. 웹 형식을 이용하려면 http://cran.r-project.org/submit.html의 제출 양식을 활용하라. 승낙에 필요한 자동 확인 이메일을 받을 것이다. FTP를 이용하려면, 익명의

FTP로 ftp://cran.r-project.org/incoming에 packageName_version.tar.gz 파일을 올려라. 그 다음에 패키지 목록에 있는 관리자 이메일 주소 CRAN@r-project.org로 평문의 이메일을 보내라. 인용부호없이 "CRAN submission PACKAGE VERSION"을 제목으로 사용하라. 여기에서 PACKAGE와 VERSION은 각자의 패키지 이름과 버전이다.

21.5 더 공부하기

이 장에서, npar 패키지 만들기에 사용한 모든 코드는 R code 였다. 사실, 대부분의 패키지는 완전히 R로 작성된 코드를 담고 있다. 하지만 여러분은 또한 R에서 컴파일된 C, C++, Fortran및 Java 코드를 호출할 수 있다. 외부 코드를 사용하는 것이 실행 속도를 개선시키거나, 저자가 R코드 내부에서 기존의 외부 라이브러리를 사용하기 원할 때, 외부 코드가 포함된다.

컴파일된 외부 코드를 포함하는 방법이 몇 가지 있다. 유용한 함수에는 .C(), .Fortran(), .External()과 .Call()이 있다. inline (C, C++, Fortran), Rcpp (C++)와 rJava (Java) 등의 여러 패키지들이 이 처리과정을 촉진하기 위하여 작성되었다.

외부 컴파일 코드를 R 패키지에 추가하는 것은 이 책의 범위를 넘는다. Writing R Extensions 매뉴얼({http://cran.r-project.org/doc/manuals/R-exts.htmls)은 이들 함수 및 패키지들의 도움말 파일들과 함께 필요한 세부 사항을 충분히 가르쳐 준다. Stack Overflow(http://stackoverflow.com)는 어려분이 어려운 상황에 처할 때, 질문을 할 수 있는 훌륭한 곳이다.

21.6 요약

R 패키지는 여러분이 자주 사용하는 함수들을 조직하고, 완전한 응용프로그램을 개발하고, 그리고 여러분의 결과물을 다른 사람들과 공유하기 위한 훌륭한 방법이다. 이 장에서, 여러분은 비모수 집단비교에 사용할 수 있는 완전한 R 패키지 하나를 만들었다. 이러한 객체-지향 기법은 다른 많은 데이터관리 및 데이터분석 과제에도 적용될 수 있다. 비록 패키지 처음에는 복잡해 보이지만, 일단 한 번 그 과정을 해보면 만드는 것이 꽤 쉽다. 지금, 작업을 시작하라! 그리고 기억하고, 거기서 재미를 느껴라.

제22장 역동적 보고서 만들기

이 장에서 다룰 내용은 다음과 같다.

- 결과를 웹에 발행하기
- R결과를 MS워드 혹은 오픈 다큐먼트 보고서에 합체하기
- 데이터를 바꾸면 보고서가 바뀌는 등 동적 보고서 만들기
- R, Markdown, 그리고 LaTeX 등으로 발간 품질의 문서 만들기

마지막 장에 오신 걸 환영합니다! 여러분은 데이터에 접근했고, 정제했고, 그 특성을 기술했고, 관계를 모형화했고, 그리고 그 결과를 시각화했다.

최종 통계분석이나 그래프가 완성되었다고 연구가 끝난 것은 아니다. 대부분의 경우 이 결과를 다른 사람들과 논의해야 할 것이다. 이것은 분석들을 일종의 보고서로 만든다는 것을 의미한다.

세 개의 보편적인 보고서 시나리오가 있다. 첫 번째, 코드와 그 결과가 담겨 있는 보고서를 만든다. 이것은 지난 몇 개월 동안 여러분이 무엇을 했는지를 기억할 수 있다. 여러분이 해온 것을 여러 개의 관련된 파일보다는 하나의 포괄적 문서로 쉽게 재구성할 수 있게 해준다.

두 번째 시나리오로, 관련 당사자들 즉, 교사, 감독, 고객사, 정부기관, 인터넷 청중 혹은 언론 편집자들을 위한 보고서를 생성해야만 한다. 명료하면서 매력적인 것이 중요하다. 보고서는 한 번만 필요할 수도 있다.

세 번째 시나리오에서 규칙적으로 특정한 형태의 보고서를 생성할 필요가 있다. 이것은 상품 및 자제사용에 관한 월간보고서일 수도 있고, 주간 금융분석 보고서일 수도 있고, 혹은 시간단위로 갱신되는 웹트래픽 보고서일 수도 있다. 모든 경우에서 데이터는 바뀌지만 분석과 보고서의 구조는 동일하다.

R 출력을 보고서에 합체시키는 접근법은 분석실행하기, 그래프와 텍스트 표를 오려서 워드프로세싱 문서에 붙이기, 이 결과들을 다시 포맷팅하기 등을 포함하고 있다. 이 접근법은 대체로 시간이 많이

걸리고 비효율적이어서 짜증이 난다. 비록 R이 최첨단의 그래프를 생성하지만, 텍스트 출력은 고정 줄간 띄우기를 하는 칙칙한 옛날풍이다. 이를 다시 포맷팅하는 것은 쉬운 일이 아니다. 데이터가 바뀌면 전체 과정을 다시 거쳐야 한다!

이러한 한계로 인해 R이 여러분에게 맞지 않다고 느낄지도 모른다. 두려워 하지 마라. R은 R코드와 결과를 보고서에 합체하는 여러 개의 멋진 해결책들을 가지고 있다. 게다가 데이터를 보고서에 연계할 수 있어서 데이터가 바뀌면 보고서도 변경된다. 이러한 역동적 보고서는 다음의 형태로 저장될 수 있다.

- 웹페이지
- MS 워드 문서
- Open Document 문서 파일
- 발간용 PDF 혹은 포스트-스크립트 문서

예를 들어 여성 표본에서 체중과 신장의 관계를 연구하기 위해 회귀분석을 사용한다고 해 보자. R은 `lm()` 함수로 고정폭 폰트의 출력을 산출한다.

```
> lm(weight ~ height, data=women)

Call:
lm(formula = weight ~ height, data = women)

Residuals:
    Min      1Q  Median      3Q     Max
-1.7333 -1.1333 -0.3833 0.7417 3.1167

Coefficients:
             Estimate Std. Error t value  Pr(>|t|)
(Intercept) -87.51667    5.93694  -14.74  1.71e-09 ***
height        3.45000    0.09114   37.85  1.09e-14 ***
—
Signif. codes: 0 '***' 0.001 '**' 0.01 '*' 0.05 '.' 0.1 ' ' 1
Residual standard error: 1.525 on 13 degrees of freedom
Multiple R-squared: 0.991,      Adjusted R-squared: 0.9903
F-statistic: 1433 on 1 and 13 DF,    p-value: 1.091e-14
```

그러면 그림 22.1과 같이 이것을 웹페이지로 전환해 보자. 이 장에서 여러분은 이 방법을 배울 것이다.

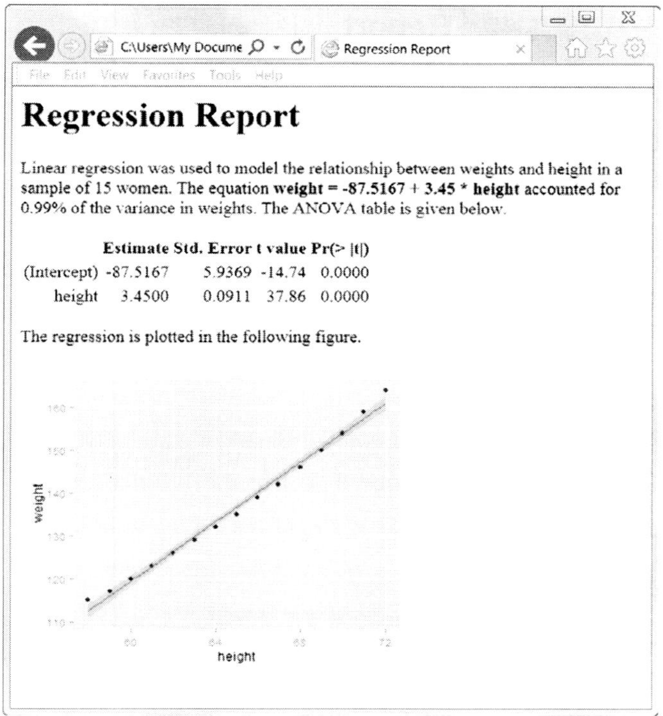

Regression Report

Linear regression was used to model the relationship between weights and height in a sample of 15 women. The equation **weight = -87.5167 + 3.45 * height** accounted for 0.99% of the variance in weights. The ANOVA table is given below.

	Estimate	Std. Error	t value	Pr(> |t|)
(Intercept)	-87.5167	5.9369	-14.74	0.0000
height	3.4500	0.0911	37.86	0.0000

The regression is plotted in the following figure.

그림 22.1 웹페이지로 저장된 회귀 분석

◆ 역동적 문서와 재현가능 연구(Reproducible Research)

재현가능 연구는 학문공동체내에서 확장되고 있는 강력한 운동이다. 재현가능 연구의 목적은 보고서 공개와 더불어 발견을 재현하는데 필요한 데이터와 소프트웨어 코드를 같이 공개함으로써 과학적 발견의 복제를 촉진하는 것이다. 이것은 독자들이 발견을 스스로 검증하고 그 결과물에 바로 자신의 작업을 부가할 수 있는 기회를 제공한다. 이 장에서 기술하는 기법들은 데이터와 소스코드를 문서에 내장하는 것을 포함하여 이러한 노력을 직접적으로 지원한다.

22.1 보고서에 대한 템플릿 접근

이 장의 대부분은 보고서 생성의 템플릿 접근에 사용된다. 보고서는 템플릿 파일로 시작한다. 템플릿은 보고서 텍스트, 포맷팅 구문, 그리고 R 코드 묶음을 담고 있다.

템플릿 파일이 처리되고, R코드가 실행되고, 포맷팅 구문이 적용되고, 그러면 보고서가 생성된다. R 출력이 어떻게 보고서에 포함되는지는 옵션으로 조정된다. R Markdown 템플릿을 사용한 간단한 사례가 그림 22.2에 있다.

Mac OS X, 그리고 Linux에서 이용가능한 무료 응용프로그램이다. 이것은 파일을 마크업 포맷에서 다른 것으로 변형한다. 다시 R Studio 사용자는 이 단계를 건너 뛰어도 좋다.

4. PDF 문서를 만들기를 원한다면, LaTex 컴파일러를 설치하라. LaTex 컴파일러는 LaTex 문서를 고품질의 PDF 문서로 변환한다. 나는 윈도우용으로는 MiKTeX(www.miktex.org)를 맥용으로는 MacTeX(http://tug.org/mactex), 리눅스용으로는 TeX Live (www.tug.org/texlive)를 추천한다.

이제 소프트웨어 설치로 갈 준비가 되었다.

Markdown 구문을 사용하여 R출력(값, 표, 그래프)을 문서에 합체하기 위해 먼저 다음을 담고 있는 텍스트 문서를 만든다.

- 보고서 텍스트
- Markdown 구문
- R 코드 묶음 (구분자로 둘러싸진 R code)

관습적으로 텍스트 파일은 .Rmd 확장자를 가진다.

견본 파일(이름이 women.Rmd)이 프로그래밍 22.1에 제공되고 있다. HTML문서를 생성하기 위해 다음을 사용하여 이 파일을 처리한다.

```
library(rmarkdown)
render("women.Rmd", "html_document")
```

결과는 그림 22.1에 제시되어 있었다.

프로그래밍 22.1 women.Rmd: R코드가 삽입된 Markdown 템플릿

```
# Regression Report
```{r echo=FALSE, results='hide'}
n <- nrow(women)
fit <- lm(weight ~ height, data=women)
sfit <- summary(fit)
b <- coefficients(fit)
```

Linear regression was used to model the relationship between
weights and height in a sample of `r n` women. The equation
    weight = `r b[[1]]` + `r b[[2]]` * height
accounted for `r round(sfit$r.squared,2)`% of the variance
in weights. The ANOVA table is given below.

```{r echo=FALSE, results='asis'}
```

❶ Markdown syntax
❷ R code chunk
❸ R inline code
```

```
library(xtable)
options(xtable.comment=FALSE)
print(xtable(sfit), type="html", html.table.attributes="border=0")
```
```

The regression is plotted in the following figure.

```{r echo=FALSE, fig.width=5, fig.height=4}
library(ggplot2)
ggplot(data=women, aes(x=height, y=weight)) +
      geom_point() + geom_smooth(method="lm")
```
```

❹ Format with xt

이 보고서는 1단계 머릿말로 시작한다❶. 이것은 "Regression Report"가 크고 굵은 폰트로 인쇄되어야 한다는 것을 나타낸다. 다른 Markdown 구문의 사례들이 표 22.1에 있다.

다음으로 R코드 묶음이 나온다. Markdown 문서에서 R코드는 ```` ```{r option} ````과 ```` ``` ````로 구분되

표 22.1 Markdown 코드와 출력결과

Markdown 구문	HTML 출력결과
# Heading 1 ## Heading 2 ... ###### Heading 6	〈h1〉Heading 1〈/h1〉 〈h2〉Heading 2〈/h2〉 ... 〈h6〉Heading 2〈/h6〉
One or more blank lines between text	Separates text into paragraphs
Two or more spaces at the end of a line	Adds a line break
I mean it	〈em〉I mean it〈/em〉
I really mean it	〈strong〉I really mean it〈/strong〉
* item 1 * item 2	〈ul〉 〈li〉 item 1 〈/li〉 〈li〉 item 2 〈/li〉 〈/ul〉
1. item 1 2. item 2	〈ol〉 〈li〉 item 1 〈/li〉 〈li〉 item 2 〈/li〉 〈/ol〉
`[Google](http://google.com)` `![My text](path to image)`	〈a href="http://google.com"〉Google〈/a 〈img src="path to image", alt="My text"〉

표 22.2 코드 묶음 옵션

옵션	설명
echo	출력에 R 소스코드를 포함할 것인지(TRUE) 안할 것인지(FALSE)
results	원시결과를 출력할 것인지(asis) 숨길 것인지(hide)
warning	출력에 경고를 포함할 것인지(TRUE) 안할 것인지(FALSE)
message	출력에 정보성 메시지를 포함할 것인지(TRUE) 안할 것인지(FALSE)
error	출력에 오류메시지를 포함할 것인지(TRUE) 안할 것인지(FALSE)
fig.width	플롯을 위한 그림 폭(인치)
fig.height	플롯을 위한 그림 높이(인치)

어진다❷. 파일이 처리될 때 R코드가 수행되고 그 결과가 삽입된다. 코드 묶음 옵션들은 표 22.2에 기술되어 있다.

단순한 R 출력(숫자 혹은 문자열)이 보고서 텍스트 안에 바로 놓일 수도 있다. 이런 인라인(그때마다 즉시 처리하는) R코드는 개별 문장 내의 텍스트를 사용자가 정의할 수 있게 해준다. 인라인 코드는 `` `r `` 과 `` ` ``태그 사이에 둔다❸. 회귀분석 사례에서 표본 크기, 예측방정식, 그리고 R제곱 값은 첫 번째 단락에 삽입되어 있다.

마지막으로 회귀분석 결과를 포맷하기 위해 xtable() 함수를 사용한다❹. 프로그램문 options(xtable.comment=FALSE)는 불필요한 과잉 메시지를 억제한다. print() 함수에 있는 type="html" 옵션은 xtable 객체를 HTML표로 출력한다. 기본설정으로 이 표는 보기 싫은 1-픽셀 테두리로 되어 있는데 이는 html.table.attributes="border=0"을 첨가하면 제거된다. 추가적인 포맷팅 옵션은 help(print.xtable)을 보라.

파일을 PDF문서로 만들려면, 한 가지만 변경하면 된다.

```
print(xtable(sfit), type="html", html.table.attributes="border=0")
```

를

```
print(xtable(sfit), type="latex")
```

로 대체하라. 그런 후 아래 프로그램문을 사용하여 파일을 처리하라.

```
library(rmarkdown)
render("women.Rmd", "pdf_document")
```

멋지게 포맷된 PDF 문서를 획득하게 된다.

불행하게도, xtable() 함수는 워드문서에는 작동하지 않는다. 통계 출력을 멋지게 만들려면 보다 창의적인 것을 해야 한다. 한 가지 방법은 xtable()을 knitr 패키지에 있는 kable() 함수로 대체하는 것이다. 이것은 행렬이나 데이터프레임을 단순하고 매력적으로 만들어 줄 수 있다.

아래 프로그램문을

```
library(xtable)
options(xtable.comment=FALSE)
print(xtable(sfit), type="html", html.table.attributes="border=0")
```

다음 프로그램문으로 대체하라

```
library(knitr)
kable(sfit$coefficients)
```

그런 후 다음 프로그램문을 사용하여 파일을 처리하라

```
library(rmarkdown)
render("women.Rmd", "word_document")
```

결과는 워드를 사용하여 편집할 수 있는 매력적인 워드 문서이다. sfit 객체를 sfit$coefficients로 대체해야만 한다는 것을 유념하라. xtable() 함수는 lm() 객체들을 다룰 수 있지만, kable() 함수는 행렬과 데이터프레임만 다룰 수 있다. 따라서 보다 복잡한 객체에서 인쇄하고자 하는 부분을 추출해야만 한다. 더 자세한 사항은 help(kable)을 보라.

◆ R Markdown 문서를 생성하고 처리하기 위해 RStudio 사용하기

이 책을 통틀어 나는 R 접근에 통상적으로 사용되는 인터페이스에 종속되지 않는 프레젠테이션을 유지하려고 노력했다. 기술된 각각의 기법들은 기본 R 콘솔에서 작동될 것이다. 그러나 RStudio(부록 A를 보라)를 포함하여 다른 몇 가지 옵션들이 있다. RStudio는 특히 Markdown문서에서 보고서를 쉽게 만들어 준다.

GUI 메뉴에서 File 〉 New File 〉 R Markdown을 선택하면, 다음의 대화상자를 보게 될 것이다.

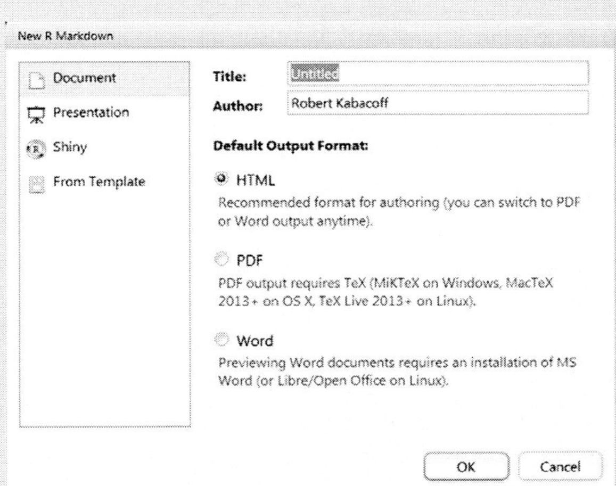

RStudio에서 새로운 R Markdown 문서를 생성하기 위한 대화상자

생성하려는 보고서 유형을 선택하라. 그러면 RStudio는 뼈대 파일을 만들어 줄 것이다. 당신의 텍스트와 코드로 이것을 편집하라. 그런 후 Knit 드롭다운 목록에서 작성 옵션을 선택하라. 다 됐다!

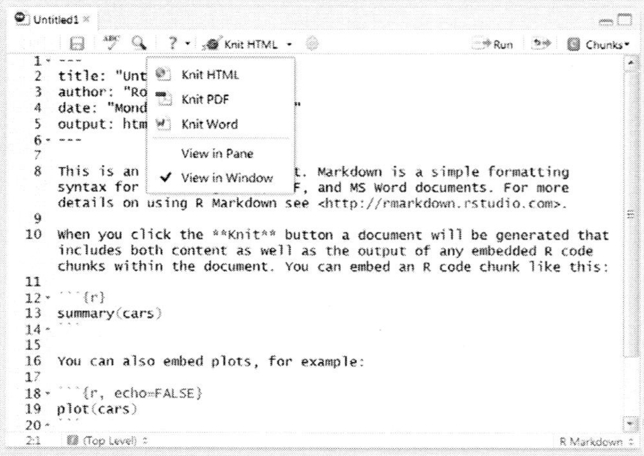

RStudio에서 새로운 R Markdown 문서를 생성하기 위한 대화상자

RStudio는 프로그래머를 위한 많은 유용한 기능(feature)을 가지고 있다. 이것은 내가 R 작업에서 가장 선호하는 방법이다.

Markdown 구문은 단순한 문서를 빨리 생성하는데 편리하다. Markdown에 대해 더 배우려면 홈페이지 http://daringfireball.net/projects/markdown과 http://rmarkdown.rstudio.com에 있는 rmarkdown 페이지를 방문하라. 출판용 논문과 도서같은 복잡한 문서를 생성하고자 한다면 마크업 언어로 LaTex 사용법을 보고 싶을 수도 있다. 다음 절에서 고품질 문서를 생성하기 위해 LaTex와 knitr패키지를 사용할 것이다.

22.3 R과 LaTex로 역동적 보고서 만들기

Latex는 윈도우, 맥, 그리고 리눅스에서 무료로 사용가능한 고품질 활자용 문서준비 시스템이다. LaTex는 아름답고, 복잡하고, 복수로 된 문서들도 생성하게 해주며, 몇 줄의 코드 변경만으로 한 유형의 문서(논문과 같은)를 다른 유형의 문서(보고서와 같은)로 변환할 수 있다. 이것은 엄청나게 강력한 소프트웨어여서 대단한 학습효과를 발휘한다.

LaTex를 잘 모른다면, 진도를 나가기 전에 Tobias Oetiker et al.가 쓴 "The Not So Short Introduction to LaTeX 2e" (http://mng.bz/45vP) 혹은 Indian TEX 사용자집단이 쓴 LaTeX Tutorials: A Primer (http://mng.bz/2c0O)를 읽는 게 좋을 것 같다. 이 언어는 확실히 배울만한 가치가 있다. 하지만 숙련되는데 약간의 시간과 인내가 소요될 것이다. 일단 LaTex에 익숙하게 되면 역동적인 보고서를 생성

하는 것은 간단한 프로세스이다.

`knitr` 패키지는 앞서 웹페이지를 생성하는데 사용된 것과 유사한 기법을 사용하여 R코드를 LaTex 문서에 내장하게 해준다. 여러분이 `rmarkdown`을 설치했거나 R Studio를 사용하고 있다면, 이미 knitr를 가지고 있다. 그렇지 않다면, 지금 설치하라(`install.packages("knitr")`). 또 LaTex 컴파일러도 필요할 것이다. 자세한 사항은 22.2절을 보라.

이 절에서는 `multcomp` 패키지의 데이터를 사용하여 다양한 약물에 대한 환자의 반응을 기술하는 보고서를 만들 것이다. 9장에서 이 패키지를 설치하지 않았다면 진도를 나가기 전에 `install.packages("multcomp")` 를 실행하시기 바란다.

R과 LaTex를 사용하여 보고서를 생성하기 위해서 먼저 보고서 텍스트, LaTex 마크업 코드, 그리고 R 코드묶음을 담고 있는 텍스트 파일(전형적으로, 파일이름.Rnw확장자)을 만든다. 프로그래밍 22.2에 예시가 있다. 각 R 코드묶음은 구분자 `<<options>>=`로 시작해서 구분자 `@`로 끝난다. 코드묶음 옵션은 표 22.3에 나열되어 있다. `\Sexpr{`*`R code`*`}` 구문을 사용하여 인라인 R코드가 담긴다. R 코드가 실행되고 나면, 숫자 혹은 문자열이 텍스트의 그 지점에 삽입된다.

그런 후 파일은 `knit()` 함수에 의해 처리된다.

```
library(knitr)
knit("drugs.Rnw")
```

이 단계에서, R 코드묶음들은 옵션에 따라 LaTex로 포맷된 R코드와 출력으로 대체된다. 기본설정으로 `knit("drugs.Rnw")`는 drugs.Rnw 파일을 입력하고 drugs.tex 파일을 출력한다. 그런 후 .tex 파일은 LaTex 컴파일러를 통해 실행되어 PDF, PostScript 혹은 DVI파일을 생성한다.

더 간단한 대안으로 `knitr` 패키지에 있는 보조 함수 `knit2pdf()`를 사용할 수 있다.

```
library(knitr)
knit2pdf("drugs.Rnw")
```

이 함수는 .tex 파일을 생성하고 이것을 drugs.pdf 라는 완성된 PDF 문서로 변환한다. 결과물 PDF문서는 그림 22.3에 제시되어 있다.

프로그래밍 22.2 drugs.Rnw: R코드가 내장된 LaTeX 템플릿 견본

```
\documentclass[11pt]{article}
\title{Sample Report}
\author{Robert I. Kabacoff, Ph.D.}
\usepackage{float}
\usepackage[top=.5in, bottom=.5in, left=1in, right=1in]{geometry}
\begin{document}
```

```
\maketitle
<<echo=FALSE, results='hide', message=FALSE>>=
library(multcomp)
library(xtable)
df <- cholesterol
@

\section{Results}

Cholesterol reduction was assessed in a study
that randomized \Sexpr{nrow(df)} patients
to one of \Sexpr{length(unique(df$trt))} treatments.
Summary statistics are provided in
Table \ref{table:descriptives}.

<<echo=FALSE, results='asis'>>=
descTable <- data.frame("Treatment" = sort(unique(df$trt)),
   "N"    = as.vector(table(df$trt)),
   "Mean" = tapply(df$response, list(df$trt), mean, na.rm=TRUE),
   "SD"   = tapply(df$response, list(df$trt), sd, na.rm=TRUE)
 )
print(xtable(descTable, caption = "Descriptive statistics
for each treatment group", label = "table:descriptives"),
caption.placement = "top", include.rownames = FALSE)
@

The analysis of variance is provided in Table \ref{table:anova}.

<<echo=FALSE, results='asis'>>=
fit <- aov(response ~ trt, data=df)
print(xtable(fit, caption = "Analysis of variance",
     label = "table:anova"), caption.placement = "top")
@

\noindent and group differences are plotted in Figure \ref{figure:tukey}.

\begin{figure}[H]\label{figure:tukey}
\begin{center}

<<echo=FALSE, fig.width=4, fig.height=3>>=
par(mar=c(3,3,1,3))
boxplot(response ~ trt, data=df, col="lightgrey",
        xlab="Treatment", ylab="Response")
@

\caption{Distribution of response times by treatment.}
\end{center}
\end{figure}
\end{document}
```

knitr 패키지는 http://yihui.name/knitr와 Yihui Xie의 책 *Dynamic Documents with R and knitr* (Chapman and Hall/CRC, 2013)에 문서화되어 있다. LaTex에 대해 더 배우려면 앞에서 언급한 지침서를 검토하고 www.latex-project.org를 방문하라.

Sample Report

Robert I. Kabacoff, Ph.D.

March 23, 2015

1 Results

Cholesterol reduction was assessed in a study that randomized 50 patients to one of 5 treatments. Summary statistics are provided in Table 1.

Table 1: Descriptive statistics for each treatment group

Treatment	N	Mean	SD
1time	10	5.78	2.88
2times	10	9.22	3.48
4times	10	12.37	2.92
drugD	10	15.36	3.45
drugE	10	20.95	3.35

The analysis of variance is provided in Table 2.

Table 2: Analysis of variance

	Df	Sum Sq	Mean Sq	F value	Pr(> F)
trt	4	1351.37	337.84	32.43	0.0000
Residuals	45	468.75	10.42		

and group differences are plotted in Figure 1.

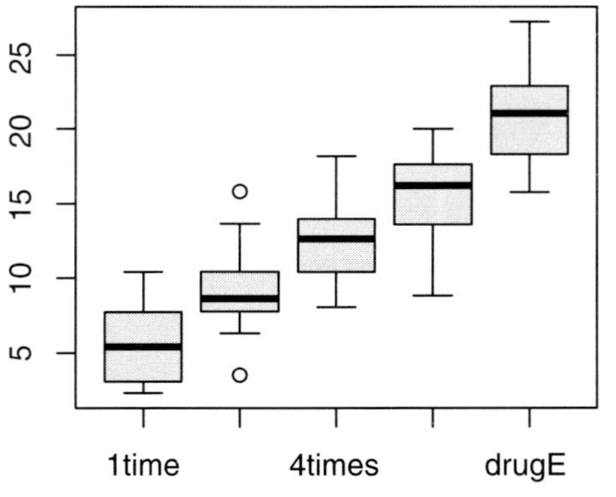

Figure 1: Distribution of response times by treatment.

1

그림 22.3 텍스트 파일 drugs.Rnw는 knit2pdf()함수를 통해 처리되고 PDF문서(drugs.pdf)로 결과 생성

22.4 R과 Open Document로 역동적 보고서 만들기

비록 LaTex가 강력하지만, 이를 효과적으로 잘 사용하거나 편집 불가능한 포맷의 문서(PDF, DVI, PS)를 만들기 위해서는 상당한 공부가 필요하다. R결과를 워드프로세스 문서로도 출력할 수 있다. 가장 대중적인 두 포맷이 MS워드(.docx)와 Open Document(.odf)이다.

오피스 어플리케이션용 Open Document 포맷은 많은 소프트웨어와 호환이 되는 XML기반 파일 포맷으로 오픈 소스이다. 대중적이고 무료로 사용가능한 오피스 소프트웨어로는 OpenOffice (www.openoffice.org)와 LibreOffice (www.libreoffice.org)가 있다. 둘 다 윈도우, 맥 OS X, 그리고 리눅스 환경에서 사용가능하다.

`odfWeave` 패키지는 Open Document 파일에 R코드와 출력을 내장하기 위한 메카니즘을 제공한다. 이 절에서 남녀 교수 간의 연봉차이를 탐색하는 보고서를 만들 것이다.

OpenOffice(혹은 LibreOffice)와 `odfWeave`를 설치한 후, salaryTemplate.odt라는 문서를 생성한다(그림 22.4를 보라). 이 문서는 포맷된 텍스트와 R 코드묶음을 담고 있다. 텍스트는 OpenOffice(혹은 LibreOffice)를 사용하여 포맷된다. 코드묶음은 다음과 같이 구분된다.

```
<<options>>=
R statements
@
```

코드묶음 옵션은 표 22.3에 있다. 인라인 R코드 결과(숫자 혹은 문자열)는 `\Sexpr{R code}`를 사용하여 담기게 된다.

일단 문서가 저장되면, `odfWeave` 패키지의 `odfWeave()` 함수를 사용하여 이것을 처리한다.

```
library(odfWeave)
infile <- "salaryTemplate.odt"
outfile <- "salaryReport.odf"
odfWeave(infile, outfile)
```

표 22.3 odfWeave에서 R 코드묶음 옵션들

옵션	작동 내용
echo	출력 파일에 R코드를 포함한다(TRUE/FALSE)
results	결과를 있는 그대로(verbatim), XML로 (xml), 혹은 출력을 안하는 것으로(hide) 내 놓는다.
fig	코드묶음이 그래프 출력을 생산한다 (TRUE/FALSE)

My Sample Report

Robert I. Kabacoff, Ph.D.

```
<<echo=FALSE, results=hide>>=
library(car)
df <- Salaries
percentiles <- function(x, y){
     P0   <- aggregate(x, by=list(y), FUN=quantile,   0)
     P25  <- aggregate(x, by=list(y), FUN=quantile, .25)
     P50  <- aggregate(x, by=list(y), FUN=quantile,  .5)
     P75  <- aggregate(x, by=list(y), FUN=quantile, .75)
     P100 <- aggregate(x, by=list(y), FUN=quantile,   1)
     qT <- data.frame(P0, P25[2], P50[2], P75[2], P100[2])
     names(qT) <- c("Group", "0%", "25%", "50%", "75%", "100%")
     return(qT)
3
quantTable<- percentiles(df$salary, df$sex)
5
```

1 The study

The salaries of \Sexpr{nrow(df)} male and female college professors were studied to assess possible gender discrimination. Summary statistics are provide in Table 1.

Table 1. Salary quantiles for male and female professors

```
<<echo=FALSE, results=xml>>=
odfTable(quantTable, useRowNames=FALSE)
5
```

The distributions are plotted in Figure 1.

```
<<fig=TRUE, echo=FALSE>>=
boxplot(df$salary ~ df$sex, col="lightgrey", ylab="Annual Salary
(dollars)")
5
```

Figure 1. Distribution of salaries by gender.

그림 22.4 내장된 R 코드묶음을 가지는 OpenOffice 작성파일(salaryTemplete.odt). 파일이 odfWeave()함수에 의해 처리되고 난 후, 그림 22.7의 보고서(salaryReport.odf)가 생산된다.

My Sample Report

Robert I. Kabacoff, Ph.D.

1 The study

The salaries of 397 male and female college professors were studied to assess possible gender discrimination. Summary statistics are provide in Table 1.

Table 1. Salary quantiles for male and female professors

Group	0%	25%	50%	75%	100%
Female	62884	77250	103750	117003	161101
Male	57800	92000	108043	134864	231545

The distributions are plotted in Figure 1.

Figure 1. Distribution of salaries by gender.

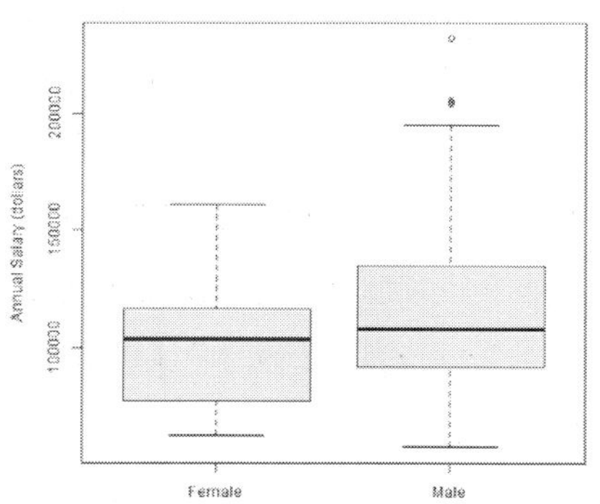

그림 22.5 ODF포맷의 최종 보고서(salaryReport.odf)

이것은 그림 22.4에 제시된 salaryTemplate.odt 파일을 취해서 그림 22.5에 제시된 salaryReport.odf 파일을 생산한다.

기본설정으로 odfWeave는 데이터프레임, 행렬, 그리고 벡터를 매력적인 표 형식으로 만든다. odfTable() 함수는 고도로 정밀하고 통제된 표로 포맷팅하는 데 사용될 수 있다. 이 함수는 XML 코드를 생산한다. 그래서 이 함수를 사용하여 코드묶음 안에 result=xml을 반드시 지정하라. 불행하게도 xtable() 함수는 odfWeave와 함께 작동하지는 않는다.

일단 ODF 포맷으로 보고서를 가지게 되면, 당신은 이것을 계속해서 편집할 수 있고 포맷팅을 강화할 수 있고, 결과를 ODT, HTML, DOC, 혹은 DOCX 파일 포맷으로 저장할 수 있다. 더 많이 배우려면 odfWeave 사용설명서와 약식소개서를 읽으시라. 추가적인 정보는 R 라이브러리의 odfWeave 디렉토리에 설치된 Example 폴더에서 찾을 수 있다(함수 .libPaths()는 라이브러리 위치를 보여줄 것이다).

22.5 R과 MS 워드로 역동적 보고서 만들기

좋든 싫든 MS워드는 기업환경에서 보고서 작성의 표준이다. 여러분은 이미 rmarkdown을 사용하여 마크다운 파일에서 워드 문서를 생성하는 방법을 보았다(22.2 절). 이 절에서 우리는 R2wd 패키지를 사용하여 R코드를 바로 워드 문서에 내장함으로써 역동적 보고서를 생성하는 방법을 살펴볼 것이다. 이 절에서의 방법은 윈도우 플랫폼에서만 작동한다(맥과 리눅스 사용자들에게는 죄송스럽다).

이 절의 사례를 따라가려면 R2wd패키지를 설치해야 한다(install.packages("R2wd")). 또 R2wd는 통계적 컴퓨팅을 위한 Omega 프로젝트에서 사용가능한 RDCOMClient 패키지를 필요로 한다.

현재 RDCOMClient는 소스(source)로부터 설치되어야만 한다. 먼저 Rtools(http://cran.r-project.org/bin/windows/Rtools)가 설치된 것을 확인하고, 다음으로 www.omegahat.org/RDCOMClient에서 소스파일(RDCOMClient_0.93-0.tar.gz)을 내려 받아야 한다. 버전은 계속 바뀔 수 있다. 마지막으로 다음을 이용하여 패키지를 설치한다.

```
install.packages(RDCOMClient_0.93-0.tar.gz, repos = NULL, type = "source")
```

R2wd 패키지는 빈 워드 문서를 만들고; 절과 제목을 삽입하고; 텍스트, 표, 그래프를 삽입하고; 포맷팅을 추가하고; 결과를 저장하게 하는 함수들을 제공한다. 비록 이 패키지가 다재다능하지만 워드문서를 프로그램으로 만들고 포맷팅하는 것은 시간낭비이다.

R2wd 패키지를 사용하여 워드로 역동적인 보고서를 만드는 가장 쉬운 방법은 두 단계의 프로세스이다:

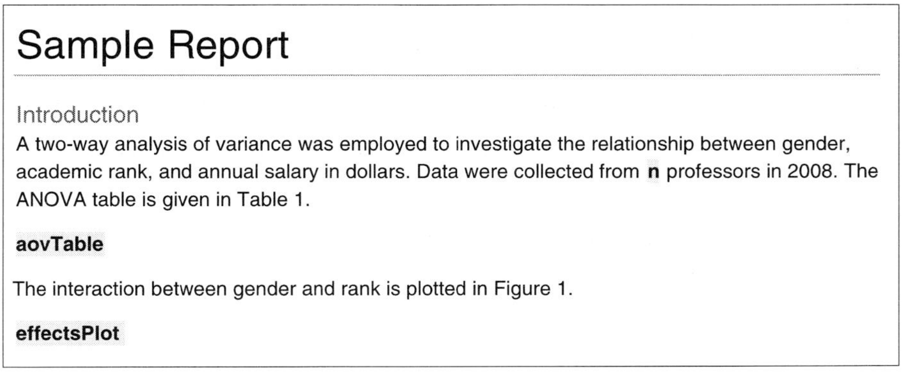

Sample Report

Introduction

A two-way analysis of variance was employed to investigate the relationship between gender, academic rank, and annual salary in dollars. Data were collected from **n** professors in 2008. The ANOVA table is given in Table 1.

aovTable

The interaction between gender and rank is plotted in Figure 1.

effectsPlot

그림 22.6 텍스트와 책갈피를 담고 있는 salaryTemplate2.docx 라는 MS 워드 문서. 이 파일은 salary.R 스크립트(프로그래밍 22.3)에 의해 처리되고, 결과가 책갈피 위치에 삽입되고, 문서는 salaryReport2.docx (그림 22.7)로 저장된다. 책갈피(굵고 음영처리된 텍스트)는 실제로 보이지 않는다; 이미지는 책갈피가 위치한 곳을 볼 수 있도록 주석을 단 것이다.

1. R 결과의 위치를 나타내는 책갈피를 담고 있는 워드문서를 만든다.
2. 결과를 워드문서내의 책갈피 위치에 삽입하는 R 스크립트를 만든다.

이 접근법을 시도해 보자.

새 워드문서를 열고, 이것을 salaryTemplate2.docx라고 하자. 그림 22.6에 보이는 텍스트와 책갈피를 넣어라(실제로는 그림 22.6의 책갈피는 보이지 않는다. 각각이 가야할 곳을 볼 수 있게 하기 위해 배경색을 책갈피에 첨가하는 주석을 달았다).

책갈피를 삽입하기 위해서는 책갈피를 원하는 곳에 커서를 놓고 `Insert > Bookmark`를 선택하고, 책갈피에 이름을 부여하고 Add를 클릭한다. 이 사례에서 책갈피는 `n`, `aovTable`, `effectsPlot`로 이름 붙였다.

TIP MS에서 `Selecting Options > Advanced > Shoe Bookmarks`는 책갈피가 놓인 곳을 볼 수 있게 도와준다.

다음으로, 프로그래밍 22.3에 주어진 R스크립트를 만든다. 스크립트가 실행되면, 필요한 분석들이 수행되고, 이것들을 워드문서에 삽입하고 최종 문서를 디스크에 저장한다. 스크립트는 표 22.4에 나열된 함수들을 사용한다.

표 22.4 R2wd 함수들

함수	사용
wdGet()	워드문서에 길라잡이를 반환한다. 워드가 작동하지 않는다면 이것이 시작된다. 빈 문서가 열리고 길라집이가 반환된다.
wdGoToBookmark()	커서를 책갈피에 놓는다.
wdWrite()	커서에 텍스트를 작성한다.
wdTable()	현재 커서 위치에 워드 표로 데이터프레임 혹은 배열(array)을 작성한다.
wdPlot()	R 플롯을 생성하고, 이것을 워드의 현재 커서 위치의 워드에 붙인다.
wdSave()	워드 문서를 저장한다. 만약 파일명이 주어지지 않으면 워드는 사용자에게 이름을 재촉한다.
wdQuit()	워드를 닫는다. 그리고 길라잡이를 제거한다.

프로그래밍 22.3 salary.R: salary.docx에 결과를 삽입하는 R스크립트

```
require(R2wd)
require(car)

df <- Salaries
n <- nrow(df)
fit <- lm(salary ~ rank*sex, data=df)
aovTable <- Anova(fit, type=3)
aovTable <- round(as.data.frame(aovTable), 3)
aovTable[is.na(aovTable)] <- ""

wdGet("salaryTemplate2.docx", method="RDCOMClient")        ❶ Opens the document
wdGoToBookmark("n")                                         ❷ Inserts text
wdWrite(n)

wdGoToBookmark("aovTable")
wdTable(aovTable, caption="Two-way Analysis of Variance",   ❸ Inserts a table
   caption.pos="above", pointsize=12, autoformat=4)

wdGoToBookmark("effectsPlot")
myplot <- function(){
      require(effects)
      par(mar=c(2,2,2,2))
      plot(allEffects(fit), main="")                        ❹ Inserts a plot
}
wdPlot(plotfun=myplot, caption="Mean Effects Plot",

       height=4, width=5, method="metafile")
wdSave("SalaryReport2.docx")                                ❺ Saves and quits
wdQuit()
```

먼저, salary2Template.docx파일이 열린다. 워드가 작동하지 않으면, 이것이 자동적으로 시작된다 ❶. 다음으로 데이터 분석이 수행된다. 그런 후 커서가 n이라는 책갈피로 이동한다 그리고 표본크기가 삽입된다❷.

다음으로 커서는 aovTable이라는 책갈피로 이동되고 ANOVA결과가 워드 표로 삽입된다❸. R2wd는 xtable() 함수를 지원하지 않기 때문에 이 표는 반드시 R 데이터프레임, 행렬 그리고 배열이어야 한다. 옵션들은 표 설명자막의 텍스트 및 위치, 폰트 크기, 표 포맷팅 등을 조정할 수 있다. 이용가능한 다양한 포맷을 보기 위해 autoformat=1,2,3 등을 시도해 보라. 현재까지 설명자막을 안나오게 하는 방법은 없다.

ANOVA 코드 안에 있는 두 프로그램문은 추가적인 설명이 필요하다. aovTable 객체는 이원 변량분석 결과를 담고 있는 데이터프레임이다. round() 함수는 표에 인쇄되는 숫자의 소수점 자리수를 정하는데 사용된다. 이 프로그램문은 NA를 빈칸(blank)으로 대체하는 속임수이다.

```
aovTable[is.na(aovTable)] <- ""
```

Residual 행에서 F열과 Pr(>F) 열에 값이 없기 때문에, 그리고 이들 칸에 NA가 안나오게 하는 것이 좋기 때문에 이것은 필요하다.

커서는 다음으로 effectsplot이라는 책갈피로 이동한다. wdPlot() 함수는 사용자가 플롯팅 함수를 지정하도록 요구한다. 여기서 myplot() 함수는 effects 패키지에 있는 allEffects() 함수를 통해 effects plot(효과 플롯)을 생산한다❹.

wdPlot() 함수는 method="bitmap"과 method="matafile"을 지원한다. 가능하다면 metafile을 사용하라- 워드문서에서는 이것이 더 좋게 보인다. 불행하게도 metafile 옵션은 투명도를 지원하지 않는다. 그래서 투명도가 나타날 때는 bitmap 옵션을 사용해야만 한다. 그래프 작성을 위해 ggplot2 패키지를 사용할 때 당신은 투명도를 접할 가능성이 매우 높다.

salary.R에 있는 코드가 실행될 때, 이것은 R코드를 수행하고, 그 결과를 salaryTemplate2.docx에 삽입하고, 최종 워드 문서를 salaryReport2.docx로 저장한다❺. 이제 MS어플리케이션은 끝난다. 결과 문서가 그림 22.7에 제시되어 있다.

이전 접근과는 달리 이 역동적 보고서 생성 접근법은 두 개의 파일(워드 템플릿과 R스크립트)을 포함한다. R코드는 워드문서에 바로 내장되지 않는다.

이 절에서 R2wd 패키지를 사용했지만, 다른 것들도 사용가능하다. ReporteRs 패키지(http://davidgohel.github.io/ReporteRs)는 R로부터 MS문서를 역동적으로 생성하는데 강력한 경쟁자이다. 전반적으로 R을 MS오피스와 결합하는 기법들은 빠르게 개발되고 있다. 그래서 장차 새로운 대안을 기대할 수 있다.

Sample Report

Introduction

A two-way analysis of variance was employed to investigate the relationship between gender, academic rank, and annual salary in dollars. Data were collected from 397 professors in 2008. The ANOVA table is given in Table 1.

Table 1 Two-way Analysis of Variance

	Sum Sq	Df	F value	Pr(>F)
(Intercept)	67009671400	1	119.538	0
rank	15266607695	2	13.617	0
sex	97803720	1	0.174	0.676
rank:sex	43603063	2	0.039	0.962
Residuals	219184457146	391		

The interaction between gender and rank is plotted in Figure 1.

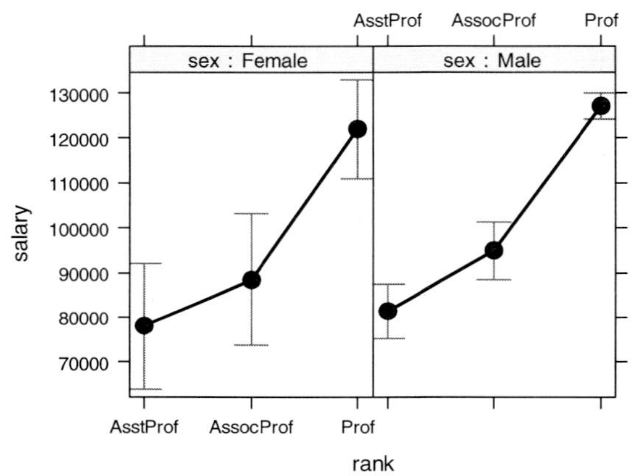

Figure 1 Mean Effects Plot

그림 22.7 DOCX 포맷의 최종 보고서 (salaryReport2.docx)

22.6 요약

이 장에서 여러분은 R 결과를 보고서에 합체할 수 있는 몇 가지 방법들을 살펴보았다. 데이터의 변경 그리고 코드의 재처리 결과가 보고서에 갱신된다는 면에서 보고서는 역동적이다. 웹페이지, 조판 문서, Open Document 포맷 보고서, 그리고 MS 워드문서를 생성하는 방법들을 배웠다.

이 장에서 기술한 템플릿 접근법에는 몇 가지 장점이 있다. 통계분석들을 수행하는데 필요한 코드를 바로 보고서 템플릿에 내장함으로써, 여러분은 그 결과가 어떻게 계산되는지를 정확하게 볼 수 있다. 몇 개월간 수행된 것을 쉽게 볼 수 있다. 최소한의 노력으로 통계분석들을 변경할 수도 있고 새로운 데이터를 첨가할 수도 있고 보고서를 즉시 재생성할 수도 있다. 게다가 결과를 오리고 붙이거나 재포맷할 필요가 없다. 이 자체만으로도 도입할 가치가 있다.

이 장의 템플릿들은 그 구조가 고정되어 있다는 면에서 정적이다. 비록 여기서는 다루지 않았지만, 다양한 전문 리포팅시스템을 만들기 위한 방법들을 사용할 수도 있다. 예를 들어, R 코드묶음의 출력은 사용된 데이터에 종속적일 수 있다. 만약 수치형 변수가 사용되었다면 산점도 행렬이 생산될 수 있다. 범주형 변수가 사용되었다면 모자이크 플롯이 생산될 수 있다. 비슷한 방식으로, 작성한 설명 텍스트는 분석의 결과에 따라 다를 수 있다. R의 `if/then` 구조를 사용하면 사용자정의(customization)로 무한한 가능성이 있다. 여러분은 정교한 전문시스템을 만들기 위해 이런 접근을 사용할 수도 있다.

이 책에서 우리는 데이터를 R로 가져오고, 이것을 정제하고, 분석하고, 그래프를 그리고, 또 이것을 다른 사람들에게 보여주는 것에 대해 이야기하였다. 우리는 많은 큰 주제들을 논의했다.

부록 A 그래픽 사용자 인터페이스

R은 기본설정으로 단순한 명령-라인 인터페이스(command-line interface, CLI)를 제공한다. 사용자는 명령-라인 프롬프트 (기본설정으로 〉)에 프로그램문을 입력한다. 그리고 각 명령어는 한 번에 하나씩 실행된다. 많은 데이터 분석가에게 CLI는 R의 가장 심각한 한계 중 하나이다.

R과 상호작용하는 코드 편집기(RStudio 같은)로부터 특정한 함수 내지 패키지용 GUI(BiplotGUI 같은), 그리고 메뉴와 대화상자로 상호작용하면서 분석을 하는 완벽한 GUI(R Commander 같은)에 이르기까지 더욱 그래픽적인 인터페이스를 만들기 위한 수많은 시도가 있었다.

표 A.1에 더욱 유용한 코드 편집기들이 나열되어 있다.

이러한 코드 편집기로 R 코드를 편집하고 실행할 수 있으며, 이것들은 구문 강조, 프로그램문 완성, 객체 탐색, 프로젝트 구성, 그리고 온라인 도움말 등을 가지고 있다. 그림 A.1은 RStudio의 화면이다.

R을 위한 전도유망하고 완전한 GUI 몇 개가 표 A.2에 나열되어 있다. R에서 이용가능한 GUI는 SAS 또는 IBM SPSS가 제공되는 GUI보다 덜 포괄적이고 성숙도가 떨어지지만, 빠르게 개발되고 있다.

통계 입문용으로 내가 가장 좋아하는 GUI는 R Commander(그림 A.2에 제기된)이다.

마지막으로, 많은 어플리케이션들이 R 함수(사용자-작성 함수를 포함하여)에 대해 GUI로 포장을 생성하게 허용한다. 이런 것에는 R GUI Generator (RGG) (http://rgg.r-forge.r-project.org)가 있고, fgui와 twiddler 패키지 또한 CRAN에서 이용가능하다. 현재 가장 포괄적인 접근은 Shiny(http://shiny.rstudio.com/)이다. Shiny는 당신이 R 함수에 대화형 접근으로 웹 어플리케이션을 쉽게 만들게 해준다.

표 A-1 통합 개발 환경과 구문 편집기

이름	URL
RStudio	www.rstudio.com/products/RStudio
Eclipse with StatET plug-in	www.eclipse.org과 www.walware.de/goto/statet
Architect	www.openanalytics.eu/architect
ESS (Emacs Speaks Statistics)	http://ess.r-project.org
JGR	http://jgr.markushelbig.org/JGR.html
Tinn-R (Windows only)	http://nbcgib.uesc.br/lec/software/editores/tinn-r/en
Notepad++ with NppToR (Windows only)	http://notepad-plus-plus.org과 http://sourceforge.net/projects/npptor

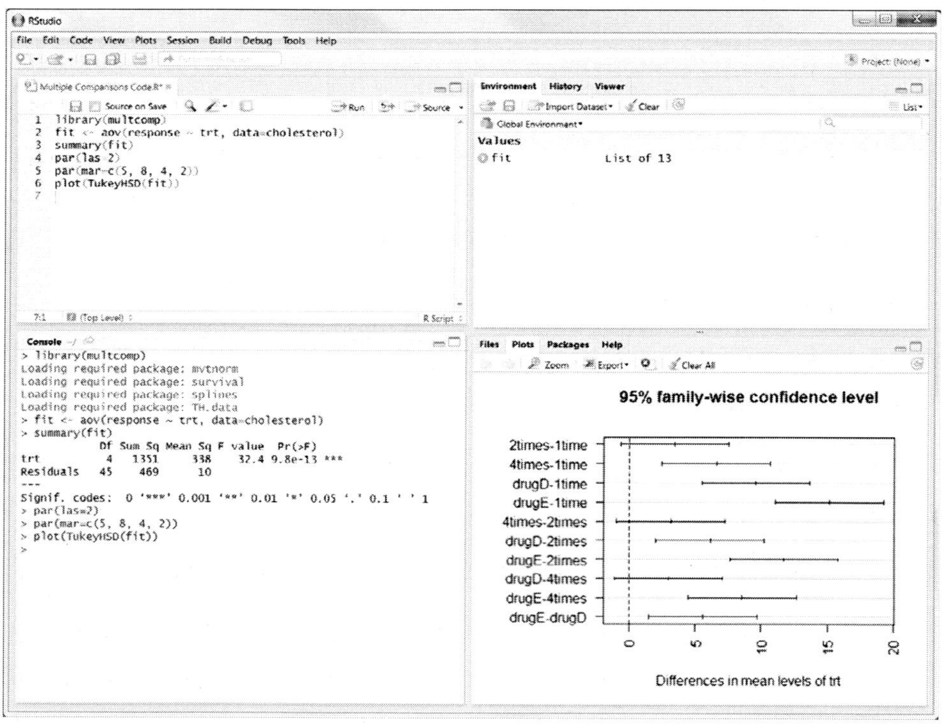

그림 A-1 RStudio IDE(Integrated Development Environment:통합개발환경)

표 A-2 R을 위한 포괄적인 GUI

이름	URL
JGR/Deducer	www.deducer.org
R Analytic Flow	www.ef-prime.com/products/ranalyticflow_en
Rattle (for data mining)	http://rattle.togaware.com
R Commander	http://socserv.mcmaster.ca/jfox/Misc/Rcmdr
Rkward	http://rkward.sourceforge.net

부록 B 시작 환경 맞춤화하기

프로그래머들이 하기 좋아하는 첫 번째 일 중의 하나는 그들의 선호하는 작업 방식에 맞게 시작 환경을 맞춤화하는 것이다. 시작 환경의 맞춤화는 R 옵션 설정, 작업 디렉토리 지정, 자주 사용하는 패키지 적재, 사용자-작성 함수 적재, CRAN 내려받기 사이트 기본설정, 그리고 기본 관리업무 수행 등을 허용한다.

사이트-초기화 파일(Rprofile.site) 또는 디렉토리-초기화 파일(.Rprofile)을 통해 R환경을 맞춤화할 수 있다. 이것들은 시작단계에 실행될 R 코드를 담고 있는 텍스트 파일이다.

시작단계에서, R은 R_HOME/etc 디렉토리에서 Rprofile.site 파일을 공급받는다. 여기서 R_Home은 환경 값이다. 그러고 나서 현재의 작업 디렉토리 안에 공급받으려고 .Rprofile 파일을 찾을 것이다. 만약 R이 이 파일을 못 찾으면, 사용자의 홈 디렉토리에서 그것을 찾을 것이다. 여러분은 `R_Home`, `Home`, 그리고 현재의 작업 디렉토리의 위치를 확인하기 위하여, `Sys.getenv("R_HOME")`, `Sys.getenv("HOME")`, 그리고 `getwd()`를 각각 사용할 수 있다.

이 파일에 두 개의 특별한 함수를 넣을 수 있다. `.First()` 함수는 각 R session의 시작에서 실행된다. 그리고, `.Last()` 함수는 각 세션의 끝에서 실행된다. `Rprofile.site` 파일의 예는 프로그래밍 B.1에서 나와 있다.

프로그래밍 B.1 Rprofile.site 파일의 예

```
options(papersize="a4")
options(editor="notepad")
options(tab.width = 2)
options(width = 130)             Sets common options
```

```
options(digits=4)
options(stringsAsFactors=FALSE)
options(show.signif.stars=FALSE)

grDevices::windows.options(record=TRUE)
options(prompt="> ")                                  Sets R interactive prompt
options(continue="+ ")
.libPaths("C:/my_R_library")                          Sets path for local library
local({r <- getOption("repos")
     r["CRAN"] <- "http://cran.case.edu/"             Sets CRAN mirror default
     options(repos=r)})

 .First <- function(){
 library(lattice)
 library(Hmisc)                                       Startup function
 source("C:/mydir/myfunctions.R")
 cat("\nWelcome at", date(), "\n")
}
.Last <- function(){
 cat("\nGoodbye at ", date(), "\n")                  Session end function
}
```

이 파일에 대하여 알아 두어야 할 몇 가지 사항이 있다:

- `.libPaths` 값을 설정하면 R 디렉토리 계통 밖에 패키지들을 위한 로컬 라이브러리를 생성할 수 있다. 이것은 업그레이드하는 동안 패키지들을 보존하는데 유용할 수 있다.
- CRAN 미러 사이트를 기본설정하면 `install.packages()` 명령을 할 때마다 이것을 선택하지 않아도 된다.
- `.First()` 함수는 빈번히 적용하는 사용자-작성 함수를 갖고 있는 소스 텍스트 파일 뿐만 아니라, 자주 사용하는 라이브러리를 적재하는데 탁월한 장소이다.
- `.Last()` 함수는 명령 이력, 프로그램 출력, 그리고 데이터 파일의 아카이빙을 포함하여 정리작업을 하기에 탁월한 장소이다.

명령-라인 옵션과 환경 변수의 사용을 포함하여 시작 환경을 맞춤화하는 다른 방법들도 있다. 더 많은 세부사항을 알려면, `help(Startup)`과 "Introduction to R" 설명서의 부록 B를 보라.

부록 C R에서 데이터 내보내기

2장에서, 우리는 R 안으로 데이터를 불러오는 광범위한 방법들을 검토하였다. 그러나, 가끔 여러분은 데이터를 보존하거나 외부 어플리케이션으로 데이터를 불러들이기 위해 R에서 데이터를 내보내기 원할 것이다. 이 부록에서, 여러분은 R 객체를 어떻게 구분된 텍스트 파일, 엑셀 전표, 또는 통계 어플리케이션 (SPSS, SAS, 또는 Stata와 같은)으로 만들어 내는지 배울 것이다.

구분된 텍스트 파일 (Delimited text file)

여러분은 `write.table()` 함수를 사용하여 R 객체를 구분된 텍스트 파일로 출력할 수 있다. 포맷은 다음과 같다.

```
write.table(x, outfile, sep=delimiter, quote=TRUE, na="NA")
```

여기서 x는 객체이고, *outfile*은 목표 파일이다. 예를 들어보자.

```
write.table(mydata, "mydata.txt", sep=",")
```

위 프로그램문은 데이터셋 mydata를 현 작업 디렉토리에 mydata.txt라는 콤마로 구분된 파일로 저장한다. 그 밖의 다른 곳에 출력 파일을 저장하려면 경로를 넣으면 된다(예를 들어, "c:/myprojects/mydata.txt"). sep=","를 sep="\t"로 대체하는 것은 데이터를 탭(tab)으로 구분된 파일로 저장한다. 기본설정으로, 문자열은 인용부호("")로 감싸고, 결측치는 NA로 쓴다.

엑셀 전표

xlsx 패키지에 있는 `write.xlsx()` 함수는 R 데이터프레임을 엑셀 2007 워크북으로 저장하는데 사용될 수 있다. 포맷은 다음과 같다.

```
library(xlsx)
write.xlsx(x, outfile, col.names=TRUE, row.names=TRUE,
           sheetName="Sheet 1", append=FALSE)
```

예를 들어,

```
library(xlsx)
write.xlsx(mydata, "mydata.xlsx")
```

위 프로그램문은 데이터프레임 mydata를 현재 작업 디렉토리에서 mydata.xlsx라는 엑셀 작업북에 있는 워크시트(기본설정으로 Sheet 1)로 내보낸다. 기본설정으로, 데이터셋의 변수 이름들은 전표의 열 머리말로 사용되고, 행 이름은 전표의 첫 열에 배치된다. 만약 mydata.xlsx가 이미 존재한다면, 덮어쓰기 된다.

xlsx 패키지는 엑셀 2007 워크북을 조작하는데 강력한 도구이다. 더 세부사항은 패키지 문서화를 보라.

통계 어플리케이션 (Statistical applications)

foreign 패키지에 있는 write.foreign() 함수는 데이터프레임을 외부의 통계 어플리케이션으로 내보내는데 사용된다. 두 개 파일이 생성된다. 데이터를 담고 있는 자유-포맷 텍스트 파일과 데이터를 외부 통계 어플리케이션으로 읽어 들이는 코드 파일이다. 포맷은 다음과 같다.

```
write.foreign(dataframe, datafile, codefile, package=package)
```

예를 들어보자.

```
library(foreign)
write.foreign(mydata, "mydata.txt", "mycode.sps", package="SPSS")
```

위 프로그램문은 데이터프레임 mydata를 현재의 작업 디렉토리에 mydata.txt라는 자유-포맷 텍스트 파일로 내보내고, mycode.sps라고 이름붙여진 SPSS 프로그램은 그 텍스트 파일을 읽어 들이는데 사용된다. package의 다른 값으로는 "SAS" 그리고 "Stata" 등이 있다.

R로부터 데이터 내보내기를 더 배우려면, "R Data Import/Export" (http://cran.r-project.org/doc/manuals/R-data.pdf)를 보라.

부록 D R의 행렬 대수

이 책에서 기술된 많은 함수들은 행렬에서 작동한다. 행렬의 조작은 R 언어 안에 깊게 내재되어 있다. 표 D.1은 선형 대수 문제를 해결하는데 특히 중요한 연산자와 함수를 기술한다. 표에서, A와 B는 행렬이고, x와 b는 벡터이고, k는 스칼라이다.

표 D.1 행렬 대수을 위한 R 함수와 연산자

연산자 또는 함수	기술
`+ - * / ^`	각각 요소별 더하기, 빼기, 곱하기, 나누기, 그리고 지수화
`A %*% B`	행렬 곱하기
`A %o% B`	외적: `AB'`
`cbind(A, B, ...)`	행렬 또는 벡터를 수평적으로 결합한다. 행렬을 반환한다.
`chol(A)`	A의 Choleski 인수분해. 만약 `R <- chol(A)`이면, `chol(A)`는 상위 삼각 요인을 담는다, 예를 들어 `R'R = A`.
`colMeans(A)`	A의 열 평균을 담고 있는 벡터를 반환한다.
`crossprod(A)`	`A'A`를 반환한다.
`crossprod(A, B)`	`A'B`를 반환한다.
`colSums(A)`	A의 열 합계를 담고 있는 벡터를 반환한다.
`diag(A)`	주 대각선의 요소를 담고 있는 벡터를 반환한다.
`diag(x)`	주 대각선에 있는 `x`라는 요소들을 가진 대각 행렬을 생성한다.
`diag(k)`	k가 스칼라이면, `k x k` 단위행렬(identity matrix)을 생성한다.

표 D.1 행렬 대수을 위한 R 함수와 연산자

연산자 또는 함수	기술
`eigen(A)`	A의 아이겐값과 아이겐벡터. 만약 `y <- eigen(A)`이면, ▪ `y$val`는 A의 아이겐값 ▪ `y$vec`는 A의 아이겐벡터
`ginv(A)`	A의 Moore-Penrose의 일반화 역(generalized inverse) (`MASS` 패키지를 요구한다)
`qr(A)`	A의 QR 분해. 만약 `y <- qr(A)`이면, ▪ `y$qr`은 분해를 담고 있는 상위 삼각과 분해의 정보를 담고 있는 하위 삼각를 가진다. ▪ `y$rank`는 A의 rank이다. ▪ `y$qraux`는 Q에 관한 추가 정보를 담고 있는 벡터이다. ▪ `y$pivot`는 사용된 피봇팅 전략에 관한 정보를 담는다.
`rbind(A, B, ...)`	행렬과 벡터를 수직적으로 결합한다. 행렬을 반환한다.
`rowMeans(A)`	A의 행 평균을 담고 있는 벡터를 반환한다.
`rowSums(A)`	A의 행 합계를 담고 있는 벡터를 반환한다.
`solve(A)`	A가 정방 행렬인 곳에서, A의 역
`solve(A, b)`	방정식 `b = Ax`에서 벡터 `x`의 해를 찾는다.
`svd(A)`	`y$d`는 A의 단일 값을 담고 있는 벡터 ▪ `y$u`는 A의 왼쪽 단일 벡터를 담고 있는 열을 가진 행렬 ▪ `y$v`는 A의 오른쪽 단일 벡터를 담고 있는 열을 가진 행렬
`t(A)`	A의 전치

몇 개의 사용자-기여 패키지가 행렬 대수에 특히 유용하다. `matlab` 패키지는 MATLAB 함수 호출을 가능한 가깝게 복제하는데 사용되는 포장 함수와 변수를 담고 있다. 이 함수들은 당신이 MATLAB 어플리케이션과 코드를 R로 복사하는 것을 도울 수 있다. MATLAB 프로그램문을 R 프로그램문으로 변환하기 위한 유용한 팁 또한 있다(http://mathesaurus.sourceforge.net/octave-r.html).

`Matrix` 패키지는 너무 밀집되어 있거나 흩어져 있는 행렬를 지원하기 위하여 R을 확장하는 함수들을 담고 있다. BLAS (Basic Linear Algebra Subroutines), Lapack (dense matrix), TAUCS (sparse matrix), 그리고 UMFPACK (sparse matrix) 등에 효과적인 접근을 제공한다.

마지막으로, `matrixStats` 패키지는 행렬의 행과 열에 대한 계산 방법들, 예를 들어 셈, 합, 곱, 중앙 경향, 분산 등을 제공한다. 각각은 속도와 효율적인 메모리 사용에 최적화되어 있다.

부록 E 이 책에서 사용된 패키지들

R의 폭과 힘은 사심없는 저자들의 기여로부터 생겨난 것이다. 표 E.1은 이 책에서 기술된 사용자-기여 패키지를 소개된 장과 함께 나열하고 있다.

표 E.1 이 책에서 사용된 기여 패키지

패키지	저자	설명	장
AER	Christian Kleiber, Achim Zeileis	Christian Kleiber와 Achim Zeileis (Springer, 2008)의 *Applied Economics with R* 책에 있는 함수, 데이터셋, 예제, 데모, 그리고 간단한 설명서	13
Amelia	James Honaker, Gary King, Matthew Blackwell	Amelia II: 다중대체를 통한 결측 데이터용 프로그램	18
arrayImpute	Eun-kyung Lee, Dankyu Yoon, Taesung Park	마이크로어레이 데이터용 결측 대체	18
arrayMissPattern	Eun-kyung Lee, Taesung Park	마이크로 데이터용 결측 패턴의 탐색적 분석	18
boot	S 원저자 Angelo Canty. Brian Ripley가 R에 이식.	부트스트랩 함수	12
ca	Michael Greenacre, Oleg Nenadic	단순, 다중, 그리고 연결 대응분석	7
car	John Fox, Sanford Weisberg	응용 회귀분석의 동반자	1, 8, 9, 10, 11, 19, 22
cat	Ted Harding, Fernando Tusell가 R에 포팅; 원저자 Joseph L. Schafer	결측값이 있는 범주형-변수 데이터셋의 분석	15

표 E.1 이 책에서 사용된 기여 패키지(계속)

패키지	저자	설명	장
`coin`	Torsten Hothorn, Kurt Hornik, Mark A. van de Wiel, Achim Zeileis	순열검정 프레임워크에서 조건 추론 프로시저	12
`corrgram`	Kevin Wright	상관도(corrgram) 플롯	11
`corrperm`	Douglas M. Porter	반복측정이 있는 상관관계에 대한 순열검정	12
`doBy`	Søren Højsgaard. Kevin Wright, Alessandro A. Leidi의 기여	요약 통계의 집단별 계산, 일반 선형 대조 및 다른 유틸리티들	7
`doParallel`	Revolution Analytics, Steve Weston	`parallel` 패키지용 `foreach` 병렬 어댑터	20
`effects`	John Fox, Jangman Hong	선형, 일반 선형, 다항-로짓, 비율-차이 로짓모델에서의 효과 제시	8, 9
`FactoMineR`	Francois Husson, Julie Josse, Sebastien Le, Jeremy Mazet	다변량 탐색적 데이터 분석과 R 데이터 마이닝	14
`FAiR`	Ben Goodrich	유전자 알고리즘을 사용하는 요인분석	14
`fCalendar`	Diethelm Wuertz, Yohan Chalabi	연대기적 그리고 달력형 객체를 위한 함수	4
`flexclust`	Friedrich Leish, Evgenia Dimnitriadou	유연한 군집 알고리즘	16
`forecast`	Rob J. Hyndman과 George Athanasopoulos, Slava Razbash, Drew Schmidt, Zhenyu Zhou, Yousaf Khan, Christoph Bergmeir, Earo Wang 의 기여.	단변량 시계열 예측을 분석하고 표현하는 용도의 방법과 도구들. 상태공간모델과 자동 ARIMA 모델링을 통한 지수 평활을 포함	15
`foreach`	Revolution Analytics, Steve Weston	R을 위한 `foreach` 순환반복 구성	20
`foreign`	R Core members Saikat DebRoy, Roger Bivand 외	Minitab, S, SAS, SPSS, Stata, Systat, dBase 등으로 저장된 데이터를 읽는다.	2
`gclus`	Catherine Hurley	그래픽들을 군집화	1, 11
`ggplot2`	Hadley Wickham	그래픽 문법의 구현	19, 20
`glmperm`	Wiebke Werft, Douglas M. Potter	일반 선형모델의 추론에 대한 순열검정	12

표 E.1 이 책에서 사용된 기여 패키지(계속)

패키지	저자	설명	장
`gmodels`	Gregory R. Warnes. Ben Bolker, Thomas Lumley, and Randall C. Johnson이 기여한 R 소스 코드와 (또는) 문서화. Randall C. Johnson의 지적재산권 (2005)SAIC-Frederick, Inc.	모델 적합화를 위한 다양한 R 프로그래밍 도구	7
`gplots`	Gregory R. Warnes. Ben Bolker, Lodewijk Bonebakker, Robert Gentleman, Wolfgang Huber, Andy Liaw, Thomas Lumley, Martin Maechler, Arni Magnusson, Steffen Moeller, Marc Schwartz, and Bill Venables이 기여한 소스코드와 (또는) 도움말 포함.	데이터 플롯팅을 위한 다양한 R 프로그래밍 도구	6, 9
`grid`	Paul Murrell	그래픽 레이아웃 역량 재구성. 대화형 지원기능 일부	19
`gridExtra`	Baptiste Auguie	그리드 그래픽을 위한 함수들	19
`gvlma`	Edsel A. Pena, Elizabeth H. Slate	선형 모델 가정에 대한 전반적 타당성	8
`rhdf5`	Bernd Fisher, Gregoire Paue	NCSA HDF5 라이브러리로의 인터페이스	2
`roxygen2`	Hadley Wickham	Doxygen 같은 인-소스 문서화 시스템	21
`hexbin`	Dan Carr, ported by Nicholas Lewin-Koh, Martin Maechler	육각형 구간화 반복작업	11
`HH`	Richard M. Heiberger	Hei- berger and Holland (Springer, 2004) 의 *Statistical Analysis and Data Display*를 위한 지원 소프트웨어	9
`kernlab`	Alexandros Karatzoglou, Alex Smola, Kurt Hornik	커널-기반 기계 학습 랩	17
`knitr`	Yihui Xie	R에서 동적 보고서 생성을 위한 일반용 패키지	22
`Hmisc`	Frank E. Harrell Jr. 다른 많은 사용자들의 기여.	데이터 분석, 고수준 그래픽, 유틸리티 운영 등을 위한 Harrell의 갖가지 함수들	2, 3, 7

표 E.1 이 책에서 사용된 기여 패키지(계속)

패키지	저자	설명	장
kmi	Arthur Allignol	경쟁 위험상황에서 누적 발생율 분석 함수를 위한 Kaplan-Meier 다중 대체	18
lattice	Deepayan Sarkar	lattice 그래픽스	19
lavaan	Yves Rosseel	확인적 요인분석, 구조방정식, 그리고 잠재성장-곡선모델 등의 잠재변수모델을 위한 함수	14
lcda	Michael Buecker	잠재클래스-판별분석	14
leaps	Thomas Lumley. Alan Miller의 포트란 코드를 사용.	회귀분석 하위셋 선택. 전역 탐색도 포함.	8
lmPerm	Bob Wheeler	선형모델들에 대한 순열검정	12
logregperm	Douglas M. Potter	로지스틱 회귀분석의 추론에 대한 순열검정	12
longitudinalData	Christophe Genolini	종단 데이터용 도구	18
lsa	Fridolin Wild	잠재의미분석	14
ltm	Dimitris Rizopoulos	문항반응이론 하의 잠재특성모델	14
lubridate	Garrett Grolemund, Hadley Wickham	날짜-시간 데이터를 식별하고 쪼개며, 날짜-시간의 구성요소들을 추출 및 변형하고, 날짜-시간에 수학적 계산을 하고, 시간대와 일광 절약 시간 등을 다루는 함수들	4
MASS	S 원문 Venables과 Ripley. R에 이식 Brian Ripley. 초기 작업 Kurt Hornik, Albrecht Gebhardt.	Venables와 Ripley의 *Modern Applied Statistics with S*, 4판 (Springer, 2003)을 지원하는 함수와 데이터셋	4, 5, 7, 8, 9, 12
mlogit	Yves Croissant	다항로짓모델의 추정	13
multcomp	Torsten Hothorn, Frank Bretz, Peter Westfall, Richard M. Heiberger, Andre Schuetzen- meister	선형, 일반선형, 선형혼합 효과, 그리고 생존모델 등의 모수 모형에서 일반선형 가설에 대한 동시 검정과 신뢰구간	9, 12
mvnmle	Kevin Gross. Douglas Bates의 도움.	결측값이 있는 다변량 정규 데이터에 대한 ML 추정	18
mvoutlier	Moritz Gschwandtner, Peter Filzmoser	로버스트(robust) 방법에 기반한 다변량 이상치 색출	9
NbClustv	Malika Charrad, Nadia Ghazzali, Veronique Boiteau, Azam Niknafs	군집 수 결정을 위한 인덱스 검사	16

표 E.1 이 책에서 사용된 기여 패키지(계속)

패키지	저자	설명	장
`ncdf, ncdf4`	David Pierce	Unidata netCDF 데이터 파일로의 인터페이스	2
`nFactors`	Gilles Raiche	병렬분석과 Cattell의 Scree 검정에 대한 비그래픽적 해결책	14
`OpenMX`	Steven Boker, Michael Neale, Hermine Maes, Michael Wilde, Michael Spiegel, Timothy R. Brick, Jeffrey Spies, Ryne Estabrook, Sarah Kenny, Timothy Bates, Paras Mehta, John Fox	고급 구조방정식모델링	14
`odfWeave`	Max Kuhn, Steve Weston, Nathan Coulter, Patrick Lenon, Zekai Otles, R Core Team의 기여.	Open Document Format (ODF) 파일의 Sweave 처리	22
`pastecs`	Frederic Ibanez, Philippe Grosjean, Michele Etienne	공간-시간 생태학 계열의 분석을 위한 패키지	7
`party`	Torsten Hothorn, Kurt Hornik, Carolin Strobl, Achim Zeileis	반복분할을 위한 실험	17
`poLCA`	Drew Linzer, Jeffrey Lewis	다분화 변수 잠재-클래스분석	14
`psych`	William Revelle	심리학과 계량심리학 그리고 인성 연구를 위한 프로시저	7, 14
`pwr`	Stephane Champely	검정력 분석을 위한 기초 함수	10
`qcc`	Luca Scrucca	품질-관리 차트	13
`randomLCA`	Ken Beath	무작위 효과 잠재-클래스분석	14
`randomForest`	Fortran 원문 Leo Breiman, Adele Cutler. R 이식 Andy Liaw, Matthew Wiener	분류와 회귀분석을 위한 Breiman과 Cutler의 랜덤 포레스트	17
`R2wd`	Christian Ritter	R로부터 MS-Word 문서 쓰기	22
`rattle`	Graham Williams, Mark Vere Culp, Ed Cox, Anthony Nolan, Denis White, Daniele Medri, Akbar Waljee (OOB AUC for Random Forest), Brian Ripley (print.summary.nnet의 원문 저자)	R의 데이터 마이닝 GUI	16, 17
`Rcmdr`	John Fox. Liviu Andronic, Michael Ash, Theophilius Boye, Stefano Calza, Andy Chang, Philippe Grosjean, Richard Heiberger, G. Jay	R Commander. tcltk 패키지에 기반한 플랫폼에 상관없는 R용 기초통계 GUI	부록 A

표 E.1 이 책에서 사용된 기여 패키지(계속)

패키지	저자	설명	장
	Kerns, Renaud Lancelot, Matthieu Lesnoff, Uwe Ligges, Samir Messad, Martin Maechler, Robert Muenchen, Duncan Murdoch, Erich Neuwirth, Dan Putler, Brian Ripley, Miroslav Ristic, Peter Wolf 기여		
reshape2	Hadley Wickham	유연하게 데이터 형태 바꾸기	4, 5, 7, 20
rgl	Daniel Adler, Duncan Murdoch	3D 시각화 도구 시스템 (OpenGL)	11
RJDBC	Simon Urbanek	JDBC 인터페이스를 통해 데이터베이스에 접근 제공	2
rms	Frank E. Harrell, Jr.	회귀분석 모델링 전략: 회귀모델링, 검정, 추정, 타당성 검증, 그래픽, 예측, 그리고 조판 등을 보조하는 약 225개의 함수들	13
robust	Jiahui Wang, Ruben Zamar, Alfio Marazzi, Victor Yohai, Matias Salibian-Barrera, Ricardo Maronna, Eric Zivot, David Rocke, Doug Martin, Martin Maechler, Kjell Konis	로버스트(robust) 방법의 패키지	13
RODBC	Brian Ripley, Michael Lapsley	ODBC 데이터베이스 접근	2
rpart	Terry Therneau, Beth Atkinson, Brian Ripley (초기 R 이식의 저자)	반복분할과 회귀나무	17
ROracle	David A. James, Jake Luciani	R을 위한 Oracle 데이터베이스 인터페이스	2
rrcov	Valentin Todorov	로버스트 위치와 산포 추정, 그리고 고 분류점이 있는 로버스트 다변량분석	9
scatterplot3d	Uwe Ligges	3차원 산점도	11
sampling	Yves Tillé and Alina Matei	표본을 끌어내고 조정하는 함수들	4
sem	John Fox. Adam Kramer, Michael Friendly 기여.	구조방정식모델	14
SeqKnn	Ki-Yeol Kim Gwan-Su Yi, CSBio lab, Information and Communications University	순차적 KNN 대체방법	18

표 E.1 이 책에서 사용된 기여 패키지(계속)

패키지	저자	설명	장
sm	Adrian Bowman, Adelchi Azzalini. B. D. Ripley에 R 2.0까지 이식, Adrian Bowman, Adelchi Azzalini 2.1까지, 2.2은 Adrian Bowman	비모수 회귀분석과 밀도 추정을 위한 평활 방법	6, 9
vcd	David Meyer, Achim Zeileis, Kurt Hornik	범주형 데이터의 시각화를 위한 함수들	1, 6, 7, 11, 12
vegan	Jari Oksanen, F. Guillaume Blanchet, Roeland Kindt, Pierre Legendre, R. B. O'Hara, Gavin L. Simpson, Peter Solymos, M. Henry, H. Stevens, Helene Wagner	공동체와 식물 생태학자를 위한 서열 방법 및 다양성 분석, 그리고 다른 함수들	9
VIM	Matthias Templ, Andreas Alfons, Alexander Kowarik	결측값의 시각화와 대체	18
xlsx	Adrian A. Dragulescu	Excel 2007(.xlsx) 파일 읽고, 쓰고, 포맷하기	2
XML	Duncan Temple Lang	R과 S-Plus에서 XML을 분할하고 생성하기 위한 도구	2

부록 F 대규모 데이터셋으로 작업하기

R은 모든 객체를 가상 메모리에서 취한다. 이런 설계 결정으로 아주 빠른 대화형의 프로그램 경험을 하게 되었다. 하지만, 대규모 데이터셋으로 작업하는 분석가들에게, 이것은 프로그램 실행이 느리고 메모리와 연관된 오류를 발생시킬 수 있다.

메모리 한계는 주로 R 빌드(32-비트 vs. 64-비트)와 OS에 달려 있다. "벡터 크기를 할당할 수 없다"로 시작하는 오류 메시지는 전형적으로 충분한 메모리의 획득 실패를 가리키는 반면, "길이 벡터를 할당할 수 없다"로 시작하는 오류 메시지는 주소 한계가 초과되었음을 가리킨다. 대규모 데이터셋으로 작업할 때, 가능하면 64-비트 빌드를 사용하도록 하라. 더 많은 정보를 얻으려면 `?Memory`를 보라.

대규모 데이터셋으로 작업할 때 고려해야 할 세 가지 이슈가 있다. 실행 속도를 높이는 효율적인 프로그래밍, 메모리 이슈를 제한하기 위하여 데이터를 외부에 저장하기, 그리고 방대한 데이터를 효과적으로 분석하기 위하여 설계된 특별한 통계 루틴 사용하기이다. 먼저 우리는 각각에 관한 간단한 해결책을 고려해 볼 것이다. 그런 다음, 우리는 빅 데이터와 작업하기 위한 보다 포괄적인 (그리고 복잡한) 해결책을 살펴볼 것이다.

F.1 효율적인 프로그래밍(Efficient programming)

대규모 데이터셋과 작업할 때 성능을 개선하는 많은 프로그래밍 팁이 있다.

가능하면 계산을 벡터화하라. 벡터, 행렬, 그리고 리스트를 조작하기 위하여 R에 내재된 함수를 (예를 들어, `ifelse`, `colMeans`, 그리고 `rowSums`) 사용하라. 그리고 가능하다면 순환반복(`for`와 `while`)을 피하라.

- 데이터프레임 보다 행렬을 사용하라(오버헤드가 적다).
- `read.table()` 계열의 함수를 사용하여 외부 데이터를 데이터프레임으로 입력할 때, `colClasses`와 `nrows` 옵션을 명시적으로 지정하고, `comment.char = ""`를 설정하고, 필요없는 열에 "NULL"을 지정하라. 이것은 메모리 사용을 감소시키고 처리과정의 속도를 확연하게 높일 것이다. 외부 데이터를 행렬로 읽어들일 때, `scan()`을 대신 사용하라.

  작은 객체로 시작해서 값을 덧붙여서 크기를 키우기보다, 처음에 객체 크기를 정확하게 정하라.

  반복적이고, 독립적이며, 숫자중심적 업무에 대해서는 병렬화를 사용하라.
- 전체 데이터셋에 적용하기 전에, 코드 최적화 및 버그 제거를 위해 표본데이터를 대상으로 프로그램을 테스트하라.
- 임시 객체와 더 이상 사용하지 않는 객체를 삭제하라. `rm(list=ls())`를 호출하면 모든 객체를 메모리에서 제거한다. 특정 객체는 `rm(object)`로 제거될 수 있다. 대규모 데이터셋을 제거한 후에, `gc()`를 호출하면 쓰레기 수집(garbage collection)을 개시하여 객체들이 메모리에서 제거된다는 것을 보증한다.
- Jeromy Anglim의 블로그 글, "Memory Management in R: A Few Tips and Tricks" (jeromyanglim.blogspot .com)에서 기술된 함수 `.ls.objects()`를 사용하여 작업공간의 모든 객체를 크기(MB)로 정렬하여 목록화하라. 이 함수는 메모리 먹는 하마를 찾아내고 다루는데 도움이 될 것이다.
- 각 함수에 얼마나 많은 시간이 소비되는지를 보기 위하여 프로그램에 대해 프로파일링하라. `Rprof()` 및 `summaryRProf()` 함수로 이것을 성취할 수 있다. `system.time()` 함수 또한 도움이 된다. `profr` 및 `prooftools` 패키지는 프로파일링 결과를 분석하는데 도움이 되는 함수를 제공한다.
- 프로그램의 실행 속도를 높이기 위하여 컴파일된 외부 루틴을 사용하라. 여러분은 Rcpp 패키지를 사용하여 R 객체를 C++ 함수로 보낼 수 있고, 보다 최적화된 서브루틴이 필요한 경우 되돌릴 수도 있다.

20.4절에서 벡터화, 효율적인 데이터 입력, 정확한 객체 용량산정, 그리고 병렬화의 예들을 제시했다.

지금까지 대규모 데이터셋과 작업할 때 코드 효율성을 증가시키는 것을 살펴보았다. 그런데 여러분이 훨씬 큰 메모리 제약을 겪을 때, 여러분은 데이터를 외부에 적재할 수 있고 특화된 분석 루틴을 사용할 수 있다.

F.2 RAM(메모리) 외부에 데이터 저장하기

R의 메인 메모리 외부에 데이터를 저장하는데 이용할 수 있는 패키지가 여러 개 있다. 이 전략에는 데이터를 외부 데이터베이스 혹은 디스크에 바이너리 플랫 파일 형태로 저장한 다음 필요한 부분에 접근하는 것도 포함된다. 표 F.1에 몇 가지 유용한 패키지들이 기술되어 있다.

이들 패키지는 데이터 저장소에 대한 R의 메모리 한계를 극복하도록 도와준다. 그러나 합리적 시간 내에 대규모 데이터셋 분석을 시도할 때 여러분은 또한 특별한 방법을 필요로 한다. 가장 유용한 것들의 일부를 기술한다.

F.3 메모리 넘는 데이터를 위한 분석 패키지

R은 대규모 데이터셋의 분석을 위한 여러 패키지를 제공한다:

- `biglm`과 `speedlm` 패키지는 선형 그리고 일반화 선형 모형을 메모리-효율적인 방식으로 대규모 데이터셋에 적합화한다. 이것은 방대한 데이터셋을 다룰 때 `lm()`과 `glm()` 유형 기능성을 제공한다.
- `bigmemory` 패키지가 만드는 거대한 행렬과 작업하는데 필요한 분석함수를 제공하는 패키지들이 있다. `biganalytics` 패키지는 k-평균 군집화, 열 통계, 그리고 `biglm`의 래퍼(wrapper)를 제공한다. `bigrf` 패키지는 분류와 랜덤 포레스트를 적합화하는데 사용될 수 있다.

표 F.1 대규모 데이터셋 접근을 위한 R 패키지들

패키지	기술
`bigmemory`	방대한 행렬의 생성, 저장, 접근, 그리고 조작을 지원한다. 행렬은 공유된 메모리와 메모리-지도화된 파일에 할당된다
`ff`	디스크에 저장되지만, 마치 RAM에 있는 것처럼 행동하는 데이터 구조를 제공한다.
`filehash`	문자열 key가 디스크에 저장된 데이터 값과 연관되어 있는 단순 Key-value 데이터베이스를 구축한다.
`ncdf`, `ncdf4`	Unidata netCDF 데이터 파일로의 인터페이스를 제공한다.
`RODBC`, `RMySQL`, `ROracle`, `RPostgreSQL`, `RSQLite`	각각은 외부 관계형 데이터베이스 관리시스템에 접근을 제공한다.

bigtabulate 패키지는 table(), split(), 그리고 tapply() 기능성을 제공하고, bigalgebra 패키지는 고급 선형대수 함수를 제공한다.

- biglars 패키지는 ff 패키지와 결합하여 사용될 때, 메모리에 담기에는 너무 큰 데이터셋을 위한 least-angle 회귀분석, lasso, 그리고 단계별(stepwise) 회귀분석을 제공한다.
- data.table 패키지는 data.frame의 향상된 버전을 제공한다. 보다 빠른 합계(aggregation), 보다 빠른 순서화되고 중복된 범위 결합(join), 보다 빠른 열 추가, 수정, 그리고 집단 참조에 의한 삭제(복사본 없이). 여러분은 대규모 데이터셋 (예를 들어, RAM에 100GB)으로 data.table 구조를 사용할 수 있다. 그리고, 데이터프레임을 요구하는 어떤 R 함수도 사용할 수 있다.

이 패키지들은 각각 특정한 목적의 대규모 데이터셋을 수용하며, 상대적으로 사용하기가 쉽다. 테라바이트급의 데이터 분석을 위한 보다 포괄적인 해결책은 다음에 기술한다.

F.4 어마어마한 데이터셋과의 작업을 위한 포괄적인 해결책

테라바이트급의 데이터셋에 R의 사용을 촉진하기 위한 프로젝트가 적어도 5개 이상 고안되어왔다. 세 개는 무료 및 오픈 소스 진영(RHIPE, RHadoop, 그리고 pbdr)이고, 두개는 상용 제품 진영(Revolution R Enterprise의 RevoScaleR과 Oracle R Enterprise)이다. 각각은 고성능 컴퓨팅과의 약간의 친숙성을 요구한다.

RHIPE 패키지(www.datadr.org)는 R과 Hadoop (분산 컴퓨팅 환경에서 대규모 데이터셋을 처리하기 위한 Java 기반의 무료 소프트웨어 프레임워크)이 깊게 통합된 프로그래밍 환경을 제공한다. 동일 저자들의 추가적인 소프트웨어는 매우 큰 데이터셋을 위한 "분할과 재결합(divide and recombine)" 방법과 데이터 시각화를 제공한다.

RHadoop 프로젝트는 Hadoop으로 데이터를 관리하고 분석하는데 필요한 R 패키지들의 집합체를 제안한다. rmr 패키지는 R 내부에서 Hadoop MapReduce 기능을 제공하고, rhdfs와 rbase 패키지는 HDFS 파일 시스템과 HBASE 데이터저장소에 접근하는 것을 지원한다. Wiki (https://github.com/RevolutionAnalytics/RHadoop/wiki)는 이 프로젝트를 기술하고 지도안을 제공한다. RHadoop 패키지는 CRAN에서보다 GitHub에서 설치되어야만 한다는 것을 알아두라.

pbdR(Programming with Big Data in R) 프로젝트는 확장적인 고성능 라이브러리(MPI, ScaLAPACK, 그리고 netCDF4)와의 간단한 인터페이스를 통하여 R에서의 고수준 데이터 병렬처리를 가능하게 한다. pbdR 소프트웨어는 또한 대규모 컴퓨팅 클러스터 상에 있는 단일 프로그램, 다중 데이터(SPMD:Single Program Multiple Data)를 지원한다. 세부사항은 http://r-pbd.org를 보라.

Revolution R Enterprise(www.revolutionanalytics.com)는 확장가능한 데이터 분석과 고성능 컴퓨팅을 지원하는 패키지인 `RevoScaleR`가 포함되어 있는 R 상용판이다. `RevoScaleR`은 디스크에서 메모리로 흐르는 데이터를 최적화하기 위해 바이너리 XDF 데이터 파일 포맷을 사용한다. 그리고 자주 쓰는 통계분석에 대해서는 일련의 빅데이터 알고리즘을 제공한다. 여러분은 테라바이트 크기의 데이터셋에서 데이터 관리업무를 수행할 수 있고, 요약 통계, 교차표, 상관관계 및 공분산, 비모수통계, 선형 그리고 일반 선형회귀, 단계별 회귀분석, k-평균 군집화, 그리고 분류 및 회귀나무를 획득할 수 있다. 추가적으로 Revolution R Enterprise은 Hadoop(RHadoop 패키지를 통하여) 및 IBM Netezza(IBM PureData System for Analytics를 통하여)와 통합될 수 있다. 이 책을 쓰고 있는 중에, 학교환경에 있는 학생과 교수는 무료 소프트웨어 사용권리(IBM 구성요소를 제외하고)를 얻을 수 있다.

마지막으로, Oracle R Enterprise(www.oracle.com)는 Oracle 데이터베이스와 Hadoop에 저장된 거대한 데이터셋을 사용할 수 있도록 R 환경을 만드는 상용 제품이다. Oracle R Enterprise는 Oracle Adavanced Analytics의 부분이며, 이것은 Oracle 데이터베이스 기업판의 설치를 요구한다. 수천 개의 기여 패키지를 포함하여 R의 모든 기능이 Oracle R Enterprise 인터페이스를 사용하면서 테라바이트-크기의 데이터 문제에 적용될 수 있다. 이것은 상대적으로 비싸지만 포괄적인 해법이다. 그래서 주머니가 두둑한 큰 조직에 주로 호소할 것이다.

기가바이트에서 테라바이트에 이르는 데이터셋과 작업하는 것은 모든 언어에서 도전적일 수 있다. 이러한 접근들 각각은 상당한 학습곡선을 가지고 온다. 이중에서, RevoScaleR이 배우고 설치하기에 아마도 가장 쉬울 것이다.

대규모 데이터셋 분석에 관한 추가 정보는 CRAN task view "High-Performance and Parallel Computing with R" (http://cran.r-project.org/web/views)에서 이용가능하다. 이것은 빠르게 변화하고 발전하는 분야이기 때문에, 자주 점검하기 바란다.

부록 G R 설치 업데이트하기

소비자로서, 우리는 업데이트 옵션의 체크로 소프트웨어를 업데이트하는 것을 당연히 여긴다. 1장에서, 나는 `update.packages()` 함수가 최신판의 기여패키지를 내려받고 설치하는데 사용될 수 있다고 알려 주었다. 아쉽게도, R 설치 자체의 업데이트는 더 복잡할 수 있다.

만약 R 설치를 5.1.0에서 6.1.1로 업데이트하기 원한다면, 여러분은 창의적이어야 한다(내가 이 책을 쓰고 있는 지금, 현재의 버전은 실제적으로 3.1.1이다. 하지만, 나는 이 책이 앞으로 몇 년 동안 계속 부각되기를 원한다). 여기서 두 개의 방법을 소개한다. `installr` 패키지를 사용하는 자동화 방법과 모든 플랫폼에서 통하는 수동 방법이 그것이다.

G.1 자동화 설치 (윈도우의 경우)

윈도우즈 사용자라면, `installr` 패키지를 사용하여 R 설치를 업데이트할 수 있다. 첫째 패키지를 설치하고 적재하라:

```
install.packages("installr")
library(installr)
```

이것은 RGui에 Update 메뉴를 추가한다 (그림 G.1을 보라)

메뉴는 R의 새로운 버전을 설치하고, 존재하는 패키지들을 업데이트하고, 그리고 다른 유용한 소프트웨어 제품 (RStudio와 같은)을 설치하게 해준다. 현재, `installr` 패키지는 오직 윈도우 플랫폼에서만 이용가능하다. 맥 사용자의 경우, 또는 `installr`을 원하지 않는 윈도우 사용자의 경우, R의 업데이트는 일반적으로 수동 과정이다.

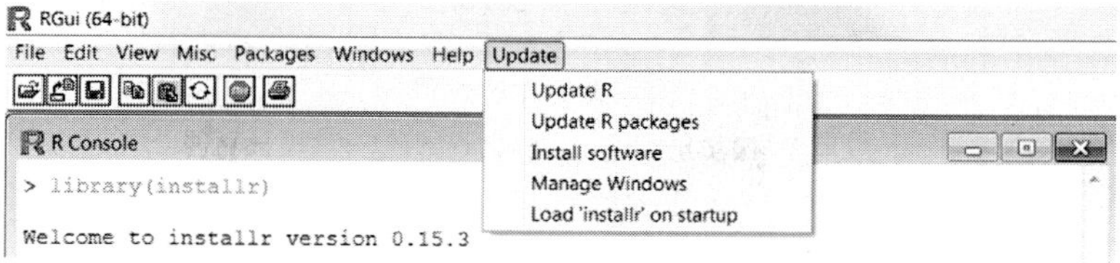

그림 G-1 installr 패키지에 의해 윈도우 RGui에 추가된 Update 메뉴

G.2 수동 설치 (윈도우와 맥 OS X)

최신 버전의 R을 CRAN(http://cran.r-project.org/bin)으로부터 내려받고 설치하기는 상대적으로 간단하다. 복잡한 요인은 맞춤화(이전에 설치한 기여 패키지를 포함하여)가 새로운 설치에 포함되지 않는다는 것이다. 나의 현재 설정에서, 나는 500개가 넘는 기여 패키지를 설치했다. 나는 실제로 그것들의 이름을 적어놓고 내가 다음에 R 설치를 업그레이드 할 때 다시 차례로 재설치해야 하는 것을 원하지 않는다!

가장 우아하고 효율적인 R 설치의 업그레이드 방법과 관련하여 웹에서 많은 논의가 있어왔다. 여기서 기술된 방법은 우아하지 않고 효율적이지도 않다. 하지만, 나는 윈도우즈와 맥 플랫폼 두 곳 모두 잘 작동하는 것을 발견한다.

이 접근법에서, 여러분은 `installed.packages()` 함수를 사용하여 R 디렉토리 밖에 패키지 목록을 저장할 수 있다. 다음으로, `install.packages()` 함수와 그 목록을 사용하여 새로운 R 설치 안에 최신의 기여 패키지를 내려받고 설치한다. 다음은 작업 단계들이다.

1 만약 맞춤화된 Rprofile.site 파일(부록 B를 보라)을 가지고 있다면, R 외부에 복사본을 저장하라.

2 현재의 R 버전을 실행하고, 다음의 진술문을 발행하라.

```
oldip <- installed.packages()[, 1]
save(oldip, file="path/installedPackages.Rdata")
```

여기서 path는 R 밖의 디렉토리 경로이다.

3 R 새 버전을 내려받고 설치하라.

4 만약 1단계에서 맞춤화된 `Rprofile.site` 파일을 저장하였다면, 그것을 새로운 설치안으로 복사하라.

5 새로운 R을 실행하고, 다음의 진술문을 발행하라.

```
load("path/installedPackages.Rdata")
newip <- installed.packages()[,1]
for(i in setdiff(oldip, newip)){
install.packages(i)
}
```

여기서 path는 2단계에서 지정한 위치이다.

6 낡은 설치를 삭제하라(선택사항).

이 접근은 오직 CRAN으로부터 이용가능한 패키지를 설치할 것이다. 이것은 다른 곳으로부터 획득된 패키지들은 찾지 못할 것이다. 여러분은 이것들을 분리해서 찾고 내려받아야 할 것이다. 다행히도, 이 과정은 설치될 수 없는 패키지의 목록을 보여준다. 나의 최근 설치에서, globaltest와 Biobase를 찾을 수 없었다. 왜냐하면, 나는 이것들을 Bioconductor 사이트로부터 가져왔기 때문이다. 나는 이것들을 다음의 코드를 통하여 설치할 수 있었다.

```
source("http://bioconductor.org/biocLite.R")
biocLite("globaltest")
biocLite("Biobase")
```

6단계는 선택사항으로 낡은 설치의 삭제다. 윈도우 기계에 둘 이상의 R이 설치될 수 있다. 만약 원한다면, 시작 〉 제어판 〉 프로그램 설치/삭제를 통해 구 버전을 삭제(Uninstall)하라. 맥 플랫폼에서, R 신 버전은 구 버전을 덮어쓸 것이다. 맥에서 남은 부분을 삭제하기 위하여, Finder를 사용하여 /Library/Frameworks/R.frameworks/versions/Directory 로 가라. 그리고, 구 버전을 나타내는 폴더를 삭제하라.

분명히, 기존 R 버전을 수동으로 업데이트 하는 것은 바라는 것보다 더 많이 소프트웨어의 정교한 부분에 연루된다. 언젠가는 이 부록을 간단하게 "업데이트 옵션의 체크를 선택하라"는 말만 하기를 희망해 본다.

G.3 R 설치의 업데이트 (리눅스)

리눅스에서 R 설치의 업데이트 과정은 윈도우와 맥 OS X 에서 사용된 과정과 꽤 다르다. 게다가, 이것은 리눅스 배포판에 의하여 다양하다 (Debian, Red Hat, SUSE, 또는 Ubuntu). 자세한 사항은 http://cran.r-project.org/bin/linux를 보라.

부록 H R 관련 정보를 얻을 수 있는 대표적인 사이트

R은 진화하는 대규모 통계 플랫폼이자 프로그램 언어이다. 새로운 패키지들이 계속 나오고 업데이트가 빈번히 이루어지며 방향성에 대한 논의도 활발하다. 이와 같은 변화에 어떻게 보조를 맞출 것인가? 다행히, 많은 웹사이트들이 도움을 준다. 활동적인 커뮤니티들이 새로운 방법론, 도움말, 패키지 변화, 플랫폼 적용에 대한 풍부한 정보를 제공한다. 아래에 대표적인 사이트 몇 개를 추천한다.

- The R Project (www.r-project.org)

공식 R 웹사이트로 여러분이 R에 대한 모든 것을 얻고자 할 때 들려야 할 첫 번째 사이트이다. "R에 대한 소개", " R 언어의 정의" "R 확장자 쓰기", "R 데이터 내보내기/불러오기", "R 인스톨과 관리", "R 자주 묻는 질문"을 비롯하여 광범위한 자료가 있다.

- The R Journal (http://journal.r-project.org)

R project와 기여 패키지에 관한 논문을 다루는 저널로 무료로 사용할 수 있다.

- R Bloggers (www.r-bloggers.com)

R 관련 블로거의 글을 모아 놓은 중심 허브이다. 날마다 새로운 글이 올라온다.

- Planet R (http://planetr.stderr.org)

날마다 업데이트 되는 다양한 소스에 대한 정보를 모아놓은 사이트이다.

- CRANberries (http://dirk.eddelbuettel.com/cranberries)

새로 나왔거나 업데이트된 패키지와 CRAN 링크에 대한 정보를 모아놓은 사이트이다.

■ Journal of Statistical Software (www.jstatsoft.org)

논문, 책 리뷰, 통계적 컴퓨팅에 관한 코드 스니펫(code snippets)를 다루며, R에 대해서 자주 언급하는 저널이다. 저널은 무료로 사용할 수 있다.

■ Revolutions (http://blog.revolution-computing.com)

R에 대한 새로운 정보를 제공하는 인기있고, 잘 정리되어 있는 블로그이다.

■ CRAN Task Views (http://cran.r-project.org/web/views)

CRAN의 테스크 뷰(Task views)는 여러 학문과 연구 영역에서 R 사용에 대한 안내를 제공한다. 영역별로 패키지와 방법들에 대해서 안내하고 있다. 현재 34개 테스크 뷰를 이용할 수 있다.

■ R-Help main R mailing list (https://stat.ethz.ch/mailman/listinfo/r-help)

R에 대한 질문이 있을 때 답변을 얻을 수 있는 전자메일 리스트 사이트이다. 자료를 검색할 수도 있다. 메일링 전에 FAQ를 먼저 찾아볼 것을 권고한다.

■ Cross Validated (http://stats.stackexchange.com)

통계, 머신러닝, 데이터 분석, 데이터 시각화에 관심있는 사람들이 질문과 답변을 주고 받는 사이트이다. R에 대한 질문을 올리고, 다른 사람들의 질문 내용을 보기에 좋은 곳이다.

■ Quick-R (www.statmethods.net)

이 책 저자가 운영하는 R 웹사이트이다. R 주제별로 80개가 넘는 요약된 사용 설명서를 구비하고 있다.

보너스 23장

lattice 패키지와 고급 그래픽스

이 장에서 다룰 내용은 다음과 같다.

- lattice 패키지의 소개
- 집단화와 조건화
- 패널 함수와 정보 추가하기
- lattice 그래프 모양을 사용자 지정하기

이 책에서, 여러분은 R에 포함된 graphics 패키지의 기초 함수와, 저자-기여 패키지의 특별 함수를 사용하여 다양한 그래프를 만들었다. 19장에서는 `ggplot2` 패키지의 함수를 사용하여 그래프를 생성하는 새로운 구문을 배운 바 있다. `ggplot2` 패키지는 R의 기본 그래픽스의 대안을 제공하는데 특히 복잡한 플롯을 생성할 때 유용하다.

이 보너스 장에서, 우리는 Deepayan Sarkar(2008)가 작성한 lattice 패키지를 살펴볼 것이다; 이 패키지는 Cleveland (1985, 1993)가 윤곽을 제시한 trellis 그래픽스를 수행한다. `lattice` 패키지는 데이터 시각화에 대한 Cleveland의 초기 접근을 뛰어넘어 성장해 왔으며, 이제는 통계 그래픽스를 생성하는 포괄적인 시스템을 제공하고 있다. `ggplot2`처럼, `lattice` 그래픽스는 자신의 구문을 가지고 있으며, 기본 그래픽스의 대안을 제공하며, 복잡한 데이터를 그리는데 뛰어나다. 분석가들은 개인적인 선호에 따라서, `lattice`나 `ggplot2`를 사용한다. 양자를 모두 시도해보고 여러분이 마음에 드는 것을 찾아보라.

23.1 lattice 패키지

lattice 패키지는 일변량과 다변량 데이터의 시각화를 위한 포괄적인 그래픽 시스템을 제공한다. 특히, 많은 사용자는 lattice 패키지로 방향을 돌리고 있다. 왜냐하면 trellis 그래프를 쉽게 생성하는 능력때문이다.

trellis 그래프는 하나 혹은 더 많은 변수의 수준을 분리해서. 변수의 분포나 변수들 사이의 관계를 보여 준다. 다음 과제를 보자. 뉴욕 합창단에서 성악가들의 키(신장)가 음역에 따라서 차이가 있는가?

성악 회원의 키와 음역에 관한 데이터는 lattice 패키지에 담겨있는 singer 데이터셋에서 제공된다. 아래의 코드에서

```
library(lattice)
histogram(~ height | voice.part, data = singer,
main="Distribution of Heights by Voice Pitch",
```

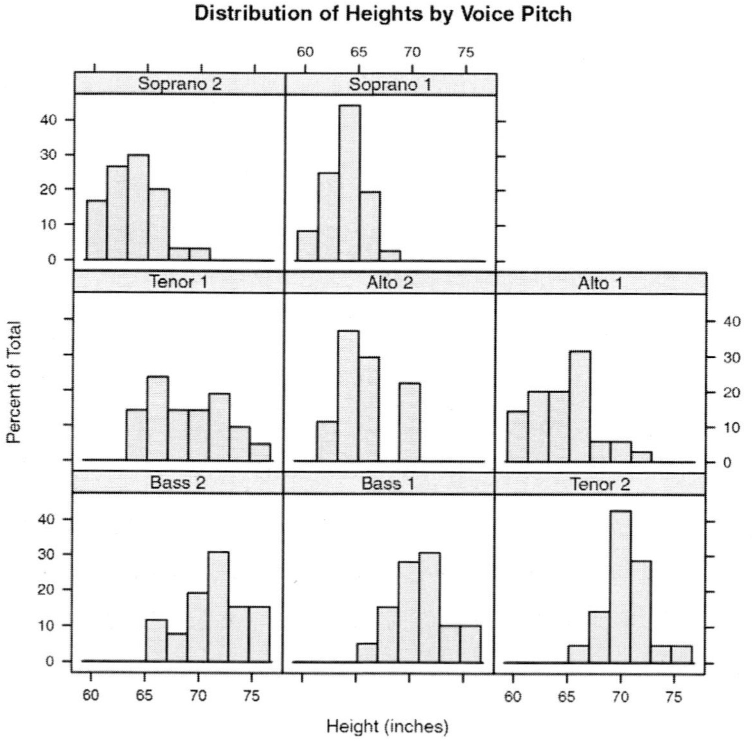

그림 23.1 성악가의 음역과 키에 관한 Trellis 그래프

```
xlab="Height (inches)")
```

height는 종속변수이고, voice.part는 조건화 변수(conditioning variable)이며, 여덟 음역 각각의 히스토그램을 그린다. 이 코드의 그래프는 그림 23.1이다. 그림에서 테너(tenor)와 베이스(bass) 성악가들이 알토(alto)와 소프라노(soprano)들보다 키가 큰 것으로 나타난다.

Trellis 그래프에서, 분리된 패널(panel)이 조건화 변수의 수준별로 생성되었다. 조건화 변수를 하나보다 더 많이 지정하면, 변수별로 각 요인 수준들을 결합하여 패널을 생성한다. 패널들은 비교의 편이성을 위해서 하나의 배열로 정돈된다. 스트립(strip)라고 부르는 영역 안에 라벨이 패널 별로 제공된다. 앞으로 보게 되겠지만. 사용자는 각 패널 별 그래프, 스트립의 형식과 배치, 패널의 정돈, 범례와 그밖의 여려가지 그래픽 기능의 배치와 콘텐츠를 제어할 수 있다.

lattice 패키지는 일변량(점 그림, 커널 밀도 그림, 히스토그램, 막대 차트, 상자 그림), 이변량(산점도, 스트립 플롯, 병렬 상자 그림), 그리고 다변량(3D 플롯, 산점도 행렬) 그래프의 생산을 위한 다양한 종류의 함수를 제공한다.

고-수준 그래프 함수는 다음 형식을 따른다.

```
graph_function(formula, data=, options)
```

여기서,

- graph_function은 표 23.1의 둘째 열에 있는 함수 목록의 하나이다.
- formula는 보여 줄 변수와 조건화 변수를 지정한다.
- data= 데이터프레임을 지정한다.
- options는 콘텐트, 정돈, 그리고 그래프의 주석의 수정에 사용되는데 사용된 쉼표-분리된 인자이다. 많이 쓰는 옵션들은 표 23.2에 나와 있다.

수치형 변수는 소문자로, 범주형 변수(요인)는 대문자로 표시한다. 고-수준 그래프 함수에서 공식은 전형적으로 다음 형식을 취한다.

```
y ~ x | A * B
```

여기서 수직선 왼쪽의 변수들이 주(primary) 변수들이고, 오른쪽의 변수들이 조건화 변수들이다. 주 변수들은 각 패널 별로 축에 변수들을 매핑한다. 여기에서, y ~ x는 각각 수직과 수평 축에 배치될 변수들을 기술한다. 단일-변수 플롯이라면 y ~ x를 ~ x로 바꿔야 한다. 3D 플롯이라면, y ~ x를 z ~ x * y로 대체한다. 다변량 플롯의 경우에는(산점도 행렬 혹은 평행 좌표 그림), y ~ x 를 데이터프레임으로 교체하라. 조건화 변수는 항상 옵션임을 기억하라.

이 논리에 따라서, ~ x | A 는 요인 A의 각 수준별로 수치형 변수 x를 보여준다. y ~ x | A * B 는 수치형 변수 y와 x 사이의 관계를 요인 A와 B 수준간 모든 결합으로 보여준다. A ~ x는 수직 축

표 23.1 lattice 패키지에서 그래프 유형과 대응하는 함수들

그래프 유형	함수	공식 예
3D contour plot	`contourplot()`	`z ~ x * y`
3D level plot	`levelplot()`	`z ~ y * z`
3D scatter plot	`cloud()`	`z ~ x * y | A`
3D wireframe graph	`wireframe()`	`z ~ y * x`
Bar chart	`barchart()`	`x ~ A or A ~ x`
Box plot	`bwplot()`	`x ~ A or A ~ x`
Dot plot	`dotplot()`	`~ x | A`
Histogram	`histogram()`	`~ x`
Kernel-density plot	`densityplot()`	`~ x | A * B`
Parallel-coordinates plot	`parallelplot()`	`dataframe`
Scatter plot	`xyplot()`	`y ~ x | A`
Scatter-plot matrix	`splom()`	`dataframe`
Strip plot	`sstripplot()`	`A ~ x or x ~ A`

주의: 이 공식에서, 소문자는 수치형 변수를 대문자는 범주형 변수를 나타낸다.

위에 범주형 변수 A를 수평 축 위에 변수 x를 보여준다. ~ x는 수치형 변수 x 하나만 보여준다. 그 밖의 사례들은 표 23.1에 제시되어 있다.

lattice 그래프의 개요에 대한 빠른 이해를 위하여, 프로그래밍 23.1에 있는 코드를 실행해 보자. 그래프는 mtcars 데이터프레임에 포함된 자동차 데이터(연비, 무게, 기어 숫자, 실린더 숫자, 기타 등등)에 기초하고 있다. 다양한 공식들을 넣어보고 결과를 보자(결과의 출력은 공간절약을 위해서 생략되었다).

프로그래밍 23.1 Lattice 플롯 예

```
library(lattice)
attach(mtcars)

gear <- factor(gear, levels=c(3, 4, 5),
               labels=c("3 gears", "4 gears", "5 gears"))
cyl <- factor(cyl, levels=c(4, 6, 8),
              labels=c("4 cylinders", "6 cylinders", "8 cylinders"))

densityplot(~mpg,
```

```
          xlab="Miles per Gallon")

densityplot(~mpg | cyl,
            main="Density Plot by Number of Cylinders",
            xlab="Miles per Gallon")

bwplot(cyl ~ mpg | gear,
       main="Box Plots by Cylinders and Gears",
       xlab="Miles per Gallon", ylab="Cylinders")

xyplot(mpg ~ wt | cyl * gear,
       main="Scatter Plots by Cylinders and Gears",
       xlab="Car Weight", ylab="Miles per Gallon")

cloud(mpg ~ wt * qsec | cyl,
      main="3D Scatter Plots by Cylinders")
dotplot(cyl ~ mpg | gear,
        main="Dot Plots by Number of Gears and Cylinders",
        xlab="Miles Per Gallon")

splom(mtcars[c(1, 3, 4, 5, 6)],
      main="Scatter Plot Matrix for mtcars Data")

detach(mtcars)
```

lattice 패키지에 있는 고-수준 플롯팅 함수는 저장되어 조작할 수 있는 그래픽 객체를 생산한다. 예를 들어,

```
library(lattice)
mygraph <- densityplot(~height|voice.part, data=singer)
```

는 trellis 밀도 플롯을 생성하고 객체 mygraph로 그것을 저장한다. 그러나 그래프기 나타나지는 않는다. 그래프는 plot(mygraph) 진술문 (혹은 간단히 mygraph)으로 그린다. .

lattice 그래프를 옵션을 사용하여 수정하는 것은 쉽다. 많이 쓰는 옵션이 표 23.2에 제시되어 있다. 이 장의 후반에 많은 예를 보게 될 것이다.

여러분들은 이러한 옵션들을 고-수준 함수를 호출할 때나, 혹은 23.3절에서 논의되는 패널 함수 안에서 적용할 수 있다.

또한 lattice 그래픽 객체의 수정에는 update() 함수를 사용할 수 있다. singer 예를 계속 들어보자.

```
newgraph <- update(mygraph, col="red", pch=16,
                   cex=.8, jitter=.05, lwd=2)
```

이 진술문은 mygraph를 다음과 같이 수정한다. 빨강 곡선과 기호(color="red"), 채워진 점 (pch=16), 보다 작게(cex=.8), 큰 파형이 있는 점(jitter=.05), 그리고 두 배 굵기의 선(lwd=2)을 사용한다. 결과 그래프는 newgraph로 저장된다. 지금까지 고-수준 lattice 함수의 일반적인 구조에 대해서 검토했다.

표 23.2 lattice 고-수준 그래프 함수를 위한 일반적 옵션들

옵션	기술
aspect	각 패널 그래프의 종횡비(높이/넓이)를 지정하는 숫자
col, pch, lty, lwd	플롯팅에 사용될 색깔, 기호, 선 유형, 및 선 넓이를 각각 지정하는 벡터
group	집단화 변수(요인)
index.cond	패널의 배치 순서를 지정하는 목록
key (또는 auto.key)	집단화 변수의 범례 제공에 사용하는 함수
layout	패널(열의 수, 행의 수)의 배열을 지정하는 이-요소(two-element) 수치형 벡터. 원한다면, 세 번째 요소를 페이지 수를 지정하여 추가할 수 있다.
main, sub	주 제목과 부 제목을 지정하는 문자 벡터panel각 패널에 그래프를 생성하는데 사용하는 함수
scales	축에 대한 주석 정보를 제공하는 목록
strip	패널 스트립을 사용자 지정하는데 사용하는 함수
split, position	한 페이지에 하나가 넘는 그래프를 배치하는데 사용하는 수치형 벡터
type	산점도의 하나 혹은 그 이상의 플롯팅 옵션을 지정하는 문자 벡터 (p=포인트, l=선, r=회귀선, smooth=loess 적합선, g=grid, 등)
xlab, ylab	수평과 수직 축 라벨을 지정하는 문자 벡터
xlim, ylim	수평과 수직 축의 최소값과 최대값을 각각 부여하는 이-요소 수치형 벡터

이제 조건화 변수에 대해서 자세하게 살펴보자.

23.2 조건화 변수

여러분이 살펴본 바와 같이, lattice 그래프의 가장 강력한 기능가운데 하나는 조건화 변수를 추가할 수 있는 능력이다. 만약 조건화 변수가 한 개 있다면, 각 수준별로 분리된 패널을 생성한다. 만약 조건화 변수가 두 개 있다면, 두 변수의 수준별로 결합하여 분리된 패널을 생성한다. 조건화 변수가 두 개를 넘는 경우에 분석의 유용성은 거의 없다.

전형적으로, 조건화 변수는 요인이다. 그러나 만약 연속형 변수로 조건화를 원한다면? 하나의 방법은 R의 cut() 함수를 사용하여 연속형 변수를 이산형 변수로 변형시키는 것이다. 하나의 방법은 lattice 패키지에서 연속형 변수를 널판(shingle)으로 부르는 데이터 구조로 변형시키는 함수를 이용

한다. 명확하게, 연속형 변수는 중첩되는 범위를 지닌 연결체로 나누어진다. 예를 들어, 아래의 함수

```
myshingle <- equal.count(x, number=n, overlap=proportion)
```

는 연속형 변수 x를 취하고, 이것을 n개의 구간으로 나눈다. 또한 각 구간들은 proportion(비율) 만큼 중첩하고 관측치 수는 같게 한다. 그리고 변수 myshingle(shingle 클래스의)로 반환한다. 이 객체를 출력하거나 플롯팅하면(예를 들어, plot(myshingle)) 널판의 구간을 보여준다.

일단 연속형 변수가 널판으로 변환되면, 조건화 변수로 사용할 수 있다. 예를 들어, mtcars 데이터셋을 사용하여 연비(갤런 당 마일)와 자동차 무게와의 관계를 엔진 배기량의 조건별로 탐색한다고 하자. 엔진 배기량이 연속형 변수이기 때문에, 먼저 이것을 세 수준의 널판 변수로 변환해야 한다.

```
displacement <- equal.count(mtcars$disp, number=3, overlap=0)
```

다음, xyplot() 함수에 이 변수를 사용한다:

```
xyplot(mpg~wt|displacement, data=mtcars,
main = "Miles per Gallon vs. Weight by Engine Displacement",
xlab = "Weight", ylab = "Miles per Gallon",
layout=c(3, 1), aspect=1.5)
```

결과는 그림 23.2이다. 여기서 세 개 집단 간 비교를 보다 쉽게하기 위해서, 패널의 윤곽을 수정하는 옵션(세 개의 열과 한 개의 행)과 종횡비(높이/넓이)를 사용했음에 유의해라.

여러분은 그림 23.1과 그림 23.2의 패널 스트립에 있는 라벨들이 차이가 난다는 것을 알 것이다. 그

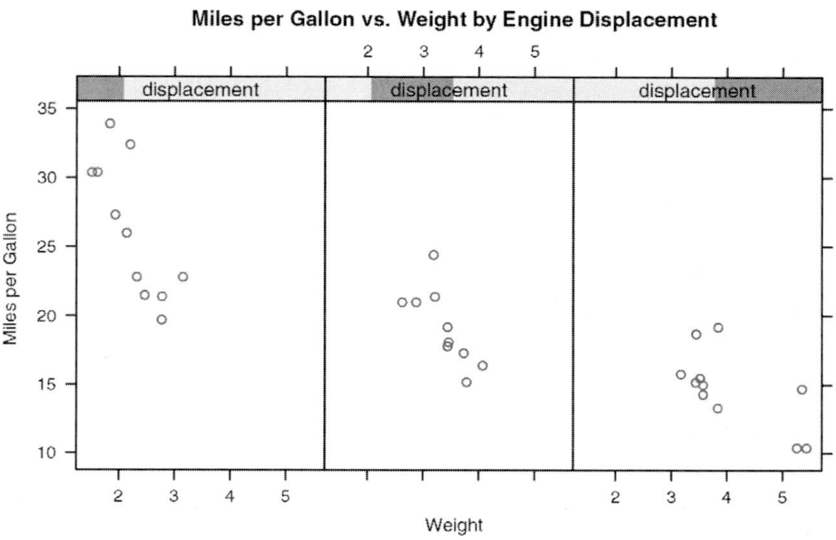

그림 23.2 엔진 배기량의 조건별 갤런 당 마일 vs. 자동차 무게의 trellis 플롯. 엔진 배기량이 연속형 변수이기 때문에, 동일한 관측치를 가진 세 개의 비-중첩 널판으로 변환하였다.

림 23.2에서 조건화 변수의 변수 값 범위에 짙은 색깔을 칠해서 조건화 변수가 연속적인 속성임을 나타냈다. 다음 절에서는 사용자가 결과물을 더욱 원하는 대로 지정하는 패널 함수에 대해서 알아보자.

23.3 패널 함수

표 23.1의 고-수준 플롯팅 함수들은 모두 패널을 그릴 때 디폴트 함수를 채용한다. 이러한 기본설정 함수들은 panel.graph_function의 관례적인 이름붙이기에 따른다. 여기서 `graph_function`가 고-수준 함수이다. 예를 들어,

```
xyplot(mpg~wt|displacement, data=mtcars)
```

을

```
xyplot(mpg~wt|displacement, data=mtcars, panel=panel.xyplot)
```

으로 쓸 수도 있다. 이와같은 강력한 기능으로 여러분은 기본설정 패널 함수를 자신이 설계한 사용자 지정 함수로 대체할 수 있다. lattice 패키지에 있는 하나에서 50개가 넘는 디폴트 패널 함수를 사용자 지정 함수와 합병할 수 있다. 사용자 지정 패널 함수는 여러분이 필요에 따른 출력물을 설계하는데 큰 유연성을 준다. 몇 가지 예를 살펴보자.

앞선 절에서, 엔진 배기량 조건에 따른 자동차 무게와 연비 관계를 그린 바 있다. 만약 회귀선, 깔개 플롯, 그리고 격자선을 포함하고 싶다면? 여러분은 자신의 패널 함수(다음의 프로그래밍을 보라)를 생성하면 된다. 결과 그래프는 그림 23.3이다.

프로그래밍 23.2 사용자-지정 패널 함수와 xyplot

```
library(lattice)
displacement <- equal.count(mtcars$disp, number=3, overlap=0)

mypanel <- function(x, y) {
             panel.xyplot(x, y, pch=19)
             panel.rug(x, y)
             panel.grid(h=-1, v=-1)
             panel.lmline(x, y, col="red", lwd=1, lty=2)
           }

xyplot(mpg~wt|displacement, data=mtcars,
       layout=c(3, 1),
       aspect=1.5,
       main = "Miles per Gallon vs. Weight by Engine Displacement",
       xlab = "Weight",
       ylab = "Miles per Gallon",                        ❶ Customized panel function
       panel = mypanel)
```

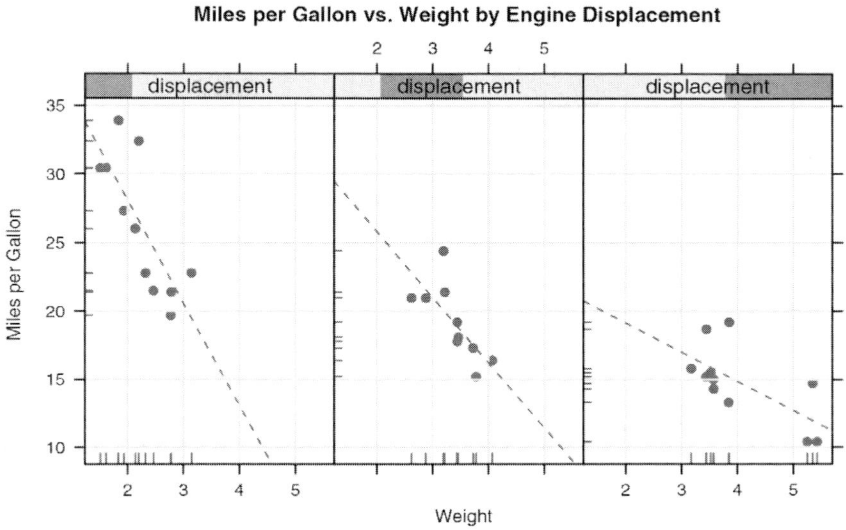

그림 23.3 엔진 배기량의 조건별 갤런 당 마일 vs. 자동차 무게의 trellis 플롯. 사용자 패널 함수를 사용하여 회귀선, 깔개그림, 그리드 선을 추가하였다.

구체적으로 살펴보자. 먼저 네 개의 분리된 빌딩-블록 함수들을 자신의 mypanel() 함수 안에 모두 넣고, panel=옵션을 설정하여 xyplot() 안에서 적용한다❶. panel.xyplot() 함수는 채워진 원(filled circle) (pch=19)을 사용한 산점도를 생성한다. panel.rug() 함수는 깔개플롯을 각 패널의 x와 y축 모두에 추가한다. panel.rug(x, FALSE) 혹은 panel.rug(FALSE, y)는 깔개를 수평이나 수직 축 중 하나에 각각 추가할 수 있다. panel.grid() 함수는 수평과 수직 격자선을 추가한다(음수를 사용하면 축 라벨에 맞추어 순서대로 위치한다). 마지막으로, panel.lmline() 함수는 회귀선을 추가한다. 빨강(col= "red"), 대쉬선(lty=2), 표준 굵기(lwd=1)로 회귀선이 만들어진다. 디폴트 패널 함수들은 자신만의 구조와 옵션이 있다. 더 자세한 내용은 각 함수에 관한 도움말(예를 들어, help(panel.lmline))을 보라.

두 번째 사례로, 자동차 트랜스미션 유형에 따른(조건화 변수) 연비와 엔진 배기량(연속형 변수로 간주한) 사이의 관계를 그래프로 그릴 것이다. 자동과 수동 트랜스미션별로 분리된 패널의 생성에 추가하여, 평활 적합선과 수평 평균선이 그려질 것이다. 코드는 다음의 프로그래밍이고, 코드로 생산된 그래프는 그림 23.4이다.

프로그래밍 23.3 사용자 지정 패널 함수와 추가 옵션을 활용하는 xyplot

```
library(lattice)
mtcars$transmission <- factor(mtcars$am, levels=c(0,1),
                              labels=c("Automatic",  "Manual"))

panel.smoother <- function(x, y) {
                    panel.grid(h=-1, v=-1)
```

```
                    panel.xyplot(x, y)
                    panel.loess(x, y)
                    panel.abline(h=mean(y), lwd=2, lty=2, col="darkgreen")
                  }

xyplot(mpg~disp|transmission,data=mtcars,
       scales=list(cex=.8, col="red"),
       panel=panel.smoother,
       xlab="Displacement", ylab="Miles per Gallon",
       main="MPG vs Displacement by Transmission Type",
       sub = "Dotted lines are Group Means", aspect=1)
```

이 새로운 코드에는 주목해야 할 몇 가지가 있다. `panel.xyplot()` 함수는 개별적인 점을, 그리고 panel.loess() 함수는 비모수 적합선을 각 패널에 그린다. `panel.abline()` 함수는 조건화 변수의 각 수준별 mpg 평균을 가리키는 수평 참고선을 추가한다(만약 h=mean(y)을 h=mean(mtcars$mpg)으로 교체했다면, 단일 참고선이 전체 표본의 mpg 평균 값으로 그려질 것이다). scales=옵션은 빨강과 80%의 기본설정 폰트 크기에서 척도 주석(축의 수와 체크 표시)을 만든다.

앞에서의 예에서, scales=list(x=list(), y=list()을 사용하여 수평 축과 수직 축에 분리된 옵션을 각각 지정한 바 있다. 이용가능한 많은 척도(scale) 옵션에 관한 더 자세한 내용은 help(xyplot)를 보라. 다음 절에서는, 관찰 집단을 분리된 패널로 나누지 않고 데이터를 겹쳐 포개는 방법에 대해서 알아보자.

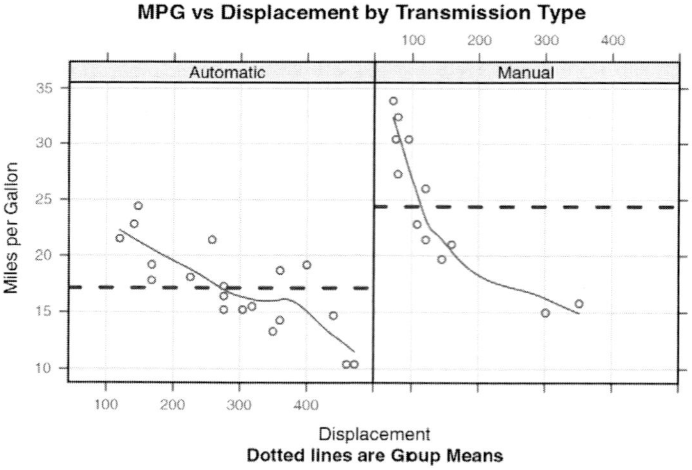

그림 23.4 트랜스미션 유형으로 조건화된 연비 vs. 배기량의 Trellis 그래프. 평활선(loess), 격자, 그리고 집단 평균 수준이 추가되었다.

23.4 집단화 변수

lattice 그래프 공식에서 조건화 변수를 포함할 때, 변수의 각 수준별로 분리된 패널을 산출한다. 그런데 만약 수준들을 겹쳐 포개어 결과를 얻고자 한다면, 변수를 집단화 변수로 지정한다.

여러분이 커널-밀도 그림을 사용하여 수동과 자동 트랜스미션 자동차의 기름 연비의 분포를 표현하고 싶다고 하자. 다음의 코드를 사용하여 이 플롯들을 겹쳐 포갤 수 있다.

```
library(lattice)
mtcars$transmission <- factor(mtcars$am, levels=c(0, 1),
                                labels=c("Automatic", "Manual"))
densityplot(~ mpg, data=mtcars,
            group=transmission,
            main="MPG Distribution by Transmission Type",
            xlab="Miles per Gallon",
            auto.key=TRUE)
```

결과 그래프가 그림 23.5이다. 기본설정으로 group=옵션은 집단화 변수의 각 수준의 플롯들을 겹쳐 포갠다. 점은 개방원으로, 선은 실선으로, 수준 정보는 색깔로 구별한다. 여러분이 잘 아는 바와 같이, 색깔이 흑백으로 인쇄될 때, 구별하기 힘들다. 이후에 이러한 기본설정을 바꾸는 방법을 배울 것이다.

기본설정으로는 범례와 키(key)가 생성되지 않는다는 것에 주목해라. auto.key=TRUE 옵션은 기초

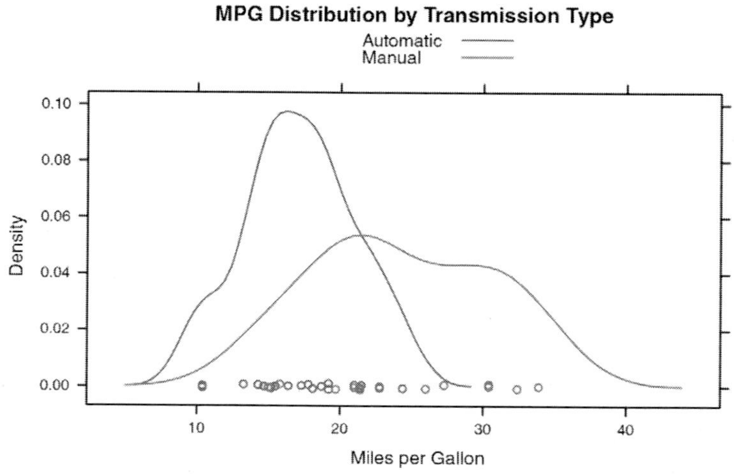

그림 23.5 트랜스미션 유형에 의하여 집단화된 연비(갤런 당 마일 수)를 위한 커널-밀도 그림. 수평 축 위에 파형점들이 제공된다.

범례를 생성하고 이것을 그래프의 위에 배치한다. 목록에서 옵션을 지정함으로써 자동화된 키에 제한된 변화를 줄 수 있다. 예를 들어,

```
auto.key=list(space="right", columns=1, title="Transmission")
```

는 범례를 그래프의 오른쪽에 배치하고, 키값들을 단일 열로 표현하고, 범례 제목을 추가한다.

만약 범례에 관하여 보다 큰 통제를 원한다면, key= 옵션을 사용할 수 있다. 예가 아래에 있다. 결과 그래프는 그림 23.6이다.

프로그래밍 23.4 집단 변수와 사용자 지정된 범례를 활용하는 커널-밀도 그림

```
library(lattice)
mtcars$transmission <- factor(mtcars$am, levels=c(0, 1),
                              labels=c("Automatic", "Manual"))

colors <- c("red", "blue")
lines  <- c(1,2)
points <- c(16,17)

key.trans <- list(title="Transmission",
                  space="bottom", columns=2,
                  text=list(levels(mtcars$transmission)),
                  points=list(pch=points, col=colors),
                  lines=list(col=colors, lty=lines),
                  cex.title=1, cex=.9)

densityplot(~mpg, data=mtcars,
            group=transmission,
            main="MPG Distribution by Transmission Type",
            xlab="Miles per Gallon",
            pch=points, lty=lines, col=colors,
            lwd=2, jitter=.005,
            key=key.trans)
```

❶ Color, line, and point specifications

❷ Legend customization

❸ Density plot

여기에서, 플롯팅 기호, 선 유형, 그리고 색깔은 벡터로 지정한다❶. 각 벡터의 첫 번째 요소는 집단 변수의 첫 번째 수준으로 적용하고, 두 번째 요소는 두 번째 수준으로, 이런 방식으로 계속 한다. 범례 옵션을 구성하기 위해 리스트 객체들을 만든다❷. 이 옵션은 범례를 그래프 아래의 두 열에 배치하며, 수준 이름, 점 기호, 선 유형, 그리고 색깔을 포함하도록 한다. 범례 제목은 기호를 위한 텍스트보다 약간 더 크게 표시한다.

동일한 플롯 기호, 선 유형, 그리고 색깔을 densityplot() 함수 안에 지정한다❸. 추가로, 그래프의 모양을 좋게하기 위해서 선 넓이와 파형을 크게 한다. 마지막으로, 사전 정의된 목록을 사용하기 위하여 키를 설정한다. 집단화 변수를 위한 범례를 지정하는 이러한 방법은 여러분에서 많은 유연성을 준다. 하나가 넘는 범례들을 만들어 그래프의 다른 영역에 배치할 수도 있다(여기서 보여주지는 않

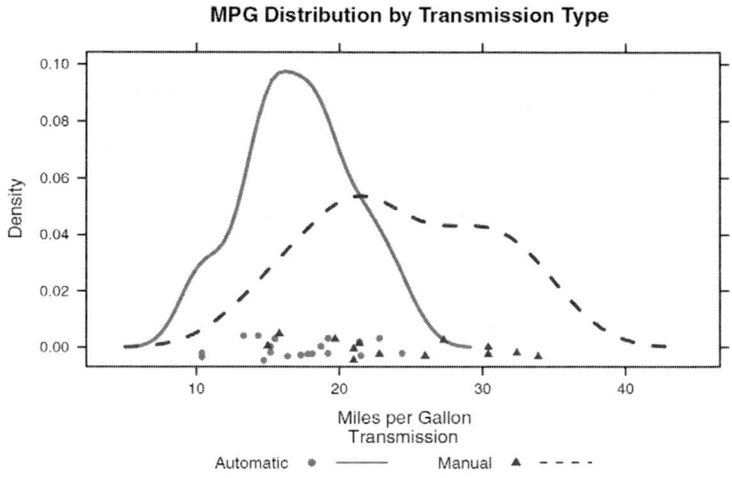

그림 23.6 트랜스미션 유형에 따라서 집단화된 연비(갤런 당 마일수)의 커널-밀도 그림. 그래픽 파라미터는 수정되었으며, 사용자 지정된 범례가 추가되었다. 사용자 지정 범례는 색깔, 형태, 선 유형, 문자 크기, 그리고 제목을 지정한다.

는다).

이 절을 끝내기 전에, 단일 플롯에 집단과 조건화 변수를 포함하는 사례를 검토해 보자. R 기본설치에 포함된, CO_2 데이터프레임은 Echinochloa crus-galli(피)라 불리는 일종의 풀인 돌피의 냉해저항성에 관한 연구를 기술한다.

이 데이터는 7개 수준으로 측정한 이산화탄소 농도(ambient carbon dioxide concentrations, conc)에서 12개의 식물(Plant)의 이산화탄소 섭취량(uptake)을 기술한다. 6개의 식물은 퀘벡(Quebec)에서, 6개의 식물은 미시시피(Mississippi)에서 채집되었다. 각 지역에서 세 식물은 냉한 상황에서, 세 식물은 비-냉한 상황에서 연구되었다. 이 예에서, Plant는 집단 변수이고, Type(퀘벡/미시시피)과 Treatment(냉한/비냉한)는 조건화 변수이다. 다음의 코드는 그림 23.7을 생성한다.

프로그래밍 23.5 집단과 조건화 변수, 그리고 사용자 지정 범례를 활용하는 xyplot

```
library(lattice)
colors <- "darkgreen"
symbols <- c(1:12)
linetype <- c(1:3)
key.species <- list(title="Plant",
                    space="right",
                    text=list(levels(CO2$Plant)),
                    points=list(pch=symbols, col=colors))

xyplot(uptake~conc|Type*Treatment, data=CO2,
       group=Plant,
```

```
type="o",
pch=symbols, col=colors, lty=linetype,
main="Carbon Dioxide Uptake\nin Grass Plants",
ylab=expression(paste("Uptake ",
       bgroup("(", italic(frac("umol","m"^2)), ")"))),
xlab=expression(paste("Concentration ",
       bgroup("(", italic(frac(mL,L)), ")"))),
sub = "Grass Species: Echinochloa crus-galli",
key=key.species)
```

\n을 사용하여 두 줄 제목을 달고, expression() 함수를 사용하여 축 라벨들에 수학적 주석을 추가한다. 여기에서, 색깔은 col= 옵션에 단일 색깔을 지정하여 집단 간 색깔 구분을 하지 않는다. 이 경우에, 만일 12개의 집단에 각각 다른 색깔을 추가한다면 너무 산만해져서, 관계를 명확하게 인식하기 위한 시각화 의도에 오히려 방해가 된다. 결과를 보면 분명히 냉한 조건에서 미시시피 돌피 식물에는 무언가 다른 점이 있다는 것을 알 수 있다.

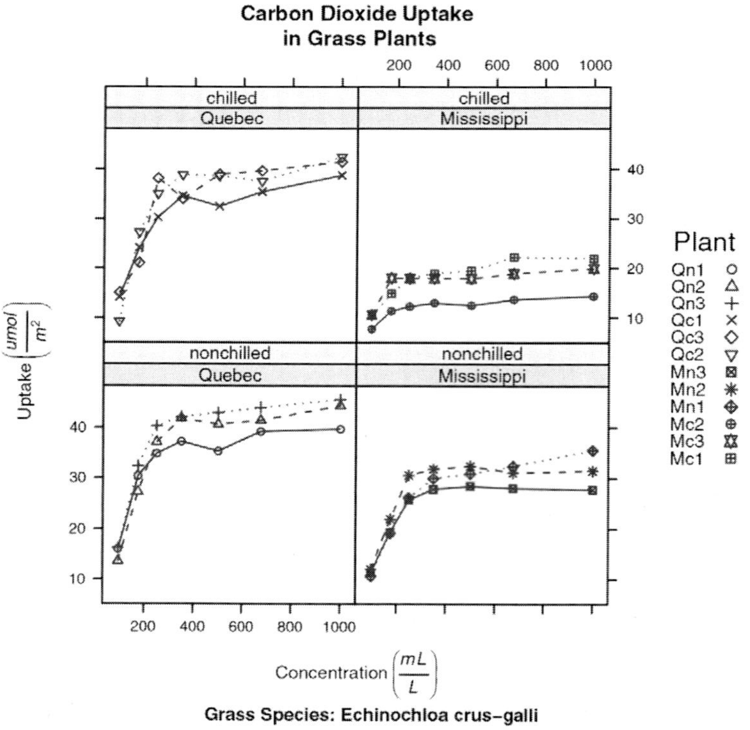

그림 23.7 두개의 처치 조건과 두개의 유형에서 12개 식물의 이산화탄소 섭취에 관한 이산화탄소농도의 영향을 보여주는 xyplot. Plant는 집단 변수이고, Treatment와 Type은 조건화 변수이다.

지금까지, 옵션을 통해서 고-수준 그래프 함수(예를 들어, xyplot (pch=17)) 혹은 패널 함수(예를 들어, panel.xyplot(pch=17))에서 그래픽 요소를 수정해 왔다. 그런데 이같은 수정은 단지 함수 호출이 유지되는 상황에서만 효과가 있다. 다음 절에서, 그래픽 인자를 바꾸어 상호작용 세션(interactive session)이나 일괄처리 실행(batch execution) 중 계속 지속하도록 방법들에 대해서 알아보자.

23.5 그래픽 파라미터(parameters)

3장에서, par() 함수를 사용하여 기본설정 그래픽 파라미터를 확인하고 설정하는 방법에 대해서 학습했다. 비록 이 작업은 R의 소박한 그래픽 시스템으로 만든 그래프에 대한 것이었지만. 이러한 설정은 lattice 그래프에 영향을 미치지 않는다. 대신에, lattice 함수들이 사용하는 그래픽 기본설정은 trellis.par.get() 함수로 접근하고, trellis.par.set() 함수로 수정할 수 있는 대규모 목록 객체에 담겨 있다. show.settings() 함수를 사용하면 현재의 그래픽 설정을 시각적으로 볼 수 있다.

예를 들어, 겹쳐 포개진 점들에 사용하는 기본설정 기호를 바꿔보자(즉, 집단화 변수를 포함하는 그래프에 있는 점들). 기본설정은 개방된 원인데, 이를 각 집단마다 자신의 기호로 바꿔보자.

먼저, 현재의 기본설정을 보자.

```
show.settings()
```

이것들을 mysettings라고 불리는 목록 안으로 저장한다.

```
mysettings <- trellis.par.get()
```

여러분은 names() 함수를 사용하여 이 목록의 성분들을 볼 수 있다:

```
> names(mysettings)
 [1] "grid.pars"          "fontsize"          "background"
 [4] "panel.background"   "clip"              "add.line"
 [7] "add.text"           "plot.polygon"      "box.dot"
[10] "box.rectangle"      "box.umbrella"      "dot.line"
[13] "dot.symbol"         "plot.line"         "plot.symbol"
[16] "reference.line"     "strip.background"  "strip.shingle"
[19] "strip.border"       "superpose.line"    "superpose.symbol"
[22] "superpose.polygon"  "regions"           "shade.colors"
[25] "axis.line"          "axis.text"         "axis.components"
[28] "layout.heights"     "layout.widths"     "box.3d"
[31] "par.xlab.text"      "par.ylab.text"     "par.zlab.text"
[34] "par.main.text"      "par.sub.text"
```

기호들을 겹쳐 포개는데 지정된 기본설정은 superpose.symbol 성분에 담겨있다:

```
> mysettings$superpose.symbol
$alpha
[1] 1 1 1 1 1 1 1

$cex
[1] 0.8 0.8 0.8 0.8 0.8 0.8 0.8

$col
[1] "#0080ff"    "#ff00ff"    "darkgreen"  "#ff0000"    "orange"
[6] "#00ff00"    "brown"

$fill
[1] "#CCFFFF" "#FFCCFF" "#CCFFCC" "#FFE5CC" "#CCE6FF" "#FFFFCC"
[7] "#FFCCCC"

$font
[1] 1 1 1 1 1 1 1

$pch
[1] 1 1 1 1 1 1 1
```

집단의 각 수준에 사용한 기호는 개방된 원(pch=1)이다. 일곱 개의 수준이 정의되어 있고, 이후에 기호들은 재생된다.

기본설정을 바꾸기 위하여, 아래 진술문을 사용한다 :

```
mysettings$superpose.symbol$pch <- c(1:10)
trellis.par.set(mysettings)
```

다시 show.settings() 함수를 사용하면 바뀐 결과를 볼 수 있다. 이제 lattice 그래프는 기호 1(개방된 원)을 집단화 변수의 첫 번째 수준에 사용하고, 기호 2(개방된 삼각형)를 두 번째 수준에 사용하고, 이와 같이 계속 한다. 또한, 기호들은 집단화 변수의 7수준이 아닌 10수준을 정의한다. 변한 내용은 모든 그래픽 장치가 닫힐 때까지 유지될 것이다. 이와 같은 방식으로 어떠한 그래프 설정도 바꿀 수 있다.

23.6 플롯 스트립 사용자 지정하기

패널 스트립의 기본설정 배경 색깔은 첫 번째 조건화 변수는 복숭아 색, 두 번째 조건화 변수는 담록색, 세 번째는 담청색이다. 행복하게도, 여러분은 색깔, 폰트, 그리고 스트립의 기타 모양을 사용자-지정할 수 있다. 앞선 절에서 기술한 방법을 사용하거나, 보다 큰 통제력을 행사하여 스트립의 어떤 모양에 대해서도 사용자-지정 함수를 작성할 수 있다.

스트립 함수로 시작해 보자. lattice의 고-수준 그래픽 함수가 각 패널 내용을 통제하기 위하여 패널 함수의 지정을 허용하는 것처럼, 스트립 함수는 각 스트립의 모양을 통제하기 위해서 지정할 수 있다.

앞서 살펴 본 그림 23.1의 그래프를 다시 보자. 그래프는 뉴욕 합창단의 음역별 성악가의 키를 보여준다. 배경 색깔은 복숭아 색이다. 만약 여러분이 스트립을 밝은 회색으로, 스트립의 텍스트는 검은색으로, 그리고 폰트는 20% 줄어서 이탤릭체로 원한다면? 이것을 다음의 코드로 수행할 수 있다:

```
library(lattice)
histogram(~height | voice.part, data = singer,
          strip = strip.custom(bg="lightgrey",
                par.strip.text=list(col="black", cex=.8, font=3)),
          main="Distribution of Heights by Voice Pitch",
          xlab="Height (inches)")
```

결과 그래프가 그림 23.8이다.

strip= 옵션은 스트립의 모양을 설정하는데 사용하는 함수를 지정한다. 아무런 사전 지식없이 함수를 작성할 수도 있겠지만(?strip.default를 보라), 기본 설정값들을 그래도 두고, 몇 가지 설정만을 바꾸는 것이 더 쉽다. 이것을 허용하는 함수가 strip.custom() 함수이다. bg 옵션은 배경 색깔을 통제하고, par.strip.text는 스트립 텍스트의 모양을 통제한다.

par.strip.text 옵션은 텍스트 특성의 정의에 목록을 사용한다. col과 cex 옵션은 텍스트 색깔과 크기를 통제한다. font 옵션에서 일반, 굵은체, 이탤릭체, 그리고 굵은 이탤릭체는 각각 1, 2, 3, 4의 값으로 얻어진다.

strip= 옵션은 주어진 그래프에서 스트립의 모양을 바꾼다. R 세션에서 생성된 모든 lattice 그래프의 모양을 바꾸기 위하여, 앞선 절에서 기술한 그래픽 파라미터를 사용할 수 있다. 코드는 다음과 같다.

```
mysettings <- trellis.par.get()
mysettings$strip.background$col <- c("lightgrey", "lightgreen")
trellis.par.set(mysettings)
```

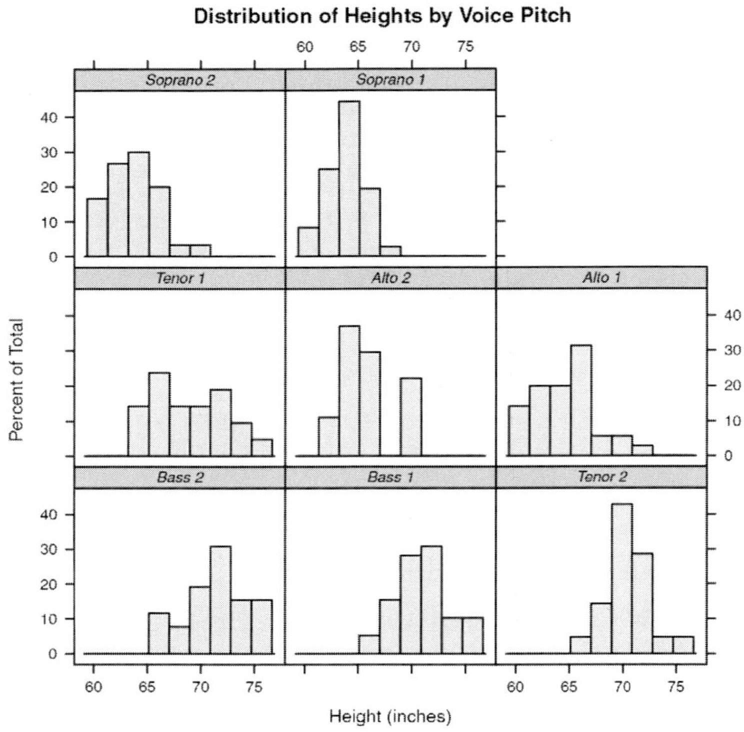

그림 23.8 사용자 지정 스트립 (밝은 회색 배경, 보다 작은 이탤릭체의 폰트)을 활용한 trellis 그래프

첫 번째 조건화 변수에 lightgrey를, 두 번째 변수에 lightgreen을 스트립 배경으로 각각 지정한다. 바뀐 내용은 이후의 세션에서, 그리고 설정을 다시 바꿀 때까지 효과를 발휘한다. 그래픽 인자를 사용하는 편이 더 편리하기는 하다. 하지만, 스트립 함수는 여러분에게 보다 많은 옵션과 큰 통제력을 준다.

23.7 페이지 배열(Page arrangement)

3장에서, 여러분은 par() 함수를 사용하여 한 페이지에 하나가 넘는 그래프를 배치하는 방법을 배웠다. lattice 함수는 par() 설정을 인식하지 못하기 때문에, 하나의 그래프 안에 여러 개의 lattice 플롯들을 결합하려면 다른 접근이 필요하다. 가장 쉬운 방법은 lattice 그래프를 객체로 저장하고 split= 혹은 position= 옵션으로 지정한 plot() 함수를 사용한다.

split 옵션은 페이지를 지정한 수의 행과 열로 나누고 그래프를 행렬로 설계한 셀 안에 배치한다. split

옵션을 위한 형식은

```
split=(x, y, nx, ny)
```

이다. 이것은 현재 플롯 위치가 nx와 ny 플롯의 정규 배열이 x,y의 위치에 있다는 것을 가리킨다. 원래 플롯은 왼쪽 위에 있다. 예를 들어, 다음의 코드

```
library(lattice)
graph1 <- histogram(~height | voice.part, data = singer,
                    main = "Heights of Choral Singers by Voice Part" )
graph2 <- bwplot(height~voice.part, data = singer)
plot(graph1, split = c(1, 1, 1, 2))
plot(graph2, split = c(1, 2, 1, 2), newpage = FALSE)
```

에서 첫 번째 그래프는 두 번째 그래프 바로 위에 배치된다. 특히, 첫 번째 plot() 진술문은 페이지를 한 개의 열 (nx = 1)과 두개의 행 (ny = 2)으로 나누고, 그래프를 첫 번째 열과 첫번째 행(위에서 아래로 그리고 왼쪽에서 오른쪽으로 셈하면서)에 배치한다.

두 번째 plot() 진술문은 페이지를 같은 방법으로 나누지만 그래프를 첫째 열과 둘째 행 안에 배치한다. plot()은 기본설정으로 새 페이지에서 시작하기 때문에, 이를 억제하려면 newpage=FALSE 옵션

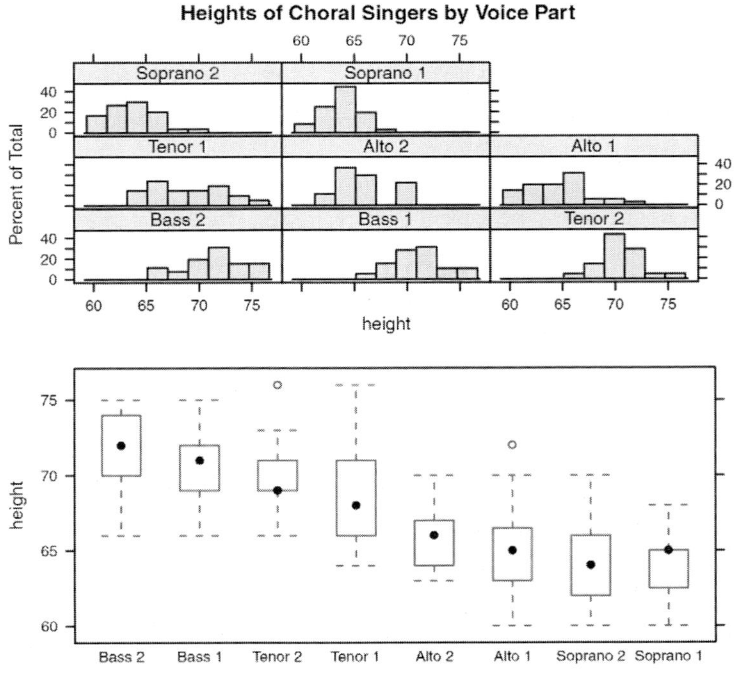

그림 23.9 그래프를 결합하기 위한 split 옵션의 사용

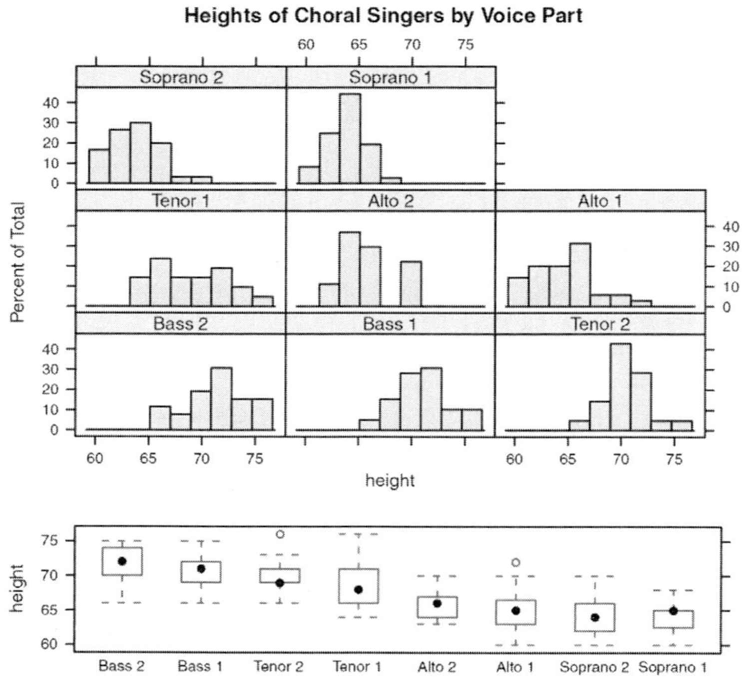

그림 23.10 정확성을 더 높이기 위한 그래프 결합을 위해서 position 옵션을 사용함

을 사용한다. 플롯은 그림 23.9에 나와 있다.

여러분은 position= 옵션을 사용하여 크기와 배치를 보다 자유롭게 할 수 있다. 다음의 코드를 검토해 보자.

```
library(lattice)
graph1 <- histogram(~height | voice.part, data = singer,
     main = "Heights of Choral Singers by Voice Part")
graph2 <- bwplot(height~voice.part, data = singer)
plot(graph1, position=c(0, .3, 1, 1))
plot(graph2, position=c(0, 0, 1, .3), newpage=FALSE)
```

position=c(xmin, ymin, xmax, ymax)에서 페이지의 x-y 좌표 시스템은 x와 y축의 원점(0, 0)이 왼쪽 아래에 있고, 0에서 1까지의 범위를 가진 직사각형이다. 그래프는 그림 23.10이다. 그래프의 위치에 대하여 더 배우려면, help(plot.trellis)를 보라.

여러분은 또한 lattice 그래프에서 패널의 순서를 바꿀 수 있다. 고-수준 lattice 그래프 함수에서 index.cond 옵션은 조건화 변수 수준의 순서를 지정한다. voice.part 요인은 아래와 같다.

```
> levels(singer$voice.part)
```

```
[1] "Bass 2"    "Bass 1"      "Tenor 2"      "Tenor 1"      "Alto 2"
[2] "Alto 1"    "Soprano 1"   "Soprano 1"
```

이 정보를 사용하면

```
histogram(~height | voice.part, data = singer,
              index.cond=list(c(2, 4, 6, 8, 1, 3, 5, 7)))
```

1의 음역 부분을 함께(Bass 1, Tenor 1, ...) 배치하고, 2음역 부분(Bass 2, Tenor 2)이 뒤따른다. 두개의 조건화 변수가 있을 때, 목록에 있는 두개의 벡터를 포함한다. 프로그래밍 23.5에서, index.cond=list(c(1, 2), c(2, 1))를 추가하면, 그림 23.7의 그림 순서가 거꾸로 바뀐다. index.cond 옵션은 help(xyplot)에 문서화된다.

23.8 더 공부하기

여러 R의 그래픽스들 가운데, lattice 그래픽스는 강력할 뿐만 아니라, 사용자 지정 방법들을 제공한다. 많은 수의 유용한 자원들이 여러분의 앞으로 학습을 도와줄 것이다. Deepayan Sarkar의 "Lattice Graphics: An Introduction" (2008, http://mng.bz/jXUG) 과 William G. Jacoby의 "An Introduction to Lattice Graphics in R" (2010, http://mng.bz/v4TO) 은 훌륭한 개요를 제공한다. Lattice: Multivariate Data Visualization with R 은 이 주제의 결정판이다.

참고문헌

Allison, P. 2001. *Missing Data*. Thousand Oaks, CA: Sage.

Allison, T. and D. Chichetti. 1976. "Sleep in Mammals: Ecological and Constitutional Correlates." *Science* 194 (4266): 732–734.

Anderson, M. J. 2006. "Distance-Based Tests for Homogeneity of Multivariate Dispersions." *Biometrics* 62:245–253.

Baade, R. and R. Dye. 1990. "The Impact of Stadiums and Professional Sports on Metropolitan Area Development." *Growth and Change* 21:1–14.

Bandalos, D. L. and M. R. Boehm-Kaufman. 2009. "Four Common Misconceptions in Exploratory Factor Analysis." In *Statistical and Methodological Myths and Urban Legends*, edited by C. E. Lance and R. J. Vandenberg, 61–87. New York: Routledge.

Bates, D. 2005. "Fitting Linear Mixed Models in R." *R News* 5 (1): 27–30. www.r-project.org/doc/Rnews/Rnews_2005-1.pdf.

Breslow, N. and D. Clayton. 1993. "Approximate Inference in Generalized Linear Mixed Models." *Journal of the American Statistical Association* 88:9–25.

Bretz, F., T. Hothorn, and P. Westfall. 2010. *Multiple Comparisons Using R*. Boca Raton, FL: Chapman & Hall.

Canty, A. J. 2002. "Resampling Methods in R: The boot Package." *R News* 2 (3): 2–7. www.r-project.org/doc/Rnews/Rnews_2002-3.pdf.

Chambers, J. M. 2008. *Software for Data Analysis: Programming with R*. New York: Springer.

Chang, W. 2013. *R Graphics Cookbook*. Sebastopol, California: O'Reilly.

Cleveland, W. 1981. "LOWESS: A Program for Smoothing Scatter Plots by Robust Locally Weighted Regression." *The American Statistician* 35:54.

_____. 1994. *The Elements of Graphing Data*. Monterey, CA: Wadsworth.

_____. 1993. *Visualizing Data*. Summit, NJ: Hobart Press.

Cohen, J. 1988. *Statistical Power Analysis for the Behavioral Sciences*, 2nd ed. Hillsdale, NJ: Lawrence Erlbaum.

Cowpertwait, P. S. and A. V. Metcalfe. 2009. *Introductory Time Series with R*. Auckland, New Zealand: Springer.

Coxe, S., S. West, and L. Aiken. 2009. "The Analysis of Count Data: A Gentle Introduction to Poisson Regression and Its Alternatives." *Journal of Personality Assessment* 91:121–136.

Culbertson, W. and D. Bradford. 1991. "The Price of Beer: Some Evidence for Interstate Comparisons." *International Journal of Industrial Organization* 9:275–289.

DiStefano, C., M. Zhu, and D. Mîndrilă. 2009. "Understanding and Using Factor Scores: Considerations for the Applied Researcher." *Practical Assessment, Research & Evaluation* 14 (20). http://pareonline.net/pdf/v14n20.pdf.

Dobson, A. and A. Barnett. 2008. *An Introduction to Generalized Linear Models*, 3rd ed. Boca Raton, FL: Chapman & Hall.

Dunteman, G. and M-H Ho. 2006. *An Introduction to Generalized Linear Models*. Thousand Oaks, CA: Sage.

Efron, B. and R. Tibshirani. 1998. *An Introduction to the Bootstrap*. New York: Chapman & Hall.

Everitt, B. S., S. Landau, M. Leese, and D. Stahl. 2011. *Cluster Analysis*, 5th ed. London: Wiley.

참고문헌

Fair, R. C. 1978. "A Theory of Extramarital Affairs." *Journal of Political Economy* 86:45–61.

Faraway, J. 2006. *Extending the Linear Model with R: Generalized Linear, Mixed Effects and Nonparametric Regression Models.* Boca Raton, FL: Chapman & Hall.

Fawcett, T. 2005. "An Introduction to ROC Analysis." *Pattern Recognition Letters* 27:861–874.

Fox, J. 2002. *An R and S-Plus Companion to Applied Regression.* Thousand Oaks, CA: Sage.

_____. 2002. "Bootstrapping Regression Models." http://mng.bz/pY9m.

_____. 2008. *Applied Regression Analysis and Generalized Linear Models.* Thousand Oaks, CA: Sage.

Fwa, T., ed. 2006. *The Handbook of Highway Engineering,* 2nd ed. Boca Raton, FL: CRC Press.

Gentleman, R. 2009. *R Programming for Bioinformatics.* Boca Raton, FL: Chapman &Hall/CRC.

Good, P. 2006. *Resampling Methods: A Practical Guide to Data Analysis,* 3rd ed. Boston: Birkhäuser.

Gorsuch, R. L. 1983. *Factor Analysis,* 2nd ed. Hillsdale, NJ: Lawrence Erlbaum.

Greene, W. H. 2003. *Econometric Analysis,* 5th ed. Upper Saddle River, NJ: Prentice Hall.

Grissom, R. and J. Kim. 2005. *Effect Sizes for Research: A Broad Practical Approach.* Mahwah, NJ: Lawrence Erlbaum.

Groemping, U. 2009. "CRAN Task View: Design of Experiments (DoE) and Analysis of Experimental Data." http://cran.r-project.org/web/views/ExperimentalDesign.html.

Hand, D. J. and C. C. Taylor. 1987. *Multivariate Analysis of Variance and Repeated Measures.* London: Chapman & Hall.

Harlow, L., S. Mulaik, and J. Steiger. 1997. *What If There Were No Significance Tests?* Mahwah, NJ: Lawrence Erlbaum.

Hartigan, J. A. and M. A. Wong. 1979. "A K-Means Clustering Algorithm." *Applied Statistics* 28:100–108.

Hayton, J. C., D. G. Allen, and V. Scarpello. 2004. "Factor Retention Decisions in Exploratory Factor Analysis: A Tutorial on Parallel Analysis." *Organizational Research Methods* 7:191–204.

Hsu, S., M. Wen, and M. Wu. 2009. "Exploring User Experiences as Predictors of MMORPG Addiction." *Computers and Education* 53:990–999.

Jacoby, W. G. 2006. "The Dot Plot: A Graphical Display for Labeled Quantitative Values." *Political Methodologist* 14:6–14.

Johnson, J. 2004. "Factors Affecting Relative Weights: The Influence of Sample and Measurement Error." *Organizational Research Methods* 7:283–299.

Johnson, J. and J. Lebreton. 2004. "History and Use of Relative Importance Indices in Organizational Research." *Organizational Research Methods* 7:238–257.

Koch, G. and S. Edwards. 1988. "Clinical Efficiency Trials with Categorical Data." In *Statistical Analysis with Missing Data,* 2nd ed., by R. J. A. Little and D. Rubin. Hoboken, NJ: John Wiley & Sons, 2002.

Kuhn, M. and K. Johnson. 2013. *Applied Predictive Modeling.* New York: Springer.

LeBreton, J. M and S. Tonidandel. 2008. "Multivariate Relative Importance: Extending Relative Weight Analysis to Multivariate Criterion Spaces." *Journal of Applied Psychology* 93:329–345.

Lemon, J. and A. Tyagi. 2009. "The Fan Plot: A Technique for Displaying Relative Quantities and Differences." *Statistical Computing and Graphics Newsletter* 20:8–10. http://stat-computing.org/newsletter/issues/scgn-20-1.pdf.

Licht, M. 1995. "Multiple Regression and Correlation." In *Reading and Understanding Multivariate Statistics*, edited by L. Grimm and P. Yarnold. Washington, DC: American Psychological Association, 19–64.

Mangasarian, O. L. and W. H. Wolberg. 1990. "Cancer Diagnosis via Linear Programming." *SIAM News*, 23:1–18.

McCall, R. B. 2000. *Fundamental Statistics for the Behavioral Sciences*, 8th ed. New York: Wadsworth.

McCullagh, P. and J. Nelder. 1989. *Generalized Linear Models*, 2nd ed. Boca Raton, FL: Chapman & Hall.

Meyer, D., A. Zeileis, and K. Hornick. 2006. "The Strucplot Framework: Visualizing Multi-way Contingency Tables with vcd." *Journal of Statistical Software* 17 (3):1–48. www.jstatsoft.org/v17/i03/paper.

Montgomery, D. C. 2007. *Engineering Statistics*. Hoboken, NJ: John Wiley & Sons.

Mooney, C. and R. Duval. 1993. *Bootstrapping: A Nonparametric Approach to Statistical Inference*. Monterey, CA: Sage.

Mulaik, S. 2009. *Foundations of Factor Analysis*, 2nd ed. Boca Raton, FL: Chapman & Hall.

Murrell, P. 2011. *R Graphics*, 2nd ed. Boca Raton, FL: Chapman & Hall/CRC.

Nenadić, O. and M. Greenacre. 2007. "Correspondence Analysis in R, with Two- and Three-Dimensional Graphics: The ca Package." *Journal of Statistical Software* 20 (3). www.jstatsoft.org/v20/i03/paper.

Peace, K. E., ed. 1987. *Biopharmaceutical Statistics for Drug Development*. New York: Marcel Dekker, 403–451.

Pena, E. and E. Slate. 2006. "Global Validation of Linear Model Assumptions." *Journal of the American Statistical Association* 101:341–354.

Pinheiro, J. C. and D. M. Bates. 2000. *Mixed-Effects Models in S and S-PLUS*. New York: Springer.

Potvin, C., M. J. Lechowicz, and S. Tardif. 1990. "The Statistical Analysis of Ecophysiological Response Curves Obtained from Experiments Involving Repeated Measures." *Ecology* 71:1389–1400.

Rosenthal, R., R. Rosnow, and D. Rubin. 2000. *Contrasts and Effect Sizes in Behavioral Research: A Correlational Approach*. Cambridge, UK: Cambridge University Press.

Sarkar, D. 2008. *Lattice: Multivariate Data Visualization with R*. New York: Springer.

Schafer, J. and J. Graham. 2002. "Missing Data: Our View of the State of the Art." *Psychological Methods* 7:147–177.

Schlomer, G., S. Bauman, and N. Card. 2010. "Best Practices for Missing Data Management in Counseling Psychology." *Journal of Counseling Psychology* 57:1–10.

Shah, A. 2005. "Getting Started with the boot Package in R for Statistical Inference." www.mayin.org/ajayshah/KB/R/documents/boot.html.

Shumway, R. H. and D. S. Stoffer. 2010. *Time Series Analysis and Its Applications*. New York: Springer.

Silva, R. B., D. F. Ferreirra, and D. A. Nogueira. 2008. "Robustness of Asymptotic and Bootstrap Tests for Multivariate Homogeneity of Covariance Matrices." *Ciênc. agrotec.* 32:157–166.

Simon, J. 1997. "Resampling: The New Statistics." www.resample.com/intro-text-online/.

Snedecor, G. W. and W. G. Cochran. 1988. *Statistical Methods*, 8th ed. Ames, IA: Iowa State University Press.

Statnikov, A., C. F. Aliferis, D. P. Hardin, and I. Guyon. 2011. *A Gentle Introduction to Support Vector Machines in Biomedicine* (vol. 1: *Theory and Methods*). Hackensack, NJ: World Scientific Publishing.

Torgo, L. 2010. *Data Mining with R: Learning with Case Studies*. Boca Raton, Florida: Chapman & Hall/CRC.

참고문헌

UCLA: Academic Technology Services, Statistical Consulting Group. 2009. "Repeated Measures Analysis with R." http://mng.bz/a9c7.

van Buuren, S. and K. Groothuis-Oudshoorn. 2010. "MICE: Multivariate Imputation by Chained Equations in R." *Journal of Statistical Software,* forthcoming. http://mng.bz/3EH5.

Venables, W. N. and B. D. Ripley. 1999. *Modern Applied Statistics with S-PLUS,* 3rd ed. New York: Springer.

_____. 2000. *S Programming.* New York: Springer.

Westfall, P. H., Y. Hochberg, D. Rom, R. Wolfinger, and R. Tobias. 1999. *Multiple Comparisons and Multiple Tests Using the SAS System.* Cary, NC: SAS Institute.

Wickham, H. 2009a. *ggplot2: Elegant Graphics for Data Analysis.* New York: Springer.

_____. 2009b. "A Layered Grammar of Graphics." *Journal of Computational and Graphical Statistics* 19:3–28.

Williams, G. 2011. *Data Mining with Rattle and R.* New York: Springer.

Wilkinson, L. 2005. *The Grammar of Graphics.* New York: Springer-Verlag.

Yu, C. H. 2003. "Resampling Methods: Concepts, Applications, and Justification." *Practical Assessment, Research & Evaluation,* 8 (19). http://pareonline.net/getvn.asp?v=8&n=19.

Yu-Sung, S., A. Gelman, J. Hill, and M. Yajima. 2011. "Multiple Imputation with Diagnostics (mi) in R: Opening Windows into the Black Box." *Journal of Statistical Software* 45 (2). www.jstatsoft.org/v45/i02/paper.

Zuur, A. F., E. Ieno, N. Walker, A. A. Saveliev, and G. M. Smith. 2009. *Mixed Effects Models and Extensions in Ecology with R.* New York: Springer.

찾아보기

〈기호〉

〈국문색인〉

ㄱ

찾아보기

찾아보기

찾아보기

ㄹ

ㅁ

ㅅ

찾아보기

ㅇ

찾아보기

ㅈ

찾아보기

ㅊ

ㅋ

ㅌ

ㅍ

ㅎ

찾아보기

〈영문색인〉

A

B

찾아보기

C

D

찾아보기

E

F

G

찾아보기

GPArotation 패키지 382

H

I

J

K

찾아보기

L

M

찾아보기

N

O

P

찾아보기

Q

R

찾아보기

S

T

찾아보기

X

정가 15,000원

R인 액션 빅데이터 분석도구

2017년 2월 6일 초판 인쇄
2017년 2월 14일 초판 발행
저 자: KABACOFF
역 자: 신종화·김선업·정희태
발행자: 우명찬·송 준
발행처: 홍릉과학출판사
주 소: 서울시 강북구 인수봉로 50길 10
01093
등 록: 1976년 10월 21일 제5-66호
전 화: (02) 999-2274~5, 903-7037
팩 스: (02) 905-6729
e-mail: hongpub@hongpub.co.kr
http://www.hongpub.co.kr
ISBN: 979-11-5600-500-1

역자와의 협의하에 인지생략

낙장 및 파본은 구입처나 본사에서 교환하여 드립니다.